Bibliografia historii Śląska

Bibliographie zur Geschichte Schlesiens

Bibliografie dějin Slezska

2012

BIBLIOGRAPHIEN ZUR GESCHICHTE UND LANDESKUNDE OSTMITTELEUROPAS

Herausgegeben vom Herder-Institut für historische Ostmitteleuropaforschung – Institut der Leibniz-Gemeinschaft

51

Bibliographie zur Geschichte Schlesiens
2012

In Zusammenarbeit mit der Historischen Kommission für Schlesien

BIBLIOGRAFIA HISTORII ŚLĄSKA
2012

Wydaje
Instytut Historyczny Uniwersytetu Wrocławskiego

BIBLIOGRAFIE DĚJIN SLEZSKA
2012

Vydává
Slezské zemské muzeum

Bibliografia historii Śląska

Bibliographie zur Geschichte Schlesiens

Bibliografie dějin Slezska

2012

Opracowali / Bearbeitet von / Zpracovali

Peter Garbers, Zdzisław Gębołyś, Artur Harc, Robert Heś, Eligiusz Janus, Przemysław Kulesza, Iwona Mrozowicz, Beata Nowak, Małgorzata Pawlak, Barbara Pytlos, Karol Sanojca, Alena Volná, Elżbieta Warżagolis

Redakcja / Redaktion / Redakce

Peter Garbers, Karol Sanojca

Wydawnictwo Uniwersytetu Wrocławskiego

HERDER-INSTITUT
für historische Ostmitteleuropaforschung
INSTITUT DER LEIBNIZ-GEMEINSCHAFT

Slezské zemské muzeum

Wrocław • 2015 • Marburg • 2015 • Opava

Instytut Historyczny Uniwersytetu Wrocławskiego
PL-50-139 Wrocław, ul. Szewska 49
tel. (0048/71) 3752 541; fax 3436 542
e-mail: bibliografia.historii.slaska@gmail.com
http://www.hist.uni.wroc.pl

Herder-Institut für historische Ostmitteleuropaforschung – Institut der Leibniz-Gemeinschaft
Gisonenweg 5-7, D-35037 Marburg
Tel. (0049/6421) 184-0; Fax 184-139
e-mail: herder@herder-institut.de
http://www.herder-institut.de

Slezské zemské muzum
CZ-74601 Opava, Nádražní okruh 31
tel./fax (00420) 553 622 999
e-mail: szm@szm.cz
http://www.szm.cz

Bibliografische Information Der Deutschen Bibliothek

Die Deutsche Bibliothek verzeichnet diese Publikation in der Deutschen Nationalbibliografie; detaillierte bibliografische Daten sind im Internet über <http://dnb.ddb.de> abrufbar

Praca naukowa finansowana w ramach programu Ministra Nauki i Szkolnictwa Wyższego pod nazwą „Narodowy Program Rozwoju Humanistyki w latach 2012-2015"

NARODOWY PROGRAM
ROZWOJU HUMANISTYKI

Acta Universitatis Wratislaviensis 3682

Satz / Skład: Wydawnictwo Uniwersytetu Wrocławskiego Sp. z o.o.
ISSN 0177-3631 (Bibliographien zur Geschichte und Landeskunde Ostmitteleuropas)
ISBN 978-3-87969-407-5 [D] ISBN 978-83-229-3498-2 [PL] ISBN 978-80-87789-31-5 [CZ]

Inhaltsverzeichnis

Spis treści

Obsah

Vorwort

Der Band *Bibliographie zur Geschichte Schlesiens 2012* wurde in Zusammenarbeit zwischen dem Instytut Historyczny der Breslauer Universität, Slezské zemské muzeum in Troppau sowie dem Herder-Institut in Marburg erstellt und bildet einen Teil der Literaturdatenbank zur Geschichte Ostmitteleuropas (zugänglich auf der Internetseite des Herder-Instituts http://www.litdok.de) und Bibliografia historii Śląska (zugänglich auf der Internetpräsenz des Instytut Historyczny der Breslauer Universität http://www.hist.uni.wroc.pl).

In der aktuellen Ausgabe der Bibliographie wurde das bewährte, seit Jahren erarbeitete Anordnungsschema des Inhaltes wie auch die Aufteilung in territoriale, chronologische und sachliche Fragen beibehalten. Das Material wurde in 13 Hauptteile aufgeteilt, die in sich noch untergliedert wurden. Neben allgemeinen und die Umwelt betreffenden Positionen wurden Bereiche für Quellen und quellenkundliche Darstellungen, historische Hilfswissenschaften und Archäologie vorgesehen. Ein separates Fragment der Bibliographie bildet der chronologische Teil. Einen ausführlichen Teil bilden Sachgebiete, die Arbeiten zur Charakteristik der Bevölkerung betreffen, wie auch zu den Bereichen der politischen Geschichte, Wirtschafts- und Sozialgeschichte, Religions- und Kirchengeschichte sowie der Kulturgeschichte. In den zwei letzten Teilen wurden Arbeiten, die sich mit dem Thema der Geschlechter und Familien sowie mit Regionen und Ortschaften befassen, aufgenommen.

Ähnlich wie im Band für das Jahr 2010 und 2011, bildete das übergeordnete Prinzip der Klassifizierung der Titel der einzelnen taxonomischen Gebiete der *Bibliographie* die sachliche Plazierung. Alle bisherigen Register, die dem Nutzer eine Autoren-, Personen-, geographische und sachliche Suche ermöglichen, wurden beibehalten. Die Gesamtmenge des gesammelten bibliographischen Materials für 2012 (5.800 Titel) wurde einer Selektion unterzogen, infolge welcher nahezu 3.500 Positionen zum Druck freigegeben wurden.

Die polnischen, tschechischen und slowakischen Titel wurden vom Instytut Historyczny Uniwersytetu Wrocławskiego und Slezské zemské muzeum in Troppau, die deutschen und anderen westsprachigen Titel vom Herder-Institut in Marburg gesammelt. Die Übersetzungen der Sachtitel vom Polnischen und Tschechischen ins Deutsche nahmen Maria Garbers und Andrea Schutte vor.

Dank gilt Herrn Dr. Ulrich Schmilewski von der Historischen Kommision für Schlesien, der eine Durchsicht des Titelmaterials vorgenommen hat, sowie allen Mitarbeiterinnen und Mitarbeitern des Arbeitsbereichs Bibliographieportal der Forschungsbibliothek des Herder-Instituts und der Biblioteka Instytutu Historycznego UWr, die durch ihre engagierte und zuverlässige Mitarbeit diese Publikation ermöglicht haben.

Wrocław–Marburg, November 2015 *Peter Garbers, Karol Sanojca*

Słowo wstępne

Tom *Bibliografia historii Śląska za rok 2012* został przygotowany wspólnie przez Instytut Historyczny Uniwersytetu Wrocławskiego, Slezské zemské muzeum w Opawie i Herder-Institut w Marburgu i stanowi część baz danych Literaturdatenbank zur Geschichte Ostmitteleuropas (prezentowanej na stronach internetowych Instytutu Herdera http://www.litdok.de) oraz Bibliografii historii Śląska (dostępnej na stronach internetowych Instytutu Historycznego Uniwersytetu Wrocławskiego http://www.hist.uni.wroc.pl).

W bieżącym roczniku *Bibliografii* zachowano stały, wypracowany od wielu lat, schemat układu treści, a także zakres terytorialny, chronologiczny i problemowy. Materiał podzielony został na trzynaście głównych działów, w obrębie których zastosowano kolejne podziały. Obok prac ogólnych i dotyczących środowiska naturalnego wydzielono części poświęcone źródłom i opracowaniom źródłowym, naukom pomocniczym historii oraz archeologii. Osobny fragment bibliografii zajmuje część chronologiczna. Obszerną część stanowią działy rzeczowe rejestrujące prace poświęcone charakterystyce ludności oraz z zakresu historii politycznej, gospodarczej i społecznej, religii i kościołów, a także dziejów kultury. W dwóch ostatnich działach umieszczono prace opisujące rody i rodziny oraz regiony i miejscowości.

Podobnie jak w tomie za 2010 i 2011 rok nadrzędną zasadą kwalifikowania opisów do poszczególnych obszarów taksonomicznych *Bibliografii* było kryterium rzeczowe. Zachowano wszystkie istniejące dotychczas indeksy, umożliwiające wyszukiwanie poprzez hasła autorskie, osobowe, geograficzne i rzeczowe. Całość zebranego materiału bibliograficznego za rok 2012 (5,8 tys. opisów) została poddana selekcji, w wyniku której do druku zakwalifikowano blisko 3,5 tys. pozycji.

Opisy polskie, czeskie i słowackie zgromadzone zostały przez Instytut Historyczny Uniwersytetu Wrocławskiego oraz Slezské zemské muzeum w Opawie, zaś tytuły niemieckie i w innych językach zachodnich przez Herder-Institut w Marburgu. Tłumaczenia zarejestrowanych tytułów prac z języków polskiego i czeskiego na język niemiecki wykonały Maria Garbers i Andrea Schutte.

Za pomoc przy opracowaniu tomu pragniemy podziękować Panu dr. Ulrichowi Schmilewskiemu z Historische Kommission für Schlesien, który dokonał przeglądu tytułów, a także pracownikom Portalu Bibliograficznego Biblioteki Naukowej Instytutu Herdera oraz Biblioteki Instytutu Historycznego Uniwersytetu Wrocławskiego.

Wrocław–Marburg, listopad 2015 *Peter Garbers, Karol Sanojca*

Úvod

Stejně jako předcházející díly i tento díl *Bibliografie dějin Slezska za rok 2012* připravil společně Historický ústav Vratislavské Univerzity, Slezské zemské muzeum v Opavě a Herder-Institut v Marburgu. Je také součástí databází Literaturdatenbank zur Geschichte Ostmittleeuropas (ta je uvedena na internetových stránkách Herder-Institut http://www.litdok.de) a Bibliografie dějin Slezska (dostupné na internetových stránkách Historického ústavu Vratislavské Univerzity http://www.hist.uni.wroc.pl).

V aktuální ročence *Bibliografie* bylo ponecháno osvědčené a během let vyzkoušené schéma rozvržení, jakož i rozdělení problematiky podle hledisek teritoriálních, chronologických a věcných. Obsah byl rozvržen do 13 hlavních kapitol, které jsou dále členěny do podkapitol. Kromě všeobecných prací a prací týkajících se přírodního prostředí, byly zařazeny kapitoly zabývající se prameny a zpracováním pramenů, pomocnými a vedlejšími vědami historickými a také prehistorií a ranými dějinami. Dále byla zvlášť rozpracována chronologická část. Podrobně jsou popsány i materiály zabývající se dějinami, a to politickými dějinami, dějinami obyvatelstva, hospodářskými a sociálními dějinami, dále náboženskými a církevními dějinami a také dějinami kultury. V posledních dvou kapitolách jsou popsány materiály věnující se dějinám rodin a osob a dějinám jednotlivých regionů a míst.

Podobně jako v roce 2010 a 2011 byla dodržená zásada nadřazenosti při klasifikování záznamu pro jeho odpovídající místo v *Bibliografii*. Dosavadní pravidlo umisťování záznamu v rámci kapitoly „obce" vynechávalo věcné kritérium. Byly ponechány všechny stávající indexy, umožňující čtenářům vyhledávání pomocí autorského, osobního, místního a věcného rejstříku. Shromážděné bibliografické záznamy za rok 2012 (obsahující 5,8 tisíc položek) prošly selekcí, a ve výsledku bylo do tisku kvalifikováno blízký 3,5 tisíce položek.

Polské, české a slovenské tituly byly shromažďovány Historickým ústavem Vratislavské Univerzity a Slezským zemským muzeem v Opavě, německé práce a práce v jiných západoevropských jazycích Herder-Institutem v Marburgu. Překlad z polštiny a češtiny do němčiny pořídila Maria Garbers a Andrea Schutte.

Za pomoc při zpracování děkujeme panu dr. Ulrichu Schmilewskému z Historische Kommission für Schlesien, který tituly zkontroloval, a také všem pracovníkům oddělení Bibliografického Portálu Vědecké Knihovny Herder-Institutu a Knihovny Historického ústavu Vratislavské Univerzity, kteří se svou angažovanou a spolehlivou prací zasloužili o tuto publikaci.

Vratislav–Marburg, v listopadu 2015 *Peter Garbers, Karol Sanojca*

Abkürzungsverzeichnis – Wykaz skrótów – Seznam zkratek

Abb.	– Abbildung(en) / ilustracja/e / obraz(y) / vyobrazení
angl.	– englisch / angielski / anglický
Aufl.	– Auflage / wydanie / vydání
Ausg.	– Ausgabe / wydanie / vydání
Bd.	– Band / tom / svazek
Bde.	– Bände / tomy / svazky
Bearb.	– Bearbeitung / Bearbeiter(in) / opracowanie / opracował(a) / zpracování / zpracovatel(ka)
Beil.	– Beilage / aneks(y) / příloha/přílohy
bes.	– besonders / szczególnie / zvláštní
betr.	– betrifft / dotyczy / vztahuje se / týká se / týkající se
Bl.	– Blatt / strona / list
b.m./b.m.w.	– ohne Erscheinungsort / bez miejsca wydania / bez místa vydání
ca.	– circa / circa / cirka
cz.	– Teil / część / díl
czes.	– tschechisch / czeski / česky
č.	– Nummer / numer / číslo
čes.	– tschechisch / czeski / česky
Diss.	– Dissertation / dysertacja / disertace
dot.	– betrifft / dotyczy / vztahuje se / týká se / týkající se
dt.	– deutsch / niemiecki / německy
ebd.	– ebenda / tamże / tamže
engl.	– englisch / angielski / anglicky
erw.	– erweitert / poszerzone / rozšířen
et al.	– und andere / i inni/e / a jiní
f.	– folgende / następna / nasledující
Fam./fam.	– Familie / rodzina / rodina
Fot./fot.	– Fotografien / fotografie / fotografie
franc./frz.	– französisch / francuski / francouzsky
graph. Darst.	– graphische Darstellung(en) / wykres(y) / grafické vyobrazení
H.	– Heft / zeszyt / sešit
Habil.-Schr.	– Habilitationsschrift / habilitacja / habilitační práce
hl.	– Heilige(r) / święty/a / Svatý/á
Hrsg.	– Herausgeber(in) / wydawca/y / redaktor(zy) / vydavatel
hrsg. v.	– herausgegeben von / wydał(a) / vydal(a)
i in.	– und andere / i inni/e / a jiní
i. Verb.	– in Verbindung / wspólnie z / ve spojení
Illustr.	– Illustrator(in) / ilustrator(ka) / ilustrátor
Ilustr.	– Illustrationen / ilustracje / ilustrace
jęz.	– Sprache / język / jazyk

Jg.	– Jahrgang / rocznik / ročenka
Jh.	– Jahrhundert / wiek / století
ks.	– Priester, Fürst, Fürstin / ksiądz, książę, księżna / kněz, kníže, kněžna
Kt./Ktn.	– Karte(n) / mapa/y / mapa/y
Lfg.	– Lieferung / zeszyt / sešit
m.in.	– unter anderem / między innymi / mezi jiným
Mitarb.	– Mitarbeit / Mitarbeiter(in) / współpraca / współpracownik / spolupráce / spolupracovník
niem./něm.	– deutsch / niemiecki / německý
N.F.	– Neue Folge / nowa seria / nová řada
Nr./nr	– nr / Nummer / numer / číslo
NS/Ns.	– Niederschlesien / Dolny Śląsk / Dolní Slezsko
obr.	– Abbildung / obraz / obraz
o.J.	– ohne Jahresangabe / bez roku wydania / bez roku vydání
o.O.	– ohne Ort / bez miejsca wydania / bez místa vydání
oprac.	– Bearbeitung / Bearbeiter(in) / opracowanie / opracował(a) / zpracování / zpracovatel
OS/Os.	– Oberschlesien / Górny Śląsk / Horní Slezsko
PAN.	– Polnische Akademie der Wissenschaften / Polska Akademia Nauk / Polská akademie věd
pol./poln.	– polnisch / polski / polský
popr.	– überarbeitet / poprawiony / opravený
przedr.	– Nachdruck / przedruk / dotisk
r.	– Jahr / rok / rok
R.	– Jahrgang / rocznik / ročenka
rec./Rec.	– Rezension / Rezensent(in) / recenzja / recenzent(ka) / recenze / recenzent
red.	– Herausgeber(in) / Redaktion / redaktor(ka) / redakcja / redaktor / redakce
res./Res.	– Resümee / strzeszczenie / resumé
Rez.	– Rezension / Rezensent(in) / recenzja / recenzent(ka) / recenze / recenzent
rozsz.	– erweitert / rozszerzony / rozšířený
russ.	– russisch / rosyjski / ruský
S./ss.	– Seite(n) / strona/y / strana/y
seš.	– Heft / zeszyt / sešit
sv.	– Band / tom / svazek
sv.	– Heilige(r) / święty/a / Svatý/á
św.	– Heilige(r) / święty/a / Svatý/á
T.	– Teil / część / díl
t.	– Band / tom / svazek
Tab.	– Tabelle(n) / tabela/e / tabulka/y
Taf.	– Tafel(n) / tablica/e / tabulka/y
tłum.	– Übersetzung / tłumaczenie / překlad
tschech.	– tschechisch / czeski / český
u.	– und / i / a
u.a.	– und andere / unter anderem / i inni / między innymi / a jiní / mezi jiným
überarb.	– überarbeitet / poprawione / přepracované
Übers.	– Übersetzung / tłumaczenie / překlad
überw.	– überwiegend / przeważnie / převážně
u.d.T.	– unter dem Titel / pod tytułem / pod titulem
Univ.	– Universität / uniwersytet / univerzita

uniw.	– Universität / uniwersytet / univerzita
unveränd.	– unverändert / nie zmienione / nezměněný
uzup.	– vervollständigt / uzupełniony / doplněný
veränd.	– verändert / zmienione / změněný
vgl.	– vergleiche / porównaj / srovnej
vyd.	– Auflage / Herausgeber(in) / wydanie / redaktor(ka) / vydání /vydavatel
w.	– Jahrhundert / wiek / století
woj.	– Wojewodschaft / województwo / vojvodství
współpr.	– Mitarbeit / Mitarbeiter(in) / współpraca / współpracownik / spolupráci / spolupracovník
wyd.	– Auflage / Herausgeber(in) / wydanie / wydawca / vydání / vydavatel
wykr.	– graphische Darstellung(en) / wykres(y) / grafické vyobrazení
z.	– Heft / zeszyt / sešit
zahlr.	– zahlreich / liczny / četný
zdj.	– Fotografien / zdjęcia / fotografie
zob.	– siehe / zobacz / viz
zprac.	– bearbeitet / opracowanie, opracował / zpracoval
zugl.	– zugleich / równocześnie / současně

Verzeichnis der in der Bibliographie ausgewerteten Periodika
Wykaz tytułów periodyków wykorzystanych w bibliografii
Seznam časopisů excerpovaných v bibliografii

Abhandlungen der Braunschweigischen Wissenschaftlichen Gesellschaft. Braunschweig 64, 2011 (2012), 144 S.

Acta Economica. Wybrane zagadnienia współczesnych finansów. Wyższa Szkoła Bankowości i Finansów w Katowicach. Katowice 2012, ss. 116.

Acta historica Universitatis Silesianae Opaviensis. Slezská univerzita. Opava 5, 2012, 306 s.

Acta Militaria Mediaevalia. Komisja Prehistorii Karpat PAU, Muzeum Historyczne w Sanoku, Instytut Archeologii Uniwersytetu Rzeszowskiego. Kraków–Rzeszów–Sanok 8, 2012, ss. 280.

Acta Poloniae Historica. Komitet Nauk Historycznych PAN – Instytut Historii. Warszawa 2012, z. 105–106, ss. 269, 241.

Acta Polono-Ruthenica. Uniwersytet Mazursko-Warmiński. Olsztyn 17, 2012, ss. 471.

Acta Universitatis Lodziensis. Folia Archeologica. Uniwersytet Łódzki. Łódź 28, 2012, ss. 245.

Acta Universitatis N. Copernici. Nauki Humanistyczno-Społeczne. Archeologia 32. UMK Instytut Archeologii. Toruń 2012, z. 408, ss. 364.

Ad Americam Journal of American studies. Center for American Studies of Jagiellonian University. Kraków 13, 2012, ss. 133.

AGG-Mitteilungen. Mitteilungsblatt der Arbeitsgemeinschaft Grafschaft Glatz – Kultur und Geschichte. Köln 11, 2012, 82 S., Abb.

Akowiec. Biuletyn Informacyjny. Opole 2012 nr 1–4.

Altvater. Zeitschrift des Mährisch-Schlesischen Sudetengebirgsvereins. Kirchheim/Teck 131, 2012, H. 1–6, 231 S., Abb.

Analecta Cisterciensia. Heiligenkreuz 61, 2011 (2012), S. 343.

Annales Academiae Medicae Silesiensis. Śląski Uniwersytet Medyczny. Katowice 2012, nr 1–6.

Der Anschnitt. Zeitschrift für Kunst und Kultur im Bergbau. Vereinigung der Freunde von Kunst und Kultur im Bergbau e.V. Haldensleben 64, 2012, H. 1–6.

Apothecarius. Śląskie Forum Farmaceutyczne. Rada Śląskiej Izby Aptekarskiej w Katowicach. Katowice 2012, nr 35–38, ss. 162, 88, 98.

Arbitrium. Zeitschrift für Rezensionen zur germanistischen Literaturwissenschaf. Tübingen 30, 2012, H. 1–3.

Archaeologia historica. Muzejní a vlastivědná společnost; Archeologický ústav SAV Nitra, Ústav archeologie a muzeologie FF MU; Archeologický ústav AV ČR. Brno; Pardubice 2012, 828 s.

Archaeologia Historica Polona. Regiony, rzemiosła, kategorie – archeologia późnego średniowiecza i czasów nowożytnych w uwarunkowaniach nowego ustroju. Uniwersyteckie Centrum Archeologii Średniowiecza i Nowożytności UMK. Toruń 20, 2012, ss. 264.

Archäologisches Nachrichtenblatt. Präsidium der deutschen Verbände für Altertumsforschung. Berlin 17, 2012, H. 1–4,

Archeologia Polski. Instytut Archeologii i Etnologii PAN. Warszawa 57, 2012, ss. 338.

Archeologie Moravy a Slezska. Informační zpravodaj ČAS. Pobočky pro severní Moravu a Slezsko. Česká archeologická společnost – pobočka pro severní Moravu a Slezsko. Kopřivnice 12, 2012, 144 s.

Archiv für Familiengeschichtsforschung. Friedberg 16, 2012, H. 1–4.

Archiv für schlesische Kirchengeschichte. Institut für ostdeutsche Kirchen- und Kulturgeschichte. Münster 70, 2012, 413 S.

Archives of Mining Sciences (Archiwum Górnictwa). Instytut Mechaniki Górotworu PAN. Kraków 57, 2012, z. 1–4.

Archiwa, Biblioteki i Muzea Kościelne. Instytut Archiwów, Bibliotek i Muzeów Kościelnych KUL. Lublin 2012, z. 97–98, ss. 443, 505.

Archiwista Polski. Stowarzyszenie Archiwistów Polskich. Bydgoszcz 17, 2012.

Artium Quaestiones. Instytut Historii Sztuki Uniwersytetu im. Adama Mickiewicza w Poznaniu. Poznań 13, 2012, ss. 289.

Aspiracje. Pismo Warszawskich Uczelni Artystycznych, Akademia Sztuk Pięknych w Warszawie, Akademia Teatralna im. Aleksandra Zelwerowicza, Uniwersytet Muzyczny Fryderyka Chopina. Warszawa 2012, nr 1–4.

Aura. Miesięcznik Naczelnej Organizacji Technicznej poświęcony kształtowaniu i ochronie środowiska. Kraków 2012, nr 1–12.

Aurora. Jahrbuch der Eichendorff-Gesellschaft. Eichendorff-Gesellschaft. Tübingen 70/71, 2010/2011 (2012), 192 S.

Bayerisches Jahrbuch für Volkskunde. München 2012, 315 S.

Berichte zur Wissenschaftsgeschichte. Weinheim 35, 2012, H. 1–4, 374 S.

Beiträge zur Namenforschung Neue Folge. Universitätsverlag Winter. Heidelberg 47, 2012, H. 1–4.

Beiträge zur Rechtsgeschichte Österreichs. Verlag der Österreichischen Akademie der Wissenschaften. Wien 2012, H. 1–2.

Berichte zur Wissenschaftsgeschichte. Weinheim 35, 2012, H. 1–4.

Białostockie Teki Historyczne. Instytut Historii Uniwersytetu w Białymstoku, Białystok 10, 2012, ss. 343.

Bibliografia bieżąca województwa śląskiego. Biblioteka Śląska w Katowicach. Katowice 2012, styczeń-marzec, kwiecień-czerwiec, lipiec-wrzesień, październik-grudzień, ss. 48, 38, 72, 48.

Biblioteka Postscriptum Polonistycznego. Uniwersytet Śląski w Katowicach, Szkoła Języka i Kultury Polskiej, Katedra Międzynarodowych Studiów Polskich. Katowice 2012.

Bibliotekarz Opolski. Internetowe pismo Wojewódzkiej Biblioteki Publicznej w Opolu. Opole 2012, nr 1–4.

Bibliotekarz Opolski. Wojewódzka Biblioteka Publiczna im. Emanuela Smolki w Opolu. Opole 2012, nr 1–4.

Bibliotheca Bielaviana. Oficyna wydawnicza ATUT; Wrocławskie Wydawnictwo Oświatowe. Wrocław; Bielawa 2011 (2012), ss. 592.

Bibliothek und Medien. München 32, 2012, H. 1–2.

Bielitz-Bialaer Rundbrief aus Hannover. Gehrden 2012.

Bielsko-Żywieckie Studia Teologiczne. Instytut Teologiczny im. Św. Jana Kantego. Bielsko-Biała 13, 2012, ss. 368.

Biuletyn Biblioteki Głównej Politechniki Śląskiej. Wydawnictwo Politechniki Śląskiej. Gliwice 2012, nr 2, ss. 235.

Biuletyn Historii Sztuki. Instytut Sztuki PAN. Warszawa 74, 2012, z. 1–4.

Biuletyn Informacyjny SUM. Wydawnictwo Śląskiego Uniwersytetu Medycznego w Katowicach. Katowice 2012, nr 1–4.

Biuletyn Jeleniogórskiego Stowarzyszenia Żołnierzy Radiotechników „Radar". Jeleniogórskie Stowarzyszenie Żołnierzy Radiotechników „Radar". Jelenia Góra 13–14, 2012.

Biuletyn Numizmatyczny. Zarząd Główny Polskiego Towarzystwa Numizmatycznego. Warszawa 2012, nr 1–4.

Biuletyn Politechniki Śląskiej. Dział Promocji Politechniki Śląskiej w Gliwicach. Gliwice 2012, nr 1–12.

Biuletyn Polskiej Misji Historycznej. Polska Misja Historyczna przy Uniwersytecie Juliusza Maksymiliana w Würzburgu, Uniwersytet M. Kopernika w Toruniu, Toruń 7, 2012, ss. 387.

Biuletyn Związku Polskich Kawalerów Maltańskich Suwerennego Zakonu Szpitalników św. Jana Jerozolimskiego, zwanego Rodyjskim i Maltańskim i Pomocy Maltańskiej. Związek Polskich Kawalerów Maltańskich. Kraków 2012, nr 26–27.

Bote aus dem schlesischen Burgenland. Erste Unabhängige Monatszeitschrift für die

Kreise Jauer und Schweidnitz. Nürnberg 63, 2012, H. 1–12.

Breslauer Kreis- und Stadtblatt. Monatlich erscheinende Heimatzeitung für Stadt und Kreis Breslau in Schlesien. Würzburg 55, 2012, H. 1–12.

Briegische Briefe. Zweimonatsschrift für Heimatpflege und Heimatkunde. Goslar 34, 2012, H. 1–6.

Buchkalender für Sudeten-Schlesien und Nordmähren. Der Heimatkalender für die Kreise Freiwaldau, Freudenthal, Jägerndorf, Bärn, Mährisch Schönberg, Römerstadt, Sternberg und Troppau. Nürnberg 33, 2013 (2012), 144 S., Abb.

Bunzlauer Heimat-Zeitung. Monatlich erscheinende Heimatzeitung für Stadt und Kreis Bunzlau in Schlesien. Würzburg 61, 2012, H. 1–12.

Bytomska Biblioteka Pedagogiczna. Informator. Wojewódzka Biblioteka Pedagogiczna w Katowicach. Bytom 2012, nr 18 – 21, ss. 52, 36, 20, 28, fot.

Carinthia I Zeitschrift für geschichtliche Landeskunde von Kärnten. Geschichtsverein für Kärnten. Klagenfurt 202, 2012.

Carl-und-Gerhart-Hauptmann-Jahrbuch. Łódź 6, 2012, ss. 341.

Cenne, Bezcenne/Utracone. Narodowy Instytut Muzealnictwa i Ochrony Zabytków. Warszawa 2012, nr 1–4.

Central European History. Conference Group for Central European History of the American Historical Association. Cleveland, OH 45, 2012, No. 1–4.

Chorzowskie Studia Polityczne. Wyższa Szkoła Bankowa w Poznaniu. Chorzów 2012, nr 5, ss. 224.

Chorzowskie Zeszyty Dydaktyczne. Chorzów 10, 2012, ss. 122.

Collectanea Theologica. Przegląd Teologiczny, Uniwersytet Kardynała Stefana Wyszyńskiego w Warszawie. Warszawa 82, 2012, nr 1–4.

Comenius-Jahrbuch. Deutschen Comenius-Gesellschaft. Sankt Augustin 19, 2011 (2012), 249 S.

Convivium. Germanistisches Jahrbuch Polen. Deutscher Akademischer Austauschdienst. Poznań 2012, ss. 317.

CzasyPismo. O historii Górnego Śląska. Instytut Pamięci Narodowej – Oddział w Katowicach. Katowice 2012, nr 1, ss. 206, fot.

Časopis Matice moravské. Matice moravská v Brně. Brno 131, 2012, č. 1–2.

Časopis Národního muzea – řada historická. Národní museum. Praha 181, 2012.

Časopis Slezského zemského muzea. Série B – vědy historické. Opava 61, 2012, č. 1–3, 300 s.

Daphnis. Zeitschrift für Mittlere Deutsche Literatur. Amsterdam 41, 2012, 637 S.

Deutsches Archiv für Erforschung des Mittelalters. Monumenta Germaniae Historica. Köln [u.a.] 68, 2012, H. 1–2, 870 S.

Dialog. Deutsch-Polnisches Magazin. Deutsch-Polnische Gesellschaft Bundesverband e.V. Berlin 25, 2012, H. 99–102.

Dialogi Biblioteczne. Biuletyn Pedagogicznej Biblioteki Wojewódzkiej im. Józefa Lompy w Katowicach. Pedagogiczna Biblioteka Wojewódzka im. Józefa Lompy w Katowicach. Katowice 2012, nr 1–2.

Dolny Śląsk. Dolnośląskie Towarzystwo Społeczno-Kulturalne. Wrocław 17, 2012, ss. 299.

Dzieje Najnowsze. Kwartalnik poświęcony historii XX wieku, Instytut Historii PAN. Warszawa 44, 2012, z. 1–4.

Dzieła i Interpretacje. Rocznik Studentów Historii Sztuki Uniwersytetu Wrocławskiego. Wrocław 13, 2012, ss. 144.

Echo Dobrodzienia i okolic. Pismo samorządu i mieszkańców miasta i gminy Dobrodzień. Dobrodzień 2012, nr 85-87, ss. 26, 24, 28.

Eesti Kunstimmuuseumi Toimetised. Proceedings of the Art. Museum of Estonia. Tallinn 2 (7), 2012, ss. 240

Emporwerment. Kwartalnik Pracowników Socjalnych Śląska Opolskiego. Regionalny Ośrodek Polityki Społecznej. Opole 2012 , nr 1–4.

Evangelický kalendář = Kalendarz Ewangelicki. Slezská církev evangelická. Český Těšín 2012, ss. 160, il.

Fa-art. Kwartalnik Literacki. Wydawnictwo Fa -art. Katowice 2012, nr 1–4.

Fabryka Silesia. Kwartalnik. Regionalny Ośrodek Kultury w Katowicach. Katowice 2012, nr 1–2.

Fala. Kwartalnik Towarzystwa Miłośników Ziemi Turawskiej. Turawa 2012, nr 1–4.

Farmacja Polska. Polskie Towarzystwo Farmaceutyczne. Warszawa 68, 2012, nr 1–12.

Fasciculi Archaeologiae Historicae. Instytut Archeologii i Etnologii PAN – Oddział w Łodzi. Łódź 25, 2012, ss. 99.

Folia Historica Cracoviensia. Uniwersytet Papieski Jana Pawła II w Krakowie – Wydział Historii i Dziedzictwa Kulturowego. Kraków 18, 2012, ss. 333.

Fontes Archaeologici Posnaniensis. Instytut Prahistorii Uniwersytetu im. Adama Mickiewicza w Poznaniu. Poznań 17, 2012, ss. 272

Format. Pismo artystyczne. Akademia Sztuk Pięknych we Wrocławiu; Fundacja im. Eugeniusza Gepperta. Wrocław 2012, nr 62–64.

Forum Budownictwa Śląskiego. Czasopismo Śląskiej Izby Budownictwa. Śląska Izba Budownictwa w Katowicach. Katowice 2012, nr 1–3, fot.

Frankenstein-Münsterberger Rundschau. Mit Bergglocke Reichenstein. Heimatzeitung für Stadt und Kreis Frankenstein-Schlesien. Bielefeld [u.a.] 7, 2012.

Freudenthaler Ländchen. Geschichts- und Sittenbilder aus alter und neuer Zeit zur Vertiefung der Heimatliebe und Heimatkunst in der verbannten Heimatgemeinschaft. Esslingen 83, 2012, H. 1–12.

Freystädter Kreisblatt, Grünberger Wochenblatt. Heimatzeitung für die Städte und Kreise Freystadt und Grünberg in Schlesien. Würzburg 53, 2012, H. 1–12.

Die Gartenkunst. Wernersche Verlagsgesellschaft mbH. Worms am Rhein 24, 2012.

Gazeta Uniwersytecka. Miesięcznik Uniwersytetu Śląskiego w Katowicach. Wydawnictwo Uniwersytetu Śląskiego w Katowicach. Katowice 2012, nr 1–10.

Gdański Rocznik Ewangelicki. Gdańsk 6, 2012, ss. 324.

Gerhart-Hauptmann-Blätter. Literarisches, Biographisches, Kritisches. Eine Halbjahresschrift. Mitteilungen der Gerhart-Hauptmann-Gesellschaft e.V. zu Berlin. Gerhart-Hauptmann-Gesellschaft e.V. Berlin 14, 2012, H. 1–2, 16 S.

German Studies Review. Tempe/Arizona 35, 2012, H. 1–3, 723 S.

Germano-Polonica. Newsletter. Marburg/Lahn 2012, H. 1–2.

Gleiwitzer-Beuthener-Tarnowitzer Heimatblatt. Mitteilungsblatt für Familie und Heimatkunde. Nürnberg 62, 2012, H. 1–12.

Gliwicki Magazyn Kulturalny. Teatr Muzyczny w Gliwicach. Gliwice 2012, nr styczeń – grudzień.

Głos Głubczyc. Informator samorządowy. Informacje – Kultura – Edukacja – Sport. Głubczyce 2012, nr 1–12.

Goldberg-Haynauer Heimat-Nachrichten. Hannover 62, 2012, H. 1–12, 192 S.

Görlitzer Magazin. Geschichte und Gegenwart der Stadt Görlitz und ihrer Umgebung. Görlitz 25, 2012, 111 S., Abb.

Górnictwo Odkrywkowe. Poltegor-Instytut Instytut Górnictwa Odkrywkowego. Wrocław 53, 2012, nr 1–6.

Górnik Polski. Zeszyty Naukowe Muzeum Górnictwa Węglowego w Zabrzu. Muzeum Górnictwa Węglowego w Zabrzu. Zabrze 2012, nr 6, ss. 365, fot.

Górnośląskie Studia Socjologiczne. Seria nowa. Wydawnictwo Uniwersytetu Śląskiego w Katowicach. Katowice 3, 2012, ss. 184.

Grafschafter Bote. Informations- und Mitteilungsblatt der Zentralstelle Grafschaft Glatz e.V., der Heimatgruppe Grafschaft Glatz und der Kreisversammlungen Glatz, Habelschwerdt, Neurode. Lüdenscheid 63, 2012, H. 1–12.

Gross Wartenberger Heimatblatt. Mitteilungsblatt für Familie – Kultur und Zeitgeschehen. Nürnberg 56, 2012, H. 1–6.

Grottkau-Falkenberger Heimatblatt. Monatliche Heimatzeitung der Städte und Kreise Grottkau und Falkenberg in Oberschlesien. Würzburg 60, 2012, H. 1–12.

Guhrauer Kreiszeitung. Monatlich erscheinende Heimatzeitung für Stadt und Kreis Guhrau in Schlesien. Würzburg 60, 2012, H. 1–12.

Guliwer. Czasopismo o książce dla dziecka. „Śląsk" Sp. z o.o. Wydawnictwo Naukowe. Katowice 2012, nr 1–4.

Hajduczanin. Miesięcznik społeczno-kulturalny Wielkie Hajduki-Chorzów Batory. Chorzów 2012, nr 1–12.

Heimat und Glaube. Monatsblatt der katholischen Heimatvertriebenen. St.-Hedwigs-Werk, Lippstadt. Lippstadt 65, 2012, H. 1–12.

Heimatblatt für die Kreise Strehlen, Ohlau. Nürnberg 62, 2012, H. 1–12.

Heimatblätter Striegau. Bundesheimatgruppe Striegau Stadt und Land e.V. Lübbecke 2012, H. 94–95.

Heimatklänge. Rundschreiben des Patenschaftsbeirates Meschede-Winzig. Meschede 67, 2012.

Heimatzeitung Römerstädter Ländchen und angrenzende Gemeinden. Wetzlar 64, 2012, H. 384–389.

Hereditas Monasteriorum. Wrocław 1, 2012, ss. 496.

Historica. Revue pro historii a příbuzné vědy. Filozofická fakulta Ostravské univerzity v Ostravě. Ostrava 3, 2012, nr 1–2, ss. 256.

Historica Olomucensia. Sborník prací historických XXIX, XXX. Olomouc 41–42, 2012, 324, 245 s.

Historische Zeitschrift. München 294, 2012, H. 1–3; 295, 2012, H. 1–3.

Historyczno-Badawczy Biuletyn Filatelistyczny. Polska Akademia Filatelistyki, Okręg Pomorski Polskiego Związku Filatelistów. Gdańsk 52, 2012, nr 1–4, ss. 38.

Historyka. Studia Metodologiczne, Komisja Historyczna PAN – Oddział w Krakowie. Kraków 42, 2012, ss. 233.

Hlučínsko. Vlastivědný časopis Muzea Hlučínska. Hlučín 2, 2012.

H-Soz-u-Kult. Berlin 2012.

Ikonotheka. Prace Instytutu Historii Sztuki Uniwersytetu Warszawskiego. Warszawa 23, 2012, ss. 258.

Indeks. Pismo Uniwersytetu Opolskiego. Opole 2012, nr 1–10.

Informationen. Wissenschaftliche Zeitschrift des Studienkreises Deutscher Widerstand. Studienkreis Deutscher Widerstand 1933–1945 e.V. Frankfurt am Main 37, 2012.

Inter finitimos. Jahrbuch zur deutsch-polnischen Beziehungsgeschichte. Deutsch-Polnische Gesellschaft Bundesverband e.V. Osnabrück 10, 2012, 303 S.

Interpretacje. Uniwersytet Śląski w Katowicach, Szkoła Języka i Kultury Polskiej. Katowice 2012, ss. 127

Iser-Gebirgs-Heimat. Schlesische Heimatzeitung für die Kreise Löwenberg und Lauban. Amtliches Mitteilungsblatt des Heimatkreisvertrauensmannes und des Heimatbundes Kreis Löwenberg e.V. Nürnberg 15, 2012, H. 1–11.

Jägerndorfer Heimatbrief und der Jägerndorfer. Grettstadt 64, 2012.

Jahrbuch der Schlesier. Nürnberg 34, 2012, 144 S.

Jahrbuch des Bundesinstituts für Kultur und Geschichte der Deutschen im östlichen Europa. Oldenburg 20, 2012, 696 S., Abb.

Jahrbuch des Simon-Dubnow-Instituts. Simon -Dubnow-Institut für jüdische Geschichte und Kultur an der Universität Leipzig. Stuttgart 11, 2012, 524 S.

Jahrbuch für brandenburgische Landesgeschichte. Landesgeschichtlichen Vereinigung für die Mark Brandenburg e.V. Berlin 63, 2012, 372 S.

Jahrbuch für die Geschichte des Protestantismus in Österreich. Vorstand der Gesellschaft für die Geschichte des Protestantismus in Österreich. Leipzig 127/128, 2011/2012 (2012), 312 S.

Jahrbuch für Forschungen zur Geschichte der Arbeiterbewegung. Förderverein für Forschungen zur Geschichte der Arbeiterbewegung. Berlin 11, 2012, H. 1–3.

Jahrbuch für Glockenkunde. Deutsche Glockenmuseum auf Burg Greifenstein 23/24, 2011/2012 (2012).

Jahrbuch für Schlesische Kirchengeschichte N.F. Würzburg 90, 2011 (2012), 288 S.

Jahrbuch Polen. Deutschen Polen-Institut Darmstadt. Wiesbaden 23, 2012, 185 S., Abb.

Jahrbücher für Geschichte Osteuropas/jgo.e-reviews. Institut für Ost- und Südosteuropaforschung. Regensburg 2, 2012, H. 1–4.

Jahresberichte für deutsche Geschichte N.F. Mit Nachträgen. Berlin, 2012.

Jaskółka Śląska. Miesięcznik śląskich regionalistów. Ruch Autonomii Śląska. Katowice 2012, nr 1–12.

Jastrzębski Rocznik Numizmatyczno-Historyczny. Polskie Towarzystwo Numizmatyczne. Oddział PTN im. Juliusza Mękickiego w Jastrzębiu Zdroju. Jastrzębie Zdrój 2012, z. 9, ss. 24, fot.

Jesenicko. Vlastivědný sborník. Jesenik 13, 2012, 96 s.

Journal of Ecology and Health. Górnośląska Wyższa Szkoła Pedagogiczna im. Kardynała Augusta Hlonda w Mysłowicach, Wyższa Szkoła Ekonomii i Administracji w Bytomiu, Agencja Wydawniczo-Reklamowa Omnidium w Rudzie Śląskiej. Mysłowice 2012, nr 1–4.

Journal of Economics and Technical Science. Wyższa Szkoła Ekonomii i Administracji w Bytomiu. Bytom 2012, nr 5, ss. 135, rys., tab.

Journal of Humany Kinetics. Wydawnictwo Akademii Wychowania Fizycznego im. Jerzego Kukuczki w Katowicach. Katowice 2012, vol. 31–35, ss. 174, 237, 155, 153, fot., tab., wykr.

Kalendarz Beskidzki. Towarzystwo Miłośników Ziemi Bielsko-Bialskiej. Bielsko-Biała; 47, 2013 (2012), ss. 295, il.

Kalendarz Cieszyński. Macierz Ziemi Cieszyńskiej. Cieszyn 2013 (2012), ss. 280, il.

Kalendarz Ewangelicki na rok 2013. Bielsko -Biała 2013 (2012), ss. 272+116, il.

Kalendarz Głubczycki. Urząd Miejski w Głubczycach. Głubczyce 20, 2013 (2012), ss. 308.

Kalendarz Gminy Skoczów. Miejskie Centrum Kultury INTEGRATOR. Skoczów 2012, ss. 223, il.

Kalendarz Śląski. Zarząd Główny PZKO w Republice Czeskiej. Czeski Cieszyn 49, 2013 (2012), ss. 174, il.

Kalendarz Ustroński. Muzeum Ustrońskie. Ustroń 14, 2012, ss. 392, il.

Kalendarz z Istebnej, Jaworzynki i Koniakowa. Istebna 2012, ss. 112, il.

Kalendarz Żorski. Muzeum Miejskie w Żorach. Żory 2012, ss. 269, fot.

Kalonymos. Beiträge zur deutsch-jüdischen Geschichte aus dem Salomon Ludwig Steinheim-Institut. Duisburg 15, 2012, H. 1–4, 64 S.

Karta. Fundacja Ośrodka „Karta". Warszawa 2012, nr 70–73.

Kladský sborník. Trutnov 2012, 311 s.

Klio Polska. Studia i materiały z dziejów historiografii polskiej XIX–XX wieku, Polskie Towarzystwo Historyczne, Instytut Historii PAN. Warszawa 6, 2012, ss. 240.

Klio. Czasopismo poświęcone dziejom Polski i powszechnym, Instytut Historii i Archiwistyki UMK. Toruń 20–23, 2012, nr 1–4.

Knihy a dějiny. Zvláštní číslo věnované PhDr. Anežce Baďurové. Knihovna Akademie Věd ČR. Praha 2012, 241 s.

Komunikacja Publiczna Kwartalnik. Komunikacyjny Związek Komunalny Górnośląskiego Okręgu Przemysłowego w Katowicach. Katowice 2012, nr 1–4.

Koło Naukowe Studentów Historii Sztuki Uniwersytetu Wrocławskiego. Wrocław 13, 2012 ss. 144.

Komunikacja Publiczna. Kwartalnik. Komunikacyjny Związek Komunalny Górnośląskiego Okręgu Przemysłowego w Katowicach. Katowice 2012, nr 1–4.

Konteksty. Antropologia Kultury, Etnografia, Sztuka, Polska Sztuka Ludowa, Instytut Sztuki PAN, Stowarzyszenie Liber pro Arte. Warszawa 66, 2012, nr 1–4.

Koszalińskie Zeszyty Muzealne. Muzeum w Koszalinie. Koszalin 32, 2012, ss. 151.

Kreis Trebnitzer Heimatzeitung. Monatlich erscheinende Heimatzeitung für Stadt und Kreis Trebnitz in Schlesien. Würzburg 56, 2012, H. 1–12.

Kreuzburger Nachrichten. Mitteilungsblatt des Heimatkreis-Verbandes Kreuzburg O/S e.V. Schlitz 94, 2012, H. 1–12.

Kronika Zamkowa. Zamek Królewski w Warszawie. Warszawa 2012, nr 1–2, ss. 272.

Kroniki Miasta Zabrza. Rocznik Muzeum Miejskiego w Zabrzu. Muzeum Miejskie w Zabrzu. Zabrze 4, 2012, ss. 279, fot.

Kunstchronik . Zentralinstitut für Kunstgeschichte. Nürnberg 65, 2012.

Kurier Konserwatorski. Narodowy Instytut Dziedzictwa. Warszawa 12, 2012, ss. 73.

Kwartalnik Historii Żydów. Żydowski Instytut Historyczny im. Emanuela Ringelbluma w Polsce, Stowarzyszenie Żydowski Instytut Historyczny w Polsce. Warszawa 2012, nr 1–4.

Kwartalnik Opolski. Opole 58, 2012, nr 1 ss. 146; nr 2–3 ss. 256; nr 4 ss. 159.

Kwartalnik Powiatu Oleśnickiego. Powiatowa i Miejska Biblioteka Publiczna im. Mikołaja Reja w Oleśnicy. Oleśnica 2012, nr 1–2 (27–28) – 3 (29).

Landeshut in Schlesien. Kalender. Wolfenbüttel 2012.

Landsmannschaft Schlesien. Nieder- und Oberschlesien. Mitteilungsblatt der Kreisgruppe Köln e.V. Köln 60, 2012, H. 1–4.

Laubaner Gemeindebrief. Bielefeld 2012, H. 1–3 (519–521).

Laubaner Tageblatt. Monatliche Heimatzeitung für Stadt und Kreis Lauban in Oberlausitz/Niederschlesien. Würzburg 63, 2012, H. 1–12.

Leobschützer Heimatblatt. Mitteilungsblatt für die Stadt und den Kreis Leobschütz O/S. Werne 45, 2012, H. 1–6.

Liegnitzer Heimatblatt. Heimatzeitung der Niederschlesier, Lübener Heimatblatt. Bundesgruppe Liegnitz Stadt und Land e.V. Wuppertal 64, 2012, H. 1–6, 192 S., Abb.

Löwenberger Heimatgrüße. Zugleich Amtliches Mitteilungsblatt von Heimatkreisvertrauensmann und Heimatbund Kreis Löwenberg e.V. Würzburg 64, 2012, H. 1–12.

Łambinowicki Rocznik Muzealny. Jeńcy wojenni w latach II wojny światowej. Centralne Muzeum Jeńców Wojennych w Łambinowicach-Opolu. Opole 35, 2012, ss. 181.

Łódzkie Studia Etnograficzne. Polskie Towarzystwo Ludoznawcze. Łódź–Wrocław 51, 2012, ss. 215.

Medaon. Magazin für jüdisches Leben in Forschung und Bildung. HATiKVA – Bildungs- und Begegnungsstätte für Jüdische Geschichte und Kultur Sachsen e.V. Dresden 2012, H. 10–11.

Medycyna Nowożytna. Studia nad kulturą medyczną, Instytut Historii Nauki PAN, Śląski Uniwersytet Medyczny. Warszawa 18, 2012, z. 1–2, ss. 296.

Militsch-Trachenberger Kreis- und Stadtblatt. Prausnitzer Zeitung. Monatlich erscheinende Heimatzeitung für Stadt und Kreis Militsch in Schlesien mit den kreisangehörigen Städten Trachenberg, Prausnitz, Sulau. Rothenburg 60, 2012, H. 1–12.

Modelowe nauczanie. Opolski Przegląd Edukacyjny. Kwartalnik Miejskiego Ośrodka Doskonalenia Nauczycieli w Opolu. Opole 2012, nr 1–4.

The Modern Language Review. London 107, 2012, No. 1–4, pp. 1318.

Montes Tarnovicensis Pismo bezpłatne. Tarnowskie Góry 2012, nr 54–59.

Mówią Wieki. Magazyn historyczny, Wydawnictwo „Bellona". Warszawa 2012, nr 1–12.

Münchner Schlesierblatt. Monatsblatt für Nieder- und Oberschlesier. München 62, 2012.

Nasz „Wujek". Informator zakładowy. Kopalnia „Wujek". Katowice 2012, nr 1–12.

Nasza Przeszłość. Studia z dziejów Kościoła i kultury katolickiej w Polsce, Instytut Wydawniczy Księży Misjonarzy „Nasza Przeszłość". Kraków 2012, nr 117–118, ss. 438, 257.

Nasze Zabrze Samorządowe. Dom Muzyki i Tańca w Zabrzu. Zabrze 2012, nr 1–12.

Navalis. Zeitschrift zur Geschichte der Binnenschifffahrt, des Binnenschiffbaues und der Wasserstraßen. Berlin 9, 2012, H. 1–2.

Neisser Heimatblatt für den Stadt- und Landkreis Neisse. Organ des „Neisser Kultur und Heimatbundes" e.V. Hildesheim verbunden mit „Bote aus dem Bieletal" (Ziegenhalser Stadtblatt in der Fremde). Hildesheim 65, 2012, H. 268–270.

Neue Brieger Zeitung. Offizielles Kreisorgan für Brieg Stadt und Land. Recklinghausen 64, 2012, H. 1–12.

Neuer Glogauer Anzeiger. Offizielles Organ der Heimatkreise Glogau-Stadt und Glogau -Land mit den Städten Beuthen-Oder, Herwegen (Polkwitz), Schlesiersee (Schlawa). Hannover 59, 2012, H. 1–12.

Neues Archiv für sächsische Geschichte. Institut für Sächsische Geschichte und Volkskunde e.V. Dresden 83, 2012, 372 S.

Neues Lausitzisches Magazin. Neue Folge. Oberlausitzische Gesellschaft der Wissenschaften e.V. Görlitz 15 (134), 2012, 176 S.

Neustädter Heimatbrief. Mitteilungsblatt des Heimatkreisvertrauensmannes für die Stadt und den Kreis Neustadt/Oberschlesien. Braunschweig 63, 2012, H. 1–12, 384 S.

Niederlausitzer Studien. Niederlausitzer Gesellschaft für Geschichte und Landeskunde e.V. Großräschen 38, 2012, 184 S., Abb.

Notae Numismaticae, Zapiski Numizmatyczne, Muzeum Narodowe w Krakowie, Sekcja Numuzmatyczna Komisji Archeologicznej PAN – Oddział w Krakowie, Kraków 7, 2012, ss. 312.

Nowa Biblioteka. Instytut Bibliotekoznawstwa i Informacji Naukowej Uniwersytetu Śląskiego w Katowicach. Agencja Wydawnicza „TRIO". Katowice 2012, ss. 209.

Numismatisches Nachrichtenblatt. Deutsche Numismatische Gesellschaft. Speyer 61, 2012, H. 1–12.

Nyskie Szkice Muzealne. Muzeum w Nysie. Nysa 5, 2012, ss. 232.

Oberlausitzer Hausbuch. Bautzen 2012, 192 S.

Oberlausitzer Heimatblätter. Zittau 2012, H. 32–35.

Oberlausitzer Rundschau. Monatliche Heimatzeitung der Städte und Kreise Görlitz und Rothenburg O/L in Niederschlesien. Würzburg 59, 2012, H. 1–12.

Oberschlesien. Unabhängiges Magazin. Görlitz 2012, H. 1–12.

Ochrona Zabytków. Narodowy Instytut Dziedzictwa. Warszawa 65, 2012, nr 1/2–3/4.

Odra. Ośrodek Kultury i Sztuki we Wrocławiu; Instytut Książki. Wrocław 2012, nr 1–12 (597–606).

Oelser Heimatkreisblatt. Monatliche Heimatzeitung für Stadt und Kreis Oels in Schlesien und die kreisangehörige Stadt Bernstadt. Mitteilungsblatt der Heimatkreisvereinigung Oels. Würzburg 33, 2012, H. 1–12.

Opcje. Kwartalnik kulturalny. Centrum Kultury im. Krystyny Bochenek w Katowicach, Instytucje Kultury Katowice – Miasto Ogrodów. Katowice 2012, nr 1–4.

Opolski Informator Konserwatorski. Opole 2012, ss. 259.

Opolski Rocznik Muzealny. Muzeum Śląska Opolskiego w Opolu. Opole 19, 2012, ss. 226.

Opolskie Osobliwości. Historia. Kultura. Zabytki. Muzea. Opole 1, 2012, ss. 29.

Oppelner Heimatblatt. Monatlich erscheinende Heimatzeitung für Stadt und Kreis Oppeln/Oberschlesien sowie Mitteilungsblatt der Heimatkreiskartei und der Heimatgruppe. Würzburg 63, 2012, H. 1–12.

Organy na Śląsku. Akademia Muzyczna im. Karola Szymanowskiego w Katowicach. Katowice 4, 2012, ss. 395, fot.

Osteuropa. Berlin 62, 2012, H. 1–12.

Ostrava. Příspěvky k dějinám a současnosti Ostravy a Ostravska. Statutární město Ostrava. Archiv města Ostravy. Ostrava 26, 2012, 335 s.

Paedagogica Historica. International Journal of the History of Education. Philadelphia 48, 2012.

Pamięć i Przyszłość. Ośrodek „Pamięć i Przyszłość". Wrocław 2012, nr 1–4 (15–18).

Pamiętnik Towarzystwa Lekarskiego Warszawskiego. Towarzystwo Lekarskie Warszawskie. Warszawa 148, 2012, z. 16, ss. 192.

Pamiętnik Zarzecki. Zarzecze 9, 2012, ss. 201.

Państwo i Prawo. Komitet Nauk Prawnych PAN. Warszawa 67, 2012, z. 1–12.

Państwo i Społeczeństwo. Krakowska Akademia im. Andrzeja Frycza Modrzewskiego. Kraków 12, 2012, nr 1–4.

Patschkauer Dohle. Offizielles Mitteilungsblatt für Schlesischen Heimatvereins Patschkau und Umgebung e.V. Hamburg 2012, H. 1–4.

Perspectiva. Legnickie Studia Teologiczno-Historyczne. Wyższe Seminarium Duchowne Diecezji Legnickiej. Legnica 11, 2012, nr 1 (20) – 2 (21).

Photo-Antiquaria. Club Daguerre, Vereinigung zur Pflege der Historischen Aspekte der Phtographie e.V. Darmstadt 2012, H. 108–113.

Podlaskie Zeszyty Archeologiczne. Muzeum Podlaskie w Białymstoku. Białystok 7–8, 2012, ss. 218.

Polityka Wschodnia. Wydział Dziennikarstwa i Nauk Politycznych Uniwersytetu Warszawskiego. Warszawa 2012, nr 1–2, ss. 224, 301.

Pomniki Dawnego Prawa. Stowarzyszenie Ochrony i Badań Zabytków Prawa. Wrocław 2012, z. 17–20.

Poodří. Časopis obyvatel horní Odry. Společnost přátel Poodří. Ostrava 15, 2012, č. 1–4.

Postscriptum Polonistyczne. Szkoła Języka i Kultury Uniwersytetu Śląskiego w Katowicach. Katowice 2012, nr 1, ss. 340.

Poznańskie Studia Teologiczne. Wydział Teologiczny Uniwersytetu im. Adama Mickiewicza w Poznaniu. Poznań 26, 2012, ss. 358.

Prace i Materiały Muzeum Archeologicznego i Etnograficznego w Łodzi. Seria archeologiczna. Łódź 45, 2010–2012 (2012), ss. 460.

Prace Naukowe Uniwersytetu Śląskiego w Katowicach. Wydawnictwo Uniwersytetu Śląskiego w Katowicach. Katowice 2012.

Preußenland Mitteilungen der Historischen Kommission für ost- und westpreußische Landesforschung und aus den Archiven der Stiftung Preußischer Kulturbesitz. Historischen Kommission für ost- und westpreußische Landesforschung. Grünberg 3, 2012, 208 S.

Pro Lusatia. Opolskie Studia Łużycoznawcze. Stowarzyszenie Polsko-Serbskołużyckie Pro Lusatia; Instytut historii Uniwersytetu Opolskiego. Opole 11, 2012, ss. 186.

Przegląd Biblioteczny. Stowarzyszenie Bibliotekarzy Polskich. Warszawa 80, 2012, nr 1–4.

Przegląd Geograficzny. Instytut Geografii i Przestrzennego Zagospodarowania im. St. Leszczyńskiego PAN. Warszawa 84, 2012, nr 1–4.

Przegląd Górniczy. Miesięcznik Stowarzyszenia Inżynierów i Techników Górnictwa. Stowarzyszenie Inżynierów i Techników Górnictwa w Katowicach. Katowice 2012, nr 1–6.

Przegląd Historyczno-Oświatowy. Wydawnictwo Pedagogiczne ZNP. Kielce 55, 2012, z. 1/2–3/4, ss. 239, 201.

Przegląd Historyczno-Wojskowy. Ministerstwo Obrony Narodowej, Wojskowe Centrum Edukacji Obywatelskiej. Warszawa 13, 2012, nr 1–4.

Przegląd Humanistyczny. Wydawnictwo Uniwersytetu Warszawskiego. Warszawa 56, 2012, z. 1–6.

Przegląd Kulturoznawczy. Komitet Nauk o Kulturze PAN, Wydział Zarządzania i Komunikacji Społecznej Uniwersytetu Jagiellońskiego. Kraków 2012, nr 1/2–3/4.

Przegląd Nauk Historycznych. Instytut Historyczny Uniwersytetu Łódzkiego. Łódź 11, 2012, nr 1–2, ss. 236, 247.

Przegląd Numizmatyczny. Stowarzyszenie Numizmatyków Profesjonalnych. Gdańsk 2012, z. 1–4.

Przegląd Orientalistyczny. Polskie Towarzystwo Orientalistyczne Warszawa 2012, z. 1–4.

Przegląd Politologiczny. Wydawnictwo Naukowe Instytutu Nauk Politycznych i Dziennikarstwa UAM. Poznań 17, 2012, nr 1–4.

Przegląd Polsko-Polonijny. Stowarzyszenie Naukowe „Polska w świecie" w Gorzowie Wielkopolskim, Polskie Towarzystwo Naukowe na Obczyźnie w Londynie, Towarzystwo Miłośników Polesia w Gorzowie Wielkopolskim. Gorzów Wielkopolski 2012, z. 3–4, ss. 333, 380.

Przegląd Pożarniczy. Miesięcznik Państwowej Straży Pożarnej, Komendant Główny PSP. Warszawa 2012, nr 1–12.

Przegląd Pyskowicki. Pismo lokalne. Miesięcznik. Gmina Pyskowice. Pyskowice 2012, nr 1–12.

Przegląd Religioznawczy. Polskie Towarzystwo Religioznawcze. Warszawa 2012. nr 1–4.

Przegląd Socjologiczny. Łódzkie Towarzystwo Naukowe. Łódź 61, 2012, z. 1–4.

Przegląd Tatarski. Kwartalnik społeczno-kulturalny poświęcony Tatarom w Polsce i na świecie, Muzułmański Związek Religijny w Rzeczpospolitej Polskiej. Białystok 2012, z. 1–4.

Przegląd Wielkopolski. Kultura, historia, ekorozwój, turystyka, Wielkopolskie Towarzystwo Kulturalne w Poznaniu. Poznań 26, 2012, z. 1–4.

Przegląd Wschodnioeuropejski. Wydawnictwo Uniwersytetu Warmińsko-Mazurskiego w Olsztynie, Centrum Badań Europy Wschodniej. Olsztyn 3, 2012, ss. 545.

Przegląd Zachodni. Czasopismo Instytutu Zachodniego w Poznaniu. Poznań 68, 2012, nr 1–4.

Przegląd Zachodniopomorski. Wydawnictwo Naukowe Uniwersytetu Szczecińskiego. Szczecin 27, 2012, z. 1–4.

Przeszłość Demograficzna Polski. Sekcja Demografii Historycznej Komitetu Nauk Demograficznych Polskiej Akademii Nauk. Wrocław 31, 2012, ss. 114.

Przyroda Górnego Śląska. Biuletyn Centrum Dziedzictwa Przyrody Górnego Śląska. Centrum Dziedzictwa Przyrody Górnego

Śląska. Katowice 2012, nr 67–70, ss. 23, 15, 15, 15, fot.

Przyrodnik Ustroński. Urząd Miasta w Ustroniu, Polski Klub Ekologiczny Koło w Ustroniu. Ustroń 2012, z. 11, ss. 152.

Puls Niemodlina. Miesięcznik społeczno-kulturalny. Ośrodek Kultury w Niemodlinie. Niemodlin 2012, nr 1–9.

Puls Uczelni. Czasopismo naukowo-informacyjne dla pracowników i studentów wyższych szkół medycznych. Państwowa Wyższa Szkoła Zawodowa w Opolu. Opole 6, 2012, nr 1–4.

Quaestiones Medii Aevi Novae. Fundacja Centrum Badań Historycznych. Warszawa 17, 2012, ss. 493.

Quart. Kwartalnik Instytutu Historii Sztuki Uniwersytetu Wrocławskiego. Wrocław 2012, nr 1–4 (23–26).

Religion und Gesellschaft in Ost und West. Institut G2W. Ökumenisches Forum für Glauben, Religion und Gesellschaft in Ost und West. Zürich 2012, H. 1–12.

Rocznik Biblioteki Naukowej PAU i PAN w Krakowie. Biblioteka Naukowa PAU i PAN w Krakowie. Kraków 57, 2012, ss. 512.

Rocznik Bolesławiecki. Muzeum Ceramiki w Bolesławcu. Bolesławiec 4, 2011 (2012), ss. 184.

Rocznik Dzierżoniowski. Towarzystwo Miłośników Dzierżoniowa. Dzierżoniów 21, 2011 (2012), ss. 228.

Rocznik Elbląski. Polskie Towarzystwo Historyczne – Oddział w Elblągu, Biblioteka Elbląska im. Cypriana Norwida. Elbląg 24, 2012, ss. 364.

Rocznik Historii Kościoła. Towarzystwo Naukowe KUL. Lublin 4, 2012, ss. 228.

Rocznik Historii Prasy Polskiej. Komisja Prasoznawcza PAN – Oddział w Krakowie, Uniwersytet Pedagogiczny im. KEN w Krakowie. Kraków 15, 2012, z. 1–2, ss. 182.

Rocznik Historii Sztuki. Komitet Nauki o Sztuce PAN. Warszawa 37, 2012, ss. 183.

Rocznik Historyczno-Archiwalny. Archiwum Państwowe w Przemyślu. Przemyśl 22, 2012, ss. 260.

Rocznik Historyczny Muzeum Historii Polskiego Ruchu Ludowego. Muzeum Polskiego Ruchu Ludowego. Warszawa 28, 2012, ss. 456.

Rocznik Instytutu Europy Środkowo-Wschodniej. Instytut Europy Środkowo-Wschodniej. Lublin 10, 2012, z. 1–6.

Rocznik Jeleniogórski. Towarzystwo Przyjaciół Jeleniej Góry. Jelenia Góra 44, 2012, ss. 352.

Rocznik Kaliski. Kaliskie Towarzystwo Przyjaciół Nauk, Polskie Towarzystwo Historyczne – Oddział w Kaliszu. Kalisz 38, 2012, ss. 355.

Rocznik Lubuski. Cz. 1: Współpraca na pograniczu polsko-niemieckim. Geneza – stan obecny – perspektywy. Lubuskie Towarzystwo Naukowe; Cz. 2: Homogeniczna versus heterogeniczna tożsamość pedagogiki. Lubuskie Towarzystwo Naukowe. Zielona Góra 38, 2012, ss. 258, 304.

Rocznik Muzeum Narodowego w Warszawie. Muzeum Narodowe w Warszawie. Warszawa 37, 2012, ss. 364.

Rocznik Muzeum Papiernictwa. Muzeum Papiernictwa w Dusznikach-Zdroju. Duszniki-Zdrój 6, 2012, ss. 195.

Rocznik Powiatu Oleskiego. Wydawnictwo i Drukarnia Świętego Krzyża. Olesno 2012, ss. 196.

Rocznik Przemyski. Historia, Towarzystwo Przyjaciół Nauk w Przemyślu. Przemyśl 48, 2012, z. 4, ss. 197.

Rocznik Przemyski. Historia Wojskowości. Towarzystwo Przyjaciół Nauk w Przemyślu, Instytut Historyczny Uniwersytetu Rzeszowskiego. Przemyśl 48, 2012, z. 1, ss. 332.

Rocznik Przemyski. Literatura i Język. Towarzystwo Przyjaciół Nauk w Przemyślu, Państwowa Wyższa Szkoła Wschodnioeuropejska w Przemyślu. Przemyśl 48, 2012, z. 2, ss. 331.

Rocznik Świdnicki. Towarzystwo Regionalne Ziemi Świdnickiej. Świdnica 39, 2011 (2012), ss. 267.

Rocznik Świebodzicki. Gmina Świebodzice. Świebodzice 2011 (2012), ss. 119.

Rocznik Towarzystwa Genealogicznego Ziemi Częstochowskiej. Muzeum Częstochowskie i Towarzystwo Genealogiczne Ziemi Częstochowskiej. Częstochowa 3–4, 2012, ss. 277, ss. 437.

Rocznik Wiślański. Parafia Ewangelicko-Augsburska w Wiśle. Wisła 4, 2012, ss. 144, il.

Roczniki Dziejów Społecznych i Gospodarczych. Poznańskie Towarzystwo Przyjaciół Nauk – Wydział Historii i Nauk Społecznych, Instytut Historii PAN. Poznań–Warszawa 72, 2012, ss. 330.

Roczniki Historii Kościoła. Towarzystwo Naukowe Katolickiego Uniwersytetu Lubelskiego. Lublin 4, 2012, ss. 228.

Roczniki Historyczne. Poznańskie Towarzystwo Przyjaciół Nauk – Wydział Historii i Nauk Społecznych, Instytut Historii PAN. Poznań 78, 2012, ss. 344.

Roczniki Humanistyczne. Historia 60. Towarzystwo Naukowe KUL. Lublin 2012, z. 2, ss. 205.

Roczniki Humanistyczne. Historia Sztuki 60. Towarzystwo Naukowe KUL. Lublin 2012, z. 4, ss. 395.

Roczniki Muzeum Papiernictwa. Muzeum Papiernictwa w Dusznikach-Zdroju. Duszniki-Zdrój 6, 2012, ss. 195.

Roczniki Sztuki Śląskiej. Muzeum Narodowe we Wrocławiu. Wrocław 21, 2012, ss. 243.

Rodnia. Miesięcznik społeczno-kulturalny Bierunia. Bieruński Ośrodek Kultury. Bieruń 2012, nr 1–12.

Rozprawy Komisji Językowej. Wydział Językoznawstwa, Nauki o Literaturze i Filozofii Łódzkiego Towarzystwa Naukowego. Łódź 58, 2012, ss. 413.

Rozprawy Komisji Językowej. Wrocławskie Towarzystwo Naukowe. Wrocław 39, 2012 ss. 179.

Rozprawy Muzeum Narodowego w Krakowie. Seria nowa. Muzeum Narodowe w Krakowie. Kraków 5, 2012, ss. 331.

Roździeń. Miesięcznik Fundacji „Pro-EKO Szopienice". Fundacja „Pro-Eko Szopienice". Katowice 2012, nr 1–12.

Rund um den Neumarkter Roland. Ein Heimatblatt für alle, die sich der Stadt und dem Kreis Neumarkt im Schlesierland verbunden fühlenr. Hameln 49, 2012, H. 1–12, 96 S.

Saeculum Christianum. Pismo historyczno-społeczne. Uniwersytet Kardynała St. Wyszyńskiego. Warszawa 19, 2012, z. 1–2, ss. 301, 339.

Sagan-Sprottauer Heimatbriefe. Offizielles Organ und Monatsschrift für den Kreis Sprottau. Lippstadt 63, 2012, H. 1–12.

Sborník bruntálského muzea. Muzeum v Bruntále. Bruntál 2012, 91 s., il.

Sborník Národního památkového ústavu územního odborného pracoviště v Olomouci. Národní památkový ústav. Olomouc 2012, 167 s.

Sborník Národního památkového ústavu v Ostravě. Národní památkový ústav. Ostrava 27, 2012, 107 s.

Schlesien heute. Unabhängiges Magazin. Görlitz 15, 2012, H. 1–12.

Schlesien in Kirche und Welt. Heimatbrief der Katholiken aus dem Erzbistum Breslau. Münster 39, 2012, H. 1–4.

Schlesier-Brief. Landsmannschaft Schlesien. Nieder- und Oberschlesien. Landesgruppe Hamburg 2012, H. 1–12.

Schlesierpost. Monatsblatt der Landsmannschaft Schlesien. Nieder- und Oberschlesien. Reutlingen und Pfullingen. Reutlingen 60, 2012, H. 1–12.

Schlesische Bergwacht. Zeitschrift der Heimatvertriebenen aus Stadt und Kreis Hirschberg, dem Riesen- und Isergebirge und des Riesengebirgsvereins. Hannover 62, 2012, H. 1–12.

Schlesische Geschichtsblätter. Zeitschrift für Regionalgeschichte Schlesiens. Verein für Geschichte Schlesiens e.V. Karlstadt 39, 2012, H. 1–3, 120 S.

Schlesischer Gebirgsbote. Zeitschrift der Heimatvertriebenen aus dem Osten des Riesengebirges. Wolfenbüttel 64, 2012, H. 1–12, 200 S.

Schlesischer Gottesfreund. Kirchliche Beiträge zu Ostfragen. Gemeinschaft evangelischer Schlesier e.V. Bockenem 63, 2012, H. 1–12, 192 S.

Schlesischer Kulturspiegel. Literatur. Bildende Kunst. Musik. Geschichte. Volkskunde. Informationen über das schlesische Kulturleben. Stiftung Kulturwerk Schlesien. Würzburg 47, 2012, H. 1–4, 68 S., Abb.

Scripta Minora. Instytut Historii Uniwersytetu im. Adama Mickiewicza w Poznaniu. Poznań 8, 2012, ss. 118.

Sehepunkte. München 2012, H. 1–12.

Semper Fidelis. Pismo Miłośników Lwowa i Kresów Południowo-Wschodnich. Towarzystwo Miłośników Lwowa i Kresów Południowo-Wschodnich. Wrocław 2012, 1–4 (124–127).

Sensus Historiae. Studia interdyscyplinarne. Bydgoszcz 6–9, 2012, z.1–4.

Severní Morava. Vlastivědný sborník. Okresní vlastivědné muzeum v Šumperku. Šumperk 56, 2012, sv. 98, 86 s.

Siemianowicki Rocznik Muzealny. Muzeum Miejskie w Siemianowicach Śląskich. Siemianowice Śląskie 11, 2012, ss. 208, fot.

Silesia Antiqua. Muzeum Miejskie Wrocławia Oddział Muzeum Archeologiczne. Wrocław 48, 2012, ss. 355.

Silesia Nova. Vierteljahresschrift für Kultur und Geschichte. Görlitz [u.a.] 9, 2012, H. 1–4.

Silesia Prezentuje. Instytut Promocji i Upowszechniania Muzyki „Silesia" w Katowicach. Katowice 2012, nr 88–97.

Slavia Antiqua. Poznańskie Towarzystwo Przyjaciół Nauk – Wydział Historii i Nauk Społecznych, Instytut Prahistorii Uniwersytetu im. Adama Mickiewicza. Poznań 52, 2012, ss. 239.

Slavia Meridionalis. Instytut Slawistyki PAN, Towarzystwo Naukowe Warszawskie. Warszawa 12, 2012, ss. 322.

Slavia Occidentalis. Poznańskie Towarzystwo Przyjaciół Nauk – Wydział Filologiczno-Filozoficzny, Wydział Filologii Polskiej i Klasycznej Uniwersytetu im. Adama Mickiewicza. Poznań 69, 2012, ss. 543.

Slezský sborník. Slezské zemské museum. Opava 112, 2012, 320 s.

Slovanský přehled. Review for the History of Central, Eastern and Southeastern Europe. Historický ústav AV ČR. Praha 98, 2012.

Słupskie Studia Historyczne. Akademia Pomorska w Słupsku. Słupsk 18, 2012, ss. 340.

„Solidarność Górnicza". Gazeta Sekcji Krajowej Górnictwa Węgla Kamiennego NSZZ „Solidarność" w Katowicach. Sekcja Krajowa Górnictwa Węgla Kamiennego w Katowicach. Katowice 2012, nr 1–12.

Sorbische Kostbarkeiten. Maćica Serbska. Wendisches Museum/Serbski muzej Cottbus 2012, 78 S.

Sozial.Geschichte Online. Zeitschrift für historische Analyse des 20. und 21. Jahrhunderts. Stiftung für Sozialgeschichte des 20. Jahrhunderts. Bremen 2012, H. 7–8, 215, 164 S.

Sprawozdania Archeologiczne. Instytut Archeologii i Etnologii PAN. Kraków 64, 2012, ss. 480.

Sprawy Międzynarodowe. Polski Instytut Spraw Międzynarodowych. Warszawa 65, 2012, z. 1–4.

Studenckie Prace Ekonomiczne, Inżynierskie i Prawnicze. Wyższa Szkoła Ekonomii i Administracji w Bytomiu. Bytom. 2012, nr 2, ss. 176, fot., tab.

Studia Demograficzne. Komitet Nauk Demograficznych PAN. Warszawa 2012, nr 1–2, ss. 167, 99.

Studia Ekonomiczne. Zeszyty naukowe wydziałowe Uniwersytetu Ekonomicznego w Katowicach. Wydawnictwo Uniwersytetu Ekonomicznego w Katowicach. Katowice 2012.

Studia Gdańskie. Wizje i rzeczywistość. Gdańska Wyższa Szkoła Humanistyczna. Gdańsk 9, 2012, ss. 444.

Studia Historyczne. Komisja Historyczna Polskiej Akademii Nauk – Oddział w Krakowie. Kraków 55, 2012, z. 1–4.

Studia i Dokumenty Ekumeniczne. Fundacja Ekumeniczna „Tolerancja". Warszawa 28, 2012, nr 1–2, ss. 199.

Studia Judaica. Polskie Towarzystwo Studiów Żydowskich, Instytut Judaistyki Uniwersytetu Jagiellońskiego. Warszawa 15, 2012, nr 1–2, ss. 270.

Studia Lednickie. Muzeum Pierwszych Piastów na Lednicy. Dziekanowice-Lednica 11, 2012, ss. 330.

Studia mediaevalia Bohemica. Centrum medievistických studií. Praha 4, 2012, č. 1–2, 343 s.

Studia Miejskie. Katedra Geografii Ekonomicznej i Gospodarki Przestrzennej. Wydział Ekonomiczny. Uniwersytet Opolski. Opole 2012, t. 5–8.

Studia Narodowościowe. Seria Nowa, Instytut Slawistyki PAN, Towarzystwo Naukowe w Warszawie. Poznań–Warszawa 2012, z. 40–41, ss. 234, 246.

Studia Niemcoznawcze. Instytut Germanistyki UW. Warszawa 49–50, 2012, ss. 938, 904.

Studia Pastoralne. Uniwersytet Śląski Wydział Teologiczny, Księgarnia św. Jacka Sp. z o.o. w Katowicach. Katowice 2012, ss. 402.

Studia Philosophiae Christianae. Uniwersytet im. Kardynała Stefana Wyszyńskiego. Warszawa 47, 2012, z. 1–2, ss. 222, 199.

Studia Piekarskie. Parafia pw. Najświętszej Maryi Panny i św. Bartłomieja w Piekarach Śląskich. Piekary Śląskie 3, 2012, ss. 125.

Studia Politicae Universitatis Silesiensis. Wydawnictwo Uniwersytetu Śląskiego w Katowicach. Katowice 9, 2012, ss. 341, tab., wykr.

Studia Polonijne. Towarzystwo Naukowe Katolickiego Uniwersytetu Lubelskiego; Ośrodek Badań nad Polonią i Duszpasterstwem Polonijnym Katolickiego Uniwersytetu Lubelskiego. Lublin 33, 2012, ss. 197.

Studia Śląskie. Państwowy Instytut Naukowy Instytut Śląski w Opolu. Opole 71, 2012, ss. 322.

Studia Teologiczno-Historyczne Śląska Opolskiego. Uniwersytet Opolski Wydział Teologiczny. Opole 32, 2012, ss. 395.

Studia Zachodnie. Uniwersytet Zielonogórski. Zielona Góra 14, 2012, ss. 346.

Studia Zielonogórskie. Muzeum Ziemi Lubuskiej w Zielonej Górze. Zielona Góra 18, 2012 ss. 316.

Studia Źródłoznawcze. Commentationes, Instytut Historii PAN. Warszawa 50, 2012, ss. 208.

Sudetenland. Europäische Kulturzeitschrift. Böhmen – Mähren – Schlesien. Vierteljahresschrift für Kunst, Literatur, Wissenschaft und Volkskultur. Gesellschaft zur Förderung ostmitteleuropäischen Schrifttums e.V., München. Nürnberg 54, 2012, H. 1–4, 512 S.

Szkice Archiwalno-Historyczne. Archiwum Państwowe w Katowicach. Katowice 2012, nr 9, ss. 298, fot.

Szkice Kędzierzyńsko-Kozielskie. Towarzystwo Ziemi Kozielskiej. Opole 14–15, 2012, ss. 254.

Szkice Legnickie. Towarzystwo Przyjaciół Nauk w Legnicy. Legnica 33, 2012, ss. 360.

Szlaki. Miesięcznik Komunikacyjnego Związku Komunalnego Górnośląskiego Okręgu Przemysłowego. Komunikacyjny Związek Komunalny Górnośląskiego Okręgu Przemysłowego. Katowice 2012, nr 1–12, fot.

Śląsk. Miesięcznik społeczno-kulturalny. Górnośląskie Towarzystwo Literackie. Katowice 2012, nr 1–12.

Śląski Kwartalnik Historyczny Sobótka. Wrocławskie Towarzystwo Miłośników Historii, Oddział Polskiego Towarzystwa Historycznego. Wrocław 67, 2012, nr 1–4.

Śląski Przegląd Statystyczny = Silesian Statistical Review. Wydawnictwo Uniwersytetu Ekonomicznego we Wrocławiu; Polskie Towarzystwo Statystyczne Oddział we Wrocławiu. Wrocław 10 (16), 2012, ss. 167.

Śląski Rocznik Forteczny. Stowarzyszenie na Rzecz Zabytków Fortyfikacji. Piekary Śląskie 4, 2012, ss. 224, fot.

Śląskie Sprawozdania Archeologiczne. Instytut Archeologii Uniwersytetu Wrocławskiego. Wrocław 54, 2012, ss. 387.

Śląskie Studia Historyczno-Teologiczne. Księgarnia św. Jacka Sp. z o.o. Katowice 2012, z. 1–2, ss. 453.

Śląskie Studia Polonistyczne. Wydawnictwo Uniwersytetu Śląskiego w Katowicach. Katowice 2012, nr 1–2, ss. 329.

Śląskie Wiadomości Elektryczne. Dwumiesięcznik naukowo-techniczny Oddziałów Stowarzyszenia Elektryków Polskich województwa śląskiego i opolskiego. Oddział Zagłębia Węglowego Stowarzyszenia Elektryków Polskich w Katowicach. Katowice 2012, nr 1–6.

Świat i Słowo. Filologia – nauki społeczne – filozofia – teologia. Akademia Techniczno-Humanistyczna. Bielsko-Biała 2012, nr 1–2, ss. 216, 352.

Świdnickie Studia Teologiczne. Adalbertus – Wydawnictwo Wyższego Seminarium Duchownego Diecezji Świdnickiej. Świdnica 9, 2012, ss. 555.

Świętochłowice i Świętochłowiczanie. Świętochłowice 2012, z. 8, ss. 53.

Tägliche Rundschau – das Heimatblatt für den Stadt- und Landkreis Schweidnitz. Offizielles Organ für den gesamten Heimatkreis Schweidnitz. Reutlingen 130, 2012, H. 1–4.

Těšínsko. Vlastivědný časopis. Muzeum Těšínska. Český Těšín 55, 2012, č. 1–4.

Troppauer Heimat-Chronik. Beiträge zur Heimatgeschichte und zur Pflege der alten Heimatgemeinschaft des Oppa- und Altvaterlandes. Heimatkreisgemeinschaft Troppau e.V. Bamberg 2012, H. 743–754, 288 S., Abb.

Vierteljahrschrift für Sozial- und Wirtschaftsgeschichte. Steiner-Verlag. Bonn 99, 2012, H. 1–4, 547 S.

Vlastivědné listy Slezska a severní Moravy. Časopis pro dějiny, umění, přírodu a dnešek. Matice slezská v Opavě. Opava 38, 2012, č. 1–2.

Vlastivědný věstník moravský. Muzejní a vlastivědná společnost v Brně. Brno 64, 2012, č. 1–4, 407 s.

Volkskunde in Sachsen. Institut für Sächsische Geschichte und Volkskunde e.V. Dresden 24, 2012.

Waldenburger Heimatbote. Offizielles Organ für den gesamten Heimatkreis Waldenburg. Lübbecke 63, 2012, H. 1057–1068.

wcm.opole.pl Miesięcznik Wojewódzkiego Centrum Medycznego w Opolu. Opole 2012, nr 1–12.

Weberiana. Mitteilungen der Internationalen Carl-Maria-von-Weber-Gesellschaft e.V. Berlin 22, 2012.

Wiadomości Archeologiczne. Państwowe Muzeum Archeologiczne w Warszawie. Warszawa 63, 2012, ss. 239.

Wiadomości Archidiecezjalne. Organ urzędowy Kurii Metropolitarnej w Katowicach. Kuria Metropolitarna w Katowicach. Katowice 2012, nr 1–12.

Wiadomości Konserwatorskie Województwa Śląskiego. Śląski Wojewódzki Konserwator Zabytków w Katowicach. Centrum Dziedzictwa Kulturowego w Katowicach. Katowice 4, 2012, ss. 339, fot., rys., tab.

Wiadomości Numizmatyczne. Komitet Nauk Historycznych PAN. Warszawa 56, 2012, z. 1–2, ss. 161, 163–349.

Wiadomości Uczelniane. Pismo informacyjne Politechniki Opolskiej. Opole 2012, nr 1–14.

Wiadomości Urzędowe Diecezji Opolskiej. Kuria Diecezjalna w Opolu. Opole 67, 2012, nr 1–11.

Wohlau-Steinauer Heimatblatt. Nachfolgeblatt der Heimatzeitungen Wohlauer Rundbrief und Steinauer Heimatbote. Würzburg 14, 2012, H. 1–12.

Województwo Śląskie. Podregiony, powiaty, gminy. Urząd Statystyczny w Katowicach. Katowice 2012, ss. 485, tab. 77.

Wrocławski Biuletyn Gospodarczy. Polskie Towarzystwo Ekonomiczne Oddział we Wrocławiu. Wrocław 43-44, 2012.

Wrocławski Rocznik Historii Mówionej. Ośrodek „Pamięć i Przyszłość". Wrocław 2, 2012, ss. 299.

Wrocławskie Zapiski Numizmatyczne. Polskie Towarzystwo Numizmatyczne Oddział we Wrocławiu. Wrocław 2011 (2012), nr 2 (42); 2012, nr 1–2 (43–44).

Wüstewaltersdorfer Heimatbote. Bad Hofgastein 2012.

Z Tej Ziemi. Śląski kalendarz katolicki na rok 2013. Księgarnia św. Jacka Sp. z o.o. Katowice 2012, ss. 196, fot.

Zeitschrift der Savigny-Stiftung für Rechtsgeschichte. Wien 129, 2012.

Zeitschrift für die Geschichte des Oberrheins. Kommission für geschichtliche Landeskunde in Baden-Württemberg. Stuttgart 160, 2012, 761 S.

Zeitschrift für Geschichtswissenschaft. Berlin 60, 2012, H. 1–12, 1184 S.

Zeitschrift für Historische Forschung. Vierteljahresschrift zur Erforschung des Spätmittelalters und der frühen Neuzeit. Duncker & Humblot. Berlin 39, 2012, H. 1–4, 748 S.

Zeitschrift für Neuere Theologiegeschichte = Journal for the History of Modern Theology. Berlin [u.a.] 19, 2012, H. 1–2, 341 S.

Zeitschrift für Ostdeutsche Familiengeschichte. Arbeitsgemeinschaft ostdeutscher Familienforscher e.V. Herne 21 (60), 2012, H. 1–4.

Zeitschrift für Ostmitteleuropa-Forschung. Herder-Institut Verlag. Marburg/Lahn 61, 2012, H. 1–4, 642 S.

Zeitschrift für Religions- und Geistesgeschichte. Gesellschaft für Geistesgeschichte. Potsdam 64, 2012, H. 1–4, 416 S.

Zeitschrift für Slawistik. Universität Potsdam, Institut für Slavistik. Berlin 57, 2012, H. 1–4, 500 S.

Zeitschrift für Unternehmensgeschichte. Gesellschaft für Unternehmensgeschichte e.V. Frankfurt am Main 57, 2012, H. 1–2.

Zeszyty Chorzowskie. Muzeum w Chorzowie. Chorzów 13, 2012, ss. 233, fot.

Zeszyty Eichendorffa. Historia-Kultura-Literatura = Eichendorff-Hefte. Geschichte -Kultur-Literatur. Górnośląskie Centrum Kultury i Spotkań im. Eichendorffa w Łubowicach. Łubowice 2012, nr 37–40.

Zeszyty Metodyczno-Naukowe. Wydawnictwo Akademii Wychowania Fizycznego im Jerzego Kukuczki w Katowicach. Katowice 2012, nr 32–35, ss. 195, 179, 213, 185.

Zeszyty Naukowe Politechniki Śląskiej. Wydawnictwo Politechniki Śląskiej w Gliwicach. Gliwice 2012.

Zeszyty Prawnicze Wyższej Szkoły Ekonomii i Administracji w Bytomiu. Wyższa Szkoła Ekonomii i Administracji w Bytomiu. Bytom 11, 2012, ss. 242.

Zeszyty Sułkowskich. Muzeum w Bielsku-Białej. Bielsko-Biała 1, 2012, ss. 62, il.

Zeszyty Śląskiego Towarzystwa Genealogicznego we Wrocławiu. Śląskie Towarzystwo Genealogiczne. Wrocław 1, 2012, ss. 193.

Ziemia Lubliniecka. Magazyn społeczno-kulturalny. Starostwo Powiatowe w Lublińcu. Lubliniec 2012, nr 1–4.

Zprávy památkové péče. Národní památkový ústav. Praha 72, 2012, č. 1–4.

Zuckmantler Heimatbrief. Mitteilungsblatt aus der Patenstadt Bietigheim/Württemberg für den früheren Gerichtsbezirk Zuckmantel im Altvatergebirge. Bietigheim 44, 2012, H. 173–176.

Zwrot. Miesięcznik społeczno-kulturalny Polskiego Związku Kulturalno-Oświatowego w Republice Czeskiej. Czeski Cieszyn 63, 2012, nr 1–12.

01 Allgemeines – Ogólne – Všeobecně

01.01. Bibliographien und Nachschlagenwerke – Bibliografie i leksykony – Bibliografie a příručky

Zob. poz. / Siehe auch / Viz 2135, 2184, 2505, 2534, 2750, 2867, 2928, 3017, 3148, 3175, 3267.

1. Bajor, Agnieszka: Polskie bibliografie specjalne Śląska po II wojnie światowej [Polnische Spezialbibliographien Schlesiens nach dem 2. Weltkrieg] // W: Studia i rozprawy bibliologiczne [Studien und buchwissenschaftliche Abhandlungen] / red. Krystyna Heska-Kwaśniewicz, Katarzyna Tałuć. - Katowice 2012, s. 124-141; Res. 141.

2. Bertman, Wisława: Wydawnictwa Biblioteki Śląskiej 1933-2012 [Veröffentlichungen der Schlesischen Bibliothek 1933-2012]. - Katowice 2012, ss. 60, [44].

3. Bibliografia historii Śląska 2003 = Bibliografie dějin Slezska 2003 = Bibliographie zur Geschichte Schlesiens 2003 / red. Peter Garbers, Karol Sanojca, Zdzisław Gębołyś, Artur Harc, Robert Heś, Eligiusz Janus, Patryk Malicki, Beata Nowak, Małgorzata Pawlak, Barbara Pytlos, Wiebke Rohrer, Alena Volná, Elżbieta Warżagolis. - Wrocław 2012, ss. XLIX, 560.
Acta Universitatis Wratislaviensis; 3376. Bibliographien zur Geschichte und Landeskunde Ostmitteleuropas; 48. Tekst w języku polskim, niemieckim i czeskim. - Polnischer, deutscher und tschechischer Text.

4. Drożdż, Leokadia: Wybrane publikacje na temat plebiscytu i powstań śląskich 1919-1921 w księgozbiorze Biblioteki Państwowego Instytutu Naukowego - Instytut Śląskiego w Opolu [Ausgewählte Publikationen zum Thema Volksabstimmung und schlesische Aufstände 1919-1921 in der Bibliothek des Staatlichen Wissenschaftsinstituts - Schlesisches Institut in Oppeln] // W: Plebiscyt i powstania śląskie 1919-1921 - po 90. latach [Volksabstimmung und schlesische Aufstände 1919-1921 - nach 90 Jahren] / red. Michał Lis, Leokadia Drożdż. - Opole 2012, s. 145-151.

5. Golec, Ewa: Bibliografia zawartości „Studiów Śląskich" t. 61: 2002 - t. 70: 2011 [Bibliographie der Bände 61: 2002 - 70: 2011 von „Studia Śląskie"] // Studia Śląskie 71, 2012, s. 305-317; Res. 317.

6. Hoefert, Sigfrid: Internationale Bibliographie zum Werk Gerhart Hauptmanns, Bd. 4. - Berlin 2012, 167 S.

7. Jahresberichte für deutsche Geschichte N.F. Mit Nachträgen / Hrsg. Christoph Cornelißen. - Berlin 2012.

8. Janota, Wojciech / Magiera, Agnieszka: Górny Śląsk w czerwcu i lipcu 1922. Materiały do bibliografii z lat 1922-2012 [Oberschlesien im Juni und Juli 1922. Materialien zu Bibliographien aus den Jahren 1922-2012] // W: Ten Śląsk przychodzi do Polski. Czerwiec-lipiec 1922 roku [Schlesien gehört zu Polen. Juni-Juli 1922] / red. Jan Malicki, Ryszard Kaczmarek. - Katowice 2012, s. 83-113.

9. Kotlarek, Dawid: Bibliografia Zielonej Góry za 2011 rok [Bibliographie Grünbergs für das Jahr 2011] // Studia Zielonogórskie 18, 2012, s. 287-316.

10. Leksykon Polaków w Republice Czeskiej i Republice Słowackiej, T. 1 [Lexikon der Polen in der Republik Tschechien und der Republik Slowakei, Band 1] / red. Zenon Jasiński, Bogdan Cimała. - Opole 2012, ss. 400, il., tabl. [12] s.

11. Magiera, Agnieszka / Matusiak, Agnieszka / Tomanek, Anita: Zawsze Silesianka. Prolegomena bibliograficzne za lata 1923-1939 [Immer „Silesianka". Bibliographische Prolegomena für die Jahre 1923-1939]. - Katowice 2012, ss. 217, il.

12. Najnowsze wydawnictwa z zakresu historii Śląska [Neueste Veröffentlichungen aus dem Bereich der Geschichte Schlesiens] / oprac.

Wojciech Mrozowicz // Śląski Kwartalnik Historyczny Sobótka 67, 2012, nr 1, s. 189-192; nr 2, s. 191-194; nr 3, s. 175-178; nr 4, s. 209-212.

13. Niemiecko-polski słownik nazw miejscowości i obiektów fizjograficznych Kotliny Jeleniogórskiej i gór ją otaczających [Deutsch-polnisches Wörterbuch der Ortsnamen und physiographischer Objekte im Hirschberger Tal und der Berge in der Umgebung] / oprac. Romuald Witczak. - Jelenia Góra 2012, ss. 95.

14. Ruchniewicz, Małgorzata: Wspomnienia Sybiraków. Bibliografia komentowana zbiorów Archiwum Naukowego przy Zarządzie Głównym Polskiego Towarzystwa Ludoznawczego we Wrocławiu (cz. IX) [Erinnerungen von Sibirien-Verbannten. Kommentierte Bibliographie der Sammlung des Wissenschaftlichen Archivs am Hauptvorstand der Polnischen Volkskundlichen Gesellschaft in Breslau (Teil IX)] // Wrocławskie Studia Wschodnie 16, 2012, s. 191-218.
Cz. 1: tamże / Teil 1: ebd. 3, 1999, (189-219).
Acta Universitatis Wratislaviensis; 3538.

15. Sebastjan, Danuta: Bibliografia zawartości „Roczników Dzierżoniowskich" za lata 2000-2010 [Inhaltsbibliografie von „Rocznik Dzierżoniowski" für die Jahre 2000-2010] // Rocznik Dzierżoniowski 21, 2011 (2012), s. 163-202.

16. Słownik gwar śląskich. T. 13: (Hyro-Jużyneczki) [Lexikon der schlesischen Mundarten. Band 13 (Hyro-Jużyneczki)] / red. Bogusław Wyderka. - Opole 2012, ss. 202.

17. Studnicki, Grzegorz: Bibliografia prac członków Sekcji Ludoznawczej i Folklorystycznej [Bibliographie der Arbeiten der Mitglieder der Volksundlichen und Folkloristischen Sektion] // Biuletyn Ludoznawczy 25, 2012, s. 95-115.
Dot. Polskiego Związku Kulturalno-Oświatowego, bibliografia za lata 1970-2011. - Betr. Polnischen Volksbildungskulturverein Bibliografie für die Jahre 1970-2011.

18. Volná, Alena: Výběrová bibliografie publikací a článků 102-103 (Silesiaka) [Auswahlbibliographie der Publikationen und Aufsätze 102-103 (Silesiaca)] // Slezský sborník 110, 2012, č. 1-2, s. 158-159; č. 3-4, s. 318-319.

01.02. Periodika – Czasopisma – Periodika

19. Acta historica Universitatis Silesianae Opaviensis. Slezská univerzita. Opava 5, 2012, 306 s.
Rec.: Vojkovská, Eva // Slezský sborník 110, 2012, č. 3-4, s. 310. [*Dot. T. / Betr. Bd. 4, 2011*].

20. AGG-Mitteilungen. Mitteilungsblatt der Arbeitsgemeinschaft Grafschaft Glatz - Kultur und Geschichte. Köln 11, 2012, 82 S., Abb.

21. Altvater. Zeitschrift des Mährisch-Schlesischen Sudetengebirgsvereins. Kirchheim/Teck 131, 2012, H. 1-6, 231 S., Abb.

22. Archeologie Moravy a Slezska. Informační zpravodaj ČAS. Pobočky pro severní Moravu a Slezsko. Kopřivnice 12, 2012, 144 s.

23. Archiv für schlesische Kirchengeschichte. Münster, 70, 2012, 413 S.

24. Bibliotekarz Opolski. Wojewódzka Biblioteka Publiczna im. Emanuela Smolki w Opolu. Opole 2012, nr 1-4.

25. Bibliotheca Bielaviana. Bielawa 2011 (2012), ss. 592.

26. Bielitz-Bialaer Rundbrief aus Hannover. Gehrden 2012.

27. Biuletyn Jeleniogórskiego Stowarzyszenia Żołnierzy Radiotechników „Radar". Jeleniogórskie Stowarzyszenie Żołnierzy Radiotechników „Radar". Jelenia Góra 13-14, 2012.

28. Bote aus dem schlesischen Burgenland. Erste Unabhängige Monatszeitschrift für die Kreise Jauer und Schweidnitz. Nürnberg 63, 2012, H. 1-12.

29. Breslauer Kreis- und Stadtblatt. Monatlich erscheinende Heimatzeitung für Stadt und Kreis Breslau in Schlesien. Würzburg 55, 2012, H. 1-12.
Wcześniej pod tytułem / Früher u.d.T.: Breslauer Kreisblatt.

30. Buchkalender für Sudeten-Schlesien und Nordmähren. Der Heimatkalender für die

Kreise Freiwaldau, Freudenthal, Jägerndorf, Bärn, Mährisch Schönberg, Römerstadt, Sternberg und Troppau. Nürnberg 33, 2013 (2012), 144 S., Abb.

31. Bunzlauer Heimat-Zeitung. Monatlich erscheinende Heimatzeitung für Stadt und Kreis Bunzlau in Schlesien. Würzburg 61, 2012, H. 1-12.

32. Carl-und-Gerhart-Hauptmann-Jahrbuch. Łódź 6, 2012, ss. 341.

33. Cieszyńskie Studia Muzealne = Těšínský muzejní sborník. Muzeum Těšínska, Muzeum Śląska Cieszyńskiego. Cieszyn 4, 2010 (2011), ss. 383.
Rec.: Vojkovská, Eva // Slezský sborník 110, 2012, č. 3-4, s. 309-310.

34. CzasyPismo. O historii Górnego Śląska. Katowice 2012, nr 1, ss. 206, fot.

35. Časopis Slezského zemského muzea. Série B - vědy historické. Opava 61, 2012, č. 1-3, 300 s.

36. Dolny Śląsk. Dolnośląskie Towarzystwo Społeczno-Kulturalne. Wrocław 17, 2012, ss. 299.

37. Dzieła i Interpretacje. Rocznik Studentów Historii Sztuki Uniwersytetu Wrocławskiego. Wrocław 13, 2012, ss. 144.

38. Echo Dobrodzienia i okolic. Pismo samorządu i mieszkańców miasta i gminy Dobrodzień. Dobrodzień 2012, nr 85-87, ss. 26, 24, 28.

39. Evangelický kalendář = Kalendarz Ewangelicki. Slezská církev evangelická. Český Těšín 2012, ss. 160, il.

40. Fala. Kwartalnik Towarzystwa Miłośników Ziemi Turawskiej. Turawa 2012, nr 1-4.

41. Frankenstein-Münsterberger Rundschau. Mit Bergglocke Reichenstein. Heimatzeitung für Stadt und Kreis Frankenstein-Schlesien. Bielefeld [u.a.] 7, 2012.

42. Freudenthaler Ländchen. Geschichts- und Sittenbilder aus alter und neuer Zeit zur Vertiefung der Heimatliebe und Heimatkunst in der verbannten Heimatgemeinschaft. Esslingen 83, 2012, H. 1-12.

43. Freystädter Kreisblatt, Grünberger Wochenblatt. Heimatzeitung für die Städte und Kreise Freystadt und Grünberg in Schlesien. Würzburg 53, 2012, H. 1-12.

44. Gleiwitzer-Beuthener-Tarnowitzer Heimatblatt. Mitteilungsblatt für Familie und Heimatkunde. Nürnberg 62, 2012, H. 1-12.

45. Głos Głubczyc. Informator samorządowy. Informacje - Kultura - Edukacja - Sport. Głubczyce 2012, nr 1-12.

46. Görlitzer Magazin. Geschichte und Gegenwart der Stadt Görlitz und ihrer Umgebung. Görlitz 25, 2012, 111 S., Abb.

47. Górnik Polski. Zeszyty Naukowe Muzeum Górnictwa Węglowego w Zabrzu. Zabrze 2012, nr 6, ss. 365, fot.

48. Górnośląskie Studia Socjologiczne. Seria nowa. Katowice 3, 2012, ss. 184.

49. Grafschafter Bote. Informations- und Mitteilungsblatt der Zentralstelle Grafschaft Glatz e.V., der Heimatgruppe Grafschaft Glatz und der Kreisversammlungen Glatz, Habelschwerdt, Neurode. Lüdenscheid 63, 2012, H. 1-12.

50. Groß Wartenberger Heimatblatt. Mitteilungsblatt für Familie, Kultur und Zeitgeschehen. Nürnberg 56, 2012, H. 1-6.

51. Grottkau-Falkenberger Heimatblatt. Monatliche Heimatzeitung der Städte und Kreise Grottkau und Falkenberg in Oberschlesien. Würzburg 60, 2012, H. 1-12.

52. Guhrauer Kreiszeitung. Monatlich erscheinende Heimatzeitung für Stadt und Kreis Guhrau in Schlesien. Würzburg 60, 2012, H. 1-12.

53. Heimatblatt für die Kreise Strehlen, Ohlau. Nürnberg 62, 2012, H. 1-12.

54. Heimatblätter [Striegau]. Bundesheimatgruppe Striegau Stadt und Land e.V. Lübbecke 2012, H. 94-95.

55. Heimatklänge. Rundschreiben des Patenschaftsbeirates Meschede-Winzig. Meschede 67, 2012.

56. Heimatzeitung Römerstädter Ländchen und angrenzende Gemeinden. Wetzlar 64, 2012, H. 384-389.

57. Historica. Revue pro historii a příbuzné vědy. Filozofická fakulta Ostravské univerzity v Ostravě. Ostrava 3, 2012, nr 1-2, ss. 256.

58. Hlučínsko. Vlastivědný časopis Muzea Hlučínska. Hlučín 2, 2012.

59. Indeks. Pismo Uniwersytetu Opolskiego. Opole 2012, nr 1-10.

60. Iser-Gebirgs-Heimat. Schlesische Heimatzeitung für die Kreise Löwenberg und Lauban. Amtliches Mitteilungsblatt des Heimatkreisvertrauensmannes und des Heimatbundes Kreis Löwenberg e.V. Nürnberg 15, 2012, H. 1-11.

61. Jahrbuch der Schlesier. Nürnberg 34, 2012, 144 S.

62. Jahrbuch für Schlesische Kirchengeschichte N.F. Würzburg 90, 2011 (2012), 288 S.

63. Jägerndorfer Heimatbrief und Der Jägerndorfer. Grettstadt 64, 2012.

64. Jesenicko. Vlastivědný sborník. Jesenik 13, 2012, 96 s.

65. Kalendarz Beskidzki. Towarzystwo Miłośników Ziemi Bielsko-Bialskiej. Bielsko-Biała; 47, 2013 (2012), ss. 295, il.

66. Kalendarz Cieszyński. Macierz Ziemi Cieszyńskiej. Cieszyn 2013 (2012), ss. 280, il.

67. Kalendarz Głubczycki. Urząd Miejski w Głubczycach. Głubczyce 20, 2013 (2012), ss. 308.

68. Kalendarz Gminy Skoczów. Miejskie Centrum Kultury INTEGRATOR. Skoczów 2012, ss. 223, il.

69. Kalendarz Śląski. Zarząd Główny PZKO w Republice Czeskiej. Czeski Cieszyn 49, 2013 (2012), ss. 174, il.

70. Kalendarz Ustroński. Muzeum Ustrońskie. Ustroń 14, 2012, ss. 392, il.

71. Kalendarz z Istebnej, Jaworzynki i Koniakowa. Istebna 2012, ss. 112, il.

72. Kalendarz Żorski. Muzeum Miejskie w Żorach. Żory 2012, ss. 269, fot.

73. Kladský sborník. Trutnov 2012, 311 s.

74. Kreis Trebnitzer Heimatzeitung. Monatlich erscheinende Heimatzeitung für Stadt und Kreis Trebnitz in Schlesien. Würzburg 56, 2012, H. 1-12.

75. Kreuzburger Nachrichten. Mitteilungsblatt des Heimatkreis-Verbandes Kreuzburg O/S e.V. Schlitz 94, 2012, H. 1-12.

76. Kroniki Miasta Zabrza. Rocznik Muzeum Miejskiego w Zabrzu. Zabrze 4, 2012, ss. 279, fot.

77. Kwartalnik Opolski. Opole 58, 2012, nr 1 ss. 146; nr 2-3 ss. 256; nr 4 ss. 159.

78. Kwartalnik Powiatu Oleśnickiego. Powiatowa i Miejska Biblioteka Publiczna im. Mikołaja Reja w Oleśnicy. Oleśnica 2012, nr 1-2 (27-28) - 3 (29).

79. Landeshut in Schlesien. Kalender. Wolfenbüttel 2012.

80. Landsmannschaft Schlesien. Nieder- und Oberschlesien. Mitteilungsblatt der Kreisgruppe Köln e.V. Köln 60, 2012, H. 1-4.

81. Laubaner Gemeindebrief. Bielefeld 2012, H. 1-3 (519-521).

82. Laubaner Tageblatt. Monatliche Heimatzeitung für Stadt und Kreis Lauban in Oberlausitz/ Niederschlesien. Würzburg 63, 2012, H. 1-12.

83. Leobschützer Heimatblatt. Mitteilungsblatt für die Stadt und den Kreis Leobschütz O/S. Werne 45, 2012, H. 1-6.

84. Liegnitzer Heimatblatt. Heimatzeitung der Niederschlesier, Lübener Heimatblatt. Bundesgruppe Liegnitz Stadt und Land e.V. Wuppertal 64, 2012, H. 1-6, 192 S., Abb.

85. Löwenberger Heimatgrüße. Zugleich Amtliches Mitteilungsblatt von Heimatkreisvertrauensmann und Heimatbund Kreis Löwenberg e.V. Würzburg 64, 2012, H. 1-12.

86. Łambinowicki Rocznik Muzealny. Jeńcy wojenni w latach II wojny światowej. Opole 35, 2012, ss. 181.

87. Militsch-Trachenberger Kreis- und Stadtblatt. Prausnitzer Zeitung. Monatlich erscheinende Heimatzeitung für Stadt und Kreis Militsch in Schlesien mit den kreisangehörigen Städten Trachenberg, Prausnitz, Sulau. Rothenburg 60, 2012, H. 1-12.

88. Münchner Schlesierblatt. Monatsblatt für Nieder- und Oberschlesier. München 62, 2012.

89. Neisser Heimatblatt für den Stadt- und Landkreis Neisse. Organ des „Neisser Kultur und Heimatbundes" e.V. Hildesheim verbunden mit „Bote aus dem Bieletal" (Ziegenhalser Stadtblatt in der Fremde). Hildesheim 65, 2012, H. 268-270.

90. Neue Brieger Zeitung. Offizielles Kreisorgan für Brieg Stadt und Land. Recklinghausen 64, 2012, H. 1-12.

91. Neuer Glogauer Anzeiger. Offizielles Organ der Heimatkreise Glogau-Stadt und Glogau-Land mit den Städten Beuthen-Oder, Heerwegen (Polkwitz), Schlesiersee (Schlawa). Hannover 59, 2012, H. 1-12.

92. Neustädter Heimatbrief. Mitteilungsblatt des Heimatkreisvertrauensmannes für die Stadt und den Kreis Neustadt/Oberschlesien. Braunschweig 63, 2012, H. 1-12, 384 S.

93. Nyskie Szkice Muzealne. Muzeum w Nysie. Nysa 5, 2012, ss. 232.

94. Oberlausitzer Hausbuch. Bautzen 2012, 192 S.

95. Oberlausitzer Heimatblätter. Zittau 2012, H. 32-35.

96. Oberlausitzer Rundschau. Monatliche Heimatzeitung der Städte und Kreise Görlitz und Rothenburg O/L in Niederschlesien. Würzburg 59, 2012, H. 1-12.

97. Oberschlesien. Unabhängiges Magazin. Görlitz 2012, H. 1-12.

98. Odra. Ośrodek Kultury i Sztuki we Wrocławiu; Instytut Książki. Wrocław 2012, nr 1-12 (597-606).

99. Oelser Heimatkreisblatt. Monatliche Heimatzeitung für Stadt und Kreis Oels in Schlesien und die kreisangehörige Stadt Bernstadt. Mitteilungsblatt der Heimatkreisvereinigung Oels. Würzburg 33, 2012, H. 1-12.

100. Opolski Informator Konserwatorski. Opole 2012, ss. 259.

101. Opolski Rocznik Muzealny. Muzeum Śląska Opolskiego w Opolu. Opole 19, 2012, ss. 226.

102. Opolskie Osobliwości. Historia. Kultura. Zabytki. Muzea. Opole 1, 2012, ss. 29.

103. Oppelner Heimatblatt. Monatlich erscheinende Heimatzeitung für Stadt und Kreis Oppeln/Oberschlesien sowie Mitteilungsblatt der Heimatkreiskartei und der Heimatgruppe. Würzburg 63, 2012, H. 1-12.

104. Ostrava. Příspěvky k dějinám a současnosti Ostravy a Ostravska. Statutární město Ostrava. Archiv města Ostravy. Ostrava 26, 2012, 335 s.

105. Pamięć i Przyszłość. Ośrodek „Pamięć i Przyszłość". Wrocław 2012, nr 1-4 (15-18).
Rec.: Orski, Mieczysław // Odra 52, 2012, nr 12 (606), s. 149-150, il. 1.

106. Pamiętnik Zarzecki. Zarzecze 9, 2012, ss. 201.

107. Patschkauer Dohle. Offizielles Mitteilungsblatt für Schlesischen Heimatvereins Patschkau und Umgebung e.V. Hamburg 2012, H. 1-4.

108. Perspectiva. Legnickie Studia Teologiczno-Historyczne. Legnica 11, 2012, nr 1 (20) - 2 (21).

109. Pomniki Dawnego Prawa. Stowarzyszenie Ochrony i Badań Zabytków Prawa. Wrocław 2012, z. 17-20.

110. Poodří. Časopis obyvatel horní Odry. Společnost přátel Poodří. Ostrava 15, 2012, č. 1-4.

111. Pro Lusatia. Opolskie Studia Łużycoznawcze. Stowarzyszenie Polsko-Serbskołużyckie Pro Lusatia; Instytut historii Uniwersytetu Opolskiego. Opole 11, 2012, ss. 186.

112. Przyrodnik Ustroński. Urząd Miasta w Ustroniu, Polski Klub Ekologiczny Koło w Ustroniu. Ustroń 2012, z. 11, ss. 152.

113. Puls Niemodlina. Miesięcznik społeczno--kulturalny. Ośrodek Kultury w Niemodlinie. Niemodlin 2012, nr 1-9.

114. Quart. Kwartalnik Instytutu Historii Sztuki Uniwersytetu Wrocławskiego. Wrocław 2012, nr 1-4 (23-26).

115. Rocznik Bolesławiecki. Muzeum Ceramiki w Bolesławcu. Bolesławiec 4, 2011 (2012), ss. 184.

116. Rocznik Dzierżoniowski. Towarzystwo Miłośników Dzierżoniowa. Dzierżoniów 21, 2011 (2012), ss. 228.

117. Rocznik Jeleniogórski. Towarzystwo Przyjaciół Jeleniej Góry. Jelenia Góra 44, 2012, ss. 352.

118. Rocznik Lubuski. Lubuskie Towarzystwo Naukowe. Zielona Góra 38, 2012, cz. 1-2, ss. 258, 304.
Cz. 1: Współpraca na pograniczu polsko-niemieckim. Geneza - stan obecny - perspektywy; Cz.2: Homogeniczna versus heterogeniczna tożsamość pedagogiki.

119. Rocznik Muzeum Papiernictwa. Duszniki -Zdrój 6, 2012, ss. 195.

120. Rocznik Powiatu Oleskiego. Wydawnictwo i Drukarnia Świętego Krzyża. Olesno 2012, ss. 196.

121. Rocznik Świdnicki. Towarzystwo Regionalne Ziemi Świdnickiej. Świdnica 39, 2011 (2012), ss. 267.

122. Rocznik Świebodzicki. Gmina Świebodzice. Świebodzice 2011 (2012), ss. 119.

123. Rocznik Wiślański. Parafia Ewangelicko-Augsburska w Wiśle. Wisła 4, 2012, ss. 144, il.

124. Roczniki Sztuki Śląskiej. Muzeum Narodowe we Wrocławiu. Wrocław 21, 2012, ss. 243.

125. Rund um den Neumarkter Roland. Ein Heimatblatt für alle, die sich der Stadt und dem Kreis Neumarkt im Schlesierland verbunden fühlen. Hameln 49, 2012, H. 1-12, 96 S.
Beilage zum / Dodatek do: Bote aus dem schlesischen Burgenland.

126. Sagan-Sprottauer Heimatbriefe. Offizielles Organ und Monatsschrift für den Kreis Sprottau. Lippstadt 63, 2012, H. 1-12.

127. Sborník bruntálského muzea. Muzeum v Bruntále. Bruntál 2012, 91 s., il.

128. Sborník Národního památkového ústavu v Ostravě. Národní památkový ústav. Ostrava 27, 2012, 107 s.

129. Schlesien heute. Unabhängiges Magazin. Görlitz 15, 2012, H. 1-12.

130. Schlesien in Kirche und Welt. Heimatbrief der Katholiken aus dem Erzbistum Breslau. Münster 39, 2012, H. 1-4.

131. Schlesier-Brief. Landsmannschaft Schlesien. Nieder- und Oberschlesien. Landesgruppe Hamburg 2012, H. 1-12.

132. Schlesierpost. Monatsblatt der Landsmannschaft Schlesien. Nieder- und Oberschlesien. Reutlingen und Pfullingen. Reutlingen 60, 2012, H. 1-12.

133. Schlesische Bergwacht. Zeitschrift der Heimatvertriebenen aus Stadt und Kreis Hirschberg, dem Riesen- und Isergebirge und des Riesengebirgsvereins.

134. Schlesische Geschichtsblätter. Zeitschrift für Regionalgeschichte Schlesiens. Verein für Geschichte Schlesiens e.V. Karlstadt 39, 2012, H. 1-3, 120 S.

135. Schlesischer Gebirgsbote. Zeitschrift der Heimatvertriebenen aus dem Osten des Riesengebirges. Wolfenbüttel 64, 2012, H. 1-12, 200 S.

136. Schlesischer Gottesfreund. Kirchliche Beiträge zu Ostfragen. Gemeinschaft evangelischer Schlesier e.V. Bockenem 63, 2012, H. 1-12, 192 S.

137. Schlesischer Kulturspiegel. Literatur. Bildende Kunst. Musik. Geschichte. Volkskunde. Informationen über das schlesische Kulturleben. Stiftung Kulturwerk Schlesien. Würzburg 47, 2012, H. 1-4, 68 S., Abb.

138. Siemianowicki Rocznik Muzealny. Muzeum Miejskie w Siemianowicach Śląskich. Siemianowice Śląskie 11, 2012, ss. 208, fot.

139. Silesia Antiqua. Muzeum Miejskie Wrocławia Oddział Muzeum Archeologiczne. Wrocław 48, 2012, ss. 355.

140. Silesia Nova. Vierteljahresschrift für Kultur und Geschichte. Vierteljahresschrift für Kultur und Geschichte. Görlitz [u.a.] 9, 2012, H. 1-4.

141. Slezský sborník. Slezské zemské museum. Opava 112, 2012, 320 s.

142. Sorbische Kostbarkeiten. Maćica Serbska. Maćica Serbska. Wendisches Museum/Serbski muzej Cottbus 2012, 78 S.

143. Studia Piekarskie. Parafia pw. Najświętszej Maryi Panny i św. Bartłomieja w Piekarach Śląskich. Piekary Śląskie 3, 2012, ss. 125.

144. Studia Śląskie. Państwowy Instytut Naukowy Instytut Śląski w Opolu. Opole 71, 2012, ss. 322.

145. Studia Teologiczno-Historyczne Śląska Opolskiego. Uniwersytet Opolski Wydział Teologiczny. Opole 32, 2012, ss. 395.

146. Studia Zielonogórskie. Muzeum Ziemi Lubuskiej w Zielonej Górze. Zielona Góra 18, 2012 ss. 316.

147. Sudetenland. Europäische Kulturzeitschrift. Böhmen - Mähren - Schlesien. Vierteljahresschrift für Kunst, Literatur, Wissenschaft und Volkskultur. Nürnberg 54, 2012, H. 1-4, 512 S.

148. Szkice Archiwalno-Historyczne. Archiwum Państwowe w Katowicach. Katowice 2012, nr 9, ss. 298, fot.

149. Szkice Kędzierzyńsko-Kozielskie. Towarzystwo Ziemi Kozielskiej. Opole 14-15, 2012, ss. 254.

150. Szkice Legnickie. Towarzystwo Przyjaciół Nauk w Legnicy. Legnica 33, 2012, ss. 360.

151. Śląsk. Miesięcznik społeczno-kulturalny. Górnośląskie Towarzystwo Literackie. Katowice 2012, nr 1-12.

152. Śląski Kwartalnik Historyczny Sobótka. Wrocławskie Towarzystwo Miłośników Historii, Oddział Polskiego Towarzystwa Historycznego. Wrocław 67, 2012, nr 1-4.

153. Śląski Przegląd Statystyczny = Silesian Statistical Review. Wydawnictwo Uniwersytetu Ekonomicznego we Wrocławiu; Polskie Towarzystwo Statystyczne Oddział we Wrocławiu. Wrocław 10 (16), 2012, ss. 167.

154. Śląski Rocznik Forteczny. Stowarzyszenie na Rzecz Zabytków Fortyfikacji. Piekary Śląskie 4, 2012, ss. 224, fot.

155. Śląskie Sprawozdania Archeologiczne. Instytut Archeologii Uniwersytetu Wrocławskiego. Wrocław 54, 2012, ss. 387.

156. Śląskie Studia Historyczno-Teologiczne. Księgarnia św. Jacka Sp. z o.o. Katowice 2012, z. 1-2, ss. 453.

157. Świdnickie Studia Teologiczne. Adalbertus - Wydawnictwo Wyższego Seminarium Duchownego Diecezji Świdnickiej. Świdnica 9, 2012, ss. 555.

158. Świętochłowice i Świętochłowiczanie. Świętochłowice 2012, z. 8, ss. 53.

159. Tägliche Rundschau - das Heimatblatt für den Stadt- und Landkreis Schweidnitz. Offizielles Organ für den gesamten Heimatkreis Schweidnitz. Reutlingen 130, 2012, H. 1-4.

160. Těšínsko. Vlastivědný časopis. Muzeum Těšínska. Český Těšín 55, 2012, č. 1-4.

161. Troppauer Heimat-Chronik. Beiträge zur Heimatgeschichte und zur Pflege der alten Heimatgemeinschaft des Oppa- und Altvaterlandes. Heimatkreisgemeinschaft Troppau e.V. Bamberg 2012, H. 743-754, 288 S., Abb.

162. Vlastivědné listy Slezska a severní Moravy. Časopis pro dějiny, umění, přírodu a dnešek. Matice slezská v Opavě. Opava 38, 2012, č. 1-2.

163. Waldenburger Heimatbote. Offizielles Organ für den gesamten Heimatkreis Waldenburg. Lübbecke 63, 2012, H. 1057-1068.

164. Wiadomości Konserwatorskie Województwa Śląskiego. Śląski Wojewódzki Konserwator Zabytków w Katowicach. Centrum Dziedzictwa Kulturowego w Katowicach. Katowice 4, 2012, ss. 339, fot., rys., tab.

165. Wiadomości Uczelniane. Pismo informacyjne Politechniki Opolskiej. Opole 2012, nr 1-14.

166. Wiadomości Urzędowe Diecezji Opolskiej. Kuria Diecezjalna w Opolu. Opole 67, 2012, nr 1-11.

167. Wohlau-Steinauer Heimatblatt. Nachfolgeblatt der Heimatzeitungen Wohlauer Rundbrief und Steinauer Heimatbote. Würzburg 14, 2012, H. 1-12.

168. Wrocławski Rocznik Historii Mówionej. Ośrodek „Pamięć i Przyszłość". Wrocław 2, 2012, ss. 299.
Rec.: Nowosielska-Sobel, Joanna // Śląski Kwartalnik Historyczny Sobótka 67, 2012, nr 3, s. 152-156. [*Dot. T. / Betr. Bd. 1, 2011*].

169. Wrocławskie Zapiski Numizmatyczne. Polskie Towarzystwo Numizmatyczne Oddział we Wrocławiu. Wrocław 2011 (2012), nr 2 (42); 2012, nr 1-2 (43-44).

170. Wüstewaltersdorfer Heimatbote. Bad Hofgastein, 2012, H. 148, 12 S.

171. Z Tej Ziemi. Śląski kalendarz katolicki na rok 2013. Księgarnia św. Jacka Sp. z o.o. Katowice 2012, ss. 196, fot.

172. Zeszyty Chorzowskie. Muzeum w Chorzowie. Chorzów 13, 2012, ss. 233, fot.

173. Zeszyty Eichendorffa. Historia - Kultura - Literatura = Eichendorff-Hefte. Geschichte - Kultur - Literatur. Górnośląskie Centrum Kultury i Spotkań im. Eichendorffa w Łubowicach. Łubowice 2012, nr 37-40.

174. Zeszyty Sułkowskich. Muzeum w Bielsku -Białej. Bielsko-Biała 1, 2012, ss. 62, il.

175. Zeszyty Śląskiego Towarzystwa Genealogicznego we Wrocławiu. Śląskie Towarzystwo Genealogiczne. Wrocław 1, 2012, ss. 193.

176. Ziemia Lubliniecka. Magazyn społeczno--kulturalny. Starostwo Powiatowe w Lublińcu. Lubliniec 2012, nr 1-4.

177. Zuckmantler Heimatbrief. Mitteilungsblatt aus der Patenstadt Bietigheim/Württemberg für den früheren Gerichtsbezirk Zuckmantel im Altvatergebirge. Bietigheim 44, 2012, H. 173-176.

178. Zwrot. Miesięcznik społeczno-kulturalny Polskiego Związku Kulturalno-Oświatowego w Republice Czeskiej. Czeski Cieszyn 63, 2012, nr 1-12.

01.03. Sammelwerke – Prace zbiorowe – Sborníky

Zob. poz. / Siehe auch / Viz 1148, 1531, 1554, 1643, 1778, 2505, 2572, 2755, 2842, 3000, 3075, 3448.

179. XII. Svatováclavské mezinárodní setkání v Jeseníku. Slezská lidová kultura a kultura lidu na Jesenicku. Sborník referátů [XII. internationales Sankt-Wenzels-Treffen in Freiwaldau. Schlesische Volkskultur und Kultur des Volkes in der Region Freiwaldau. Sammelband der Vorträge] / ed. Květoslav Growka. - Jeseník; Opava 2012, 190 s.

180. 666 Jahre Sechsstädtebund / Hrsg. Thomas Binder. - Görlitz 2012, 159 S.

181. 90 rocznica III powstania śląskiego. Materiały z sesji naukowej, która odbyła się 11 czerwca 2011 r. w Muzeum im. Jana Pawła II w Warszawie [90. Jahrestag des III. Schlesischen Aufstands. Materialien der wissenschaftlichen Tagung vom 11. Juni 2011 im Johannes-Paul II.-Museum in Warschau] / red. Anna Eliza Wasilewska. - Warszawa 2012, ss. 173, il.

182. Adel in Schlesien. Herrschaft - Kultur - Selbstdarstellung. Bd. 1 / Hrsg. Jan Harasimowicz. - München 2010, 587 S.
Schriften des Bundesinstituts für Kultur und Geschichte der Deutschen im östlichen Europa; 36.
Rec.: Dannenberg, Lars-Arne // Neues Lausitzisches Magazin. Neue Folge 15 (134), 2012, S. 158-159; Leibetseder, Mathis // Zeitschrift für Historische Forschung. Vierteljahresschrift zur Erforschung des Spätmittelalters und der frühen Neuzeit 39, 2012, H. 4, S. 662-666.

183. Adel in Schlesien. Repertorium: Forschungsergebnisse, Quellenkunde, Bibliogra-

phie. Bd. 2 / Hrsg. Jan Harasimowicz. - München 2010, 841 S.
Schriften des Bundesinstituts für Kultur und Geschichte der Deutschen im östlichen Europa; 37.
Rec.: Belzyt, Leszek // Studia Zachodnie 14, 2012, s. 325-328; Keller, Katrin // Historische Zeitschrift 294, 2012, H. 2, S. 457-459; Leibetseder, Mathis // Zeitschrift für Historische Forschung. Vierteljahresschrift zur Erforschung des Spätmittelalters und der frühen Neuzeit 39, 2012, H. 4, S. 662-666.

184. Archaeology of a pre-industrial town in Silesia. Case study Gliwice / ed. Monika Michnik, Jerzy Piekalski. - Wrocław 2012, ss. 107, il., pl., tabl.
Wratislavia Antiqua. Studia z Dziejów Wrocławia / Zespół do Badań Średniowiecznego i Nowożytnego Wrocławia; 16.

185. Archeologický sborník. K šedesátým narozeninám Vratislava Janáka [Archäologischer Sammelband. Zum 60. Geburtstag von Vratislav Janák] / uspoř. Jiří Juchelka. - Opava 2012, 178 s.

186. Archiwum w regionie. Region w archiwum. 80 lat Archiwum Państwowego w Katowicach 1932-2012 [Archiv in der Region - Region im Archiv. Das 80. Jubiläum des Bestehens des Staatlichen Archivs Kattowitz 1932-2012] / red. Barbara Kalinowska-Wójcik. - Katowice 2012, ss. 246, il. 50; sum. 231-233; dt. Res. 235-238.
Zawiera bibliografię Archiwum Państwowego w Katowicach za lata 1949-2011 (193-197). - Enthalt Bibliographie des Staatsarchivs Kattowitz der Jahre 1949-2011 (193-197).

187. Auch in Neisse im Exil. Max Herrmann-Neiße, Leben, Werk und Wirkung (1886-1941) / Hrsg. Beata Giblak, Wojciech Kunicki. - Leipzig 2012, 541 S., Abb.
Schlesische Grenzgänger; 5.

188. Auf historischer Spurensuche im Bobertal 2011/2012. Aktuelle Forschungsergebnisse von und für Regionalforscher, Ortschronisten, Genealogen und Historiker im niederschlesischen Riesengebirge / Hrsg. Ulrich Schmilewski, Jürgen Schwanitz. - Würzburg 2012, 272 S.

189. August Scholtis. Śląski pisarz i publicysta. Twórczość po 1945 roku [August Scholtis. Schlesischer Schriftsteller und Publizist. Sein Schaffen nach 1945] / red. Grażyna Barbara Szewczyk, Michał Skop. - Katowice 2012, ss. 85, il.

190. Badania archeologiczne na Górnym Śląsku i ziemiach pogranicznych w latach 2009-2010 [Archäologische Forschungen in Oberschlesien und den Grenzgebieten in den Jahren 2009-2010] / red. tomu Eugeniusz Tomczak ; red. naukowy części czeskiej Vratislav Janák. - Katowice 2012, ss. 229, fot.

191. Barciak, Antoni: Między Polską a Czechami. Śląsk i jego mieszkańcy w źródłach czeskich doby średniowiecza [Zwischen Polen und Böhmen. Schlesien und seine Bewohner in den böhmischen Quellen des Mittelalters]. - Wrocław 2012, ss. 233, il.
Czeski Horyzont; 2.

192. Biskup Juliusz Bursche (1862-1942) [Bischof Juliusz Bursche (1862-1942)] / red. Renata Czyż, Danuta Szczypka. - Wisła 2012, ss. 83.

193. Błogosławiony kraj? Szkice o historii i pamięci Dolnego Śląska [Gesegnetes Land? Skizzen zur Geschichte und Gedenken Niederschlesiens] / red. Dagmara Margiela-Korczewska, Krzysztof Ruchniewicz. - Wrocław 2011, ss. 241, il., tab.
Warsztaty / Centrum Studiów Niemieckich i Europejskich im. Willy'ego Brandta Uniwersytetu Wrocławskiego. - Workshops / Willy Brandt Zentrum für Deutschland- und Europastudien der Universität Breslau.
Rec.: Nowosielska-Sobel, Joanna // Wrocławski Rocznik Historii Mówionej 2, 2012, s. 276-279; Ryglewska, Jolanta // Śląski Kwartalnik Historyczny Sobótka 67, 2012, nr 2, s. 148-150.

194. Bruno Tschötschel (1874-1941) - wrocławski Wit Stwosz XX wieku [Bruno Tschötschel (1874-1941) - Breslauer Veit Stoß des 20. Jahrhunderts] / red. Maciej Łagiewski, Piotr Oszczanowski. - Wrocław 2012, ss. 274, il.
Wrocławscy Artyści i Kolekcjonerzy w Muzeum Miejskim Wrocławia; 26. Katalog prac Brunona Tschötschela prezentowanych na wystawie, Muzeum Miejskie Wrocławia - Pałac Królewski, 22 grudnia 2012-3 marca 2013 r., oprac. Piotr Oszczanowski, Magdalena Szmida-Półbratek (211-264). - Ausstellungskatalog von Bruno Tschötschels Werken, Städtisches Museum in Breslau - Königlicher Palast, 22. Dezember 2012-3. März 2013, bearbeitet von Piotr Oszczanowski, Magdalena Szmida-Półbratek (211-264).

195. Budowanie w pięknym krajobrazie. 3: Typowa architektura Karkonoszy i Gór Izerskich [Bauen in einer schönen Landschaft. 3: Typische Architektur im Riesengebirge und Iser-Gebirge] / red. Elżbieta Trocka-Leszczyńska, Jacek Godlewski. - Wrocław 2012, ss. 137, il.
Materiały z IV konferencji: „Budowanie w pięknym krajobrazie - Typowa architektura Karkonoszy i Gór Izerskich", Wojanów, czerwiec 2010. - Materialien der IV. Tagung: „Bauen in einer schönen Landschaft. 3: Typische Architektur im Riesengebirge und Iser-Gebirge", Schildau, Juni 2010.

196. Bytom w cieniu totalitaryzmów. Szkice z dziejów miasta 1933-1939 [Beuthen im Schatten der Totalitarismen. Skizzen aus der Stadtgeschichte 1933-1939] / red. Sebastian Rosenbaum. - Katowice 2012, ss. 427, il.

197. Carl Hauptmann w polskiej nauce i krytyce literackiej [Carl Hauptmann im Spiegel der polnischen Forschung und Literaturkritik] / red. Krzysztof Antoni Kuczyński. - Włocławek 2012, ss. 759.

198. Carl i Gerhart Hauptmann - dzieło i modele jego odbioru [Carl und Gerhart Hauptmann - Werk und Modelle ihrer Rezeption] / red. Edward Białek, Jan Pacholski, Piotr Niemiec. - Wrocław 2012, ss. 321, il.
Wydanie Specjalne Orbis Linguarum; 107.

199. Cieszyński Almanach Pedagogiczny. T. 1: Tradycja i współczesność w myśli pedagogicznej [Teschener Pädagogischer Almanach. Band 1: Tradition und Gegenwart im pädagogischen Denken] / red. Urszula Szuścik. - Katowice 2012, ss. 230, tab.
Prace Naukowe Uniwersytetu Śląskiego w Katowicach; 2998.

200. Colloquium Opole 2010. Polacy - Niemcy - Czesi. Sąsiedztwo w XXI wieku. Polsko-niemiecki traktat graniczny z 14 listopada 1990 roku - geneza i skutki [Colloquium Opole 2010. Polen - Deutschen - Tschechen. Nachbarschaft im 21. Jahrhundert. Deutsch-polnischer Grenzvertrag vom 14. November 1990 - Ursachen und Folgen] / red. Michał Lis, Aleksandra Trzcielińska-Polus, Leokadia Drożdż. - Opole 2011, ss. 181, ryc., tabl.

201. Colloquium Opole 2011. Polacy - Niemcy - Czesi sąsiedztwo w XXI wieku. Od wojny do dobrego sąsiedztwa [Colloquium Opole. Polen - Deutsche - Tschechen - Nachbarschaft im 21. Jahrhundert. Vom Krieg um die Grenze zur guten Nachbarschaft] / red. Monika Choroś, Maximilian Eiden, Bernard Linek. - Opole 2012, ss. 247, wykr.

202. Człowiek dialogu. Księga pamiątkowa dedykowana Księdzu Arcybiskupowi Alfonsowi Nossolowi z okazji 80. rocznicy urodzin, 55 rocznicy święceń kapłańskich oraz 35. rocznicy święceń biskupich [Ein Mann des Dialogs. Priester Erzbischof Alfons Nossol gewidmeter Gedenkband anlässlich des 80. Geburtstags, des 55jährigen Jubiläums der Priesterweihe sowie zum 35. Jahrestag der Bischofsweihe] / red. Zygfryd Glaeser. - Opole 2012, ss. 962, fot. 1.
Opolska Biblioteka Teologiczna; 125.

203. Dni, miesiące, lata... Jubileusz 100-lecia Związku Artystów Plastyków. Okręg w Katowicach [Tage, Monate, Jahre... 100. Jubiläum des Verbandes der Bildenden Künstler. Bezirk Kattowitz] / red. Adam Dutkiewicz, Katarzyna Gawrych-Olender, Henryk Bzdok, Marian Słowicki. - Katowice 2012, ss. 115.

204. Droga do powołania Uniwersytetu Opolskiego i jego stan po 18 latach [Weg der Entstehung der Oppelner Universität und ihr Zustand nach 18 Jahren] / red. Maria Nowakowska. - Opole 2012, ss. 204, fot., tabl.

205. Dzieci, młodzież i studenci na Ziemiach Zachodnich po II wojnie światowej [Kinder, Jugendliche und Studenten in den Westgebieten nach dem Zweiten Weltkrieg] / red. Wojciech Kucharski, Grzegorz Strauchold. - Wrocław 2012, ss. 288, il.; Res. 267-270.
Konferencje Ośrodka „Pamięć i Przyszłość"; 3.

206. Dzieje górnictwa - element europejskiego dziedzictwa kultury. T. 4 [Geschichte des Bergbaus - ein Element des europäischen Kulturerbes. Band 4] / red. Paweł Zagożdżon, Maciej Madziarz. - Wrocław 2012, ss. 437, il.
Dziedzictwo i Historia Górnictwa.

207. Einfach, eigen, einzig. Otto Mueller, 1874-1930. Wegbereiter der „Künstlergruppe Brücke" und deren „Selbstverständliches Mitglied". Bd. 3: Beiträge zu Leben und Werk Otto Muellers

/ Hrsg. Hans-Dieter Mück, Dieter W. Posselt. - Weimar 2012, 151 S., Abb.

208. Erzbischof Alfons Nossol. Aus seinem Leben, Denken und Wirken / Hrsg. Helmut Jan Sobeczko ; Übers. Krystyna Maria Greub -Frącz. - Opole 2012, ss. 262, il.
Z Dziejów Kultury Chrześcijańskiej na Śląsku; 72.

209. Fürst Pückler und Frankreich. Ein bedeutendes Kapitel des deutsch-französischen Kulturtransfers / Hrsg. Christian Friedrich. - Berlin 2012, 359 S.
Edition Branitz; 7.

210. Ein Gedenkband zum 20. Todestag von Professor Marian Szyrocki / Hrsg. Edward Białek, Mirosława Czarnecka, Urszula Kawalec, Eugeniusz Tomiczek. - Dresden 2012, 641 S., Abb.
Orbis linguarum; 38.

211. Geschichte des Turnens und Sports in Schlesien 1812-1989 / Hrsg. Tomasz Jurek, Karl -Heinz Schodrok. - Gorzów Wielkopolski 2012, ss. 482, il., mapy; Res. 481-482.

211a. Götter, Geister, Wassernixen entlang der Oder. Ergebnisse der Tagung in Słubice im September 2011 / Hrsg. Hannelore Scholz-Lübbering. - Leipzig 2012, 209 S., Abb.

212. Górnoślązakow żywoty równoległe [Freunde vom Spielplatz. Parallele Lebensläufe der Oberschlesier] / fot. Lidia Rogowicz, Wojciech Kania. - Katowice 2012, ss. 71; Res. 70-71.

213. Górny Śląsk i Wielkopolska w XIX i pierwszej połowie XX wieku. Wybrane aspekty z dziejów polityki i edukacji [Oberschlesien und Großpolen im 19. und in der ersten Hälfte des 20. Jahrhunderts. Ausgewählte Aspekte aus der Politik- und Bildungsgeschichte] / red. Jarosław Durka. - Poznań 2012, ss. 283.

214. Die Grafschaft Glatz zwischen 1918-1946. Beiträge über eine schlesische Kulturlandschaft. Festschrift für Franz Jung zum 75. Geburtstag; apostolischer Protonotar, Großdechant und Visitator für die Priester und Gläubigen aus der Grafschaft Glatz 1983-2011 / Hrsg. Horst-Alfons Meißner, Michael Hirschfeld, Franz Jung. - Münster 2012, 524 S., Abb., Kt.

215. Granice Śląska w interdyscyplinarnej perspektywie [Schlesiens Grenzen aus interdisziplinärer Perspektive] / red. Ryszard Gładkiewicz, Teresa Sołdra-Gwiżdż, Marek S. Szczepański. - Opole 2012, ss. 174, mapy.

216. Grenz- und Zufluchtskirchen Schlesiens = Śląskie kościoły graniczne i ucieczkowe / Hrsg. Lars-Arne Dannenberg, Matthias Donath, Eike Thomsen, Wojciech Wagner. - Olbersdorf 2012, 204 S., Abb.
Krobnitzer Hefte; 4. Deutscher und polnischer Text. - Tekst w języku niemieckim i polskim.

217. Gustaw Morcinek - w 120-lecie urodzin [Gustaw Morcinek - zum 120. Geburtstag] / red. Krystyna Heska-Kwaśniewicz, Jacek Lyszczyna. - Katowice 2012, ss. 248; Res. 249-250.
Prace Naukowe Uniwersytetu Śląskiego w Katowicach; 2984.

218. Harasimowicz, Jan: Schwärmergeist und Freiheitsdenken. Beiträge zur Kunst- und Kulturgeschichte Schlesiens in der Frühen Neuzeit / Hrsg. Matthias Noller, Magdalena Poradzisz -Cincio. - Köln 2010, 418 S.
Rec.: Czechowicz, Bogusław // Śląski Kwartalnik Historyczny Sobótka 67, 2012, nr 2, s. 133-136; Srodecki, Paul // Zeitschrift für Ostmitteleuropa-Forschung 61, 2012, H. 1, S. 86-87.

219. Heinrich Lauterbach. Architekt wrocławskiego modernizmu [Heinrich Lauterbach. Architekt der Breslauer Moderne] / red. Jerzy Ilkosz. - Wrocław 2012, ss. 501, il.
Katalog (s. 323-425); teksty źródłowe (s. 437-501). - Katalog (323-425), Quellentexte (437-501).

220. Historia Górnego Śląska. Polityka, gospodarka i kultura europejskiego regionu [Geschichte Oberschlesiens] [History of Upper Silesia] [Dějiny Horního Slezska] / red. Joachim Bahlcke, Dan Gawrecki, Ryszard Kaczmarek. - Gliwice 2011, ss. 555, fot., mapa; Res. 527-535.
Rec.: Dziurok, Adam // CzasyPismo. O historii Górnego Śląska 2012, nr 1, s. 178-179; Kaczmarek, Ryszard: Droga do syntezy [Weg zur Synthese] // Fabryka Silesia. Kwartalnik 2012, nr 1, s. 94-95; Kurek, Jacek: Dzieło dialogu // Śląsk. Miesięcznik społeczno-kulturalny 2012, nr 1, s. 54-55, fot. 1; Kurek, Jacek: Wielkopolanie na Śląsku [Großpolen in Schlesien] // Śląsk. Miesięcznik społeczno-kulturalny 2012, nr 2, s. 26-29, fot. 3; Szczypka, Danuta // Rocznik Wiślański 4, 2012, s. 128-129.

221. Historia Zielonej Góry. T. 1: Dzieje miasta do końca XVIII wieku [Geschichte von Grünberg. Band 1: Stadtgeschichte bis zum Ende des 18. Jahrhunderts] / red. Wojciech Strzyżewski. - Zielona Góra 2011, ss. 427, il.; Res. 415-418.
Rec.: Hładkiewicz, Wiesław / Potocki, Robert // Studia Zielonogórskie 18, 2012, s. 267-273.

222. Historia Zielonej Góry. T. 2: Dzieje miasta w XIX i XX wieku [Geschichte von Grünberg. Band 2: Stadtgeschichte des 19. und 20. Jahrhunderts] / red. Wojciech Strzyżewski. - Zielona Góra 2012, ss. 833, il.
Rec.: Hładkiewicz, Wiesław / Potocki, Robert // Studia Zielonogórskie 18, 2012, s. 275-280.

223. Historia, kultura, muzeum [Geschichte, Kultur, Museum] / red. Anitta Maksymowicz. - Zielona Góra 2012, ss. 503, il.

224. Historia, teraźniejszość i współczesne dylematy fotografii. Sympozjum z okazji 65-lecia Związku Polskich Artystów Fotografików. Związek Polskich Artystów Fotografików, Okręg Dolnośląski, 15 grudnia 2012 [Geschichte, Gegenwart und zeitgenössische Dilemmas der Fotografie. Symposium zum 65. Jahrestag des Polnischen Kunstfotografenverbandes. Polnischer Kunstfotografenverband, Bezirk Niederschlesien, 15. Dezember 2012] / red. Kazimiera Kuzborska. - Wrocław 2012, ss. 111, il.

225. Historicae viae. Studia dedykowane Profesorowi Lechowi A. Tyszkiewiczowi z okazji 55-lecia pracy naukowej [Historicae viae. Professor Lech A. Tyszkiewicz zum 55. Jubiläum der wissenschaftlichen Arbeit gewidmete Studien] / red. Mateusz Goliński, Stanisław Rosik. - Wrocław 2012, ss. 242, il.; Res. 239-242.
Scripta Historica Medievalia; 1.

226. Horst Bienek. Ein Schriftsteller in den Extremen des 20. Jahrhunderts / Hrsg. Reinhard Laube, Verena Nolte. - Göttingen 2012, 286 S., Abb.

227. Jan Lucemburský. Kultura, umění a zbožnost na Moravě a ve Slezsku v době vlády prvního Lucemburka [Johann von Luxemburg. Kultur, Kunst und Frömmigkeit in Mähren und Schlesien in der Zeit des ersten Herrschers aus dem Geschlecht der Luxemburger] / eds. Ivo Hlobil, Daniela Rywiková. - Ostrava 2012, 380 s.
Rec.: Čapský, Martin // Śląski Kwartalnik Historyczny Sobótka 67, 2012, nr 3, s. 128-129.

228. Jan Sztwiertnia (1911-1940). Człowiek i dzieło w setną rocznicę urodzin [Jan Sztwiertnia (1911-1940). Der Mensch und sein Werk zum hundertsten Geburtstag] / red. Hubert Miśka. - Katowice 2012, ss. 126, fot.; Res. 122-123.
Prace Naukowe Uniwersytetu Śląskiego w Katowicach; 2985.

229. Jeremias Joseph Knechtel (1679-1750). Legnicki malarz doby baroku [Jeremias Joseph Knechtel (1679-1750). Liegnitzer Maler des Barocks] / red. Andrzej Kozieł, Emilia Kłoda. - Legnica 2012, ss. 264, il.
Katalog zachowanych i zniszczonych prac Jeremiasa Josepha Knechtla (121-237). - Katalog der vorhandenen und zerstörten Arbeiten von Jeremias Joseph Knechtel (121-237).

230. Język - szkoła - przestrzeń jako determinanty rozwoju kultury Śląska Cieszyńskiego [Sprache - Schule - Raum als Determinanten der Entwicklung der Kultur des Teschener Schlesiens] / red. Marzena Bogus. - Czeski Cieszyn 2012, ss. 275, tabl. [16] s.

231. Jirásek, Zdeněk [a kol.]: Církevní dějiny Slezska 18. až 20. století [Die Kirchengeschichte Schlesiens vom 18. bis zum 20. Jahrhunderts]. - Opava 2011, ss. 121; Res. 118-121.
Rec.: Dorko, Branislav // Slezský sborník 110, 2012, č. 3-4, s. 302-303.

232. Kancelarie oraz archiwa wczoraj i dziś. Pamiętnik XIII Ogólnopolskiego Zjazdu Studentów Archiwistyki, Lublin-Zamość, 27-29 kwietnia 2011 roku [Kanzleien und Archive gestern und heute. Tagebuch des 13. Gesamtpolnischen Kongresses der Archivistikstudenten, Lublin-Zamość, 27.-29. April 2011] / red. Janusz Łosowski, Elżbieta Markowska. - Warszawa 2012, ss. 346, il.

233. Katowice w kulturze pogranicza. Rola Katowic w kulturze i nauce [Kattowitz in der Kultur des Grenzgebietes. Die Rolle von Kattowitz in Kultur und Wissenschaft] / red. nauk. Antoni Barciak. - Katowice 2012, ss. 414, il.
Katowice w Rocznicę Uzyskania Praw Miejskich; 1 (11).

234. Katowicka moderna 1927-1939 = Katowice modernist architecture 1927-1939 / pomysł i realizacja Zofia Oslislo. - Katowice 2012, ss. 169, il.
Tekst w języku polskimi angielskim. - Polnischer und englischer Text.

235. Kazimierz Wielki wobec Śląska - Śląsk wobec Kazimierza Wielkiego [Die Beziehung Kasimirs des Großen zu Schlesien - Schlesiens Beziehung zu Kasimir dem Großen] / red. Damian Halmer. - Rybnik 2012, ss. 108, il.

236. Komunistyczny aparat represji i życie społeczne Opolszczyzny w latach 1945-1989. Studia i materiały [Kommunistischer Repressionsapparat und gesellschaftliches Leben im Oppelner Schlesien in den Jahren 1945-1989. Studien und Dokumente] / red. Ksawery Jasiak. - Opole 2012, ss. 542, fot., tabl.

237. Konferencja historyczna pod tytułem: W sercu szlaku ks. bp. J. M. Nathana [Historische Tagung unter dem Titel: Inmitten des Weges von Priester Bischof J. M. Nathan]. - Branice 2012, ss. 82.

238. Kościoły luterańskie na ziemiach polskich (XVI-XX w.). T. 3: W ramach Rzeczpospolitej, państw ościennych i na emigracji [Lutherische Kirchen auf polnischem Gebiet (16.-20. Jahrhundert). Band 3: Innerhalb der Rzeczpospolita, der Nachbarstaaten und in der Emigration] / red. Jarosław Kłaczkow. - Toruń 2012, ss. 388, il.

239. Kościół na Śląsku. Z dziejów kultury i życia religijnego. Księga pamiątkowa dedykowana Księdzu Biskupowi Janowi Kopcowi z okazji 65-lecia urodzin, 40-lecia prezbiteriatu, 20-lecia sakry biskupiej i 30-lecia pracy naukowej [The Church of Silesia. The history of culture and religious life] / red. Franciszek Wolnik. - Opole 2012, ss. 351, fot.
Opolska Biblioteka Teologiczna; 127.

240. Krajobrazy zdefiniowane - znaki i symbole w krajobrazie. Praca zbiorowa [Definierte Landschaften - Zeichen und Symbole in der Landschaft. Ein Sammelwerk] / red. Janusz Łach, Anna Zaręba. - Wrocław 2012, ss. 374, il., mapy.
Studia Krajobrazowe; 3.

241. Kresowianie na Górnym Śląsku [Bewohner der ehemaligen polnischen Ostgebiete in Oberschlesien] / red. Bogusław Tracz. - Katowice 2012, ss. 286.

242. Kresowianie na Śląsku Opolskim [Bewohner der ehemaligen polnischen Ostgebiete im Oppelner Schlesien] / red. Maria Kalczyńska ; współpr. Krystyna Rostocka, Elżbieta Treli -Mazur. - Opole 2011, ss. 390, il.
Rec.: Duda, Jerzy // Semper Fidelis. Pismo Miłośników Lwowa i Kresów Południowo-Wschodnich 2012, nr 1 (124), s. 57-59.

243. Litteraria Lignicensis. Rozprawy i szkice o kulturze literackiej dawnej Legnicy [Litteraria Lignicensis. Abhandlungen und Skizzen zur literarischen Kultur des früheren Liegnitz] / red. Edward Białek, Piotr Niemiec. - Wrocław 2012, ss. 190, il.
Wydanie Specjalne Orbis Linguarum; 104.

244. Maria Pilch (1912-1990). W setną rocznicę urodzin beskidzkiej pisarki [Maria Pilch (1912-1990). Zum 100. Geburtstag der Beskider Schriftstellerin] / red. Renata Czyż. - Wisła 2012, ss. 100.
Materiały z konferencji, Wisła, 9 luty 2012 r. - Tagungsmaterialien, Weichsel, 9. Februar 2012.

245. Materiały z konferencji naukowej z okazji 65-lecia Muzeum Zamkowego w Pszczynie „Kolekcje sztuki i rzemiosła artystycznego w muzeach-rezydencjach" Pszczyna, 12-13 maja 2011 r. [Materialien der wissenschaftlichen Tagung anläßlich des 65. Jubiläums des Schlossmuseums in Pleß „Kunst- und Kunsthandwerksammlungen in den Residenz-Museen". Pleß, 12.-13. Mai 2011] / red. Maciej Kluss. - Pszczyna 2012, ss. 325, il.

246. Maximilian Kaller - Bischof der wandernden Kirche. Flucht und Vertreibung - Integration - Brückenbau / Hrsg. Thomas Flammer, Hans-Jürgen Karp. - Münster 2012, VI, 215 S., Kt.

247. Mijające krajobrazy Polski - Dolny Śląsk. Krajobraz dolnośląski kalejdoskopem jest... [Vergangene Landschaften Polens - Niederschlesien. Die niederschlesische Landschaft ist wie ein Kaleidoskop ...] / red. nauk. Krzysztof R. Mazurski. - Kraków 2012, ss. 146, il.

248. Muzeum Górnośląskie w Bytomiu. 100 lat dziejów. Kontakty z muzeami i instytucjami kultury i towarzystwami [Oberschlesisches Museum in Beuthen. 100 Jahre Geschichte. Kontakte zu anderen Museen und Kulturinstitutionen sowie Gesellschaften] / red. Jan Drabina. - Katowice 2012, ss. 224, il.

249. Napp, Thomas / Ansorge, Hermann / Oettel, Gunter: Zwischen Neiße, Schöps und Spree. Der Landkreis Görlitz. - Görlitz 2012, 464 S., Abb., Kt.

250. Nie tylko trony. Księga jubileuszowa ofiarowana Profesorowi Ernestowi Niemczykowi [Nicht nur Throne. Festschrift für Professor Ernest Niemczyk] / red. Janusz L. Dobesz, Agnieszka Gryglewska, Marta M. Rudnicka -Bogusz. - Wrocław 2012, ss. 417, il.

251. Nowiniec, stan. 2. Wczesnośredniowieczny gród na pograniczu śląsko-łużyckim w świetle badań interdyscyplinarnych [Neumühle, Feld 2. Eine frühmittelalterliche Burg im schlesisch-lausitzer Grenzgebiet im Lichte interdisziplinärer Untersuchungen] / red. Bartłomiej Gruszka. - Zielona Góra 2012, ss. 361, il.

252. Nowożytny cmentarz przy kościele św. Piotra i Pawła na Ostrowie Tumskim we Wrocławiu (lata 1621-1670) [Modern-time church of st Peter and st Paul cemetery in Ostrów Tumski, Wrocław (1621-1670)] / red. Aleksandra Pankiewicz. - Wrocław 2012, ss. 261, il.
Wratislavia Antiqua. Studia z dziejów Wrocławia = Studies on the history of Wrocław; 17.

253. O historii Wrocławia i Śląska inaczej. 1 [Anders über die Geschichte Breslaus und Schlesiens. 1] / red. Marek Derwich. - Wrocław 2012, ss. 235, il.
Odczyty Wrocławskiego Towarzystwa Miłośników Historii.

254. Oblicza miłosierdzia w duchowości Europy. Bł. Maria Luiza Merkert - kontynuatorka dzieła św. Elżbiety w posłudze miłości miłosiernej [Aspekte der Barmherzigkeit der europäischen Geistigkeit. Selige Maria Luise Merkert - Fortsetzerin des Werkes der hl. Elisabeth auf dem Feld des Dienstes für die barmherzige Liebe]. - Opole 2012, ss. 286.
Z Dziejów Kultury Chrześcijańskiej na Śląsku; 73.

255. Ogród Jana Nepomuka - powrót do źródła [Der Garten von Johann Nepomuk - Rückkehr zur Quelle] / red. Maria Szwed. - Niemodlin 2012, ss. 53, mapy, fot., rys.

256. Organy na Śląsku IV [Die Orgel in Schlesien IV] / red. Julian Gembalski. - Katowice 2012, ss. 395, fot.

257. Pieniądz i banki na Śląsku [Geld und Banken in Schlesien] / red. Witold Garbaczewski, Roman Macyra. - Poznań 2012, ss. 476, il., tab., wykr.
Studia nad Dziejami Pieniądza i Bankowości w Polsce; 2.

258. Plebiscyt i powstania śląskie 1919-1921 - po 90. latach [Volksabstimmung und schlesische Aufstände 1919-1921 - nach 90 Jahren] / red. Michał Lis, Leokadia Drożdż. - Opole 2012, ss. 151.

259. Podróże i migracje w Europie Środkowej [Reisen und Migrationen in Mitteleuropa] / red. Antoni Barciak ; wprowadz. Małgorzata Mańka-Szulik. - Katowice 2012, ss. 383, il.
Kultura Europy Środkowej.

260. Pogranicze - sąsiedztwo - stereotypy. Przypadek polsko-czeskich relacji wraz z francusko-niemieckim case study [Grenzgebiet - Nachbarschaft - Stereotype. Das Beispiel der polnisch-tschechischen Beziehungen zusammen mit französisch-deutschen case study] / red. Andrzej Kasperek. - Cieszyn 2012, ss. 177, il.
Transcarpathica. Prace Euroinstytutu Polsko-Czesko-Słowackiego; 1.

261. Prawnicy na Uniwersytecie Wrocławskim [Juristen an der Breslauer Universität] / red. Maciej Marszał, Jacek Przygodzki. - Wrocław 2012, ss. 150, il.
Acta Universitatis Wratislaviensis; 3423.

262. Przedmieście Świdnickie we Wrocławiu [Die Schweidnitzer Vorstadt in Breslau] / red. nauk. Halina Okólska, Hanna Górska. - Wrocław 2012, ss. 295, il., tabl. [96] s.
Materiały z konferencji, Wrocław 27-28 października 2011 r. - Tagungsmaterialien, Breslau, 27.-28. Oktober 2011.

263. Przestrzenie kultury i literatury. Księga jubileuszowa dedykowana Profesor Krystynie

Heskiej-Kwaśniewicz na pięćdziesięciolecie pracy naukowej i dydaktycznej [Kultur- und Literaturräume. Professor Krystyna Heska-Kwaśniewicz gewidmeter Jubiläumsband anlässlich ihrer fünfzigjährigen wissenschaftlichen und didaktischen Arbeit] / red. Elżbieta Gondek, Irena Socha, Barbara Pytlos. - Katowice 2012, ss. 565, fot.
Prace Naukowe Uniwersytetu Śląskiego w Katowicach; 2894.

264. Przyczynek do refleksji nad kulturą Górnego Śląska [Beitrag zur Reflexion über die Kultur Oberschlesiens] / red. Michał Lis, Zenona Maria Nowak. - Opole 2011, ss. 145.
Rec.: Kuczyński, Krzysztof A. // Studia Niemcoznawcze 49, 2012, s. 868-869.

265. Radiofonia na Górnym Śląsku w okresie międzywojennym [Rundfunk in Oberschlesien in der Zwischenkriegszeit] / scenariusz i kurator wystawy Jarosław Racięski ; współpr. Michał Witkowski ; red. Leszek Jodliński. - Katowice 2012, ss. 83, il. 28.
Radiofonia na Górnym Śląsku w okresie międzywojennym. 85 lat Polskiego Radia Katowice. Wystawa. Katowice, 7.12.2012 - 20.01.2013. - Rundfunk in Oberschlesien in der Zwischenkriegszeit. 85 Jahre des Polnischen Rundfunks Kattowitz. Ausstellung. Kattowitz, 7. Dezember - 20. Januar 2013.

266. Represje wobec żeńskich zgromadzeń zakonnych w PRL. Zagadnienia wybrane [Repressionen gegenüber Frauen-Kongregationen zur Zeit der Volksrepublik Polen. Ausgewählte Themen] / red. Jerzy Myszor, Adam Dziurok. - Katowice 2012, ss. 224.

267. Rodowód kulturowy współczesnego Wrocławia [Kulturelle Herkunft des heutigen Breslau] / red. Włodzimierz Wysoczański. - Wrocław 2012.
Materiały z sesji naukowej, Wrocław, 23 listopada 2011 r. - Materialien der wissenschaftlichen Tagung, Breslau, 23. November 2011.

268. Rodzina na Śląsku 1939-1945. Dezintegracja, migracje, codzienność [Die Familie in Schlesien 1939-1945. Desintegration-Migration -Alltag] / red. Adriana Dawid, Antoni Maziarz. - Opole 2012, ss. 268, fot., tabl.; Res. 252-255.

269. Schlesien erlesen. Aufsätze zur Literatur des 18. bis 21. Jahrhunderts. Festgabe für Monika Taubitz zum 75. Geburtstag / Hrsg. Edward Białek. - Dresden [u.a.] 2012, 365 S., Abb.

270. Schlesien und der deutsche Südwesten um 1600. Späthumanismus - reformierte Konfessionalisierung - politische Formierung / Hrsg. Joachim Bahlcke, Albrecht Ernst. - Heidelberg 2012, 388 S.

271. Schlesische Erinnerungsorte. Gedächtnis und Identität einer mitteleuropäischen Region / red. Marek Czapliński, Hans-Joachim Hahn, Tobias Weger. - Görlitz 2005, ss. 350.
Rec.: Krzoska, Markus // Dialog. Deutsch-Polnisches Magazin 25, 2012, H. 101, S. 32-33; 36-37.

272. Schlesische Lebensbilder. Bd. 11 / Hrsg. Joachim Bahlcke. - Insingen 2012, 671 S.

273. Silesia historica. Badania nad historią Śląska. Metody i praktyka historiografii oraz nowe poszukiwania [Forschungen zur Geschichte Schlesiens. Methoden und Praxis der Historiographie und neue Untersuchungen] / red. Sławomir Moździoch, Stanisław Kosik, Thomas Wünsch. - Wrocław 2012, ss. 146, il.
Radices Silesiae - Silesiacae Radices; 2.

274. Silesia Jesuitica. Kultura i sztuka zakonu jezuitów na Śląsku i w hrabstwie kłodzkim 1580-1776. Materiały konferencji naukowej zorganizowanej przez Oddział Wrocławski Stowarzyszenia Historyków Sztuki (Wrocław, 6-8 X 2011) dedykowane pamięci Profesora Henryka Dziurli [Silesia Jesuitica. Kultur und Kunst des Jesuiten-Ordens in Schlesien und in der Grafschaft Glatz 1580-1776. Materialien der wissenschaftlichen Konferenz organisiert von der Abteilung der Breslauer Kunsthistoriker-Gesellschaft (Breslau, 6.-8. Oktober 2011), gewidmet dem Gedenken an Professor Henryk Dziurla] / red. Dariusz Galewski, Anna Jezierska. - Wrocław 2012, ss. 378, il.

275. Stowarzyszenia, związki, bractwa, inicjatywy społeczne i ich znaczenie dla Śląska. Wczoraj, dziś, jutro. XIV Seminarium Śląskie. Kamień Śląski 2009. Traktaty polsko-niemieckie z 1990 i 1991 roku i ich konsekwencje dla Śląska; XV Seminarium Śląskie, Kamień Śląski 2010. Publikacja pokonferencyjna (wybór tekstów) [Gesellschaften, Verbände, Bruderschaften, gesellschaftliche Initiativen und ihre Be-

deutung für Schlesien. Gestern, heute, morgen. 14. Schlesische Konferenz. Groß Stein 2009. Polnisch-deutsche Traktate aus dem Jahr 1990 und 1991 und ihre Konsequenzen für Schlesien; 15. Schlesische Konferenz. Groß Stein 2010. Konferenzberichte (Auswahl der Texte)]. - Gliwice 2012, ss. 256, il.
Seminarium Śląskie; 14. Seminarium Śląskie; 15.

276. Strzelczan album rodzinny. Od kołyski aż po grób = Groß Strehlitzer Familienalbum. Von der Wiege bis zum Grab / red. Marta Górka, Waldemar Gaida. - Strzelce Opolskie 2012, ss. 299, fot.
Tekst w języku polskim i niemieckim. - Polnischer und deutscher Text.

277. Studia i rozprawy bibliologiczne [Studien und buchwissenschaftliche Abhandlungen] / red. Krystyna Heska-Kwaśniewicz, Katarzyna Tałuć. - Katowice 2012, ss. 172, il.

278. Śląsk Cieszyński w czasach prehistorycznych [Teschener Schlesien in der vorgeschichtlichen Epoche] / red. Idzi Panic. - Wyd. 2 zm. - Cieszyn 2012, ss. 263, il.; dt. Res. 253-258; sum. 259-263.
Dzieje Śląska Cieszyńskiego od zarania do czasów współczesnych; 1. - Wyd. 1. 2009 - 1. Aufl. 2009.

279. Śląska republika uczonych. Vol. 5 [Schlesische Gelehrtenrepublik. Vol. 5] / red. Marek Hałub, Anna Mańko-Matysiak. - Wrocław 2012, ss. 851, il.

280. Śląskie pogranicza kultur. T. 1 [Das schlesische Kulturgrenzland. Bd. 1] / red. Marian Ursel, Olga Taranek-Wolańska. - Wrocław 2012, ss. 235, il.

281. Święci są wśród nas. Wybrane biografie niekanonizowanych zabrzańskich świętych [Heilige sind unter uns. Ausgewählte Biografien nicht kanonisierter Heiliger aus Zabrze] / red. Piotr Górecki. - Gliwice 2012, ss. 116, fot.

282. Tragedia górnośląska jako barometr współczesnego dyskursu o Polakach i Niemcach - publikacja pokonferencyjna = Oberschlesische Tragödie als Barometer des gegenwärtigen Diskurses über Polen und Deutsche - Konferenzbeiträge. - Gliwice 2012, ss. 143, il.
Tekst w języku polskim i niemieckim. - Polnischer und deutscher Text.

283. Transformationen und Umbrüche des 12./13. Jahrhunderts / Hrsg. Felix Biermann, Thomas Kersting, Anne Klammt, Thomas Westphalen.
Beiträge zur Ur- und Frühgeschichte Mitteleuropas; 64.

284. Trzecie Polsko-Czeskie Forum Młodych Mediewistów. Commemoratio praeteritorum - społeczności średniowieczne wobec przeszłości [Das dritte polnisch-tschechische Forum Junger Mediavisten. Commemoratio praeteritorum - die mittelalterliche Gemeinschaft gegenüber der Vergangenheit] / red. Hanna Krzyżostaniak, Jakub Kujawiński, Marzena Matla. - Poznań 2012, ss. 367, il.
Polsko-Czeskie Forum Młodych Mediewistów; 3.

285. Urząd Bezpieczeństwa na Dolnym Śląsku 1945-1956. Z badań nad organizacją i działalnością aparatu bezpieczeństwa [Der Sicherheitsdienst in Niederschlesien 1945-1956. Von den Forschungen zur Organisation und Tätigkeit des Sicherheitsapparats] / red. Robert Klementowski, Krzysztof Szwagrzyk. - Wrocław 2012, ss. 379, il.
Studia i Materiały - Instytut Pamięci Narodowej.

286. Vita in linguis. Schriften zur Germanistik und Niederlandistik / Hrsg. Lesław Cirko, Stefan Kiedroń. - Dresden 2012, 656 S.

287. Wiara jak serce ze spiżu. Skarby kościoła Pokoju w Świdnicy [Glaube stark wie Eisenherz. Schätze der Friedenskirche in Schweidnitz] / red. Piotr Oszczanowski. - Świdnica 2012, ss. 103, il.
Katalog towarzyszący wystawie o tym samym tytule. - Begleitkatalog der Ausstellung unter dem gleichen Titel.

288. Widerstand und Heimatverlust. Deutsche Antifaschisten in Schlesien / Hrsg. Cornelia Domaschke, Marcel Bois. - Berlin 2012, 207 S., Abb.

289. Władze wobec kościołów i związków wyznaniowych na Środkowym Nadodrzu w latach 1945-1956 [Die Regierung gegenüber den Kirchen und Glaubensgemeinschaften im Mittleren Odergebiet in den Jahren 1945-1956] / red. Elżbieta Wojcieszyk. - Poznań 2012, ss. 292, il.
Studia i Materiały Poznańskiego IPN; 20.

290. Wokół Karkonoszy i Gór Izerskich. Sztuka baroku na śląsko-czesko-łużyckim pograniczu [Rund um das Riesengebirge und das Isergebirge. Die Kunst des Barocks im schlesisch-tschechisch-lausitzischen Grenzgebiet] / red. Andrzej Kozieł. - Jelenia Góra 2012, ss. 233, il.

291. Wokół problemów edukacji... Księga pamiątkowa dedykowana Pani Profesor Grażynie Pańko z okazji 40-lecia Zakładu Dydaktyki Historii i Wiedzy o Społeczeństwie w Instytucie Historycznym Uniwersytetu Wrocławskiego [Im Bereich der Bildungsprobleme... Festschrift für Frau Professor Grażyna Pańko zum 40. Jahrestag des Instituts der Geschichtsdidaktik und Staatskunde am Historischen Institut der Universität Breslau] / red. Joanna Wojdon, Barbara Techmańska. - Wrocław 2012, ss. 305.

292. Wokół tyskiego rynku. Z historii Tychów do 1939 roku. Materiały V Tyskiego Sympozjum Historycznego z 22 listopada 2011 [Die Gegend um Tichau. Aus der Geschichte von Tichau seit 1939. Materialien der V. Historischen Konferenz am 22. November 2011] / red. Maria Lipok-Bierwiaczonek, Agnieszka Ociepa. - Tychy 2012, ss. 91, il.

293. Z dziejów harcerstwa w Gliwicach [Aus der Geschichte der Pfadfinderbewegung in Gleiwitz] / red. Damian Recław, Joanna Januszewska-Jurkiewicz. - Gliwice 2012, ss. 557, il.; sum. 546-551; dt. Res. 553-557.
Seria monograficzna; 19.

294. Z dziejów Mikołowa w XX wieku. Wybrane zagadnienia [Aus der Geschichte von Nikolai im 20. Jahrhundert. Ausgewählte Themen] / red. Grzegorz Bębnik. - Katowice 2012, ss. 222, fot., rys.

295. Z najdawniejszych dziejów. Grzegorzowi Domańskiemu na pięćdziesięciolecie pracy naukowej [Aus der ältesten Geschichte. Für Grzegorz Domański zum 50. Jubiläum seiner wissenschaftlichen Arbeit] / red. Alina Jaszewska. - Zielona Góra 2012, ss. 487, il.

296. Ze spiżu i granitu. Pomniki Bytomia [Aus Erz und Granit. Beuthener Denkmäler] / kurator wystawy Maciej Droń. - Bytom 2012, ss. 57, il.
Wystawa: Ze spiżu i granitu. Historia Bytomia zapisana w pomnikach. - Ausstellung: Aus Erz und Granit: Beuthener Geschichte in Denkmäler eingeschrieben.

297. Zrozumieć Śląsk [Schlesien verstehen] / red. Dawid Keller, Bogdan Kloch. - Rybnik 2012, ss. 408, il.

298. Niezwykła więź Kresów Wschodnich i Zachodnich. Wpływ lwowian na rozwój kultury na Górnym Śląsku po 1945 roku [Die besondere Verbindung der ehemaligen polnischen und deutschen Ostgebiete. Einfluss der Lemberger auf die Kulturentwicklung in Oberschlesien nach 1945] / red. Krystyna Heska-Kwaśniewicz, Alicja Ratuszna, Żurawska, Ewa. - Katowice 2012, ss. 272, il.

299. Żydzi na Górnym Śląsku w XIX i XX wieku [Juden in Oberschlesien im 19. und 20. Jahrhundert] / red. Beata Kalinowska-Wójcik, Dawid Keller. - Rybnik 2012, ss. 734, il. 93.
Zeszyty Rybnickie; 14.

01.04. Historiographie – Historiografia – Historiografie

Zob. poz. / Siehe auch / Viz 273, 311, 457, 459, 467, 557, 716, 730, 758, 1108, 1197, 1245, 1851, 2968, 3087, 3256.

300. Barciak, Antoni: Obraz Polaka w średniowiecznej historiografii czeskiej [Das Polenbild in der mittelalterlichen böhmischen Geschichtsschreibung] // W: Między Polską a Czechami. Śląsk i jego mieszkańcy w źródłach czeskich doby średniowiecza [Zwischen Polen und Böhmen. Schlesien und seine Bewohner in den böhmischen Quellen des Mittelalters] / Antoni Barciak. - Wrocław 2012, s. 26-39; Res. 216-217.
Wcześniej w: / Zuvor in: Polaków i Czechów wizerunek wzajemny (X-XVII w.), red. W. Iwańczak, R. Gładkiewicz, Wrocław 2004, (57-64).

301. Bobková, Lenka: Chroniken der Oberlausitzischen Städte und ihre böhmischen mittelalterlichen Themen // In: 666 Jahre Sechsstädtebund / Hrsg. Thomas Binder. - Görlitz 2012, S. 11-26.

302. Cetwiński, Marek: Jeszcze raz o „paradygmacie Stenzla" [Noch einmal zum „Stenzel -Paradigma"] // W: Silesia historica. Badania nad historią Śląska. Metody i praktyka historiografii oraz nowe poszukiwania [Forschungen zur Geschichte Schlesiens. Methoden und Praxis der Historiographie und neue Untersuchungen] / red. Sławomir Moździoch, Stanisław Kosik, Thomas Wünsch. - Wrocław 2012, s. 33-40; dt. Res. 39-40.

303. Czechowicz, Bogusław: Integracja Śląska z Koroną Królestwa Czech w tradycji historiograficznej od połowy XIV do połowy XVIII wieku [Die Integration Schlesiens in die Böhmische Krone in der historiographischen Tradition von der Mitte des 14. bis zur Mitte des 18. Jahrhunderts] // W: Śląska republika uczonych. Vol. 5 [Schlesische Gelehrtenrepublik. Vol. 5] / red. Marek Hałub, Anna Mańko-Matysiak. - Wrocław 2012, s. 85-107; Res. 106-107.

304. Dannenberg, Lars-Arne: Kamenz und der Sechsstädtebund - aus der Sicht des Stadtchronisten Haberkorn // In: 666 Jahre Sechsstädtebund / Hrsg. Thomas Binder. - Görlitz 2012, S. 85-100.

305. Dziurok, Adam: Stan badań nad „tragedią górnośląską" - historia i jej implikacje = „Oberschlesische Tragödie" - Forschungsstand - Geschichte und Implikationen // W: Tragedia górnośląska jako barometr współczesnego dyskursu o Polakach i Niemcach - publikacja pokonferencyjna = Oberschlesische Tragödie als Barometer des gegenwärtigen Diskurses über Polen und Deutsche - Konferenzbeiträge. - Gliwice 2012, s. 65-68, 137-141, fot. 3.
Tekst w języku polskim i niemieckim. - Polnischer und deutscher Text.

306. Harc, Lucyna: Bitwa pod Lutynią 1757 roku w historiografii dotyczącej Śląska od połowy XVIII w. po dzień dzisiejszy [Die Schlacht bei Leuthen 1757 in der Historiographie zu Schlesien von der Mitte des 18. Jahrhunderts bis zum heutigen Tag] // W: „Trzeba dyscypliny - bez niej nie da sie pasji składnie wyrazić..." Studia z dziejów nowożytnych (XVI-XVIII w.) [„Man braucht Disziplin - ohne ist die Leidenschaft nicht zusammenhängend zu erklären...". Studien zur neuzeitlichen Geschichte (16.-18. Jahrhundert)] / red. Maciej Forycki, Adam Perłakowski, Filip Wolański. - Poznań 2012, s. 109-117.

307. Harc, Lucyna: Germanie na Śląsku. Wokół dyskusji na kartach prac XVIII-wiecznych historyków śląskich [Germanen in Schlesien. Zur Diskussion über die kartographische Arbeit schlesischer Historiker des 18. Jahrhunderts] // W: Historicae viae. Studia dedykowane Profesorowi Lechowi A. Tyszkiewiczowi z okazji 55-lecia pracy naukowej [Historicae viae. Professor Lech A. Tyszkiewicz zum 55. Jubiläum der wissenschaftlichen Arbeit gewidmete Studien] / red. Mateusz Goliński, Stanisław Rosik. - Wrocław 2012, s. 19-28.

308. Hrachovec, Petr: Der Sechsstädtebund und die Sechsstädte in der Zittauer Chronistik des frühen 17. Jahrhunderts // In: 666 Jahre Sechsstädtebund / Hrsg. Thomas Binder. - Görlitz 2012, S. 129-143.

309. Jarząbek, Marcin: Różne narracje historyczne o powstaniach śląskich i górnośląskiej historii lat 1919-1922 [Verschiedene historische Narrative zu den schlesischen Aufständen und der oberschlesischen Geschichte in den Jahren 1919-1922] // W: Zrozumieć Śląsk [Schlesien verstehen] / red. Dawid Keller, Bogdan Kloch. - Rybnik 2012, s. 143-157, tab. 1.

310. Jäschke, Georg: Die NS-Zeit in der Grafschaft Glatz im Spiegel der Ortschroniken 1933 bis 1939 // In: Die Grafschaft Glatz zwischen 1918-1946. Beiträge über eine schlesische Kulturlandschaft. Festschrift für Franz Jung zum 75. Geburtstag; apostolischer Protonotar, Großdechant und Visitator für die Priester und Gläubigen aus der Grafschaft Glatz 1983-2011 / Hrsg. Horst-Alfons Meißner, Michael Hirschfeld, Franz Jung. - Münster 2012, S. 299-312, Tab.

311. Knyspel-Kopeć, Renata: Kazimierz Wielki wobec Śląska w polskiej historiografii drugiej połowy XIX wieku i pierwszych dziesięcioleciach XX [Kasimir der Große gegenüber Schlesien in der polnischen Geschichtsschreibung der zweiten Hälfte des 19. und den ersten Jahrzehnten des 20. Jahrhunderts] // W: Kazimierz Wielki wobec Śląska - Śląsk wobec Kazimierza Wielkiego [Die Beziehung Kasimirs des

Großen zu Schlesien - Schlesiens Beziehung zu Kasimir dem Großen] / red. Damian Halmer. - Rybnik 2012, s. 84-95.

312. Kolasa, Władysław Marek: Kierunki badań nad historią prasy polskiej 1918-1939. Prasa województw zachodnich [Forschungsrichtungen zur Geschichte der polnischen Presse 1918-1939. Die Presse der westlichen Woiwodschaften] // Rocznik Historii Prasy Polskiej 15, 2012, nr 2, s. 75-98, il. 3.
Dot. głównie prasy śląskiej. - Betr. hauptsächlich die schlesische Presse.

313. Lambrecht, Karen: Dichtung und Wahrheit - zum Verfasser der Goldschmiede-Chronik Curt Rudolf Vincentz (1867-1945) // W: Śląska republika uczonych. Vol. 5 [Schlesische Gelehrtenrepublik. Vol. 5] / red. Marek Hałub, Anna Mańko-Matysiak. - Wrocław 2012, s. 269-282; Res. 280-281.

314. Maciołek, Manuela: Slezské motivy v životě a tvorbě Bohuslava Balbína a jeho duchovního mistra Martina Středy [Schlesische Motive im Leben und Werk Bohuslav Balbins und dem seines Seelenmeisters Martin Středa] // W: Śląska republika uczonych. Vol. 5 [Schlesische Gelehrtenrepublik. Vol. 5] / red. Marek Hałub, Anna Mańko-Matysiak. - Wrocław 2012; Res. 191-192.

315. Malczewska-Pawelec, Dorota: Dialog o Śląsku. O (nie)zmienności obrazu krainy i jej mieszkańców w polskich syntezach dziejów narodowych epoki zaborów (studium historiograficzne) [Ein Dialog über Schlesien. Von der (Un)Veränderlichkeit und des Gesamtbildes des Gebietes und dessen Einwohner in polnischen historischen Synthesen aus der Besatzungszeit]. - Katowice 2012, ss. 464; Res. 465-466.
Prace Naukowe Uniwersyteu Śląskiego w Katowicach; 2960.

316. Malczewska-Pawelec, Dorota: Odchodzenie od tradycji. O niestandardowym ujęciu dziejów Śląska w syntezie dziejów narodowych Józefa Dąbrowskiego [Dissociating from Tradition. On a New Model of Treating Silesian Topics in Józef Dąbrowski's Synthesis of Polish History] // Sensus Historiae. Studia interdyscyplinarne 7, 2012, z. 2, s. 43-59; Res. 59.

317. Malczewska-Pawelec, Dorota: Zagubiona narodowość Ślązaków. O niektórych wymiarach obrazu Śląska i jego mieszkańców w syntezach dziejów narodowych Joachima Lelewela [Die verlorene Nationalität der Schlesier. Von einigen Dimensionen des Bildes Schlesiens und seiner Bewohner in der Synthese der Nationalgeschichte von Joachim Lelewel] // Klio Polska. Studia i materiały z dziejów historiografii polskiej XIX-XX wieku 6, 2012, s. 143-168.

318. Mirek, Agata: Żeńskie zgromadzenia w PRL. Stan badań i perspektywy badawcze [Weibliche Kongregationen in der Volksrepublik Polen. Forschungsstand und -perspektiven] // W: Represje wobec żeńskich zgromadzeń zakonnych w PRL. Zagadnienia wybrane [Repressionen gegenüber Frauen-Kongregationen zur Zeit der Volksrepublik Polen. Ausgewählte Themen] / red. Jerzy Myszor, Adam Dziurok. - Katowice 2012, s. 24-35.

319. Młynarska-Kaletynowa, Marta: O „Historii Śląska" wydanej przez Polska Akademię Umiejętności w okresie międzywojennym. Głos w dyskusji [Über die von der Polnischen Akademie der Gelehrsamkeit (PAU) in der Zwischenkriegszeit veröffentlichten „Geschichte Schlesiens". Diskussionsbeitrag] // W: Silesia historica. Badania nad historią Śląska. Metody i praktyka historiografii oraz nowe poszukiwania [Forschungen zur Geschichte Schlesiens. Methoden und Praxis der Historiographie und neue Untersuchungen] / red. Sławomir Moździoch, Stanisław Kosik, Thomas Wünsch. - Wrocław 2012, s. 41-44; dt. Res. 43-44.

320. Myśliwski, Grzegorz: W sprawie tomu „Radices Silesiae - Silesiacae Radices". Śląsk: kraj, ludzie. Memoria o kształtowanie się społecznych więzi i tożsamości (do końca XVIII wieku) [Schlesien: Land, Leute, memoria und die Herausbildung der sozialen Bindungen und der Identität (bis zum Ende des 18. Jahrhunderts)] // W: Silesia historica. Badania nad historią Śląska. Metody i praktyka historiografii oraz nowe poszukiwania [Forschungen zur Geschichte Schlesiens. Methoden und Praxis der Historiographie und neue Untersuchungen] / red. Sławomir Moździoch, Stanisław Kosik, Thomas Wünsch. - Wrocław 2012, s. 45-49; dt. Res. 48-49.

321. Priebst, Emanuel: Der Sechsstädtebund im Spiegel der Bautzener Stadtchroniken // In: 666 Jahre Sechsstädtebund / Hrsg. Thomas Binder. - Görlitz 2012, S. 27-38.

322. Rosik, Stanisław: „Ślężański" Śląsk? Od Geografa Bawarskiego, Kroniki Thietmara do... współczesnych mitologizacji przeszłości [Das Schlesien der Slenzanen? Vom sog. Geographus Bavarus und der Chronik Thietmars bis zu ... den heutigen Mythologisierungen der Vergangenheit] // W: Silesia historica. Badania nad historią Śląska. Metody i praktyka historiografii oraz nowe poszukiwania [Forschungen zur Geschichte Schlesiens. Methoden und Praxis der Historiographie und neue Untersuchungen] / red. Sławomir Moździoch, Stanisław Kosik, Thomas Wünsch. - Wrocław 2012, s. 139-146; dt. Res. 145-146.

323. Speer, Christian: Die lateinische Chronik (1131-1484) des Görlitzer Altaristen Stephan Furmann. Edition - Kommentar - ergänzende Quellen // In: 666 Jahre Sechsstädtebund / Hrsg. Thomas Binder. - Görlitz 2012, S. 39-84.

324. Strauchold, Grzegorz: Jak napisać polską historię „Ziem Odzyskanych"? Polscy historycy w obliczu inkorporowania niemieckich ziem wschodnich [Wie ist eine polnische Geschichte der „Wiedergewonnenen Gebiete" zu schreiben? Polnische Historiker in Konfrontation der Inkorporierung der deutschen Ostgebiete] // Pamięć i Przyszłość 2012, nr 3 (17), s. 25-30, il. 1.

325. Szewczyk, Grażyna Barbara: Transnationale Kommunikation und konfessionelle Verhältnisse im Barock anhand der „Schlesischen Chronica" von Jakob Schickfus // In: Film und visuelle Medien. Vielheit und Einheit der Germanistik weltweit. Akten des XII. Internationalen Germanistenkongresses Warschau 2010 / Hrsg. Franciszek Grucza, Ryozo Maeda, Mirosława Czarnecka, Carsten Gansel ; Jacek Rzeszotnik. - Frankfurt am Main 2012, S. 191-196.

326. Wojcieszyk, Elżbieta: Stan badań nad kształtowaniem się stosunków między władzami partyjno-państwowymi Polski Ludowej a Kościołami i związkami wyznaniowymi na Środkowym Nadodrzu. Próba charakterystyki [The state of the art relations between the party-state authorities of the people's Republic of Poland and the Churches and religious denominations in the region of Central Nadodrze. An attempt at characteristics] // W: Władze wobec kościołów i związków wyznaniowych na Środkowym Nadodrzu w latach 1945-1956 [Die Regierung gegenüber den Kirchen und Glaubensgemeinschaften im Mittleren Odergebiet in den Jahren 1945-1956] / red. Elżbieta Wojcieszyk. - Poznań 2012, s. 13-26; Res. 25-26.

327. Zdichynec, Jan: Frühneuzeitliche Laubaner Geschichtsschreibung und das Land der Sechsstädte // In: 666 Jahre Sechsstädtebund / Hrsg. Thomas Binder. - Görlitz 2012, S. 101-127.

01.05. Organisation der Geschichtswissenschaft (u.a. Tagungsberichte) – Organizacja nauk historycznych (m.in. sprawozdania) – Organizace věd historických (konferenční zprávy)

Zob. poz. / Siehe auch / Viz 591, 2014.

328. Banaś, Barbara: Sprawozdanie z działalności Muzeum Narodowego we Wrocławiu za lata 1988-1998 [Bericht über die Tätigkeit des Nationalmuseums Wrocław in den Jahren 1988-1998] // Roczniki Sztuki Śląskiej 21, 2012, s. 183-224, il. 11, tab. 10.

329. Bergmann, Jan / Klaffenböck, Arnold: Die Kultur des oberlausitzischen Adels in vergleichender Perspektive vom 16. bis zum 19. Jahrhundert // H-Soz-u-Kult 2012 http://www.hsozkult.de/conferencereport/id/tagungsberichte-4165.

330. Chmielewska, Mieczysława: Dwustulecie Archiwum Państwowego we Wrocławiu [200

Jahre Staatsarchiv Breslau] // Śląski Kwartalnik Historyczny Sobótka 67, 2012, nr 1, s. 164-168, il. 4.

331. Chodasewicz, Justyna / Zduńczyk, Aurelia: Międzynarodowe kolokwium „Między wiedzą a władzą. Uniwersytet wobec przekształceń państwa" (Wrocław, 15-16 XI 2011 r.) [Internationales Kolloquium „Zwischen Wissen und Macht. Die Universität gegenüber der Staatstransformation" (Breslau, 15.-16. November 2011)] // Śląski Kwartalnik Historyczny Sobótka 67, 2012, nr 2, s. 177-180.

332. Chrobak, Werner: 49. Arbeitstagung des Instituts für ostdeutsche Kirchen- und Kulturgeschichte e.V. // Archiv für schlesische Kirchengeschichte 70, 2012, S. 401-408.
Dot. m.in. archidiecezji wrocławskiej. - Betr. u.a. die Erzidözese Breslau.

333. Dardzińska, Joanna: VI Powszechny Zjazd Archiwistów Polskich „Zatrzymać przeszłość, dogonić przyszłość" (Wrocław, 5-7 IX 2012 r.) [VI. Allgemeiner Kongress der Polnischen Archivare „Vergangenheit aufhalten, Zukunft einholen" (Breslau, 5.-7. November 2012)] // Śląski Kwartalnik Historyczny Sobótka 67, 2012, nr 4, s. 199-203.

334. Derwich, Marek: Główne założenia projektu „Dziedzictwo kulturowe po klasztorach skasowanych na ziemiach dawnej Rzeczypospolitej oraz na Śląsku w XVIII i XIX w.: losy, znaczenie, inwentaryzacja". Program Ministra Nauki i Szkolnictwa Wyższego pod nazwą „Narodowy Program Rozwoju Humanistyki" w latach 2012-2016; nr 11H 11 021280 [Hauptziele des Projekts „Kulturerbe der aufgelösten Klöster auf den Gebieten der ehemaligen Rzeczpospolita und in Schlesien im 18. und 19. Jahrhundert: Schicksale, Bedeutung, Bestandsaufnahme". Programm des Ministeriums für Wissenschaft und Hochschulwesen" unter dem Namen „Nationales Programm für die Entwicklung der Geisteswissenschaften" in den Jahren 2012-2016] // Hereditas Monasteriorum 1, 2012, s. 357-362.

335. Dziedzic, Marcin: Czesko-polska interdyscyplinarna konferencja naukowa „Dolina Dzikiej Orlicy - przemiany przyrodniczego i kulturowego bogactwa mikroregionu" (Orlické Zahoří-Bedřichovka, 12-13 X 2012 r.) [Tschechisch-polnische interdisziplinäre wissenschaftliche Konferenz „Wildes Adler-Tal - Veränderungen der natürlichen und kulturellen Vielfalt der Mikroregion" (Orlické Zahoří -Bedřichovka, 12.-13. Oktober 2012)] // Śląski Kwartalnik Historyczny Sobótka 67, 2012, nr 4, s. 206-208.

336. Hałub, Marek: „200 Jahre Breslauer Germanistik". Internationaler Jubiläumskongress. Wrocław, 17.11.-19.11.2011 // Convivium. Germanistisches Jahrbuch Polen S. 258-259.

337. Harc, Lucyna / Wiszewski, Przemysław / Żerelik, Rościsław: Czyj to region, czyli słów kilka o pewnym projekcie badawczym [Cuius regio. Bemerkungen über ein gewisses Forschungsprojekt] // Śląski Kwartalnik Historyczny Sobótka 67, 2012, nr 4, s. 3-6; Res. 5-6.

338. Kazimierczak, Remigiusz: Wystawa pt. „Wrocław - dwa stadiony" w Archiwum Państwowym we Wrocławiu [Ausstellung unter dem Titel „Breslau - zwei Stadien" im Staatsarchiv in Breslau] // Śląski Kwartalnik Historyczny Sobótka 67, 2012, nr 3, s. 161-165, il. 6.

339. Klaffenböck, Arnold: Frühjahrstagung der Oberlausitzischen Gesellschaft der Wissenschaften // H-Soz-u-Kult 2012 http://www.hsozkult.de/conferencereport/id/tagungsberichte-4258.

340. Matuszyk, Mateusz: Sprawozdanie z międzynarodowej konferencji naukowej pt. „Pruskie kasaty klasztorne na Śląsku na tle procesów sekularyzacyjnych w Polsce i Europie" (Wrocław, 18-21 XI 2010 r.) [Bericht von der internationalen wissenschaftlichen Konferenz „Preußische Auflösungen der Orden in Schlesien vor dem Hintergrund der Säkularisierungsprozesse in Polen und Europa" (Breslau, 18.-21. November 2010)] // Śląski Kwartalnik Historyczny Sobótka 67, 2012, nr 1, s. 153-158.

341. Metzger, Martina: Sprawozdanie z niemiecko-polskiej konferencji „Vielerlei Wiederaufbau. Erfahrungen und Wahrnehmungen bei der Erneuerung zerstörter Stadtbilder" („Różne drogi odbudowy. Doświadczenia i spostrzeżenia w odnawianiu zniszczonych miast") (Würzburg, 22-23 IX 2011 r.) // Śląski

Kwartalnik Historyczny Sobótka 67, 2012, nr 1, s. 169-171.

342. Michalska, Anna: Międzynarodowa konferencja naukowa „Uniwersytet Wrocławski w kulturze europejskiej XIX i XX wieku" (Wrocław, 4-7 X 2011 r.) [Internationale wissenschaftliche Konferenz „Die Universität Breslau in der europäischen Kultur des 19. und 20. Jahrhunderts" (Breslau, 4.-7. Oktober 2011)] // Śląski Kwartalnik Historyczny Sobótka 67, 2012, nr 1, s. 159-163.

343. Mrozowicz, Wojciech: Międzynarodowa konferencja „400 Jahre Aurora. Jacob Böhme und sein geistiges Umfeld, einschließlich der Rezeption in der Oberlausitz" („400 lat Aurory. Jacob Böhme i jego środowisko duchowe, włącznie z recepcją na Górnych Łużycach"), Herrnhut, 15-16 XI 2012 r. [Internationale Tagung „400 Jahre Aurora. Jacob Böhme und sein geistiges Umfeld, einschließlich der Rezeption in der Oberlausitz", Herrnhut, 15.-16. November 2012] // Śląski Kwartalnik Historyczny Sobótka 67, 2012, nr 3, s. 171-173.

344. Nešněrová, Jana / Vašek, Zdeněk: Mezinárodní kolokvium „Terra - ducatus - marchionatus - regio. Utváření a vývoj regionů v rámci Koruny království českého" (Międzynarodowe kolokwium „Terra - ducatus - marchionatus - regio. Powstanie i rozwój regionów w ramach Korony Królestwa Czeskiego"), Praha, 25-27 IV 2012 r. [Internationales Kolloquium „Terra - ducatus - marchionatus - regio. Entstehung und Entwicklung der Regionen im Rahmen des Königreichs Böhmen", Prag, 25.-27. April 2012] // Śląski Kwartalnik Historyczny Sobótka 67, 2012, nr 3, s. 157-161.

345. Nycz, Beata: Sprawozdanie z konferencji naukowej „Kultura muzyczna Katowic i jej dzieje" - Katowice 6-7 IX 2012 [Bericht von der wissenschaftlichen Konferenz „Musikkultur von Kattowitz und ihre Geschichte" - Kattowitz, 6.-7. September 2012] // Roczniki Dziejów Społecznych i Gospodarczych 72, 2012, s. 299-301.

346. Oworuszko, Kinga: Das deutsche Kulturerbe in Schlesien. Wege und Perspektiven der Forschung. Ein Tagungsbericht aus Berlin // Silesia Nova. Vierteljahresschrift für Kultur und Geschichte 9, 2012, H. 1, S. 160-162.

347. Pobóg-Lenartowicz, Anna: Sprawozdanie z ogólnopolskiej konferencji naukowej „W 700-letnią rocznicę zakończenia buntu wójta Alberta. Kraków i Opole we wzajemnych związkach w XIV wieku" (Kraków, 18 V 2012 r.) [Bericht von der gesamtpolnischen wissenschaftlichen Konferenz „Zum 700. Jahrestag der Beendigung des Aufstandes des Vogtes Albert. Krakau und Oppeln in den gegenseitigen Beziehungen im 14. Jahrhundert" (Krakau, 18. Mai 2012)] // Śląski Kwartalnik Historyczny Sobótka 67, 2012, nr 2, s. 180-182.

348. Stein, Volkmar: Bericht über den 20. Kongress der Eichendorff-Gesellschaft vom 7. bis 9. Oktober 2010 in Regensburg // Aurora. Jahrbuch der Eichendorff-Gesellschaft 70/71, 2010/2011 (2012), S. 127-138.

349. Widera, Bogdan: XII Konferencja Naukowa w Katowicach. Miasto muzyki [Die 12. wissenschaftliche Konferenz in Kattowitz. Stadt der Musik] // Śląsk. Miesięcznik społeczno-kulturalny 2012, nr 10, s. 68, fot. 1.
Dot. konferencji w Muzeum Katowic: „Kultura muzyczna Katowic i jej dzieje". - Betr. die Konferenz: „Musikkultur in Kattowitz und ihre Geschichte" im Kattowitzer Museum.

350. Wolański, Filip: Sesja z okazji 30. rocznicy śmierci prof. dra hab. Władysława Eugeniusza Czaplińskiego (Wrocław, 29 XI 2011 r.) [Sitzung zum 30. Todestag von Professor Dr. habil. Władysław Eugeniusz Czapliński (Breslau, 29. November 2011)] // Śląski Kwartalnik Historyczny Sobótka 67, 2012, nr 1, s. 173-174.

351. Wołowska, Joanna / Volk, Anna: „Werk und Modelle seiner Aufnahme". Studentische wissenschaftliche Tagung in Liegnitz und Ober Salzbrunn über Carl und Gerhart Hauptmann // Silesia Nova. Vierteljahresschrift für Kultur und Geschichte 9, 2012, H. 2, S. 128-129.

02 Naturräumliche Grundlagen (Klima, Bodenschätze, Böden) – Środowisko przyrodnicze (klimat, bogactwa naturalne, gleby) – Prostředí přírodní (podnebí, přírodní bohatství, půdy)

Zob. poz. / Siehe auch / Viz 696, 1243, 1762.

352. Dorda, Aleksander: Środowisko przyrodnicze [Natürliche Umwelt] // W: Śląsk Cieszyński w czasach prehistorycznych [Teschener Schlesien in der vorgeschichtlichen Epoche] / red. Idzi Panic. - Wyd. 2 zm. - Cieszyn 2012, s. 16-167, mapa 1, fot. 13.
Dot. Śląska Cieszyńskiego. - Betr. Teschener Schlesien.

353. Mijal, Leon / Kalinowska-Dyrda, Joanna: Stan populacji zajęcy, bażantów i kuropatw oraz zmiany ich liczebności w latach 1975-2011 na Śląsku Cieszyńskim na przykładzie Nadleśnictwa Ustronie [Populationszustand der Hasen, Fasane und Rebhühner und Veränderungen ihrer Stärke in den Jahren 1975-2011 im Teschener Schlesien am Beispiel des Forstamtes Ustroń] // Przyrodnik Ustroński 2012, z. 11, s. 48-60, il. 9, tab. 4, wykr. 3.

354. Raj, Andrzej: Przemiany krajobrazu leśnego Karkonoszy [Veränderungen der Waldlandschaft des Riesengebirges] // W: Mijające krajobrazy Polski - Dolny Śląsk. Krajobraz dolnośląski kalejdoskopem jest... [Vergangene Landschaften Polens - Niederschlesien. Die niederschlesische Landschaft ist wie ein Kaleidoskop ...] / red. nauk. Krzysztof R. Mazurski. - Kraków 2012, s. 125-143, il.

355. Siwek, Tadeusz / Szczyrba, Zdeněk: Granice przyrodnicze Śląska [Naturgrenzen Schlesiens] // W: Granice Śląska w interdyscyplinarnej perspektywie [Schlesiens Grenzen aus interdisziplinärer Perspektive] / red. Ryszard Gładkiewicz, Teresa Sołdra-Gwiżdż, Marek S. Szczepański. - Opole 2012, s. 142-148, map 2; Res. 149-150.

03 Quellen – Źródła – Prameny

03.01. Übergreifendes – Ogólne – Přesahující jednotlivá období

Zob. poz. / Siehe auch / Viz 3427.

356. Bielsko-Biała w zwierciadle czasu. Wspomnienia mieszkańców z lat 1900-1945 [Bielitz -Biala im Spiegel der Zeit. Erinnerungen von Einwohnern aus den Jahren 1900-1945] / zebr. i oprac. Jerzy Polak. - Wyd. 2 popr. i uzup. - Bielsko-Biała 2012, ss. 446, il.
Wyd. 1, 2002 / 1. Aufl. 2002.

357. Łomnica. Zbiór dokumentów o miejscowości i parafii [Lomnitz. Dokumentesammlung zum Ort und Pfarrbezirk] / oprac. Rafał Suda. - Opole 2012, ss. 73.

358. Źródła do dziejów Prószkowa = Quellen zur Geschichte von Proskau / red. nauk. Andrzej Hanich ; współpr. Hubert Dobranowski. - Opole 2012, ss. XIV, 578, il.
Tekst w języku niemieckim i polskim. - Deutscher und polnischer Text.

03.02. Mittelalter – Średniowiecze – Středověk

Zob. poz. / Siehe auch / Viz 874, 2475.

359. Legenda o świętej Jadwidze. Rkp. 303/IV ze zbiorów Biblioteki Śląskiej w Katowicach [Legende von der hl. Hedwig. Handschrift 303/IV aus den Sammlungen der Schlesischen Bibliothek in Kattowitz] / oprac. nauk. Jan Malicki. - Katowice 2012, ss. 200, il.

360. Nöcker, Rebekka: Zu den schulisch-universitären Nutzungskontexten grammatisch -lexikalischer Verstraktate im Spiegel ihrer Kommentare // W: Śląska republika uczonych. Vol. 5 [Schlesische Gelehrtenrepublik. Vol. 5] / red. Marek Hałub, Anna Mańko-Matysiak. - Wrocław 2012, s. 17-57, il.; Res. 55-57.
Dot. kodeksu, przechowywanego w Bibliotece Uniwersyteckiej we Wrocławiu, sporządzonego przez Georga Neustata, nauczyciela w miejskiej szkole parafialnej w Lubinie. - Betr. in der Universitätsbibliothek Breslau aufbewahrten Kodex, niederschrieben von Georg Neustat, Lehrer der städtischen Gemeindeschule in Lüben.

361. Żerelik, Rościsław: Najstarszy kopiarz książąt oleśnickich i kozielsko-bytomskich [Das älteste Kopialbuch der Herzöge von Oels und Beuthen-Cosel]. - Wrocław 2012, ss. 234, il., tabl. 20 s.; Res. 123-125.
Acta Universitatis Wratislaviensis; 3402 / Historia; 185.

03.03. Neuzeit – Okres nowożytny – Novověk

03.03.01. Übergreifendes – Ogólne – Přesahující jednotlivá období

Zob. poz. / Siehe auch / Viz 485, 2279, 3186.

362. Corpus inscriptionum Poloniae. T. 10: Inskrypcje województwa lubuskiego. Z. 5: Powiat zielonogórski [Kreis Grünberg] / zebrał i oprac. Adam Górski, Paweł Karp. - Toruń 2012, ss. 283, il.

363. Inwentarz archiwum konwentu bonifratrów w Cieszynie [Bestandsverzeichnis des Konventarchivs der Barmherzigen Brüder in Teschen] / oprac. Maksymilian Kuśka, Józef Marecki. - Cieszyn 2012, ss. 128, il.
Monumenta Historica Fratrorum Misericordiarum Tessinensis; 3.

364. Kronika poczty w Wiśle [Chronik der Post in Weichsel] / oprac. Danuta Szczypka // Rocznik Wiślański 4, 2012, s. 80-104, il. 2.

03.03.02. 1526–1742

Zob. poz. / Siehe auch / Viz 460, 1339, 2370.

365. Burghart, Gottfried Heinrich: Podróż na Górę Ślężę / edycja tekstu źródłowego, przekł, oprac., wstęp Wojciech Kunicki. - Wrocław 2012, ss. 252, il.
Biblioteka Ślężańska. Faksymile tekstu oryginalnego w języku niemieckim oraz przekład polski. - Zobtenberg Bibliothek. Faksimile der Originaltexte in deutscher Sprache und polnischer Übersetzung. Originalausgabe: Iter Sabothicvm, Das ist: Ausführliche Beschreibung einiger An. 1733 und die folgenden Jahre Auf den Zothen-Berg gethanen Reisen: Wodurch sowohl Die natürliche als Historische Beschaffenheit Dieses In Schlesien so bekannten und Berühmten Berges Der Welt vor Augen geleget wird. Breßlau [u.a.]: Michael Hubert 1736.

366. Kuczer, Jarosław: Matrykuła ziemska księstwa brzeskiego z początku XVIII w. [Estate Registry of the Duchy of Brzeg from the Beginning of the 18th Century] // Studia Zachodnie 14, 2012, s. 265-286, tab.; Res. 286.

367. Sinapius, Johann Christian: Olsnographia oder Eigentliche Beschreibung des Oelßnischen Fürstenthums in Nieder-Schlesien, Bd. 1-2 / Hrsg. Lucyna Harc. - Wrocław 2012, 1 CD-ROM.
E-Biblioteka Historyczna; 4. Reprint der Ausg. Leipzig und Frankfurt 1706/1707.

368. Tilgner, Johann von: Dziennik [Tagebuch] / tłum., wstęp, oprac. Idzi Panic. - Kraków 2012, ss. 182, il.

369. Das Urbar der Herrschaft Cosel 1578. Der Anteil von Stadt und Schloss Cosel und das Hufenregister der Kammergüter / Hrsg. Stefan Guzy. - Herne 2010, 239 S.
Quellen und Darstellungen zur Personengeschichte des östlichen Europa; 1.
Rec.: Żerelik, Rościsław // Śląski Kwartalnik Historyczny Sobótka 67, 2012, nr 1, s. 126-128.

03.03.03. 1742–1815

Zob. poz. / Siehe auch / Viz 524.

370. Księga Miejsko-Mysłowska 1771-1774 [Das Myslowitzer Stadtbuch 1771-1774] / oprac. Andrzej Jędral. - Katowice 2012, ss. 23, tab. 1 + płyta CD; Res. s. [22-23].
Biblioteka Teologiczna Wydziału Teologicznego Uniwersytetu Śląskiego; 19.

03.03.04. 1815–1918

Zob. poz. / Siehe auch / Viz 1424, 1646.

371. Amtsblatt der Königlichen Oppelnschen Regierung. O Woźnikach i okolicy. Lata 1816-1920 [Amtsblatt der Königlichen Oppelnschen Regierung. Über Woischnik und Umgebung. Die Jahre 1816-1920] / oprac. i tłum. Piotr Kalinowski. - Woźniki 2012, ss. 157.
Biblioteczka Wiedzy o Mieście i Gminie Woźniki.

372. Bethusy-Huc, Valeska von: Wspomnienia = Erinnerungen // Zeszyty Eichendorffa. Historia - Kultura - Literatura = Eichendorff-Hefte. Geschichte - Kultur - Literatur 2012, nr 37, s. 56-69; nr 38, s. 49-61; nr 39, s. 76-91.
Tekst w języku polskim i niemieckim. - Polnischer und deutscher Text.

373. Herrmann-Neiße, Max: Ein Dichter erlebt Breslau // Silesia Nova. Vierteljahresschrift für Kultur und Geschichte 9, 2012, H. 4, S. 53-56.
Dot. wspomnień Maxa Herrmann-Neißego z Wrocławia. - Erinnerungen von Max Herrmann-Neiße an Breslau.

374. Jastrzębski kurort w publikacjach lekarzy niemieckich drugiej połowy XIX wieku [Der Kurort Bad Königsdorf-Jastrzemb in den Publikationen deutscher Ärzte aus der zweiten Hälfte des 19. Jahrhunderts] / wybór tekstów i oprac. Marcin Boratyn ; przekł. Mieczysław Kula. - Jastrzębie-Zdrój 2012, ss. 266, il.

375. Mattis, Carl Theodor: Olbrzymie góry z widokami nayznakómitszemi, porządkiem po sobie idącemi w dwudźiestu dwóch rycinach wystawióne, wraz z mappą ułozone przez Karóla Mattis, a wyłozóne na pol. ięz. przez J. Kołodziejowskiego [Riesige Berge mit großartigsten Ausblicken, ordentlich nacheinander eingeordnet in 22 Zeichnungen, mit Karte versehen, von Carl Mattis, ins polnische übersetzt von J. Kołodziejowski]. - Kielce 2012, ss. 24, tabl. 21.
Reprint, oryg. 2, popr. ed. [Poznań, ca 1850]. - 2. Reprint des Originals, 1. Ausg. [Posen ca. 1850].

376. Młynarska, Henryka: Erinnerungen an den Pädagogen und Organisten Joseph Schittko aus Friedersdorf (*17.08.1825, +24.02.1895) // In: Ethnische Minderheiten und Erinnerungskulturen in Mittel- und Osteuropa. Ergebnisse des 7. Sächsischen Mittel- und Osteuropatages in

Zwickau (27.10.2010) / Ralph Michael Wrobel. - Frankfurt am Main 2012, S. 111-131, 2 Abb.

377. Morys-Twarowski, Michael: Testament Jana Śliwki z 1873 roku [Jan Śliwka's Last Will of 1873] // W: Zeszyty Naukowe Uniwersytetu Jagiellońskiego; 1323. Prace Historyczne z. 139 / red. Artur Patek. - Kraków 2012, s. 169-174; sum. 174.

378. Nees von Esenbeck, Christian Gottfried Daniel: Amtliche Korrespondenz mit Karl Sigmund Freiherr von Altenstein. Bd. 1: 1817-1821. Stuttgart 2009, Bd. 3: 1827-1832. Stuttgart 2008, Bd. 4: 1833-1840. Stuttgart 2009 / Hrsg. Irmgard Müller ; Bearb. Bastian Röther. - Stuttgart 2009.
Rec.: Mücke, Marion // Berichte zur Wissenschaftsgeschichte 35, 2012, H. 1, S. 66-68.

379. Szczech, Bernard: Statut cechu krawców w Woźnikach z 1852 roku w tłumaczeniu Józefa Lompy [Statut der Schneiderinnung in Woischnik aus dem Jahr 1852 in der Übersetzung von Józef Lompa]. - Woźniki 2012, ss. 36.

03.04. Die neueste Zeit (seit 1918) – Czasy najnowsze (od 1918 r.) – Doba nejnovější (po roce 1918)

03.04.01. Übergreifendes – Ogólne – Přesahující jednotlivá období

Zob. poz. / Siehe auch / Viz 1000, 1187, 2202, 2829, 2959, 2989-2990, 2992.

380. Był taki czas... Pogranicze polsko-niemieckie (Syców-Kępno-Ostrzeszów). Wspomnienia i relacje z lat 1918-1958 [So waren die Zeiten... Deutsch-polnisches Grenzgebiet (Groß Wartenberg - Kempen - Schildberg). Erinnerungen und Berichte aus den Jahren 1918-1958] / [oprac.] Aleksandra Hołubecka-Zielnica, Krzysztof Zielnica. - Wrocław 2011, ss. 501, il.
Rec.: Matwijowski, Krystyn Jakub // Śląski Kwartalnik Historyczny Sobótka 67, 2012, nr 1, s. 132-135; Sroka, Piotr // Wrocławski Rocznik Historii Mówionej 2, 2012, s. 266-270.

381. Christian, Michał: Wspomnienia sieroty [Erinnerungen einer Waise] // Rocznik Jeleniogórski 44, 2012, s. 221-242; Res. 242.
Dot. wspomnienień z obozów dla dzieci na Śląsku. - Betr. Erinnerungen an Kinderlager in Schlesien.

382. Dubrawski, Zbigniew: Wspomnienia z mojej służby wojskowej [Erinnerungen aus meiner Wehrdienstzeit] // Biuletyn Jeleniogórskiego Stowarzyszenia Żołnierzy Radiotechników „Radar" 13, 2012, s. 133-143, il. 11.

383. Kuźmińska, Romualda: 60 lat Studium Języków Obcych Politechniki Wrocławskiej. Historia we wspomnieniach [60 Jahre Fremdsprachencollege der Breslauer Technischen Fachhochschule: Geschichte in Erinnerungen]. - Wrocław 2012, ss. 246, il.

384. Maciąg, Robert: Dobków Wyspa [Klein Hehnsdorf - Insel]. - Świerzawa 2012, ss. 103, fot.

385. Michalewicz, Janusz: Pałacyk pełen kultury. Klub jaki pamiętam [Schlösschen voller Kultur. Der Klub in meiner Erinnerung] / współpr. Cezary Żyromski. - Wrocław 2012, ss. 360, il.
Dot. Akademickiego Centrum Kultury „Pałacyk" we Wrocławiu. - Betr. das Akademische Kulturzentrum „Pałacyk" [Schlösschen] in Breslau.

386. Relacje i wspomnienia osadników rejonu gminy Kotla [Berichte und Erinnerungen der Siedler aus der Region der Gemeinde Kuttlau] / wybór, oprac. Jan Baraniecki, Marek Robert Górniak. - Wyd. 2 rozsz. i uzup. - Kotla ; Lublin 2012, ss. 411, il.
Wyd. 1, 2007. - 1. Aufl. 2007.

387. Szymacha, Helena: Od wschodu do zachodu. Moje wspomnienia z lat 1929-2011 [Von Osten nach Westen. Meine Erinnerungen aus den Jahren 1929-2011]. - Wrocław 2012, ss. 276, il.

388. Wala, Józef: Moja droga służbowa w Ludowym Wojsku Polskim [Mein Dienstweg in der polnischen Volksarmee] // Biuletyn Jeleniogórskiego Stowarzyszenia Żołnierzy Radiotechników „Radar" 13, 2012, s. 121-132, il. 8.

389. Źródła do dziejów ruchu harcerskiego na Ziemi Gliwickiej i w Knurowie [Quellen zur Geschichte der Pfadfinderbewegung im

Gleiwitzer Land und in Knurow] / zest. Joanna Januszewska-Jurkiewicz // W: Z dziejów harcerstwa w Gliwicach [Aus der Geschichte der Pfadfinderbewegung in Gleiwitz] / red. Damian Recław, Joanna Januszewska-Jurkiewicz. - Gliwice 2012, s. 466-497.

03.04.02. Die Zwischenkriegszeit (1918-1939) – Okres międzywojenny (1918-1939) – Meziválečné období (1918–1939)

Zob. poz. / Siehe auch / Viz 393, 1963.

390. Miejski Urząd Policyjny w Woźnikach. Wnioski o wydanie kart cyrkulacyjnych za lata 1932-1935 [Städtisches Polizeiamt in Woischnik. Antrag für die Ausgabe der Verkehrskarten für die Jahre 1932-1935] / oprac. Piotr Kalinowski. - Woźniki 2012, ss. 168, fot.
Biblioteczka Miasta i Gminy Woźniki.

03.04.03. Der Zweite Weltkrieg (1939–1945) – Druga wojna światowa (1939–1945) – Druhá světová válka (1939–1945)

Zob. poz. / Siehe auch / Viz 772, 1017, 2837, 3105, 3124.

391. Archiwum Ringelbluma. Konspiracyjne archiwum getta Warszawy. T. 8: Tereny wcielone do Rzeszy. Okręg Rzeszy Gdańsk-Prusy Zachodnie, rejencja ciechanowska, Górny Śląsk [Ringelblums Archiv. Konspiratives Getto-Archiv von Warschau. Band 8: Vom Reich annektierte Gebiete. Reichskreis Gdingen-Westpreußen, Regierungsbezirk Zichenau, Oberschlesien] / oprac. Magdalena Siek. - Warszawa 2012, ss. XXIV, 280, il. CD-ROM.

392. Bębnik, Grzegorz: Hans Müller opowiada [Hans Müller erzählt] // W: Z dziejów Mikołowa w XX wieku. Wybrane zagadnienia [Aus der Geschichte von Nikolai im 20. Jahrhundert. Ausgewählte Themen] / red. Grzegorz Bębnik. - Katowice 2012, s. 199-214, fot. 1.

393. Dmetrecki, Mariusz: Dwa dokumenty ze zbiorów mikołowskiego oddziału b. ZBOWiD [Zwei Dokumente aus der Nikolaier Sammlung der Abteilung des Verbandes der Kämpfer für Freiheit und Demokratie] // W: Z dziejów Mikołowa w XX wieku. Wybrane zagadnienia [Aus der Geschichte von Nikolai im 20. Jahrhundert. Ausgewählte Themen] / red. Grzegorz Bębnik. - Katowice 2012, s. 189-198.

394. Guillou, André le: Breslau Januar 1945 - Mai 1945 = Breslau Janvier 1945 - Mai 1945 / Hrsg. Detlef Krell. - Dresden 2012, 88 S., Abb.
Tekst w języku niemieckim i francuskim. - Deutscher und französischer Text.

395. Kindereit, Heinz: Und am 8. wurde ich 16. Meine Kindheit und Jugend vom Jahrgang 1929 in Berlin-Neukölln und in Schlesien bis Kriegsende 1945. - Friedberg 2012, 144 S.

396. Klin, Eugeniusz: „Pokój i wojna" Gottfrieda Parady, czyli śląskie wspomnienia = Gottfried Paradas „Frieden und Krieg". Ein oberschlesisches Erinnerungsbuch // Zeszyty Eichendorffa. Historia - Kultura - Literatura = Eichendorff-Hefte. Geschichte - Kultur - Literatur 2012, nr 40, s. 42-51.
Tekst w języku polskim i niemieckim. - Polnischer und deutscher Text.

397. Morgenbesser, Johann Gottfried: Publiczne uwiadomienie zdroiów zdrowych lub wód mineralnych leczących na Śląsku w Kodowie, Reynercu, Altwaser, Szarlotenbrun, Salcbrun i Flinsbergu śię znayduiących. - Polanica Zdrój 2012, ss. 20.
Reprint oryg. wyd. Wilhelm Bogumił Korn, Wrocław 1777. - Reprint der Originalausgabe: Nachricht an das Publikum die Gesundbrunnen zu Codowa, Reinertz, Altwasser, Charlottenbrunn, Salzbrunn und Flinsberg, in Schlesien betreffend. Wilhelm Gottlieb Korn, Breslau 1777.

398. Mosch, Carl Friedrich: Wody mineralne szląskie i Hrabstwa Glackiego. Z przyłączeniem opisu Krzeszowic. Z rycinami przez K. F. Mosch, tłum. przez Alexandra Kuszańskiego. [Mineralwasser in Schlesien und in der Grafschaft Glatz. Im Anhang Beschreibung von Krzeszowice, mit Abbildungen von K.F. Mosch, übersetzt von Alexander Kuszański]. - Polanica -Zdrój 2012, ss. XII, 443, il., tabl. 10.
Reprint, oryg. pol. wyd.: Wilhelm Bogumił Korn, Wrocław 1821. - Reprint der polnischen Originalausgabe: Wilhelm Gottlieb Korn, Breslau 1821. - Wersja niemiecka / Deutsche Fassung: Die Heilquellen Schlesiens und der Graffschaft Glaz. Breslau 1821.

399. Mose, Karlheinz: Hitlerjunge und Ministrant. Als wir „Auf Vordermann” gebracht wurden. Glatzer Erinnerungen 1937-1944 // AGG-Mitteilungen. Mitteilungsblatt der Arbeitsgemeinschaft Grafschaft Glatz - Kultur und Geschichte 11, 2012, S. 51-59, 6 Abb.

400. Mose, Karlheinz: Hitlerjunge und Ministrant. Als wir auf „Vordermann” gebracht wurden. Glatzer Erinnerungen 1937 bis 1944 // In: Die Grafschaft Glatz zwischen 1918-1946. Beiträge über eine schlesische Kulturlandschaft. Festschrift für Franz Jung zum 75. Geburtstag; apostolischer Protonotar, Großdechant und Visitator für die Priester und Gläubigen aus der Grafschaft Glatz 1983-2011 / Hrsg. Horst-Alfons Meißner, Michael Hirschfeld, Franz Jung. - Münster 2012, S. 211-222, 3 Abb.

401. Wiesner-Skawran, Hildegard: Schicksalswende. Erinnerungen an Kreuzburg in Oberschlesien. - Oberhausen/Oberbayern 2012, 292 S., Abb., Kt.

402. Wojna i okupacja we wspomnieniach świętochłowiczan [Krieg und Besatzung in den Erinnerungen der Bewohner von Schwientochlowitz] / red. Bożena Roter, Dorota Wichura, Iwona Laska ; wstęp Józef Planta. - Katowice 2012, ss. 102, fot.

403. Wolny, Zbigniew: Wojenne losy Ślązaka [Kriegsschicksale eines Schlesiers] / przygot. do druku Konstanty Wolny // Łambinowicki Rocznik Muzealny. Jeńcy wojenni w latach II wojny światowej 35, 2012, s. 103-111.

03.04.04. 1945–1989

Zob. poz. / Siehe auch / Viz 917, 1308, 1662, 2627, 2810.

404. Abłamowicz, Dominik: Pomniki Bytomia w mojej pamięci [Beuthener Denkmäler in meiner Erinnerung] // W: Ze spiżu i granitu. Pomniki Bytomia [Aus Erz und Granit. Beuthener Denkmäler] / kurator wystawy Maciej Droń. - Bytom 2012, s. 1-14.

405. Bartoszewski-Wnukowski, Narcyz: Moje lekarskie wspomnienia [Meine Erinnerungen als Arzt]. - Żagań 2012, ss. 243, il.
Pamiętniki lekarza pracującego na Śląsku, działacza opozycji politycznej, emigranta. - Tagebücher eines Arztes in Schlesien, engagiert in der politischen Opposition, Emigrant.

406. Fedorowski, Józef: Moje Zielone Liceum [Mein Grünes Lyzeum]. - Milicz 2012, ss. 147, fot.
Dot. liceum w Miliczu. - Betr. Lyzeum in Militsch.

407. Hinc, Waldemar: Kształt czasu - Wrocław [Formen der Zeit - Breslau]. - Warszawa 2012, ss. 154, il.
Wspomnienia dotyczące studiów na Politechnice Wrocławskiej w latach 1947-1952. - Tagebücher über die Studienjahre an der Breslauer Technischen Hochschule.

408. Instrukcje, wytyczne, okólniki dyrektor Departamentu V MBP dotyczące działań przeciwko Kościołowi katolickiemu w latach 1945-1953 [Instruktionen, Rahmenrichtlinien, Rundschreiben des Direktors der 5. Abteilung des Ministeriums für Öffentliche Sicherheit gegen die katholische Kirche in den Jahren 1945-1953] / wybór i oprac. Adam Dziurok, Józef Marecki, Filip Musiał. - Kraków 2012, ss. 423.

409. Kot, Stanisława Maria: Gdyby orłem być [Wenn man wie ein Adler sein könnte]. - Legnica 2012, ss. 344, il.
Wspomnienia głównie z Podola i Legnicy. - Erinnerungen hauptsächlich aus Podolien und Liegnitz.

410. Mikuszewska, Beata: Biblioteki i bibliotekarze Bielska-Białej czyli Moja życiowa przygoda. Wspomnienia na tle dziejów bibliotek w Bielsku-Białej 1954-1985 [Bibliotheken und Bibliothekare aus Bielitz-Biala oder Abenteuer meines Lebens. Erinnerungen vor dem Hintergrund der Geschichte der Bibliothek in Bielitz -Biala 1954-1985]. - Bielsko-Biała 2012, ss. 88, il.

411. Pamiętniki, relacje i wspomnienia osadników rejonu obecnej gminy Jerzmanowa. (Cz. 1): Okres pionierski 1945-1960 [Tagebücher, Berichte und Erinnerungen von Siedlern auf dem Gebiet der heutigen Gemeinde Hermsdorf (Teil 1): Pionierzeit 1945-1960] / wybór, oprac. Marek Robert Górniak. - Jerzmanowa 2012, ss. 200, il.

412. Pleśniar, Adam: Moja przygoda ideowa w Związku Młodych Demokratów [Mein ideo-

logisches Abenteuer im Verband der Jungen Demokraten] // Dolny Śląsk 17, 2012, s. 268-272.

413. Przyłęcki, Mirosław: Autobiografia [Autobiografie] // Dolny Śląsk 17, 2012, s. 273-278.

414. Reder, Irena: Pożegnanie z ojczyzną = Abschied von der Heimat // Zeszyty Eichendorffa. Historia - Kultura - Literatura = Eichendorff-Hefte. Geschichte - Kultur - Literatur 2012, nr 40, s. 4-9, fot.
Tekst w języku polskim i niemieckim. - Polnischer und deutscher Text.

415. Rozpłochowski, Andrzej: Postawię ci szubienicę... NSZZ „Solidarność" MKZ Katowice 1980-1981. Wspomnienia [Ich stelle einen Galgen auf für dich... Unabhängige Selbstverwaltete Gewerkschaft „Solidarność", Überbetriebliches Streikkomitee Kattowitz 1980-1981. Erinnerungen]. - Katowice 2012, ss. 369, fot.

416. Wenda, Urszula: Wydarzenia w Kopalni Węgla Kamiennego „Wujek" w Katowicach z dnia 16 grudnia 1981 roku w moich wspomnieniach [Die Ereignisse in dem Kohlebergwerk „Wujek" vom 16. Dezember 1981 in meinen Erinnerungen] // Wieki Stare i Nowe 4, 2012, s. 297-305; Res. 304-305.

417. Wspominki belfrów o belfrach. T. 2 [Erinnerungen von Paukern an die Pauker. Band 2] / zebrał Zbigniew Korpaczewski. - Racibórz 2012, ss. 80, il.
Dot. szkolnictwa średniego w Legnicy. - Betr. Mittelschulwesen in Liegnitz.

03.04.05. Seit 1990 – Od 1990 r. – Po roce 1990

418. Szołtysek, Waldemar: Wspomnienia archiwisty z przełomowych lat w historii katowickiego Archiwum 1990-1996 [Erinnerungen eines Archivars an die epochalen Jahre der Geschichte des Kattowitzer Archivs 1990-1996] // W: Archiwum w regionie. Region w archiwum. 80 lat Archiwum Państwowego w Katowicach 1932-2012 [Archiv in der Region - Region im Archiv. Das 80. Jubiläum des Bestehens des Staatlichen Archivs Kattowitz 1932-2012] / red. Barbara Kalinowska-Wójcik. - Katowice 2012, s. 181-192.

04 Historische Hilfs- und Nachbarwissenschaften – Nauki pomocnicze historii i pokrewne – Pomocné a vedlejší vědy historické

04.01. Allgemeines – Ogólne – Všeobecně

Zob. poz. / Siehe auch / Viz 1320, 1868, 2105.

04.02. Archivwesen – Archiwistyka – Archivnictví

Zob. poz. / Siehe auch / Viz 14, 186, 333, 431, 998, 1869, 2086, 2269, 2280, 2787, 2815, 2824.

419. Bednarski, Wojciech: Normatywy kancelaryjne Uniwersytetu Wrocławskiego. Studium porównawcze [Amtsvorschriften der Breslauer Universität. Vergleichende Untersuchung] // W: Kancelarie oraz archiwa wczoraj i dziś. Pamiętnik XIII Ogólnopolskiego Zjazdu Studentów Archiwistyki, Lublin-Zamość, 27-29 kwietnia 2011 roku [Kanzleien und Archive gestern und heute. Tagebuch des 13. Gesamtpolnischen Kongresses der Archivistikstudenten, Lublin-Zamość, 27.-29. April 2011] / red. Janusz Łosowski, Elżbieta Markowska. - Warszawa 2012, s. 52-57.

420. Bias, Iwona: Rękopisy Jana Sztwiertni w Archiwum Śląskiej Kultury Muzycznej przy Akademii Muzycznej im. Karola Szymanowskiego w Katowicach [Jan Sztwiertnias Handschriften im Archiv der Schlesischen Musikkultur an der Karol-Szymanowski-Musik-Akademie in Kattowitz] // W: Jan Sztwiertnia (1911-1940). Człowiek i dzieło w setną rocznicę urodzin [Jan Sztwiertnia (1911-1940). Der Mensch und sein Werk zum hundertsten Geburtstag] / red. Hubert Miśka. - Katowice 2012, s. 33-37.

421. Chojnacka, Karolina: Problem przechowywania dokumentacji technicznej na przykładzie Archiwum Budowlanego Miasta Wrocławia [Das Aufbewahrungsproblem der technischen Dokumentation am Beispiel des Bauarchivs der Stadt Breslau] // W: Kancelarie oraz archiwa wczoraj i dziś. Pamiętnik XIII Ogólnopolskiego Zjazdu Studentów Archiwistyki, Lublin-Zamość, 27-29 kwietnia 2011 roku [Kanzleien und Archive gestern und heute. Tagebuch des 13. Gesamtpolnischen Kongresses der Archivistikstudenten, Lublin-Zamość, 27.-29. April 2011] / red. Janusz Łosowski, Elżbieta Markowska. - Warszawa 2012, s. 148-152.

422. Ciara, Stefan: Z Katowic do Lwowa, ze Lwowa do Tyńca... Wędrówki archiwaliów i archiwistów w latach 1939-1945 [Von Kattowitz nach Lemberg, von Lemberg nach Tyniec... Die Wanderungen der Archivalien und Archivare in den Jahren 1939-1945] // W: Podróże i migracje w Europie Środkowej [Reisen und Migrationen in Mitteleuropa] / red. Antoni Barciak ; wprowadz. Małgorzata Mańka-Szulik. - Katowice 2012, s. 340-348; dt. Res. 348.

423. Garbacz, Michał / Sobieraj, Kamil: Mikrofilm i mikrofilmowanie na przykładzie Archiwum Państwowego w Katowicach [Mikrofilm und das Mikrofilmen am Beispiel des Staatsarchivs in Kattowitz] // W: Kancelarie oraz archiwa wczoraj i dziś. Pamiętnik XIII Ogólnopolskiego Zjazdu Studentów Archiwistyki, Lublin -Zamość, 27-29 kwietnia 2011 roku [Kanzleien und Archive gestern und heute. Tagebuch des 13. Gesamtpolnischen Kongresses der Archivistikstudenten, Lublin-Zamość, 27.-29. April 2011] / red. Janusz Łosowski, Elżbieta Markowska. - Warszawa 2012, s. 153-156.

424. Górski, Adam: Archiwalia kościoła Pokoju w Świdnicy // W: Wiara jak serce ze spiżu. Skarby kościoła Pokoju w Świdnicy [Glaube stark wie Eisenherz. Schätze der Friedenskirche in Schweidnitz] / red. Piotr Oszczanowski. - Świdnica 2012, s. 75-83, il.

Wersja niemiecka: / Deutsche Fassung: Archivalien der Friedenskirche in Schweidnitz, In: Glaube wie ein Herz aus Erz. Schätze der Friedenskirche in Schweidnitz, Hrsg. Piotr Oszczanowski, Świdnica 2012, (75-83).

425. Górski, Andrzej: Archivalien der Friedenskirche in Schweidnitz // W: Glaube wie ein Herz aus Erz: Schätze der Friedenskirche in Schweidnitz / Piotr Oszczanowski. - Świdnica 2012, S. 75-83.
Wersja polska: / Polnische Fassung: Archiwalia kościoła Pokoju w Świdnicy, w: Wiara jak serce ze spiżu. Skarby kościoła Pokoju w Świdnicy, red. Piotr Oszczanowski, Świdnica 2012, (75-83).

426. Greiner, Piotr: Działalność naukowa [Wissenschaftliche Tätigkeit] // W: Archiwum w regionie. Region w archiwum. 80 lat Archiwum Państwowego w Katowicach 1932-2012 [Archiv in der Region - Region im Archiv. Das 80. Jubiläum des Bestehens des Staatlichen Archivs Kattowitz 1932-2012] / red. Barbara Kalinowska-Wójcik. - Katowice 2012, s. 155-161, il. 3.
Dot. Archiwum Państwowego w Katowicach. - Betr. das Staatsarchiv in Kattowitz.

427. Greiner, Piotr / Hajewski, Tomasz / Słysz-Szczucka, Katarzyna: Zabezpieczenie zasobu i jego konserwacja [Bestandsschutz und -pflege] // W: Archiwum w regionie. Region w archiwum. 80 lat Archiwum Państwowego w Katowicach 1932-2012 [Archiv in der Region - Region im Archiv. Das 80. Jubiläum des Bestehens des Staatlichen Archivs Kattowitz 1932-2012] / red. Barbara Kalinowska-Wójcik. - Katowice 2012, s. 85-99, fot. 6.
Dot. Archiwum Państwowego w Katowicach. - Betr. das Staatsarchiv in Kattowitz.

428. Grzybek, Barbara: Powiatowe Archiwum Państwowe w Zgorzelcu (1951-1952) i jego następcy do 1961 r. [Das staatliche Kreisarchiv in Zgorzelec (Görlitz, 1951-1952) und seine Nachfolger bis 1961] // Rocznik Jeleniogórski 44, 2012, s. 249-254, il. 1; Res. 254.

429. Hajewski, Tomasz: Przemiany organizacyjne Archiwum Państwowego w Katowicach (1945-2012) [Veränderungen in der Organisation des Staatsarchivs in Kattowitz (1945-2012)] // W: Archiwum w regionie. Region w archiwum. 80 lat Archiwum Państwowego w Katowicach 1932-2012 [Archiv in der Region - Region im Archiv. Das 80. Jubiläum des Bestehens des Staatlichen Archivs Kattowitz 1932-2012] / red. Barbara Kalinowska-Wójcik. - Katowice 2012, s. 53-75, fot. 10, il. 1.

430. Inwentarz archiwalny parafii rzymskokatolickiej p.w. św. Michała Archanioła w Świebodzinie do 1945 roku [Archivinventar der römisch-katholischen Michael-Gemeinde in Schwiebus bis 1945] / oprac. Tomasz Kałuski. - Świebodzin 2010, ss. 24.
Rec.: Pobłocka, Katarzyna // Archiwista Polski 17, 2012, nr 1, s. 79-81.

431. Kalinowska-Wójcik, Barbara: Archiwum Akt Dawnych Województwa Śląskiego (1932-1939) [Das Staatsarchiv Historischer Akten der Woiwodschaft Schlesien (1932-1939)] // W: Archiwum w regionie. Region w archiwum. 80 lat Archiwum Państwowego w Katowicach 1932-2012 [Archiv in der Region - Region im Archiv. Das 80. Jubiläum des Bestehens des Staatlichen Archivs Kattowitz 1932-2012] / red. Barbara Kalinowska-Wójcik. - Katowice 2012, s. 27-39, fot. 12.

432. Kalinowska-Wójcik, Barbara: Z dziejów archiwów na Górnym Śląsku przed utworzeniem Archiwum Akt Dawnych Województwa Śląskiego [Aus der Geschichte der Archive in Oberschlesien vor der Entstehung des Staatsarchivs Historischer Akten der Woiwodschaft Schlesien] // W: Archiwum w regionie. Region w archiwum. 80 lat Archiwum Państwowego w Katowicach 1932-2012 [Archiv in der Region - Region im Archiv. Das 80. Jubiläum des Bestehens des Staatlichen Archivs Kattowitz 1932-2012] / red. Barbara Kalinowska-Wójcik. - Katowice 2012, s. 11-25, il. 6.

433. Krupa, Sławomira: Staatsarchiv Kattowitz (1939-1945) // W: Archiwum w regionie. Region w archiwum. 80 lat Archiwum Państwowego w Katowicach 1932-2012 [Archiv in der Region - Region im Archiv. Das 80. Jubiläum des Bestehens des Staatlichen Archivs Kattowitz 1932-2012] / red. Barbara Kalinowska-Wójcik. - Katowice 2012, s. 41-50, il. 4.

434. Krupa, Sławomira: Zasób, jego ewidencja i opracowanie [Bestand, seine Erfassung

und Bearbeitung] // W: Archiwum w regionie. Region w archiwum. 80 lat Archiwum Państwowego w Katowicach 1932-2012 [Archiv in der Region - Region im Archiv. Das 80. Jubiläum des Bestehens des Staatlichen Archivs Kattowitz 1932-2012] / red. Barbara Kalinowska-Wójcik. - Katowice 2012, s. 101-123, il. 10.
Dot. Archiwum Państwowego w Katowicach. - Betr. das Staatsarchiv in Kattowitz.

435. Kubica, Anna / Łasiuk, Anna: Osiemnastowieczne polonica w zasobie Biblioteki i Archiwum im. B. R. Tschammera w Cieszynie [Polonica aus dem 18. Jahrhundert im Bestand der Bibliothek und des B. R. Tschammer-Archivs in Teschen] // W: Kancelarie oraz archiwa wczoraj i dziś. Pamiętnik XIII Ogólnopolskiego Zjazdu Studentów Archiwistyki, Lublin-Zamość, 27-29 kwietnia 2011 roku [Kanzleien und Archive gestern und heute. Tagebuch des 13. Gesamtpolnischen Kongresses der Archivistikstudenten, Lublin-Zamość, 27.-29. April 2011] / red. Janusz Łosowski, Elżbieta Markowska. - Warszawa 2012, s. 198-207.

436. Kufel, Robert Romuald: Archiwa kościelne w Diecezji Zielonogórsko-Gorzowskiej [Kirchliche Archivalien in der Diözese Grünberg-Landsberg an der Warthe] // W: Historia, kultura, muzeum [Geschichte, Kultur, Museum] / red. Anitta Maksymowicz. - Zielona Góra 2012, s. 244-251.

437. Lis, Piotr: Towarzystwo Przyjaciół Archiwum [Gesellschaft der Archivfreunde] // W: Archiwum w regionie. Region w archiwum. 80 lat Archiwum Państwowego w Katowicach 1932-2012 [Archiv in der Region - Region im Archiv. Das 80. Jubiläum des Bestehens des Staatlichen Archivs Kattowitz 1932-2012] / red. Barbara Kalinowska-Wójcik. - Katowice 2012, s. 175-179.

438. Łaborewicz, Ivo: Źródła do dziejów polskiej archiwistyki. Relacja Anieli Stojanowskiej z zabezpieczenia akt w Złotym Stoku z lutego 1951 r. [Quellen zur Geschichte der polnischen Archivistik. Aniela Stojanowskas Bericht von der Sicherung der Akten in Reichenstein, Februar 1951] // Archiwista Polski 17, 2012, nr 1, s. 67-70; Res. 70.

439. Matuszek, Elżbieta: Udostępnianie i popularyzacja [Erschließung und Verbreitung] // W: Archiwum w regionie. Region w archiwum. 80 lat Archiwum Państwowego w Katowicach 1932-2012 [Archiv in der Region - Region im Archiv. Das 80. Jubiläum des Bestehens des Staatlichen Archivs Kattowitz 1932-2012] / red. Barbara Kalinowska-Wójcik. - Katowice 2012, s. 125-139, fot. 2.
Dot. Archiwum Państwowego w Katowicach. - Betr. das Staatsarchiv in Kattowitz.

440. Nieszwiec, Rudolf: Das Diözesanarchiv // W: Erzbischof Alfons Nossol. Aus seinem Leben, Denken und Wirken / Hrsg. Helmut Jan Sobeczko ; Übers. Krystyna Maria Greub -Frącz. - Opole 2012, s. 189-190, fot. 2.
Dot. Archiwum Diecezjalnego w Opolu. - Betr. das Diözesanarchiv in Oppeln.

441. Pracownicy Archiwum w latach 1932-2012 [Archivmitarbeiter in den Jahren 1932-2012] / oprac. Sławomira Krupa, Jadwiga Niechciał // W: Archiwum w regionie. Region w archiwum. 80 lat Archiwum Państwowego w Katowicach 1932-2012 [Archiv in der Region - Region im Archiv. Das 80. Jubiläum des Bestehens des Staatlichen Archivs Kattowitz 1932-2012] / red. Barbara Kalinowska-Wójcik. - Katowice 2012, s. 199-230, fot. 20.
Dot. Archiwum Państwowego w Katowicach. - Betr. das Staatsarchiv in Kattowitz.

442. Przesmycka, Grażyna: Oddział Stowarzyszenia Archiwistów Polskich w Katowicach [Die Abteilung der Gesellschaft der Polnischen Archivare in Kattowitz] // W: Archiwum w regionie. Region w archiwum. 80 lat Archiwum Państwowego w Katowicach 1932-2012 [Archiv in der Region - Region im Archiv. Das 80. Jubiläum des Bestehens des Staatlichen Archivs Kattowitz 1932-2012] / red. Barbara Kalinowska-Wójcik. - Katowice 2012, s. 167-173.

443. Regesta fontium regum Poloniae. Dokumenty królewskie w zasobie Archiwum Państwowego w Zielonej Górze. T. 1: Dokumenty Piastów, Jagiellonów i Wazów [Regesta fontium regum Poloniae. Königliche Dokumente im Bestand des Staatsarchivs in Grünberg. Band 1: Dokumente der Piasten, Jagiellonen und Wasa] / oprac. Adam Górski. - Zielona

Góra 2012, ss. 227, il. + dysk optyczny (CD -ROM).
Elektroniczna wersja zdjęć dokumentów na CD. - CD beinhaltet digitale Version der Dokumentabbildungen.

444. Skorupa, Kamila: Afery przemytnicze w województwie śląskim w latach 1922-1939 w świetle zachowanej dokumentacji archiwalnej Policji Województwa Śląskiego [Schmuggel-Skandale in der Woiwodschaft Schlesien in den Jahren 1922-1939 im Lichte der erhaltenen Archiv-Dokumentation der Polizei der Woiwodschaft Schlesien] // W: Kancelarie oraz archiwa wczoraj i dziś. Pamiętnik XIII Ogólnopolskiego Zjazdu Studentów Archiwistyki, Lublin-Zamość, 27-29 kwietnia 2011 roku [Kanzleien und Archive gestern und heute. Tagebuch des 13. Gesamtpolnischen Kongresses der Archivistikstudenten, Lublin-Zamość, 27.-29. April 2011] / red. Janusz Łosowski, Elżbieta Markowska. - Warszawa 2012, s. 220-227.

445. Smierz, Marcin: Ocalić od zapomnienia... O projekcie fotograficznej dokumentacji zakładów przemysłowych obszaru Górnego Śląska [Vor dem Vergessen bewahren... Über das Projekt der photographischen Dokumentation der Industriebetriebe auf dem Gebiet Oberschlesien] // W: Kancelarie oraz archiwa wczoraj i dziś. Pamiętnik XIII Ogólnopolskiego Zjazdu Studentów Archiwistyki, Lublin-Zamość, 27-29 kwietnia 2011 roku [Kanzleien und Archive gestern und heute. Tagebuch des 13. Gesamtpolnischen Kongresses der Archivistikstudenten, Lublin-Zamość, 27.-29. April 2011] / red. Janusz Łosowski, Elżbieta Markowska. - Warszawa 2012, s. 247-256.

446. Stelmach, Roman: Dokumenty klasztoru cystersów w Krzeszowie - problematyka i stan zachowania [Urkunden des Grüssauer Zisterzienserklosters - Problematik und Erhaltungszustand] // Rocznik Jeleniogórski 44, 2012, s. 21-32, il. 3, tab. 3; Res. 32.

447. Stelmach, Roman: Katalog śląskich dokumentów joannickich przechowywanych w Narodowym Archiwum w Pradze [Katalog der im Nationalarchiv Prag aufbewahrten schlesischen Dokumente der Johanniter]. - Wrocław 2012, ss. 332, il., 16 s. tabl.

448. Wiacek, Szymon: Niektóre znaki wodne z dokumentów i akt gliwickiego oddziału Archiwum Państwowego w Katowicach [Einige Wasserzeichen in den Urkunden und Akten des Staatsarchivs Kattowitz, Abteilung in Gleiwitz] // Szkice Archiwalno-Historyczne 2012, nr 9, s. 27-41, ryc. 13; Res. 41.

449. Wojcieszak, Natalia: Problemy kształtowania zasobu archiwalnego na ziemi lubuskiej po 1945 roku [Probleme der Gestaltung des Archivbestandes im Lebuser Land nach 1945] // W: Kancelarie oraz archiwa wczoraj i dziś. Pamiętnik XIII Ogólnopolskiego Zjazdu Studentów Archiwistyki, Lublin-Zamość, 27-29 kwietnia 2011 roku [Kanzleien und Archive gestern und heute. Tagebuch des 13. Gesamtpolnischen Kongresses der Archivistikstudenten, Lublin-Zamość, 27.-29. April 2011] / red. Janusz Łosowski, Elżbieta Markowska. - Warszawa 2012, s. 135-140.

04.03. Quellenkunde – Źródłoznawstwo – Nauka o pramenech

Zob. poz. / Siehe auch / Viz 191, 303, 366, 736, 758, 1149, 1174, 1399, 1420, 1464, 1520, 1587, 1605, 1607, 1638, 1644, 1664, 1896, 2212, 2831, 3035, 3106, 3121.

450. Barciak, Antoni: Bitwa grunwaldzka w relacjach średniowiecznych śląskich kronikarzy i rocznikarzy [Die Schlacht bei Tannenberg in mittelalterlichen Berichten schlesischer Chronisten und Annalisten] // W: Od Lwówka Śląskiego do Lwowa. Studia i materiały z dziejów południowej Polski [Von Löwenberg nach Lemberg. Studien und Materialien aus der Geschichte Südpolens] / red. Zdzisław Budzyński. - Rzeszów 2012, s. 385-390.

451. Barciak, Antoni: Głogów i książęta głogowscy w kronikach i rocznikach czeskich do końca XIV w. [Glogau und Glogauer Herzöge in böhmischen Chroniken und Jahrgängen bis zum

Ende des 14. Jahrhunderts] // W: Między Polską a Czechami. Śląsk i jego mieszkańcy w źródłach czeskich doby średniowiecza [Zwischen Polen und Böhmen. Schlesien und seine Bewohner in den böhmischen Quellen des Mittelalters] / Antoni Barciak. - Wrocław 2012, s. 123-133, fot. 1, il. 4; Res. 220.
Wcześniej w: / Zuvor in: Glogovia Maior. Wielki Głogów między blaskiem dziejów i cieniem ruin, red. B. Czechowicz, M. Konopnicka, Głogów 2010, (25-31).

452. Barciak, Antoni: Kościół wrocławski w średniowiecznej historiografii czeskiej [Breslauer Kirche in der mittelalterlichen böhmischen Geschichtsschreibung] // W: Między Polską a Czechami. Śląsk i jego mieszkańcy w źródłach czeskich doby średniowiecza [Zwischen Polen und Böhmen. Schlesien und seine Bewohner in den böhmischen Quellen des Mittelalters] / Antoni Barciak. - Wrocław 2012, s. 83-95, il. 8; Res. 219.
Wcześniej w: / Zuvor in: Koruni země v dějjinách českého státu. 4, Naboženský život a cirkevní poméry v zemích Koruny české ve 14.-17. století, edd. L. Bobková, J. Konvičná, Praha 2007, (473-481).

453. Barciak, Antoni: Piastowie opolscy w czeskich średniowiecznych źródłach narracyjnych [Die Oppelner Herzöge in den mittelalterlichen böhmischen erzählenden Quellen] // W: Między Polską a Czechami. Śląsk i jego mieszkańcy w źródłach czeskich doby średniowiecza [Zwischen Polen und Böhmen. Schlesien und seine Bewohner in den böhmischen Quellen des Mittelalters] / Antoni Barciak. - Wrocław 2012, s. 158-167, fot. 4, il. 3; Res. 222.
Wcześniej w: / Zuvor in: Jak powstało Opole? Miasto i książęta, red. A. Pobóg-Lenartowicz, Opole 2006, (81-87).

454. Barciak, Antoni: Piastowie śląscy w średniowiecznych kronikach czeskich [Die schlesischen Piasten in den mittelalterlichen böhmischen Chroniken] // W: Między Polską a Czechami. Śląsk i jego mieszkańcy w źródłach czeskich doby średniowiecza [Zwischen Polen und Böhmen. Schlesien und seine Bewohner in den böhmischen Quellen des Mittelalters] / Antoni Barciak. - Wrocław 2012, s. 134-145, fot. 5, il. 5; Res. 220-221.
Wcześniej w: / Zuvor in: Piastowie śląscy w kulturze i europejskich dziejach, red. A. Barciak, Katowice 2007, (334-341).

455. Barciak, Antoni: Postrzeganie Czech i Czechów na Śląsku w XIV w. i w początkach XV w. [Die Wahrnehmung Böhmens und dessen Bewohner in Schlesien im 14. und am Anfang des 15. Jahrhunderts] // W: Między Polską a Czechami. Śląsk i jego mieszkańcy w źródłach czeskich doby średniowiecza [Zwischen Polen und Böhmen. Schlesien und seine Bewohner in den böhmischen Quellen des Mittelalters] / Antoni Barciak. - Wrocław 2012, s. 189-198, il. 4; Res. 223.
Wcześniej w: / Zuvor in: Slezsko, země Koruny české. Historia a kultura 1300-1700, edd. H. Dáňová, J. Klípa, L. Stolárová. Praha 2008, (215-219).

456. Barciak, Antoni: Postrzeganie Piastów śląskich przez czternastowiecznych kronikarzy czeskich [Die schlesischen Piasten in der Wahrnehmung der böhmischen Chronisten des 14. Jahrhunderts] // W: Między Polską a Czechami. Śląsk i jego mieszkańcy w źródłach czeskich doby średniowiecza [Zwischen Polen und Böhmen. Schlesien und seine Bewohner in den böhmischen Quellen des Mittelalters] / Antoni Barciak. - Wrocław 2012, s. 146-157, fot. 11; Res. 221.
Wcześniej w: / Zuvor in: Historia u Piastów. Piastowie w historii. Z okazji trzechsetlecia śmierci ostatniego z rodu, księżnej Karoliny, red. B. Czechowicz, Brzeg 2008, (89-96).

457. Barciak, Antoni: Relacje o Polsce i Polakach w najstarszych czeskich źródłach narracyjnych [Berichte über Polen und dessen Bewohner in den ältesten böhmischen erzählenden Quellen] // W: Między Polską a Czechami. Śląsk i jego mieszkańcy w źródłach czeskich doby średniowiecza [Zwischen Polen und Böhmen. Schlesien und seine Bewohner in den böhmischen Quellen des Mittelalters] / Antoni Barciak. - Wrocław 2012, s. 11-25, il. 2; Res. 216.
Wcześniej w: / Zuvor in: Historia i Współczesność, t. 6, red. A. Kunisz, Katowice 1982.

458. Barciak, Antoni: Śląsk w źródłach czeskich do końca XIV w. [Schlesien in böhmischen Quellen bis zum Ausgang des 14. Jahrhunderts] // W: Między Polską a Czechami. Śląsk i jego mieszkańcy w źródłach czeskich doby średniowiecza [Zwischen Polen und Böhmen. Schlesien und seine Bewohner in den böhmischen Quellen des Mittelalters] / Antoni Barciak. - Wrocław 2012, s. 67-82, fot. 6; Res. 218-219.

Wcześniej w: / Zuvor in: XVI Powszechny Zjazd Historyków Polskich. Pamiętnik 2, 1. Toruń 2000, (117-123).

459. Barciak, Antoni: Wrocław w średniowiecznej historiografii czeskiej [Breslau in der mittelalterlichen böhmischen Geschichtsschreibung] // W: Między Polską a Czechami. Śląsk i jego mieszkańcy w źródłach czeskich doby średniowiecza [Zwischen Polen und Böhmen. Schlesien und seine Bewohner in den böhmischen Quellen des Mittelalters] / Antoni Barciak. - Wrocław 2012, s. 96-107, fot. 7; Res. 219.
Wcześniej w: / Zuvor in: Koruni země v dějinách českého státu. 4. Naboženský život a cirkevní poměry v zemích Koruny české ve 14-17. století, ed. L. Bobková, J. Konvičná, Praha 2009, (473-481).

460. Borys, Alicja: „Album Amicorum" Johanna Reimanna (1544-1597). Najstarszy znany sztambuch w zbiorach Biblioteki Uniwersyteckiej we Wrocławiu [„Album Amicorum" von Johann Reimann (1544-1597). Das älteste bekannte Stammbuch in den Sammlungen der Universitätsbibliothek Breslau] // W: Śląska republika uczonych. Vol. 5 [Schlesische Gelehrtenrepublik. Vol. 5] / red. Marek Hałub, Anna Mańko-Matysiak. - Wrocław 2012, s. 109-128, il.; Res. 127-128.

461. Bryłka, Agata: Narracja historyczna i jej konstrukcja w dziele Zygmunta Rosicza „Gesta diversa transactis temporibus facta in Silesia" [Historische Narration und ihr Aufbau im Werk „Gesta diversa transactis temporibus facta in Silesia" von Zygmunt Rosiczs] // W: Trzecie Polsko-Czeskie Forum Młodych Mediewistów. Commemoratio praeteritorum - społeczności średniowieczne wobec przeszłości [Das dritte polnisch-tschechische Forum Junger Mediavisten. Commemoratio praeteritorum - die mittelalterliche Gemeinschaft gegenüber der Vergangenheit] / red. Hanna Krzyżostaniak, Jakub Kujawiński, Marzena Matla. - Poznań 2012, s. 63-74.

462. Chronicon Silesiae. Ab anno Christi 1052 usque in annum 1573 ultra quinque saecula / Bearb. Lars-Arne Dannenberg, Mario Müller ; In Verbindung mit Annegret Jatzwauk, Steffen Jatzwauk, Sebastian Müller. - Görlitz 2011, 172 S., Abb., Kt.
Scriptores rerum lusaticarum; 6.
Rec.: Mrozowicz, Wojciech // Śląski Kwartalnik Historyczny Sobótka 67, 2012, nr 4, s. 185-189.

463. Czechowicz, Bogusław: Zanim powstała Silesia Jesuitica. Śląsk w dziele Miscellanea historica Regni Bohemiae Bohuslava Balbina (1621-1688) [Before Silesia Jesuitica Came into Being. Silesia in Miscellanea historica Regni Bohemiae by Bohuslav Balbín (1621-1688)] // W: Silesia Jesuitica. Kultura i sztuka zakonu jezuitów na Śląsku i w hrabstwie kłodzkim 1580-1776. Materiały konferencji naukowej zorganizowanej przez Oddział Wrocławski Stowarzyszenia Historyków Sztuki (Wrocław, 6-8 X 2011) dedykowane pamięci Profesora Henryka Dziurli [Silesia Jesuitica. Kultur und Kunst des Jesuiten-Ordens in Schlesien und in der Grafschaft Glatz 1580-1776. Materialien der wissenschaftlichen Konferenz organisiert von der Abteilung der Breslauer Kunsthistoriker-Gesellschaft (Breslau, 6.-8. Oktober 2011), gewidmet dem Gedenken an Professor Henryk Dziurla] / red. Dariusz Galewski, Anna Jezierska. - Wrocław 2012, s. 47-54; Res. 53-54.

464. Filipek, Aleksandra: Gospodarni mnisi i wygnany książę. Opis początków opactwa cystersów zawarty w Versus Lubenses oraz innych źródłach pochodzenia lubiąskiego jako element kształtowania wspólnej pamięci mnichów [Sparsame Mönche und vertriebener Herzog. Beschreibung von den Anfängen der Zisterzienser-Abtei in Versus Lubenses und anderen aus Leubus stammenden Quellen als Element der Gestaltung der gemeinsamen Erinnerung der Mönche] // W: Ja - my - oni. Tożsamość ludzi średniowiecza [Ich - wir - sie. Identität der mittelalterlichen Menschen] / red. Ludwik Jurek, Paweł Figurski, Wojciech Oczkowski, Maksymilian Sas. - Warszawa 2012, s. 159-167.

465. Górecki, Piotr: Dokument biskupa Przecława z Pogorzeli z 1354 roku dla parafii św. Andrzeja w Zabrzu [Dokument Bischofs Preczlaw von Pogarell aus dem Jahr 1354 für die Gemeinde des hl. Andreas in Zabrze] // Kroniki Miasta Zabrza. Rocznik Muzeum Miejskiego w Zabrzu 2012, nr 4, s. 161-179, fot. 3.

466. Hanke, Siegfried / Vogel, Rainer: Urbare des Fürstentums Jägerndorf aus der Zeit der

Markgrafen von Brandenburg-Ansbach (1531-1535-1554/78). - Münster 2010, 469 S.
Erträge Böhmisch-Mährischer Forschungen; 8.
Rec.: Pumpr, Pavel // Acta historica Universitatis Silesianae Opaviensis 5, 2012, s. 248-249; Steffens, Rudolf // Beiträge zur Namenforschung. Neue Folge 47, 2012, H. 3, S. 336-340.

467. Iwańczak, Wojciech: Intineraria władców czeskich w świetle kroniki Kosmasa [Intineraria der böhmischen Herrscher im Lichte der Cosmas-Chronik] // W: Podróże i migracje w Europie Środkowej [Reisen und Migrationen in Mitteleuropa] / red. Antoni Barciak ; wprowadz. Małgorzata Mańka-Szulik. - Katowice 2012, s. 201-212; dt. Res. 212.

468. Iwańczak, Wojciech: Kronikarz husytyzmu patrzy na Śląsk [Ein Chronist des Hussitismus schaut auf Schlesien] // W: Narodziny Rzeczypospolitej. Studia z dziejów średniowiecza i czasów wczesnonowożytnych. T. 2 [Die Geburt der Rzeczpospolita. Studien aus der mittelalterlichen und frühneuzeitlichen Geschichte. Band 2] / red. Waldemar Bukowski, Tomasz Jurek. - Kraków 2012, s. 755-765.
Dot. husyckiej kroniki Wawrzyńca z Březovej. - Betr. die Hussitenchronik des Lorenz von Brösau.

469. Kenig, Piotr: Relacja z przekazania księstwa bielskiego Aleksandrowi Józefowi Sułkowskiemu 1 lipca 1752 roku [Bericht von der Übergabe des Herzogtums Bielitz an Aleksander Józef Sułkowski am 1. Juli 1752] // Zeszyty Sułkowskich 1, 2012, s. 9-24, il. 4; sum. 22.
Tekst źródła (15-20). - Quellentext (15-20).

470. Klose, Andreas: Gedruckte Statistiken, Schematismen, Adressverzeichnisse, Zeitschriften etc. als Quellen heimatkundlicher Forschungen für das 19.-20. Jahrhundert im preußischen Teil Schlesiens // In: Auf historischer Spurensuche im Bobertal 2011/2012. Aktuelle Forschungsergebnisse von und für Regionalforscher, Ortschronisten, Genealogen und Historiker im niederschlesischen Riesengebirge / Hrsg. Ulrich Schmilewski, Jürgen Schwanitz. - Würzburg 2012, S. 216-253.

471. Konopnicka, Małgorzata: Szlachta dawnego księstwa głogowskiego według tablic wasalnych z 1752 r. [The Gentry of the Historic Duchy of Głogów According to Vassal Plagues from 1752] // Studia Zachodnie 14, 2012, s. 287-304, il. 1; Res. 304.

472. Matuszek, Elżbieta / Matuszek, Piotr: Sprawy użyteczności publicznej i usługi w Tychach. Wybrane aspekty na przykładzie materiałów archiwalnych Archiwum Państwowego w Katowicach [Angelegenheit der Öffentlichkeit und der Dienste in Tichau. Ausgewählte Aspekte am Beispiel der Archivmaterialien des Staatsarchivs in Kattowitz] // W: Wokół tyskiego rynku. Z historii Tychów do 1939 roku. Materiały V Tyskiego Sympozjum Historycznego z 22 listopada 2011 [Die Gegend um Tichau. Aus der Geschichte von Tichau seit 1939. Materialien der V. Historischen Konferenz am 22. November 2011] / red. Maria Lipok-Bierwiaczonek, Agnieszka Ociepa. - Tychy 2012, s. 43-72, il., tab. 2.

473. Ossowski, Tomasz: Wizerunki kobiet w trzynastowiecznych kazaniach „de sanctis" Peregryna z Opola [Das Frauenbild in den Predigten „de sanctis" aus dem 13. Jahrhundert von Peregrinus von Oppeln] // W: Per mulierem... Kobieta w dawnej Polsce - w średniowieczu i w dobie staropolskiej [Per mulierem... Die Frau im früheren Polen - im Mittelalter und in der Altpolnischen Epoche] / red. Katarzyna Justyniarska-Chojak, Sylwia Konarska-Zimnicka. - Warszawa 2012, s. 53-65.

474. Panic, Idzi: Źródła do badań stosunków językowych i etnicznych na terenach pogranicznych w czasach nowożytnych (na przykładzie dawnego Księstwa Cieszyńskiego) [Sources for the research into contemporary linguistic and ethnic relationships in borderlands (the case of the former Duchy of Cieszyn)] // W: Poza paradygmaty. Pedagogika międzykulturowa. Księga pamiątkowa dedykowana profesorowi Tadeuszowi Lewowickiemu. T. 2 [Außerhalb der Paradigmen. Interkulturelle Pädagogik. Professor Tadeusz Lewowicki gewidmete Festschrift] / red. Alina Szczurek-Boruta, Ewa Ogrodzka -Mazur. - Toruń 2012, s. 228-241; Res. 240-241.

475. Pobóg-Lenartowicz, Anna: Źródła do dziejów dominikanów śląskich w archiwach

czeskich i morawskich [Die Quellen zur Geschichte der schlesischen Dominikaner in den bömischen und mährischen Archiven] // W: Kościół na Śląsku. Z dziejów kultury i życia religijnego. Księga pamiątkowa dedykowana Księdzu Biskupowi Janowi Kopcowi z okazji 65-lecia urodzin, 40-lecia prezbiteriatu, 20-lecia sakry biskupiej i 30-lecia pracy naukowej [The Church of Silesia. The history of culture and religious life] / red. Franciszek Wolnik. - Opole 2012, s. 219-230; Res. 229-230.

476. Poznański, Adam: Ku reformie średniowiecznych mendykantów. Macieja Hayna (+1477) Exhortatio ad meditationem et conformationem passionis Christi [Towards the Reform of Medieval Mendicant Orders. Exhortatio ad meditationem et conformationem passionis Christi by Maciej Hayn (+1477)] // Folia Historica Cracoviensia 18, 2012, s. 87-141; Res. 141.

477. Roubic, Antonín / Müller, Karel: Inventáře kostelů na Javornicku z roku 1804. II. Fara Skorošice [Inventarbücher der Kirchen im Jauerniger Ländchen aus dem Jahr 1804. II. Die Pfarrei Gurschdorf] // Jesenicko. Vlastivědný sborník 13, 2012, s. 9-13.

478. Schmilewski, Ulrich: Leichenpredigten als genealogisch-kulturgeschichtliche Quellen // In: Auf historischer Spurensuche im Bobertal 2011/2012. Aktuelle Forschungsergebnisse von und für Regionalforscher, Ortschronisten, Genealogen und Historiker im niederschlesischen Riesengebirge / Hrsg. Ulrich Schmilewski, Jürgen Schwanitz. - Würzburg 2012, S. 210-215, Abb.

479. Siekierka, Przemysław: Ex Silesiae Antiquatibus. Natio, gens populus i ethnos w użyciu starożytnych łacińskich i greckich autorów opisujących ziemie późniejszego Śląska [Ex Silesiae Antiquatibus. Natio, gens populus und ethnos im Gebrauch der antiken lateinischen und griechischen Autoren, die die Gebiete des späteren Schlesien beschrieben haben] // W: Silesia historica. Badania nad historią Śląska. Metody i praktyka historiografii oraz nowe poszukiwania [Forschungen zur Geschichte Schlesiens. Methoden und Praxis der Historiographie und neue Untersuchungen] / red. Sławomir Moździoch, Stanisław Kosik, Thomas Wünsch. - Wrocław 2012, s. 53-67, tab. 1, wykr. 4; dt. Res. 68-69.

480. Starczewska-Wojnar, Aleksandra: Ślady rodów śląskich w Zespole Archiwalnym Sądu Obwodowego w Oleśnie w zbiorach Archiwum Państwowego w Opolu [Auf den Spuren der schlesischen Geschlechter in Archivbeständen des Amtsberichts Oels in den Sammlungen des Staatsarchivs Oppeln] // Rocznik Powiatu Oleskiego 2012, nr 5, s. 146-152.

481. Szymański, Jarosław: „Hy sunt articuli secte waldensium hereticorum" z kodeksu I F 707 Biblioteki Uniwersyteckiej we Wrocławiu [„Hy sunt articuli secte waldensium hereticorum" aus dem Kodex I F 707 der Universitätsbibliothek in Breslau] // W: Historicae viae. Studia dedykowane Profesorowi Lechowi A. Tyszkiewiczowi z okazji 55-lecia pracy naukowej [Historicae viae. Professor Lech A. Tyszkiewicz zum 55. Jubiläum der wissenschaftlichen Arbeit gewidmete Studien] / red. Mateusz Goliński, Stanisław Rosik. - Wrocław 2012, s. 51-61.

482. Velička, Tomáš: Kamenecké nekrologium a jeho využití pro dějiny Kladska na konci 13. století [Das Nekrologium aus Alaunstein und seine Verwendung für die Glatzer Geschichte am Ende des 13. Jahrhunderts] // W: Trzecie Polsko-Czeskie Forum Młodych Mediewistów. Commemoratio praeteritorum - społeczności średniowieczne wobec przeszłości [Das dritte polnisch-tschechische Forum Junger Mediavisten. Commemoratio praeteritorum - die mittelalterliche Gemeinschaft gegenüber der Vergangenheit] / red. Hanna Krzyżostaniak, Jakub Kujawiński, Marzena Matla. - Poznań 2012, s. 271-287.

483. Wojtucki, Daniel: Korespondencja Praskiej Izby Apelacyjnej z miastami na Śląsku w latach 1548-1740 [Correspondence of Prague Appeal Chamber with Towns in Silesia in the years 1548-1740] // Klio. Czasopismo poświęcone dziejom Polski i powszechnym 2012, nr 4, s. 167-175; Res. 174-175.

04.05. Diplomatik, Paläographie, Epigraphik – Dyplomatyka, paleografia, epigrafika – Diplomatika, paleografie, epigrafika

Zob. poz. / Siehe auch / Viz 362, 2326.

484. Holá, Mlada: Vratislavská hejtmanská kancelář za vlády Jana Lucemburského a Karla IV. [Die Breslauer Hauptmannskanzlei während der Herrschaft Johanns von Luxemburg und Karls des IV.]. - Praha 2011, 324 s.; Res. 315-324.
Rec.: Hlaváček, Ivan // Deutsches Archiv für Erforschung des Mittelalters 68, 2012, H. 1, S. 194; Pohanka, Jakub // Slezský sborník 110, 2012, č. 1-2, s. 136-137.

485. Jež, Radim: Listiny těšínských knížat renesančního věku. Rekonstrukce knihy „Matrica privilegiorum ab anno 1558" [Urkunden des Teschener Herzogtums aus der Renaissancezeit. Rekonstruktion des Buches „Matrica privilegiorum ab anno 1558"]. - Český Těšín 2010, 383 s., il.
Studie o Těšínsku; 19.
Rec.: Kozák, Petr // Slezský sborník 110, 2012, č. 1-2, s. 141-142.

486. Psyk, Ewa: Formuła datalna w średniowiecznych dokumentach śląskich do końca XIII wieku [Datierungsformel in den schlesischen mittelalterlichen Urkunden bis Ende des 13. Jahrhunderts]. - Zielona Góra 2012, ss. 309; Res. 307-309.

04.06. Genealogie, Sphragistik, Heraldik – Genealogia, sfragistyka, heraldyka – Genealogie, sfragistika, heraldika

Zob. poz. / Siehe auch / Viz 361, 752, 866, 1419, 2333, 2760.

487. Andrzejewski, Tomasz: Herb Nowej Soli - 50 lat polskiego symbolu miasta [Wappen von Neusalz - 50 Jahre des polnischen Stadtsymbols] // W: Historia, kultura, muzeum [Geschichte, Kultur, Museum] / red. Anitta Maksymowicz; aut. Tomasz Andrzejewski [et al.]. - Zielona Góra 2012, s. 203-210, il.

488. Dębosz-Zalewska, Dorota / Rygula, Ewa M.: Pieczęcie gminne Górnego Śląska na przykładzie wybranych miejscowości powiatu pszczyńskiego od początku XVIII w. do 1939 r. [Gemeindesiegel Oberschlesiens am Beispiel ausgewählter Ortschaften des Kreises Pleß von Anfang des 18. Jahrhunderts bis 1939] // W: Wieś w heraldyce i sfragistyce polskiej [Das Dorf in der polnischen Heraldik und Sphragistik] / red. Agnieszka Gut, Paweł Gut. - Warszawa 2012, s. 53-73, il.

489. Forysiak-Wójciński, Robert: Tłok pieczęci Henryka IV Probusa - historia i analiza znaleziska [Petschaft Heinrichs IV. - Geschichte und Auswertung des Fundes] // Wrocławskie Zapiski Numizmatyczne 2012, nr 1-2 (43-44), s. 50-71, il. 22.

490. Gołębiowski, Maciej: Wizerunek jeleniogórskich wojskowych szkół radiotechnicznych w odznace wojskowej, cz. 2 [Abbild der Hirschberger militärischen Schulen für Funktechnik auf einem Militäremblem. Teil 2] // Biuletyn Jeleniogórskiego Stowarzyszenia Żołnierzy Radiotechników „Radar" 13, 2012, s. 117-120, il. 16.

491. Kałuski, Tomasz / Matejko, Ilona: Treści ideowe pieczęci parafii wiejskich na obszarze archidiakonatu głogowskiego (XVIII-XX w.) [Ideologischer Inhalt der Siegel der Dorfgemeinden auf dem Gebiet des Archidiakonats Glogau (18.-20. Jahrhundert)] // W: Wieś w heraldyce i sfragistyce polskiej [Das Dorf in der polnischen Heraldik und Sphragistik] / red. Agnieszka Gut, Paweł Gut. - Warszawa 2012, s. 149-170, il.

492. Korol-Chudy, Aleksandra: Sztandary, wstęgi i proporce sprzed 1945 roku z zbiorach Muzeum Miejskiego w Zabrzu. Część 1: Cechy rzemieślnicze, towarzystwa śpiewacze, organi-

zacje kobiece [Fahnen, Bänder und Wimpel vor 1945 in den Sammlungen des Stadtmuseums in Zabrze. Teil 1: Handwerkerschaften, Gesangvereine, Frauenorganisationen] // Kroniki Miasta Zabrza. Rocznik Muzeum Miejskiego w Zabrzu 2012, nr 4, s. 203-248, fot. 50.

493. Kujat, Janusz Adam: Problemy symboliczne herbu miasta Świebodzice [Symbol-Probleme des Stadtwappens von Schwiebus] // Rocznik Świdnicki 39, 2011 (2012), s. 46-52, il. 1.

494. Liška, Karel: Sbírka komunálních znaků, pečetí a razítek. Sv. 1: Pečeti a razítka obcí Čech, Moravy a Slezska [Sammlung von Stadtzeichen, Stempeln und Siegeln. Band 1: Stempel und Siegel der Gemeinden von Böhmen, Mähren und Schlesien]. - Brno 2012, 453 s.
Dot. m.in. Śląska. - Betr. u.a. Schlesien.

495. Müller, Karel: Heraldické památky Těšínska [Heraldische Denkmäler des Teschener Schlesien]. - Český Těšín 2012, 175 s.
Studie o Těšínsku; 20.

496. Müller, Karel: Pozoruhodná heraldická galerie z roku 1758 v kapli sv. Huberta v Karlově Studánce [Die sehenswerte wappenkundliche Galerie aus dem Jahr 1758 in der Kapelle des Hl. Hubertus in Karlsbrunn] // Sborník bruntálského muzea 2012, s. 52-58.

497. Rodak, Bartłomiej: Z dziejów herbowego lwa Legnicy [Aus der Geschichte des Löwenwappens von Liegnitz] // Szkice Legnickie 33, 2012, s. 259-276; Res. 276.

498. Skawiński, Paweł: Opis herbu w aktach prawnych samorządu gmin wiejskich województwa opolskiego po 1989 r. [Wappenbeschreibung in den Gesetzen der ländlichen Gemeindeselbstverwaltung der Woiwodschaft Oppeln nach 1989] // W: Wieś w heraldyce i sfragistyce polskiej [Das Dorf in der polnischen Heraldik und Sphragistik] / red. Agnieszka Gut, Paweł Gut. - Warszawa 2012, s. 235-248, il.

499. Starczewska-Wojnar, Aleksandra: Pieczęcie wizerunkowe gmin wiejskich powiatu oleskiego od II połowy XVIII do początku XX w. Zastosowanie symboliki rustykalnej w pieczęci gminnej [Siegel der Dorfgemeinden des Kreises Rosenberg mit Abbildung ab der zweiten Hälfte des 18. Jahrhunderts bis zum Anfang des 20. Jahrhunderts] // W: Wieś w heraldyce i sfragistyce polskiej [Das Dorf in der polnischen Heraldik und Sphragistik] / red. Agnieszka Gut, Paweł Gut. - Warszawa 2012, s. 75-87.

500. Starczewska-Wojnar, Aleksandra: Pieczęcie wizerunkowe gmin wiejskich powiatu oleskiego w drugiej połowie XVIII i XIX wieku [Siegel der Dorfgemeinden Kreises Rosenberg mit Abbildung in der zweiten Hälfte des 19. und des 20. Jahrhunderts] // Rocznik Powiatu Oleskiego 2012, nr 5, s. 7-17.

501. Starý, Marek: Sňatkové strategie opavských Přemyslovců [The Marriage Strategies of the Přemyslids of Opava] // Acta historica Universitatis Silesianae Opaviensis 5, 2012, s. 69-82; Res. 82.

502. Strzyżewski, Wojciech: Próby repolonizacji herbów miejskich na Ziemiach Odzyskanych po 1945 roku [Versuche der Repolonisierung der Stadtwappen in den wiedergewonnenen Gebieten nach 1945] // W: Historia, kultura, muzeum [Geschichte, Kultur, Museum] / red. Anitta Maksymowicz. - Zielona Góra 2012, s. 193-201, il.

503. Wójcik, Marek L.: Kolekcja odlewów średniowiecznych pieczęci śląskich Franza Paula von Smitmera w zbiorach Haus-, Hof- und Staatsarchiv w Wiedniu [Franz Paul von Smitmers Sammlung mittelalterlicher schlesischer Siegelabgüsse in den Beständen des Haus-, Hof- und Staatsarchivs in Wien] // W: Historicae viae. Studia dedykowane Profesorowi Lechowi A. Tyszkiewiczowi z okazji 55-lecia pracy naukowej [Historicae viae. Professor Lech A. Tyszkiewicz zum 55. Jubiläum der wissenschaftlichen Arbeit gewidmete Studien] / red. Mateusz Goliński, Stanisław Rosik. - Wrocław 2012, s. 64-88.

504. Wójcik, Marek L.: „Sigillum deperditum est". Uwagi o walorach źródłowych rysunków pieczęci w zespole Dokumenty miasta Wrocławia ze zbiorów Archiwum Państwowego we Wrocławiu [„Sigillum deperditum est". Anmerkungen zu Quelleneigenschaften der Stempelzeichnungen aus der Sammlung „Dokumente der Stadt Breslau aus den Sammlungen

des Staatsarchivs Breslau] // W: Sic erat in fatis. Studia i szkice historyczne dedykowane Profesorowi Bogdanowi Rokowi. Tom II [Sic erat in fatis. Professor Bogdan Rok gewidmete historische Studien und Beiträge. Band 2] / red. Elżbieta Kościk, Rościsław Żerelik, Piotr Badyna, Filip Wolański. - Toruń 2012, s. 402-429, il., tab.

505. Wójcik, Marek L.: Śląska pieczęć z herbem Półkozic z 1365 roku czyli relikt monarszej protekcji [Schlesischer Siegel mit dem Polkozic -Wappen aus dem Jahr 1365 oder ein Relikt der königlichen Protektion] // W: Kazimierz Wielki wobec Śląska - Śląsk wobec Kazimierza Wielkiego [Die Beziehung Kasimirs des Großen zu Schlesien - Schlesiens Beziehung zu Kasimir dem Großen] / red. Damian Halmer. - Rybnik 2012, s. 71-81, il. 1.

506. Wójcik, Marek L.: Współczesne herby gmin wiejskich na Dolnym Śląsku [Zeitgenössische Wappen der Dorfgemeinden in Niederschlesien] // W: Wieś w heraldyce i sfragistyce polskiej [Das Dorf in der polnischen Heraldik und Sphragistik] / red. Agnieszka Gut, Paweł Gut. - Warszawa 2012, s. 173-213, il.

507. Wójtowicz, Norbert: Signa Loży Świętojańskiej „Wilhelm zur gekrönten Säule" (Wilhelm pod ukoronowaną kolumną) w Oleśnicy [Symbol der Freimaurerloge „Wilhelm zur gekrönten Säule" in Oels] // Wrocławskie Zapiski Numizmatyczne 2011 (2012), nr 2 (42), s. 43-50, il. 5.

508. Żerelik, Rościsław: Pieczęcie wsi środzkiego lenna zamkowego z XVIII w. [Dorfsiegel der Neumarkter Burglehen aus dem 18. Jahrhundert] // W: Wieś w heraldyce i sfragistyce polskiej [Das Dorf in der polnischen Heraldik und Sphragistik] / red. Agnieszka Gut, Paweł Gut. - Warszawa 2012, s. 13-19, il.

04.07. Numismatik – Numizmatyka – Numismatika

Zob. poz. / Siehe auch / Viz 675, 1043, 2801.

509. Bannicke, Elke: Die Wiederherstellung der allgemeinen Glückseligkeit. Kolin und Leuthen - zwei Medaillen von 1757 // Numismatisches Nachrichtenblatt 61, 2012, H. 9, S. 360-365.

510. Bartkowiak, Zbigniew: Kwartniki śląskie w świetle ostatnich znalezisk w Wielkopolsce [Silesian quarters in light of recent studies in Wielkopolska] // W: Pieniądz i banki na Śląsku [Geld und Banken in Schlesien] / red. Witold Garbaczewski, Roman Macyra. - Poznań 2012, s. 215-234, il.; Res. 234.

511. Butent-Stefaniak, Barbara: Najnowsze nabytki Gabinetu Numizmatyczno-Sfragistycznego Zakładu Narodowego im. Ossolińskich. Przyczynek do dyskusji na temat wrocławskich denarów z imieniem Bolesława [The Latest Acquisitions of the Coins, Medals and Seals Department of the Ossoliński National Institute. Contribution of the Discussion on Wrocław Pennies with the Name of Boleslaus] // Wiadomości Numizmatyczne 56, 2012, z 2, s. 245-254, il.; Res. 254.

512. Butent-Stefaniak, Barbara: Z badań nad wczesnośredniowiecznymi skarbami Śląska i Wielkopolski [Studies on early medieval treasure hoards in Silesia and Wielkopolska] // W: Pieniądz i banki na Śląsku [Geld und Banken in Schlesien] / red. Witold Garbaczewski, Roman Macyra. - Poznań 2012, s. 131-146, il; Res. 32.

513. Ciołek, Renata: Die Fundmünzen der römischen Zeit in Polen. Schlesien. - Wetteren 2008, 363 S., Ktn. 7, Taf. 5.
Collection Moneta; 83.
Rec.: Horsnaes, Helle W. // Notae Numismaticae. Zapiski Numizmatyczne 7, 2012, s. 257-259.

514. Duma, Paweł: Numizmaty z badań przy kościele św. Piotra i Pawła na Ostrowie Tumskim we Wrocławiu [Sammlungen alter Münzen aus den Untersuchungen bei der St. Peter -und-Paul-Kirche auf der Dominsel in Breslau] // W: Nowożytny cmentarz przy kościele św. Piotra i Pawła na Ostrowie Tumskim we Wrocławiu (lata 1621-1670) [Modern-time church of st Peter and st Paul cemetery in Ostrów Tumski, Wrocław (1621-1670)] / red. Aleksandra Pankiewicz. - Wrocław 2012, s. 111-118, il.

515. Dutkowski, Jarosław: Narodziny dukatów na Śląsku [The birth of ducats in Silesia] // W: Pieniądz i banki na Śląsku [Geld und Banken in Schlesien] / red. Witold Garbaczewski, Roman Macyra. - Poznań 2012, s. 235-264, il.; Res. 264.

516. Dutkowski, Jarosław: Wielokrotności dukatów, wybite stemplami do monet srebrnych, w księstwie legnicko-brzeskim na początku XVII wieku [Mehrfach-Dukaten mit Prägestempeln der Silbermünzen im Herzogtum Liegnitz-Brieg am Anfang des 17. Jahrhunderts] // Wrocławskie Zapiski Numizmatyczne 2012, nr 1-2 (43-44), s. 13-23, il. 19.

517. Ejzenhart, Dariusz / Miller, Ryszard: Die 3-Kreuzer-Münzen der schlesischen Münzstätten. - Regenstauf 2012, 216 S., Abb.

518. Ejzenhart, Dariusz / Miller, Ryszard: Dwie odmiany 3-krajcówki książąt brzesko-legnicko -wołowskich Jana Chrystiana i Jerzego Rudolfa (1602-1609) z datą 1606 [Two Varietes of 3 Kreuzer of Dukes of Brzeg-Legnica-Wołów John Chrystian and George Rudolf (1602-1609) with Date 1606] // Biuletyn Numizmatyczny 2012, nr 2, s. 109-110, il. 2; Res. 110.

519. Ejzenhart, Dariusz / Miller, Ryszard: Monety 3-krajcarowe z mennic śląskich [3-Kreuzermünzen der schlesischen Münzstätten]. - Wrocław 2012, ss. 208, il.

520. Galas, Artur: Nieznane i mało znane monety zastępcze i żetony z Wrocławia (część III) [Unknown and Little Known Substitute Coins and Tokens from Wrocław] // Biuletyn Numizmatyczny 2012, nr 1, s. 15-22, il. 14; Res. 22.
Cz. 1 / Teil 1: 2011 (187-204); cz. 2 / Teil 2: 2011 (251-258).

521. Garbaczewski, Witold: Rola monet śląskich w badaniach nad ikonografią św. Jana Chrzciciela w Polsce we wczesnym i dojrzałym średniowieczu [The role of Silesian coins in studies on the iconography of St. John the Baptist in Poland in early and High Middle Ages] // W: Pieniądz i banki na Śląsku [Geld und Banken in Schlesien] / red. Witold Garbaczewski, Roman Macyra. - Poznań 2012, s. 185-202, il.; Res. 202.

522. Grochowska-Jasnos, Marzena: Śląskie monety ze skarbu monet nowożytnych z 2004 roku z Głogowa [Schlesische Münzen der Sammlung neuzeitlicher Münzen von 2004 aus Glogau] // Wrocławskie Zapiski Numizmatyczne 2012, nr 1-2 (43-44), s. 24-32, il. 5.

523. Holečková, Zuzana: České, moravské a slezské mince 10.-20. století. Národní muzeum - Chaurova sbírka; Svazek VI.2. Rodové ražby a ražby olomouckého biskupství a arcibiskupství = Family coinage and the coinage of the Olomouc bishopric and archbishopric. - Praha 2012, 380 s.
Tekst w języku czeskim i angielskim. - Tschechischer und englischer Text.

524. Janke, Rafał: Moneta na Śląsku [Die Münze in Schlesien] // Przegląd Numizmatyczny 2012, nr 2, s. 43-47, il. 12.

525. Kalinowski, Piotr: Monety książąt legnicko-brzeskich. Katalog [Münzen der Herzöge von Liegnitz-Brieg. Katalog]. - Kalety 2012, ss. 321, il.

526. Kalinowski, Piotr: Pieniądz miasta Bolesławiec. Katalog [Währung der Stadt Bunzlau. Katalog]. - Kalety 2012, ss. 28, il.

527. Kalinowski, Piotr: Pieniądz miasta Duszniki-Zdrój. Katalog [Währung der Stadt Bad Reinerz. Katalog]. - Kalety 2012, ss. 19, il.

528. Kalinowski, Piotr: Pieniądz miasta Gliwice. Katalog [Währung der Stadt Gleiwitz. Katalog]. - Kalety 2012, ss. 453, il.

529. Kalinowski, Piotr: Pieniądz miasta Głubczyce. Katalog [Währung der Stadt Leobschütz. Katalog]. - Kalety 2012, ss. 23, il.

530. Kalinowski, Piotr: Pieniądz miasta Głuchołazy. Katalog [Währung der Stadt Ziegenhals. Katalog]. - Kalety 2012, ss. 15, il.

531. Kalinowski, Piotr: Pieniądz miasta Grodków. Katalog [Währung der Stadt Grottkau. Katalog]. - Kalety 2012, ss. 12, il.

532. Kalinowski, Piotr: Pieniądz miasta Jedlina Zdrój. Katalog [Währung der Stadt Bad Charlottenbrunn. Katalog]. - Kalety 2012, ss. 7, il.

533. Kalinowski, Piotr: Pieniądz miasta Kąty Wrocławskie. Katalog [Währung der Stadt Kanth. Katalog]. - Kalety 2012, ss. 15, il.

534. Kalinowski, Piotr: Pieniądz miasta Korfantów. Katalog [Währung der Stadt Friedland in Oberschlesien. Katalog]. - Kalety 2012, ss. 9, il.

535. Kalinowski, Piotr: Pieniądz miasta Małomice. Katalog [Währung der Stadt Mallmitz. Katalog]. - Kalety 2012, ss. 15, il.

536. Kalinowski, Piotr: Pieniądz miasta Niemcza. Katalog [Währung der Stadt Nimptsch. Katalog]. - Kalety 2012, ss. 12, il.

537. Kalinowski, Piotr: Pieniądz miasta Nowa Sól. Katalog [Währung der Stadt Neusalz an der Oder. Katalog]. - Kalety 2012, ss. 39, il.

538. Kalinowski, Piotr: Pieniądz miasta Olszyna. Katalog [Währung der Stadt Langenöls. Katalog]. - Kalety 2012, ss.9, il.

539. Kalinowski, Piotr: Pieniądz miasta Otmuchów. Katalog [Währung der Stadt Ottmachau. Katalog]. - Kalety 2012, ss. 10, fot., rys.

540. Kalinowski, Piotr: Pieniądz miasta Pyskowice. Katalog [Währung der Stadt Peiskretscham. Katalog]. - Kalety 2012, ss. 16, il.

541. Kalinowski, Piotr: Pieniądz miasta Ruda Śląska. Katalog [Währung der Stadt Ruda. Katalog]. - Kalety 2012, ss. 74, il.

542. Kalinowski, Piotr: Pieniądz miasta Szklarska Poręba. Katalog [Währung der Stadt Schreiberhau. Katalog]. - Kalety 2012, ss. 15, il.

543. Kalinowski, Piotr: Pieniądz miasta Ścinawa. Katalog [Währung der Stadt Steinau an der Oder. Katalog]. - Kalety 2012, ss. 9, il.

544. Kalinowski, Piotr: Pieniądz miasta Świerzawa. Katalog [Währung der Stadt Schönau an der Katzbach. Katalog]. - Kalety 2012, ss. 11, il.

545. Kalinowski, Piotr: Pieniądz miasta Zlaté Hory. Katalog [Währung der Stadt Zuckmantel]. - Kalety 2012, ss. 10, il.

546. Kalinowski, Piotr: Śląskie monety Habsburgów. Katalog. Lata 1617-1916 [Schlesische Habsburger-Münzen. Katalog. 1617-1916]. - Kalety 2012, ss. 484, il.
Pierwodruk / Erstdruck: cz. 1 / Teil 1: Lata 1617-1657, Kalety 2009; cz. 2 / Teil 2: Lata 1657-1705, Kalety 2009; cz. 3 / Teil 3: Lata 1705-1916, Kalety 2009.

547. Karnicka, Magdalena: Monety i medale złote z terenu Śląska ze zbiorów Muzeum Narodowego we Wrocławiu [Münzen und goldene Medaillen auf schlesischen Gebiet aus den Sammlungen des Nationalmuseums in Breslau] // Przegląd Numizmatyczny 2012, nr 2, s. 5-9, il. 2.

548. Karnicka, Magdalena: Od renesansu do klasycyzmu. Medale śląskie od XVI do XVIII w. ze zbiorów Muzeum Narodowego we Wrocławiu [Von Renaissance bis Klassizismus. Schlesische Medaillen vom 16. bis zum 18. Jahrhundert aus den Sammlungen des Nationalmuseums in Breslau] // Wrocławskie Zapiski Numizmatyczne 2011 (2012), nr 2 (42), s. 56.

549. Kozerski, Paweł: Lokalizacja mennicy w Brzegu [Lokalisierung der Münzprägeanstalt in Brieg] // Wrocławskie Zapiski Numizmatyczne 2012, nr 1-2 (43-44), s. 10-12, il. 1.

550. Książek, Krystian: Polityka pieniężna w czasach Henryka Brodatego [Geldpolitik zur Zeit von Heinrich I. dem Bärtigen] // Wrocławskie Zapiski Numizmatyczne 2012, nr 1-2 (43-44), s. 40-49, il. 7, tab. 3.

551. Książek, Krystian: Skarb z Głogowa. Katalog wystawy numizmatycznej = Hortfund aus Glogau. Numismatischer Ausstellungskatalog / red. Borys Paszkiewicz. - Wyd. 2. - Głogów 2012, ss. 74, il.
Wyd. 1, Głogów 2010. Tekst w języku polskim, niemieckim, angielskim i węgierskim. - 1 Aufl. Głogów 2010. Polnischer, deutscher, englischer und ungarischer Text.

552. Kujat, Janusz Adam: Pieniądz zastępczy w rejencji wrocławskiej w latach 1914-1924 [Notgeld im Regierungsbezirk Breslau in den Jahren 1914-1924]. - Świebodzice 2012, ss. 224, il.

553. Marek, Lech / Paszkiewicz, Borys: Trzy monety średniowieczne z zamczyska Stare Kolnie na Dolnym Śląsku [Three Medieval Coins from the Castle of Stare Kolnie in Lower Silesia] // Wiadomości Numizmatyczne 56, 2012, z. 2, s. 255-268, il.; Res. 267-268.

554. Paszkiewicz, Borys: Coins - [The Market Square in the light of archeological finds] // W:

Archaeology of a pre-industrial town in Silesia. Case study Gliwice / ed. Monika Michnik, Jerzy Piekalski. - Wrocław 2012, s. 60-70, il.
Dot. Gliwic. - Betr. Gleiwitz.

555. Paszkiewicz, Borys: Nieznana resztka trzynastowiecznego skarbu z Zalesia Śląskiego (uwagi wstępne) [Unknown remains of the thirteenth-century hoard from Zalesie Śląskie (introductory remarks)] // W: Pieniądz i banki na Śląsku [Geld und Banken in Schlesien] / red. Witold Garbaczewski, Roman Macyra. - Poznań 2012, s. 203-214, il.; Res. 214.

556. Paszkiewicz, Borys: Otmuchów czy Otmęt? Tajemnicze naśladownictwo halerza wrocławskiego [Ottmachau oder Ottmuth? Geheimnisvolle Imitation des Breslauer Hellers] // Wrocławskie Zapiski Numizmatyczne 2011 (2012), nr 2 (42), s. 38-42, il. 2.

557. Pieńkowski, Robert: Uwagi na marginesie stanu badań numizmatyki śląskiej [Comments on the margin of research of Silesian numismatics] // W: Pieniądz i banki na Śląsku [Geld und Banken in Schlesien] / red. Witold Garbaczewski, Roman Macyra. - Poznań 2012, s. 23-32; Res. 32.

558. Romanowski, Andrzej: Znaleziska monet rzymskich z osad kultury przeworskiej na Śląsku [Finds of Roman coins from settlements of Przeworsk culture in Silesia] // W: Pieniądz i banki na Śląsku [Geld und Banken in Schlesien] / red. Witold Garbaczewski, Roman Macyra. - Poznań 2012, s. 69-84, il., wykr.

559. Rudnicki, Marcin: Pieniądz celtycki na Śląsku [Celtic coins in Silesia] // W: Pieniądz i banki na Śląsku [Geld und Banken in Schlesien] / red. Witold Garbaczewski, Roman Macyra. - Poznań 2012, s. 33-68, il.; Res. 68.

560. Skąpski, Grzegorz: Początki bicia monet miejskich we Wrocławiu [Anfänge der städtischen Münzprägung in Breslau] // Wrocławskie Zapiski Numizmatyczne 2011 (2012), nr 2 (42), s. 5-12, il. 3.

561. Skąpski, Grzegorz: Zarys dziejów polskiej polityki monetarnej na Śląsku w okresie wczesnego średniowiecza (XI w. - XIII w.) [Abriss der Geschichte der Geldpolitik in Schlesien im Frühmittelalter (11.-13. Jahrhundert)] // Wrocławskie Zapiski Numizmatyczne 2011 (2012), nr 2 (42), s. 22-37.

562. Szczurek, Tadeusz / Dannenberg, Hans-Dieter: Brakteaty śląskie, wschodniopomorskie, małopolskie i wielkopolskie z XIII wieku z prywatnych kolekcji niemieckich = Schlesische, pommerellische, kleinpolnische und großpolnische Brakteaten aus dem 13. Jahrhundert in einzelnen privaten Sammlungen Deutschlands. - Gorzów Wielkopolski 2011, ss. 128.
Tekst w języku polskim i niemieckim. - Deutscher und polnischer Text.
Rec.: Paszkiewicz, Borys // Wiadomości Numizmatyczne 56, 2012, z. 1, s. 149-151; Schwartz, Volker // Numismatisches Nachrichtenblatt 61, 2012, H. 5, S. 208.

563. Woźniak, Mateusz / Bodzek, Jarosław: Monety Piastów śląskich w zbiorze Muzeum Narodowego w Krakowie - historia, teraźniejszość, przyszłość [Münzen der schlesischen Piasten in der Sammlung des Nationalmuseums in Krakau - Geschichte, Gegenwart, Zukunft] // Wrocławskie Zapiski Numizmatyczne 2012, nr 1-2 (43-44), s. 33-39, il. 12.

04.08. Historische Geographie, Kartographie – Geografia historyczna, kartografia – Historická geografie, kartografie

Zob. poz. / Siehe auch / Viz 335, 1266, 2092, 2149, 3331.

564. Glonek, Jiří: Pramen řeky Odry na starých mapách a dílo Karla Ferdinanda Schertze [Die Oderquelle auf alten Karten und das Werk von Karl Ferdinand Schertz] // In: Problematika historických a vzácných knižních fondů Čech, Moravy a Slezska 2011. Sborník z 20. odborné konference [Die Problematik historischer und seltener Buchbestände in Böhmen, Mähren und Schlesien 2011. Sammelband der 20. Fachkonferenz]. - Olomouc; Brno 2012, s. 57-74; Res. 66-67.

565. Historisch-topographischer Atlas schlesischer Städte, Bd. 1: Görlitz = Historyczno-topograficzny atlas miast śląskich, T. 1: Zgorzelec / Hrsg. Peter Haslinger, Christoph Waack, Grzegorz Strauchold, Rościsław Żerelik. - Marburg 2010, 47 S., Abb., Kt.
Deutscher und polnischer Text. - Tekst w języku niemieckim i polskim.
Rec.: Mrozowicz, Wojciech // Śląski Kwartalnik Historyczny Sobótka 67, 2012, nr 1, s. 150-152.

566. Historisch-topographischer Atlas schlesischer Städte, Bd. 2: Oppeln = Historyczno-topograficzny atlas miast śląskich, T. 2: Opole / Hrsg. Peter Haslinger, Wolfgang Kreft, Grzegorz Strauchold, Rościsław Żerelik. - Marburg 2010, 52 S., Abb., Ktn.
Tekst w języku niemieckim i polskim. - Deutscher und polnischer Text.
Rec.: Mrozowicz, Wojciech // Śląski Kwartalnik Historyczny Sobótka 67, 2012, nr 1, s. 150-152.

567. Historisch-topographischer Atlas schlesischer Städte, Bd. 3: Kohlfurt = Historyczno-topograficzny atlas miast śląskich, T. 3: Węgliniec / Bearb. Jacek Dębicki ; Hrsg. Peter Haslinger, Grzegorz Strauchold, Rościsław Żerelik, Wolfgang Kreft. - Marburg 2012, ss. 47, il., mapy.
Polnischer und deutscher Text. - Tekst w język polskim i niemieckim.

568. Kosmala, Gerard: Charakterystyka geograficzna Śląska [Geographische Beschreibung Schlesiens] // Śląski Kwartalnik Historyczny Sobótka 67, 2012, nr 4, s. 7-30, il. 2, tab. 2, map 2; Res. 29-30.

569. Schlesien. Mit dem Riesengebirge / Bearb. Harald Rockstuhl. - Bad Langensalza 2012.
Na podstawie mapy wydanej w 1890 w Głogowie. - Auf Grundlage von im Jahr 1890 in Glogau herausgegebenen Karten.

570. Strońska-Przybyła, Joanna / Greiner, Piotr: Nieznane plany Pszczyny z XVIII i początków XIX wieku [Unbekannte Karten von Pless aus dem 18. und Anfang des 19. Jahrhunderts] // Szkice Archiwalno-Historyczne 2012, nr 9, s. 51-64, pl. 3, tab. 4; Res. 64.

571. Wojciechowska, Beata: Przestrzeń i jej waloryzacja w średniowiecznych dokumentach z terenu Śląska [Der Raum und seine Aufwertung in den mittelalterlichen Dokumenten aus dem Gebiet Schlesien] // W: Podróże i migracje w Europie Środkowej [Reisen und Migrationen in Mitteleuropa] / red. Antoni Barciak ; wprowadz. Małgorzata Mańka-Szulik. - Katowice 2012, s. 222-231; dt. Res. 232.

04.09. Historische Bildkunde – Ikonografia – Ikonografie

Zob. poz. / Siehe auch / Viz 504, 521, 835, 1748, 2112, 2365, 2450, 2467, 2693, 3093, 3389.

572. Biszczanik, Grzegorz: Établissements w zielonogórskich restauracjach w latach 1890-1945 w świetle ikonografii kart pocztowych [Établissements in den Grünberger Restaurants in den Jahren 1890-1945 im Lichte der Ikonographie der Postkarten] // Studia Zielonogórskie 18, 2012, s. 47-76.

573. Bober-Tubaj, Anna / Kozioł, Agata: Bolesławiec. Ruch fotograficzny 1945-2011 [Bunzlau. Fotografische Bewegung 1945-2011]. - Bolesławiec 2011, ss. 124, il.
Rec.: Hanaf, Grażyna // Rocznik Bolesławiecki 4, 2011 (2012), s. 175-177, il. 1.

574. Bykowski, Karol: Wrocławska Leśnica i okolice na dawnej karcie pocztowej. Ze zbiorów Karola Bykowskiego [Breslau-Deutsch Lissa und Umgebung auf der alten Postkarte. Aus den Sammlungen von Karol Bykowski]. - Wrocław 2012, ss. 23, il.

575. Glauer, Adelheit / Jaron, Aneta / Antkowiak, Maksymilian: 150 Jahre - eine Zeitreise = 150 lat - podróż w czasie. - Olesno 2012, ss. 440, fot.
Dot. historii Olesna. Tekst w języku polskim i niemieckim. - Betr. Geschichte Rosenbergs. Polnischer und deutscher Text.

576. Katowice c.d.n. Fotografie Józefa Ligęzy [Kattowitz - Fortsetzung folgt. Fotografien von

Józef Ligęza] / tekst Magdalena Mazurek, Józef Ligęza. - Katowice 2012, ss. 101, il.

577. Mierzwa, Sławomir: Dolny Śląsk na starych pocztówkach = Niederschlesien in alten Ansichtskarten = Lower Silesia in old postcards. - Wyd. 2. - Łódź 2012, ss. 121, il.
Wyd. 1. 2006. Tekst w języku polskim, niemieckim i angielskim. - 1. Aufl. 2006. Polnischer, deutscher und englischer Text.

578. Puchalska-Dąbrowska, Bernadetta: Wyobrażenia św. Elżbiety Węgierskiej na obrazkach dewocyjnych i drukach ulotnych z Archiwum Domu Macierzystego Siostr św. Elżbiety w Nysie [Images of St. Elizabeth of Hungary in religious pictures and leaflets from the archives of the Mother House of the Congregation of the Sisters of St. Elisabeth in Nysa] // W: Oblicza miłosierdzia w duchowości Europy. Bł. Maria Luiza Merkert - kontynuatorka dzieła św. Elżbiety w posłudze miłości miłosiernej [Aspekte der Barmherzigkeit der europäischen Geistigkeit. Selige Maria Luise Merkert - Fortsetzerin des Werkes der hl. Elisabeth auf dem Feld des Dienstes für die barmherzige Liebe]. - Opole 2012, s. 41-56; Res. 56.

579. Surma, Małgorzata: Oleśnickie ilustrowane kartki pocztowe od momentu ich powstania do 1944 r. [Illustrierte Postkarten aus Oels von Beginn der Entstehung bis 1944] // Kwartalnik Powiatu Oleśnickiego 2012, nr 1-2 (27-28), s. 5-18, il. 6, tab. 3.

580. Techmańska, Barbara: „Historia na widokówce namalowana" - karta pocztowa jako źródło ikonograficzne [„Geschichte auf der Postkarte gezeichnet" - Die Postkarte als ikonographische Quelle] // W: Wokół problemów edukacji... Księga pamiątkowa dedykowana Pani Profesor Grażynie Pańko z okazji 40-lecia Zakładu Dydaktyki Historii i Wiedzy o Społeczeństwie w Instytucie Historycznym Uniwersytetu Wrocławskiego [Im Bereich der Bildungsprobleme... Festschrift für Frau Professor Grażyna Pańko zum 40. Jahrestag des Instituts der Geschichtsdidaktik und Staatskunde am Historischen Institut der Universität Breslau] / red. Joanna Wojdon, Barbara Techmańska. - Wrocław 2012, s. 239-248.
Dot. pocztówek pochodzących z Dolnego Śląska. - Betr. Postkarten aus Niederschlesien.

581. Wiklik, Cezary: Rynek w Lwówku Śląskim na dawnej widokówce i współczesnej fotografii [Der Marktplatz in Löwenberg auf den alten Postkarte und in der zeitgenössischen Photographie]. - Lwówek Śląski 2012, ss. 111, il.

582. Windyka, Teresa: Młyn papierniczy w Dusznikach-Zdroju - ikonografia [Papiermuseum in Bad Reinerz - Ikonographie] // Rocznik Muzeum Papiernictwa 6, 2012, s. 9-20, il. 11; Res. 20.

04.10. Quantitative Methoden, Metrologie – Statystyka, metrologia – Statistika, metrologie

Zob. poz. / Siehe auch / Viz 1069, 3421.

05 Ur- und Frühgeschichte – Pradzieje/archeologia – Prehistorie a rané dějiny

05.01. Allgemeines – Ogólne – Všeobecně

Zob. poz. / Siehe auch / Viz 185, 190, 514, 554, 1319, 1815, 1819, 1993, 2659, 3096, 3113, 3244-3246.

583. Błażejewski, Artur: Problem kontynuacji osadniczej i kulturowej pomiędzy okresem wędrówek ludów a wczesnym średniowieczem w południowej części Śląska [Das Problem der Besiedlungs- und kulturellen Kontinuität zwischen der Völkerwanderungszeit und dem Frühmittelalter im südlichen Teil Schlesiens] // W: Z najdawniejszych dziejów. Grzegorzowi Domańskiemu na pięćdziesięciolecie pracy naukowej [Aus der ältesten Geschichte. Für Grzegorz Domański zum 50. Jubiläum seiner wissenschaftlichen Arbeit] / red. Alina Jaszewska. - Zielona Góra 2012, s. 461-471, il.; Res. 468.

584. Chorąży, Bożena / Chorąży, Bogusław: Sprawozdanie z badań archeologicznych na ulicy Wzgórze w Bielsku-Białej, województwo śląskie [Ein Bericht von den archäologischen Untersuchungen in der Wzgórze-Straße in Bielsko-Biała, Schlesische Woiwodschaft] // W: Badania archeologiczne na Górnym Śląsku i ziemiach pogranicznych w latach 2009-2010 [Archäologische Forschungen in Oberschlesien und den Grenzgebieten in den Jahren 2009-2010] / red. tomu Eugeniusz Tomczak ; red. naukowy części czeskiej Vratislav Janák. - Katowice 2012, s. 85-96, ryc. 8; Res. 96.

585. Chrószcz, Aleksander / Janeczek, Maciej: Wstępna ocena szczątków kostnych zwierząt ze stanowiska archeologicznego przy ul. Katedralnej 4 na Ostrowie Tumskim [Vorbereitende Einschätzung der tierischen Überreste auf dem Ausgrabungsgelände an der Katedralna Straße 4 auf der Dominsel] // W: Nowożytny cmentarz przy kościele św. Piotra i Pawła na Ostrowie Tumskim we Wrocławiu (lata 1621-1670) [Modern-time church of st Peter and st Paul cemetery in Ostrów Tumski, Wrocław (1621-1670)] / red. Aleksandra Pankiewicz. - Wrocław 2012, s. 205-222, il.

586. Dąbrowski, Paweł / Drużyłowski, Edward / Śledzik-Kamiński, Rafał: Badania archeologiczno-antropologiczne przy kościele parafialnym pw. św. Piotra i Pawła w Różnowie, gm. Wołczyn [Archäologisch-anthropologische Untersuchungen an der St. Peter-und-Paulus-Pfarrkirche in Rosen, Gemeinde Konstadt] // Opolski Informator Konserwatorski 2012, s. 145-148, ryc. 2.

587. Demidziuk, Krzysztof: Archiwalia archeologiczne z terenu Jawora do 1945 roku [Archäologische Archivalien aus dem Gebiet von Jauer bis 1945] // Silesia Antiqua 48, 2012, s. 248-274, il. 5, map 5.

588. Demidziuk, Krzysztof: Archiwalia sprzed 1945 roku do archeologii polskich Sudetów - Góry Kaczawskie w Sudetach Zachodnich [Von den Archivalien vor 1945 bis zur Archäologie der polnischen Sudeten - Das Bober-Katzbach-Gebirge in den Süd-Sudeten] // Silesia Antiqua 48, 2012, s. 275-304, il. 7, map 7.

589. Demidziuk, Krzysztof: Katalogi stanowisk Juliusa Zimmermanna do archeologii Kraju Hulczyńskiego [Kataloge der Felder von Juliusz Zimmermann bis zur Archäologie des Hultschiner Landes] // Silesia Antiqua 48, 2012, s. 233-248, il. 5.

590. Demidziuk, Krzysztof: Lokalne ośrodki archeologiczne na Śląsku w XIX wieku. Rys historyczny [Lokale Archäologie-Zentren in Schlesien im 19. Jahrhundert. Historischer Abriss] // Silesia Antiqua 48, 2012, s. 205-217, il. 10.

591. Furmanek, Mirosław / Masojć, Mirosław / Piekalski, Jerzy: Wyniki badań ratowniczych prowadzonych przez Instytut Archeologii Uniwersytetu Wrocławskiego w związku z budową Autostradowej Obwodnicy Wrocławia [Ergeb-

nisse der vom Archäologie-Institut der Breslauer Universität durchgeführten Rettungsarbeiten anläßlich des Baus der Autobahn-Umgehungstraße in Breslau] // W: Raport 2007-2008. T. 1 / red. Sławomir Kadrow. - Warszawa 2012, s. 367-393, il., fot.

592. Furmanek, Mirosław / Michnik, Monika / Nastaszyc, Joanna / Piekalski, Jerzy / Zdaniewicz, Radosław: Changes in the Market Square and the Town Hall, the 13th to the 18th century. A reconstruction based on analysis of the cultural deposits and remains of buildings // W: Archaeology of a pre-industrial town in Silesia. Case study Gliwice / ed. Monika Michnik, Jerzy Piekalski. - Wrocław 2012, s. 23-47, il., pl.
Dot. Gliwic. - Betr. Gleiwitz.

593. Gunia, Piotr: Charakterystyka petrograficzna zabytków kamiennych pochodzących z badań archeologicznych przy ulicy Katedralnej 4 we Wrocławiu [Petrographische Charakteristik der Steindenkmäler der archäologischen Forschungen an der Katedralna Straße 4 in Breslau] // W: Nowożytny cmentarz przy kościele św. Piotra i Pawła na Ostrowie Tumskim we Wrocławiu (lata 1621-1670) [Modern-time church of st Peter and st Paul cemetery in Ostrów Tumski, Wrocław (1621-1670)] / red. Aleksandra Pankiewicz. - Wrocław 2012, s. 239-254, il.

594. Konczewska, Magdalena: Animal bone -finds - material evidence on games and play // W: Archaeology of a pre-industrial town in Silesia. Case study Gliwice / ed. Monika Michnik, Jerzy Piekalski. - Wrocław 2012, s. 70-82, il., tab.
Dot. Gliwic. - Betr. Gleiwitz.

595. Kożuchów w świetle prac archeologicznych przeprowadzonych w latach 2009-2011 [Freystadt/Neusalz an der Oder im Lichte der in den Jahren 2009-2011 durchgeführten archäologischen Untersuchungen] / red. Mariusz Łesiuk. - Jastrzębie-Zdrój 2012, ss. 151, il.

596. Lisiecki, Łukasz: Wyniki badań archeologicznych przeprowadzonych na terenie budynku dawnego kolegium jezuickiego i w jego otoczeniu we Wschowie pl. Farny 3 [Results of Archaeological Research Done on the Premises of the Building of a Former Jesuit College and in Its Surrounding in Wschowa, Farny Square 3] // W: Silesia Jesuitica. Kultura i sztuka zakonu jezuitów na Śląsku i w hrabstwie kłodzkim 1580-1776. Materiały konferencji naukowej zorganizowanej przez Oddział Wrocławski Stowarzyszenia Historyków Sztuki (Wrocław, 6-8 X 2011) dedykowane pamięci Profesora Henryka Dziurli [Silesia Jesuitica. Kultur und Kunst des Jesuiten-Ordens in Schlesien und in der Grafschaft Glatz 1580-1776. Materialien der wissenschaftlichen Konferenz organisiert von der Abteilung der Breslauer Kunsthistoriker-Gesellschaft (Breslau, 6.-8. Oktober 2011), gewidmet dem Gedenken an Professor Henryk Dziurla] / red. Dariusz Galewski, Anna Jezierska. - Wrocław 2012, s. 153-162, il.; Res. 162.

597. Malík, Pavel / Neruda, Petr: Záchranný archeologický výzkum v Opavě-Malých Hošticích [Archäologische Notgrabungen in Opava-Malé Hoštice, Bezirk Opava] // W: Badania archeologiczne na Górnym Śląsku i ziemiach pogranicznych w latach 2009-2010 [Archäologische Forschungen in Oberschlesien und den Grenzgebieten in den Jahren 2009-2010] / red. tomu Eugeniusz Tomczak ; red. naukowy części czeskiej Vratislav Janák. - Katowice 2012, s. 32-35, rys. 3; Res. 35.

598. Marcinkian, Andrzej: Skarby dziejów i dzieje skarbów [Schätze der Geschichte und Schatzgeschichte] // W: Historia, kultura, muzeum [Geschichte, Kultur, Museum] / red. Anitta Maksymowicz. - Zielona Góra 2012, s. 253-272.
Dot. także znalezisk ze Śląska. - Betr. auch Funde in Schlesien.

599. Miazga, Beata: Badania archeometryczne zabytków ze zbiorów Instytutu Archeologii Uniwersytetu Wrocławskiego [Archäometrische Untersuchungen der Denkmäler aus den Sammlungen des Archäologischen Instituts der Universität Breslau] // W: Zastosowanie metod fizykochemicznych w obszarze interdyscyplinarnych badań dziedzictwa kulturowego. Nauki ścisłe wobec pytań, jakie stawiają zabytkom ich kuratorzy. Sesja Naukowa 19 marca 2012 Ossolineum, ul. Szewska 37 we Wrocławiu. Abstrakty [Anwendung der physikochemischen Methoden

auf dem Gebiet der interdisziplinären Forschungen des Kulturerbes. Naturwissenschaftliche Lehre als Antwort auf die Fragen der Denkmalpfleger an ihre Denkmäler. Wissenschaftliche Tagung 19. März 2012, Ossolineum, Szewska Straße 37 in Breslau. Zusammenfassungen] / red. i konsult. merytoryczna Arkadiusz Dobrzyniecki. - [Wrocław] 2012, s. 29-30.

600. Michnik, Monika: The archaeological investigation in Gliwice - an introduction // W: Archaeology of a pre-industrial town in Silesia. Case study Gliwice / ed. Monika Michnik, Jerzy Piekalski. - Wrocław 2012, s. 7-21, il., pl.

601. Michnik, Monika / Nastaszyc, Joanna / Piekalski, Jerzy / Zdaniewicz, Radosław: Wstępne wyniki ratowniczych badań archeologicznych na Rynku i w górnym odcinku ul. Zwycięstwa w Gliwicach, województwo śląskie [Vorläufige Ergebnisse der archäologischen Notgrabungen am Marktplatz und dem oberen Lauf der Zwycięstwa-Straße in Gliwice, Schlesische Woiwodschaft] // W: Badania archeologiczne na Górnym Śląsku i ziemiach pogranicznych w latach 2009-2010 [Archäologische Forschungen in Oberschlesien und den Grenzgebieten in den Jahren 2009-2010] / red. tomu Eugeniusz Tomczak ; red. naukowy części czeskiej Vratislav Janák. - Katowice 2012, s. 105-122, ryc. 8; Res. 120-122.

602. Piekalski, Jerzy: The Market Square in Gliwice, the 13th to the 18th century - closing remarks // W: Archaeology of a pre-industrial town in Silesia. Case study Gliwice / ed. Monika Michnik, Jerzy Piekalski. - Wrocław 2012, s. 101-102.

603. Piekalski, Jerzy / Wachowski, Krzysztof: Dzieciństwo i wiek dojrzewania. Edukacja i rekreacja w średniowiecznym i nowożytnym Wrocławiu [Childhood and Adolescence. Education and Rekreation in Mediaeval and Early Modern Wrocław] // Archaeologia Historica Polona 20, 2012, s. 245-264, il. 10; Res. 263-264.

604. Předměty vyprávějí... Hmotná kultura středověké a raně novověké Opavy ve světle nálezů z archeologických výzkumů v prostoru bývalé Radniční ulice a v areálu opavského pivovaru [Gegenstände erzählen... Die materielle Kultur des mittelalterlichen und frühneuzeitlichen Troppau im Licht archäologischer Funde auf dem Gelände der ehemaligen Rathausstraße und auf dem Areal der Troppauer Brauerei] / ed. Kateřina Vojkůvková, Michal Zezula. - Opava; Ostrava 2012, 81 s.; Res. 76-77.

605. Přehled archeologických výzkumů na Moravě a ve Slezsku za rok 2011 [Überblick über die archäologischen Forschungen in Mähren und Schlesien im Jahr 2011] / sest. Pavel Michna // Vlastivědný věstník moravský 64, 2012, č. 3, s. 275-293; Res. 275.

606. Spychała, Krzysztof: Ochrona zabytków archeologicznych na terenie województwa opolskiego w 2011 roku [Schutz der archäologischen Denkmäler auf dem Gebiet der Woiwodschaft Oppeln im Jahr 2011] // Opolski Informator Konserwatorski 2012, s. 25-54, ryc. 56.

607. Szczotka, Michał: Najstarsze osadnictwo na Śląsku Cieszyńskim [Die ältesten Besiedlungen im Teschener Schlesien] // W: Scriptum Międzygeneracyjnego Uniwersytetu Regionalnego. Vol. 3 [Scriptum der generationenübergreifenden Regionaluniversität. Band 3] / red. Danuta Chwajol, Kazimierz Kaszper, Kazimierz Kuś. - Czeski Cieszyn 2012, s. 73-77, il. 4.

608. Wetterle, Karl: Schlesien von der Vorgeschichte bis 920 n. Chr. - München 2012, 194 S.
Materialien zur Geschichte und Sozialkunde; 67.

609. Zdaniewicz, Radosław: The ceramic series from the Town Square in Gliwice // W: Archaeology of a pre-industrial town in Silesia. Case study Gliwice / ed. Monika Michnik, Jerzy Piekalski. - Wrocław 2012, s. 82-99, il.

610. Zdaniewicz, Radosław: Wyniki badań archeologicznych przy ul. Armii Krajowej w Pyskowicach, województwo śląskie [Ergebnisse von archäologischen Untersuchungen an der Armia Krajowa-Straße in Pyskowice, Schlesische Woiwodschaft] // W: Badania archeologiczne na Górnym Śląsku i ziemiach pogranicznych w latach 2009-2010 [Archäologische Forschungen in Oberschlesien und den Grenzgebieten in den Jahren 2009-2010] / red. tomu Eugeniusz Tomczak ; red. naukowy części czeskiej Vratislav Janák. - Katowice 2012, s. 60-65, ryc. 5; Res. 64-65.

05.02. Bis einschließlich Völkerwanderungszeit – Do okresu wędrówek ludów – Včetně období stěhování národů

Zob. poz. / Siehe auch / Viz 558, 1239, 1241.

611. Baron, Justyna / Stolarczyk, Tomasz: Wznowienie badań wykopaliskowych na osadzie z epoki brązu i wczesnej epoki żelaza w Grzybianach w powiecie legnickim [Resumed Excavation of the Bronze and Early Iron Age Settlement at Grzybiany in Legnica District] // Śląskie Sprawozdania Archeologiczne 54, 2012, s. 101-127, il. 22; Res. 126-127.

612. Bednarek, Marek: Wstępne wyniki badań na osadzie hutniczej z okresu wpływów rzymskich w Polskiej Cerekwi [Einleitende Untersuchungsergebnisse zur Hüttensiedlung aus der Zeit der römischen Kaiserzeit in Polnisch Neukirch] // Opolski Informator Konserwatorski 2012, s. 149-154, ryc. 7.

613. Błażejewski, Artur / Diakowski, Marcin / Markiewicz, Joanna: Wstępne wyniki badań osady z młodszego okresu przedrzymskiego na stanowisku Bytomin (Bytnik) 6, gm. Głogów [Preliminary Results from the Investigation of the Younger Pre-Roman Period Settlement at Bytomin (Bytnik) Site 6, Głogów Commune] // Śląskie Sprawozdania Archeologiczne 54, 2012, s. 161-183, il. 17; Res. 182-183.

614. Bohr, Marcin: Archiwalne stanowiska z okresu wpływów rzymskich z obszaru Ziemi Lubuskiej [Archivalische Informationen zu Fundstellen aus der Römischen Kaiserzeit im Lebuser Land] // W: Z najdawniejszych dziejów. Grzegorzowi Domańskiemu na pięćdziesięciolecie pracy naukowej [Aus der ältesten Geschichte. Für Grzegorz Domański zum 50. Jubiläum seiner wissenschaftlichen Arbeit] / red. Alina Jaszewska. - Zielona Góra 2012, s. 85-90, il.; Res. 89.

615. Bohr, Marcin: Kotlina Kłodzka w okresie wpływów rzymskich i wczesnym okresie wędrówek ludów [Der Glatzer Kessel in der römischen Kaiserszeit und der frühen Völkerwanderungszeit] // Silesia Antiqua 48, 2012, s. 65-95, il. 17; Res. 94-95.

616. Bohr, Marcin: Odkrycia i badania. Wrocław-Widawa [Entdeckungen und Forschungen. Breslau-Weide] // Silesia Antiqua 48, 2012, s. 199-202, il. 1.

617. Borowski, Michał / Lisowska, Ewa: Kamień żarnowy z łupku łyszczykowego z Włostowej, powiat nyski [Mühlsteine aus Glimmerschiefer aus Floste-Woistrach, Kreis Neisse] // Śląskie Sprawozdania Archeologiczne 54, 2012, s. 359-366, il. 5, tab. 1.

618. Czarniak, Krzysztof: Odkrycia i badania. Glinica, pow. głogowski [Entdeckungen und Forschungen. Gleinitz, Kreis Glogau] // Silesia Antiqua 48, 2012, s. 186-188, il. 2.

619. Czarniak, Krzysztof: Osiedla społeczności młodszego cyklu naddunajskiego na stan. 1 w Raciborzu-Ocicach [Settlement of the younger wawe of Danubian culture at Racibórz-Ocice, site no 1] // In: Archeologický sborník. K šedesátým narozeninám Vratislava Janáka / uspoř. Jiří Juchelka. - Opava 2012, s. 33-73; sum. 58-59.

620. Czarniak, Krzysztof / Król, Łukasz: Odkrycia i badania. Jordanów Śląski, pow. dzierżoniowski [Entdeckungen und Forschungen. Jordansmühl, Kreis Reichenbach] // Silesia Antiqua 48, 2012, s. 188-191, il. 2.

621. Czarniak, Krzysztof / Lemańska-Czarniak, Krystyna: Odkrycia i badania. Budziszów Wielki, pow. jaworski [Entdeckungen und Forschungen. Groß Baudiß, Kreis Jauer] // Silesia Antiqua 48, 2012, s. 183-186, il. 2.

622. Čižmár, Miloš: Laténský hrob z Vávrovic, okr. Opava. K poznání žárového pohřebního ritu ve stupni LT-B na Moravě [La Tène grave from Vávrovice, County Opava. To the understanding of urnfield burial rite in the LT-B in Moravia] // In: Archeologický sborník. K šedesátým narozeninám Vratislava Janáka / uspoř. Jiří Juchelka. - Opava 2012, s. 120-126; sum. 125.

623. Gałęzowska, Alicja / Wawrzyniak, Piotr: Kościane obrączki z okresu wpływów

rzymskich z Jordanowa, pow. świebodziński i Konina, pow. loco. Przyczynek do badań nad pierścieniami kościanymi z obszaru środkowoeuropejskiego Barbaricum [Kaiserzeitliche Fingerringe aus Knochen von Jordanowo, Kr. Świebodzin und Konin, Kr. Konin. Zu den Fingerringen aus Knochen im Mitteleuropäischen Barbaricum] // W: Z najdawniejszych dziejów. Grzegorzowi Domańskiemu na pięćdziesięciolecie pracy naukowej [Aus der ältesten Geschichte. Für Grzegorz Domański zum 50. Jubiläum seiner wissenschaftlichen Arbeit] / red. Alina Jaszewska. - Zielona Góra 2012, s. 383-402, il.; Res. 394.

624. Gediga, Bogusław / Mozgała, Marta / Murzyński, Tomasz: Nowe źródła do poznania grupy jordanowsko-śląskiej [New sources for research on the Jordanów Śląski group] // In: Archeologický sborník. K šedesátým narozeninám Vratislava Janáka / uspoř. Jiří Juchelka. - Opava 2012, s. 74-86; sum. 79-80.

625. Gralak, Tomasz: Badania osady ludności kultury lateńskiej z Górca, stanowisko 13, w powiecie strzelińskim [Investigating the La Tène Culture Settlement at Górzec. Site 13, in Strzelin District] // Śląskie Sprawozdania Archeologiczne 54, 2012, s. 139-160, il. 13; Res. 159-160.

626. Jarysz, Radosław: Odkrycia i badania. Świerczów, pow. namysłowski [Entdeckungen und Forschungen. Schwirz, Kreis Namslau] // Silesia Antiqua 48, 2012, s. 198-199, il. 2.

627. Kwiatkowska, Barbara / Szczurowski, Jacek: Obrządek pogrzebowy na ciałopalnym cmentarzysku w Zębowicach (gm. Paszowice, powiat jaworski) - ujęcie antropologiczne [The Funeral Rite in the Lusatian Culture Cremation Burial Field at Zębowice (Paszowice Commune, Jawor District) - an Osteological Perspective] // Śląskie Sprawozdania Archeologiczne 54, 2012, s. 129-137, tab. 3; Res. 137.

628. Kwiatkowski, Krzysztof / Masojć, Mirosław: Późnoplejstoceńskie grupy ludzkie kultury Federmesser w Obniżeniu Nowosolskim [Spätpleistozäne Federmesser-Gruppen im Nowa Sól-Urstromtal (Bóbr-Lubsza-Gebiet)] // W: Z najdawniejszych dziejów. Grzegorzowi Domańskiemu na pięćdziesięciolecie pracy naukowej [Aus der ältesten Geschichte. Für Grzegorz Domański zum 50. Jubiläum seiner wissenschaftlichen Arbeit] / red. Alina Jaszewska. - Zielona Góra 2012, s. 101-108, il.; Res. 105.

629. Lasak, Irena: A prehistoric episode? A bronze axe-head of the Lusatian Culture // W: Archaeology of a pre-industrial town in Silesia. Case study Gliwice / ed. Monika Michnik, Jerzy Piekalski. - Wrocław 2012, s. 49-51, il.
Dot. Gliwic. - Betr. Gleiwitz.

630. Łaciak, Dagmara: Nadodrzańska ceramika malowana w kontekście znalezisk osadowych [Bemalte Keramik im Odergebiet im Zusammenhang mit den Siedlungsfunden] // Silesia Antiqua 48, 2012, s. 35-64, il. 9, tab 3; Res. 64.

631. Łaciak, Dagmara / Józefowska, Anna: Cmentarzysko ludności kultury łużyckiej z wczesnej epoki żelaza na stanowisku Domasław 10-12, gm. Kobierzyce [Friedhof der Bevölkerung der Lausitzer Kultur aus der frühen Eisenzeit auf dem Grabungsfeld Damslau 10-12, Gemeinde Koberwitz] // W: Raport 2007-2008. T. 1 / red. Sławomir Kadrow. - Warszawa 2012, s. 463-482, il., fot.

632. Łaciak, Dagmara / Markiewicz, Małgorzata / Gediga, Bogusław / August, Czesław / Łydżba-Kopczyńska, Barbara: Interdyscyplinarne badania nad ceramiką malowaną z halsztackiego cmentarzyska w Domasławiu, stanowisko 10/11/12, gmina Kobierzyce [Interdisziplinäre Forschungen zur bemalten Keramik aus dem Gräberfeld aus der Hallstattzeit in Domslau, Grabungsfeld 10/11/12, Gemeinde Koberwitz] // W: Zastosowanie metod fizykochemicznych w obszarze interdyscyplinarnych badań dziedzictwa kulturowego. Nauki ścisłe wobec pytań, jakie stawiają zabytkom ich kuratorzy. Sesja Naukowa 19 marca 2012 Ossolineum, ul. Szewska 37 we Wrocławiu. Abstrakty [Anwendung der physikochemischen Methoden auf dem Gebiet der interdisziplinären Forschungen des Kulturerbes. Naturwissenschaftliche Lehre als Antwort auf die Fragen der Denkmalpfleger an ihre Denkmäler. Wissenschaftliche Tagung 19. März 2012, Ossolineum, Szewska Straße 37 in Breslau. Zusammenfassungen] / red. i konsult. merytoryczna Arkadiusz Dobrzyniecki. - [Wrocław] 2012, s. 41-42.

633. Łęczycki, Stefan: Odkrycia i badania. Nowina, pow. ząbkowicki [Entdeckungen und Forschungen. Nowina, Kreis Frankenstein] // Silesia Antiqua 48, 2012, s. 192-198, il. 5, tab. 1.

634. Michałowski, Andrzej / Żychliński, Daniel: Zapinka o konstrukcji późnolateńskiej ze schodkowatym kabłąkiem z Grodziszcza, pow. świebodziński, woj. lubuskie, stan. 12. Przyczynek do poznania rozprzestrzenienia się „zachodniogermańskich" form zapinek na obszarach współczesnej Polski [Eine Fibel vom Spätlateneschema mit stufenförmigem Bügel von Grodziszcze, Kr. Świebodzin, Woj. Lubuskie, FPL. 12. Zur Verbreitung „westgermanischer" Fibelformen im heutigen Polen] // W: Z najdawniejszych dziejów. Grzegorzowi Domańskiemu na pięćdziesięciolecie pracy naukowej [Aus der ältesten Geschichte. Für Grzegorz Domański zum 50. Jubiläum seiner wissenschaftlichen Arbeit] / red. Alina Jaszewska. - Zielona Góra 2012, s. 365-382, il.; Res. 372.

635. Mierzwiński, Andrzej: Biesiady w rytuale pogrzebowym nadodrzańskiej strefy pól popielnicowych [Festmahle im Begräbnisritus der Urnenfelderkultur im Oder-Gebiet]. - Wrocław 2012, ss. 146, il.

636. Moravec, Zbyněk: Poloha „nad Mundlochem" v Ostravě [Das Gebiet „nad Mundlochem" in Ostrau] // In: Jan Lucemburský. Kultura, umění a zbožnost na Moravě a ve Slezsku v době vlády prvního Lucemburka [Johann von Luxemburg. Kultur, Kunst und Frömmigkeit in Mähren und Schlesien in der Zeit des ersten Herrschers aus dem Geschlecht der Luxemburger] / eds. Ivo Hlobil, Daniela Rywiková. - Ostrava 2012, s. 293-308, il. 3.

637. Przysiężna-Pizarska, Magdalena / Dziedzic, Tomasz: Sprawozdanie z badań ratowniczych na stanowisku 27 w Namysłowie, województwo opolskie [Ein Bericht von den Notgrabungen auf dem Fundplatz 27 in Namysłów, Woiwodschaft Opole] // W: Badania archeologiczne na Górnym Śląsku i ziemiach pogranicznych w latach 2009-2010 [Archäologische Forschungen in Oberschlesien und den Grenzgebieten in den Jahren 2009-2010] / red. tomu Eugeniusz Tomczak ; red. naukowy części czeskiej Vratislav Janák. - Katowice 2012, s. 24-27, fot. 2, rys. 1; Res. 27.

638. Przysiężna-Pizarska, Magdalena / Dziedzic, Tomasz: Sprawozdanie z badań ratowniczych na stanowisku kultury łużyckiej (Stanowisko 58) w Namysłowie, województwo opolskie [Ein Bericht von den Notgrabungen auf der Siedlung der Lausitzer Kultur (Fundplatz 58) in Namysłów, Wojwodschaft Opole] // W: Badania archeologiczne na Górnym Śląsku i ziemiach pogranicznych w latach 2009-2010 [Archäologische Forschungen in Oberschlesien und den Grenzgebieten in den Jahren 2009-2010] / red. tomu Eugeniusz Tomczak ; red. naukowy części czeskiej Vratislav Janák. - Katowice 2012, s. 28-31, fot. 2, ryc. 1; Res. 31.

639. Purowski, Tomasz: Wyroby szklane w kulturze łużyckiej w międzyrzeczu Noteci i środkowej Odry. Studium archeologiczno-technologiczne [Glasgegenstände der Lausitzer Kultur im Zwischenstromland von Netze und im mittleren Odergebiet. Archäologisch-technologisches Studium]. - Warszawa 2012, ss. 556, il., + 1 CD-ROM.

640. Stachowiak, Paweł: Fragmenty dysz rurkowych odkryte na stanowisku Bogumiłów nr 8, pow. żarski, woj. lubuskie [Fragmente von Rohrdüsen vom Fundplatz Reichenau 8, Kr. Żary, woj. lubuskie (AZP 69 - 09/58)] // W: Z najdawniejszych dziejów. Grzegorzowi Domańskiemu na pięćdziesięciolecie pracy naukowej [Aus der ältesten Geschichte. Für Grzegorz Domański zum 50. Jubiläum seiner wissenschaftlichen Arbeit] / red. Alina Jaszewska. - Zielona Góra 2012, s. 255-260, il.; Res. 258.

641. Wolski, Damian: Sposoby użytkowania krzemiennych drapaczy przez grupy łowiecko -zbierackie w holocenie na przykładzie obozowiska mezolitycznego Otmuchów 28 w powiecie nyskim [End Scarper Use by Hunter-Gatherer Groups during the Holocene: the Case Study of the Mesolithic Camp at Otmuchów Site 28 in Nysa District] // Śląskie Sprawozdania Archeologiczne 54, 2012, s. 79-86, il. 5; Res. 86.

642. Wrzesińska, Anna / Wrzesiński, Jacek: Dwa pochówki pradziejowe osobników złożonych w pozycji embrionalnej [Zwei vorge-

schichtliche Bestattungen in embryonaler Position] // W: Z najdawniejszych dziejów. Grzegorzowi Domańskiemu na pięćdziesięciolecie pracy naukowej [Aus der ältesten Geschichte. Für Grzegorz Domański zum 50. Jubiläum seiner wissenschaftlichen Arbeit] / red. Alina Jaszewska. - Zielona Góra 2012, s. 115-126, il.; Res. 122.
Dot. stanowisk archeologicznych w miejscowościach Święty Wojciech i Sulechów. - Betr. Fundorte in Georgsdorf und Züllichau.

05.03. Mittelalter – Archeologia średniowieczna – Středověk

Zob. poz. / Siehe auch / Viz 251, 283, 489, 512, 555, 1224, 1318, 1821, 1826-1828, 2529.

643. Burczak, Patrycja / Preis, Radosław: Omówienie wyników nadzoru archeologicznego i ratowniczych badań archeologicznych przeprowadzonych w Wołczynie, przy ul. Kościelnej 2 [Besprechung der Ergebnisse der in Konstadt, Kościelna Str. 2 durchgeführten archäologischen Aufsicht und Rettungsforschungen] // Opolski Informator Konserwatorski 2012, s. 199-204, ryc. 7.

644. Buśko, Cezary: Życie codzienne krasnoludków w starożytności i wiekach średnich. Studium archeologiczne [Das Alltagsleben der Zwerge in der Antike und im Mittelalter. Archäologisches Studium]. - Wrocław 2012, ss. 48, il.
Dot. między innymi odkrycia miniaturowych przedmiotów w trakcie badań archeologicznych w kościele św. Elżbiety we Wrocławiu. - Betr. u.a. Entdeckung von Miniaturgegenständen während archäologischer Untersuchungen in der Elisabethkirche in Breslau.

645. Chorowska, Małgorzata / Krzywka, Maciej / Pankiewicz, Aleksandra: Relikty zabudowy średniowiecznych kurii kanonickich w narożniku ulic Kapitulnej 4 i św. Idziego 4-6 we Wrocławiu [Remains of the Medieval Canonry Houses at No. 4 Kapitulna Street and Nos. 4-6 Św. Idziego Street in Wrocław] // Śląskie Sprawozdania Archeologiczne 54, 2012, s. 289-302, il. 6; Res. 301.

646. Demidziuk, Krzysztof: Archiwalia archeologiczne sprzed 1945 roku do wczesnośredniowiecznego hutnictwa żelaza w granicach dawnego powiatu Lubin [Archäologische Archivalien vor 1945 zum frühmittelalterlichen Eisenhüttenwesen innerhalb des früheren Kreises Lüben] // Silesia Antiqua 48, 2012, s. 306-336, il. 2, map 12.

647. Dziedzic, Piotr: Analiza obiektów nieruchomych odkrytych na stan. 2 w Nowińcu, gm. Lubsko, woj. lubuskie [Analyse der unbeweglichen freigelegten Objekte auf dem Flp. 2 in Neumühle, Gemeinde Sommerfeld, Woiwodschaft Lebuser Land] // W: Nowiniec, stan. 2. Wczesnośredniowieczny gród na pograniczu śląsko-łużyckim w świetle badań interdyscyplinarnych [Neumühle, Feld 2. Eine frühmittelalterliche Burg im schlesisch-lausitzer Grenzgebiet im Lichte interdisziplinärer Untersuchungen] / red. Bartłomiej Gruszka. - Zielona Góra 2012, s. 29-45, il.

648. Fokt, Krzysztof: Późnośredniowieczne osadnictwo wiejskie na Dolnym Śląsku w świetle badań archeologicznych [Spätmittelalterliche Dorfbesiedlung in Niederschlesien im Lichte archäologischer Untersuchungen]. - Kraków 2012, ss. 519, il.

649. Gardeła, Leszek: Pochówki na brzuchu we wczesnośredniowiecznej Polsce. Suplement [Frühmittelalterliche Bestattungen in Bauchlage in Polen im Vergleich] [Pohřby „na břiše" v ranně středověkém Polsku. Doplnění] // Pomniki Dawnego Prawa 2012, z. 20, s. 30-37, il. 3; Res. 37.

650. Gralak, Tomasz / Lisowska, Ewa / Sadowski, Krzysztof: Wyroby kamienne z osady z XII-XIII w. w Górcu, stanowisko 13, w powiecie strzelińskim na tle lokalnego zaplecza surowcowego - serii łupków kwarcytowych z Jegłowej [Stone Artefacts from the 12th-13th Century Settlement at Górzec, Site 13, in Strzelin District, in the Context of the local Rock Resources - the Quartzite Schist Series from Jegłowa near Strzelin] // Śląskie Sprawozdania Archeologiczne 54, 2012, s. 275-288, il. 5, tab. 2; Res. 288.

651. Gruszka, Bartłomiej: Metody datowania zabytków ruchomych oraz chronologia wczesnośredniowiecznego grodziska w Nowińcu, stan. 2 [Datierungsmethoden beweglicher Denkmäler und Chronologie eines frühmittelalterlichen Burgwalls in Neumühle, Fpl. 2] // W: Nowiniec, stan. 2. Wczesnośredniowieczny gród na pograniczu śląsko-łużyckim w świetle badań interdyscyplinarnych [Neumühle, Feld 2. Eine frühmittelalterliche Burg im schlesisch-lausitzer Grenzgebiet im Lichte interdisziplinärer Untersuchungen] / red. Bartłomiej Gruszka. - Zielona Góra 2012, s. 213-215, il.

652. Gruszka, Bartłomiej: Przyczynek do poznania problematyki produkcji dziegciu/smoły drzewnej we wczesnym średniowieczu. Glińsk, stan. 1, woj. lubuskie [Beitrag zur Herstellung von Teer/Holzpech im Frühen Mittelalter. Glińsk Fpl. 1, Woi. Lebus] // W: Z najdawniejszych dziejów. Grzegorzowi Domańskiemu na pięćdziesięciolecie pracy naukowej [Aus der ältesten Geschichte. Für Grzegorz Domański zum 50. Jubiläum seiner wissenschaftlichen Arbeit] / red. Alina Jaszewska. - Zielona Góra 2012, s. 271-279, il.; Res. 274.

653. Gruszka, Bartłomiej: Wczesnośredniowieczne zabytki ceramiczne ze stan. 2 w Nowińcu, gm. Lubsko, woj. lubuskie w ujęciu stylistyczno-technologicznym [Frühmittelalterliche Keramikfunde vom Fpl. 2 in Neumühle, Gemeinde Sommerfeld, Woiwodschaft Lebuser Land aus stilistisch-technologischer Sicht] // W: Nowiniec, stan. 2. Wczesnośredniowieczny gród na pograniczu śląsko-łużyckim w świetle badań interdyscyplinarnych [Neumühle, Feld 2. Eine frühmittelalterliche Burg im schlesisch-lausitzer Grenzgebiet im Lichte interdisziplinärer Untersuchungen] / red. Bartłomiej Gruszka. - Zielona Góra 2012, s. 47-129, il.

654. Gunia, Piotr: Wyniki badań geochemicznych ceramiki z wczesnośredniowiecznego grodziska w Nowińcu, stan. 2, gm. Lubsko, woj. lubuskie [Ergebnisse der geochemischen Untersuchungen zur Keramik des frühmittelalterlichen Burgwalls in Neumühle, Fpl. 2, Gemeinde Sommerfeld, Woiwodschaft Lebuser Land] // W: Nowiniec, stan. 2. Wczesnośredniowieczny gród na pograniczu śląsko-łużyckim w świetle badań interdyscyplinarnych [Neumühle, Feld 2. Eine frühmittelalterliche Burg im schlesisch-lausitzer Grenzgebiet im Lichte interdisziplinärer Untersuchungen] / red. Bartłomiej Gruszka. - Zielona Góra 2012, s. 341-358, il.

655. Gunia, Piotr: Wyniki badań petrograficznych zabytków ceramicznych z wczesnośredniowiecznego grodziska w Nowińcu, stan. 2, gm. Lubsko, woj. lubuskie [Ergebnisse der petrographischen Untersuchungen der Keramikfunde des frühmittelalterlichen Burgwalls in Neumühle, Fpl. 2, Gemeinde Sommerfeld, Woiwodschaft Lebuser Land] // W: Nowiniec, stan. 2. Wczesnośredniowieczny gród na pograniczu śląsko-łużyckim w świetle badań interdyscyplinarnych [Neumühle, Feld 2. Eine frühmittelalterliche Burg im schlesisch-lausitzer Grenzgebiet im Lichte interdisziplinärer Untersuchungen] / red. Bartłomiej Gruszka. - Zielona Góra 2012, s. 235-339, il.

656. Jagosz-Zarzycka, Zofia / Kuś, Wiesław: Sprawozdanie z badań ratowniczych na Górze Zamkowej w Cieszynie, województwo śląskie [Ein Bericht von den Notgrabungen auf dem Schlossberg (Góra Zamkowa) in Cieszyn, Schlesische Woiwodschaft] // W: Badania archeologiczne na Górnym Śląsku i ziemiach pogranicznych w latach 2009-2010 [Archäologische Forschungen in Oberschlesien und den Grenzgebieten in den Jahren 2009-2010] / red. tomu Eugeniusz Tomczak ; red. naukowy części czeskiej Vratislav Janák. - Katowice 2012, s. 73-79, ryc. 8; Res. 78-79.

657. Jaworski, Grzegorz / Marcinkiewicz, Kamila / Piekalski, Jerzy / Siemianowska, Sylwia: Badania na zamku Wleń. Budowle 6 i 7 na zamku górnym [Investigation at Castle Wleń: Buildings 6 and 7 in the Upper Castle] // Śląskie Sprawozdania Archeologiczne 54, 2012, s. 243-273, il. 20; Res. 272-273.

658. Jaworski, Krzysztof: Nowe velkomoraviana z grodziska z końca IX i początku X wieku w Gilowie na Dolnym Śląsku [New Great Moravian finds from the hillfort from the end of 9th to the beginning of the 10th century in Gilów in Lower Silesia] // In: Mezi raným a vrcholným středověkem. Pavlu Kouřilovi k šedesátým narozeninám přátelé, kolegové a žáci [Zwischen

Früh- und Hochmittelalter. Pavel Kouřil zum 60. Geburtstag von Freunden, Kollegen und Schülern] / uspoř. Jiří Doležel, Martin Wihoda. - Brno 2012, s. 209-234; Res. 233-234.

659. Jaworski, Krzysztof / Krzyszowski, Andrzej / Miazga, Beata / Sikorski, Andrzej: Blatnickie okucie końcówki pasa z Grębocic koło Głogowa a problem napływu tzw. Brązów awarskich i blatnicko-mikulczyckich na obszar Dolnego Śląska [On the Influx of Blatnica-Mikulčice Bronzes to Lower Silesia and the Case of an Avar Strap end Discovered at Grębocice near Głogów] // Śląskie Sprawozdania Archeologiczne 54, 2012, s. 27-47, il. 6, tab. 3; Res. 46-47.

660. Konczewski, Paweł / Pankiewicz, Aleksandra: Badania archeologiczne na stanowisku wczesnośredniowiecznym nr 52 w Zawoni (powiat trzebnicki), w 2009 roku [Archaeological Investigation of the Early Medieval Site No. 52 at Zawonia (Trzebnica District) - 2009 Season] // Śląskie Sprawozdania Archeologiczne 54, 2012, s. 207-221, il. 8; Res. 221.

661. Koszałka, Joanna: Źródła archeobotaniczne z grodziska w Nowińcu, stan. 2, gm. Lubsko, woj. lubuskie [Archeobotanische Quellen des Burgwalls in Neumühle, Fpl. 2, Gemeinde Sommerfeld, Woiwodschaft Lebuser Land] // W: Nowiniec, stan. 2. Wczesnośredniowieczny gród na pograniczu śląsko-łużyckim w świetle badań interdyscyplinarnych [Neumühle, Feld 2. Eine frühmittelalterliche Burg im schlesisch-lausitzer Grenzgebiet im Lichte interdisziplinärer Untersuchungen] / red. Bartłomiej Gruszka. - Zielona Góra 2012, s. 205-208, il.

662. Krawczyk, Mariusz: Późnośredniowieczna osada w Wawrzyńcowicach, województwo opolskie [Eine spätmittelalterliche Siedlung in Wawrzyńcowice, Woiwodschaft Opole] // W: Badania archeologiczne na Górnym Śląsku i ziemiach pogranicznych w latach 2009-2010 [Archäologische Forschungen in Oberschlesien und den Grenzgebieten in den Jahren 2009-2010] / red. tomu Eugeniusz Tomczak ; red. naukowy części czeskiej Vratislav Janák. - Katowice 2012, s. 56-59, ryc. 3; Res. 58-59.

663. Kusiak, Jarosław: Perspektywy wykorzystania metody termoluminescencyjnej w datowaniu wczesnośredniowiecznej ceramiki na podstawie wyników analiz dla stan. 2 w Nowińcu (gm. Lubsko, woj. lubuskie) [Perspekiven der Anwendung der Thermolumineszenz-Methode bei der Datierung der frühmittelalterlichen Keramik anhand der Analyseergebnisse für Fpl. 2 in Neumühle (Gemeinde Sommerfeld, Woiwodschaft Lebuser Land)] // W: Nowiniec, stan. 2. Wczesnośredniowieczny gród na pograniczu śląsko-łużyckim w świetle badań interdyscyplinarnych [Neumühle, Feld 2. Eine frühmittelalterliche Burg im schlesisch-lausitzer Grenzgebiet im Lichte interdisziplinärer Untersuchungen] / red. Bartłomiej Gruszka. - Zielona Góra 2012, s. 227-234, il.

664. Lisowska, Ewa: Wyroby kamienne z wczesnośredniowiecznego grodziska w Nowińcu, stan. 2, gm. Lubsko, woj. lubuskie [Steingegenstände des frühmittelalterlichen Burgwalls in Neumühle, Gemeinde Sommerfeld, Woiwodschaft Lebuser Land] // W: Nowiniec, stan. 2. Wczesnośredniowieczny gród na pograniczu śląsko-łużyckim w świetle badań interdyscyplinarnych [Neumühle, Feld 2. Eine frühmittelalterliche Burg im schlesisch-lausitzer Grenzgebiet im Lichte interdisziplinärer Untersuchungen] / red. Bartłomiej Gruszka. - Zielona Góra 2012, s. 161-172, il.

665. Łaszewski, Witold: Na szlaku handlowym, czyli od Bramy Dolnej do Bramy Górnej. Wyniki badań archeologicznych prowadzonych w latach 2008-2010 [Ergebnisse der in den Jahren 2008-2010 durchgeführten archäologischen Untersuchungen] // Szkice Legnickie 33, 2012, s. 187-205, il. 5, tab. 1; Res. 205.

666. Łesiuk, Mariusz / Stolarczyk, Tomasz: Zamek Henryka I Brodatego w Rokitnicy (stanowisko 2, powiat złotoryjski) w świetle archiwaliów i prac archeologicznych z 2011 r. [The Castle of Henry I the Bearded at Rokitnica (Site 2, Złotoryja District) in the Light of Archival Records, Research and Archaeological Fieldwork Carried out in 2011] // Śląskie Sprawozdania Archeologiczne 54, 2012, s. 223-242, il. 17; Res. 242.

667. Łonak, Wojciech: Osada wczesnośredniowieczna w Ligocie Oleskiej, gm. Radłów. Badania w latach 2008-2011 [Frühmittelalterliche

Siedlung in Ellguth, Gemeinde Radlau. Forschungen in den Jahren 2008-2011] // Opolski Informator Konserwatorski 2012, s. 175-186, ryc. 4, tab. 4.

668. Makowiecki, Daniel / Makowiecka, Marzenia: Wyniki badań zwierzęcych szczątków kostnych z miejscowości Nowiniec, stan. 2, gm. Lubsko, woj. lubuskie [Untersuchungsergebnisse tierischer Knochenüberreste aus Neumühle, Fpl. 2, Gemeinde Sommerfeld, Woiwodschaft Lebuser Land] // W: Nowiniec, stan. 2. Wczesnośredniowieczny gród na pograniczu śląsko -łużyckim w świetle badań interdyscyplinarnych [Neumühle, Feld 2. Eine frühmittelalterliche Burg im schlesisch-lausitzer Grenzgebiet im Lichte interdisziplinärer Untersuchungen] / red. Bartłomiej Gruszka. - Zielona Góra 2012, s. 177-203, il.

669. Marek, Lech / Miazga, Beata: Średniowieczna buława z okolic Wrocławia [Mittelalterlicher Feldherrnstab aus Breslaus Umgebung] // Śląskie Sprawozdania Archeologiczne 54, 2012, s. 367-375, il. 4, tab. 1.

670. Marek, Lech / Samborski, Paweł: Ratownicze badania archeologiczne na stanowisku Stare Kolnie 4, pow. opolski, gm. Popielów [Archäologische Notgrabungen in Fpl. Alt Köln 4, Kreis Oppeln, Gemeinde Poppelau] // Opolski Informator Konserwatorski 2012, s. 187-198, ryc. 5.

671. Měchurová, Zdeňka: Pri strážnickej bráně, stojá koně vrané... Středověký keramický koníček na Slovácku a ve Slezsku [Medieval ceramic horses in Moravian Slovakia and in Silesia] // In: Mezi raným a vrcholným středověkem. Pavlu Kouřilovi k šedesátým narozeninám přátelé, kolegové a žáci [Zwischen Früh- und Hochmittelalter. Pavel Kouřil zum 60. Geburtstag von Freunden, Kollegen und Schülern] / uspoř. Jiří Doležel, Martin Wihoda. - Brno 2012, s. 333-350; Res. 340.

672. Michalak, Arkadiusz / Biborski, Marcin / Stępiński, Janusz: Przedmioty metalowe z Nowińca, stan. 2 w świetle analizy archeologicznej i metalograficznej [Metallgegenstände aus Neumühle, Fpl. 2 im Lichte der archäologischen und metallographischen Analyse] // W: Nowiniec, stan. 2. Wczesnośredniowieczny gród na pograniczu śląsko-łużyckim w świetle badań interdyscyplinarnych [Neumühle, Feld 2. Eine frühmittelalterliche Burg im schlesisch-lausitzer Grenzgebiet im Lichte interdisziplinärer Untersuchungen] / red. Bartłomiej Gruszka. - Zielona Góra 2012, s. 131-155, il.

673. Mikołajczak, Ewelina: Zabytki krzemienne z wczesnośredniowiecznego grodziska w Nowińcu, stan. 2, gm. Lubsko, woj. lubuskie [Feuersteinfunde aus dem frühmittelalterlichen Burgwall in Neumühle, Fpl. 2, Gemeinde Sommerfeld, Woiwodschaft Lebuser Land] // W: Nowiniec, stan. 2. Wczesnośredniowieczny gród na pograniczu śląsko-łużyckim w świetle badań interdyscyplinarnych [Neumühle, Feld 2. Eine frühmittelalterliche Burg im schlesisch-lausitzer Grenzgebiet im Lichte interdisziplinärer Untersuchungen] / red. Bartłomiej Gruszka. - Zielona Góra 2012, s. 173-175, il.

674. Moravec, Zbyněk: Předstihový archeologický výzkum na Muzejní ulici v Ostravě [Vorausgehende archäologische Untersuchungen in der Muzejni-Straße in Ostrava] // W: Badania archeologiczne na Górnym Śląsku i ziemiach pogranicznych w latach 2009-2010 [Archäologische Forschungen in Oberschlesien und den Grenzgebieten in den Jahren 2009-2010] / red. tomu Eugeniusz Tomczak ; red. naukowy części czeskiej Vratislav Janák. - Katowice 2012, s. 80-84, ryc. 6; Res. 84.

675. Nakielski, Witold: Propozycja nowej atrybucji monet śląskich przełomu XI i XII w. w świetle depozytu z miejscowości Kopacz gm. Złotoryja [A proposed new attribution of Silesian coins from the late 11th and early 12th centuries in light of the deposit from Kopacz, Złotoryja Municipality] // W: Pieniądz i banki na Śląsku [Geld und Banken in Schlesien] / red. Witold Garbaczewski, Roman Macyra. - Poznań 2012, s. 147-184, il., tab., wykr.; Res. 184.

676. Pankiewicz, Aleksandra: Relacje kulturowe południowego Śląska i północnych Moraw i Czech w IX-X wieku w świetle źródeł ceramicznych [Kulturelle Beziehungen des südlichen Schlesiens mit dem nördlichen Mähren und Böhmen im 9.-10. Jahrhundert im Lichte der keramischen Quellen]. - Wrocław 2012, ss. 470, il.

Acta Universitatis Wratislaviensis; 3372 / Studia Archeologiczne; 43.

677. Pawliński, Marian: Sprawozdanie z badań ratowniczych na placu Tadeusza Kościuszki w Bytomiu, województwo śląskie [Ein Bericht von den Notgrabungen auf dem Tadeusz-Kościuszko-Platz in Bytom, Schlesische Woiwodschaft] // W: Badania archeologiczne na Górnym Śląsku i ziemiach pogranicznych w latach 2009-2010 [Archäologische Forschungen in Oberschlesien und den Grenzgebieten in den Jahren 2009-2010] / red. tomu Eugeniusz Tomczak ; red. naukowy części czeskiej Vratislav Janák. - Katowice 2012, s. 66-72, fot. 12; Res. 71-72.

678. Przysiężna-Pizarska, Magdalena / Cieślik, Agata: Wstępne wyniki badań archeologicznych na cmentarzysku wczesnośredniowiecznym w Byczynie, województwo opolskie [Vorläufige Ergebnisse der archäologischen Forschungen auf dem mittelalterlichen Gräberfeld in Byczyna, Woiwodschaft Opole] // W: Badania archeologiczne na Górnym Śląsku i ziemiach pogranicznych w latach 2009-2010 [Archäologische Forschungen in Oberschlesien und den Grenzgebieten in den Jahren 2009-2010] / red. tomu Eugeniusz Tomczak ; red. naukowy części czeskiej Vratislav Janák. - Katowice 2012, s. 50-55, ryc. 9, tab. 2; Res. 54-55.

679. Romanow, Jerzy: Fortyfikacje miejskie Byczyny. Wyniki badań archeologiczno-architektonicznych przedbramia przy Wieży Niemieckiej w 2009 r. [Stadtbefestigungen von Pitschen. Ergebnisse der archäologisch-architektonischen Forschung am Torhaus an dem Deutschen Turm im Jahr 2009] // Opolski Informator Konserwatorski 2012, s. 139-144, fot. 7, ryc. 3.

680. Tymonová, Markéta / Žákovský, Petr: Železný meč ze Stěbořic [Iron sword from Stěbořice] // In: Mezi raným a vrcholným středověkem. Pavlu Kouřilovi k šedesátým narozeninám přátelé, kolegové a žáci [Zwischen Früh- und Hochmittelalter. Pavel Kouřil zum 60. Geburtstag von Freunden, Kollegen und Schülern] / uspoř. Jiří Doležel, Martin Wihoda. - Brno 2012, s. 611-623; Res. 622-623.

681. Wachowski, Krzysztof: The uses of the Market Square in the light of analysis of metal finds // W: Archaeology of a pre-industrial town in Silesia. Case study Gliwice / ed. Monika Michnik, Jerzy Piekalski. - Wrocław 2012, s. 51-60, il.
Dot. Gliwic. - Betr. Gleiwitz.

682. Werczyński, Damian / Rodak, Sylwia: Wczesnośredniowieczna ceramika z grodziska w Gniewkowie, pow. świdnicki [The Pottery Assemblage from the Early Medieval Hillfort at Gniewków, Świdnica District, Results of Analysis] // Śląskie Sprawozdania Archeologiczne 54, 2012, s. 185-206, il. 13; Res. 205.

683. Wodejko, Eryk: Badania archeologiczno-architektoniczne na Starym Mieście w Namysłowie [Archäologisch-architektonische Untersuchungen in der Altstadt von Namslau] // Opolski Informator Konserwatorski 2012, s. 155-170, ryc. 32.

05.04. Neuzeit – Archeologia nowożytna – Novověk

Zob. poz. / Siehe auch / Viz 878, 1291, 1776, 1812-1813.

684. Aleksy, Zbigniew / Borowski, Grzegorz / Jarysz, Piotr / Lasota, Czesław: Badania archeologiczne na terenie zespołu pałacowo-folwarcznego w Cieślach, pow. oleśnicki [An Archaeological Study of the Great House and Manor at Cieśle, Oleśnica District] // Śląskie Sprawozdania Archeologiczne 54, 2012, s. 339-350, il. 7; Res. 349-350.

685. Burczak, Patrycja / Kuźniarska, Katarzyna: Sondażowe badania archeologiczno-antropologiczne na terenie cmentarza parafialnego w miejscowości Rusko (gm. Strzegom, pow. świdnicki) [Archaeological-Osteological Test Trench Investigation in the Parish Cemetery at Rusko (Strzegom Commune, Świdnica District)] // Śląskie Sprawozdania Archeologiczne 54, 2012, s. 377-387, il. 10; Res. 387.
Dot. pochówków żołnierzy Armii Czerwonej. - Betr. Begräbnisse von Soldaten der Roten Armee.

686. Grygiel, Dorota / Kwaśniak, Dominik: Kazamata Bastionu Krupniczego w rejonie placu Wolności we Wrocławiu [The Krupnicza Casemate (Graupenbastion Casemate) near Wolności Square in Wrocław] // Śląskie Sprawozdania Archeologiczne 54, 2012, s. 303-324, il. 16; Res. 323-324.

687. Kolář, František / Langr, Jakub: Záchranný archeologický výzkum na Náměstí Komenského ve Fulneku, okres Nový Jičín [Archäologische Notgrabungen am Komenský-Platz in Fulnek, Bezirk Nový Jičín] // W: Badania archeologiczne na Górnym Śląsku i ziemiach pogranicznych w latach 2009-2010 [Archäologische Forschungen in Oberschlesien und den Grenzgebieten in den Jahren 2009-2010] / red. tomu Eugeniusz Tomczak ; red. naukowy części czeskiej Vratislav Janák. - Katowice 2012, s. 167-174, ryc. 8; Res. 173-174.

688. Kolář, František / Skalická, Pavla: Záchranný archeologický výzkum na zámku v Branticích, okres Bruntál [Archäologische Notgrabungen auf dem Schloss in Brantice, Bezirk Bruntal] // W: Badania archeologiczne na Górnym Śląsku i ziemiach pogranicznych w latach 2009-2010 [Archäologische Forschungen in Oberschlesien und den Grenzgebieten in den Jahren 2009-2010] / red. tomu Eugeniusz Tomczak ; red. naukowy części czeskiej Vratislav Janák. - Katowice 2012, s. 143-151, ryc. 9; Res. 150-151.

689. Kwiatkowska, Barbara / Szymczak, Natalia: Analiza antropologiczna kości ludzkich z badań przy kościele św. Piotra i Pawła na Ostrowie Tumskim we Wrocławiu [Anthropologische Analyse menschlicher Knochen aus den Untersuchungen an der St.-Peter-und-Paul -Kirche auf der Dominsel in Breslau] // W: Nowożytny cmentarz przy kościele św. Piotra i Pawła na Ostrowie Tumskim we Wrocławiu (lata 1621-1670) [Modern-time church of st Peter and st Paul cemetery in Ostrów Tumski, Wrocław (1621-1670)] / red. Aleksandra Pankiewicz. - Wrocław 2012, s. 69-94, il.

690. Maciejewski, Jarosław / Chorąży, Bogusław: Badania archeologiczne w Kościele pw. św. Apostołów Piotra i Pawła w Skoczowie, województwo śląskie [Archäologische Untersuchungen in der Kirche der St. Apostel Peter und Paul in Skoczów, Schlesische Woiwodschaft] // W: Badania archeologiczne na Górnym Śląsku i ziemiach pogranicznych w latach 2009-2010 [Archäologische Forschungen in Oberschlesien und den Grenzgebieten in den Jahren 2009-2010] / red. tomu Eugeniusz Tomczak ; red. naukowy części czeskiej Vratislav Janák. - Katowice 2012, s. 213-217, ryc. 3; Res. 216-217.

691. Michnik, Monika / Zdaniewicz, Radosław: Badania ratownicze na stanowisku 1 w Kozłowie, województwo śląskie [Notgrabungen auf dem Platz 1 in Kozłów, Schlesische Woiwodschaft] // W: Badania archeologiczne na Górnym Śląsku i ziemiach pogranicznych w latach 2009-2010 [Archäologische Forschungen in Oberschlesien und den Grenzgebieten in den Jahren 2009-2010] / red. tomu Eugeniusz Tomczak ; red. naukowy części czeskiej Vratislav Janák. - Katowice 2012, s. 152-166, ryc. 10; Res. 165-166.

692. Pankiewicz, Aleksandra / Marcinkiewicz, Kamila: Cmentarz przy kościele św. Piotra i Pawła we Wrocławiu [Der Friedhof an der St.-Peter-und-Paul-Kirche in Breslau] // W: Nowożytny cmentarz przy kościele św. Piotra i Pawła na Ostrowie Tumskim we Wrocławiu (lata 1621-1670) [Modern-time church of st Peter and st Paul cemetery in Ostrów Tumski, Wrocław (1621-1670)] / red. Aleksandra Pankiewicz. - Wrocław 2012, s. 13-46, il., tab.

693. Pankiewicz, Aleksandra / Witkowski, Jacek: Dewocjonalia barokowe odkryte na cmentarzysku przy kościele św Piotra i Pawła na Ostrowie Tumskim we Wrocławiu [Auf dem Gräberfeld an der St.-Peter-und-Paul-Kirche auf der Dominsel in Breslau entdeckte Devotionalien aus dem Barock] // W: Nowożytny cmentarz przy kościele św. Piotra i Pawła na Ostrowie Tumskim we Wrocławiu (lata 1621-1670) [Modern-time church of st Peter and st Paul cemetery in Ostrów Tumski, Wrocław (1621-1670)] / red. Aleksandra Pankiewicz. - Wrocław 2012, s. 49-68, il.

694. Skalická, Pavla: Záchranný archeologický výzkum v zámecké prádelně v Raduni [Archäologische Notgrabungen im Schlosswaschhaus in Raduń, Bezirk Opava] // W: Badania archeolo-

giczne na Górnym Śląsku i ziemiach pogranicznych w latach 2009-2010 [Archäologische Forschungen in Oberschlesien und den Grenzgebieten in den Jahren 2009-2010] / red. tomu Eugeniusz Tomczak ; red. naukowy części czeskiej Vratislav Janák. - Katowice 2012, s. 218-226, rys. 5; Res. 225-226.

695. Tymonová, Markéta: Renesanční kachle s dvanácti biblickými hrdiny a tyrany z českého Slezska [Renaissancekacheln mit zwölf biblischen Helden und Tyrannen vom tschechischen Gebiet Schlesiens] // Archaeologia historica 37, 2012, č. 2, s. 679-689; Res. 688-689.

06 Chronologischer Teil – Część chronologiczna – Část chronologická

06.01. Gesamtdarstellungen – Ogólne – Celková zpracování

Zob. poz. / Siehe auch / Viz 220, 264, 322, 525, 648, 1043, 1049, 1052, 1194, 1267, 1700, 1736, 1741, 2440, 2507, 2563, 2758, 3374-3376, 3392, 3394, 3400, 3405, 3410, 3417, 3419, 3424, 3428, 3430, 3433-3435, 3448, 3456, 3461.

696. Bena, Waldemar: Dzieje Puszczy Zgorzelecko-Osiecznickiej [Geschichte der Görlitz -Wehrauer Heide]. - Wyd. 3 popr. - Zgorzelec 2012, ss. 344, il.
Rec.: Witczak, Romuald: Nasza puszcza [Unsere Heide] // Rocznik Jeleniogórski 44, 2012, s. 306-307.

697. Chorąży, Bogusław / Chorąży, Bożena: Śląsk Cieszyński od młodszej epoki kamienia po czasy wielkiej wędrówki ludów [Das Teschener Schlesien von der Jungsteinzeit bis zur Völkerwanderung] // W: Śląsk Cieszyński w czasach prehistorycznych [Teschener Schlesien in der vorgeschichtlichen Epoche] / red. Idzi Panic. - Wyd. 2 zm. - Cieszyn 2012, s. 171-198, rys. 7.

698. Fajkoš, Dušan: Kapitoly z historie Moravy a Slezska [Kapitel aus der Geschichte Mährens und Schlesiens]. - Havířov 2012, 208 s.

699. Fikus, Sebastian: Ziemia Strzelecka - źródłem ważnych impulsów w historii Górnego Śląska = Das Land Groß Strehlitz - Quelle wichtiger Impulse in der Geschichte von Oberschlesien // W: Strzelczan album rodzinny. Od kołyski aż po grób = Groß Strehlitzer Familienalbum. Von der Wiege bis zum Grab / red. Marta Górka, Waldemar Gaida. - Strzelce Opolskie 2012, s. 19-28, fot.
Tekst w języku polskim i niemieckim. - Polnischer und deutscher Text.

700. Fokt, Krzysztof [et al.]: Vademecum historii Górnych Łużyc [Vademecum der Geschichte der Oberlausitz]. - [Lubań] [2010], ss. 288, il.
Rec.: Strauchold, Grzegorz // Śląski Kwartalnik Historyczny Sobótka 67, 2012, nr 1, s. 109-114; Strauchold, Grzegorz [glossa do recenzji / Kommentar zur Rezension] // Śląski Kwartalnik Historyczny Sobótka 67, 2012, nr 4, s. 196-197.

701. Foltyn, Edelgarda M. / Foltyn, Eugeniusz: Ziemie Górnego Śląska. Od epoki kamienia do wczesnego średniowiecza [Die Gebiete Oberschlesiens von der Steinzeit bis zum Frühmittelalter] [The territory of Upper Silesia from the Stone Age to the early Middle Ages]. - Katowice 2012, ss. 271, ryc. 126; Res. 266-271.
Rec.: Michałowski, Andrzej // Slavia Antiqua. Rocznik starożytności słowiańskich 53, 2012, s. 217-219.

702. Greiner, Piotr: Mapa i terytorium, albo co to tak naprawdę jest Górny Śląsk [Karte und Territorium - was ist wirklich Oberschlesien?] // CzasyPismo. O historii Górnego Śląska 2012, nr 1, s. 6-11, fot. 1.

703. Hahn, Jan: Ilustrowana historia Śląska w zarysie [Illustrierte Geschichte Schlesiens im Abriss]. - Zabrze 2012, ss. 130, il.

704. Herzig, Arno / Ruchniewicz, Krzysztof / Ruchniewicz, Małgorzata: Śląsk i jego dzieje / tłum. Anna Wziątek. - Wrocław 2012, ss. 303, il.
Wersja niemiecka / Deutsche Fassung: Schlesien. Das Land und seine Geschichte in Bildern, Texten und Dokumenten, Hamburg 2008.

705. Kaczmarek, Ryszard: Schlesien vom 18. bis 20. Jahrhundert // W: Geschichte des Turnens und Sports in Schlesien 1812-1989 / Hrsg. Tomasz Jurek, Karl-Heinz Schodrok. - Gorzów Wielkopolski 2012, s. 13-26, mapy.

706. Kostorz, Rudolf: Korzenie Śląska. [Die Wurzeln Schlesiens] - Katowice 2012, ss. 99, il.

707. Krzyżanowski, Krzysztof / Wójcik, Dariusz: Zapomniane podziemia. Cz. 2: Poszukiwania, eksploracja, historia [Vergessener Untergrund. Teil 2: Forschung, Erforschung, Geschichte]. - Kraków 2012, ss. 354, il.
Dot. Dolnego Śląska. - Betr. Niederschlesien.

708. Rupik, Henryk Jerzy: Dawniej i dziś. Rozważania nie tylko o Śląsku [Gestern und heute. Betrachtungen nicht nur über Schlesien]. - Tarnowskie Góry 2012, ss. 258.

709. Skowroński, Jerzy: Perły znad Kwisy. Tajemnice pogranicza Śląska i Łużyc [Perlen an der Queis. Geheimnisse um das schlesisch-lausitzer Grenzgebiet]. - Warszawa 2012, ss. 199, il., tabl. [40].

710. Spyra, Janusz: Dzieje Śląska Cieszyńskiego od zarania do czasów współczesnych. T. 4: Śląsk Cieszyński w okresie 1653-1848 [Geschichte des Teschener Schlesiens von Anfängen bis zur Gegenwart. Teil 4: Teschener Schlesien in der Zeit 1653-1848]. - Cieszyn 2012, ss. 463, il.

711. Wojecki, Mieczysław: Ziemia Lubuska jako obszar wielokulturowy. Wybitne jednostki w historii pogranicza lubusko-niemieckiego [Das Lebuser Land als ein ein multikulturelles Gebiet. Herausragende Personen in der Geschichte des lebuser-deutschen Grenzgebiets] // W: Historia, kultura, muzeum [Geschichte, Kultur, Museum] / red. Anitta Maksymowicz. - Zielona Góra 2012, s. 361-370.

06.02. Mittelalter – Średniowiecze – Středověk

Zob. poz. / Siehe auch / Viz 191, 235, 311, 361, 450-457, 461, 468, 473, 476, 482, 486, 501, 503, 505, 511, 553, 556, 560-561, 643, 654-655, 663, 670, 833-834, 850-851, 870, 1002, 1035, 1048, 1091, 1231, 1245, 1340, 1400, 1511, 1535, 1580-1581, 1583-1584, 1587, 1597, 1627, 1707, 1758, 2099, 2164, 2320, 2337, 2374, 2461, 2496, 2503, 2522, 2756, 2760, 2835, 2889, 2969, 2972, 3035, 3056, 3128, 3338-3339.

712. Adamska, Dagmara: W zaułku wielkiej polityki. Morawski margrabia Prokop a księstwo świdnicko-jaworskie [In der Sackgasse der großen Politik. Markgraf Prokop von Mähren und das Herzogtum Schweidnitz-Jauer] // W: Historicae viae. Studia dedykowane Profesorowi Lechowi A. Tyszkiewiczowi z okazji 55-lecia pracy naukowej [Historicae viae. Professor Lech A. Tyszkiewicz zum 55. Jubiläum der wissenschaftlichen Arbeit gewidmete Studien] / red. Mateusz Goliński, Stanisław Rosik. - Wrocław 2012, s. 233-238.

713. Antonín, Robert [et al.]: Slezsko v dějinách českého státu. I, Od pravěku do roku 1490 [Schlesien in der Geschichte des böhmischen Staates. I. Von der Urzeit bis zum Jahr 1490] / ved. aut. kol. Zdeněk Jirásek. - Praha 2012, 708 s.; Res. 670-676.

714. Bar, Přemysl: Tzv. nástupnický Řád Boleslava III. Křivoústého v politice slezských vévodů do konce 13. století [Die sog. Nachfolgeordnung Boleslaws III. Schiefmund in der Politik der schlesischen Herzöge bis zum Ende des 13. Jahrhunderts] // W: Trzecie Polsko-Czeskie Forum Młodych Mediewistów. Commemoratio praeteritorum - społeczności średniowieczne wobec przeszłości [Das dritte polnisch-tschechische Forum Junger Mediavisten. Commemoratio praeteritorum - die mittelalterliche Gemeinschaft gegenüber der Vergangenheit] / red. Hanna Krzyżostaniak, Jakub Kujawiński, Marzena Matla. - Poznań 2012, s. 39-61.

715. Barciak, Antoni: Zagadnienie przynależności ziemi kłodzkiej w latach1278-1290 [Die Frage der Zugehörigkeit des Glatzer Landes in den Jahren 1278-1290] // W: Między Polską a Czechami. Śląsk i jego mieszkańcy w źródłach czeskich doby średniowiecza [Zwischen Polen und Böhmen. Schlesien und seine Bewohner in den böhmischen Quellen des Mittelalters] / Antoni Barciak. - Wrocław 2012, s. 168-176; Res. 222.
Wcześniej w: / Zuvor in: Źródłoznawstwo i studia historyczne, Acta Universitatis Wratislaviensis 112, Historia 76, Wrocław 1989, (147-154).

716. Boroń, Piotr: Zanim powstał Górny Śląsk... Problemy badawcze dziejów dorzeczy górnej Odry i górnej Wisły w X-XII w. [Bevor Oberschlesien entstanden ist. Forschungsprobleme in der Geschichte der Einzugsgebiete der Oberoder und der Oberweichsel im 10.-12. Jh.] // W: Silesia historica. Badania nad historią Śląska. Metody i praktyka historiografii oraz nowe poszukiwania [Forschungen zur Geschichte Schlesiens. Methoden und Praxis der Historiographie und neue Untersuchungen] / red. Sławomir Moż-

dzioch, Stanisław Kosik, Thomas Wünsch. - Wrocław 2012, s. 83-96; dt. Res. 95-96.

717. Cetwiński, Marek: Benedykta Polaka podróż z Wrocławia na dwór Wielkiego Chana - trudny dialog kultur [Benedictus Polonus' Reise zum Hof des Großkhans - der schwierige Dialog der Kulturen] // W: Podróże i migracje w Europie Środkowej [Reisen und Migrationen in Mitteleuropa] / red. Antoni Barciak ; wprowadz. Małgorzata Mańka-Szulik. - Katowice 2012, s. 213-221; dt. Res. 220-221.

718. Czechowicz, Bogusław: Dvě centra v Koruně. Čechy a Slezsko na cestách integrace a rozkolu v kontextu ideologie, politiky a umění (1348-1458) [Zwei Zentren innerhalb der Krone. Böhmen und Mähren auf dem Weg der Integration und der Spaltung im Kontext von Ideologie, Politik und Kunst (1348-1458)]. - České Budějovice; Hradec Králové 2011, 331 s.; Res. 324-331.
Rec.: Goliński, Mateusz // Śląski Kwartalnik Historyczny Sobótka 67, 2012, nr 1, s. 119-122.

719. Čapaitė, Rūta: Ślązacy na dworze wielkiego księcia litewskiego w pierwszej połowie XV wieku [Schlesier am Hof des Großfürsten Litauens in der ersten Hälfte des 15. Jahrhunderts] // W: Podróże i migracje w Europie Środkowej [Reisen und Migrationen in Mitteleuropa] / red. Antoni Barciak ; wprowadz. Małgorzata Mańka-Szulik. - Katowice 2012, s. 44-73; dt. Res. 73.

720. Čapský, Martin: Komunikační sítě pozdně středověkých slezských měst mezi kooperaci a konkurenci [Communication Networks of Late Medieval Silesian Towns - between Cooperation and Competition] // Klio. Czasopismo poświęcone dziejom Polski i powszechnym 2012, nr 4, s. 73-88; Res. 88.

721. Heś, Robert: Wrocław między trzema królestwami - wyprawa Jagiellonów na Śląsk w 1474 r. [Breslau zwischen drei Königreichen - Der Feldzug der Jagiellonen nach Schlesien 1474] // W: Od Grunwaldu do Bzury - bitwy i boje polskie na przestrzeni dziejów / red. Jacek Jędrysiak, Daniel Koreś, Jerzy Maroń, Krzysztof Widziński. - Wrocław 2012, s. 27-66.

722. Horwat, Jerzy: Habsburżanka pierwszą żoną Henryka IV Prawego. Okoliczności i polityczne skutki związku w kontekście rywalizacji Przemysła Ottokara II z Rudolfem Habsburgiem [Eine Habsburgerin als erste Ehefrau von Heinrich IV. Probus. Umstände und politische Folgen der Verbindung im Kontext der Rivalität zwischen Ottokar II. Přemysl und Rudolf von Habsburg] // W: Od Lwówka Śląskiego do Lwowa. Studia i materiały z dziejów południowej Polski [Von Löwenberg nach Lemberg. Studien und Materialien aus der Geschichte Südpolens] / red. Zdzisław Budzyński. - Rzeszów 2012, s. 249-266, il.

723. Hrachovec, Petr: Povstání lučních pánů v Žitavě. Příspěvek k pozapomenuté pozdně středověkému městskému konfliktu (cca 1482-1494) // W: Trzecie Polsko-Czeskie Forum Młodych Mediewistów. Commemoratio praeteritorum - społeczności średniowieczne wobec przeszłości [Das dritte polnisch-tschechische Forum Junger Mediavisten. Commemoratio praeteritorum - die mittelalterliche Gemeinschaft gegenüber der Vergangenheit] / red. Hanna Krzyżostaniak, Jakub Kujawiński, Marzena Matla. - Poznań 2012, s. 97-118.
Deutsche Fassung / Wersja niemiecka: Der Aufstand der Zittauer Wiesenherren. Ein Beitrag zu einem halb vergessenen Oberlausitzer Stadtkonflikt (ca. 1482-1494), in: „Neues Lausitzisches Magazin" N.F. 13, 2010, (7-30).

724. Jurek, Tomasz: Abstructores castrorum. Przyczynek do dziejów społecznych i politycznych Śląska w połowie XIII wieku [Abstructores castrorum. Beitrag zur gesellschaftlichen und politischen Geschichte Schlesiens in der Mitte des 13. Jahrhunderts] // W: Narodziny Rzeczypospolitej. Studia z dziejów średniowiecza i czasów wczesnonowożytnych. T. 2 [Die Geburt der Rzeczpospolita. Studien aus der mittelalterlichen und frühneuzeitlichen Geschichte. Band 2] / red. Waldemar Bukowski, Tomasz Jurek. - Kraków 2012, s. 767-786.

725. Korbelářová, Irena / Žáček, Rudolf: „...i přisedl vévoda do vozu ke knížecí nevěstě...". Příspěvek k poznání dvorských ceremoniálů posledních Piastovců na příkladu Jiřího III. Břežského [„...and the duke sat down in the carriage beside the princely bride...". A Contribution to the Cognition of the Court Ceremonials of the Last Piasts on the Example of George III of Brieg] // Acta historica Univer-

sitatis Silesianae Opaviensis 5, 2012, s. 175-197; Res. 197.

726. Kuś, Wiesław: Ziemia cieszyńska w okresie wczesnego średniowiecza [Das Teschener Land im Frühmittelalter] // W: Śląsk Cieszyński w czasach prehistorycznych [Teschener Schlesien in der vorgeschichtlichen Epoche] / red. Idzi Panic. - Wyd. 2 zm. - Cieszyn 2012, s. 214, fot. 3, rys. 1.

727. Michl-Bernard, Alexandr: Město Krnov v politice markhraběte Jošta Lucemburského [Die Stadt Jägerndorf in der Politik des Markgrafen Jobst von Mähren] // Sborník bruntálského muzea 2012, s. 3-10.

728. Panic, Idzi: Śląsk Cieszyński w czasach plemiennych [Teschener Schlesien in der Stammeszeit] // W: Śląsk Cieszyński w czasach prehistorycznych [Teschener Schlesien in der vorgeschichtlichen Epoche] / red. Idzi Panic. - Wyd. 2 zm. - Cieszyn 2012, s. 215-231.

729. Papajík, David: Několik problémů z dějin města Ostravy v 15. století a pokus o jejich řešení [Several problems from the 15th century history of Ostrava and an attempt to solve them] // Slezský sborník 110, 2012, č. 1-2, s. 91-104; Res. 91, 104.

730. Paroń, Aleksander: Bitwa legnicka i najazd mongolski z 1241 roku w przekazie Jana Długosza - przykład kreowania pamięci wspólnoty [Die Schlacht bei Liegnitz und Mongoleneinfall von 1241 in der Überlieferung von Jan Długosz - ein Beispiel für die Kreation von kollektivem Gedächtnis] // W: Silesia historica. Badania nad historią Śląska. Metody i praktyka historiografii oraz nowe poszukiwania [Forschungen zur Geschichte Schlesiens. Methoden und Praxis der Historiographie und neue Untersuchungen] / red. Sławomir Moździoch, Stanisław Kosik, Thomas Wünsch. - Wrocław 2012, s. 122-139; dt. Res. 137-138.

731. Piątek, Łukasz: Bolko II świdnicki - sojusznik Wladysława Łokietka i Kazimierza Wielkiego. Rola i znaczenie księcia świdnickiego w polskiej polityce antyluksemburskiej w latach 1326-141 [Bolko II. von Schweidnitz - Verbündeter von Władysław I. Ellenlang und Kasimir der Große. Rolle und Bedeutung des Herzogs von Schweidnitz in der polnischen antiluxemburgischen Politik in den Jahren 1326-1341] // W: Kazimierz Wielki wobec Śląska - Śląsk wobec Kazimierza Wielkiego [Die Beziehung Kasimirs des Großen zu Schlesien - Schlesiens Beziehung zu Kasimir dem Großen] / red. Damian Halmer. - Rybnik 2012, s. 25-46.

732. Ptak, Marian J.: Konfederacja śląsko-morawska z 1389 roku [Die schlesisch-mährische Konföderation aus dem Jahre 1389] // W: Studia historycznoprawne. Dla uczczenia pamięci Profesora Edmunda Kleina [Studien zur Rechtsgeschichte. Zum Gedenken an Professor Edmund Klein] / red. Alfred Konieczny, Marian J. Ptak. - Wrocław 2012, s. 41-55; Res. 55-56.
Acta Universitatis Wratislaviensis; 3465 / Prawo 314.

733. Rosik, Stanisław: Kształtowanie się Śląska (do 1163 r.). Czynniki integracji regionalnej [Die Formierung Schlesiens (bis zum Jahre 1163). Zu den regionalen Integrationsfaktoren] // Śląski Kwartalnik Historyczny Sobótka 67, 2012, nr 4, s. 31-52; Res. 51-52.

734. Rosiński, Franciszek M.: Droga w nieznane - drogą sukcesu. Benedykt Polak w legacji papieskiej do chana mongolskiego (1245-1247) [Ein Weg ins Unbekannte - ein Erfolgsweg. Benedictus Polonus als päpstlicher Legat beim mongolischen Großkhan (1245-1247)] // W: Kultura. pamięć i zapomnienie. Księga poświęcona pamięci Profesora Piotra Kowalskiego [Kultur. Erinnerung und Vergessen. Dem Andenken an Piotr Kowalski gewidmetes Buch] / red. Bartosz Jastrzębski, Katarzyna Konarska, Arkadiusz Lewicki. - Wrocław 2012, s. 171-187.
Acta Universitatis Wratislaviensis; 3415.

735. Sperka, Jerzy: Z dziejów migracji rycerstwa śląskiego na ziemie Rusi Koronnej w końcu XIV i w początkach XV wieku (wstępne rozpoznanie) [Aus der Geschichte der Migration des schlesischen Rittertums nach Ruthenien am Ende des 14. und am Anfang des 15. Jahrhunderts (Vorbereitende Erkundung)] // W: Narodziny Rzeczypospolitej. Studia z dziejów średniowiecza i czasów wczesnonowożytnych. T. 1 [Die Geburt der Rzeczpospolita. Studien aus der mittelalterlichen und frühneuzeitlichen Geschichte. Band 1] / red. Waldemar Bukowski, Tomasz Jurek. - Kraków 2012, s. 519-548.

736. Wojczak, Tomasz: Semilogia życia świętej kobiety na przykładzie Jadwigi śląskiej w kazaniu Peregryna z Opola [Semilogie des Lebens einer Heiligen am Beispiel Hedwigs von Schlesien in der Predigt von Peregrinus von Oppeln] // W: Per mulierem... Kobieta w dawnej Polsce - w średniowieczu i w dobie staropolskiej [Per mulierem... Die Frau im früheren Polen - im Mittelalter und in der Altpolnischen Epoche] / red. Katarzyna Justyniarska-Chojak, Sylwia Konarska-Zimnicka. - Warszawa 2012, s. 47-52.

737. Zelenka, Jaroslav: Postavení svídnického a javorského knížectví v českém pozdně středověkém státě za vlády Lucemburků [Die Stellung des Herzogtums Schweidnitz-Jauer im spätmittelalterlichen böhmischen Staat zur Herrschaftszeit der Luxemburger] // W: Trzecie Polsko-Czeskie Forum Młodych Mediewistów. Commemoratio praeteritorum - społeczności średniowieczne wobec przeszłości [Das dritte polnisch-tschechische Forum Junger Mediavisten. Commemoratio praeteritorum - die mittelalterliche Gemeinschaft gegenüber der Vergangenheit] / red. Hanna Krzyżostaniak, Jakub Kujawiński, Marzena Matla. - Poznań 2012, s. 315-323.

06.03. Neuzeit – Czasy nowożytne – Novověk

06.03.01. Übergreifende Darstellungen – Ogólne – Celková zpracování

Zob. poz. / Siehe auch / Viz 307, 507, 519, 840, 844, 1083, 1180, 1338, 1353, 1527, 1530, 1652, 1655-1656, 1678, 1776, 1985, 2216, 2327-2328, 2353, 2378, 2448, 2496, 2503, 2504, 2562, 2756, 3442.

738. Fukala, Radek [et al.]: Slezsko v dějinách českého státu. II: 1490-1763 [Schlesien in der Geschichte des böhmischen Staates. II: 1490-1763] / ved. aut. kol. Zdeněk Jirásek. - Praha 2012, 595 s.; Res. 561-564.

739. Sękowski, Roman: Niełatwe sąsiedztwo. Szkice i wypisy źródłowe z dziejów stosunków sąsiedzkich na pograniczu śląsko-polskim w XVI i XVII wieku. Studia i teksty źródłowe z dziejów księstwa opolskiego i raciborskiego, zeszyt 2 [Schwierige Nachbarschaft. Skizzen und Quellenauszüge aus der Geschichte der nachbarlichen Beziehung im schlesisch-polnischen Grenzgebiet im 16. und 17. Jahrhundert. Studien und Quellentexte zur Geschichte der Herzogtümer Oppeln und Ratibor, Heft 2]. - Opole 2012, ss. 136.

06.03.02. 1526–1742

Zob. poz. / Siehe auch / Viz 314, 516, 518, 522, 547, 689, 879, 881, 1065, 1233, 1311, 1389, 1409-1410, 1589, 1616, 1738-1739, 2322, 2334, 2354, 2384, 2759, 3231, 3409.

740. Baczkowski, Krzysztof: Polska wobec elekcji czeskiej 1526 roku [Polen gegenüber der böhmischen Königswahl im Jahr 1526] // W: Zwycięzcy i przegrani w dziejach średniowiecznych i wczesnonowożytnych Czech i Polski [Gewinner und Verlierer in der mittelalterlichen und frühneuzeitlichen Geschichte von Böhmen und Polen] / red. Wojciech Iwańczak, Dariusz Karczewski. - Kraków 2012, s. 109-121; Res. 120-121.
Dot. znaczenia i roli Śląska w czasie elekcji czeskiej 1526 r. - Betr. Bedeutung und Rolle Schlesiens zur Zeit der böhmischen Königswahl 1526.

741. Holá, Mlada: Holdovací cesta Ferdinanda II do Vratislavi v roce 1617 [Podróż hołdownicza Ferdynanda II do Wrocławia] [Die Huldigungsreise Ferdinands II. nach Breslau] // W: Podróże i migracje w Europie Środkowej [Reisen und Migrationen in Mitteleuropa] / red. Antoni Barciak ; wprowadz. Małgorzata Mańka-Szulik. - Katowice 2012, s. 349-358; Res. 357-358.

742. Marquardt, Uta: „... und hat sein Testament und letzten Willen also gemacht". Görlitzer Bürgertestamente des 16. Jahrhunderts. - Leipzig 2009, 245 S., Abb., Tab.
Historische Studien; 1.
Rec.: Anders, Ines // Neues Lausitzisches Magazin. Neue Folge 15 (134), 2012, S. 156-157.

743. Mróz-Jabłecka, Kalina: Die weiblichen Lebenswelten in den barocken Funeraldrucken. Gedächtnisformen der urbanen Kultur

am Beispiel der Stadt Breslau von Mitte des 17. bis Mitte des 18. Jahrhunderts. - Berlin 2011, 265 S., 13 Abb.
Studium litterarum; 19.
Rec.: Rusterholz, Sibylle // Arbitrium. Zeitschrift für Rezensionen zur germanistischen Literaturwissenschaft 30, 2012, H. 2, S. 175-177.

744. Novotná, Jaroslava: „Léta Páně 1603 ve čtvrtek po památce svatého Víta...". Život a smrt kamenického mistra Jana Rinolta [„Anno Domini 1603 on Thursday after the feast of St Vitus..." The life and death of the master stonemason Jan Rinolt] // Ostrava. Příspěvky k dějinám a současnosti Ostravy a Ostravska 26, 2012, s. 317-327; Res. 327.

745. Sjöström, Oskar: Bitwa pod Wschową 1706. A potem pole bitwy zabarwiło się na czerwono ... [Schlacht bei Fraustadt 1706. Und danach färbte sich das Schlachtfeld rot...] / tłum. Wojciech Łygaś. - Zabrze 2012, ss. 341, fot.

746. Wiszowata-Walczak, Katarzyna: Pobyt Jana Kazimierza na Śląsku w 1655 roku w świetle korespondencji nuncjusza Piotra Vidoniego [Aufenthalt von Johann II. Kasimir in Schlesien 1655 im Lichte der Korrespondenz des Nuntius Pietro Vidoni] // W: Od Kijowa do Rzymu. Z dziejów stosunków Rzeczypospolitej ze Stolicą Apostolską i Ukrainą [Von Kiev nach Rom. Aus der Geschichte der Beziehungen der Republik Polen mit dem Heiligen Stuhl und der Ukraine] / red. Mariusz R. Drozdowski, Wojciech Walczak, Katarzyna Wiszowata-Walczak. - Białystok 2012, s. 533-542.

747. Wojcieszak, Magdalena: Cmentarz św. Piotra i Pawła na Ostrowie Tumskim w świetle ksiąg parafialnych [Der St.-Peter-und-Paul-Friedhof auf der Dominsel im Lichte der Kirchenbücher] // W: Nowożytny cmentarz przy kościele św. Piotra i Pawła na Ostrowie Tumskim we Wrocławiu (lata 1621-1670) [Modern-time church of st Peter and st Paul cemetery in Ostrów Tumski, Wrocław (1621-1670)] / red. Aleksandra Pankiewicz. - Wrocław 2012, s. 47-48.

06.03.03. 1742–1815

Zob. poz. / Siehe auch / Viz 471, 496, 1028, 1072, 1603, 1695, 1698, 2321, 2406, 2596, 2795, 3200, 3445.

748. Olejniczak, Andrzej: Bolesławieckie epizody wojen napoleońskich [Bunzlauer Episoden der napoleonischen Kriege]. - Bolesławiec 2012, ss. [24], il.

749. Olejniczak, Andrzej: Śmierć Michała Kutuzowa w Bolesławcu [Der Tod von Michail Kutuzov in Bunzlau] // Dolny Śląsk 17, 2012, s. 78-84, il. 7.

750. Pisarski, Grzegorz: Spotkanie monarchów w Spalicach (15 III 1813) [Begegnung der Monarchen in Spahlitz (15. März 1813)] // Kwartalnik Powiatu Oleśnickiego 2012, nr 3 (29), s. 5-11, il. 7.

751. Slezáková, Monika: Charakteristika a historická interpretace vampýrských událostí na Moravě a ve Slezsku. Na případu Marianny Saligerové ze Svobodných Heřmanic na Bruntálsku [Die Charakteristik und die historische Interpretation von Vampirbegebenheiten in Mähren und Schlesien. Der Fall der Marianna Saliger aus Freihermersdorf/Freudenthal] // Vlastivědný věstník moravský 64, 2012, č. 2, s. 132-135; Res. 132.

06.03.04. 1815–1918

Zob. poz. / Siehe auch / Viz 316, 1073, 1097, 1141, 1147, 1154, 1156, 1160, 1296, 1346, 1351, 1359, 1403, 1441, 1557, 1611, 1687, 1695, 1924, 1957, 2044, 2068, 2126, 2282, 2295, 2397, 2405, 2476, 3459.

752. Odrowąż, Maria: „Polegli w I wojnie światowej" - Łambinowice 2009 [„Gefallen im Ersten Weltkrieg" - Lamsdorf 2009] // Zeszyty Śląskiego Towarzystwa Genealogicznego we Wrocławiu 1, 2012, s. 167-180, il. 2.

753. Sula, Dorota: Pomoc Wielkopolski dla Górnego Śląska w latach 1919-1921 w świetle prasy regionalnej [Support for Upper Silesia from Greater Poland in the years 1919-1921 in the light of the local press] // W: Górny Śląsk i Wielkopolska w XIX i pierwszej połowie XX wieku. Wybrane aspekty z dziejów polityki i edukacji [Oberschlesien und Großpolen im 19. und in der ersten Hälfte des 20. Jahrhunderts. Ausgewählte Aspekte aus der Politik- und Bildungsgeschichte] / red. Jarosław Durka. - Poznań 2012, s. 85-104; Res. 104.

06.04. Die neueste Zeit (seit 1918) – Czasy najnowsze (od 1918 r.) – Doba nejnovější (po roce 1918)

06.04.01. Übergreifende Darstellungen – Ogólne – Celková zpracování

Zob. poz. / Siehe auch / Viz 498, 520, 552, 924, 1070, 1120, 1166, 1284, 1306, 1324, 1517, 1557, 1618, 1666, 1668, 1675, 1678, 1744, 1861, 1967, 1999, 2027, 2044, 2126, 2151-2152, 2353, 2404, 2406, 2414, 2448, 2476, 2496, 2503-2504, 2506, 2562, 2591, 2646, 2650, 2666, 2672, 2717, 2749, 2793, 2814, 2869, 3075, 3081, 3129, 3294, 3332, 3387, 3422, 3458.

754. Kunat, Marcin: Powiat legnicki [Der Kreis Liegnitz] // Szkice Legnickie 33, 2012, s. 157-183, il. 3, tab. 6; sum. 183.
Dot. lat 1975-2009. - Betr. die Jahre 1975-2009.

755. Lis, Michał: Plebiscyt i powstania śląskie z perspektywy 90-lecia [Volksabstimmung und schlesische Aufstände aus der Distanz von 90 Jahren] // W: Plebiscyt i powstania śląskie 1919-1921 - po 90. latach [Volksabstimmung und schlesische Aufstände 1919-1921 - nach 90 Jahren] / red. Michał Lis, Leokadia Drożdż. - Opole 2012, s. 9-32.

756. Smolorz, Michał: Śląsk wymyślony [Erfundenes Schlesien] [Invented Silesia]. - Katowice 2012, ss. 368; Res. 316-326.
Rec.: Wądołowski, Marcin // Siemianowicki Rocznik Muzealny 11, 2012, s. 189-193. fot. 1.

757. Węgierski, Edward: Polacy w orężnej walce z Niemcami o wolność i niepodległość w latach 1914-1921 [Polen gegen die Deutschen im bewaffneten Kampf um Freiheit und Unabhängigkeit in den Jahren 1914-1921]. - Krzeszowice 2012, ss. 163.
Dot. również Górnego Śląska. - Betr. auch Oberschlesien.

06.04.02. Die Zwischenkriegszeit (1918–1939) – Okres międzywojenny (1918–1939) – Meziválečné období (1918–1939)

Zob. poz. / Siehe auch / Viz 8, 181, 319, 875, 885, 918, 932, 945, 947, 968, 1014, 1057, 1061-1062, 1141, 1172, 1174, 1183, 1195, 1309, 1369, 1390, 1395-1396, 1442, 1625, 1695, 1708, 1718, 1735, 1749, 1930, 2048, 2052, 2136, 2156, 2172, 2194, 2282, 2484, 2698, 2743, 3073, 3237, 3381-3384.

758. Długajczyk, Edward: Powstania śląskie i plebiscyt po 90. latach. Stan świadomości społecznej, źródeł archiwalnych i badań naukowych [Die schlesischen Aufstände und die Volksabstimmung nach neunzig Jahren. Zustand des gesellschaftlichen Bewusstseins, der Archivquellen und wissenschaftlichen Untersuchungen] // W: 90 rocznica III powstania śląskiego. Materiały z sesji naukowej, która odbyła się 11 czerwca 2011 r. w Muzeum im. Jana Pawła II w Warszawie [90. Jahrestag des III. Schlesischen Aufstands. Materialien der wissenschaftlichen Tagung vom 11. Juni 2011 im Johannes-Paul II.-Museum in Warschau] / red. Anna Eliza Wasilewska. - Warszawa 2012, s. 54-75.

759. Durand, Frédéric: Persistance et mutations des frontières impériales en Haute-Silésie (XIXe-XXe siècle) // In: Frontières oubliées, frontières retrouvées. Marches et limites anciennes en France et en Europe / dir. Michel Catala, Le Page Dominique, Jean-Claude Meuret. - Rennes 2012, p. 331-342.

760. Fertacz, Sylwester: Bohaterowie tamtych wydarzeń... Przejęcie Króleskiej Huty (obecnego śródmieścia Chorzowa) przez Polskę w dniu 23 czerwca 1922 roku [Helden jener Ereignisse... Übernahme der Königshütte (zurzeit Innenstadt von Chorzów) durch Polen am 23. Juni 1922] // Zeszyty Chorzowskie 13, 2012, s. 7-20; Res. 20.

761. Kaczmarek, Ryszard: Rok 1922 [Jahr 1922] // W: Ten Śląsk przychodzi do Polski. Czerwiec-lipiec 1922 roku [Schlesien gehört zu Polen. Juni-Juli 1922] / red. Jan Malicki, Ryszard Kaczmarek. - Katowice 2012, s. 17-25.

762. Kęsik, Władysław: Podziemny ogień (z walk o Górny Śląsk) [Unterirdisches Feuer (aus den Kämpfen um Oberschlesien)]. - [s.l.] [2012], ss. 256.
Reprint z oryg. Warszawa 1938. - Reprint des Originals, Warszawa 1938.

763. Krawczak, Tadeusz: Kościół katolicki a powstanie śląskie 1921 r. [Katholische Kirche und schlesischer Aufstand 1921] // W: 90 rocznica III powstania śląskiego. Materiały z sesji naukowej, która odbyła się 11 czerwca 2011 r. w Muzeum im. Jana Pawła II w Warszawie [90. Jahrestag des III. Schlesischen Aufstands. Materialien der wissenschaftlichen Tagung vom 11. Juni 2011 im Johannes-Paul II.-Museum in Warschau] / red. Anna Eliza Wasilewska. - Warszawa 2012, s. 74-83.

764. Kucharczyk, Barbara: Górny Śląsk przed wybuchem II wojny światowej [Oberschlesien vor dem Ausbruch des Zweiten Weltkriegs] // W: Polska wobec zagrożenia ze strony Trzeciej Rzeszy [Polen im Angesicht der Gefahr von der Seite des Dritten Reiches] / red. Henryk Ćwięk, Zdzisław Cutter. - Częstochowa 2012, s. 383-390.

765. Kwiatek, Aleksander: O antynomii Wschód Zachód II Rzeczypospolitej i jej śląskim kontekście. Część 1: Od podziału Górnego Śląska do tzw. wyborów brzeskich [Von der Antinomie zwischen dem Osten und Westen und ihrem oberschlesischen Kontext in der Zweiten Polnischen Republik. Teil 1: Von der Teilung Oberschlesiens bis zu den sog. Brester Wahlen] // Studia Śląskie 71, 2012, s. 11-44; Res. 43-44.

766. Marek, Franciszek Antoni: Miejsce powstań śląskich wśród polskich i europejskich zrywów narodowo-wyzwoleńczych [Die Stellung der schlesischen Aufstände unter den polnischen und europäischen National- und Freiheitskämpfen] // W: 90 rocznica III powstania śląskiego. Materiały z sesji naukowej, która odbyła się 11 czerwca 2011 r. w Muzeum im. Jana Pawła II w Warszawie [90. Jahrestag des III. Schlesischen Aufstands. Materialien der wissenschaftlichen Tagung vom 11. Juni 2011 im Johannes-Paul II.-Museum in Warschau] / red. Anna Eliza Wasilewska. - Warszawa 2012, s. 13-54.

767. Marek, Franciszek Antoni: Wyjątkowa ranga Powstań Śląskich [sic!] wśród wszystkich polskich i europejskich zrywów wyzwoleńczych [Die besondere Stellung der schlesischen Aufstände innerhalb aller polnischen und europäischen Freiheitskämpfe] // W: Scriptum Międzygeneracyjnego Uniwersytetu Regionalnego. Vol. 3 [Scriptum der generationenübergreifenden Regionaluniversität. Band 3] / red. Danuta Chwajol, Kazimierz Kaszper, Kazimierz Kuś. - Czeski Cieszyn 2012, s. 43-62, il. 2.

768. Masnyk, Marek: Powiat strzelecki w okresie powstan śląskich i plebiscytu = Der Landkreis Groß Strehlitz in der Zeit der Aufstände und der Volksabstimmung in Oberschlesien // W: Strzelczan album rodzinny. Od kołyski aż po grób = Groß Strehlitzer Familienalbum. Von der Wiege bis zum Grab / red. Marta Górka, Waldemar Gaida. - Strzelce Opolskie 2012, s. 29-42, fot.
Tekst w języku polskim i niemieckim. - Polnischer und deutscher Text.

769. Tarka, Ewa Hanna: Między pamięcia niechcianą i chwalebną. Mord w lesie pogorzeleckim w 1921 roku na tle terroru wobec ludności polskiej w powiecie kozielskim [Zwischen ungewollter und ehrenvoller Erinnerung. Mord im Wald bei Pogorzelletz im Jahr 1921 vor dem Hintergrund des Terrors gegenüber der polnischen Bevölkerung im Kreis Cosel] // Szkice Kędzierzyńsko-Kozielskie 14-15, 2012, s. 9-30.

770. Wilson, Timothy: Frontiers of Violence. Conflict and Identity in Ulster and Upper Silesia 1918-1922. - Oxford 2010, pp. 259.
Rec.: Siwek, Krzysztof: English-language comparative studies of Silesia and Ulster, 1918 to 1922 // Śląski Kwartalnik Historyczny Sobótka 67, 2012, nr 1, s. 102-109; Prusin, Alexander V. // The Journal of Modern History 84, 2012, no 2, p. 461-463; Struve, Kai // Francia Recensio 3/2012 http://www.perspectivia.net/content/publikationen/francia/francia- recensio/2012-3/ZG/wilson%5Fstruve

06.04.03. Der Zweite Weltkrieg (1939–1945) – Druga wojna światowa (1939–1945) – Druhá světová válka (1939–1945)

Zob. poz. / Siehe auch / Viz 212, 242, 282, 422, 875, 926, 1004, 1009, 1037, 1040, 1096, 1128, 1154, 1183, 1199, 1219, 1413, 1423, 1431, 1669, 1716, 2069, 2146, 2376, 2776, 2781, 2782, 3123, 3319, 3397, 3436.

771. Bębnik, Grzegorz: Epizody września 1939 r. w Bytomiu i okolicach. Freikorps Eb-

binghaus [September-Episoden 1939 in Beuthen und Umgebung. Freikorps Ebbinghaus] // W: Bytom w cieniu totalitaryzmów. Szkice z dziejów miasta 1933-1939 [Beuthen im Schatten der Totalitarismen. Skizzen aus der Stadtgeschichte 1933-1939] / red. Sebastian Rosenbaum. - Katowice 2012, s. 63-87, tab. 1, wykr. 2.

772. Bębnik, Grzegorz: Wrzesień 1939 r. w Katowicach [September 1939 in Kattowitz]. - Katowice 2012, ss. 450, il. 63.

773. Borák, Mečislav: Losy powstańców śląskich w kampanii wrześniowej 1939 r. na Śląsku Cieszyńskim [Schicksale der schlesischen Aufständischen im Polenfeldzug 1939 im Teschener Schlesien] // W: Plebiscyt i powstania śląskie 1919-1921 - po 90. latach [Volksabstimmung und schlesische Aufstände 1919-1921 - nach 90 Jahren] / red. Michał Lis, Leokadia Drożdż. - Opole 2012, s. 134-144.

774. Bryda, Grzegorz: Historia śledztwa w sprawie zbrodni popełnionych w czasie II wojny światowej przez hitlerowców w obozie pracy przymusowej dla Żydów na Górze Św. Anny [Investigation into the history of nazi war crimes committed during world war II in a forced labor camp for jews at Mount Saint Anna] // Opolski Rocznik Muzealny 19, 2012, s. 85-95, fot.; Res. 83.

775. Dawid, Adriana: Wojenna anabasis opolskich Rodłaków [Kriegsmarsch der Oppelner Mitglieder des Bundes der Polen in Deutschland] // W: Rodzina na Śląsku 1939-1945. Dezintegracja, migracje, codzienność [Die Familie in Schlesien 1939-1945. Desintegration-Migration -Alltag] / red. Adriana Dawid, Antoni Maziarz. - Opole 2012, s. 38-59, fot.

776. Garba, Dariusz: Tajny projekt III Rzeszy FHQu „Riese". Niemiecki ślad - archiwa i dokumenty [Geheimprojekt des Dritten Reiches FHQu „Riese". Deutsche Spur - Archivalien und Dokumenten]. - Kraków 2012, ss. 378, il., tabl. 32 s.
Militarne Sekrety.

777. Głowiński, Tomasz: Południowe dzielnice miasta w czasie walk o Festung Breslau w 1945 roku [Südliche Stadtviertel bei den Kämpfen um die Festung Breslau im Jahre 1945] // W: Przedmieście Świdnickie we Wrocławiu [Die Schweidnitzer Vorstadt in Breslau] / red. nauk. Halina Okólska, Hanna Górska. - Wrocław 2012, s. 262-273; Res. 273.

778. Grębowiec, Bożena: Dzieci - Powstańcy Warszawscy w niewoli Wermachtu w Stalagu 344 Lamsdorf - Łambinowice [Kinder - Warschauer Aufständische in Wehrmacht-Gefangenschaft in Stalag 344 Lamsdorf - Łambinowice] // W: Na tropach twórczości i czasów minionych. Księga jubileuszowa ofiarowana Profesorowi Damianowi Tomczykowi [Auf den Spuren des Schaffens und der vergangenen Zeiten. Festschrift für Professor Damian Tomczyk] / red. Marek Cetwiński, Agnieszka Czajkowska. - Częstochowa 2012, s. 553-586.

779. Kaczmarek, Ryszard: Wprowadzenie [Einführung] // W: Górnoślązakow żywoty równoległe [Freunde vom Spielplatz. Parallele Lebensläufe der Oberschlesier] / fot. Lidia Rogowicz, Wojciech Kania. - Katowice 2012, s. 7-20, fot. 20.
Dot. Górnoślązaków w polskim i niemieckim wojsku podczas służby wojskowej. - Betr. Oberschlesier in den polnischen und deutschen Streitkräften während ihres Wehrdienstes.

780. Kapała, Zbigniew: Ślązacy na północno -wschodnich kresach II Rzeczypospolitej w latach drugiej wojny światowej [Schlesier in den nordöstlichen Gebieten der 2. Republik Polen in den Jahren des 2. Weltkrieges] // Zeszyty Chorzowskie 13, 2012, s. 70-82; Res. 81-82.

781. Kempa, Wojciech: AK na Śląsku w momencie przełomu [Die polnische Heimatarmee in Schlesien in der Zeit des Aufbruchs] // Siemianowicki Rocznik Muzealny 11, 2012, s. 102-114, fot. 4.

782. Klistała, Jerzy: Utrwalenie pamięci o ofiarach Zaolzia w okresie okupacji hitlerowskiej [Prägung der Erinnerung an die Opfer des Olsa-Gebietes in den Zeiten der nationalsozialistischen Besatzung] // W: Scriptum Międzygeneracyjnego Uniwersytetu Regionalnego. Vol. 3 [Scriptum der generationenübergreifenden Regionaluniversität. Band 3] / red. Danuta Chwajol, Kazimierz Kaszper, Kazimierz Kuś. - Czeski Cieszyn 2012, s. 66-72, il. 1.

783. Kohutek, Ludwik: Gdy drzewa szubienic wyrosły [Als der Galgenwald wuchs] / oprac. Stanisław Stupkiewicz. - Wyd. 2. - Brenna 2012, ss. 115, il., tabl. [16] s.
Wyd. 1, Warszawa 1986. Dot. okupacji niemieckiej na Śląsku Cieszyńskim. - 1. Aufl. Warschau 1986. Betr. die deutsche Besatzung im Teschener Schlesien.

784. Koj, Ewa: Masakra w Miechowicach. Rekonstrukcja zbrodni [Massaker in Miechowitz. Rekonstruktion des Verbrechens] // Czasy-Pismo. O historii Górnego Śląska 2012, nr 1, s. 72-79, fot. 4.
Dot. zbrodni dokonanej przez Armię Czerwoną. - Betr. ein von der Roten Armee verübtes Verbrechen.

785. Kołodrubiec, Anna: Współpraca ZWZ-AK z polską grupą konspiracyjną „Olimp" w Oleśnicy i Wrocławiu [Zusammenarbeit des Bundes für den Bewaffneten Kampf - Polnische Heimatarmee mit der Konspirativgruppe „Olimp" in Oels und Breslau] // Kwartalnik Powiatu Oleśnickiego 2012, nr 1-2 (27-28), s. 46-54, il. 5.

786. Kostrzewa, Bartłomiej: Niemodlin 1945 [Falkenberg 1945]. - Jelenia Góra [2012], ss. 104, il.

787. Maziarz, Antoni: Armia Czerwona wobec członkiń Zgromadzenia Szarych Sióstr Elżbiety na Górnym Śląsku w 1945 roku = Das Verhalten der Roten Armee gegenüber der Kongregation der Grauen Schwestern von der hl. Elisabeth in Oberschlesien 1945 // W: Tragedia górnośląska jako barometr współczesnego dyskursu o Polakach i Niemcach - publikacja pokonferencyjna = Oberschlesische Tragödie als Barometer des gegenwärtigen Diskurses über Polen und Deutsche - Konferenzbeiträge. - Gliwice 2012, s. 53-59, 124-131.
Tekst w języku polskim i niemieckim. - Polnischer und deutscher Text.

788. Orlik, Zygmunt J.: Pamiętny rok 1945 na Ziemi Pszczyńskiej [Denkwürdiges Jahr 1945 in der Region Pleß]. - Pszczyna 2012, ss. 102, il.

789. Pelc-Piastowski, Jerzy: Był wrzesień 39 [Das war der September 1939]. - [Katowice] 2012, ss. 311.
Wybór publikacji autora o początkach II wojny światowej, m.in. działań obronnych na Górnym Śląsku w 1939 r. - Publikationsauswahl des Autors zu den Anfängen des Zweiten Weltkrieges, u.a. Abwehrmaßnahmen in Oberschlesien 1939.

790. Seďa, Radomír: Ostravské gestapo a osudy jeho konfidentů [The Ostrava Gestapo and the fates of its informers] // Ostrava. Příspěvky k dějinám a současnosti Ostravy a Ostravska 26, 2012, s. 82-113; Res. 113.

791. Sikora, Mirosław: Vox populi. Sondowanie opinii publicznej przez Służbę Bezpieczeństwa Trzeciej Rzeszy na przykładzie Bytomia i powiatu bytomsko-tarnogórskiego w okresie przesilenia w wojnie (grudzień 1942 - wrzesień 1943 r.) [Vox populi. Sondierung der öffentlichen Meinung durch den Sicherheitsdienst des Dritten Reiches am Beispiel Beuthens und des Kreises Beuthen-Tarnowitz während der Kriegswendezeit (Dezember 1942-September 1943)] // W: Bytom w cieniu totalitaryzmów. Szkice z dziejów miasta 1933-1939 [Beuthen im Schatten der Totalitarismen. Skizzen aus der Stadtgeschichte 1933-1939] / red. Sebastian Rosenbaum. - Katowice 2012, s. 88-114.

792. Tracz, Bogusław: Podbój Górnego Śląska przez Armię Czerwoną w styczniu 1945 roku = Die Eroberung Oberschlesiens durch die Rote Armee im Januar 1945 // W: Tragedia górnośląska jako barometr współczesnego dyskursu o Polakach i Niemcach - publikacja pokonferencyjna = Oberschlesische Tragödie als Barometer des gegenwärtigen Diskurses über Polen und Deutsche - Konferenzbeiträge. - Gliwice 2012, s. 22-31, 90-100.
Tekst w języku polskim i niemieckim. - Polnischer und deutscher Text.

793. Warzecha, Bartłomiej: Działania bojowe w Mikołowie i okolicach [Kampfhandlungen 1945 in Nikolai und Umgebung] // W: Z dziejów Mikołowa w XX wieku. Wybrane zagadnienia [Aus der Geschichte von Nikolai im 20. Jahrhundert. Ausgewählte Themen] / red. Grzegorz Bębnik. - Katowice 2012, s. 48-57, fot. 2; Res. 57.

794. Warzecha, Bartłomiej: Działania zbrojne w rejonie Bytomia w styczniu 1945 r. [Kriegshandlungen in der Gegend von Beuthen in Januar 1945] // W: Bytom w cieniu totalitaryzmów. Szkice z dziejów miasta 1933-1939 [Beuthen im Schatten der Totalitarismen. Skizzen aus

der Stadtgeschichte 1933-1939] / red. Sebastian Rosenbaum. - Katowice 2012, s. 115-124, map 2, tab. 1.

795. Wieczorek, Marcin: Żory w okresie II wojny światowej - wybrane zagadnienia z dziejów miasta pod rządami nazistowskiej III Rzeszy Niemieckiej [Sohrau während des Zweiten Weltkrieges - ausgewählte Fragen aus der Stadtgeschichte unter der Herrschaft des nationalsozialistischen Dritten Reiches] // W: Zrozumieć Śląsk [Schlesien verstehen] / red. Dawid Keller, Bogdan Kloch. - Rybnik 2012, s. 175-220.

796. Witkowski, Michał J.: Górnoślązaków żywoty równoległe [Parallele Lebensläufe der Oberschlesier] // W: Górnoślązakow żywoty równoległe [Freunde vom Spielplatz. Parallele Lebensläufe der Oberschlesier] / fot. Lidia Rogowicz, Wojciech Kania. - Katowice 2012, s. 21-52, fot.

797. Wrzesiński, Szymon: Podziemne tajemnice III Rzeszy na Dolnym Śląsku. Sekrety kopalni i majątku w Niwnicach [Geheimnisse aus dem Untergrund des Dritten Reiches in Niederschlesien. Geheimnisse des Bergwerkes und Landgutes in Cunzendorf unter dem Walde]. - Warszawa 2012, ss. 125, il.
Tajemnice II Wojny Światowej.

798. Wrzesiński, Szymon: Tajne badania Luftwaffe na Dolnym Śląsku. Za kulisami eksperymentów Hubertusa Strugholda [Geheimnissvolle Untersuchungen der Luftwaffe in Niederschlesien. Hinter der Kulissen der Experimente von Hubertus Strughold]. - Warszawa 2012, ss. 100, il.
Tajemnice II Wojny Światowej.

799. Wrzesiński, Szymon / Popławski, Przemysław: Pogórze Izerskie w cieniu swastyki. Tajne fabryki, ośrodki szkoleniowe i eksterminacja w okresie III Rzeszy [Isergebirgevorland im Schatten des Hakenkreuzes. Geheime Fabriken, Schulzentren und Ausrottung in den Zeiten des Dritten Reiches]. - Warszawa, ss. 163, il. [62] + 1 CD-ROM.
Tajemnice II Wojny Światowej.

06.04.04. 1945–1989

Zob. poz. / Siehe auch / Viz 241, 266, 282, 305, 309, 324, 326, 341, 438, 836, 849, 865, 886, 901-902, 904-906, 910, 915, 919-920, 923, 927-929, 933-934, 946, 950, 952-953, 959-965, 971-974, 977-978, 992-994, 996, 1015, 1042, 1045-1047, 1058, 1074, 1077, 1081, 1094-1096, 1100, 1115, 1117, 1137, 1153, 1170, 1179, 1196, 1210, 1216, 1225, 1235, 1285, 1290, 1314, 1317, 1368, 1393, 1435, 1437, 1469, 1474, 1482-1483, 1497, 1502, 1507, 1526, 1529, 1548, 1555, 1560, 1588, 1591, 1593, 1598-1599, 1612, 1614, 1626, 1633-1634, 1637, 1645, 1657, 1659, 1670, 1681, 1712, 1734, 1740, 1746, 1751, 1765, 1769, 1773, 1915, 1949, 1968, 1986, 2054, 2057, 2088, 2091, 2096, 2120, 2215, 2217, 2228, 2249, 2495, 2557, 2614, 2617, 2634, 2907, 3068, 3265, 3319, 3457, 3460, 3462.

800. Bartosz, Julian: Fanatycy. Werwolf i podziemie zbrojne na Dolnym Śląsku 1945-1948 [Fanatiker. Werwolf und bewaffneter Untergrund in Niederschlesien 1945-1948]. - Warszawa 2012, ss. 163, il.
Tajemnice II Wojny Światowej.

801. Bąba, Wiesław J.: Ze Lwowa do Gliwic. Wysiedlenie uczonych lwowskich 1945-1946 [Von Lemberg nach Gleiwitz. Vertreibung der Lemberger Gelehrten 1945-1946] // W: Kresowianie na Górnym Śląsku [Bewohner der ehemaligen polnischen Ostgebiete in Oberschlesien] / red. Bogusław Tracz. - Katowice 2012, s. 113-144.

802. Beer, Mathias: Flucht und Vertreibung der Deutschen. Voraussetzungen, Verlauf, Folgen. - München 2011, 204 S.
Rec.: Brandes, Detlef // Historische Zeitschrift 295, 2012, H. 2, S. 575-576; Hahn, Eva // Zeitschrift für Ostmitteleuropa-Forschung 61, 2012, H. 3, S. 508-512; Greiter, Susanne // Sehepunkte 12.1 (2012), http://www.sehepunkte.de/2012/01/20571.html.

803. Bereszyński, Zbigniew: Śląsk Opolski i przełom polityczny lat 1970-1971 [Das Oppelner Schlesien und der politische Umbruch der Jahre 1970-1971] // Studia Śląskie 71, 2012, s. 229-280; Res. 279-280.

804. Dziurok, Adam: Kruchtoizacja. Polityka władz partyjno-państwowych wobec Kościoła katolickiego w latach 1945-1956 w województwie śląskim/katowickim [Verdrängung der Kirche. Die Politik der staatsparteilichen Herrschaft gegenüber der katholischen Kirche in den Jahren 1945-1956 in der Woiwodschaft Schlesien/Kattowitz]. - Katowice 2012, ss. 750.

805. Hitze, Guido: Ogólna narracja historyczna dotycząca „tragedii górnośląskiej" w Niemczech oraz subiektywna kultura pamięci w Niemczech dotycząca tych zdarzeń = Allgemeine historische Darstellungen über die „Oberschlesische Tragödie" in Deutschland und die subjektive Erinnerungskultur betreffend dieser Ereignisse in Deutschland // W: Tragedia górnośląska jako barometr współczesnego dyskursu o Polakach i Niemcach - publikacja pokonferencyjna = Oberschlesische Tragödie als Barometer des gegenwärtigen Diskurses über Polen und Deutsche - Konferenzbeiträge. - Gliwice 2012, s. 60-64, 132-136.
Tekst w języku polskim i niemieckim. - Polnischer und deutscher Text.

806. Kabus, Ronny: „... weine ich täglich um meinen Vater." In der Gewalt Stalins und der SED. - Norderstedt 2011, 224 S., Abb.
Dot. reorganizacji partii politycznych w Zgorzelcu pod wpływem represji stalinowskich. - Betr. die Reorganisation politischer Parteien in Görlitz unter dem Einfluß stalinistischer Repressionen.
Rec.: Hermann, Konstantin // Neues Lausitzisches Magazin. Neue Folge 15 (134), 2012, S. 171.

807. Koj, Ewa: Akty terroru na Górnym Śląsku w latach 1945-1949 w kontekście wykladni prawa międzynarodowego = Terrorakte in Oberschlesien in den Jahren 1945-1949 im Lichte der Auslegung des Völkerrechts // W: Tragedia górnośląska jako barometr współczesnego dyskursu o Polakach i Niemcach - publikacja pokonferencyjna = Oberschlesische Tragödie als Barometer des gegenwärtigen Diskurses über Polen und Deutsche - Konferenzbeiträge. - Gliwice 2012, s. 15-21, 82-89.
Tekst w języku polskim i niemieckim. - Polnischer und deutscher Text.

808. Kowal, Grzegorz: Uczniowie szkół średnich internowani w Grodkowie [In Grottkau internierte Schüler der Mittelschulen] // W: Dzieci, młodzież i studenci na Ziemiach Zachodnich po II wojnie światowej [Kinder, Jugendliche und Studenten in den Westgebieten nach dem Zweiten Weltkrieg] / red. Wojciech Kucharski, Grzegorz Strauchold. - Wrocław 2012, s. 207-215.

809. Kubis, Barbara: Niezwykłe czasy zwykłych ludzi - przesiedleńcy z Kresów Wschodnich II Rzeczypospolitej na Górnym Śląsku [Außergewöhnliche Zeiten einfacher Menschen - Umsiedler aus den ehemaligen polnischen Ostgebieten der Zweiten Polnischen Republik in Oberschlesien] // W: Kresowianie na Górnym Śląsku [Bewohner der ehemaligen polnischen Ostgebiete in Oberschlesien] / red. Bogusław Tracz. - Katowice 2012, s. 156-169.

810. Kubit, Bożena: Z Kresów na Śląsk. Przesiedlenie ludności polskiej z dawnych województw wschodnich II Rzeczypospolitej do Gliwic w świetle wspomnień [Von den Kresy [ehemalige polnische Ostgebiete] nach Schlesien. Umsiedlung der polnischen Bevölkerung aus den früheren östlichen Woiwodschaften der Zweiten Polnischen Republik nach Gleiwitz im Lichte der Erinnerungen] // W: Kresowianie na Górnym Śląsku [Bewohner der ehemaligen polnischen Ostgebiete in Oberschlesien] / red. Bogusław Tracz. - Katowice 2012, s. 145-155.

811. Ligarski, Sebastian: Lubińscy „bombiarze" w walce o niepodległość w czasie stanu wojennego [Lübener „Bombenleger" im Kampf um die Unabhängigkeit während der Zeit des Kriegszustands] // Pamięć i Przyszłość 2012, nr 2 (16), s. 51-56, il. 3.

812. Linzmajerová, Marta: K poválečnému vývoji obce Sudice v letech 1945-1948 [Über die Nachkriegsentwicklung des Dorfes Zauditz/Troppau in den Jahren 1945-1948] // Vlastivědné listy Slezska a severní Moravy. Časopis pro dějiny, umění, přírodu a dnešek 38, 2012, č. 2, s. 31-35.

813. Madajczyk, Piotr: Postanowienia konferencji w Jałcie i Poczdamie i ich konsekwencje dla stosunków polsko-niemieckich oraz dla Śląska w okresie 1945-1950 [Bestimmungen der Konferenz von Jalta und Potsdam und ihre

Konsequenzen für die deutsch-polnischen Beziehungen und für Schlesien in den Jahren 1945-1950] // W: Stowarzyszenia, związki, bractwa, inicjatywy społeczne i ich znaczenie dla Śląska. Wczoraj, dziś, jutro. XIV Seminarium Śląskie. Kamień Śląski 2009. Traktaty polsko-niemieckie z 1990 i 1991 roku i ich konsekwencje dla Śląska; XV Seminarium Śląskie, Kamień Śląski 2010. Publikacja pokonferencyjna (wybór tekstów) [Gesellschaften, Verbände, Bruderschaften, gesellschaftliche Initiativen und ihre Bedeutung für Schlesien. Gestern, heute, morgen. 14. Schlesische Konferenz. Groß Stein 2009. Polnisch-deutsche Traktate aus dem Jahr 1990 und 1991 und ihre Konsequenzen für Schlesien; 15. Schlesische Konferenz. Groß Stein 2010. Konferenzberichte (Auswahl der Texte)]. - Gliwice 2012, s. 113-121.

814. Markowski, Henryk: Państwowy Urząd Repatriacyjny i jego działalność na terenie województwa śląskiego w latach 1945-1951 [Das Staatliches Repatriierungsamt und seine Tätigkeit auf dem Gebiet der Woiwodschaft Schlesien in den Jahren 1945-1951] // W: Kresowianie na Górnym Śląsku [Bewohner der ehemaligen polnischen Ostgebiete in Oberschlesien] / red. Bogusław Tracz. - Katowice 2012, s. 36-68, tab. 13.

815. Nicieja, Stanisław S.: Z Kresów na Śląsk, czyli z Turki do Strzelec Opolskiech = Von den östlichen polnischen Grenzgebieten nach Schlesien, also von Turka nach Groß Strehlitz // W: Strzelczan album rodzinny. Od kołyski aż po grób = Groß Strehlitzer Familienalbum. Von der Wiege bis zum Grab / red. Marta Górka, Waldemar Gaida. - Strzelce Opolskie 2012, s. 61-70, fot.
Tekst w języku polskim i niemieckim. - Polnischer und deutscher Text.

816. Nowak, Maciej T.: Operacja „Lawina". Dzieje przemilczanej zbrodni UB [Operation „Lawine". Geschichte eines verschwiegenen Verbrechens des Sicherheitsamtes]. - Opole 2012, ss. 173, mapy, fot. 45.

817. Ordyłowski, Marek: 1945/1946 - das erste schwere Nachkriegsjahr in Breslau/Wrocław // In: Widerstand und Heimatverlust. Deutsche Antifaschisten in Schlesien / Hrsg. Cornelia Domaschke, Marcel Bois. - Berlin 2012, S. 39-57, Abb.

818. Rosenbaum, Sebastian: Za kolczastym drutem. System obozowy na Górnym Śląsku po 1945 roku = Hinter Stacheldraht. Lagersystem in Oberschlesien nach 1945 // W: Tragedia górnośląska jako barometr współczesnego dyskursu o Polakach i Niemcach - publikacja pokonferencyjna = Oberschlesische Tragödie als Barometer des gegenwärtigen Diskurses über Polen und Deutsche - Konferenzbeiträge. - Gliwice 2012, s. 7-14, 73-81.
Tekst w języku polskim i niemieckim. - Polnischer und deutscher Text.

819. Ruchniewicz, Krzysztof: Historia i perspektywy stosunków polsko-niemieckich [Geschichte und Perspektiven der deutsch-polnischen Beziehungen] // W: Stowarzyszenia, związki, bractwa, inicjatywy społeczne i ich znaczenie dla Śląska. Wczoraj, dziś, jutro. XIV Seminarium Śląskie. Kamień Śląski 2009. Traktaty polsko-niemieckie z 1990 i 1991 roku i ich konsekwencje dla Śląska; XV Seminarium Śląskie, Kamień Śląski 2010. Publikacja pokonferencyjna (wybór tekstów) [Gesellschaften, Verbände, Bruderschaften, gesellschaftliche Initiativen und ihre Bedeutung für Schlesien. Gestern, heute, morgen. 14. Schlesische Konferenz. Groß Stein 2009. Polnisch-deutsche Traktate aus dem Jahr 1990 und 1991 und ihre Konsequenzen für Schlesien; 15. Schlesische Konferenz. Groß Stein 2010. Konferenzberichte (Auswahl der Texte)]. - Gliwice 2012, s. 164-176.

820. Skobelski, Robert: Gospodarcze i demograficzne oblicze Zielonej Góry w latach 1950-1980 [Das wirtschaftliche und demographische Bild von Zielona Góra in den Jahren 1950-1980] // W: Historia Zielonej Góry. T. 2: Dzieje miasta w XIX i XX wieku [Geschichte von Grünberg. Band 2: Stadtgeschichte des 19. und 20. Jahrhunderts] / red. Wojciech Strzyżewski. - Zielona Góra 2012, s. 637-688, il.; Res. 826.

821. Suleja, Włodzimierz: Dolny Śląsk 1945-1956 [Niederschlesien 1945-1956] // W: Urząd Bezpieczeństwa na Dolnym Śląsku 1945-1956. Z badań nad organizacją i działalnością aparatu

bezpieczeństwa [Der Sicherheitsdienst in Niederschlesien 1945-1956. Von den Forschungen zur Organisation und Tätigkeit des Sicherheitsapparats] / red. Robert Klementowski, Krzysztof Szwagrzyk. - Wrocław 2012, s. 11-15.

822. Szczypka, Danuta: Podziemie antykomunistyczne na terenie Wisły w latach 1945-1949 [Der antikommunistische Untergrund im Weichsel-Gebiet in den Jahren 1945-1949] // Rocznik Wiślański 4, 2012, s. 41-48.

823. Tracz, Bogusław: Osadnictwo Kresowian w miastach Górnego Śląska - na przykładzie Gliwic [Ansiedlung der Kresy-Bewohner in den Städten Oberschlesiens - am Beispiel Gleiwitz] // W: Kresowianie na Górnym Śląsku [Bewohner der ehemaligen polnischen Ostgebiete in Oberschlesien] / red. Bogusław Tracz. - Katowice 2012, s. 102-112.

824. Węgrzyn, Dariusz: Deportacje mieszkańców Górnego Śląska do pracy przymusowej w ZSRR w 1945 roku - uwarunkowania procesu = Deportationen der Einwohner Oberschlesiens zur Zwangsarbeit in die UdSSR 1945 - Bestimmungsfaktoren des Prozesses // W: Tragedia górnośląska jako barometr współczesnego dyskursu o Polakach i Niemcach - publikacja pokonferencyjna = Oberschlesische Tragödie als Barometer des gegenwärtigen Diskurses über Polen und Deutsche - Konferenzbeiträge. - Gliwice 2012, s. 32-52, 101-115, tab. 1.
Tekst w języku polskim i niemieckim. - Polnischer und deutscher Text.

825. Węgrzyn, Dariusz: Mord na ulicy Kościelnej [Mord in der Kościelna-Straße] // W: Z dziejów Mikołowa w XX wieku. Wybrane zagadnienia [Aus der Geschichte von Nikolai im 20. Jahrhundert. Ausgewählte Themen] / red. Grzegorz Bębnik. - Katowice 2012, s. 83-91, fot. 2; Res. 91.

826. Woźniczka, Zygmunt: Deportacje mieszkańców Górnego Śląska do sowieckich łagrów w 1945 roku [Die Deportationen der Einwohner Oberschlesiens in die sowjetischen Lager im Jahre 1945] // W: Podróże i migracje w Europie Środkowej [Reisen und Migrationen in Mitteleuropa] / red. Antoni Barciak ; wprowadz. Małgorzata Mańka-Szulik. - Katowice 2012, s. 143-173; dt. Res. 172-173.

827. Woźniczka, Zygmunt: Dewastacja Górnego Śląska w 1945 roku przez Armię Czerwoną [Devastation of Upper Silesia in 1945, caused by the Red Army] // W: Z dziejów przemysłu po 1945 roku / red. Elżbieta Kościk, Robert Klementowski. - Wrocław 2012, s. 123-138; Res. 137-138.

06.04.05. Seit 1990 – Od 1990 r. – Po roce 1990

Zob. poz. / Siehe auch / Viz 5, 309, 355, 506, 606, 643, 667, 670, 815, 842, 849, 855, 859-860, 886, 1044, 1063, 1074, 1077-1079, 1089, 1094, 1118, 1133, 1213, 1222, 1428, 1492, 1522, 1543, 1547, 1719, 1747, 1832, 1915, 1947, 1974, 2054, 2066, 2215, 2217, 2396, 2568, 2644, 2651, 3230.

828. Miszewska, Barbara / Szmytkie, Robert: Rozszerzanie się przestrzeni akademickiej we Wrocławiu [The Spread of the Academic Space in Wrocław City] // Studia Miejskie 2012, t. 5, s. 19-32, rys. 12; Res. 19.

829. Rosenbaum, Sebastian: Wokół transformacji politycznej w Mikołowie 1989-1990 [Rund um die politische Transformation in Nikolai in den Jahren 1989-1990] // W: Z dziejów Mikołowa w XX wieku. Wybrane zagadnienia [Aus der Geschichte von Nikolai im 20. Jahrhundert. Ausgewählte Themen] / red. Grzegorz Bębnik. - Katowice 2012, s. 164-188, il.13; Res. 188.

830. Wieler, Michael: Görlitz und Zgorzelec. Entwicklungsperspektiven einer binationalen Doppelstadt [Görlitz i Zgorzelec. Perspektywy podzielonego miasta] // Colloquium Opole 2012. Polacy - Niemcy - Czesi sąsiedztwo w XXI wieku. Miasta w przestrzeni środkowoeuropejskiej: Opole - Görlitz/Zgorzelec - Opawa po 1989 roku [Colloquium Opole 2012. Polen - Deutsche - Tschechen Nachbarschaft im 21. Jahrhundert. Städte im mitteleuropäischen Raum: Oppeln - Görlitz/Zgorzelec - Troppau nach 1989] [Colloquium Opole 2012. Poláci - Němci - Češi sousedstvi v XXI stoleti. Města v středoevropském prostoru Opole - Görlitz/Zgorzelec - Opava po roce 1989] s. 217-225; Res. 225.

07 Politische Geschichte – Historia polityczna – Politické dějiny

07.01. Verfassungs- und Verwaltungsgeschichte – Historia ustroju i administracji – Ústavní a správní dějiny

Zob. poz. / Siehe auch / Viz 466, 484, 765, 912, 935, 1049, 1185, 1208, 1406, 1408, 1582, 1629, 1681, 2418, 2918, 3061, 3131, 3322, 3351, 3362, 3386.

831. Barciak, Antoni: Wrocław jako centrum administracyjne w dobie Luksemburgów [Breslau als Verwaltungszentrum im Zeitalter der Luxemburger] // W: Między Polską a Czechami. Śląsk i jego mieszkańcy w źródłach czeskich doby średniowiecza [Zwischen Polen und Böhmen. Schlesien und seine Bewohner in den böhmischen Quellen des Mittelalters] / Antoni Barciak. - Wrocław 2012, s. 108-122, fot. 9, il. 7; Res. 219-220.
Wcześniej w: / Zuvor in: Koruni země v dějinach Českého státu. 3. rezidence a správní sídla v zemích České korunyve 14.-17. stoleti, ed. L. Bobková, J. Konvična, Praha 2007, (245-254).

832. Bębnik, Grzegorz: Od Müllera do Müllera - okupacyjni burmistrzowie Mikołowa [Von Müller zu Müller - Die Bürgermeister von Nikolai während der Besatzungszeit] // W: Z dziejów Mikołowa w XX wieku. Wybrane zagadnienia [Aus der Geschichte von Nikolai im 20. Jahrhundert. Ausgewählte Themen] / red. Grzegorz Bębnik. - Katowice 2012, s. 16-47, fot. 7; Res. 47.

833. Čapský, Martin: Urbánní sítě a jejich proměny na příkladu středověkého opavského vévodství. Příspěvek k diskusi o roli zeměpanské moci [Urban Networks and their Transformations on the Example of Duchy of Opava in the Middle Ages: A Contribution to the Discussion on the Role of Ruling Power] // Acta historica Universitatis Silesianae Opaviensis 5, 2012, s. 57-68; Res. 68.

834. Dominiak, Wojciech: Szlachta a miasto na przykładzie średniowiecznego Prudnika [Nobility and a City: The Example of Medieval Prudnik] // Acta historica Universitatis Silesianae Opaviensis 5, 2012, s. 43-55; Res. 55.

835. Dziuba, Adam: Wybory '47. Wybory do Sejmu Ustawodawczego w województwie śląskim 19 stycznia 1947 roku w fotografii i dokumencie [Wahlen zur Verfassunggebenden Nationalversammlung (Sejm) in der Woiwodschaft Schlesien am 19. Januar 1947 in der Fotografie und im Dokument] // CzasyPismo. O historii Górnego Śląska 2012, nr 1, s. 54-61, fot. 9.

836. Friedl, Jiří: Češi a Poláci na Těšínsku během parlamentních voleb v roce 1946 [The Czechs and Poles in the Těšín Region during the 1946 Parliamentary Elections] // Slovanský přehled. Review for the History of Central, Eastern and Southeastern Europe 98, 2012, s. 273-291; Res. 290-291.

837. Gehrke, Roland: Landtag und Öffentlichkeit. Provinzialständischer Parlamentarismus in Schlesien 1825-1845. - Köln 2009, 525 S.
Neue Forschungen zur schlesischen Geschichte; 17.
Rec.: Linek, Bernard // Zeitschrift für Ostmitteleuropa-Forschung 61, 2012, H. 1, S. 94-96.

838. Gołasz, Zbigniew: Zabrze w latach 1948-1949 na podstawie sprawozdań prezydenta Pawła Dubiela do Urzędu Wojewódzkiego w Katowicach [Zabrze in den Jahren 1948-1949 anhand der Berichte von Präsident Paweł Dubiel für das Woiwodschaftsamt in Kattowitz] // Kroniki Miasta Zabrza. Rocznik Muzeum Miejskiego w Zabrzu 2012, nr 4, s. 7-60, fot. 12.

839. Janišová, Jana / Janiš, Dalibor: Několik poznámek ke vzniku opolsko-ratibořského a těšínského zemského zřízení v kontextu předbělohorských kodifikací v zemích Koruny české [Few Remarks on the Origins of the Opole-Racibórz and Cieszyn Land Constitutions in the Context of the Pre-White-Mountain Codifications in the Lands of the Bohemian Crown] // Acta historica Universitatis Silesianae Opaviensis 5, 2012, s. 83-94; Res. 94.

840. Jujeczka, Stanisław / Kupeć, Krzysztof: Urzędnicy miejscy Legnicy do 1740/1741 roku = Die Amtsträger der Stadt Liegnitz bis zum Jahre 1740/1741. - Toruń 2012, ss. 361.
Spisy Urzędników Miejskich z Obszaru Dawnej Rzeczypospolitej, Śląska i Pomorza Zachodniego. T. 1: Śląsk, Legnica; Tekst w języku polskim i niemieckim. - Polnischer und deutscher Text.

841. Kamiński, Artur: Samorządowa polityka regionalna na przykładzie Sejmiku Samorządowego we Wrocławiu w latach 1990-1998 [Selbstverwaltete Regionalpolitik am Beispiel des selbstverwalteten Landtages in Breslau in den Jahren 1990-1998], Wrocław 2012, ss. 576.
Acta Universitatis Wratislaviensis; 3388.

842. Kociubiński, Krzysztof: Gmina Polkowice w procesach zmian po 1990 roku [Die Gemeinde Polkwitz in den Veränderungsprozessen nach 1990] // W: Samorząd jako kreator rozwoju społeczności lokalnej Polkowic [Selbstverwaltung als Schöpfer der Entwicklung der lokalen Gesellschaft in Polkwitz] / red. Jan Boć. - Polkowice 2012, s. 61-80.

843. Kruszewski, Tomasz: Okręgi wyborcze w wyborach do śląskiego landtagu w latach 1825-1933 [Wahlkreise in den schlesischen Landtagswahlen in den Jahren 1825-1933] // W: Regnare, gubernare, administrare. Prawo i władza na przestrzeni wieków. Prace dedykowane profesorowi Jerzemu Malcowi z okazji 40-lecia pracy naukowej [Regnare, gubernare, administrare. Recht und Macht im Verlauf der Jahrhunderte. Arbeiten für Professor Jerzy Malec zum 40. Jubiläum der wissenschaftlichen Arbeit] / red. Stanisław Grodziski, Andrzej Dziadzio. - Kraków 2012, s. 155-173, tab.

844. Kruszewski, Tomasz: Wrocław i okręg wrocławski w wyborach do sejmu prowincjonalnego na Śląsku w XIX i XX wieku [Breslau und der Bezirk Breslau in den Wahlen des Provinzial-Landtages in Schlesien im 19. und 20. Jahrhundert] // W: Studia historycznoprawne. Dla uczczenia pamięci Profesora Edmunda Kleina [Studien zur Rechtsgeschichte. Zum Gedenken an Professor Edmund Klein] / red. Alfred Konieczny, Marian J. Ptak. - Wrocław 2012, s. 79-107; Res. 107.
Acta Universitatis Wratislaviensis; 3465 / Prawo 314.

845. Marcoń, Witold: Trzej wielkopolscy socjaliści w Sejmie Śląskim w II RP [Three socialists of Greater Poland in the Silesian Parliament of the II Polish Republic] // W: Górny Śląsk i Wielkopolska w XIX i pierwszej połowie XX wieku. Wybrane aspekty z dziejów polityki i edukacji [Oberschlesien und Großpolen im 19. und in der ersten Hälfte des 20. Jahrhunderts. Ausgewählte Aspekte aus der Politik- und Bildungsgeschichte] / red. Jarosław Durka. - Poznań 2012, s. 143-163; Res. 163.
Dot. Józefa Adamka, Józefa Biniszkiewicza i Wiktora Rumpfelda. - Betr. Józef Adamek, Józef Biniszkiewicz, Wiktor Rumpfeld.

846. Meißner, Horst-Alfons: Bemühungen um die Wiederherstellung des Kreises Neurode 1938/1939 // In: Die Grafschaft Glatz zwischen 1918-1946. Beiträge über eine schlesische Kulturlandschaft. Festschrift für Franz Jung zum 75. Geburtstag; apostolischer Protonotar, Großdechant und Visitator für die Priester und Gläubigen aus der Grafschaft Glatz 1983-2011 / Hrsg. Horst-Alfons Meißner, Michael Hirschfeld, Franz Jung. - Münster 2012, S. 261-267, Tab., Kt.

847. Meißner, Horst-Alfons: Die Landräte der Grafschaft Glatz während der NS-Zeit // In: Die Grafschaft Glatz zwischen 1918-1946. Beiträge über eine schlesische Kulturlandschaft. Festschrift für Franz Jung zum 75. Geburtstag; apostolischer Protonotar, Großdechant und Visitator für die Priester und Gläubigen aus der Grafschaft Glatz 1983-2011 / Hrsg. Horst-Alfons Meißner, Michael Hirschfeld, Franz Jung. - Münster 2012, S. 129-166.

848. Müller, Rudolf: Die kommunale Partnerschaft des Eifelkreises Bitburg-Prüm mit dem polnischen Kreis Kędzierzyn-Koźle in Oberschlesien // In: Deutsch-polnischer Brückenschlag auf kommunaler Ebene. Zehn Jahre Kreispartnerschaft Trier-Saarburg und Puck (Putzig) 2001-2011 / Hrsg. Rudolf Müller, Thomas Müller. - Trier 2012, S. 135-142.

849. Pałys, Piotr: Rola Opawy w czeskich programach samorządowych po drugiej wojnie światowej [Rolle von Troppau in tschechischen kommunalen Programmen nach dem II. Weltkrieg] // Colloquium Opole 2012. Polacy -

Niemcy - Czesi sąsiedztwo w XXI wieku. Miasta w przestrzeni środkowoeuropejskiej: Opole - Görlitz/Zgorzelec - Opawa po 1989 roku [Colloquium Opole 2012. Polen - Deutsche - Tschechen Nachbarschaft im 21. Jahrhundert. Städte im mitteleuropäischen Raum: Oppeln - Görlitz/ Zgorzelec - Troppau nach 1989] [Colloquium Opole 2012. Poláci - Němci - Češi sousedstvi v XXI stoleti. Města v středoevropském prostoru Opole - Görlitz/Zgorzelec - Opava po roce 1989] s. 126-140; Res. 140.

850. Pauk, Marcin / Wółkiewicz, Ewa: Struktury administracyjne Śląska jako czynnik spójności prawnoustrojowej (XII-XV w.) [Die Verwaltungsstrukturen Schlesiens als Faktor verfassungsrechtlicher Kohärenz (12. bis 15. Jahrhundert)] // Śląski Kwartalnik Historyczny Sobótka 67, 2012, nr 4, s. 53-77; Res. 76-77.

851. Pobóg-Lenartowicz, Anna: Książęta opolscy a miasta [Die Oppelner Fürsten und die Städte] // Acta historica Universitatis Silesianae Opaviensis 5, 2012, s. 33-41; Res. 41.

852. Pohl, Dieter: Das Urbar der Pfarrwidmut Oberschwedeldorf in der Grafschaft Glatz vom Jahre 1785 [Urbarz dominium parafialnego Oberschwedelsdorf (Szalejów Górny) w Hrabstwie Kłodzkim z roku 1785] // Archiv für schlesische Kirchengeschichte 70, 2012, S. 295-316; Res. 420-421.

853. Popelka, Petr: Okresní silniční výbory ve Slezsku (1868-1928) [District road boards in Silesia (1868-1928)] // Slezský sborník 110, 2012, č. 3-4, s. 201-220; Res. 201, 220.

854. Ptak, Marian J.: Stanowe urzędy weichbildowe Księstwa Legnickiego [Weichbild-Staatsverwaltung des Herzogtums Liegnitz] // W: Regnare, gubernare, administrare. Z dziejów administracji, sądownictwa i nauki prawa. Prace dedykowane profesorowi Jerzemu Malcowi z okazji 40-lecia pracy naukowej [Regnare, gubernare, administrare. Aus der Geschichte der Verwaltung, des Gerichtswesens und der Rechtswissenschaft. Professor Jerzy Malec zum 40jährigen Jubiläum wissenschaftlicher Arbeit gewidmete Arbeiten] / red. Stanisław Grodziski, Andrzej Dziadzio. - Kraków 2012, s. 7-18.

855. Samorząd jako kreator rozwoju społeczności lokalnej Polkowic [Selbstverwaltung als Schöpfer der Entwicklung der lokalen Gesellschaft in Polkwitz] / red. Jan Boć. - Polkowice 2012, ss. 298, il.
Monografie Dolnośląskiej Wyższej Szkoły Przedsiębiorczości i Techniki w Polkowicach.

856. Schmidt, Walter: Die schlesische Demokratie von 1848/49. Geschichte und Akteure. Bd. 1: Geschichte der schlesischen Demokratiebewegung. - Berlin 2012, 346 S.

857. Schmidt, Walter: Die schlesische Demokratie von 1848/49. Geschichte und Akteure. Bd. 2: Protagonisten der schlesischen Demokratiebewegung. - Berlin 2012, 247 S.

858. Scholz, Bernhard W.: Die Gravamina der Landstände - Neisse 1608 [Gravamina stanów w biskupim Księstwie Nyskim w roku 1608] // Archiv für schlesische Kirchengeschichte 70, 2012, S. 95-157, 2 Abb.; Res. 415-416.

859. Skrzypiński, Dariusz: Rywalizacja o prezydenturę w miastach Dolnego Śląska [Rivalität um die Präsidentenschaft in den niederschlesischen Städten]. - Wrocław 2012, ss. 349, il.

860. Słoński, Marcin: Samorządowe elity - radni Rady Miejskiej Nowej Soli w latach 1998-2010 [Municipal elites of Nowa Sól's councillors of the city council in the period from 1998 to 2010] // W: Regionalne elity polityczne II i III Rzeczypospolitej / red. Małgorzata Dajnowicz. - Białystok 2012, s. 251-272, tab.; Res. 270-271.

861. Szczypka, Danuta: Jak Wisła miastem się stała [Wie Weichsel zur Stadt wurde] // Rocznik Wiślański 4, 2012, s. 49-54.

862. Śmierzchalski-Wachocz, Dariusz: Państwowe i kościelne przeobrażenia administracyjne na Środkowym Nadodrzu w latach 1945-1992 [The state and church administrative transformations in the region of Central Nadodrze during the years 1945-1992] // W: Władze wobec kościołów i związków wyznaniowych na Środkowym Nadodrzu w latach 1945-1956 [Die Regierung gegenüber den Kirchen und Glaubensgemeinschaften im Mittleren Odergebiet in den Jahren 1945-1956] / red. Elżbieta

Wojcieszyk. - Poznań 2012, s. 27-44, il.; Res. 43-44.

863. Tłuczak, Michał: Zachowania wyborcze mieszkańców Kędzierzyna-Koźla w wyborach parlamentarnych [Wahlverhalten der Bewohner von Kandrzin-Cosel bei den Parlamentswahlen] // Szkice Kędzierzyńsko-Kozielskie 14-15, 2012, s. 99-118.
Dot. lat 1993-2011. - Betr. die Jahre 1993-2011.

864. Wądołowski, Marcin: Proces scalania gmin Siemianowice i Huta Laura [Prozess der Zusammenfügung der Gemeinden Siemianowitz und Laurahütte] // Siemianowicki Rocznik Muzealny 11, 2012, s. 141-146.

865. Węgrzyn, Dariusz: Teatr wyborczy w mieście odzyskanym. Rola Urzędu Bezpieczeństwa w przeprowadzeniu wyborów do Sejmu Ustawodawczego 19 stycznia 1947 r. w Bytomiu i powiecie bytomskim [Wahltheater in der wiedergewonnenen Stadt. Die Stellung des Sicherheitsdienstes zur Durchführung der Sejm-Wahlen am 19. Januar 1947 in Beuthen und im Beuthener Kreis] // W: Bytom w cieniu totalitaryzmów. Szkice z dziejów miasta 1933-1939 [Beuthen im Schatten der Totalitarismen. Skizzen aus der Stadtgeschichte 1933-1939] / red. Sebastian Rosenbaum. - Katowice 2012, s. 189-204, tab. 8.

07.02. Rechtsgeschichte – Historia prawa – Právní dějiny

Zob. poz. / Siehe auch / Viz 508, 807, 839, 995, 1168, 1184, 1434, 1822, 1996, 2012, 2809, 2813, 2845, 2967, 3098, 3107, 3141, 3188, 3228, 3264, 3283, 3299-3300, 3335.

866. Bobowski, Bogdan: Prawno-ekonomiczne aspekty funkcjonowania testamentów wśród mieszczan dolnośląskiej Świdnicy (od około połowy XIV w. do końca pierwszej ćwierci XVII wieku) [Rechtlich-wirtschaftliche Aspekte der Testamente unter den Bürgern des niederschlesischen Schweidnitz (von ca. Mitte des 14. Jahrhunderts bis zum Ende des ersten Viertels des 17. Jahrhunderts)] // Rocznik Towarzystwa Genealogicznego Ziemi Częstochowskiej 3, 2012, s. 9-17.

867. Brzozowska, Agata: Wójtostwo dziedziczne w Złotoryi [Die Erbvogtei in Goldberg (in Schlesien)] // Pomniki Dawnego Prawa 2012, z. 17, s. 4-21, tab. 2; Res. 20-21.

868. Carls, Wieland: Zur Verbreitung des Halle-Neumarkter Rechts in Schlesien // In: Halle im Licht und Schatten Magdeburgs. Eine Rechtsmetropole im Mittelalter / Hrsg. Heiner Lück. - Halle/Saale 2012, S. 184-205.

869. Chorąży, Bogusław: Tajemnice bielskiego pręgierza [Geheimnisse des Bielitzer Prangers] // Kalendarz Beskidzki 47, 2013 (2012), s. 93-97, ryc. 3.

870. Czechowicz, Bogusław: „...ad praesentiam regis Cracoviae provocavimus..." Dlaczego książę Bolko I Niemodliński pozwał w 1359 roku biskupa wrocławskiego przed sąd Kazimierza Wielkiego [„...ad praesentiam regis Cracoviae provocavimus" Warum der Herzog von Falkenberg im Jahr 1359 den Breslauer Bischof vor das Gericht Kasimirs III. gezogen hat] // Studia Teologiczno-Historyczne Śląska Opolskiego 32, 2012, s. 245-252; Res. 252-253.

871. Duma, Paweł: Pozostałości murowanej szubienicy pod miejscowością Modrzewie - dowód ambicji właściciela wsi czy śląski standard? [Die Reste des gemauerten Galgens in der Nähe von Modrzewie/Giesshübel bei Lähn/Wleń - ein Beispiel ehrgeiziger Grundbesitzer oder ein Standardfall in Schlesien?] [Pozůstatky zděné šibenice u obce Modrzewie - výraz ambicí majitele panství nebo slezský standart?] // Pomniki Dawnego Prawa 2012, z. 19, s. 18-25, il. 5; Res. 24-25.

872. Duma, Paweł / Rutka, Honorata / Wojtucki, Daniel: Odkrycie pozostałości szubienicy w Jeleniej Górze [Die Entdeckung der Gal-

genreste in Hirschberg/Jelenia Góra] [Nález pozůstatků šibenice v Jelení Hoře] // Pomniki Dawnego Prawa 2012, z. 18, s. 4-25, il. 17, tab. 3; Res. 24-25.

873. Duma, Paweł / Rutka, Honorata / Wojtucki, Daniel: Odkrycie pozostałości szubienicy w Jeleniej Górze [Die Entdeckung der Galgenreste in Hirschberg/Jelenia Góra] // Rocznik Jeleniogórski 44, 2012, s. 49-66, il. 17, tab. 3; Res. 65-66.

874. Górny, Rafał: „Institiam colere debemus" czyli średniowieczne głubczyckie prawo sądowe [„Institiam colere debemus" - mittelalterliches Leobschützer Verfahrensrecht] // Kalendarz Głubczycki 20, 2013 (2012), s. 125-136.

875. Kaczmarek, Ryszard: Hańba rasowa (Rassenschande) - teoria i praktyka stosowania ustawodawstwa rasowego w niemieckim wymiarze sprawiedliwości na Górnym Śląsku [Rassenschande - nationalsozialistische Rassengesetzgebung in Oberschlesien in Theorie und Praxis] // W: Żydzi na Górnym Śląsku w XIX i XX wieku [Juden in Oberschlesien im 19. und 20. Jahrhundert] / red. Beata Kalinowska-Wójcik, Dawid Keller. - Rybnik 2012, s. 283-294.

876. Kannowski, Bernd: „ius civile inscripsimus a nostris senioribus observatum". Der hallische Schöffenbrief für Neumarkt von 1235 // In: Halle im Licht und Schatten Magdeburgs. Eine Rechtsmetropole im Mittelalter / Hrsg. Heiner Lück. - Halle/Saale 2012, S. 151-183.

877. Kawaletz, Andreas: Der Galgen - eine Richtstätte - in Arnsdorf // In: Auf historischer Spurensuche im Bobertal 2011/2012. Aktuelle Forschungsergebnisse von und für Regionalforscher, Ortschronisten, Genealogen und Historiker im niederschlesischen Riesengebirge / Hrsg. Ulrich Schmilewski, Jürgen Schwanitz. - Würzburg 2012, S. 91-99, Abb.

878. Kawaletz, Andreas: Der Hirschberger Galgen in den Augen der Richtstättenarchäologie // In: Auf historischer Spurensuche im Bobertal 2011/2012. Aktuelle Forschungsergebnisse von und für Regionalforscher, Ortschronisten, Genealogen und Historiker im niederschlesischen Riesengebirge / Hrsg. Ulrich Schmilewski, Jürgen Schwanitz. - Würzburg 2012, S. 81-90, Abb.

879. Kreuz, Petr / Haraštová, Zuzana: Nejmladší popravená evropská čarodějnice? K otázce dětských obětí ve slezských čarodějnických procesech z let 1651-1652 [The youngest executed European witch? To the issue of children victims in Silesian witch trials in 1651-1652] // Slezský sborník 110, 2012, č. 1-2, s. 5-26; Res. 5, 24.

880. Kruszewski, Tomasz: Prawo małżeńskie w niezrealizowanej kodyfikacji prawa łużyckiego na Śląsku w połowie XIX stulecia [Das Eherecht in der nicht realisierten Kodifikation des Lausitzer Rechtes in der Mitte des 19. Jahrhunderts in Schlesien] // W: Rodzina i jej prawa / red. Jarosław Rominkiewicz. - [Wrocław] 2012, s. 111-119; Res. 119.

881. Kuczer, Jarosław: Rola „motywów" i „zasług" w procedurze prawnej uzyskania tytułu arystokratycznego na Śląsku w nowej polityce Habsburgów po 1629 r. [The Role of Motives and Merits in the Legal Procedure of Gaining the Aristocratic Title in Silesia in the New Policy of the Habsburgs after 1629] // Studia Zachodnie 14, 2012, s. 15-33; Res. 33.

882. Kwaśniewski, Artur / Kwaśniewska, Marta: „Zabity młodzieniec" koło Lutomi w Górach Sowich - anatomia zbrodni [„Getöteter junger Mann" bei Leutmannsdorf im Eulengebirge - Anatomie des Verbrechens] // Rocznik Świdnicki 39, 2011 (2012), s. 88-92, il. 2.

883. Matuszyk, Mateusz: Przestępczość we Wrocławiu w latach 70. XIX w. [Kriminalität in Breslau in den 1870er Jahren] // W: O historii Wrocławia i Śląska inaczej. 1 [Anders über die Geschichte Breslaus und Schlesiens. 1] / red. Marek Derwich. - Wrocław 2012, s. 21-44, il.

884. Menzel, Steffen: Das Testament des Hans von Rackel auf Daubitz und Neuhammer aus dem Jahr 1607 // Görlitzer Magazin. Geschichte und Gegenwart der Stadt Görlitz und ihrer Umgebung 25, 2012, S. 25-35.

885. Musioł, Józef: Temida w III powstaniu śląskim [Rechtssystem während des dritten schle-

sischen Aufstands] // Rocznik Powiatu Oleskiego 2012, nr 5, s. 35-47.

886. Nowak, Edmund: Rozrachunki z przeszłością. Śledztwa i procesy oraz inne następstwa funkcjonowania powojennych obozów na Górnym Śląsku [Abrechnung mit der Vergangenheit. Ermittlungsverfahren und Gerichtsprozesse sowie weitere Folgen der Nachkriegslager in Oberschlesien]. - Opole 2012, ss. 288, fot.; Res. 285-288.
Studia i Monografie; 474.
Rec.: Senft, Stanisław // Łambinowicki Rocznik Muzealny. Jeńcy wojenni w latach II wojny światowej 35, 2012, s. 119-124.

887. Oszytko, Janusz: Wojskowy Sąd Rejonowy w Opolu w latach 1950-1954 jako element aparatu repesji komunistycznych - zarys problematyki na podstawie repertoriów WSR w Opolu i wybranych archiwaliów [Das Militäramtsgericht in Oppeln in den Jahren 1950-1954 als Element des kommunistischen Repressionsapparats - Abriss der Problematik anhand der Verzeichnisse des Militäramtsgerichts in Oppeln und ausgewählter Archivalien] // W: Komunistyczny aparat represji i życie społeczne Opolszczyzny w latach 1945-1989. Studia i materiały [Kommunistischer Repressionsapparat und gesellschaftliches Leben im Oppelner Schlesien in den Jahren 1945-1989. Studien und Dokumente] / red. Ksawery Jasiak. - Opole 2012, s. 59-79, fot. 2.

888. Ptak, Marian J.: Profesor Johann Ch. F. Meister i jego pogląd na obowiązywanie prawa saskiego na Śląsku [Professor Johann Ch. F. Meister und seine Meinung zur Geltung des sächsischen Rechts in Schlesien] // W: Prawnicy na Uniwersytecie Wrocławskim [Juristen an der Breslauer Universität] / red. Maciej Marszał, Jacek Przygodzki, Wrocław 2012, s. 13-21.
Acta Universitatis Wratislaviensis; 3423.

889. Rautenstrauch, Günther: Territoriale Zugehörigkeiten und Beziehungen zum Landesherrn // In: Zwischen Neiße, Schöps und Spree. Der Landkreis Görlitz / Thomas Napp, Hermann Ansorge, Gunter Oettel. - Görlitz 2012, S. 164-171.

890. Rösel, Clemens: Blutgerichtsbarkeit im Raum Hirschberg // In: Auf historischer Spurensuche im Bobertal 2011/2012. Aktuelle Forschungsergebnisse von und für Regionalforscher, Ortschronisten, Genealogen und Historiker im niederschlesischen Riesengebirge / Hrsg. Ulrich Schmilewski, Jürgen Schwanitz. - Würzburg 2012, S. 70-80, Abb.

891. Rösel, Clemens: Gab es eine Hinrichtung in Arnsdorf im Jahr 1684? // In: Auf historischer Spurensuche im Bobertal 2011/2012. Aktuelle Forschungsergebnisse von und für Regionalforscher, Ortschronisten, Genealogen und Historiker im niederschlesischen Riesengebirge / Hrsg. Ulrich Schmilewski, Jürgen Schwanitz. - Würzburg 2012, S. 101-116, Abb.

892. Różański, Leszek: Szubienice w Kowarach i Kamiennej Górze [Galgen in Schmiedeberg und Landeshut] // Pomniki Dawnego Prawa 2012, z. 18, s. 50-57, il. 12.

893. Różański, Leszek: Tropem wleńskich szubienic [Auf den Spuren der Galgen in Lähn] // Pomniki Dawnego Prawa 2012, z. 18, s. 46-49, il. 7.

894. Różański, Leszek: W poszukiwaniu wleńskich szubienic [Auf der Suche nach Galgen in Lähn] // Pomniki Dawnego Prawa 2012, z. 17, s. 52-57, i. 9.

895. Salza, und Lichtenau Hermann von: Recht und Rechtsprechung im Landkreis Görlitz // In: Zwischen Neiße, Schöps und Spree. Der Landkreis Görlitz / Thomas Napp, Hermann Ansorge, Gunter Oettel. - Görlitz 2012, S. 172-185.

896. Wojtucki, Daniel: Katownia w Świebodzicach i jej lokatorzy w XVII i XVIII wieku [Folterkammer in Freiburg/Schweidnitz und ihre Insassen im 17. und 18. Jahrhundert] // Rocznik Świebodzicki 2011 (2012), s. 84-92, il. 4.

897. Wojtucki, Daniel: Scharfrichter in Schlesien vom 16.-18. Jahrhundert // In: Auf historischer Spurensuche im Bobertal 2011/2012. Aktuelle Forschungsergebnisse von und für Regionalforscher, Ortschronisten, Genealogen und Historiker im niederschlesischen Riesengebirge / Hrsg. Ulrich Schmilewski, Jürgen Schwanitz. - Würzburg 2012, S. 62-69, Abb.

07.03. Politische Vereinigungen und Parteien – Partie i organizacje polityczne – Politické spolky a strany

Zob. poz. / Siehe auch / Viz 412, 803, 806, 856-857, 940, 993, 1507, 1528, 1836, 1949, 2838, 3159.

898. Badura, Anna: „Zniszczyć wszystko, co jest czerwone". Młodzieżowe organizacje antykomunistyczne na Górnym Śląsku i Podbeskidziu w latach 1945-1954 [„Alles was rot ist, soll zerstört werden". Antikommunistische Jugendorganisationen in Oberschlesien und den Vorbeskiden in den Jahren 1945-1954] // CzasyPismo. O historii Górnego Śląska 2012, nr 1, s. 102-111, fot. 4.
Dot. m.in. Harcerstwa Polskiego, Polskiej Organizacji Walki o Niepodległość, Legionu Partyzantów Podhalańskich. - Betr. u.a. Polnische Pfadfinderbewegung, Polnische Organisation der Unabhängigkeitskämpfe, Legion der Podhale-Partisanen.

899. Bois, Marcel: Die Tradition bewahrt. Kommunistische Opposition in Schlesien vor 1933 // In: Widerstand und Heimatverlust. Deutsche Antifaschisten in Schlesien / Hrsg. Cornelia Domaschke, Marcel Bois. - Berlin 2012, S. 107-123.

900. Burczy, Mariusz: Powstanie i działalność Polskiego Stronnictwa Ludowego w województwie śląskodąbrowskim w latach 1945-1947 w świetle akt zgromadzonych w Instytucie Pamięci Narodowej [Entstehung und Tätigkeit der Polnischen Bauernpartei in der Woiwodschaft Schlesien-Dombrowa in den Jahren 1945-1947 im Lichte der im Institut für Nationales Gedenken gesammelten Unterlagen] // W: Wieś i ruch ludowy w Polsce i Europie. T. 1: W kręgu historii i tradycji [Dorf und Bauernbewegung in Polen und Europa. Band 1: Im Kreis der Geschichte und Tradition] / red. Janusz Gmitruk, Arkadiusz Indraszczyk. - Warszawa 2012, s. 493-508.

901. Dawid, Adriana: Działalność PSL w powiecie opolskim przed wyborami do Sejmu Ustawodawczego w świetle materiałów UBP. Inwigilacja i represje [Tätigkeit der Polnischen Bauernpartei in Kreis Oppeln vor den Sejm-Wahlen im Lichte der Dokumente des Amtes für öffentliche Sicherheit. Überwachung und Repressionen] // W: Komunistyczny aparat represji i życie społeczne Opolszczyzny w latach 1945-1989. Studia i materiały [Kommunistischer Repressionsapparat und gesellschaftliches Leben im Oppelner Schlesien in den Jahren 1945-1989. Studien und Dokumente] / red. Ksawery Jasiak. - Opole 2012, s. 107-128.

902. Dawid, Adriana: Kresowianie i autochtoni w opolskich strukturach Polskiego Stronnictwa Ludowego (1945-1949) [Kresy-Bewohner und Einheimische in Oppelner Strukturen der Polnischen Bauernpartei (1945-1949)] // W: Kresowianie na Górnym Śląsku [Bewohner der ehemaligen polnischen Ostgebiete in Oberschlesien] / red. Bogusław Tracz. - Katowice 2012, s. 185-197.

903. Döring, Helge: Mutige Kämpfergestalten. Syndikalismus in Schlesien 1918 bis 1930. - Lich 2012, 120 S., Abb.

904. Dziuba, Adam: Aktorzy i statyści. Relacje polityczne w powiecie niemodlińskim w latach 1945-1948 [Schauspieler und Statisten. Politische Verhältnisse im Kreis Niemodlin (Falkenberg) 1945-1948] // Studia Śląskie 71, 2012, s. 61-93; Res. 92-93.

905. Dziuba, Adam: Legalna scena polityczna Bytomia w latach 1945-1948 [Die legale politische Bühne Beuthens in den Jahren 1945-1948] // W: Bytom w cieniu totalitaryzmów. Szkice z dziejów miasta 1933-1939 [Beuthen im Schatten der Totalitarismen. Skizzen aus der Stadtgeschichte 1933-1939] / red. Sebastian Rosenbaum. - Katowice 2012, s. 143-172, tab. 5.

906. Dziuba, Adam: Opozycja, przystosowanie, bierność. Postawy polityczne ludności pochodzenia kresowego na Górnym Śląsku w latach 1945-1948 [Opposition, Anpassung, Passivität. Politische Einstellungen der Bevölkerung mit Kresy-Herkunft in Oberschlesien in den Jahren 1945-1948] // W: Kresowianie na Górnym Śląsku [Bewohner der ehemaligen polnischen Ostgebiete in Oberschlesien] / red. Bogusław Tracz. - Katowice 2012, s. 198-230, tab. 2.

907. Dziuba, Adam: Oszustwa, szantaż i propaganda. Kampania PPR przed wyborami do Sejmu Ustawodawczego z 19 stycznia 1947 roku w województwie śląskim [Betrügereien, Erpressung und Propaganda. Kampagne der polnischen Arbeiterpartei vor den Wahlen zum gesetzgebenden Sejm am 19. Januar 1947 in der Woiwodschaft Schlesien] // Szkice Archiwalno-Historyczne 2012, nr 9, s. 169-192, tab. 1; Res. 192.

908. Dziuba, Adam: Życie polityczne Mikołowa w latach 1945-1948 [Das politische Leben in Nikolai 1945-1948] // W: Z dziejów Mikołowa w XX wieku. Wybrane zagadnienia [Aus der Geschichte von Nikolai im 20. Jahrhundert. Ausgewählte Themen] / red. Grzegorz Bębnik. - Katowice 2012, s. 58-82, fot. 5; Res. 82.

909. Halczak, Bohdan: Polska Zjednoczona Partia Robotnicza w powiecie. Funkcjonowanie powiatowych instancji PZPR na przykładzie Zielonej Góry (1949-1989) [Die Polnische Vereinigte Arbeiterpartei im Kreis. Tätigkeit der Partei-Instanz im Kreis am Beispiel von Grünberg (1949-1989)]. - Zielona Góra 2011, ss. 277.
Rec.: Domke, Radosław // Studia Zachodnie 14,2012, s. 336-339.

910. Halczak, Bohdan: Powiatowe instancje PZPR wobec mniejszości narodowych w powiecie zielonogórskim w latach 1949-1989 [Kreisinstanzen der Polnischen Vereinigten Arbeiterpartei gegenüber nationalen Minderheiten im Kreis Grünberg in den Jahren 1949-1989] // W: Mniejszości regionu pogranicza polsko-niemieckiego. Separacja - Adaptacja - Integracja - Asymilacja / red. nauk. Beata A. Orłowska, Krzysztof Wasilewski. - Gorzów Wielkopolski 2012, s. 79-94.

911. Hładkiewicz, Wiesław / Koteluk, Daniel: Władze Zjednoczonego Stronnictwa Ludowego wobec przedwojennej i wojennej przeszłości działaczy chłopskich w województwie zielonogórskim w latach 1950-1956 [Behörden der Vereinigten Bauernpartei gegenüber der Vergangenheit der Bauernfunktionäre vor und während des Krieges in der Woiwodschaft Grünberg in den Jahren 1950-1956] // W: Wieś i ruch ludowy w Polsce i Europie. T. 1: W kręgu historii i tradycji [Dorf und Bauernbewegung in Polen und Europa. Band 1: Im Kreis der Geschichte und Tradition] / red. Janusz Gmitruk, Arkadiusz Indraszczyk. - Warszawa 2012, s. 575-581.

912. Ilski, Zdzisław: PPS zaboru pruskiego na Górnym Śląsku wobec reformy ordynacji wyborczej do sejmu pruskiego w Berlinie w czasie współdziałania z SPD (1906-1912) [Polnische Sozialistische Partei [PPS] des Preußischen Teilungsgebietes in Oberschlesien gegenüber der Reform der Wahlordnung zum preußischen Landtag in Berlin während der Vereinigung mit der SPD] // Śląski Kwartalnik Historyczny Sobótka 67, 2012, nr 2, s. 55-79, tab. 1; Res. 78-79.

913. Jäschke, Georg: Das Aufkommen des Nationalsozialismus in der Grafschaft Glatz // In: Die Grafschaft Glatz zwischen 1918-1946. Beiträge über eine schlesische Kulturlandschaft. Festschrift für Franz Jung zum 75. Geburtstag; apostolischer Protonotar, Großdechant und Visitator für die Priester und Gläubigen aus der Grafschaft Glatz 1983-2011 / Hrsg. Horst-Alfons Meißner, Michael Hirschfeld, Franz Jung. - Münster 2012, S. 105-128, 10 Abb.

914. Jemelka, Martin: Sociálnědemokratické bezvěrecké hnutí na meziválečném Ostravsku [The social democratic atheist movement in Ostrava between the world wars] // Ostrava. Příspěvky k dějinám a současnosti Ostravy a Ostravska 26, 2012, s. 135-165; Res. 165.

915. Koteluk, Daniel: Na bezdrożach kompromisu. Zjednoczone Stronnictwo Ludowe w województwie zielonogórskim w latach 1950-1956 [Auf Abwegen des Kompromisses. Die Vereinigte Bauernpartei in der Woiwodschaft Grünberg in den Jahren 1950-1956]. - Zielona Góra 2012, ss. 192.
Rec.: Indraszczyk, Arkadiusz // Rocznik Historyczny Muzeum Historii Polskiego Ruchu Ludowego 28, 2012 s. 428-430.

916. Kurpierz, Tomasz: Zbuntowani. Niezależne Zrzeszenie Studentów w województwie katowickim 1980-1989 [Die Rebellierenden. Unabhängiger Studentenverband in der Woiwodschaft Kattowitz 1980-1989]. - Katowice 2012, ss. 407, il.

917. Kurpierz, Tomasz / Neja, Jarosław: „Solidarność” śląsko-dąbrowska 1980-1981. Szkic do monografii i dokumenty własne [Schlesisch -Dombrowaer „Solidarność”. Monographieskizze und private Dokumente]. - Katowice 2012, ss. 534.
Zawiera dokumenty / Enthält Dokumente (185-511).

918. Macháček, Pavel: Výsledky německých politických stran na Jesenicku v parlamentních volbách z let 1920-1935 [Die Ergebnisse der deutschen politischen Parteien in der Region Freiwaldau bei den Parlamentswahlen in den Jahren 1920-1935] // Jesenicko. Vlastivědný sborník 13, 2012, s. 35-47.

919. Misiejuk, Dariusz: Młodzież głubczycka wobec ZMP [Die Leobschützer Jugend gegenüber dem Bund der polnischen Jugend] // W: Dzieci, młodzież i studenci na Ziemiach Zachodnich po II wojnie światowej [Kinder, Jugendliche und Studenten in den Westgebieten nach dem Zweiten Weltkrieg] / red. Wojciech Kucharski, Grzegorz Strauchold. - Wrocław 2012, s. 43-60.

920. Palczyński, Michał: Wykorzystanie gospodarcze młodzieży w brygadach Powszechnej Organizacji „Służba Polsce” na Dolnym Śląsku w latach 1948-1955 [Wirtschaftlicher Einsatz der Jugend in den Brigaden der Allgemeinen Organisation „Polnischer Arbeitsdienst” in Niederschlesien in den Jahren 1948-1955] // W: Dzieci, młodzież i studenci na Ziemiach Zachodnich po II wojnie światowej [Kinder, Jugendliche und Studenten in den Westgebieten nach dem Zweiten Weltkrieg] / red. Wojciech Kucharski, Grzegorz Strauchold. - Wrocław 2012, s. 61-85, tab.

921. Rosenbaum, Sebastian: Koniec systemu. Rozkład partii komunistycznej i powstanie nowej sceny politycznej w Bytomiu (1989-1990) [Das Ende des Systems. Zerfall der kommunistischen Partei und Entstehung einer neuen politischen Bühne in Beuthen (1989-1990)] // W: Bytom w cieniu totalitaryzmów. Szkice z dziejów miasta 1933-1939 [Beuthen im Schatten der Totalitarismen. Skizzen aus der Stadtgeschichte 1933-1939] / red. Sebastian Rosenbaum. - Katowice 2012, s. 303-343, tab. 4.

922. Skwara, Michał: Zawieszenie powiatowych zarządów Polskiego Stronnictwa Ludowego w województwie śląskim jako metoda walki politycznej w okresie poprzedzającym wybory do Sejmu Ustawodawczego w dniu 19 stycznia 1947 roku [Einstellung der Kreisverwaltung der polnischen Bauernpartei in der Woiwodschaft Schlesien als Methode des politischen Kampfes in der Zeit vor den Wahlen in den Gesetzgebenden Sejm am 19. Januar 1947] // Szkice Archiwalno-Historyczne 2012, nr 9, s. 193-203; Res. 203.

923. Szczypka, Andrzej: Struktury młodzieżowych organizacji niepodległościowych działających na Górnym Śląsku i w Zagłębiu Dąbrowskim w latach 1945-1956 (wybrane aspekty) [Strukturen der in Oberschlesien und im Dombrowaer Becken tätigen jugendlichen Unabhängigkeitsorganisationen in den Jahren 1945-1956 (Ausgewählte Aspekte)] // Przegląd Nauk Historycznych 11, 2012, nr 1, s. 155-169, il. 1.

924. Topol, Andrzej: Ludzie „Ojczyzny”. Ślązacy w organizacji narodowej „Ojczyzna” w latach 1939-1949 [Menschen von „Ojczyzna” [Vaterland]. Schlesier in der Nationalorganisation „Ojczyzna” in den Jahren 1939-1949]. - Katowice 2012, ss. 199.

925. Węcki, Mirosław: „Grenzkreisleiter”? Kierownicy powiatowi zabrzańskiej NSDAP w latach 1932-1940 [„Grenzkreisleiter”? Die NSDAP - Kreisleiter in Zabrze in den Jahren 1932-1940] // Wieki Stare i Nowe. Tom specjalny: Ludzie i elity pogranicza [Neue und alte Jahrhunderte. Sonderband: Menschen und Grenzgebiet-Eliten] 2012, s. 297-330; Res. 330.

926. Węcki, Mirosław: Partia nazistowska (NSDAP) w Bytomiu i powiecie bytomskim 1933-1945. Struktury i kadry kierownicze [Die Nationalsozialistische Partei (NSDAP) in Beuthen und im Kreis Beuthen 1933-1945. Strukturen und Führungspersonal] // W: Bytom w cieniu totalitaryzmów. Szkice z dziejów miasta 1933-1939 [Beuthen im Schatten der Totalitarismen. Skizzen aus der Stadtgeschichte 1933-1939] / red. Sebastian Rosenbaum. - Katowice 2012, s. 18-36, tab. 2.

07.04. Politische Kultur – Kultura polityczna – Politická kultura

Zob. poz. / Siehe auch / Viz 270, 301, 304, 308, 321, 327, 608, 718, 760, 898, 983, 1212, 1264, 1277, 1322, 1415, 1528, 1532, 1542, 1871, 1894, 2090, 2097, 2267, 2747, 2806, 2874, 2980, 3014, 3070, 3077, 3084, 3089, 3099-3100, 3115-3116, 3119, 3212, 3266, 3276, 3293, 3347, 3367-3368, 3371-3372.

927. Balbus, Tomasz: Inspektorat „Afryka" jako przykład organizacji podziemnej zinfiltrowanej przez UB [Das Aufsichtsamt „Afrika" als Beispiel einer durch das Sicherheitsamt unterwanderten Untergrundorganisation] // Rocznik Świdnicki 39, 2011 (2012), s. 122-145, il. 5.

928. Bereszyński, Zbigniew: Niezeleżny ruch studencki w Opolu i komunistyczny aparat represji w latach 1980-1989 [Unabhängige Studentenbewegung in Oppeln und kommunistischer Repressionsapparat in den Jahren 1980-1980] // W: Komunistyczny aparat represji i życie społeczne Opolszczyzny w latach 1945-1989. Studia i materiały [Kommunistischer Repressionsapparat und gesellschaftliches Leben im Oppelner Schlesien in den Jahren 1945-1989. Studien und Dokumente] / red. Ksawery Jasiak. - Opole 2012, s. 281-409, fot.

929. Bereszyński, Zbigniew: Służba Bezpieczeństwa i media informacyjne w województwie opolskim [Sicherheitsdienst und Informationsmedien in der Woiwodschaft Oppeln] // W: Komunistyczny aparat represji i życie społeczne Opolszczyzny w latach 1945-1989. Studia i materiały [Kommunistischer Repressionsapparat und gesellschaftliches Leben im Oppelner Schlesien in den Jahren 1945-1989. Studien und Dokumente] / red. Ksawery Jasiak. - Opole 2012, s. 167-279, fot.

930. Borkowska, Elżbieta Henryka: Rola Wielkopolan w życiu narodowym Górnego Śląska w końcu XIX i na początku XX wieku. Zarys problematyki [Die Bedeutung der Aktivisten aus der Region Großpolen für die Entwicklung der Nationalbewegung in Oberschlesien im späten 19. und frühen 20. Jahrhundert. Ein Abriss]. - Gliwice 2012, ss. 614, fot. 177; Res. 611-614.

931. Cegiełka, Mateusz: Dzierżoniów pamięta. W 30. Rocznicę wprowadzenia stanu wojennego w Polsce [Reichenbach erinnert. Zum 30. Jahrestag der Einführung des Kriegsrechts in Polen] // Rocznik Dzierżoniowski 21, 2011 (2012), s. 133-135, il. 8.

932. Cimała, Bogdan: Kampania plebiscytowa na Górnym Śląsku 1919-1921 i jej wpływ na świadomość narodową mieszkańców regionu [Die Volksabstimmungs-Kampagne in Oberschlesien 1919-1921 und ihr Einfluss auf die nationale Identität der Bewohner der Region] // W: Plebiscyt i powstania śląskie 1919-1921 - po 90. latach [Volksabstimmung und schlesische Aufstände 1919-1921 - nach 90 Jahren] / red. Michał Lis, Leokadia Drożdż. - Opole 2012, s. 33-53, tabl. 1.

933. Domke, Radosław: Ziemie zachodnie i północne Polski w propagandzie lat 1945-1948 [Die ehemaligen deutschen Ostgebiete in der Propaganda der Jahre 1945-1948]. - Zielona Góra 2010, ss. 310, il.
Dot. także Śląska. - Betr. auch Schlesien.
Rec.: Nieć, Grzegorz // Rocznik Historii Prasy Polskiej 15, 2012, nr 2, s. 129-139; Tureczek, Marceli // Studia Zachodnie 14, 2012, s. 329-335.

934. Dworaczek, Kamil: W obawie przed prowokacją. Marsze w obronie więźniów politycznych (przykład Ziem Zachodnich) [Aus Angst vor Provokation. Märsche für politische Gefangene (am Beispiel der westlichen Gebiete)] // W: Dzieci, młodzież i studenci na Ziemiach Zachodnich po II wojnie światowej [Kinder, Jugendliche und Studenten in den Westgebieten nach dem Zweiten Weltkrieg] / red. Wojciech Kucharski, Grzegorz Strauchold. - Wrocław 2012, s. 179-190, il.

935. Geierhos, Wolfgang: Die politische Entwicklung von 1949 bis zur Gegenwart // W: Zwischen Neiße, Schöps und Spree. Der Landkreis Görlitz / Thomas Napp, Hermann Ansorge, Gunter Oettel. - Görlitz 2012, S. 421-437.

936. Großhans, Sebastian: Schlesien und Polen unter friderizianischer Herrschaft. Der Umgang Friedrichs II. mit den christlichen Konfessionen

in seinen neuen Territorien. - München 2012, 23 S.

937. Horstmannshoff, Katharina: „Politisch inkorrekte Opfer". Das Selbstbild der Landsmannschaften Ostpreußen und Schlesien. Presseanalyse der Verbandsorgane zum Thema Zentrum gegen Vertreibungen in den Jahren 2000-2011. - Lüneburg 2012, 118 S.

938. Jaworska, Agnieszka: Pomarańczowa Alternatywa w bezdebitowej prasie studenckiej, we wspomnieniach i w drukach ulotnych lat osiemdziesiątych XX wieku [Orange Alternative in der illegalen studentischen Presse, in den Erinnerungen und Flugblättern der 80er Jahre des 20. Jahrhunderts]. - Toruń 2012, ss. 192.

939. Kaczmarek, Ryszard: „Niemiecki nacjonalizm" - „pruski patriotyzm" - „polskie postawy narodowe". Problemy terminologiczne i źródłoznawcze w badaniu postaw żołnierzy pułków górnośląskich w XIX wieku [„Deutscher Nationalismus" - „preußischer Patriotismus" - „polnische nationale Einstellungen". Terminologische und quellenkritische Fragen bei der Erforschung der Soldaten aus oberschlesischen Regimentern im 19. Jh.] // W: Silesia historica. Badania nad historią Śląska. Metody i praktyka historiografii oraz nowe poszukiwania [Forschungen zur Geschichte Schlesiens. Methoden und Praxis der Historiographie und neue Untersuchungen] / red. Sławomir Moździoch, Stanisław Kosik, Thomas Wünsch. - Wrocław 2012, s. 71-76; dt. Res. 75-76.

940. Kocyba, Piotr: Die „Bewegung für die Autonomie Schlesiens" und ihre Transformationskritik Anfang der 1990er Jahre // In: Legitimation und Protest. Gesellschaftliche Unruhe in Polen, Ostdeutschland und anderen Transformationsländern nach 1989 / Hrsg. Dieter Bingen, Maria Jarosz, Peter Oliver Loew. - Wiesbaden 2012, S. 96-114.

941. Kompała, Michał: Koncepcje przynależności państwowej Górnego Śląska w latach 1918-1922 w świadomości Wojciecha Korfantego [Entwürfe der nationalen Zugehörigkeit Oberschlesiens in den Jahren 1918-1922 im Bewusstsein Wojciech Korfantys] // W: Zrozumieć Śląsk [Schlesien verstehen] / red. Dawid Keller, Bogdan Kloch. - Rybnik 2012, s. 125-141.

942. Ligarski, Sebastian: Stan wojenny w Dzierżoniowie [Der Kriegszustand in Reichenbach] // Pamięć i Przyszłość 2012, nr 4 (18), s. 45-51, il. 3.

943. Mika, Norbert: Między patriotyzmem a antysemityzmem. Tendencje ideologiczne w komunikatach prasowych „Nowin Raciborskich" na przełomie XIX i XX wieku [Zwischen Patriotismus und Antisemitismus. Ideologische Tendenzen in den Presseberichten der „Nowiny Raciborskie" um die Wende vom 19. ins 20. Jh.] // W: Żydzi na Górnym Śląsku w XIX i XX wieku [Juden in Oberschlesien im 19. und 20. Jahrhundert] / red. Beata Kalinowska-Wójcik, Dawid Keller. - Rybnik 2012, s. 134-147.

944. Munke, Martin: Der Landkreis Görlitz zwischen 1900 und 1939 // In: Zwischen Neiße, Schöps und Spree. Der Landkreis Görlitz / Thomas Napp, Hermann Ansorge, Gunter Oettel. - Görlitz 2012, S. 412-420.

945. Nenička, Lubomír: Změny politického života a nové tendence hospodářského vývoje na Ostravsku v pomnichovské éře [Changes in political life and new tendencies of economic development in Ostrava region in the period following the Munich Agreement] // Slezský sborník 110, 2012, č. 1-2, s. 47-62; Res. 47, 62.

946. Perlak, Bartłomiej: Świdniccy internowani w ośrodkach odosobnienia w okresie stanu wojennego [Schweidnitzer Internierte in Isolationszentren während des Kriegszustands] // Rocznik Świdnicki 39, 2011 (2012), s. 146-159, il. 6, tab. 1.

947. Piotrowski, Jacek: Swoi czy obcy? Piłsudczycy na Górnym Śląsku jako regionalna elita polityczna w latach 1926-1939 [Fellow-countrymen or aliens? The Piłsudski's supporters in the Upper Silesia as the regional political elite in the years 1926-1939] // W: Regionalne elity polityczne II i III Rzeczypospolitej / red. Małgorzata Dajnowicz. - Białystok 2012, s. 215-232; Res. 230-231.

948. Rosenbaum, Sebastian: Germania. Niemiecka polityczność na Górnym Śląsku 1871-

1945 [Germania. Deutscher politischer Charakter in Oberschlesien 1871-1945]. - Gliwice 2012, ss. 277, fot.

949. Röger, Maren: Flucht, Vertreibung und Umsiedlung. Mediale Erinnerungen und Debatten in Deutschland und Polen seit 1989. - Marburg 2011, 377 S.
Rec.: Schmerbauch, Maik // Inter finitimos. Jahrbuch zur deutsch-polnischen Beziehungsgeschichte 10, 2012, S. 282-286; Scholz, Stephan // H-Soz-u-Kult 2012 http://www.hsozkult.de/publicationreview/id/rezbuecher-17587; Urban, Thomas // Osteuropa 62, 2012, H. 1, S. 176-178.

950. Smolny, Henryk: Rozstrzelani w Dzierżoniowie [In Reichenbach Erschossene] // Rocznik Dzierżoniowski 21, 2011 (2012), s. 43-45, il. 9.

951. Techmańska, Barbara: Karta z kalendarza - 30. rocznica zbrodni lubińskiej [Kalenderblatt - zum 30. Jahrestag des Verbrechens von Lüben] // Pamięć i Przyszłość 2012, nr 2 (16), s. 57-63.

952. Techmańska, Barbara: Młodzi zbuntowani - młodzież Zagłębia Miedziowego przeciwko realiom stanu wojennego [Junge Rebellen - die Jugend des Kupferreviers gegen die Realität des Kriegsrechts] // Studia Śląskie 71, 2012, s. 111-127; Res. 126-127.

953. Techmańska, Barbara: Zbrodnia lubińska [Lübener Verbrechen] // Pamięć i Przyszłość 2012, nr 4 (18), s. 9-12, il. 5.

954. Walczak, Łukasz: Górnośląskie tendencje odśrodkowe a polski ruch narodowy [Oberschlesische Dezentralisierungstendenzen und polnische Nationalbewegung] // W: Nacjonalizm. Historyczne i współczesne oblicza [Nationalismus. Historische und gegenwärtige Gestalt] / red. Jacek Malczewski, Marcin Kaliński, Piotr Eckhardt. - Kraków 2012, s. 227-251.

955. Zilkenat, Reiner: Ein Hort der Konterrevolution? Bemerkungen zur politischen Szenerie in Schlesien in der Zeit der Weimarer Republik // In: Widerstand und Heimatverlust. Deutsche Antifaschisten in Schlesien / Hrsg. Cornelia Domaschke, Marcel Bois. - Berlin 2012, S. 77-96.

07.05. Innere Sicherheit – Bezpieczeństwo wewnętrzne – Vnitřní bezpečnost

Zob. poz. / Siehe auch / Viz 288, 390, 444, 803, 887, 1061, 1136, 1139, 1504, 1545, 1604, 1696, 1735, 1746, 1883, 1928, 2015, 2780, 2817, 2858, 3031, 3063, 3124, 3140, 3277, 3326, 3353, 3447.

956. 100 lat Ochotniczej Straży Pożarnej Cieszyn-Boguszowice [100 Jahre Freiwillige Feuerwehr Teschen-Boguschowitz] / red. Piotr Tomica. - Cieszyn 2012, ss. 53, fot.

957. Abram, Wanda: 60 lat Ochotniczej Straży Pożarnej w Ławszowej [60 Jahre Freiwillige Feuerwehr in Lorenzdorf]. - Ławszowa 2012, ss. 36, il.

958. Augustin, Hans-Joachim: Die Berufsfeuerwehr der Stadt Görlitz. Von der Einrichtung im Jahr 1897 bis zum Kriegsende 1945 // In: Entstehung und Entwicklung der Berufsfeuerwehren. 20. Tagung der Internationalen Arbeitsgemeinschaft für Feuerwehr- und Brandschutzgeschichte im CTIF vom 10. bis 12. Oktober 2012, Feuerwehrakademie in Arnhem, Nederland / Hrsg. Berthold Schinnerl, Stanislav Barta. - Veenendaal 2012, S. 220-223, Abb.

959. Balbus, Tomasz: Agentura UB [Das Netzwerk des Sicherheitsdienstes] // W: Urząd Bezpieczeństwa na Dolnym Śląsku 1945-1956. Z badań nad organizacją i działalnością aparatu bezpieczeństwa [Der Sicherheitsdienst in Niederschlesien 1945-1956. Von den Forschungen zur Organisation und Tätigkeit des Sicherheitsapparats] / red. Robert Klementowski, Krzysztof Szwagrzyk. - Wrocław 2012, s. 133-142.
Dot. tworzenia sieci agenturalnych Służby Bezpieczeństwa na Dolnym Śląsku. - Betr. Erschaffung des geheimdienstlichen Netzwerkes des Sicherheitsapparats in Niederschlesien.

960. Balbus, Tomasz: Organizacja struktur organów bezpieczeństwa na Dolnym Śląsku [Or-

ganisationsstrukturen der Sicherheitsbehörden in Niederschlesien] // W: Urząd Bezpieczeństwa na Dolnym Śląsku 1945-1956. Z badań nad organizacją i działalnością aparatu bezpieczeństwa [Der Sicherheitsdienst in Niederschlesien 1945-1956. Von den Forschungen zur Organisation und Tätigkeit des Sicherheitsapparats] / red. Robert Klementowski, Krzysztof Szwagrzyk. - Wrocław 2012, s. 18-49.

961. Balbus, Tomasz: Pierwsze kadry [Erste Personalabteilung] // W: Urząd Bezpieczeństwa na Dolnym Śląsku 1945-1956. Z badań nad organizacją i działalnością aparatu bezpieczeństwa [Der Sicherheitsdienst in Niederschlesien 1945-1956. Von den Forschungen zur Organisation und Tätigkeit des Sicherheitsapparats] / red. Robert Klementowski, Krzysztof Szwagrzyk. - Wrocław 2012, s. 125-132.
Dot. struktury i działalności Wojewódzkiego Urzędu Bezpieczeństwa Publicznego we Wrocławiu. - Betr. Strukturen und Organisation der Behörde für Öffentliche Sicherheit in Breslau.

962. Balbus, Tomasz: Powiatowe i miejskie Urzędy Bezpieczeństwa [Kreis- und städtische Sicherheitsämter] // W: Urząd Bezpieczeństwa na Dolnym Śląsku 1945-1956. Z badań nad organizacją i działalnością aparatu bezpieczeństwa [Der Sicherheitsdienst in Niederschlesien 1945-1956. Von den Forschungen zur Organisation und Tätigkeit des Sicherheitsapparats] / red. Robert Klementowski, Krzysztof Szwagrzyk. - Wrocław 2012, s. 50-94.
Dot. Dolnego Śląska. - Betr. Niederschlesien.

963. Balbus, Tomasz: Rozbicie scentralizowanych struktur konspiracyjnych AK-WiN [Zerschlagung der zentralisierten konspirativen Strukturen der AK-WiN [Heimatarmee -Freiheit und Unabhängigkeit]] // W: Urząd Bezpieczeństwa na Dolnym Śląsku 1945-1956. Z badań nad organizacją i działalnością aparatu bezpieczeństwa [Der Sicherheitsdienst in Niederschlesien 1945-1956. Von den Forschungen zur Organisation und Tätigkeit des Sicherheitsapparats] / red. Robert Klementowski, Krzysztof Szwagrzyk. - Wrocław 2012, s. 144-152.
Dot. województwa wrocławskiego. - Betr. Woiwodschaft Breslau.

964. Batorowicz-Wołowiec, Katarzyna: Działania Wojewódzkiego Urzędu Bezpieczeństwa na terenie szkół wyższych we Wrocławiu w latach 1945-1956 [Tätigkeiten des Woiwodschafts-Sicherheitsamtes in den Hochschulen in Breslau 1945-1956] // W: Urząd Bezpieczeństwa na Dolnym Śląsku 1945-1956. Z badań nad organizacją i działalnością aparatu bezpieczeństwa [Der Sicherheitsdienst in Niederschlesien 1945-1956. Von den Forschungen zur Organisation und Tätigkeit des Sicherheitsapparats] / red. Robert Klementowski, Krzysztof Szwagrzyk. - Wrocław 2012, s. 291-315.

965. Ciupa, Robert: Kadra kierownicza Urzędu Bezpieczeństwa Publicznego w Bytomiu w latach 1945-1955 [Führungsabteilung der Behörde für Öffentliche Sicherheit in Beuthen in den Jahren 1945-1955] // W: Bytom w cieniu totalitaryzmów. Szkice z dziejów miasta 1933-1939 [Beuthen im Schatten der Totalitarismen. Skizzen aus der Stadtgeschichte 1933-1939] / red. Sebastian Rosenbaum. - Katowice 2012, s. 172-188, tab. 2.

966. Demshuk, Andrew: The Lost German East. Forced Migration and the Politics of Memory 1945-1970. - Cambridge 2012, pp. 382, ill., maps 2.

967. Drobny, Josef: Abstimmung in Oberschlesien. Eine besondere Botschaft aus Tworkau im Ratiborer Land = Plebiscyt na Górnym Śląsku. Szczególna wiadomość z Tworkowa na ziemi raciborskiej. - Leverkusen 2012, 279 S., Abb., Kt.
Tekst w języku polskim i niemieckim. - Polnischer und deutscher Text.

968. Dworzecki, Jacek: Działalność Policji Województwa Śląskiego w okresie międzywojennym [Tätigkeit der Polizei der Woiwodschaft Schlesien in der Zwischenkriegszeit] // W: Polska wobec zagrożenia ze strony Trzeciej Rzeszy [Polen im Angesicht der Gefahr von der Seite des Dritten Reiches] / red. Henryk Ćwięk, Zdzisław Cutter. - Częstochowa 2012, s. 171-183.

969. Gałwiaczek, Tomasz: Urząd Bezpieczeństwa w Oławie 1945-1956 [Die Sicherheitsbehörde in Ohlau 1945-1956]. - Wrocław 2012, ss. 213, il., tab.

970. Hytrek-Hryciuk, Joanna: Działania WUBP we Wrocławiu wobec „podziemia niemieckiego" na Dolnym Śląsku [Tätigkeiten der Woiwodschaft-Sicherheitsbehörde in Breslau gegenüber „dem deutschen Untergrund" in Niederschlesien] // W: Urząd Bezpieczeństwa na Dolnym Śląsku 1945-1956. Z badań nad organizacją i działalnością aparatu bezpieczeństwa [Der Sicherheitsdienst in Niederschlesien 1945-1956. Von den Forschungen zur Organisation und Tätigkeit des Sicherheitsapparats] / red. Robert Klementowski, Krzysztof Szwagrzyk. - Wrocław 2012, s. 249-265.

971. Jasiak, Ksawery: Aparat bezpieczeństwa w Opolu w latach 1945-1947. Struktura i działalność [Der Sicherheitsapparat in Oppeln in den Jahren 1945-1947. Struktur und Tätigkeit] // W: Komunistyczny aparat represji i życie społeczne Opolszczyzny w latach 1945-1989. Studia i materiały [Kommunistischer Repressionsapparat und gesellschaftliches Leben im Oppelner Schlesien in den Jahren 1945-1989. Studien und Dokumente] / red. Ksawery Jasiak. - Opole 2012, s. 15-57, fot., tabl. 1.

972. Jasiak, Ksawery: Kadra WUBP/WUdsBP w Opolu w latach 1950-1956. Wybrane biogramy [Kader bei der Woiwodschaft-Sicherheitsbehörde/dem Woiwodschaftsamt für Sicherheit in Oppeln in den Jahren 1950-1956. Ausgewählte Biogramme] // W: Komunistyczny aparat represji i życie społeczne Opolszczyzny w latach 1945-1989. Studia i materiały [Kommunistischer Repressionsapparat und gesellschaftliches Leben im Oppelner Schlesien in den Jahren 1945-1989. Studien und Dokumente] / red. Ksawery Jasiak. - Opole 2012, s. 411-440, fot.

973. Jasiak, Ksawery / Bereszyński, Zbigniew: Kalendarium ważniejszych wydarzeń na Opolszczyźnie według meldunków, sprawozdań, kronik oraz innych materiałów Milicji Obywatelskiej i Służby Bezpieczeństwa w latach 1945-1989 [Almanach der wichtigsten Ereignisse im Oppelner Schlesien, geordnet nach Meldungen, Berichten, Chroniken und anderen Materialien der Bürgermiliz und des Sicherheitsdienstes in den Jahren 1945-1989] // W: Komunistyczny aparat represji i życie społeczne Opolszczyzny w latach 1945-1989. Studia i materiały [Kommunistischer Repressionsapparat und gesellschaftliches Leben im Oppelner Schlesien in den Jahren 1945-1989. Studien und Dokumente] / red. Ksawery Jasiak. - Opole 2012, s. 441-512, fot. 135.

974. Klarman, Agnieszka: Wizerunek „towarzyszy z bezpieczeństwa" w dolnośląskiej prasie w latach 1945-1956 [Das Bild der „Genossen der Sicherheit" in der niederschlesischen Presse in den Jahren 1945-1956] // W: Urząd Bezpieczeństwa na Dolnym Śląsku 1945-1956. Z badań nad organizacją i działalnością aparatu bezpieczeństwa [Der Sicherheitsdienst in Niederschlesien 1945-1956. Von den Forschungen zur Organisation und Tätigkeit des Sicherheitsapparats] / red. Robert Klementowski, Krzysztof Szwagrzyk. - Wrocław 2012, s. 350-354.

975. Klementowski, Robert: Działalność organów bezpieczeństwa na Dolnym Śląsku w zakresie zabezpieczania gospodarki w latach 1945-1956 [Tätigkeit der Sicherheitsorgane in Niederschlesien im Bereich Wirtschaftssicherung in den Jahren 1945-1956] // W: Urząd Bezpieczeństwa na Dolnym Śląsku 1945-1956. Z badań nad organizacją i działalnością aparatu bezpieczeństwa [Der Sicherheitsdienst in Niederschlesien 1945-1956. Von den Forschungen zur Organisation und Tätigkeit des Sicherheitsapparats] / red. Robert Klementowski, Krzysztof Szwagrzyk. - Wrocław 2012, s. 199-248, tab.

976. Klementowski, Robert: „My wszyscy są od pracy fizycznej..." Urząd Bezpieczeństwa Publicznego w Bolesławcu (1945-1956) [„Wir machen alle körperliche Arbeit..." Das Amt für öffentliche Sicherheit in Bunzlau (1945-1956)]. - Bolesławiec 2012, ss. 272, il.

977. Kolář, Ondřej: Kariéra příslušníka SNB v letech 1945-1952 ve světle archivních dokumentů a vzpomínek [The career of a National Security Corps member in 1945-1952 in the light of archives documents and memories] // Časopis Slezského zemského muzea. Série B - vědy historické 61, 2012, č. 3, s. 233-240; Res. 240.

978. Linek, Bernard: Polityka aparatu bezpieczeństwa wobec ludności rodzimej na Śląsku Opolskim w latach 1945-1960. Założenia

i realizacja [Die Politik der Sicherheitsorgane gegenüber der einheimischen Bevölkerung im Oppelner Schlesien in den Jahren 1945-1960. Richtlinien und Realisierung] // W: Komunistyczny aparat represji i życie społeczne Opolszczyzny w latach 1945-1989. Studia i materiały [Kommunistischer Repressionsapparat und gesellschaftliches Leben im Oppelner Schlesien in den Jahren 1945-1989. Studien und Dokumente] / red. Ksawery Jasiak. - Opole 2012, s. 157-165.

979. Makles, Cezary / Kominek, Ryszard / Bojnicki, Aleksander: Beskidzki i Śląski Oddział Straży Granicznej im. Powstańców Śląskich w Raciborzu [Die Beskider und Schlesische Abteilung des Schlesischen Aufständischen-Grenzschutzes in Ratibor] // W: Straż Graniczna w dwudziestoleciu 1991-2011. Materiały poseminaryjne, Koszalin, 19-20 V 2011 r. T. 1 [Der Grenzschutz in den zwei Jahrzehnten zwischen 1991-2011. Tagungsberichte, Köslin 19.-20. Mai 2011, Band 1] / oprac. Dariusz Krupa. - Wyd. 2 popr. i uzup. - Koszalin [2012], s. 323-348.

980. Makuch, Marcin: 160 lat legnickiej straży pożarnej [160 Jahre Liegnitzer Feuerwehr] // Szkice Legnickie 33, 2012, s. 239-257, il. 9; Res. 257.

981. Makuch, Marcin: Dzielna straż pożarna ludziom pomoc niesie. 160 lat legnickiej straży pożarnej [Tapfere Feuerwehr hilft den Menschen. 160 Jahre Liegnitzer Feuerwehr]. - Legnica 2012, ss. 64, il.

982. Matějek, Petr: 90 let Sboru dobrovolných hasičů Holasovice 1922-2012 [90 Jahre Freiwillige Feuerwehr in Kreuzendorf/Troppau 1922-2012]. - Holasovice 2012, 54 s.

983. Neja, Jarosław: Przygotowania do wprowadzenia stanu wojennego w województwie katowickim [Vorbereitungen für die Verhängung des Kriegsrechtes in der Woiwodschaft Kattowitz] // CzasyPismo. O historii Górnego Śląska 2012, nr 1, s. 158-167, fot. 5.

984. Onoszko, Robert: Łużycki Oddział Straży Granicznej w Lubaniu [Lausitzer Abteilung des Grenzschutzes in Lauban] // W: Straż Graniczna w dwudziestoleciu 1991-2011. Materiały poseminaryjne, Koszalin, 19-20 V 2011 r. T. 1 [Der Grenzschutz in den zwei Jahrzehnten zwischen 1991-2011. Tagungsberichte, Köslin 19.-20. Mai 2011, Band 1] / oprac. Dariusz Krupa. - Wyd. 2 popr. i uzup. - Koszalin [2012], s. 387-402.

985. Piotrowski, Paweł: Struktura organizacyjna WUBP/WUdsBP we Wrocławiu w latach 1945-1956 [Organisationsstruktur der Woiwodschafts-Sicherheitsbehörde/dem Woiwodschaftsamt für Sicherheit in Breslau in den Jahren 1945-1956] // W: Urząd Bezpieczeństwa na Dolnym Śląsku 1945-1956. Z badań nad organizacją i działalnością aparatu bezpieczeństwa [Der Sicherheitsdienst in Niederschlesien 1945-1956. Von den Forschungen zur Organisation und Tätigkeit des Sicherheitsapparats] / red. Robert Klementowski, Krzysztof Szwagrzyk. - Wrocław 2012, s. 95-111.

986. Rudorff, Andrea: Arbeit und Vernichtung reconsidered. Die Lager der Organisation Schmelt für polnische Jüdinnen und Juden aus dem annektierten Teil Ostschlesiens // Sozial. Geschichte Online. Zeitschrift für historische Analyse des 20. und 21. Jahrhunderts 2012, H. 7, S. 10-39.

987. Schmidt, Jürgen W.: Bau- und Festungsgefangene auf der schlesischen Festung Glatz: Drei ungewöhnliche Schicksale aus den Jahren 1825, 1832 und 1896 // Schlesische Geschichtsblätter. Zeitschrift für Regionalgeschichte Schlesiens 39, 2012, H. 2, S. 49-71.

988. Schmidt, Jürgen W.: Ein tragischer Unglücksfall im Schloss von Lessendorf (Kreis Freystadt) im Februar 1812 // Schlesische Geschichtsblätter. Zeitschrift für Regionalgeschichte Schlesiens 39, 2012, H. 3, S. 102-105.

989. Schmidt, Walter: Widerstand in Auras/Oder, Kreis Wohlau 1933 bis 1945 // In: Widerstand und Heimatverlust. Deutsche Antifaschisten in Schlesien / Hrsg. Cornelia Domaschke, Marcel Bois. - Berlin 2012, S. 165-203, Abb.

990. Spata, Manfred: Karl Liebknechts Festungshaft in Glatz 1907/09 // AGG-Mitteilungen. Mitteilungsblatt der Arbeitsgemeinschaft Grafschaft Glatz - Kultur und Geschichte 11, 2012, S. 13-19, 4 Abb.

991. Stybel, Dagmara / Podgórski, Jacek: Sudecki Oddział Straży Granicznej im. Ziemi Kłodzkiej w Kłodzku [Abteilung Sudeten des Grenzschutzes des Glatzer Landes in Glatz] // W: Straż Graniczna w dwudziestoleciu 1991-2011. Materiały poseminaryjne, Koszalin, 19-20 V 2011 r. T. 1 [Der Grenzschutz in den zwei Jahrzehnten zwischen 1991-2011. Tagungsberichte, Köslin 19.-20. Mai 2011, Band 1] / oprac. Dariusz Krupa. - Wyd. 2 popr. i uzup. - Koszalin [2012], s. 349-386.

992. Syrnyk, Jarosław: Działalność Wojewódzkiego Urzędu Bezpieczeństwa Publicznego/ Wojewódzkiego Urzędu ds. Bezpieczeństwa Publicznego we Wrocławiu wobec ludności niepolskiej [Tätigkeit der Woiwodschafts-Sicherheitsbehörde/dem Woiwodschaftsamt für Sicherheit in Breslau gegenüber der nicht-polnischen Bevölkerung] // W: Urząd Bezpieczeństwa na Dolnym Śląsku 1945-1956. Z badań nad organizacją i działalnością aparatu bezpieczeństwa [Der Sicherheitsdienst in Niederschlesien 1945-1956. Von den Forschungen zur Organisation und Tätigkeit des Sicherheitsapparats] / red. Robert Klementowski, Krzysztof Szwagrzyk. - Wrocław 2012, s. 266-290, tab.

993. Syrnyk, Jarosław: Funkcjonariusze bezpieczeństwa wobec struktur PPR/PZPR na Dolnym Śląsku (1945-1956) [Sicherheitsfunktionäre gegenüber den Strukturen der Polnischen Arbeiterpartei/Polnischen Vereinigten Arbeiterpartei in Niederschlesien (1945-1956)] // W: Urząd Bezpieczeństwa na Dolnym Śląsku 1945-1956. Z badań nad organizacją i działalnością aparatu bezpieczeństwa [Der Sicherheitsdienst in Niederschlesien 1945-1956. Von den Forschungen zur Organisation und Tätigkeit des Sicherheitsapparats] / red. Robert Klementowski, Krzysztof Szwagrzyk. - Wrocław 2012, s. 332-349.

994. Szwagrzyk, Krzysztof: Działania UB wobec lokalnych struktur podziemia niepodległościowego [Handlungen der Sicherheitsbehörde gegenüber den lokalen Strukturen der Unabhängigkeitsuntergrundorganisationen] // W: Urząd Bezpieczeństwa na Dolnym Śląsku 1945-1956. Z badań nad organizacją i działalnością aparatu bezpieczeństwa [Der Sicherheitsdienst in Niederschlesien 1945-1956. Von den Forschungen zur Organisation und Tätigkeit des Sicherheitsapparats] / red. Robert Klementowski, Krzysztof Szwagrzyk. - Wrocław 2012, s. 153-167.
Dot. Dolnego Śląska. - Betr. Niederschlesien.

995. Szwagrzyk, Krzysztof: Wydział Więziennictwa i podległe mu jednostki [Gefängnisbehörde und ihr unterstellte Einrichtungen] // W: Urząd Bezpieczeństwa na Dolnym Śląsku 1945-1956. Z badań nad organizacją i działalnością aparatu bezpieczeństwa [Der Sicherheitsdienst in Niederschlesien 1945-1956. Von den Forschungen zur Organisation und Tätigkeit des Sicherheitsapparats] / red. Robert Klementowski, Krzysztof Szwagrzyk. - Wrocław 2012, s. 112-124.
Dot. więziennictwa na Dolnym Śląsku. - Betr. Strafvollzug in Niederschlesien.

996. Wawrzeniecki, Robert: Represje Urzędu Bezpieczeństwa wobec Kościoła katolickiego w powiecie kozielskim w latach 1945-1951 [Repressionen der Sicherheitsbehörde gegenüber der katholischen Kirche im Kreis Cosel in den Jahren 1945-1951] // W: Komunistyczny aparat represji i życie społeczne Opolszczyzny w latach 1945-1989. Studia i materiały [Kommunistischer Repressionsapparat und gesellschaftliches Leben im Oppelner Schlesien in den Jahren 1945-1989. Studien und Dokumente] / red. Ksawery Jasiak. - Opole 2012, s. 129-156, fot.

997. Węgrzyn, Dariusz: Tajemnice wyborczego „sukcesu". Rola urzędu bezpieczeństwa w przygotowaniu i przeprowadzeniu wyborów do Sejmu Ustawodawczego z 19 stycznia 1947 roku w województwie śląskim [Geheimnis des „Wahlkampferfolgs". Rolle des Amtes für Sicherheit bei der Vorbereitung und Durchführung der Wahlen in den Gesetzgebenden Sejm am 19. Januar 1947 in der Woiwodschaft Schlesien] // Szkice Archiwalno-Historyczne 2012, nr 9, s. 205-222; Res. 222.

998. Woinar, Klaus: Meldungen über antifaschistischen Widerstand in Schlesien in Dokumenten der Gestapo im Bundesarchiv, Bestand R-58. Reichssicherheitshauptamt (1933 bis 1945) // In: Widerstand und Heimatverlust. Deutsche Antifaschisten in Schlesien / Hrsg. Cornelia Domaschke, Marcel Bois. - Berlin 2012, S. 124-137.

999. Wolf, Gerhard: Ideologie und Herrschaftsrationalität. Nationalsozialistische Germanisierungspolitik in Polen. - Wolf Gerhard 2012, 528 S.
Rec.: Friedrich, Klaus-Peter // Inter finitimos. Jahrbuch zur deutsch-polnischen Beziehungsgeschichte 10, 2012, S. 264-267; Lehnstaedt, Stephan // Sehepunkte 12.10 (2012), http://www.sehepunkte.de/2012/10/21603.html; Löw, Andrea // Germano-Polonica. Newsletter 2/2012, http://recensio.net/r/9ddbee3205ec4745acd91225549f0ba3

07.06. Militärgeschichte – Historia wojskowości – Dějiny vojenství

Zob. poz. / Siehe auch / Viz 306, 382, 388, 394-395, 669, 686, 721, 745, 755, 757, 774, 780-781, 785, 798-799, 885-886, 939, 1103, 1195, 1347, 1422, 1480, 1882, 2085, 2207, 2258, 2419, 2549, 2667, 2709, 2713, 2900, 2904, 3105, 3120, 3229, 3237, 3311, 3323.

1000. Adenauer, Evelyne A.: Der Krieg ist zu Ende. Aufzeichnungen des Breslauer Pfarrers Karl Schenke vom Sommer bis Dezember 1945 [Wojna się skończyła - Zapiski wrocławskiego proboszcza Karla Schenka od lata do grudnia 1945 roku] // Archiv für schlesische Kirchengeschichte 70, 2012, S. 61-93; Res. 415.

1001. Baran, Zdzisław: Technika komputerowa w Wyższej Oficerskiej Szkole Radiotechnicznej [Computertechnik in der Offiziershochschule für Radiotechnik] // Biuletyn Jeleniogórskiego Stowarzyszenia Żołnierzy Radiotechników „Radar" 13, 2012, s. 78-88, il. 6, tab. 4.

1002. Barciak, Antoni: Polacy w bitwie pod Suchymi Krutami [Die Polen in der Schlacht bei Dürnkrut und Jedenspeigen (Schlacht auf dem Marchfeld)] // W: Między Polską a Czechami. Śląsk i jego mieszkańcy w źródłach czeskich doby średniowiecza [Zwischen Polen und Böhmen. Schlesien und seine Bewohner in den böhmischen Quellen des Mittelalters] / Antoni Barciak. - Wrocław 2012, s. 40-56; Res. 217-218.
Wcześniej w: / Zuvor in: Prace Naukowe Uniwersytetu Śląskiego 72, Prace Historyczne 4, Katowice 1975, (7-26).

1003. Bińkowski, Marek Krzysztof: Husyci w księstwie oleśnickim [Hussiten im Herzogtum Oels] // Kwartalnik Powiatu Oleśnickiego 2012, nr 3 (29), s. 13-21, il. 7.

1004. Czarniak, Krzysztof: Zbiorowy grób z okresu walk o Wrocław w 1945 roku [A Collective Grave from the Time of the Siege of Breslau in 1945] // Śląskie Sprawozdania Archeologiczne 54, 2012, s. 351-358, il. 5; Res. 357-358.

1005. Długajczyk, Edward: Osadnictwo wojskowe Ślązaków na Kresach Wschodnich [Militärische Ansiedlung der Schlesier in den früheren polnischen Ostgebieten] // Zeszyty Chorzowskie 13, 2012, s. 37-49; Res. 49.

1006. Füssel, Marian: Der Siebenjährige Krieg. Ein Weltkrieg im 18. Jahrhundert. - München 2010, 127 S.
Rec.: Externbrink, Sven // Historische Zeitschrift 294, 2012, H. 2, S. 527-528.

1007. Füssel, Marian: Der Siebenjährige Krieg. Ein Weltkrieg im 18. Jahrhundert. - 2. Aufl. - München 2012, 127 S.

1008. Gürlach, Michael: Spurensuche. Napoleon der I. in der Region Görlitz. - Görlitz 2012, 71 S., Abb.

1009. Hanich, Andrzej: Działania zbrojne II wojny światowej na Śląsku Opolskim w pierwszej połowie 1945 r. // W: Na tropach twórczości i czasów minionych. Księga jubileuszowa ofiarowana Profesorowi Damianowi Tomczykowi [Auf den Spuren des Schaffens und der vergangenen Zeiten. Festschrift für Professor Damian Tomczyk] / red. Marek Cetwiński, Agnieszka Czajkowska. - Częstochowa 2012, s. 507-552.

1010. Indra, Jaromír: Upomínky válečné historie slezského pěšího pluku č. 1 Kaiser (1.-2. část) [Erinnerungen an Kriegsgeschichten des Schlesischen Infanterieregiments Nr. 1 Kaiser (1.-2. Teil)] // Vlastivědné listy Slezska a severní Moravy. Časopis pro dějiny, umění, přírodu a dnešek 38, 2012, č. 1, s. 9-13; č. 2, s. 6-10.

1011. Jakuboszczak, Piotr: Kształcenie kandydatów na oficerów Wojska Polskiego w Oficerskiej Szkole Wojsk Inżynieryjnych (1946-1967) [Ausbildung der Offiziersbewerber in der Polnischen Armee an der Offiziersschule für Militäringenieure (1946-1967)]. - Wrocław 2012, ss. 239, il.

1012. Kaliński, Paweł: Jedyna (ostatnia) nasza „Jednostka Wojskowa" [Unser einziger (letzter) „Truppenteil"] // Biuletyn Jeleniogórskiego Stowarzyszenia Żołnierzy Radiotechników „Radar" 13, 2012, s. 197-204, il. 9.
Dot. kościoła garnizonowego pw. Podwyższenia Krzyża Świętego w Jeleniej Górze. - Betr. die Garnisonskirche zur Kreuzerhöhung in Hirschberg.

1013. Kaliński, Paweł: Wojenne gry Wyższej Oficerskiej Szkoły Radiotechnicznej [Kriegsspiele der Offiziershochschule für Radiotechnik] // Biuletyn Jeleniogórskiego Stowarzyszenia Żołnierzy Radiotechników „Radar" 13, 2012, s. 55-77, il. 25.

1014. Kołakowski, Piotr: Polsko-czechosłowackie walki o Śląsk Cieszyński w styczniu 1919 roku [Polish-Czechoslovakian Struggles for Cieszyn Silesia in January 1919] // Słupskie Studia Historyczne 18, 2012, s. 195-209; Res. 209.

1015. Kondusza, Wojciech: Mała Moskwa. Rzecz o radzieckiej Legnicy [Kleines Moskau. Geschichte vom sowjetischen Liegnitz]. - Wyd. 2 zm. i rozsz. - Legnica 2011, ss. 399, il.
Wyd. 1, 2006. / 1. Aufl. 2006.
Rec.: Asaułow, Jurij // Szkice Legnickie 33, 2012, s. 301-313.

1016. Kostka, Krzysztof: Cmentarz wojenny Armii Radzieckiej im. Kutuzowa w Bolesławcu [War Cemetery of the Soviet Army Named after Kutuzov in Bolesławiec] // Studia Zachodnie 14, 2012, s. 95-116, il. 5, tab. 3; Res. 116.

1017. Krell, Detlef: Ein französischer „Fremdarbeiter" in der Festung Breslau. Erinnerungen von André le Guillou, Januar 1945 - Juli 1945 // Silesia Nova. Vierteljahresschrift für Kultur und Geschichte 9, 2012, H. 1, S. 138-145.

1018. Kretzschmar, Ernst: Militärgeschichte // In: Zwischen Neiße, Schöps und Spree. Der Landkreis Görlitz / Thomas Napp, Hermann Ansorge, Gunter Oettel. - Görlitz 2012, S. 394-399.
Dot. powiatu Görlitz. - Betr. den Kreis Görlitz.

1019. Kusiak, Franciszek / Nowacki, Zdzisław Kazimierz: 65 lat Śląskiego Okręgu Wojskowego [65 Jahre Schlesischer Wehrbezirk] // W: Na tropach twórczości i czasów minionych. Księga jubileuszowa ofiarowana Profesorowi Damianowi Tomczykowi [Auf den Spuren des Schaffens und der vergangenen Zeiten. Festschrift für Professor Damian Tomczyk] / red. Marek Cetwiński, Agnieszka Czajkowska. - Częstochowa 2012, s. 485-506.

1020. Łaborewicz, Ivo: Historia i zagospodarowanie budynków wojskowych byłych szkół radiotechnicznych w Jeleniej Górze [Geschichte und Erschließung der Militärgebäude der ehemaligen Schule für Radiotechnik in Hirschberg] // Biuletyn Jeleniogórskiego Stowarzyszenia Żołnierzy Radiotechników „Radar" 14, 2012, s. 29-38, il. 15.

1021. Machilek, Franz: Schlesien, Hus und die Hussiten 1403-1435 // In: Die hussitische Revolution. Religiöse, politische und regionale Aspekte / Hrsg. Franz Machilek. - Köln 2012, S. 109-141.

1022. Marciniak, Rafał: Fortyfikacje polskie. Odporność schronów OWŚ z punktu widzenia artylerii Wehrmachtu [Bunkerfestigkeit des Festungsraums Schlesien vom Standpunkt der Deutschen Artillerie] [Resistance of OWŚ shelters from the viewpoint of the Wehrmacht artillery] // Śląski Rocznik Forteczny 4, 2012, s. 13-115, fot. 42, rys. 13, tab. 15; dt. Res. 222; sum. 219.
Dot. Obszaru Warownego Śląsk (OWŚ). - Betr. Wehrgebiet Schlesien.

1023. Margielewicz, Marek: Obrona Narodowa w województwie śląskim w latach 1937-1939 [Die Volkswehr in der schlesischen Woiwodschaft in den Jahren 1937-1939] // Wieki Stare i Nowe 4, 2012, s. 222-241; Res. 240-241.

1024. Meißner, Horst-Alfons: Unternehmen „RIESE" 1943-1945. Bau eines neuen Führerhauptquartiers im schlesischen Eulengebirge // In: Die Grafschaft Glatz zwischen 1918-1946. Beiträge über eine schlesische Kulturlandschaft. Festschrift für Franz Jung zum 75. Geburtstag; apostolischer Protonotar, Großdechant und Visitator für die Priester und Gläubigen aus der Grafschaft Glatz 1983-2011 / Hrsg. Horst-Alfons Meißner, Michael Hirschfeld, Franz Jung. - Münster 2012, S. 269-297, 12 Abb.

1025. Menzel, Otto: Das Kriegsende in der Grafschaft Glatz und die Vertreibung ihrer Bewohner // In: Die Grafschaft Glatz zwischen 1918-1946. Beiträge über eine schlesische Kulturlandschaft. Festschrift für Franz Jung zum 75. Geburtstag; apostolischer Protonotar, Großdechant und Visitator für die Priester und Gläubigen aus der Grafschaft Glatz 1983-2011 / Hrsg. Horst-Alfons Meißner, Michael Hirschfeld, Franz Jung. - Münster 2012, S. 423-470, 2 Abb.

1026. Merziger, Patrick: Der öffentliche König? Herrschaft in den Medien während der drei Schlesischen Kriege // In: Friedrich der Große in Europa: Geschichte einer wechselvollen Beziehung. Bd. 1 / Hrsg. Bernd Sösemann, Gregor Vogt-Spira. - Stuttgart 2012, S. 209-223.

1027. Nowacki, Krzysztof: Znaczenie transportu kolejowego dla prowadzenia działań bojowych na obszarze Śląskiego Okręgu Wojskowego w okresie powojennym [Bedeutung des Eisenbahnverkehrs für die Kampfhandlungen auf dem Gebiet des Schlesischen Militärbezirkes in der Nachkriegszeit] // W: Znaczenie kolei dla dziejów Polski. Studia z historii kolejnictwa [Bedeutung der Bahn für die Geschichte Polens. Studien zur Eisenbahngeschichte] / red. Dawid Keller. - Rybnik 2012, s. 87-96, rys. 4.

1028. Olejniczak, Andrzej: Armia Księstwa Warszawskiego na Górnych Łużycach w 1813 r. [Die Armee des Herzogtums Warschau in der Oberlausitz im Jahr 1813] // W: Od Grunwaldu do Bzury - bitwy i boje polskie na przestrzeni dziejów / red. Jacek Jędrysiak, Daniel Koreś, Jerzy Maroń, Krzysztof Widziński. - Wrocław 2012, s. 125-135.

1029. Pająk, Tomasz / Szuszkiewicz, Jan: 66 Pułk Artylerii Przeciwlotniczej w Bolesławcu (1971-1998) [Die 66. Luftabwehrartillerie-Einheit in Bunzlau (1971-1998)] // Rocznik Bolesławiecki 4, 2011 (2012), s. 32-34, il. 1.

1030. Peschke, Dirk: Die Belagerung der Festung Glatz durch Rheinbundtruppen 1807 // Zeitschrift für Ostdeutsche Familiengeschichte 21 (60), 2012, H. 2, S. 337-343.

1031. Pipała, Jan: Jednostki rakietowe Wojska Polskiego w garnizonie bolesławieckim 1962-1998 [Raketeneinheiten der Polnischen Armee in der Garnison Bunzlau 1962-1998] // Rocznik Bolesławiecki 4, 2011 (2012), s. 26-31, il. 7.

1032. Popp, Peter Andreas: Von den Kriegen um Schlesien zum Siebenjährigen Krieg // In: Wie Friedrich „der Große" wurde. Eine kleine Geschichte des Siebenjährigen Krieges. 1756 bis 1763 / Hrsg. Eberhard Birk. - Freiburg/Breisgau 2012, S. 23-40.

1033. Richau, Martin: Gefallene des Ersten Weltkriegs aus der Parochie Falkowitz im Kreis Oppeln // Zeitschrift für Ostdeutsche Familiengeschichte 21 (60), 2012, H. 4, S. 401-412.

1034. Richau, Martin: Gefallene des Zweiten Weltkrieges aus der Pfarrgemeinde Falkowitz im Kreis Oppeln // Zeitschrift für Ostdeutsche Familiengeschichte 21 (60), 2012, H. 3, S. 105-119.

1035. Rochala, Paweł: Niemcza 1017 [Nimptsch 1017]. - Warszawa 2012, ss. 243, il., mapy, tabl. *Historyczne Bitwy.*

1036. Rudorff, Andrea: „... there was nothing sheep-like about their nature. They stole and they fought..." Die Auswirkungen vorangegangener Verfolgungserfahrungen auf Gruppenauseinandersetzungen in Groß-Rosener Frauenaußenlagern // Medaon. Magazin für jüdisches Leben in Forschung und Bildung 2012, H. 11, S. 1-15.

1037. Starczewski, Mieczysław: Wywiad Okręgu Śląskiego OOB-ZWZ-AK [Der Geheimdienst im Bezirk Schlesien „Organisation des Weißen Adlers-Bund für den bewaffneten Kampf-Heimatarmee"] // W: Studia nad wywiadem i kontrwywiadem Polski w XX wieku. T. 1 [Studien zur Spionage und Spionageabwehr in Polen im 20. Jahrhundert. Bd. 1] / red. Wojciech Skóra, Paweł Skubisz. - Szczecin 2012, s. 357-410.

1038. Tuszyński, Adam: Obóz jeniecki w Görlitz (1914-1919). - Zgorzelec 2012, ss. 68, il.

1039. Volný, Lubomír / Breuer, Jaromír: Vojenská historie a osobnosti posádky Opava [Militärgeschichte und Persönlichkeiten der Garnison Troppau]. - Praha 2012, 42 s.

1040. Walczak, Jan: Potrzeba nowego spojrzenia na kampanię wrześniową 1939 r. (na przykładzie koncepcji obrony Śląska i działań Armii „Kraków") [Die Notwendigkeit einer neuen Sicht auf den Polenfeldzug 1939 (am Beispiel des Verteidigungsentwurfes Schlesiens und Tätigkeiten der Armee „Krakau")] // W: Polska wobec zagrożenia ze strony Trzeciej Rzeszy [Polen im Angesicht der Gefahr von der Seite des Dritten Reiches] / red. Henryk Ćwięk, Zdzisław Cutter. - Częstochowa 2012, s. 273-303.

1041. Wenzel, Peter: Das Gebiet des Landkreises Görlitz während des Zweiten Weltkrieges // In: Zwischen Neiße, Schöps und Spree. Der Landkreis Görlitz / Thomas Napp, Hermann Ansorge, Gunter Oettel. - Görlitz 2012, S. 400-409.

07.07. Internationale Beziehungen, Außenbeziehungen – Stosunki międzynarodowe – Mezinárodní vztahy

Zob. poz. / Siehe auch / Viz 722, 732, 740, 750, 770, 827, 1014, 1071, 1129, 1133, 1574, 2595.

1042. Adamska-Poszwa, Magdalena: Proces ostatecznej regulacji kwestii granicy polsko-niemieckiej [Prozess der endgültigen Regulierung der Frage der deutsch-polnischen Grenze] // W: Colloquium Opole 2010. Polacy - Niemcy - Czesi. Sąsiedztwo w XXI wieku. Polsko-niemiecki traktat graniczny z 14 listopada 1990 roku - geneza i skutki [Colloquium Opole 2010. Polen - Deutsche - Tschechen. Nachbarschaft im 21. Jahrhundert. Deutsch-polnischer Grenzvertrag vom 14. November 1990 - Ursachen und Folgen] / red. Michał Lis, Aleksandra Trzcielińska-Polus, Leokadia Drożdż. - Opole 2011, s. 21-36.

1043. Barciak, Antoni: Historyczne granice Śląska [Historische Grenzen Schlesiens] // W: Granice Śląska w interdyscyplinarnej perspektywie [Schlesiens Grenzen aus interdisziplinärer Perspektive] / red. Ryszard Gładkiewicz, Teresa Sołdra-Gwiżdż, Marek S. Szczepański. - Opole 2012, s. 17-31, map 1; Res. 31-33.

1044. Bartek, Rafał: Dom Współpracy Polsko-Niemieckiej [Das Haus der deutsch-polnischen Zusammenarbeit] // W: Colloquium Opole 2011. Polacy - Niemcy - Czesi sąsiedztwo w XXI wieku. Od wojny do dobrego sąsiedztwa [Colloquium Opole. Polen - Deutsche - Tschechen - Nachbarschaft im 21. Jahrhundert. Vom Krieg um die Grenze zur guten Nachbarschaft] / red. Monika Choroś, Maximilian Eiden, Bernard Linek. - Opole 2012, s. 164-176.

1045. Binar, Aleš / Jirásek, Zdeněk: Slezsko v československo-polských vztazích v letech 1945 až 1947 [Silesia in Czechoslovak-Polish Relations 1945-1947] // Slezský sborník 110, 2012, č. 1-2, s. 63-90; Res. 63, 90.

1046. Gąsior, Grzegorz: Sowieckie rozstrzygnięcie [Sowjetische Entscheidung] // Karta. Kwartalnik historyczny 2012, nr 70, s. 70-91, il. 8.
Dot. Śląska Cieszyńskiego. - Betr. das Teschener Schlesien.

1047. Gelles, Katarzyna: Kwestia granicy polsko-niemieckiej w układzie zgorzeleckim z 1950 roku i w układzie o normalizacji stosunków z 1970 roku [Die Frage der deutsch-polnischen Grenze im Görlitzer Vertrag von 1950 und Normalisierungsvertrag von 1970] // W: Colloquium Opole 2010. Polacy - Niemcy - Czesi. Sąsiedztwo w XXI wieku. Polsko-niemiecki traktat graniczny z 14 listopada 1990 roku - geneza i skutki [Colloquium Opole 2010. Polen - Deutsche - Tschechen. Nachbarschaft im 21. Jahrhundert. Deutsch-polnischer Grenzvertrag vom 14. November 1990 - Ursachen und Folgen] / red. Michał Lis, Aleksandra Trzcielińska-Polus, Leokadia Drożdż. - Opole 2011, s. 37-51.

1048. Heck, Roman: Zjazd głogowski w 1462 r. [Die Begegnung in Glogau im Jahre 1462] / posł. Mateusz Goliński ; wstęp i oprac. Wiesław Maciuszczak. - Głogów 2012, ss. 95, il.
Wydane według Acta Universitatis Wratislaviensis 7; Historia, 7, Wrocław 1962. - Herausgegeben nach

Acta Universitatis Wratsilaviensis 7; Historia, 7, Wrocław 1962.

1049. Heffner, Krystian / Solga, Brygida: Granice Śląska - granice na Śląsku. Ewolucja i współczesne wymiary [Die Grenzen Schlesiens - die Grenzen in Schlesien. Evolution und gegenwärtige Dimensionen] // W: Granice Śląska w interdyscyplinarnej perspektywie [Schlesiens Grenzen aus interdisziplinärer Perspektive] / red. Ryszard Gładkiewicz, Teresa Sołdra-Gwiżdż, Marek S. Szczepański. - Opole 2012, s. 127-140, map 7; Res. 141-142.

1050. Holá, Mlada: Holdovací cesty českých panovníků do Vratislavi v pozdním středověku a raném novověku (1437-1617) [Huldigungsreisen der böhmischen Herrscher nach Breslau im Spätmittelalter und in der Frühen Neuzeit (1437-1617)]. - Praha 2012, 255 s.; Res. 235-246.

1051. Januła, Eugeniusz: Polska granica południowa Czechy-Słowacja [Polnische Südgrenze Tschechische Republik-Slowakei] // W: Mniejszości regionu pogranicza polsko-niemieckiego. Separacja - Adaptacja - Integracja - Asymilacja / red. nauk. Beata A. Orłowska, Krzysztof Wasilewski. - Gorzów Wielkopolski 2012, s. 311-331, mapy.
Dot. także Śląska Cieszyńskiego. - Betr. auch das Teschener Schlesien.

1052. Karbelářová, Irena / Žáček, Rudolf: Jižní hranice Slezska. K problematice vývoje zemské přislušnosti česko-slezského a moravsko -slezského pomezí [Schlesiens Südgrenzen. Zum Problem der Veränderung von Verwaltungsgrenzen im böhmisch-schlesischen und mährisch-schlesischen Grenzland] // W: Granice Śląska w interdyscyplinarnej perspektywie [Schlesiens Grenzen aus interdisziplinärer Perspektive] / red. Ryszard Gładkiewicz, Teresa Sołdra-Gwiżdż, Marek S. Szczepański. - Opole 2012, s. 34-55; Res. 55-56.

1053. Kondziołka, Andrzej: Polsko-czeska współpraca transgraniczna w regionie Śląska Cieszyńskiego - przykład gminy Zebrzydowice [Polnisch-tschechische grenzüberschreitende Zusammenarbeit in der Region Teschener Schlesien - am Beispiel der Gemeinde Seibersdorf] // W: Pogranicze - sąsiedztwo - stereotypy. Przypadek polsko-czeskich relacji wraz z francusko-niemieckim case study [Grenzgebiet - Nachbarschaft - Stereotype. Das Beispiel der polnisch-tschechischen Beziehungen zusammen mit französisch-deutschen case study] / red. Andrzej Kasperek. - Cieszyn 2012, s. 140-156, ryc. 3.

1054. Kornat, Marek: Sprawa Górnego Śląska w polityce międzynarodowej w roku 1921 [Das Problem Oberschlesien in der internationalen Politik im Jahr 1921] // W: 90 rocznica III powstania śląskiego. Materiały z sesji naukowej, która odbyła się 11 czerwca 2011 r. w Muzeum im. Jana Pawła II w Warszawie [90. Jahrestag des III. Schlesischen Aufstands. Materialien der wissenschaftlichen Tagung vom 11. Juni 2011 im Johannes-Paul II.-Museum in Warschau] / red. Anna Eliza Wasilewska. - Warszawa 2012, s. 84-103.

1055. Lotz, Christian: Die anspruchsvollen Karten. Polnische, ost- und westdeutsche Auslandsrepräsentationen und der Streit um die Oder-Neiße-Grenze (1945-1972). - Magdeburg 2011, 108 S., 44 Abb.
Studien des Leipziger Kreises. Forum für Wissenschaft und Kunst; 10.
Rec.: Röger, Maren // Zeitschrift für Geschichtswissenschaft 60, 2012, H. 9, S. 776-777.

1056. Nierenberg, Bogusław: Obraz stosunków polsko-niemieckich w śląskich mediach (1989-2009) [Das Bild der polnisch-deutschen Beziehungen in der schlesischen Presse (1989-2009)] // W: Stowarzyszenia, związki, bractwa, inicjatywy społeczne i ich znaczenie dla Śląska. Wczoraj, dziś, jutro. XIV Seminarium Śląskie. Kamień Śląski 2009. Traktaty polsko-niemieckie z 1990 i 1991 roku i ich konsekwencje dla Śląska; XV Seminarium Śląskie, Kamień Śląski 2010. Publikacja pokonferencyjna (wybór tekstów) [Gesellschaften, Verbände, Bruderschaften, gesellschaftliche Initiativen und ihre Bedeutung für Schlesien. Gestern, heute, morgen. 14. Schlesische Konferenz. Groß Stein 2009. Polnisch-deutsche Traktate aus dem Jahr 1990 und 1991 und ihre Konsequenzen für Schlesien; 15. Schlesische Konferenz. Groß Stein 2010. Konferenzberichte (Auswahl der Texte)]. - Gliwice 2012, s. 141-163.

1057. Pałys, Piotr: Czechosłowacja wobec powstań śląskich i plebiscytu [Die Tschechoslowakei gegenüber den Schlesischen Aufständen und der Volksabstimmung] // W: Plebiscyt i powstania śląskie 1919-1921 - po 90. latach [Volksabstimmung und schlesische Aufstände 1919-1921 - nach 90 Jahren] / red. Michał Lis, Leokadia Drożdż. - Opole 2012, s. 105-124.

1058. Pałys, Piotr: Dyplomacja jugosłowiańska wobec polsko-czechosłowackich kontrowersji granicznych z lat 1945-1947 [Die jugoslawische Diplomatie und die Grenzkontroversen zwischen Polen und Tschechoslowakei 1945-1947] // Studia Śląskie 71, 2012, s. 95-110; Res. 109-110.

1059. Pałys, Piotr: Dyplomacja jugosłowiańska wobec sporu o Kłodzkie po II wojnie światowej [Die jugoslawische Diplomatie im Streit um das Glatzer Land nach dem Zweiten Weltkrieg] // Kladský sborník 9, 2012, s. 265-275; Res. 275.

1060. Paráčová, Andrea: Z uhorsko-sliezskzch sporov o štátnu hranicu (na základě archivných prameňov zo Štátneho archívu Bytča) [From Hungarian and Silesian disputes about the state border (based in archive sources from the state Archive in Bytča)] // Těšínsko. Vlastivědný časopis 55, 2012, č. 2, s. 1-11; Res. 11.

1061. Senft, Stanisław: Przedwojenna granica polsko-niemiecka [Deutsch-polnische Grenze vor dem Krieg] // W: Colloquium Opole 2010. Polacy - Niemcy - Czesi. Sąsiedztwo w XXI wieku. Polsko-niemiecki traktat graniczny z 14 listopada 1990 roku - geneza i skutki [Colloquium Opole 2010. Polen - Deutsche - Tschechen. Nachbarschaft im 21. Jahrhundert. Deutsch-polnischer Grenzvertrag vom 14. November 1990 - Ursachen und Folgen] / red. Michał Lis, Aleksandra Trzcielińska-Polus, Leokadia Drożdż. - Opole 2011, s. 12-20.

1062. Senft, Stanisław: Wpływ plebiscytu i powstań śląskich na kształtowanie się granicy polsko-niemieckiej [Der Einfluss der Volksabstimmung und der schlesischen Aufstände auf die Entwicklung der deutsch-polnischen Grenze] // W: Plebiscyt i powstania śląskie 1919-1921 - po 90. latach [Volksabstimmung und schlesische Aufstände 1919-1921 - nach 90 Jahren] / red. Michał Lis, Leokadia Drożdż. - Opole 2012, s. 54-71, tabl.

1063. Simonides, Dorota: Traktaty polsko-niemieckie: kontekst polityczno-społeczny (relacja z Górnego Śląska) [Die deutsch-polnischen Verträge im sozialen und politischen Kontext (ein Bericht aus Oberschlesien)] // W: Colloquium Opole 2011. Polacy - Niemcy - Czesi sąsiedztwo w XXI wieku. Od wojny do dobrego sąsiedztwa [Colloquium Opole. Polen - Deutsche - Tschechen - Nachbarschaft im 21. Jahrhundert. Vom Krieg um die Grenze zur guten Nachbarschaft] / red. Monika Choroś, Maximilian Eiden, Bernard Linek. - Opole 2012, s. 37-45; Res. 45.

1064. Sobeczko, Helmut Jan: Pojednanie w Krzyżowej - wymuszony znak czy symbol pojednania? [Versöhnung in Kreisau - erzwungene Geste oder ein Symbol der Versöhnung?] // W: Stowarzyszenia, związki, bractwa, inicjatywy społeczne i ich znaczenie dla Śląska. Wczoraj, dziś, jutro. XIV Seminarium Śląskie. Kamień Śląski 2009. Traktaty polsko-niemieckie z 1990 i 1991 roku i ich konsekwencje dla Śląska; XV Seminarium Śląskie, Kamień Śląski 2010. Publikacja pokonferencyjna (wybór tekstów) [Gesellschaften, Verbände, Bruderschaften, gesellschaftliche Initiativen und ihre Bedeutung für Schlesien. Gestern, heute, morgen. 14. Schlesische Konferenz. Groß Stein 2009. Polnisch-deutsche Traktate aus dem Jahr 1990 und 1991 und ihre Konsequenzen für Schlesien; 15. Schlesische Konferenz. Groß Stein 2010. Konferenzberichte (Auswahl der Texte)]. - Gliwice 2012, s. 191-199.

1065. Szpaczyński, Przemysław: Wielkie poselstwo cesarza Rudolfa II na Sejm Rzeczypospolitej w 1593 r. [Große Gesandtschaft von Rudolf II. zum Sejm der Republik Polen im Jahr 1593] // Śląski Kwartalnik Historyczny Sobótka 67, 2012, nr 1, s. 79-87.

1066. Vávra, Jaroslav: Die Zukunft der Euroregion Neisse-Nisa-Nysa (ERN) - im Anderssein oder in der Verschiedenheit? // In: Regionale Identität und transnationale Räume in Ostmitteleuropa / Hrsg. Stefan Garsztecki, Christoph Waack, Ilona Scherm. - Dresden 2012, S. 173-187, 5 Abb., 5 Tab.

1067. Veit, Hans: Slawische Brüder streiten um das Glatzer Land // In: Die Grafschaft Glatz zwischen 1918-1946. Beiträge über eine schlesische Kulturlandschaft. Festschrift für Franz Jung zum 75. Geburtstag; apostolischer Protonotar, Großdechant und Visitator für die Priester und Gläubigen aus der Grafschaft Glatz 1983-2011 / Hrsg. Horst-Alfons Meißner, Michael Hirschfeld, Franz Jung. - Münster 2012, S. 471-482.

08 Bevölkerungsgeschichte – Ludność – Dějiny obyvatelstva

08.01. Allgemeines – Ogólne – Všeobecně

Zob. poz. / Siehe auch / Viz 260, 764, 1225, 3407.

1068. Dudziak, Maciej: Kolonizacja Ziem Zachodnich po 1945 roku [Besiedlung der Westlichen Gebiete nach 1945] // W: Europa Środkowa i Wschodnia jak przestrzeń spotkania. Na szlakach tradycji kultury. Praca zbiorowa [Mittel- und Osteuropa als Begegnungsraum. Auf den Wegen der Kulturtradition. Sammelband] / red. Klaudiusz Święcicki. - Gniezno 2012, s. 179-186.

1069. Kwak, Jan: Przemiany demograficzne w ośrodkach górniczo-hutniczych Górnego Śląska u progu wielkiej industrializacji (od końca XVIII do połowy XIX wieku) [Demographische Veränderungen in den Zentren für Bergbau und Hüttenwesen in Niederschlesien am Beginn der großen Industrialisierung (vom Ende des 18. bis zur Mitte des 19. Jahrhunderts)] // W: Przemiany demograficzne Europy Środkowej w czasach nowożytnych. T. 1 [Demographische Wandlungen in Mitteleuropa in der Neuzeit. Band 1] / red. Hanna Kurowska. - Zielona Góra 2010, s. 255-265.
Rec.: Kwaśny, Zbigniew // Przeszłość Demograficzna Polski. Materiały i Studia 31, 2012, s. 109-111.

1070. Rauziński, Robert: Obraz demograficzny społeczności ziemi strzeleckiej w latach 1945-2010 = Das demografische Bild der Bevölkerung des Groß Strehlitzer Landes in den Jahren 1945-2010 // W: Strzelczan album rodzinny. Od kołyski aż po grób = Groß Strehlitzer Familienalbum. Von der Wiege bis zum Grab / red. Marta Górka, Waldemar Gaida. - Strzelce Opolskie 2012, s. 183-190, fot., tabl.
Tekst w języku polskim i niemieckim. - Polnischer und deutscher Text.

1071. Węgrzyn, Dariusz: Kilka uwag o liczbie Górnoślązaków deportowanych do ZSRR w 1945 r. [Einige Anmerkungen zur Anzahl der in die Sowjetunion deportierten Oberschlesier 1945] // CzasyPismo. O historii Górnego Śląska 2012, nr 1, s. 80-85, fot. 3.

1072. Žáček, Rudolf / Korbelářová, Irena: Obyvatelstvo Rakouského Slezska v pozdně osvícenském období [Die Bevölkerung Österreichisch-Schlesiens in der Zeit der Spätaufklärung]. - Opava 2012, 77 s.; Res. 77.

08.02. Natürliche Bevölkerungsbewegung, Demographie – Ruch naturalny ludności, demografia – Přirozená měna obyvatel, demografie

Zob. poz. / Siehe auch / Viz 1092, 1125, 1165, 1190, 1297, 1546.

1073. Dokoupil, Lumír / Nesládková, Ludmila / Lipovski, Radek: Populační vývoj statutárních měst rakouské části Slezska v období demografického přechodu - města Opava, Frýdek a Bílsko [Population development of statutory towns in the Austrian part of Silesia in the period of demographic transformation - towns Opava, Frýdek and Bielsko] // Slezský sborník 110, 2012, č. 1-2, s. 27-46; Res. 27, 46.

1074. Kuropka, Ireneusz / Pisz, Zdzisław: Zmiany demograficzne a zadania polityki społecznej [Demographische Veränderungen als Aufgabe der Sozialpolitik] // W: Ludność Nadodrza 1946-2035. Uwarunkowania demograficzne rozwoju społecznego [Society of Nadodrze 1946-2035. Demografic conditions of social development] / red. Agata Zagórowska. - Opole 2012, s. 139-205, rys. 15, tabl. 7.

1075. Kühne, Ditmar: Ortsfamilienbuch Laskowitz, Kreis Ohlau - Schlesien. Evangelische

Kirchenbücher 1835-1852. - Plaidt 2012, VII, 542 S.
Deutsche Ortssippenbücher. Reihe A; 00.685

1076. Obrębalski, Marek: Demograficzne aspekty rozwoju Jeleniej Góry - uwarunkowania, kierunki zmian, problemy [Die demografischen Aspekte der Entwicklung von Jelenia Góra - Bedingungen, Tendenzen der Veränderungen, Probleme] // Rocznik Jeleniogórski 44, 2012, s. 13-20, tab. 7; Res. 20.

1077. Rauziński, Robert: Procesy demograficzne Nadodrza lat 1946-2010 [Demographische Prozesse im Odergebiet in den Jahren 1946-2010] // W: Ludność Nadodrza 1946-2035. Uwarunkowania demograficzne rozwoju społecznego [Society of Nadodrze 1946-2035. Demografic conditions of social development] / red. Agata Zagórowska. - Opole 2012, s. 11-70, map 20, tabl.

1078. Rauziński, Robert: Śląsk Opolski regionem kryzysu demograficznego [Das Oppelner Schlesien als demographische Krisenregion] // W: Społeczeństwo Śląska Opolskiego 1945-2011-2035 - aspekty społeczne, demograficzne i rynku pracy. T. 6 / red. Robert Rauziński, Teresa Sołdra-Gwiżdż. - Opole 2012, s. 27-63, map 7, tabl. 19.

1079. Rauziński, Robert / Zagórowska, Agata: Atlas demograficzny województw nadodrzańskich. Województwo Opolskie, Dolnośląskie, Lubuskie, Zachodniopomorskie [Demographischer Atlas der Woiwodschaften des Odergebiets. Woiwodschaften Oppeln, Niederschlesien, Lebus, Pommern]. - Opole 2012, ss. 112, mapy, tabl., wykr.

1080. Rechłowicz, Marcin / Tkocz, Maria: Wyludnienie tradycyjnych regionów górniczych Europy Środkowo-Wschodniej [Depopulation of Traditional Mining Regions in East-Central Europe] // Studia Demograficzne 2012, nr 2, s. 29-53, il. 5, tab. 3; Res. 52-53.

1081. Rostropowicz-Miśko, Marta: Sytuacja demograficzna Śląska Opolskiego po II wojnie światowej ze szczególnym uwzględnieniem pochodzenia regionalnego ludności [Die demographische Situation im Oppelner Schlesien nach dem Zweiten Weltkrieg mit besonderer Berücksichtigung der regionalen Herkunft der Bevölkerung] // W: Rodzina na Śląsku 1939-1945. Dezintegracja, migracje, codzienność [Die Familie in Schlesien 1939-1945. Desintegration -Migration-Alltag] / red. Adriana Dawid, Antoni Maziarz. - Opole 2012, s. 168-189, mapy, tabl.

1082. Siebel, Jacek: Ludność parafii bogucickiej (województwo śląskie) w latach 1738-1860 (na podstawie ksiąg metrykalnych) [Die Bevölkerung der Bogutschützer Pfarrgemeinde (schlesische Wojewodschaft) in den Jahren 1783-1860 (auf Grund der Matrikelbücher)]. - Katowice 2012, ss. 383, fot. 29, tab. 123; Res. 377-383.

1083. Spychała, Jerzy: Ruch naturalny ludności na przykładzie mieszkańców parafii Strzelce Opolskie w latach 1766-1870 = Die natürliche Bevölkerungsbewegung am Beispiel der Einwohner der Pfarrei Groß Strehlitz in den Jahren 1766-1870 // W: Strzelczan album rodzinny. Od kołyski aż po grób = Groß Strehlitzer Familienalbum. Von der Wiege bis zum Grab / red. Marta Górka, Waldemar Gaida. - Strzelce Opolskie 2012, s. 83-92, fot.
Tekst w języku polskim i niemieckim. - Polnischer und deutscher Text.

1084. Vogel, Ingolf: Trauungen Ortsfremder im Kirchenbuch von Deutsch Neukirch in Oberschlesien zwischen 1689 und 1719 // Zeitschrift für Ostdeutsche Familiengeschichte 21 (60), 2012, H. 3, S. 382-386.

08.03. Migration – Migracje – Migrace

Zob. poz. / Siehe auch / Viz 386, 409, 411, 414, 735, 801, 809, 815, 823, 1025, 1091, 1142, 1175, 1407, 1431, 1523, 1560, 1598, 1710, 1720, 1730, 1950, 2630, 2681, 2717, 2894, 3049, 3051-3052, 3227, 3451.

1085. Bereś, Stanisław: Pamięć ocalonych [Gedenken an die Überlebenden] // W: Kresowe dziedzictwo. Studia nad językiem, historią i kulturą [Das Grenzgebiet-Erbe. Studien zur Sprache, Geschichte und Kultur] / red. Anna

Burzyńska-Kamieniecka, Małgorzata Misiak, Jan Kamieniecki. - Wrocław 2012, s. 277-292; Res. 293.
Dot. spisywania i dokumentowania przez Jana Bilińskiego historii ludzi osiedlonych po wojnie na Ziemiach Zachodnich. - Betr. Niederschrift und Dokumentation der nach dem Krieg in den Westgebieten angesiedelten Bevölkerung durch Jan Biliński.

1086. Bergman, Paweł: Kształtowanie się wielkomiejskiej populacji Wrocławia od 1945 roku w świetle zmian struktury pochodzenia regionalnego i struktury społecznej ze szczególnym uwzględnieniem zmian struktury zawierania małżeństw [Entwicklung der großstädtischen Population Breslaus ab 1945 im Lichte der Strukturveränderungen regionaler Herkunft und gesellschaftlicher Strukturen mit besonderer Berücksichtigung der Veränderungen der Strukturen der Eheschließung] // W: Rodowód kulturowy współczesnego Wrocławia [Kulturelle Herkunft des heutigen Breslau] / red. Włodzimierz Wysoczański. - Wrocław 2012, s. 63-86, tab.

1087. Bielecka, Maria: Pionierzy Bierutowa [Pioniere von Bernstadt] // Kwartalnik Powiatu Oleśnickiego 2012, nr 1-2 (27-28), s. 20-32, il. 10.

1088. Dworzak, Elżbieta / Goc, Małgorzata: Pochodzenie terytorialne ludności napływowej i geografii powojennych osiedleń na wsi opolskiej. Zestawienie danych źródłowych z zachowań rejestrów osiedlowych i protokołów przekazania gospodarstw [Territoriale Herkunft der Zuwanderer und Geografie der Ansiedlungen in den Oppelner Dörfern nach dem Krieg. Aufstellung der Quelldaten aus den erhaltenen Besiedlungsregistern und Protokollen der Bauernhofübergaben]. - Opole 2011, ss. 493. tabl.
Opolski Rocznik Muzealny XVIII, cz. 2.
Rec.: Duda, Jerzy: Z ziem utraconych na ziemie odzyskane. Geografia powojennych osiedleń na wsi opolskiej [Von den verlorenen in die wiedergewonnenen Gebiete. Geographie der nachkriegszeitlichen Besiedlungen in Oppelner Dörfern] // Indeks. Pismo Uniwersytetu Opolskiego 2012, nr 1-2, s. 79-81.

1089. Dybowska, Joanna: Migracje a stan ludności w województwie opolskim [Migrationen und Lage der Bevölkerung in der Woiwodschaft Oppeln] // W: Społeczeństwo Śląska Opolskiego 1945-2011-2035 - aspekty społeczne, demograficzne i rynku pracy. T. 6 / red. Robert Rauziński, Teresa Sołdra-Gwiżdż. - Opole 2012, s. 105-112, tabl. 4.

1090. Fic, Maciej: Migracje ludności Bytomia na tle Gliwic i Zabrza w latach 1945-1950 [Bevölkerungsmigration Beuthens im Vergleich mit Gleiwitz und Zabrze in den Jahren 1945-1950] // W: Bytom w cieniu totalitaryzmów. Szkice z dziejów miasta 1933-1939 [Beuthen im Schatten der Totalitarismen. Skizzen aus der Stadtgeschichte 1933-1939] / red. Sebastian Rosenbaum. - Katowice 2012, s. 125-142, tab. 5.

1091. Gawlas, Sławomir: Średniowieczne migracje w Polsce i na Śląsku: problemy i zjawiska [Mittelalterliche Migrationen in Polen und Schlesien: Probleme und Erscheinungen] // W: Podróże i migracje w Europie Środkowej [Reisen und Migrationen in Mitteleuropa] / red. Antoni Barciak ; wprowadz. Małgorzata Mańka-Szulik. - Katowice 2012, s. 26-44; dt. Res. 43-44.

1092. Goc, Małgorzata: Osiedlenia wiejskiej ludności pochodzenia kresowego na Opolszczyźnie [Ansiedlungen der Landbevölkerung aus den Kresy [polnischen Ostgebieten] im Oppelner Land] // W: Kresowianie na Górnym Śląsku [Bewohner der ehemaligen polnischen Ostgebiete in Oberschlesien] / red. Bogusław Tracz. - Katowice 2012, s. 83-101, ryc. 6, tab. 8.

1093. Hahn, Eva / Hahn, Hans Henning: Die Vertreibung im deutschen Erinnern. Legenden, Mythos, Geschichte. - Paderborn 2010, 839 S.
Rec.: Badstübner, Rolf // Zeitschrift für Geschichtswissenschaft 60, 2012, H. 2, S. 195-197; Stickler, Matthias // Vierteljahrschrift für Sozial- und Wirtschaftsgeschichte 99, 2012, H. 3, S. 366-367.

1094. Jończy, Romuald: Migracje z powiatu strzeleckiego = Auswanderung aus dem Kreis Groß Strehlitz // W: Strzelczan album rodzinny. Od kołyski aż po grób = Groß Strehlitzer Familienalbum. Von der Wiege bis zum Grab / red. Marta Górka, Waldemar Gaida. - Strzelce Opolskie 2012, s. 169-182, fot.
Tekst w języku polskim i niemieckim. - Polnischer und deutscher Text.

1095. Lexikon der Vertreibungen. Deportation, Zwangsaussiedlung und ethnische Säuberung im Europa des 20. Jahrhunderts / Hrsg. Detlef

Brandes, Holm Sundhaussen, Stefan Troebst, Kristina Kaiserová, Krzysztof Ruchniewicz, Dmytro Myeshkov. - Wien 2010, 801 S.
Rec.: Borchers, Roland // Osteuropa 62, 2012, H. 3, S. 180-181.

1096. Linek, Bernard: Wysiedlenia - przesiedlenia - wyjazdy = Aussiedlungen - Umsiedlungen - Ausreisen // W: Strzelczan album rodzinny. Od kołyski aż po grób = Groß Strehlitzer Familienalbum. Von der Wiege bis zum Grab / red. Marta Górka, Waldemar Gaida. - Strzelce Opolskie 2012, s. 43-56, fot.
Tekst w języku polskim i niemieckim. - Polnischer und deutscher Text.

1097. Maksymowicz, Anitta: Emigracja z pogranicza Brandenburgii, Śląska i Wielkopolski do Australii Południowej w latach 1838-1914 [Auswanderung aus der Grenzregion von Brandenburg, Schlesien und Großpolen nach Südaustralien in den Jahren 1838-1914]. - Zielona Góra 2011, ss. 382, il., tab., wykr.
Rec.: Nodzyński, Tomasz // Studia Zachodnie 14, 2012, s. 342-346.

1098. Maksymowicz, Anitta: Początki życia na emigracji na przykładzie dwóch pierwszych polskich osad zamorskich - Panna Maria w Teksasie i Polish Hill River w Australii Południowej. Analogie i różnice [Beginn des Lebens in der Emigration am Beispiel zweier polnischer überseeischer Siedlungen - Panna Maria in Texas und Polish Hill River in Südaustralien. Analogien und Unterschiede] // W: Historia, kultura, muzeum [Geschichte, Kultur, Museum] / red. Anitta Maksymowicz. - Zielona Góra 2012, s. 77-98.
Dot. emigracji z Górnego Śląska do USA i z Wielkopolski do Australii. - Betr. Auswanderung aus Oberschlesien in die USA und aus Großpolen nach Australien.

1099. Marszalska, Jolanta M.: Migracje ludności pogranicza Śląska i Wielkopolski w pierwszej połowie XVII wieku [Die Migrationen der Bevölkerung der Grenzgebiete Schlesiens und Großpolens in der 1. Hälfte des 17. Jahrhunderts] // W: Podróże i migracje w Europie Środkowej [Reisen und Migrationen in Mitteleuropa] / red. Antoni Barciak ; wprowadz. Małgorzata Mańka-Szulik. - Katowice 2012, s. 96-104; dt. Res. 104.

1100. Miroszewski, Kazimierz: Wpływ konferencji poczdamskiej na migrację ludnosci z tzw. Ziem Odzyskanych [Der Einfluss der Potsdamer Konferenz auf die Migration der Bevölkerung aus den sog. Wiedergewonnenen Gebieten] // W: Podróże i migracje w Europie Środkowej [Reisen und Migrationen in Mitteleuropa] / red. Antoni Barciak ; wprowadz. Małgorzata Mańka-Szulik. - Katowice 2012, s. 174-190; dt. Res. 190.

1101. Pietsch, Martina: Görlitz-Zgorzelec als Brennpunkt der Migrationsgeschichte von acht Jahrzehnten. Das Projekt „Lebenswege ins Ungewisse" des Schlesischen Museums zu Görlitz // Volkskunde in Sachsen 24, 2012, S. 187-206, Abb.

1102. Rauer, Hans-Joachim: Schlesier // In: Unter Fremden? Flüchtlinge und Vertriebene in der hannoverschen Landeskirche nach dem Zweiten Weltkrieg / Hrsg. Ernst Kampermann, Hans-Joachim Rauer, Hans Otte. - Hannover 2012, S. 20-64.

1103. Schwanitz, Jürgen: Kirchlicher Suchdienst und Heimatortskartei (HOK) // In: Auf historischer Spurensuche im Bobertal 2011/2012. Aktuelle Forschungsergebnisse von und für Regionalforscher, Ortschronisten, Genealogen und Historiker im niederschlesischen Riesengebirge / Hrsg. Ulrich Schmilewski, Jürgen Schwanitz. - Würzburg 2012, S. 259-267, Abb.

1104. Senft, Stanisław: Procesy migracyjne na Śląsku w XIX i XX wieku [Migrationsprozesse in Schlesien im 19. und 20. Jahrhundert] // W: Na tropach twórczości i czasów minionych. Księga jubileuszowa ofiarowana Profesorowi Damianowi Tomczykowi [Auf den Spuren des Schaffens und der vergangenen Zeiten. Festschrift für Professor Damian Tomczyk] / red. Marek Cetwiński, Agnieszka Czajkowska. - Częstochowa 2012, s. 205-218.

1105. Spyra, Janusz: Stale w drodze. O migracjach Żydów i Cyganów w okresie nowożytnym na przykładzie Śląska Cieszyńskiego [Ständig unterwegs. Über Migrationen der Juden sowie Sinti und Roma in der Neuzeit am Beispiel des Teschener Schlesiens] // W: Podróże i migracje w Europie Środkowej [Reisen und Migrationen in Mitteleuropa] / red. Antoni Barciak ; wprowadz. Małgorzata Mańka-Szulik. - Katowice 2012, s. 105-123; dt. Res. 122-123.

1106. Stola, Dariusz: Śląsk na tle migracji europejskich drugiej połowy XX wieku [Schlesien im Vergleich zu europäischen Migrationen der zweiten Hälfte des 20. Jahrhunderts] // W: Podróże i migracje w Europie Środkowej [Reisen und Migrationen in Mitteleuropa] / red. Antoni Barciak ; wprowadz. Małgorzata Mańka-Szulik. - Katowice 2012, s. 13-25.

1107. Suleja, Włodzimierz: Trudny proces zakorzeniania. Kresowiacy na Dolnym Śląsku [Schwerer Verankerungsprozess. „Kresy-Bewohner" [Bewohner der ehemaligen polnischen Ostgebiete] in Niederschlesien] // W: Kresowe dziedzictwo. Studia nad językiem, historią i kulturą [Das Grenzgebiet-Erbe. Studien zur Sprache, Geschichte und Kultur] / red. Anna Burzyńska-Kamieniecka, Małgorzata Misiak, Jan Kamieniecki. - Wrocław 2012, s. 269-274; Res. 274-275.

1108. Syrnyk, Jarosław: Wokół akcji „Wisła" [Die Gegend um Aktion „Weichsel"] // W: Kresowe dziedzictwo. Studia nad językiem, historią i kulturą [Das Grenzgebiet-Erbe. Studien zur Sprache, Geschichte und Kultur] / red. Anna Burzyńska -Kamieniecka, Małgorzata Misiak, Jan Kamieniecki. - Wrocław 2012, s. 295-304; Res. 304.
Dot. przesiedleń Ukraińców, w tym na Dolny Śląsk. - Betr. die Umsiedlungen von Ukrainern u.a. nach Niederschlesien.

1109. Tracz, Bogusław: Górnośląscy kresowianie [Oberschlesische „Kresy-Bewohner" [Bewohner der ehemaligen polnischen Ostgebiete]] // CzasyPismo. O historii Górnego Śląska 2012, nr 1, s. 86-93, fot. 5.

1110. Veit, Hans: Lebenslauf in ein zerklüftetes Jahrhundert // In: Die Grafschaft Glatz zwischen 1918-1946. Beiträge über eine schlesische Kulturlandschaft. Festschrift für Franz Jung zum 75. Geburtstag; apostolischer Protonotar, Großdechant und Visitator für die Priester und Gläubigen aus der Grafschaft Glatz 1983-2011 / Hrsg. Horst-Alfons Meißner, Michael Hirschfeld, Franz Jung. - Münster 2012, S. 19-32.
Dot. wspomnień nauczyciela Franz Tautza z terenu powiatu kłodzkiego. - Erinnerungen des Lehrers Franz Tautz aus dem Gebiet des Kreises Glatz.

1111. Wiktor, Zbigniew: Pamięci naszych przodków [Seligen Angedenkens an unsere Vorfahren] // Dolny Śląsk 17, 2012, s. 184-191.

1112. Zabierowski, Marek: Pochodzenie terytorialne osadników osiedlonych na ziemi głubczyckiej w latach 1945-1948 (III) [Territoriale Herkunft der im Leobschützer Land angesiedelten Siedler in den Jahren 1945-1948 (III)] // Semper Fidelis. Pismo Miłośników Lwowa i Kresów Południowo-Wschodnich 2012, nr 2 (125), s. 56-61.

08.04. Bevölkerungsgruppen – Grupy etniczne – Národnosti

08.04.01. Deutsche – Niemcy – Němci

Zob. poz. / Siehe auch / Viz 414, 970, 1044, 1063, 1096, 1216, 1312, 1425, 1429, 1679, 1850, 2059, 2281, 2717.

1113. Browarek, Tomasz: Życie organizacyjne mniejszości niemieckiej w Polsce po roku 1989 [Organisationsleben der deutschen Minderheit in Polen nach 1989] // W: Mobilizacja i etniczność. Procesy mobilizacji mniejszości narodowych i etnicznych w województwie zachodniopomorskim na tle doświadczeń grup narodowościowych w innych regionach / red. Marzenna Giedrojć, Dorota Kowalewska, Małgorzata Mieczkowska. - Szczecin 2012, s. 201-218.
Dot. Śląska. - Betr. Schlesien.

1114. Gonschior, Josef: Uwagi do działalności związkowej społeczno-kulturalnych stowarzyszeń mniejszości niemieckiej w kontekście stosunków polsko-niemieckich [Anmerkungen zur gesellschaftlich-kulturellen Verbandstätigkeit der Gesellschaften der deutschen Minderheit im Kontext der deutsch-polnischen Beziehungen] // W: Stowarzyszenia, związki, bractwa, inicjatywy społeczne i ich znaczenie dla Śląska. Wczoraj, dziś, jutro. XIV Seminarium Śląskie.

Kamień Śląski 2009. Traktaty polsko-niemieckie z 1990 i 1991 roku i ich konsekwencje dla Śląska; XV Seminarium Śląskie, Kamień Śląski 2010. Publikacja pokonferencyjna (wybór tekstów) [Gesellschaften, Verbände, Bruderschaften, gesellschaftliche Initiativen und ihre Bedeutung für Schlesien. Gestern, heute, morgen. 14. Schlesische Konferenz. Groß Stein 2009. Polnisch-deutsche Traktate aus dem Jahr 1990 und 1991 und ihre Konsequenzen für Schlesien; 15. Schlesische Konferenz. Groß Stein 2010. Konferenzberichte (Auswahl der Texte)]. - Gliwice 2012, s. 84-93, tab. 4, wykr. 1.

1115. Hanich, Andrzej: Losy ludności na Śląsku Opolskim w czasie działań wojennych i po wejściu Armii Czerwonej w 1945 roku [Das Schicksal der Bevölkerung im Oppelner Schlesien während der Kriegshandlungen und nach dem Einmarsch der Roten Armee im Jahre 1945] // Studia Śląskie 71, 2012, s. 197-227, tab. 1; Res. 226-227.

1116. Jojko, Adrian A.: Piętno niemieckości. Sytuacja w Mikołowie po 1945 r. [Die Spuren des Deutschtums. Die Situation in Nikolai nach 1945] // W: Z dziejów Mikołowa w XX wieku. Wybrane zagadnienia [Aus der Geschichte von Nikolai im 20. Jahrhundert. Ausgewählte Themen] / red. Grzegorz Bębnik. - Katowice 2012, s. 92-106, il. 6.

1117. Linek, Bernard: Próby organizowania się ludności niemieckiej na Górnym Śląsku w Polsce ludowej [Versuch der Organisierung der deutschen Bevölkerung in Oberschlesien in Volkspolen] // W: Stowarzyszenia, związki, bractwa, inicjatywy społeczne i ich znaczenie dla Śląska. Wczoraj, dziś, jutro. XIV Seminarium Śląskie. Kamień Śląski 2009. Traktaty polsko-niemieckie z 1990 i 1991 roku i ich konsekwencje dla Śląska; XV Seminarium Śląskie, Kamień Śląski 2010. Publikacja pokonferencyjna (wybór tekstów) [Gesellschaften, Verbände, Bruderschaften, gesellschaftliche Initiativen und ihre Bedeutung für Schlesien. Gestern, heute, morgen. 14. Schlesische Konferenz. Groß Stein 2009. Polnisch-deutsche Traktate aus dem Jahr 1990 und 1991 und ihre Konsequenzen für Schlesien; 15. Schlesische Konferenz. Groß Stein 2010. Konferenzberichte (Auswahl der Texte)]. - Gliwice 2012, s. 69-83, fot. 1.

1118. Lis, Michał: Mniejszość niemiecka na Śląsku Opolskim a granica na Odrze i Nysie Łużyckiej [Die deutsche Minderheit im Oppelner Schlesien und die Grenze an der Oder und der Lausitzer Neisse] // W: Colloquium Opole 2010. Polacy - Niemcy - Czesi. Sąsiedztwo w XXI wieku. Polsko-niemiecki traktat graniczny z 14 listopada 1990 roku - geneza i skutki [Colloquium Opole 2010. Polen - Deutsche - Tschechen. Nachbarschaft im 21. Jahrhundert. Deutsch-polnischer Grenzvertrag vom 14. November 1990 - Ursachen und Folgen] / red. Michał Lis, Aleksandra Trzcielińska-Polus, Leokadia Drożdż. - Opole 2011, s. 162-181, tabl.

1119. Łukaniszyn, Katarzyna: Rola organizacji mniejszości niemieckiej w rozwoju społeczno-gospodarczym i integracji społecznej województwa opolskiego [Die Bedeutung der Organisationen der deutschen Minderheit bei der gesellschaftlich-wirtschaftlichen Entwicklung und der gesellschaftlichen Integration der Oppelner Woiwodschaft] // Studia Politicae Universitatis Silesiensis 9, 2012, s. 205-226, wykr. 3, tab. 5; Res. 205.

1120. Madajczyk, Piotr: Mniejszość niemiecka w Polsce w XX wieku [Die deutsche Minderheit in Polen im 20. Jahrhundert] // W: Colloquium Opole 2011. Polacy - Niemcy - Czesi sąsiedztwo w XXI wieku. Od wojny do dobrego sąsiedztwa [Colloquium Opole. Polen - Deutsche - Tschechen - Nachbarschaft im 21. Jahrhundert. Vom Krieg um die Grenze zur guten Nachbarschaft] / red. Monika Choroś, Maximilian Eiden, Bernard Linek. - Opole 2012, s. 53-67, mapy; Res. 66-67.

1121. Nitschke, Bernadetta: Związek Niemieckich Stowarzyszeń Społeczno-Kulturalnych w Polsce - geneza, formy działalności i perspektywy [Verband der deutschen sozial-kulturellen Gesellschaften in Polen - Genese, Tätigkeitsformen und Perspektiven] // W: Mobilizacja i etniczność. Procesy mobilizacji mniejszości narodowych i etnicznych w województwie zachodniopomorskim na tle doświadczeń grup narodowościowych w innych regionach / red. Marzenna Giedrojć, Dorota Kowalewska, Małgorzata Mieczkowska. - Szczecin 2012, s. 189-200.
Dot. także Śląska. - Betr. auch Schlesien.

1122. Oleksiewicz, Joanna: Mniejszość niemiecka na Śląsku po drugiej wojnie światowej do roku 1991 [Die deutsche Minderheit in Schlesien nach dem Zweiten Weltkrieg bis zum Jahr 1991] // W: Kultura - literatura - język - pogranicza komparatystyki. Prace ofiarowane Profesorowi Lechowi Kolago w 70. rocznicę urodzin. [T. 1] [Kultur - Literatur - Sprache - Gebiete der Komparatistik. Festschrift für Herrn Professor Lech Kolago zum 70. Geburtstag. Bd. 1] / red./Hrsg. von Katarzyna Grzywka ; współpr. Małgorzata Filipowicz [et al.]. - Warszawa 2012, s. 392-398.

1123. Pelka, Daniela: Schlesisches in einer deutsch-polnischen Minderheitenzeitung: Zu den Überschriften der „Krystofek"-Texte im „Schlesischen Wochenblatt" // In: Zweisprachigkeit als Herausforderung und Chance / Hrsg. Maria Katarzyna Lasatowicz, Dennis Scheller-Boltz. - Berlin 2012, S. 171-194.

1124. Rutsch, Hans-Dieter: Die letzten Deutschen. Schicksale aus Schlesien und Ostpreußen. - Berlin 2012, 282 S., Abb.

1125. Wróblewski, Piotr: Konflikty etniczne na Górze św. Anny. Polacy i mniejszość niemiecka [Ethnische Konflikte am Sankt Annaberg. Polen und die deutsche Minderheit] // Górnośląskie Studia Socjologiczne. Seria nowa 3, 2012, s. 64-81, tab. 1; Res. 64.

08.04.02. Polen – Polacy – Poláci

Zob. poz. / Siehe auch / Viz 10, 242, 300, 739, 775, 1044, 1063, 1081, 1115, 1312, 1490, 1911, 1937, 2595, 2839.

1126. Friedl, Jiří: K dějinam polské menšiny v Československu 1921-1989 (se zvláštním zřetelem na léta 1945-1949) [Zur Geschichte der polnischen Minderheit in der Tschechoslowakei in den Jahren 1921 bis 1989 (mit besonderer Berücksichtigung der Jahre 1945 bis 1949)] // W: Colloquium Opole 2011. Polacy - Niemcy - Czesi sąsiedztwo w XXI wieku. Od wojny do dobrego sąsiedztwa [Colloquium Opole. Polen - Deutsche - Tschechen - Nachbarschaft im 21. Jahrhundert. Vom Krieg um die Grenze zur guten Nachbarschaft] / red. Monika Choroś, Maximilian Eiden, Bernard Linek. - Opole 2012, s. 77-91; Res. 90-91.

1127. Heller, Michał: Ludność polska Górnego Śląska 1848-1918. Zmiany pokoleniowe i ewolucja [Die polnische Bevölkerung Oberschlesiens 1848-1918. Generationsänderungen und -entwicklung]. - Bielsko-Biała 2012, ss. 91.

1128. Janiszewski, Dariusz: Sytuacja Polaków na obszarze rejencji opolskiej w roku 1939 [Situation der polnischen Bevölkerung im Gebiet des Regierungsbezirks Oppeln im Jahre 1939] // W: Na tropach twórczości i czasów minionych. Księga jubileuszowa ofiarowana Profesorowi Damianowi Tomczykowi [Auf den Spuren des Schaffens und der vergangenen Zeiten. Festschrift für Professor Damian Tomczyk] / red. Marek Cetwiński, Agnieszka Czajkowska. - Częstochowa 2012, s. 219-231.

1129. Státní politika vůči polské menšině na Těšínsku v letech 1945-1949, Výběrová edice dokumentu [Die staatliche Politik gegenüber der polnischen Minderheit im Teschener Schlesien in den Jahren 1945-1949. Dokumentenauswahl] / ed. Jiří Friedl. - Praha; Český Těšín 2011, 623 s.
Bibliotheca Tessinensis; V, Seria Bohemica; 3.
Rec.: Baran, Ivo // Slezský sborník 110, 2012, č. 1-2, s. 150-151; Polnar, Stanislav // Acta historica Universitatis Silesianae Opaviensis 5, 2012, s. 261.

1130. Szpyrc, Antoni: Polskie ślady na grobach i nagrobkach cmentarza w Jabłonkowie [Polnische Spuren auf Gräbern und Grabsteinen des Friedhofs in Jablunkau] // Zwrot. Miesięcznik społeczno-kulturalny Polskiego Związku Kulturalno-Oświatowego w Republice Czeskiej 63, 2012, nr 10, s. 33-35, il. 12.

1131. Zahradnik, Stanisław: Od większości do mniejszości [Von der Mehrheit zur Minderheit] // Zwrot. Miesięcznik społeczno-kulturalny Polskiego Związku Kulturalno-Oświatowego w Republice Czeskiej 63, 2012, nr 1, s. 30-33, il. 1, map 1.
Dot. ludności polskiej na Zaolziu. - Betr. Polen im Olsa-Gebiet.

08.04.03. Tschechen – Czesi – Češi

Zob. poz. / Siehe auch / Viz 1003, 1777, 2595.

1132. Karbanová, Pavla: Bruzovská beseda. Příspěvek k dějinám českého národního hnutí na Těšínsku [Bruzovská beseda. A Contribution to the History of the Czech national Movement in the Těšín Region] // Těšínsko. Vlastivědný časopis 55, 2012, č. 3, s. 10-23.

1133. Milerski, Osvald: Vliv zahraničních investic na ekonomickou transformaci v Moravskoslezském kraji [Die Auswirkung ausländischer Investitionen auf die wirtschaftliche Transformation in der Region Mährisch-Schlesien] // W: Colloquium Opole 2011. Polacy - Niemcy - Czesi sąsiedztwo w XXI wieku. Od wojny do dobrego sąsiedztwa [Colloquium Opole. Polen - Deutsche - Tschechen - Nachbarschaft im 21. Jahrhundert. Vom Krieg um die Grenze zur guten Nachbarschaft] / red. Monika Choroś, Maximilian Eiden, Bernard Linek. - Opole 2012, s. 204-220; Res. 219-220.

1134. Uczkiewicz, Katarzyna: Czeska przyjaźń na pruskim uniwersytecie [Tschechische Freundschaft an der preußischen Universität] // Pamięć i Przyszłość 2012, nr 3 (17), s. 71-75.
Dot. Jana Evangelisty Purkyněgo i Františka Ladislava Čelakovskýego. - Betr. Jan Evangelista Purkyně und František Ladislav Čelakovský.

08.04.04. Slowaken – Słowacy – Slováci

Zob. poz. / Siehe auch / Viz 1088, 1797.

08.04.09. Juden – Żydzi – Židé

Zob. poz. / Siehe auch / Viz 299, 391, 875, 986, 1105, 1669, 1676, 1743, 1744-1745, 1816, 1939, 1957, 2048, 2139-2140, 2367, 2467, 2558, 2685, 2751, 2757, 2765-2766, 2783, 2894, 2907, 2913, 2951, 3083, 3313.

1135. Baránek, Daniel: Život mimo ghetto: zrod židovského náboženského společenství na Frýdecko-Místecku [Life outside a ghetto: the birth of the Jewish religious community in the region of Frýdek-Místek] // In: Historica Olomucensia. Sborník prací historických XXIX. Historie 2010. Sborník prací z 16. celostátní studentské vědecké konference konané 31. března a 1. dubna 2011 v Olomouci [Historica Olomucensia. Sammelband historischer Arbeiten XXIX. Geschichte 2010. Sammelband mit Beiträgen der 16. gesamtstaatlichen studentischen Konferenz vom 31. März und 1. April 2011 in Olmütz] / ed. Ivana Koucká, Martin Barus. - Olomouc 2012, s. 193-216; Res. 215-216.

1136. Bądkowski, Artur: Żydzi na Środkowym Nadodrzu w dokumentach Powiatowego Urzędu Bezpieczeństwa Publicznego w Żarach (1945-1956) [Jews in the Central Nadodrze in the documents of the District Office of Public Security in Żary (1945-1956)] // W: Władze wobec kościołów i związków wyznaniowych na Środkowym Nadodrzu w latach 1945-1956 [Die Regierung gegenüber den Kirchen und Glaubensgemeinschaften im Mittleren Odergebiet in den Jahren 1945-1956] / red. Elżbieta Wojcieszyk. - Poznań 2012, s. 171-178; Res. 178.

1137. Bereszyński, Zbigniew: Represyjne działania władz komunistycznych na Opolszczyźnie wobec osób pochodzenia żydowskiego w latach sześćdziesiątych i siedemdziesiątych XX wieku [Repressionen der kommunistischen Macht gegen Bürger jüdischer Abstammung im Oppelner Land in den 1960er-70er Jahren.] // W: Żydzi na Górnym Śląsku w XIX i XX wieku [Juden in Oberschlesien im 19. und 20. Jahrhundert] / red. Beata Kalinowska-Wójcik, Dawid Keller. - Rybnik 2012, s. 347-365, fot. 1.

1138. Bujkiewicz, Zbigniew: Ekonomiczne podstawy rozwoju gminy żydowskiej w Zielonej Górze w XIX wieku [Die ökonomische Basis der Entwicklung der jüdischen Gemeinde in Grünberg im 19. Jahrhundert] // W: Historia, kultura, muzeum [Geschichte, Kultur, Museum] / red. Anitta Maksymowicz. - Zielona Góra 2012, s. 65-75, tab.

1139. Curilla, Wolfgang: Der Judenmord in Polen und die deutsche Ordnungspolizei 1939-1945. - Paderborn 2011, 1035 S.
Rec.: Musial, Bogdan // Historische Zeitschrift 295, 2012, H. 2, S. 567-568; Augustinovic, Werner // Zeitschrift der Savigny-Stiftung für Rechtsgeschichte / Germ. Abteilung 2012, H. 129, S. 879-881.

1140. Czapliński, Marek Paweł: Sierociniec żydowski w Rybniku w latach 1893-1922 [Das jüdische Waisenhaus in Rybnik in den Jahren 1893-1922] // W: Żydzi na Górnym Śląsku w XIX i XX wieku [Juden in Oberschlesien im 19. und 20. Jahrhundert] / red. Beata Kalinowska-Wójcik, Dawid Keller. - Rybnik 2012, s. 99-134, il. 3.

1141. Delowicz, Jan: Społeczność żydowska w Żorach na przełomie XIX i XX wieku [Die jüdische Bevölkerung in Sohrau um die Wende vom 19. ins 20. Jh.] // W: Żydzi na Górnym Śląsku w XIX i XX wieku [Juden in Oberschlesien im 19. und 20. Jahrhundert] / red. Beata Kalinowska-Wójcik, Dawid Keller. - Rybnik 2012, s. 481-494, fot. 3.

1142. Doppmeier, Gerald: Auswanderung und Deportation der Juden // In: Die Grafschaft Glatz zwischen 1918-1946. Beiträge über eine schlesische Kulturlandschaft. Festschrift für Franz Jung zum 75. Geburtstag; apostolischer Protonotar, Großdechant und Visitator für die Priester und Gläubigen aus der Grafschaft Glatz 1983-2011 / Hrsg. Horst-Alfons Meißner, Michael Hirschfeld, Franz Jung. - Münster 2012, S. 325-337.

1143. Doppmeier, Gerald: Die Juden in den Bädern // In: Die Grafschaft Glatz zwischen 1918-1946. Beiträge über eine schlesische Kulturlandschaft. Festschrift für Franz Jung zum 75. Geburtstag; apostolischer Protonotar, Großdechant und Visitator für die Priester und Gläubigen aus der Grafschaft Glatz 1983-2011 / Hrsg. Horst-Alfons Meißner, Michael Hirschfeld, Franz Jung. - Münster 2012, S. 313-321.

1144. Duda-Seifert, Magdalena / Mikołajczak, Tomasz: Dziedzictwo kulturowe Żydów wrocławskich i jego upamiętnienia - ocena stanu zagospodarowania i wykorzystania na potrzeby turystyki [Kulturelles Erbe der Breslauer Juden und dessen Verewigung - Bewertung der Nutzbarmachung und seine Nutzung für den Tourismus] // W: Kultura i turystyka. Wspólne korzenie [Kultur und Touristik. Gemeinsame Wurzeln] / red. Bogdan Włodarczyk, Beata Krakowiak. - Łódź 2012, s. 329-347, tab.

1145. Duda-Seifert, Magdalena / Mikołajczak, Tomasz: Żydowskie miejsca kultu i cmentarze Wrocławia - zmiany w czasie i przestrzeni [Jüdische Kultstätten und Breslauer Friedhöfe - Veränderung im Zeit und Raum] // W: Krajobrazy zdefiniowane - znaki i symbole w krajobrazie. Praca zbiorowa [Definierte Landschaften - Zeichen und Symbole in der Landschaft. Ein Sammelwerk] / red. Janusz Łach, Anna Zaręba. - Wrocław 2012, s. 85-104, il., pl.

1146. Dudała, Halina: Konwersje Żydów na katolicyzm na Górnym Śląsku (XVII-XIX w.) [Judenkonversion zum Katholizismus in Oberschlesien (17.-19 Jh.)] // W: Żydzi na Górnym Śląsku w XIX i XX wieku [Juden in Oberschlesien im 19. und 20. Jahrhundert] / red. Beata Kalinowska-Wójcik, Dawid Keller. - Rybnik 2012, s. 39-60, il. 5.

1147. Dudek, Beate: Żydzi w Bytomiu w XIX wieku [Die jüdischen Bürger in Beuthen im Laufe des 19. Jahrhunderts] // W: Żydzi na Górnym Śląsku w XIX i XX wieku [Juden in Oberschlesien im 19. und 20. Jahrhundert] / red. Beata Kalinowska-Wójcik, Dawid Keller. - Rybnik 2012, s. 421-436.

1148. Eiden, Maximilian: Von Schlesien nach Israel. Juden aus einer deutschen Provinz zwischen Verfolgung und Neuanfang. - Görlitz 2010, 112 S.
Rec.: Ziątkowski, Leszek // Śląski Kwartalnik Historyczny Sobótka 67, 2012, nr 3, s. 138-141.

1149. Friedla, Katharina: Ego-Dokumente als Quellen zu Lebenswelten der Breslauer Juden // In: Zeitzeugenberichte zur Kultur und Geschichte der Deutschen im östlichen Europa im 20. Jahrhundert. Neue Forschungen / Heinke M. Kalinke. - Oldenburg 2012, S. 1-19, Abb.

1150. Geschichte der Juden in Böhmen, Mähren und Schlesien von 906-1620. Bd. 1-2 / Hrsg. Gottlieb Bondy, Franz Dworsky. - München 2012, 578, 600 S.
Reprint, Praga 1906 / Reprint der Ausg. Prag 1906.

1151. Goliński, Mateusz: Ulica Żydowska we Wrocławiu do początków XV w. (cz. 1-2) [Die Judengasse in Breslau bis zum Anfang des 15. Jahrhunderts (Teil 1-2)] // Śląski Kwartalnik Historyczny Sobótka 67, 2012, nr 1, s. 3-27, map 1; nr 2, s. 19-38, tab. 1; Res. 26-27, 37-38.

1152. Gołasz, Zbigniew: Żydzi w Zabrzu w latach 1945-1950 [Juden in Zabrze in den Jahren 1945-1950] // Kroniki Miasta Zabrza. Rocznik Muzeum Miejskiego w Zabrzu 2012, nr 4, s. 61-90, fot. 8, tab. 11.

1153. Gołasz, Zbigniew: Żydzi w Zabrzu w pierwszych latach po II wojnie światowej [Die Juden in Hindenburg in den ersten Jahren nach dem Zweiten Weltkrieg] // W: Żydzi na Górnym Śląsku w XIX i XX wieku [Juden in Oberschlesien im 19. und 20. Jahrhundert] /

red. Beata Kalinowska-Wójcik, Dawid Keller. - Rybnik 2012, s. 325-337, il. 4.

1154. Górka, Marta: Razem żeśmy żyli, i wszystko. Sąsiedzi, których już nie ma = Wir haben miteinander gelebt, und eigentlich alles. Nachbarn, die es nicht mehr gibt // W: Strzelczan album rodzinny. Od kołyski aż po grób = Groß Strehlitzer Familienalbum. Von der Wiege bis zum Grab / red. Marta Górka, Waldemar Gaida. - Strzelce Opolskie 2012, s. 77-82, fot.
Tekst w języku polskim i niemieckim. - Polnischer und deutscher Text.

1155. Grużlewska, Anna: Sytuacja Żydów świdnickich w czasach III Rzeszy [Die Situation der Schweidnitzer Juden während des Dritten Reiches] // Rocznik Świdnicki 39, 2011 (2012), s. 109-121, il. 4.

1156. Gwóźdź, Krzysztof: Powstanie i rozwój gminy żydowskiej w Tarnowskich Górach [Gründung und Entstehung der jüdischen Gemeinde in Tarnowitz] // W: Żydzi na Górnym Śląsku w XIX i XX wieku [Juden in Oberschlesien im 19. und 20. Jahrhundert] / red. Beata Kalinowska-Wójcik, Dawid Keller. - Rybnik 2012, s. 465-480, fot. 2.

1157. Heil, Johannes: Die propagandistische Vorbereitung des Ghettos. Diskussionen um Judenquartiere // In: Frühneuzeitliche Ghettos in Europa im Vergleich / Hrsg. Fritz Backhaus. - Berlin 2012, S. 149-170.
Dot. synodu prowincjonalnego we Wrocławiu w 1267 r. - Betr. die Breslauer Provinzialsynode 1267.

1158. Herzig, Arno: Schlesische Juden als Finanzagenten des Adels im 18. Jahrhundert // Schlesische Geschichtsblätter. Zeitschrift für Regionalgeschichte Schlesiens 39, 2012, H. 2, S. 41-48.

1159. Hirsch, Helga: Gehen oder bleiben? Deutsche und polnische Juden in Schlesien und Pommern 1945-1957. - Göttingen 2011, 237 S.
Rec.: Knoll, Joachim H. // Zeitschrift für Religions- und Geistesgeschichte 64, 2012, H. 2, S. 200-202.

1160. Kalinowska-Wójcik, Beata: Działalność Związku Gmin Synagogalnych Rejencji Opolskiej do podziału Górnego Śląska w 1922 roku [Die Tätigkeit des Synagogen-Gemeinde-Verbandes des Regierungsbezirks Oppeln bis zur Oberschlesischen Teilung im Jahr 1922] // W: Żydzi na Górnym Śląsku w XIX i XX wieku [Juden in Oberschlesien im 19. und 20. Jahrhundert] / red. Beata Kalinowska-Wójcik, Dawid Keller. - Rybnik 2012, s. 89-97.

1161. Kawski, Tomasz / Opioła, Monika: Gminy żydowskie pogranicza Wielkopolski, Mazowsza, Małopolski i Śląska w latach 1918-1942 [Jüdische Gemeinden des Grenzgebietes Großpolen, Masowien, Kleinpolen und Schlesien in den Jahren 1918-1942]. - Toruń 2012, ss. 402, il., tab.; Res. 399-402.

1162. Keller, Dawid: Życie gospodarcze rybnickich Żydów od początku XX wieku do wybuchu II wojny swiatowej [Das Wirtschaftsleben der Rybniker Juden vom Anfang des 20. Jahrhunderts bis zum Ausbruch des Zweiten Weltkrieges] // W: Żydzi na Górnym Śląsku w XIX i XX wieku [Juden in Oberschlesien im 19. und 20. Jahrhundert] / red. Beata Kalinowska-Wójcik, Dawid Keller. - Rybnik 2012, s. 257-271, il. 1.

1163. Kirmiel, Andrzej: Jüdische Spuren im Lebuser Land [Żydowskie ślady na Ziemi Lubuskiej] // In: Makom tov - der gute Ort. Jüdischer Friedhof Frankfurt (Oder) / Słubice [Makom tow - dobre miejsce. Cmentarz żydowski Frankfurt nad Odrą / Słubice] / Hrsg. Eckard Reiß, Magdalena Abraham-Diefenbach. - Berlin 2012, S. 219-230.

1164. Kirmiel, Andrzej: Ślady żydowskie w województwie lubuskim [Jüdische Spuren in der Woiwodschaft Lebus] // W: Mniejszości regionu pogranicza polsko-niemieckiego. Separacja - Adaptacja - Integracja - Asymilacja / red. nauk. Beata A. Orłowska, Krzysztof Wasilewski. - Gorzów Wielkopolski 2012, s. 137-143.

1165. Kloch, Bogdan: Ludność żydowska we wsiach powiatu rybnickiego w XIX wieku - geografia zasiedlenia i liczbność [Die jüdische Bevölkerung in Dörfern des Kreises Rybnik im 19. Jahrhundert - eine Geographie der Ansiedlung und Bevölkerungsstärke] // W: Żydzi na Górnym Śląsku w XIX i XX wieku [Juden in Oberschlesien im 19. und 20. Jahrhundert] / red. Beata Kalinowska-Wójcik, Dawid Keller. - Rybnik 2012, s. 61-84.

1166. Lempart, Matthias: Niemcy wyznania żydowskiego a antysemityzm w publicznej propagandzie nazistów przed 1933 rokiem w prowincji gornośląskiej [Der Antisemitismus in der Propaganda der Nationalsozialisten in der preußischen Provinz Oberschlesien vor 1933] // W: Żydzi na Górnym Śląsku w XIX i XX wieku [Juden in Oberschlesien im 19. und 20. Jahrhundert] / red. Beata Kalinowska-Wójcik, Dawid Keller. - Rybnik 2012, s. 275-282.

1167. Maser, Peter: Die ehemaligen Breslauer Juden in Israel // Religion und Gesellschaft in Ost und West 2012, H. 5, S. 26-27.

1168. Meißner, Horst-Alfons: Der Fall Felix Rose // In: Die Grafschaft Glatz zwischen 1918-1946. Beiträge über eine schlesische Kulturlandschaft. Festschrift für Franz Jung zum 75. Geburtstag; apostolischer Protonotar, Großdechant und Visitator für die Priester und Gläubigen aus der Grafschaft Glatz 1983-2011 / Hrsg. Horst-Alfons Meißner, Michael Hirschfeld, Franz Jung. - Münster 2012, S. 343-354, 4 Abb.
Dot. dyskryminacji zawodowej Żydów w Kłodzku. - Betr. berufliche Diskriminierungen von Juden in Glatz.

1169. Meyer, Michael A.: Leo Baeck und Schlesien // Silesia Nova. Vierteljahresschrift für Kultur und Geschichte 9, 2012, H. 1, S. 37-41.

1170. Namysło, Aleksandra: Utracone nadzieje. Ludność żydowska w województwie śląskim w latach 1945-1970 = Lost hopes. Jews in the Silesian/Katowickie Voivodeship in years 1945-1970 / współpr. Izabella Kühnel, Monika Bortlik-Dźwierzyńska. - Katowice 2012, ss. 186, il.
Tekst w języku polskim i angielskim. - Polnischer und englischer Text.

1171. Nesselrodt, Markus: Mit den Augen des Sicherheitsdienstes. Jüdische Neuansiedlung in Schlesien 1949 // Osteuropa 62, 2012, H. 10, S. 85-95.

1172. Novikov, Anna: Niemcy? Żydzi? Polacy? B'nai B'rith w Katowicach w latach 1922-1927 [Deutsche? Juden? Polen? B'nai B'rith in Kattowitz in den Jahren 1922-1927] // W: Żydzi na Górnym Śląsku w XIX i XX wieku [Juden in Oberschlesien im 19. und 20. Jahrhundert] / red. Beata Kalinowska-Wójcik, Dawid Keller. - Rybnik 2012, s. 229-240.

1173. Ochman, Maria: Dzieje Żydów w Tarnowskich Górach [Geschichte der Juden in Tarnowitz]. - Tarnowskie Góry 2012, ss. 96, fot. 7.

1174. Parys, Paweł: Informacje o Żydach w aktach powstańczych (komunikat) [Die Angaben über Juden in den polnischen Akten der schlesischen Aufstände] // W: Żydzi na Górnym Śląsku w XIX i XX wieku [Juden in Oberschlesien im 19. und 20. Jahrhundert] / red. Beata Kalinowska-Wójcik, Dawid Keller. - Rybnik 2012, s. 172-177.

1175. Schindler, Reinhard: Begegnung mit jüdischen Bürgern aus Glatz // In: Die Grafschaft Glatz zwischen 1918-1946. Beiträge über eine schlesische Kulturlandschaft. Festschrift für Franz Jung zum 75. Geburtstag; apostolischer Protonotar, Großdechant und Visitator für die Priester und Gläubigen aus der Grafschaft Glatz 1983-2011 / Hrsg. Horst-Alfons Meißner, Michael Hirschfeld, Franz Jung. - Münster 2012, S. 338-342, 1 Abb.
Dot. prześladowań Żydów w Kłodzku. - Betr. Judenverfolgung in Glatz.

1176. Schindler, Reinhard: Die Reichpogromnacht am 9./10. November 1938 in Glatz // In: Die Grafschaft Glatz zwischen 1918-1946. Beiträge über eine schlesische Kulturlandschaft. Festschrift für Franz Jung zum 75. Geburtstag; apostolischer Protonotar, Großdechant und Visitator für die Priester und Gläubigen aus der Grafschaft Glatz 1983-2011 / Hrsg. Horst-Alfons Meißner, Michael Hirschfeld, Franz Jung. - Münster 2012, S. 322-324, 2 Abb.

1177. Schwarz, Karl W.: Über „die so seltsame Spezialjudenliebe" des Superintendenten Theodor Karl Haase in Teschen // Jahrbuch für die Geschichte des Protestantismus in Österreich 127/128, 2011/2012, S. 133-143.

1178. Smolorz, Roman Paul: Polscy i śląscy Żydzi w Bawarii i ich nowe elity po II wojnie światowej [Polnische und schlesische Juden in Bayern nach dem II. Weltkrieg und deren neue Eliten] // Wieki Stare i Nowe. Tom specjalny: Ludzie i elity pogranicza [Neue und alte Jahrhunderte. Sonderband: Menschen und Grenzgebiet-Eliten] 2012, s. 331-341; Res. 340-341.

1179. Smolorz, Roman: Żydzi śląscy w drodze do Palestyny (Izraela). Przyczynek do stosunków wewnątrzżydowskich w okupowanych Niemczech [Schlesische Juden auf dem Weg nach Palästina. Ein Beitrag zu den innerjüdischen Beziehungen im besetzten Deutschland] // W: Żydzi na Górnym Śląsku w XIX i XX wieku [Juden in Oberschlesien im 19. und 20. Jahrhundert] / red. Beata Kalinowska-Wójcik, Dawid Keller. - Rybnik 2012, s. 339-346.

1180. Spyra, Janusz: Żydzi na pograniczu śląsko-śląskim. Przyczynek do dziejów ludności żydowskiej w Boguminie i okolicach [Juden im schlesischen Grenzgebiet. Ein Beitrag zur jüdischen Geschichte in Oderberg und Umgebung] // W: Żydzi na Górnym Śląsku w XIX i XX wieku [Juden in Oberschlesien im 19. und 20. Jahrhundert] / red. Beata Kalinowska-Wójcik, Dawid Keller. - Rybnik 2012, s. 407-419.

1181. Szczerbik, Zbigniew: Żydowska gmina wyznaniowa w Praszce w latach 1918 - 1939 [Die jüdische Glaubensgemeinde in Praszka in den Jahren 1918-1939] // Rocznik Powiatu Oleskiego 2012, nr 5, s. 54-61, tab. 2.

1182. Weiss, Hermann F.: „Reichsautobahnlager“ Geppersdorf (Upper Silesia) // Śląski Kwartalnik Historyczny Sobótka 67, 2012, nr 1, s. 49-66; Res. 65-66.

1183. Węcki, Mirosław: Kwestia żydowska w aktach górnośląskiej NSDAP (1933-1945) [Die Judenfrage in den Akten der NSDAP in Oberschlesien (1933-1945)] // W: Żydzi na Górnym Śląsku w XIX i XX wieku [Juden in Oberschlesien im 19. und 20. Jahrhundert] / red. Beata Kalinowska-Wójcik, Dawid Keller. - Rybnik 2012, s. 295-311.

1184. Włodarczyk, Tamara: Regulacja spraw majątkowych gmin wyznaniowych żydowskich i żydowskich wyznaniowych osób prawnych na Ziemiach zachodnich i Północnych [Regelung der Vermögensangelegenheiten der jüdischen Glaubensgemeinden und jüdischen juristischen Personen in den ehemaligen deutschen Ostgebieten] // W: Mobilizacja i etniczność. Procesy mobilizacji mniejszości narodowych i etnicznych w województwie zachodniopomorskim na tle doświadczeń grup narodowościowych w innych regionach / red. Marzenna Giedrojć, Dorota Kowalewska, Małgorzata Mieczkowska. - Szczecin 2012, s. 87-103.

1185. Włodarczyk, Tamara: Restytucja mienia gmin wyznaniowych żydowskich i żydowskich wyznaniowych osób prawnych na terenie województwa lubuskiego [Restitution des Vermögens der jüdischen Glaubensgemeinden und jüdischen juristischen Personen auf dem Gebiet der Woiwodschaft Lebus] // W: Mniejszości regionu pogranicza polsko-niemieckiego. Separacja - Adaptacja - Integracja - Asymilacja / red. nauk. Beata A. Orłowska, Krzysztof Wasilewski. - Gorzów Wielkopolski 2012, s. 277-298.

1186. Włodarczyk, Tamara: Społeczne, religijne i gospodarcze związki żydowskich mieszkańców Górnego i Dolnego Śląska w XIX i XX wieku [Die gesellschaftlichen, konfessionellen und wirtschaftlichen Beziehungen der jüdischen Bevölkerung in Ober- und Niederschlesien] // W: Żydzi na Górnym Śląsku w XIX i XX wieku [Juden in Oberschlesien im 19. und 20. Jahrhundert] / red. Beata Kalinowska-Wójcik, Dawid Keller. - Rybnik 2012, s. 150-167.

1187. Wolff, Karla: Ich blieb zurück. Erinnerungen an Breslau und Israel / Hrsg. Ingo Loose. - Berlin 2012, 200 S.
Jüdische Miniaturen; 119.
Rec.: Rott, Joachim // Kalonymos. Beiträge zur deutsch-jüdischen Geschichte aus dem Salomon Ludwig Steinheim-Institut 15, 2012, H. 1, S. 13-14.

1188. Wolfstein, Ada / Leiken, Eloe W.: Scenariusz życiem pisany. Wspomnienia Ady Wolfstein i Eloe W. Leiken [Drehbuch durch das Leben geschrieben. Erinnerung von Ada Wolfstein und Eloe W. Leiken] / zebr. i do druku przygot. Izabella Wójcik-Kühnel. - Bytom 2012, ss. 148, il.
Pogranicza Kultur; 3.

1189. Ziątkowski, Leszek: Bankierzy, przedsiębiorcy i filantropi - rzecz o Żydach na wrocławskim Przedmieściu Świdnickim [Bürgerhausbesitzer, Bankier, Unternehmer und Gönner - über die Juden in der Schweidnitzer Vorstadt von Breslau] // W: Przedmieście Świdnickie we Wrocławiu [Die Schweidnitzer Vorstadt in Breslau] / red. nauk. Halina Okólska, Hanna Górska. - Wrocław 2012, s. 186-202, tab.; Res. 202.

1190. Ziątkowski, Leszek: Przestrzeń prawna i przestrzeń spłeczna osadnictwa żydowskiego na Górnym Śląsku w początkach XIX wieku [Der Rechts- und Sozialraum jüdischer Ansiedlung im frühen 19. Jahrhundert] // W: Żydzi na Górnym Śląsku w XIX i XX wieku [Juden in Oberschlesien im 19. und 20. Jahrhundert] / red. Beata Kalinowska-Wójcik, Dawid Keller. - Rybnik 2012, s. 24-38.

08.04.10. Roma und Sinti – Romowie – Romové a Sintiové

Zob. poz. / Siehe auch / Viz 1105.

08.04.11. Russen – Rosjanie – Rusové

Zob. poz. / Siehe auch / Viz 685, 1016, 1913, 2725.

08.04.12. Ukrainer (incl. Ruthenen) – Ukraińcy – Ukrajinci

Zob. poz. / Siehe auch / Viz 1504, 1534.

1191. Pecuch, Mirosław: W poszukiwaniu utraconych światów na Ziemi Lubuskiej [Auf der Suche nach verlorenen Welten im Lebuser Land] // W: W poszukiwaniu utraconych światów. 65 lat po akcji „Wisła". Katalog wystawy [Auf der Suche nach verlorenen Welten. 65 Jahre nach der Aktion „Weichsel". Ausstellungskatalog] / red. Olga Solarz. - Przemyśl, 2012, s. 42-52.

1192. Syrnyk, Jarosław: Akcja „Wisła" na Dolnym Śląsku [Aktion „Weichsel" in Niederschlesien] // W: W poszukiwaniu utraconych światów. 65 lat po akcji „Wisła". Katalog wystawy [Auf der Suche nach verlorenen Welten. 65 Jahre nach der Aktion „Weichsel". Ausstellungskatalog] / red. Olga Solarz. - Przemyśl 2012, s. 33-41.

1193. Wanatko, Grzegorz: Dni Kultury Ukraińskiej w Zielonej Górze [Die ukrainischen Kulturtage in Grünberg] // Studia Zielonogórskie 18, 2012, s. 215-226.

08.04.16. Sorben – Serbołużyczanie – Srbové lužičtí

Zob. poz. / Siehe auch / Viz 2054, 2066, 2113, 2126.

1194. Kozłowski, Edwin Franciszek: Serbołużyczanie. Nasz bratni sąsiad znad Odry [Die Sorben. Unsere brüderlichen Nachbarn an der Oder]. - Sopot 2012, ss. 40, il.

1195. Pałys, Piotr: Serbołużycka konspiracja antynazistowska z lat 1937-1939 [Sorbian Anti-Nazi Underground in Years 1937-1939] // Pro Lusatia. Opolskie Studia Łużycoznawcze 11, 2012, s. 83-109; Res. 109.

1196. Pałys, Piotr: Serbołużyczanie z perspektywy Belgradu. Opracowanie Ministerstwa Spraw Zagranicznych Federacji Ludowej Republiki Jugosławii (Materijal o Lužičkim Srbima) z 1949 r. [Die Sorben aus der Sicht Belgrads. Abhandlung des Außenministeriums der Föderativen Volksrepublik Jugoslawien (Materijal o Lužičkim Srbima) aus dem Jahr 1949] // Pro Lusatia. Opolskie Studia Łużycoznawcze 11, 2012, s. 149-164.

1197. Pollack, Friedrich: Die Entdeckung des Fremden. Wahrnehmung und Darstellung der Lausitzer Sorben im gelehrten Schrifttum des 17. und 18. Jahrhunderts. - Bautzen 2012, 190 S., Abb., Kt., Noten.

1198. Serbska hola. Slěedy w pěsku [In der Heide. Sorbisches auf der Kippe] / Hrsg. Andrea Pawlikowa. - Bautzen 2012, 87 S., Abb.

1199. Šůla, Jaroslav: Lužickosrbský den v Londýně roku 1944 (Lužičtí Srbové a Československá exilová vláda v Londýně) [Sorbian Day in London in 1944 (Lusatian Sorbs and the Czechoslovakian government-in-the-exile in London)] // Pro Lusatia. Opolskie Studia Łužycoznawcze 11, 2012, s. 57-82; Res. 81-82.

08.04.30. Andere Bevölkerungsgruppen – Inne narodowości – Jiné národnosti

Zob. poz. / Siehe auch / Viz 1017, 1781, 2873.

1200. Dudra, Stefan: Stowarzyszenie Łemków jako element tożsamości narodowej [Zväz Lemkov ako element národnej identity] [Die Lemkener Gesellschaft als Element der nationalen Identität] // W: Łemkowie, Bojkowie, Rusini. Historia, współczesność, kultura materialna i duchowa. T. 4, cz. 1 [Lemken, Bojken und Ruthenen. Geschichte, Gegenwart, materielle und geistige Kultur. Band 4. Teil 1] / red. Stefan Dudra [et al.]. - Słupsk 2012, s. 83-94; Res. 95.
Dot. Stowarzyszenia Łemków powstałego w środowisku łemkowkim Dolnego Śląska, głównie Legnicy. - Betr. die im niederschlesischen Lemkener Kreis gegründete Lemkengesellschaft, hauptsächlich Liegnitz.

1201. Jełowiecki, Arkadiusz: Między sentymentem a zachowywaniem tożsamości etnicznej i regionalnej. Prywatne kolekcje zbiorów etnograficznych Teodora Petriczki i Krzysztofa Bybla [Od emócí po zachovanie etnickej a náboženskej identity. Súkromné etnografické zbierky Teodora Petričku a Krzysztofa Bybla] [Zwischen Sympathie und Erhaltung der ethnischen und regionalen Identität. Privatkollektionen der ethnografischen Sammlungen von Teodor Pieczka und Krzysztof Bybel] // W: Łemkowie, Bojkowie, Rusini. Historia, współczesność, kultura materialna i duchowa. T. 4, cz. 2 [Lemken, Bojken und Ruthenen. Geschichte, Gegenwart, materielle und geistige Kultur. Band 4, Teil 2] / red. Stefan Dudra [et al.]. - Słupsk 2012, s. 503-510; Res. 511.

1202. Misiak, Małgorzata: Definiowanie tożsamości po przesiedleniu - Łemkowie wobec samoidentyfikacji etnicznej [Identitätsbestimmung nach der Umsiedlung - Lemken gegenüber der ethnischen Selbstbestimmung] // W: Kresowe dziedzictwo. Studia nad językiem, historią i kulturą [Das Grenzgebiet-Erbe. Studien zur Sprache, Geschichte und Kultur] / red. Anna Burzyńska-Kamieniecka, Małgorzata Misiak, Jan Kamieniecki. - Wrocław 2012, s. 305-315; Res. 315.
Dot. Łemków osiadłych po 1945 r. na Dolnym Śląsku. - Betr. Lemken, die nach 1945 in Niederschlesien ansiedelten.

1203. Orłowska, Beata A.: Sytuacja wyznaniowa wśród Łemków na Ziemiach Zachodnich w latach 1947-1956 [Religious Situation of the Lemkos on Western Lands in 1947-1956] // Perspectiva. Legnickie Studia Teologiczno-Historyczne 11, 2012, nr 1 (20), s. 106-118; Res. 118.

1204. Syrnyk, Jarosław: Struktury organizacyjne Łemków w PRL [Organizačné štruktúry Lemkov v PNR] [Organisationsstrukturen der Lemken in der Polnischen Volksrepublik] // W: Łemkowie, Bojkowie, Rusini. Historia, współczesność, kultura materialna i duchowa. T. 4, cz. 2 [Lemken, Bojken und Ruthenen. Geschichte, Gegenwart, materielle und geistige Kultur. Band 4, Teil 2] / red. Stefan Dudra [et al.]. - Słupsk 2012, s. 379-401; Res. 402.
Dot. głównie Śląska i Ziemi Lubuskiej. - Betr. hauptsächlich Schlesien und das Lebuser Land.

1205. Wiewiórka, Lech: Tryptyk mszański z Tatarami w tle [Triptychon aus Mschanna mit Tataren im Hintergrund] // Przegląd Tatarski. Kwartalnik społeczno-kulturalny poświęcony Tatarom w Polsce i na świecie 2012, nr 2, s. 3-6, il. 3.

08.04.31. Beziehungen einzelner Bevölkerungsgruppen – Stosunki międzyetniczne – Vztahy národnostní

Zob. poz. / Siehe auch / Viz 275, 320, 817, 836, 902, 910, 943, 1046, 1051, 1053, 1126-1127, 1129, 1155, 1162, 1531, 1542-1544, 1550, 1661, 1727, 1893, 1909, 1972, 1978, 2062, 2107, 2140, 3452, 3455.

1206. Alimurzaev, Alisher / König, Martin / Szumańska, Elzbieta: Erzwungene Nachbarschaft. Die Bevölkerung in Legnica 1945-1962 = Wymuszeni sąsiedzi. Ludność Legnicy w latach 1945-1962 = Vynuždennoe sosedstvo. Naselenie goroda Legnica v period s 1945 po 1962. - Legnica 2012, ss. 102, il.
Tekst w języku niemieckim, polskim i rosyjskim. - Deutscher, polnischer und russischer Text.

1207. Cybula, Adrian: Fluch und Segen soziokultureller Diversität in einer zentraleuropäischen Region. Der Fall Oberschlesien // In: Osteuropa als Herausforderung. Forschung zwischen Area Studies und Mainstream. Festschrift für Melanie Tatur / Hrsg. Kerstin Zimmer. - Stuttgart 2012, S. 97-114.

1208. Czech, Henryk: „Opolski cud pojednania" - rola mitu w sprawowaniu władzy i uprawianiu polityki regionalnej [„Opole's Miraculous Reconciliation" - the Role of Myth in Regional Politics] // W: Antagonizm i pojednanie w środowiskach wielokulturowych / red. Jacek Kurczewski, Aleksandra Herman. - Gdańsk 2012, s. 145-176.

1209. Dębicki, Marcin: Sympatia i stereotypy Czechów wobec Polaków. Dynamika i uwarunkowania zjawisk [Sympathie und Stereotype der Tschechen gegenüber Polen. Dynamik und Bedingtheiten der Phänomene] // W: Pogranicze - sąsiedztwo - stereotypy. Przypadek polsko -czeskich relacji wraz z francusko-niemieckim case study [Grenzgebiet - Nachbarschaft - Stereotype. Das Beispiel der polnisch-tschechischen Beziehungen zusammen mit französisch -deutschen case study] / red. Andrzej Kasperek. - Cieszyn 2012, s. 76-96.

1210. Friedl, Jiří: Češi a Poláci na Těšínsku 1945-1949 [Die tschechische und polnische Bevölkerung im Teschener Gebiet zwischen 1945 und 1949]. - Praha; Brno 2012, 314 s.; dt. Res. 310-314.

1211. Gorki, Waldemar: Treści propagandowe wykorzystane przez polskich przedsiębiorców i rzemieślników w ich konfrontacji z konkurencją żydowską na Górnym Śląsku w okresie międzywojennym [Propagandathemen polnischer Unternehmer und Handwerker gegen die jüdische Konkurrenz in Oberschlesien in der Zwischenkriegszeit] // W: Żydzi na Górnym Śląsku w XIX i XX wieku [Juden in Oberschlesien im 19. und 20. Jahrhundert] / red. Beata Kalinowska-Wójcik, Dawid Keller. - Rybnik 2012, s. 180-187, il. 1.

1212. Karwat, Krzysztof: Der Marsch der schlesischen Autonomisten // Jahrbuch Polen 23, 2012, S. 53-62.

1213. Kłodnicki, Zygmunt: Ślązacy a „Hanysi" w województwie śląskim [„Schlesier" und „Hanysi" in der Woiwodschaft Schlesien] // W: Katowice w kulturze pogranicza. Rola Katowic w kulturze i nauce [Kattowitz in der Kultur des Grenzgebietes. Die Rolle von Kattowitz in Kultur und Wissenschaft] / red. nauk. Antoni Barciak. - Katowice 2012, s. 56-99; Res. 99.

1214. Pałys, Piotr: Śląsk jako wspólna kraina dziejów Polski i Czech - uwagi o polsko-czeskim styku kulturowym = Slezsko jako země společných dějin Polska a Česka - uvahy o polsko-českem kulturním styku [Schlesien als gemeinsames Land der Geschichte Polens und Tschechiens - Anmerkungen zur polnisch -tschechischen Kulturbegegnung] // W: Kędzierzyn-Koźle - Přerov - Portrety miast/Portréty měst = Kędzierzyn-Koźle - Přerov - Portréty měst / red. Helena Bulanda. - Kędzierzyn-Koźle 2012, s. 8-21.
Tekst w języku polskim i czeskim. - Polnischer und tschechischer Text.

1215. Przerwa, Tomasz: Problemy narodowościowe z perspektywy turystyki sudeckiej na Śląsku (do 1945 roku) [Die aus der Perspektive des Sudetenfremdenverkehrs in Schlesien (bis 1945) betrachteten nationalen Probleme] // Wieki Stare i Nowe. Tom specjalny: Ludzie i elity pogranicza [Neue und alte Jahrhunderte. Sonderband: Menschen und Grenzgebiet-Eliten] 2012, s. 184-200; Res. 200.

1216. Rosenbaum, Sebastian: Konflikt czy koegzystencja. Kresowianie a ludność rodzima i niemiecka na Górnym Śląsku w pierwszych latach powojennych [Konflikt oder Koexistenz. Kresy-Bewohner, Einheimische und Deutsche in Oberschlesien in den ersten Nachkriegsjahren] // W: Kresowianie na Górnym Śląsku [Bewohner der ehemaligen polnischen Ostgebiete in Oberschlesien] / red. Bogusław Tracz. - Katowice 2012, s. 170-184.

1217. Rusek, Halina / Kasparek, Andrzej / Szymeczek, Józef: Z dziejów antagonizmu i pojednania polsko-czeskiego oraz katolicko-ewangelickiego na Śląsku Cieszyńskim. Studium socjologiczne na przykładzie Cieszyna i Czeskiego Cieszyna [From the History of Polish-Czech and Catholic-Protestant Antagonism and Reconciliation in Cieszyn Silesia. Sociological Case Study of Cieszyn and Czech Cieszyn] // W: Antagonizm i pojednanie w środowiskach wielokulturowych / red. Jacek Kurczewski, Aleksandra Herman. - Gdańsk 2012, s. 89-144, tab. 10.

1218. Rusek, Halina / Kasperek, Andrzej: Sympatie i antypatie polsko-czeskie w świetle badań nad antagonizmem i pojednaniem polsko-czeskim na Śląsku Cieszyńskim [Polnisch-tschechische Sympathien und Antipathien im Lichte der Untersuchungen zum polnisch-tschechischen Antagonismus und Versöhnung im Teschener Schlesien] // W: Pogranicze - sąsiedztwo - stereotypy. Przypadek polsko-czeskich relacji wraz z francusko-niemieckim case study [Grenzgebiet - Nachbarschaft - Stereotype. Das Beispiel der polnisch-tschechischen Beziehungen zusammen mit französisch-deutschen case study] / red. Andrzej Kasperek. - Cieszyn 2012, s. 97-129.

09 Wirtschafts- und Sozialgeschichte – Historia gospodarcza i społeczna – Hospodářské a sociální dějiny

09.01. Allgemeines – Ogólne – Všeobecně

Zob. poz. / Siehe auch / Viz 472, 653, 668, 672, 723, 827, 842, 880, 945, 975, 1542, 1556, 1772, 1805, 1991, 2033, 2545, 3404, 3411, 3446.

1219. Bierwiaczonek, Krzysztof / Lewicka, Barbara / Nawrocki, Tomasz: Rynki, malle i cmentarze. Przestrzeń publiczna miast śląskich w ujęciu socjologicznym [Market Squares, Malls, Cemeteries. Public Realm in the Silesian Cities in the Sociological Perspective]. - Kraków 2012, ss. 274, il., CD-ROM; sum. 273-274.

1220. Bujkiewicz, Zbigniew: Dzieje społeczno-gospodarcze Zielonej Góry w XIX i początkach XX wieku [Die sozial-wirtschaftliche Geschichte Grünbergs im 19. und zu Beginn des 20. Jahrhunderts] // W: Historia Zielonej Góry. T. 2: Dzieje miasta w XIX i XX wieku [Geschichte von Grünberg. Band 2: Stadtgeschichte des 19. und 20. Jahrhunderts] / red. Wojciech Strzyżewski. - Zielona Góra 2012, s. 93-166, il.; Res. 813-815.

1221. Fröde, Tino / Pannier, Lutz: Die Einführung der „Halben Uhr" in der Oberlausitz im Jahr 1584 // Neues Lausitzisches Magazin. Neue Folge 15 (134), 2012, S. 47-56.

1222. Gospodarka Polkowic w okresie transformacji systemowej [Die Polkwitzer Wirtschaft während der Systemtransformation] / red. Andrzej Graczyk. - Polkowice 2012, ss. 243, il. *Monografie Dolnośląskiej Wyższej Szkoły Przedsiębiorczości i Techniki w Polkowicach.*

1223. Grobelny, Antoni: Zarys dziejów Jaworzyny Śląskiej i jej gospodarki do zakończenia II wojny światowej [Abriss der Geschichte von Königszelt/Schweidnitz und seiner Wirtschaft bis zum Ende des Zweiten Weltkrieges] // Rocznik Świdnicki 39, 2011 (2012), s. 71-87, il. 9, tab. 6.

1224. Gruszka, Bartłomiej: Podstawy gospodarki mieszkańców wczesnośredniowiecznego grodu w Nowińcu [Wirtschaftsgrundlagen der Bewohner der frühmittelalterlichen Burg in Neumühle] // W: Nowiniec, stan. 2. Wczesnośredniowieczny gród na pograniczu śląsko-łużyckim w świetle badań interdyscyplinarnych [Neumühle, Feld 2. Eine frühmittelalterliche Burg im schlesisch-lausitzer Grenzgebiet im Lichte interdisziplinärer Untersuchungen] / red. Bartłomiej Gruszka. - Zielona Góra 2012, s. 217-225.

1225. Kędra, Tomasz: Sytuacja materialna ludności polskiej na Dolnym Śląsku w latach 1945-1950 [Finanzielle Situation der polnischen Bevölkerung in Niederschlesien in den Jahren 1945-1950] // W: Zimowa Szkoła Historii Najnowszej 2012. Referaty [Winterschule für Zeitgeschichte 2012. Referate] / Łukasz Kamiński, Grzegorz Wołk. - Warszawa 2012, s. 72-84.

1226. Kotlorz, Dorota / Zagóra-Jonszta, Urszula: Górnośląski rynek pracy w okresie międzywojennym [The Upper Silesian labour market during inter-war period] // W: Studia Ekonomiczne. Zeszyty Naukowe Wydziałowe Uniwersytetu Ekonomicznego w Katowicach. T. 87: Współczesne obrazy polityki społecznej i gospodarczej. Księga pamiątkowa dedykowana profesor Lucynie Frąckiewicz / red. Wiesław Koczur, Andrzej Rączaszek. - Katowice 2012, s. 191-201, tab. 5; Res. 201.

1227. Kurcz, Zbigniew: Wrocław i Lipsk u progu transformacji. Porównanie międzynarodowe [Wrocław and Lipsk at the beginning of transformation. International comparison] // W: Równi ale różni. Studia nad kryzysem i rozwojem społeczeństwa polskiego / Aleksander Bobko, Barbara Marek-Zborowska. - Rzeszów 2012, s. 380-390.

1228. Meißner, Horst-Alfons: Die wirtschaftliche Situation in der Grafschaft Glatz um 1933 // AGG-Mitteilungen. Mitteilungsblatt der Arbeitsgemeinschaft Grafschaft Glatz - Kultur und Geschichte 11, 2012, S. 35-50, 1 Abb., 4 Tab.

1229. Meißner, Horst-Alfons: Die wirtschaftliche Situation in der Grafschaft Glatz um 1933 // In: Die Grafschaft Glatz zwischen 1918-1946. Beiträge über eine schlesische Kulturlandschaft. Festschrift für Franz Jung zum 75. Geburtstag; apostolischer Protonotar, Großdechant und Visitator für die Priester und Gläubigen aus der Grafschaft Glatz 1983-2011 / Hrsg. Horst-Alfons Meißner, Michael Hirschfeld, Franz Jung. - Münster 2012, S. 77-104, 15 Abb.

1230. Myška, Milan: K založení prvních akciových společností na Těšínsku [About foundation of the first-stock companies in the Těšín Region] // Těšínsko. Vlastivědný časopis 55, 2012, č. 2, s. 12-17; Res. 17.

1231. Myśliwski, Grzegorz: Czy Śląsk stanowił region ekonomiczny w XIII-XV w.? Czynniki spajające i dezintegrujące terytorium regionalne pod względem gospodarczym [Bildete Schlesien während des 13. und 14. Jahrhunderts einen Wirtschaftsraum? Integrierende und desintegrierende Wirtschaftsfaktoren innerhalb eines Territoriums] // Śląski Kwartalnik Historyczny Sobótka 67, 2012, nr 4, s. 79-102, tab. 3; Res. 101-102.

1232. Pludro, Krzysztof: Gospodarka Bielawy wczoraj i dziś [Die Wirtschaft von Langenbielau/Reichenbach gestern und heute] // Dolny Śląsk 17, 2012, s. 229-237.

1233. Ptak, Marian J.: Rodzina w porządku ziemskim Księstwa Oleśnickiego z 1610 roku [Die Familie in der Landesordnung des Fürstentums Oels von 1610] // W: Rodzina i jej prawa / red. Jarosław Rominkiewicz. - [Wrocław] 2012, s. 55-76; Res. 76.

1234. Sobel, Grzegorz: Dzieje wrocławskiej gastronomii [Geschichte der Breslauer Gastronomie]. - Wrocław 2012, ss. 412, il.

1235. Tyszkiewicz, Jakub: Problemy rozwoju Polkowic w „dekadzie Gierka" [Entwicklungsprobleme von Polkwitz in der „Dekade Gierek"] // Pamięć i Przyszłość 2012, nr 4 (18), s. 35-38, il. 2.

1236. Wixforth, Harald: Die wirtschaftlichen Folgen der Teilung Oberschlesiens // Zeitschrift für Unternehmensgeschichte 57, 2012, H. 2, S. 203-223.

09.02. Siedlungsgeschichte – Osadnictwo – Dějiny osídlování

Zob. poz. / Siehe auch / Viz 259, 283, 386, 411, 583, 611, 613, 615, 625, 647-648, 660, 1005, 1075, 1171, 1205, 2157, 3366, 3395.

1237. Boguszewicz, Artur: Burgen und Landesausbau im 12./13. Jahrhundert im südlichen Schlesien // In: Transformationen und Umbrüche des 12./13. Jahrhunderts / Hrsg. Felix Biermann, Thomas Kersting, Anne Klammt, Thomas Westphalen. - Langenweissbach 2012, S. 115-130, 21 Abb.

1238. Boguszewicz, Artur: Grody i zamki wobec przemian kolonizacyjnych na południu Śląska w XII i XIII w. [Castles and colonisation changes in the south of Silesia in the 12th and 13th centuries] // In: Archeologický sborník. K šedesátým narozeninám Vratislava Janáka / uspoř. Jiří Juchelka. - Opava 2012, s. 144-165; sum. 153.

1239. Fokt, Krzysztof: Die Burgwallbefestigungen der östlichen Oberlausitz aufgrund alter und neuer Forschungen // In: Transformationen und Umbrüche des 12./13. Jahrhunderts / Hrsg. Felix Biermann, Thomas Kersting, Anne Klammt, Thomas Westphalen. - Langenweissbach 2012, S. 263-270.

1240. Hartwich, Mateusz J.: Das schlesische Riesengebirge. Die Polonisierung einer Landschaft nach 1945. - Köln 2012, XII, 284 S., Abb. *Neue Forschungen zur schlesischen Geschichte; 23.*

1241. Kieseler, Andreas: Der slawische Burgwall von Poppschütz (Popęszyce, pow. nowosolski) - eine frühe Burgwallgrabung in der Provinz Niederschlesien // In: Transformationen und Umbrüche des 12./13. Jahrhunderts / Hrsg. Felix Biermann, Thomas Kersting, Anne Klammt, Thomas Westphalen. - Langenweissbach 2012, S. 229-261, 27 Abb.

1242. Klatta, Piotr: Zróżnicowanie osadnicze obszaru województwa lubuskiego [Siedlungsdifferenzierung des Gebietes der Woiwodschaft Lebus] // W: Mniejszości regionu pogranicza polsko-niemieckiego. Separacja - Adaptacja - Integracja - Asymilacja / red. nauk. Beata A. Orłowska, Krzysztof Wasilewski. - Gorzów Wielkopolski 2012, s. 127-135, tab.

1243. Łuczak, Anna / Gruszka, Bartłomiej: Najbliższe zaplecze osadnicze wczesnośredniowiecznego grodu w Nowińcu, stan. 2, gm. Lubsko, woj. lubuskie [Die nächstgelegene Siedlung der frühmittelalterlichen Burg in Neumühle, Fpl. 2, Gemeinde Sommerfeld, Woiwodschaft Lebuser Land] // W: Nowiniec, stan. 2. Wczesnośredniowieczny gród na pograniczu śląsko -łużyckim w świetle badań interdyscyplinarnych [Neumühle, Feld 2. Eine frühmittelalterliche Burg im schlesisch-lausitzer Grenzgebiet im Lichte interdisziplinärer Untersuchungen] / red. Bartłomiej Gruszka. - Zielona Góra 2012, s. 15-27, wykr.

1244. Marquardt, Uta: Die mittelalterliche Besiedlung // In: Zwischen Neiße, Schöps und Spree. Der Landkreis Görlitz / Thomas Napp, Hermann Ansorge, Gunter Oettel. - Görlitz 2012, S. 154-161.
Dot. powiatu Görlitz. - Betr. den Kreis Görlitz.

1245. Nowakowski, Dominik: Rewolucja czy ewolcja? Przemiany struktur osadniczych w późnym średniowieczu na przykładzie miast północnej części Śląska [Revolution oder Evolution? Wandlungen der Siedlungsstrukturen im Spätmittelalter am Beispiel der Städte im nördlichen Teil Schlesiens] // W: Silesia historica. Badania nad historią Śląska. Metody i praktyka historiografii oraz nowe poszukiwania [Forschungen zur Geschichte Schlesiens. Methoden und Praxis der Historiographie und neue Untersuchungen] / red. Sławomir Moździoch, Stanisław Kosik, Thomas Wünsch. - Wrocław 2012, s. 97-119, ryc. 6; dt. Res. 118-119.

1246. Richthofen, Jasper von: Die slawische Besiedlung // In: Zwischen Neiße, Schöps und Spree. Der Landkreis Görlitz / Thomas Napp, Hermann Ansorge, Gunter Oettel. - Görlitz 2012, S. 148-153.
Dot. powiatu Görlitz. - Betr. den Kreis Görlitz.

1247. Richthofen, Jasper von: Die ur- und frühgeschichtliche Besiedlung der Neißeregion // In: Zwischen Neiße, Schöps und Spree. Der Landkreis Görlitz / Thomas Napp, Hermann Ansorge, Gunter Oettel. - Görlitz 2012, S. 134-147.

1248. Wytyczak, Roman: Przetrwałe fragmenty wiejskiego krajobrazu kulturowego z czasów średniowiecznej kolonizacji osadniczej w Sudetach [Erhaltene Fragmente der kulturellen Dorflandschaft aus der Zeit des mittelalterlichen Siedlungs-Landesausbaus in den Sudeten] // W: Mijające krajobrazy Polski - Dolny Śląsk. Krajobraz dolnośląski kalejdoskopem jest... [Vergangene Landschaften Polens - Niederschlesien. Die niederschlesische Landschaft ist wie ein Kaleidoskop ...] / red. nauk. Krzysztof R. Mazurski. - Kraków 2012, s. 31-42, il.

1249. Zuchold, Gerd H.: Zur Besitzergeschichte schlesischer Herrenhäuser. 2. Neuhof // Zeitschrift für Ostdeutsche Familiengeschichte 21 (60), 2012, H. 1, S. 297-301, Abb.

1250. Zuchold, Gerd H.: Zur Besitzergeschichte schlesischer Herrenhäuser. 3. Arnsdorf // Zeitschrift für Ostdeutsche Familiengeschichte 21 (60), 2012, H. 2, S. 344-347.

09.03. Landwirtschaft – Rolnictwo – Zemědělství

Zob. poz. / Siehe auch / Viz 661, 696, 1392, 1433.

1251. Jasińska, Zofia: Zmiany w krajobrazie przyrodniczo-rolniczym okolic Wrocławia [Veränderungen in der natur-landwirtschaftlichen Landschaft in der Breslauer Umgebung] // W: Rodowód kulturowy współczesnego Wrocławia [Kulturelle Herkunft des heutigen Breslau] / red. Włodzimierz Wysoczański. - Wrocław 2012, s. 87-91.

1252. Krukar-Ruppental, Dorota: Rolnictwo w gminie Wielopole w latach 1950-1953 [Landwirtschaft in der Gemeinde Wielopole in den

Jahren 1950-1953] // Szkice Archiwalno-Historyczne 2012, nr 9, s. 223-238, tab. 1; Res. 238.

1253. Wilczyński, Adam Ambroży: Historie i legendy śląskich i zagłębiowskich pszczelarzy. Rzecz o Emanuelu Biskupku i ks. Leopoldzie Jędrzejczyku założycielach Stowarzyszenia Pszczelarzy Śląskich [Geschichten und Legenden der Bienenzüchter aus Schlesien und dem Becken. Geschichte von Emanuel Biskupek und Priester Leopold Jędrzejczyk, Gründer des schlesischen Bienenzüchtervereins]. - Katowice 2012, ss. 162, fot., tab.

09.04. Handel, Handwerk, Industrie – Handel, rzemiosło, przemysł – Obchod, řemeslo, průmysl

Zob. poz. / Siehe auch / Viz 206, 379, 472, 572, 640, 646, 650, 652, 682, 720, 868, 876, 1069, 1080, 1119, 1162, 1186, 1189, 1211, 1236, 1351, 1381, 1442, 1454, 1494, 1530, 1590, 1620, 1856, 1865, 1898, 1929, 1962, 1970, 1983, 2034, 2082, 2110, 2129, 2362, 2417, 2480, 2692, 2719, 2751, 2766, 2786, 2796, 2899, 3092, 3251, 3312-3313, 3354, 3373.

1254. 65 lat kopalni „Turów" 1947-2012 [65 Jahre Bergwerk „Turów" 1947-2012] / red. Zbigniew Holinka [et al.] ; fot. Grzegorz Bartczak [et al.]. - Jelenia Góra 2012, ss. 43, il.

1255. Bałchan, Jan: Młyn papierniczy w Środzie Śląskiej 1804-1851 [Papiermühle in Neumarkt in Schlesien (poln. Środa Śląska) 1804-1851] // Rocznik Muzeum Papiernictwa 6, 2012, s. 21-30, il.2; Res. 29-30.

1256. Białas, Zygmunt: Od solanki do soli (zabłockiej) [Von der Salzlake zum (Zabłocka) Salz] // Przyrodnik Ustroński 2012, z. 11, s. 95-106, il. 18, tab. 2.

1257. Brzeziński, Rafał: O karczmach, zajazdach, gospodach... Lokale gastronomiczne i noclegowe oraz ludzie z nimi związani w powiecie dzierżoniowskim przed rokiem 1945 [Von Wirtshäusern, Gasthöfen und Gasthäusern... Gastronomie- und Übernachtungseinrichtungen und mit ihnen verbundene Menschen im Kreis Reichenbach vor 1945]. - Wrocław 2012, ss. 634. il., mapy, tab.

1258. Chmielewska, Marta / Gaidzik, Krzysztof: Wpływ górnictwa na współczesny krajobraz kulturowy Rokitnicy i Miechowic (Górny Śląsk) [The influence of mining on the contemporary cultural landscape of Rokitnica and Miechowice (Upper Silesia)] // W: Dzieje górnictwa - element europejskiego dziedzictwa kultury. T. 4 [Geschichte des Bergbaus - ein Element des europäischen Kulturerbes. Band 4] / red. Paweł Zagożdżon, Maciej Madziarz. - Wrocław 2012, s. 53-65, il., pl.; sum. 65.

1259. Chmielewska, Paulina: Giesche. Fabryka Porcelany 1923-1945 [„Giesche". Porzellanfabrik 1923-1945]. - Katowice 2011, ss. 246, il. 148; dt. Res. 243-246.
Rec.: Stanicka-Brzezicka, Ksenia // Śląski Kwartalnik Historyczny Sobótka 67, 2012, nr 3, s. 134-137.

1260. Czuchryta, Artur: Inwestycje kapitału górnośląskiego w kamieniołomy na Wołyniu w okresie II Rzeczypospolitej [Das in den Steinbrüchen in Wolynien zur Zeit der II. Republik Polen investierte Kapital Oberschlesiens] // Wieki Stare i Nowe. Tom specjalny: Ludzie i elity pogranicza [Neue und alte Jahrhunderte. Sonderband: Menschen und Grenzgebiet-Eliten] 2012, s. 101-116, tab. 5; Res. 115-116.

1261. Derus, Małgorzata: Z dziejów przemysłu Siemianowic Śląskich [Aus der Wirtschaftsgeschichte von Siemianowitz]. - Siemianowice Śląskie 2012, ss. 111, il.
Rec.: Kuryś, Michał // Siemianowicki Rocznik Muzealny 11, 2012, s. 182-183, fot. 1.

1262. Dołzbłasz, Sylwia: Problemy rozwoju miast pogórniczych na przykładzie Wałbrzycha [Development problems of post-mining cities - Wałbrzych case study] // Studia Miejskie 2012, t. 8, s. 107-119, ryc., tab. 1; Res. 107.

1263. Drápala, Daniel: Podomní obchod na území Moravy a Slezska [Der Hausiererhandel auf dem Gebiet Mährens und Schlesiens] // Biuletyn Ludoznawczy 25, 2012, s. 43-56.

1264. Dziuba, Adam: Fabryka pod ścisłym nadzorem [Fabrik unter besonderer Aufsicht] // CzasyPismo. O historii Górnego Śląska 2012, nr 1, s. 118-127, fot. 4, wykr. 3.
Dot. wykorzystywania przemysłu Górnego Śląska przez ZSRR. - Betr. Wirtschaftsnutzung in Oberschlesien durch die Sowjetunion.

1265. Frużyński, Adam: Bytomski przemysł ciężki w okresie Polski Ludowej (1945-1989) [Die Beuthener Schwerindustrie in der Zeit der Polnischen Volksrepublik (1945-1989)] // W: Bytom w cieniu totalitaryzmów. Szkice z dziejów miasta 1933-1939 [Beuthen im Schatten der Totalitarismen. Skizzen aus der Stadtgeschichte 1933-1939] / red. Sebastian Rosenbaum. - Katowice 2012, s. 357-411.

1266. Frużyński, Adam: Kopalnia srebra i ołowiu „Fryderyk" w Tarnowskich Górach w świetle planów i rysunków technicznych Wyższego Urzędu Górniczego z Wrocławia [Das Silber- und Bleibergwerk „Fryderyk" in Tarnowskie Góry im Lichte der Pläne und Zeichnungen des Oberbergamts zu Breslau] // Górnik Polski. Zeszyty Naukowe Muzeum Górnictwa Węglowego w Zabrzu 2012, nr 6, s. 319-352, fot. 1, rys. 19; Res. 351-352.

1267. Frużyński, Adam: Kopalnie węgla kamiennego w Polsce [Steinkohlebergwerke in Polen]. - Łódź 2012, ss. 266, il.
Dot. głównie kopalń na Śląsku. - Betr. vor allem schlesische Bergwerke.

1268. Frużyński, Adam: Pierwsze maszyny parowe zastosowane w górnośląskim górnictwie [The first steam engines in the Upper Silesian mining] // W: Dzieje górnictwa - element europejskiego dziedzictwa kultury. T. 4 [Geschichte des Bergbaus - ein Element des europäischen Kulturerbes. Band 4] / red. Paweł Zagożdżon, Maciej Madziarz. - Wrocław 2012, s. 107-128, il.; sum. 127-128.

1269. Gajewska-Prorok, Elżbieta / Kasprzak, Aleksandra J.: Szklarstwo na Śląsku w 2 połowie XVII i 1 połowie XVIII wieku. Mocodawcy, hutnicy i zdobnicy szkła [Die Glasherstellung in Schlesien in der 2. Hälfte des 17. und der 1. Hälfte des 18. Jh. Die Förderer, die Glasbläser und die Glasveredler] // W: Wokół Karkonoszy i Gór Izerskich. Sztuka baroku na śląsko-czesko-łużyckim pograniczu [Rund um das Riesengebirge und das Isergebirge. Die Kunst des Barocks im schlesisch-tschechisch-lausitzischen Grenzgebiet] / red. Andrzej Kozieł. - Jelenia Góra 2012, s. 197-218, il.; Res. 218.

1270. Gatys, Irena / Gatys, Roman: Żarska porcelana 1888-1945 [Sorauer Porzellan 1888-1945]. - Żary 2012, ss. 280, il.
Tekst w języku polskim i niemieckim. - Polnischer und deutscher Text.

1271. Gierlotka, Stefan: Rozwój ratownictwa górniczego w śląskich kopalniach [Entwicklung des Rettungswesens im Bergbau in den schlesischen Bergwerken] // Górnik Polski. Zeszyty Naukowe Muzeum Górnictwa Węglowego w Zabrzu 2012, nr 6, s. 9-16, fot. 9; Res. 16.

1272. Grużlewska, Anna: Fabryka „Fleischer G.m.b.H." w Dzierżoniowie [Die Fabrik „Fleischer GmbH" in Reichenbach] // Bibliotheca Bielaviana 2011 (2012), s. 13-25, il. 8, tab. 1.

1273. Hebel, Agnieszka: Na tropie spekulacji, w trosce o zaopatrzenie. Państwowa Inspekcja Handlowa w latach 1976-1983 (na przykładzie Wrocławia i Gdańska) [Auf den Spuren der Spekulation, aus Sorge um Versorgung. Die staatliche Handelsaufsicht in den Jahren 1976-1983 (am Beispiel Breslau und Danzig)] // W: Letnia Szkoła Historii Najnowszej 2011. Referaty [Sommerschule für Zeitgeschichte 2011. Referate] / red. Przemysław Gasztold-Seń ; red., wstęp Łukasz Kamiński. - Warszawa 2012, s. 179-188.

1274. Hubatsch, Dieter: Die Glasindustrie im Landkreis Görlitz // In: Zwischen Neiße, Schöps und Spree. Der Landkreis Görlitz / Thomas Napp, Hermann Ansorge, Gunter Oettel. - Görlitz 2012, S. 267-269.

1275. Jahnová, Andrea: Holuscha a spol., továrna na kotle a radiátory, Dolní Benešov [Holuscha und Co., eine Fabrik für Kessel und Radiatoren in Beneschau/Troppau] // Hlučínsko. Vlastivědný časopis Muzea Hlučínska 2, 2012, č. 1, s. 10-12.

1276. Junker, Ullrich: Das verschollene und vergessene Dorf Quirl im Quirltal und seine Glashütte // In: Auf historischer Spurensuche im Bobertal 2011/2012. Aktuelle Forschungsergebnisse von und für Regionalforscher, Ortschronisten, Genealogen und Historiker im niederschlesischen Riesengebirge / Hrsg. Ulrich Schmilewski, Jürgen Schwanitz. - Würzburg 2012, S. 165-176, Abb.

1277. Jurkiewicz, Jan: „Dawać węgiel i zarabiać". Załogi górnicze województwa katowickiego w 1982 roku wobec rzeczywistości stanu wojennego [„Kohle geben und verdienen". Bergbaumannschaften in der Woiwodschaft Kattowitz vor dem Hintergrund der Realität des Kriegsrechts im Jahre 1982] // Górnik Polski. Zeszyty Naukowe Muzeum Górnictwa Węglowego w Zabrzu 2012, nr 6, s. 205-248, fot. 2; Res. 247-248.

1278. Kaczmarzyk, Izabela: Rozwój przemysłu i dziedzictwo poprzemysłowe jako czynniki zmieniające oblicze Zabrza [Industrial development and post-industrial heritage as factors which change the face of Zabrze] // Świat i Słowo. Filologia, nauki społeczne, filozofia, teologia 2012, nr 2, s. 45-62; Res. 62.

1279. Kaczmarzyk, Izabela / Paruzel, Katarzyna / Żurek, Leszek: Katastrofa w kopalni „Królowa Luiza" w Zabrzu na podstawie raportu zamieszczonego na łamach „Zeitschrift für das Berg-, Hütten- und Salinen-Wesen im Preussischen Staate" [The disaster in the „Queen Louise" mine in Zabrze based on the report from „Zeitschrift für das Berg-, Hütten- und Salinen -Wesen im Preussischen Staate"] // W: Dzieje górnictwa - element europejskiego dziedzictwa kultury. T. 4 [Geschichte des Bergbaus - ein Element des europäischen Kulturerbes. Band 4] / red. Paweł Zagożdżon, Maciej Madziarz. - Wrocław 2012, s. 177-191, il.; sum. 191.
Dot. 1903 roku. - Betr. das Jahr 1903.

1280. Kloch, Bogdan: Przestrzeń przemysłowa Rybnika - miasta na Śląsku w początkach XX wieku // W: Z dziejów przemysłu przed 1945 rokiem / red. Jędrzej Chumiński, Marek Zawadka. - Wrocław 2012, s. 147-160.

1281. Klose, Andreas: Die Goldene Waldmühle im Goldenen Wald (Kreis Schweidnitz) // Schlesische Geschichtsblätter. Zeitschrift für Regionalgeschichte Schlesiens 39, 2012, H. 3, S. 117-119.

1282. Kosmaty, Jerzy: Udział górników niemieckich w utrzymaniu ciągłości wydobycia w Wałbrzyskim Zagłębiu Węglowym po II wojnie światowej [Contribution of German miners in coal excavation in Wałbrzych Coal Basin after World War II] // W: Dzieje górnictwa - element europejskiego dziedzictwa kultury. T. 4 [Geschichte des Bergbaus - ein Element des europäischen Kulturerbes. Band 4] / red. Paweł Zagożdżon, Maciej Madziarz. - Wrocław 2012, s. 207-219, il., tab.; sum. 219.

1283. Kosmaty, Jerzy: Wypadki śmiertelne w górnictwie Dolnośląskiego Zagłębia Węglowego w latach 1945-2000 [Tödliche Unfälle im Bergbau des niederschlesischen Kohlebeckens in den Jahren 1945-2000]. - Szczawno-Zdrój 2012, ss. 362, il.

1284. Kouli, Yaman: Przemysł i wiedza - aspekty rozwoju gospodarczego Dolnego Śląska 1936-1956 [Industrie und Wissen. Aspekte der wirtschaftlichen Entwicklung Niederschlesiens 1936-1956] // W: Z dziejów przemysłu przed 1945 rokiem / red. Jędrzej Chumiński, Marek Zawadka. - Wrocław 2012, s. 287-302.

1285. Kowalak, Czesław: Rzemiosło legnickie po drugiej wojnie światowej. Lata pionierskie (1945-1948) [Das Liegnitzer Handwerk nach dem Zweiten Weltkrieg. Pionierjahre (1945-1948)] // Szkice Legnickie 33, 2012, s. 75-122, il. 14, tab. 7; Res. 122.

1286. Kowalski, Andrzej / Gruchlik, Piotr: Początki górnictwa węgla kamiennego w Katowicach i problem płytkich wyrobisk górniczych [Beginnings of hard coal mining in Katowice and the problem of shallow mine workings] // Przegląd Górniczy. Miesięcznik Stowarzyszenia Inżynierów i Techników Górnictwa 2012, nr 1, s. 1-12, fot. 2, rys. 13; Res. 1.

1287. Kronika Stowarzyszenia Inżynierów i Techników Górnictwa 1892-2011 [Verbandschronik der Bergbauingenieure und -techniker 1892-2011] / red. Eugeniusz Ragus. - Katowice 2012, ss. 320, il.

1288. Krzyżanowski, Krzysztof / Wójcik, Dariusz: Kopalnia kobaltu w Szklarskiej Porębie [Cobalt mine in Szklarska Poręba] // W: Dzieje górnictwa - element europejskiego dziedzictwa kultury. T. 4 [Geschichte des Bergbaus - ein Element des europäischen Kulturerbes. Band 4] / red. Paweł Zagożdżon, Maciej Madziarz. - Wrocław 2012, s. 221-234, il.; sum. 234.

1289. Księga pamiątkowa Oleśnickiego Cechu Rzemiosł Różnych oraz Małej i Średniej Przedsiębiorczości 1946-2011 [Gedenkband der Oelser Innung verschiedener Handwerke sowie des Klein- und Mittelunternehmertums] / oprac. tekstu Stanisław Dziedzic, Marek Krzysztof Bińkowski. - Oleśnica 2012, ss. 141, il.

1290. Łokaj, Maciej: Spór o przyczyny likwidacji Grupy Operacyjnej KERM i MP na Śląsk Dolny [Der Streit um die Ursachen zur Auflösung der Operationsgruppe KERM und MP für Niederschlesien] // Rocznik Jeleniogórski 44, 2012, s. 133-154; Res. 153-154.

1291. Mackiewicz, Maksym: Nowożytna ceramika artystyczna z badań archeologicznych przy kościele św. Piotra i Pawła na Ostrowie Tumskim we Wrocławiu [Neuzeitliche Kunstkeramik aus den archäologischen Grabungen an der St. Peter-und-Paul-Kirche auf der Dominsel in Breslau] // W: Nowożytny cmentarz przy kościele św. Piotra i Pawła na Ostrowie Tumskim we Wrocławiu (lata 1621-1670) [Modern-time church of st Peter and st Paul cemetery in Ostrów Tumski, Wrocław (1621-1670)] / red. Aleksandra Pankiewicz. - Wrocław 2012, s. 129-160, il.

1292. Madziarz, Maciej: Zadania i znaczenie sztolni w historycznej eksploatacji górniczej na przykładzie zachowanych wyrobisk dawnego górnictwa rud cyny i kobaltu okolic Gierczyna [Roles and importance adit in old mining on example preserved excavations old tin and cobalt ore mining near Gierczyn] // W: Dzieje górnictwa - element europejskiego dziedzictwa kultury. T. 4 [Geschichte des Bergbaus - ein Element des europäischen Kulturerbes. Band 4] / red. Paweł Zagożdżon, Maciej Madziarz. - Wrocław 2012, s. 245-272, il.; sum. 272.

1293. Madziarz, Maciej / Mizera, Andrzej / Dębkowski, Rafał: Projekt „Rekultywacja obszarów zdegradowanych działalnością górniczą na terenie gminy Mirsk z utworzeniem ścieżki Śladami dawnego górnictwa kruszczów" jako koncepcja kompleksowych działań w zakresie ochrony i wykorzystania dziedzictwa górniczego Dolnego Śląska [Project „Reclamation of areas degraded by mining activities in the Mirsk municipality with the creation of a path traces of former ore mining" as a concept of comprehensive measures to protect and use mining heritage of Lower Silesia] // W: Dzieje górnictwa - element europejskiego dziedzictwa kultury. T. 4 [Geschichte des Bergbaus - ein Element des europäischen Kulturerbes. Band 4] / red. Paweł Zagożdżon, Maciej Madziarz. - Wrocław 2012, s. 273-289, il., mapy; sum. 289.

1294. Meißner, Horst-Alfons: Der Kampf um die Wenceslaus-Grube in Ludwigsdorf-Mölke, Kreis Glatz, 1931 bis 1939 // In: Die Grafschaft Glatz zwischen 1918-1946. Beiträge über eine schlesische Kulturlandschaft. Festschrift für Franz Jung zum 75. Geburtstag; apostolischer Protonotar, Großdechant und Visitator für die Priester und Gläubigen aus der Grafschaft Glatz 1983-2011 / Hrsg. Horst-Alfons Meißner, Michael Hirschfeld, Franz Jung. - Münster 2012, S. 177-197, 2 Abb.

1295. Meißner, Horst-Alfons: Schweres Grubenunglück in Hausdorf bei Neurode am 9. Juli 1930 // In: Die Grafschaft Glatz zwischen 1918-1946. Beiträge über eine schlesische Kulturlandschaft. Festschrift für Franz Jung zum 75. Geburtstag; apostolischer Protonotar, Großdechant und Visitator für die Priester und Gläubigen aus der Grafschaft Glatz 1983-2011 / Hrsg. Horst-Alfons Meißner, Michael Hirschfeld, Franz Jung. - Münster 2012, S. 167-176, 1 Abb.

1296. Myška, Milan: K založení řepného cukrovaru v Osoblaze roku 1858 [Die Gründung der Zuckerfabrik in Hotzenplotz im Jahr 1858] // Sborník bruntálského muzea 2012, s. 23-30.

1297. Ostravské dělnické kolonie II. Závodní kolonie kamenouhelných dolů a koksoven ve slezské části Ostravy [Ostrauer Arbeiterkolonien II. Die Werkskolonie der Steinkohlegruben und Kokereien im schlesischen Teil Ostraus] / ed. Martin Jemelka. - Ostrava 2012, 735 s.
Cz. 1 / Teil 1. Ostrava 2011.

1298. Parzyński, Piotr: Razem. Ciąg dalszy historii Zakładów Elektrotechniki Motoryzacyjnej w Dusznikach Zdroju [Gemeinsam. Fortsetzung der Geschichte der Auto-technischen Betriebe in Bad Reinerz]. - Polanica-Zdrój 2012, ss. 128, il.

1299. Paździora, Jan: Polska Miedź 1945-2010 (synteza działalności) [Polnisches Kupfer 1945-2010. Zusammenfassung der Tätigkeit]. - Wyd. 2. popr. i uzup. - Bolesławiec 2012, ss. 240, il.

1300. Paździora, Jan: Polska Miedź 1945-2010 (synteza działalności) [Polska Miedź [Erzbergbauunternehmen] 1945-2010 (Zusammenfassung der Tätigkeit)]. - Bolesławiec 2011, ss. 232, il.
Rec.: Strauchold, Grzegorz // Pamięć i Przyszłość 2012, nr 4 (18), s. 72-73, il. 1; Wanielista, Konrad // Rocznik Bolesławiecki 4, 2011 (2012), s. 174-175, il. 1.

1301. Pfeifer, Ingo: Anhalt-Köthen-Pleß und der anhaltische Anteil an der Entstehung des oberschlesischen Industriereviers // In: Anhalt international / Hrsg. Hans Wilderotter. - Dessau 2012, S. 65-74, Abb.

1302. Pol, Adam W.: Informacja o katalogu górniczych zabytków gierczyńskich [Information about Gierczyn Relics Catalogue] // W: Dzieje górnictwa - element europejskiego dziedzictwa kultury. T. 4 [Geschichte des Bergbaus - ein Element des europäischen Kulturerbes. Band 4] / red. Paweł Zagożdżon, Maciej Madziarz. - Wrocław 2012, s. 303-314, il.; sum. 314.

1303. Pol, Adam Wincenty: Urządzenia odwadniania kunsztowego kopalni w Gierczynie koło Mirska z XVIII/XIX w. [Die Anlage zur kunstvollen Entsumpfung der Grube in Giehren aus dem 18./19. Jh.] // Rocznik Jeleniogórski 44, 2012, s. 67-82, il. 23; Res. 82.

1304. Popiński, Krzysztof: Współpraca naukowo-badawcza KGHM z uczelniami wrocławskimi (1961-1989) [Wissenschaftliche Zusammenarbeit der KGHM mit Breslauer Hochschulen (1961-1989)] // Pamięć i Przyszłość 2012, nr 4 (18), s. 28-34, il. 5.

1305. Powiat oleśnicki. Od rzemiosła do przemysłu [Oleśnica County. From handicraft to industry] / oprac. Jacek Sowiński. - Bydgoszcz 2012, ss. 39, il.

1306. Poźniak, Grzegorz: Firma organmistrzowska Berschdorf z Nysy w świetle korespondencji z parafią pw. św. Bartłomieja w Gliwicach [Das Orgelbauunternehmen Berschdorf aus Neisse im Licht der Korrespondenz mit der Kirchengemeinde des hl. Bartholomäus in Gleiwitz]. - Opole 2012, ss. 128.
Z Dziejów Kultury Chrześcijańskiej na Śląsku; 74.

1307. Primke, Robert / Szczerepa, Maciej / Szczerepa, Wojciech: Dzieje Kopalni Gipsu i Anhydrytu „Nowy Ląd" w Niwnicach [Gips- und Anhydrit-Bergwerk „Neues Land" in Cunzendorf unter dem Walde]. - Jelenia Góra [2012], ss. 92, il.

1308. Ryborz, Ginter-Franciszek: Rybołóstwo stawowe, rzeczne i potokowe [Teich-, Fluss- und Bach-Fischerei] // Szkice Kędzierzyńsko-Kozielskie 14-15, 2012, s. 238-250, fot. 15.

1309. Rygus, Piotr: Śląskie Towarzystwo Wystaw i Propagandy Gospodarczej w procesie integracji gospodarczej województwa śląskiego [Die Schlesische Gesellschaft für Ausstellungen und Wirtschaftspropaganda im Prozess der wirtschaftlichen Integration der Schlesischen Woiwodschaft mit dem polnischen Staat in den Jahren 1928-1939] // W: Katowice w kulturze pogranicza. Rola Katowic w kulturze i nauce [Kattowitz in der Kultur des Grenzgebietes. Die Rolle von Kattowitz in Kultur und Wissenschaft] / red. nauk. Antoni Barciak. - Katowice 2012, s. 363-377, il. 3; Res. 376-377.

1310. Rygus, Piotr: Udział Miasta Królewska Huta (Chorzów) w Powszechnej Wystawie Krajowej w Poznaniu w 1929 roku [Teilnahme der Stadt Königshütte (Chorzów) an der Allgemeinen Landesausstellung in Posen im Jahre 1929] // Zeszyty Chorzowskie 13, 2012, s. 83-99, aneks, fot. 1; Res. 99.

1311. Sawicki, Jakub: Stracony czas. Fragment XVI-wiecznego norymberskiego zegarka dyptykowego z Wrocławia [Verlorene Zeit. Fragment einer Nürnberger Diptychon-Uhr aus dem 16. Jahrhundert in Breslau] // W: Nowożytny cmentarz przy kościele św. Piotra i Pawła na Ostrowie Tumskim we Wrocławiu (lata 1621-1670) [Modern-time church of st Peter and st Paul cemetery in Ostrów Tumski, Wrocław

(1621-1670)] / red. Aleksandra Pankiewicz. - Wrocław 2012, s. 119-127, il.

1312. Senft, Stanisław: Firmy niemieckie na Śląsku - skala, problemy i bariery [Deutsche Firmen in Schlesien - Ausmaß, Probleme, Barrieren] // W: Colloquium Opole 2011. Polacy - Niemcy - Czesi sąsiedztwo w XXI wieku. Od wojny do dobrego sąsiedztwa [Colloquium Opole. Polen - Deutsche - Tschechen - Nachbarschaft im 21. Jahrhundert. Vom Krieg um die Grenze zur guten Nachbarschaft] / red. Monika Choroś, Maximilian Eiden, Bernard Linek. - Opole 2012, s. 185-197; Res. 197.

1313. Siemaszko, Nikolaus Olaf: Das oberschlesische Eisenhüttenwesen 1741-1860. Ein regionaler Wachstumssektor. - Stuttgart 2011, 410 S., Kt. & 1 CD-ROM.
Rec.: K.W. // Bibliothek und Medien 32, 2012, H. 1, S. 25-26; Kiesewetter, Hubert // Historische Zeitschrift 295, 2012, H. 2, S. 454-455; Kościk, Elżbieta // Roczniki Dziejów Społecznych i Gospodarczych 72, 2012, s. 255-258.

1314. Skobelski, Robert: Przemysł Zielonej Góry w okresie tzw. małej stabilizacji (1956-1970) [Zielona Góra industry in the times of the so called „small stability" (1956-1979)] // W: Z dziejów przemysłu po 1945 roku / red. Elżbieta Kościk, Robert Klementowski. - Wrocław 2012, s. 229-244, il.; Res. 244.

1315. Skotnicka-Pałka, Małgorzata: „Miedziany" sport. Zmagania sportowe w Zagłębiu Miedziowym w latach 1990-2012 w świetle lokalnej prasy na wybranych przykładach [„Kupfer-Sport". Sportkämpfe im Kupfergebiet in den Jahren 1990-2012 im Lichte der lokalen Presse anhand ausgewählter Beispiele] // Pamięć i Przyszłość 2012, nr 4 (18), s. 17-21.

1316. Skrzypiec, Ryszard: Związki z branży gospodarczej w historii Śląska [Verbände in den wirtschaftlichen Sektoren in der Geschichte Schlesiens] // W: Stowarzyszenia, związki, bractwa, inicjatywy społeczne i ich znaczenie dla Śląska. Wczoraj, dziś, jutro. XIV Seminarium Śląskie. Kamień Śląski 2009. Traktaty polsko-niemieckie z 1990 i 1991 roku i ich konsekwencje dla Śląska; XV Seminarium Śląskie, Kamień Śląski 2010. Publikacja pokonferencyjna (wybór tekstów) [Gesellschaften, Verbände, Bruderschaften, gesellschaftliche Initiativen und ihre Bedeutung für Schlesien. Gestern, heute, morgen. 14. Schlesische Konferenz. Groß Stein 2009. Polnisch-deutsche Traktate aus dem Jahr 1990 und 1991 und ihre Konsequenzen für Schlesien; 15. Schlesische Konferenz. Groß Stein 2010. Konferenzberichte (Auswahl der Texte)]. - Gliwice 2012, s. 7-15.

1317. Sroka, Piotr: Browar w Kłodzku w latach 1945-1978 [The Brewery in Kłodzko 1945-1978] // W: Z dziejów przemysłu po 1945 roku / red. Elżbieta Kościk, Robert Klementowski. - Wrocław 2012, s. 153-163; Res. 163.

1318. Stachowiak, Paweł: Żużel żelazny z grodziska w Nowińcu, stan. 2, gm. Lubsko, woj. lubuskie [Eisenschlacke aus der Burg in Neumühle Fpl. 2, Gemeinde Sommerfeld, Woiwodschaft Lebuser Land] // W: Nowiniec, stan. 2. Wczesnośredniowieczny gród na pograniczu śląsko-łużyckim w świetle badań interdyscyplinarnych [Neumühle, Feld 2. Eine frühmittelalterliche Burg im schlesisch-lausitzer Grenzgebiet im Lichte interdisziplinärer Untersuchungen] / red. Bartłomiej Gruszka. - Zielona Góra 2012, s. 157-160, il.

1319. Stolarczyk, Tomasz: Wyniki badań archeologicznych nad problematyką dawnego górnictwa i hutnictwa miedzi na terenie Pogórza Kaczawskiego oraz Gór Kaczawskich i Rudaw Janowickich w 2012 r. [Ergebnisse der archäologischen Ausgrabungen zur Problematik des früheren Bergbaus und Kupfermetallurgie auf dem Gebiet des Bober-Katzbach-Vorgebirges und -Gebirges und des Landeshuter Kamms im Jahr 2012] // Szkice Legnickie 33, 2012, s. 207-238, il. 14; Res. 237-238.

1320. Stysz, Michał / Szychowska-Krąpiec, Elżbieta / Mączka, Michał: Sztolnia Silberloch w Górach Sowich w świetle nowych badań archiwalnych, inwentaryzacyjnych i dendrochronologicznych [The Silberloch adit in the Sowie Mountain according to new archival, cataloguing and dendrochronological research] // W: Dzieje górnictwa - element europejskiego dziedzictwa kultury. T. 4 [Geschichte des Bergbaus - ein Element des europäischen Kulturerbes. Band 4] / red. Paweł Zagożdżon, Maciej Madziarz. - Wrocław 2012, s. 351-377, il.; sum. 377.

1321. Szendzielarz, Ryszard: Z dziejów Fabryki Papieru w Mikołowie 1862-2012 [Aus der Geschichte der Papierfabrik in Nikolai 1862-2012]. - Mikołów 2012, ss. 62, il.

1322. Szmidtke, Zenon: Znaczenie przemysłu węglowego dla podziału obszaru plebiscytowego Górnego Śląska [Die Bedeutung der Kohlenindustrie für die Teilung des Abstimmungsgebiets Oberschlesiens] // Górnik Polski. Zeszyty Naukowe Muzeum Górnictwa Węglowego w Zabrzu 2012, nr 6, s. 249-274, fot. 4; Res. 271-274.

1323. Śmierz, Marcin: Rudzkie gwarectwo węglowe jako element koncernu Ballestrema. Cz. 2: Działalność podczas II wojny światowej [Rudzkie Gwarectwo Węglowe (Rudaer Kohlenknappschaft) als Bestandteil des Konzerns Ballestrem. Teil 2: Tätigkeit im 2. Weltkrieg] // Górnik Polski. Zeszyty Naukowe Muzeum Górnictwa Węglowego w Zabrzu 2012, nr 6, s. 283-316, fot. 1; Res. 315-316.
Cz. 1. / Teil 1. Górnik Polski 5/2011, 263-283.

1324. Techmańska, Barbara: Zagłębie Miedziowe - historia i współczesność [Das Kupfergebiet - Geschichte und Gegenwart] // Pamięć i Przyszłość 2012, nr 4 (18), s. 6-8, 13-16, 21-27, il. 9.

1325. Thust, Wolfgang: Struktury organizacyjne śląskiego przemysłu mineralnego [Organisationsstrukturen der schlesischen Mineralindustrie] // W: Stowarzyszenia, związki, bractwa, inicjatywy społeczne i ich znaczenie dla Śląska. Wczoraj, dziś, jutro. XIV Seminarium Śląskie. Kamień Śląski 2009. Traktaty polsko-niemieckie z 1990 i 1991 roku i ich konsekwencje dla Śląska; XV Seminarium Śląskie, Kamień Śląski 2010. Publikacja pokonferencyjna (wybór tekstów) [Gesellschaften, Verbände, Bruderschaften, gesellschaftliche Initiativen und ihre Bedeutung für Schlesien. Gestern, heute, morgen. 14. Schlesische Konferenz. Groß Stein 2009. Polnisch-deutsche Traktate aus dem Jahr 1990 und 1991 und ihre Konsequenzen für Schlesien; 15. Schlesische Konferenz. Groß Stein 2010. Konferenzberichte (Auswahl der Texte)]. - Gliwice 2012, s. 16-18.

1326. Tinzová, Bohumila: K rozvoji cechů a živností ve Vidnavě [Über die Entwicklung der Zechen und des Gewerbes in Weidenau/ Freiwaldau] // Vlastivědné listy Slezska a severní Moravy. Časopis pro dějiny, umění, přírodu a dnešek 38, 2012, č. 1, s. 4-9.

1327. Tracz, Bogusław: Współzawodnictwo na obszarze górnośląskiej konurbacji jako przykład stalinizacji kultury pracy i adaptacji wzorów sowieckich [Wettstreit auf dem Gebiet der oberschlesischen Konurbation als Beispiel der Stalinisierung der Arbeitskultur und Anpassung an die sowjetischen Muster] // W: Zrozumieć Śląsk [Schlesien verstehen] / red. Dawid Keller, Bogdan Kloch. - Rybnik 2012, s. 37-64.

1328. Weber, Danny: Die Herstellung und der Handel mit Textilien // In: Zwischen Neiße, Schöps und Spree. Der Landkreis Görlitz / Thomas Napp, Hermann Ansorge, Gunter Oettel. - Görlitz 2012, S. 261-266.
Dot. powiatu Görlitz. - Betr. den Kreis Görlitz.

1329. Wenzel, Cornelia: Nahrungs-und Genussmittelherstellung // In: Zwischen Neiße, Schöps und Spree. Der Landkreis Görlitz / Thomas Napp, Hermann Ansorge, Gunter Oettel. - Görlitz 2012, S. 271-275.
Dot. powiatu Görlitz. - Betr. den Kreis Görlitz.

1330. Werner, Ulrich: Die Glashütte zu Leippa - die erste Glashütte im ehemaligen Landkreis Rothenburg O/L // Görlitzer Magazin. Geschichte und Gegenwart der Stadt Görlitz und ihrer Umgebung 25, 2012, S. 39-50.

1331. Wierzbicka, Katarzyna: Z historii Cechu Rzemiosł Różnych i Małej Przedsiębiorczości w Bielawie [Aus der Geschichte der Innung verschiedener Handwerke und kleiner Unternehmen in Langenbielau] // Bibliotheca Bielaviana 2011 (2012), s. 263-272, il. 6.

1332. Wilk, Andrzej: Cukrownictwo w powiecie świdnickim [Die Zuckerindustrie im Kreis Schweidnitz] // Rocznik Świdnicki 39, 2011 (2012), s. 93-108, il. 14.

1333. Wójcik, Andrzej J.: Kartoteka Kopalni Węgla Kamiennego Państwowego Instytutu Geologicznego - zapomniany dokument z historii górnictwa [Hard Coal Mine Index - history of mining forgotten document] // W: Dzieje górnictwa - element europejskiego dziedzictwa kultury. T. 4 [Geschichte des Bergbaus - ein Element des europäischen Kulturerbes. Band 4] / red. Paweł Zagożdżon, Maciej Madziarz. - Wrocław 2012, s. 391-399, il.; sum. 399.

1334. Wójcik, Dariusz / Krzyżanowski, Krzysztof: Poszukiwania chryzoprazów w Braszowicach [In search of chrysoprase in Braszowice] // W: Dzieje górnictwa - element europejskiego dziedzictwa kultury. T. 4 [Geschichte des Bergbaus - ein Element des europäischen Kulturerbes. Band 4] / red. Paweł Zagożdżon, Maciej Madziarz. - Wrocław 2012, s. 401-410, il.; sum. 410.

1335. Zářický, Aleš: Hlučínské doly od nástupu Rothschildů do první světové války (1835-1914) [Bergwerke im Hultschiner Ländchen von der Zeit des ersten Auftretens der Rothschilds bis zum Ersten Weltkrieg (1835-1914)] // Hlučínsko. Vlastivědný časopis Muzea Hlučínska 2, 2012, č. 2, s. 8-10.

1336. Zářický, Aleš: K počátkům dobývání kamenného uhlí na Hlučínsku (1780-1835) [Über den Anfang der Förderung von Steinkohle im Hultschiner Ländchen (1780-1835)] // Hlučínsko. Vlastivědný časopis Muzea Hlučínska 2, 2012, č. 1, s. 8-10.

1337. Zych, Alan: Kopalnie Lipin, Świętochłowic i Chropaczowa w świetle „Zeitschrift für das Berg-, Hütten- und Salinenwesen" w latach 1855-1913 // Świętochłowice i Świętochłowiczanie 2012, z. 8, s. 5-23, fot. 3, wykr. 2.
Dot. kopalń: Matylda i Śląsk.

1338. Żerelik, Rościsław: Przemysł w majątkach ziemskich Dolnego Śląska do 1945 roku (na przykładzie majątków rodziny von Loesch) // W: Z dziejów przemysłu przed 1945 rokiem / red. Jędrzej Chumiński, Marek Zawadka. - Wrocław 2012, s. 19-34.

09.05. Verkehrs- und Kommunikationswesen – Transport, komunikacja, łączność – Doprava a komunikace

Zob. poz. / Siehe auch / Viz 853, 1027, 1182, 1260, 2451, 2532, 2688, 2777.

1339. Al Saheb, Jan: Spor o výstavbu mostu mezi Frýdkem a Místkem ve světle dokumentů z roku 1639 [Der Streit über die Errichtung einer Brücke zwischen Friedek und Mistek im Lichte von Dokumenten aus dem Jahr 1639] // Těšínsko. Vlastivědný časopis 55, 2012, č. 3, s. 24-27.

1340. Čapský, Martin: Poselské zřízení ve středověkém Slezsku [Establishment of a messenger system in medieval Silesia] // In: Mezi raným a vrcholným středověkem. Pavlu Kouřilovi k šedesátým narozeninám přátelé, kolegové a žáci [Zwischen Früh- und Hochmittelalter. Pavel Kouřil zum 60. Geburtstag von Freunden, Kollegen und Schülern] / uspoř. Jiří Doležel, Martin Wihoda. - Brno 2012, s. 397-407; Res. 407.

1341. Dietrich, Charlotte: Adler über Schlesien. Ereignisse und Pioniere der Luftfahrtgeschichte. - Ratingen 2012, 79 S., Abb.
Schriften der Stiftung Haus Oberschlesien. Landeskundliche Reihe; 14.

1342. Dominas, Przemysław: Dzieje kolei normalnotorowych na Dolnym Śląsku [Geschichte der Normalspur-Eisenbahn in Niederschlesien] // W: Dzieje kolei w Polsce / red. Dawid Keller. - Rybnik 2012, s. 68-96, fot. 19.

1343. Dominas, Przemysław: Koleje regionu kaczawskiego (Lwówek Śląski - Złotoryja - Marciszów - Jelenia Góra - Wleń - Lwówek Śląski) [Geschichte der Bober-Katzbach-Region (Löwenberg - Goldberg - Merzdorf - Hirschberg - Lähn - Löwenberg)]. - Jelenia Góra 2012, ss. 252, il.
Sudeckie Epizody Historyczne.

1344. Gibek, Jerzy: Szkice z dziejów poczty w Świebodzicach [Historische Skizze der Post in Freiburg/Schweidnitz]. - Świebodzice 2012, ss. 153, il.

1345. Izydorczek, Michał: Dzieje kolei wąskotorowych na Dolnym Śląsku [Geschichte der Schmalspurbahn in Niederschlesien] // W: Dzieje kolei w Polsce / red. Dawid Keller. - Rybnik 2012, s. 97-106, fot. 7.

1346. Jarząbek, Marcin: Kolej na Górnym Śląsku w XIX wieku jako miejsce pracy [Eisenbahn in Oberschlesien im 19. Jahrhundert - als Arbeitsplatz] // W: Zrozumieć Śląsk [Schlesien verstehen] / red. Dawid Keller, Bogdan Kloch. - Rybnik 2012, s. 21-36.

1347. Kasztura, Grzegorz: Z historii polskiego lotnictwa na Śląsku Cieszyńskim w latach 1912-1939 [Aus der Geschichte der polnischen Luftfahrt im Teschener Schlesien in den Jahren 1912-1939]. - Cieszyn 2012, ss. 333, fot.

1348. Keller, Dawid: Początki kolei żelaznej w rejonie Gorzyc [Anfänge der Eisenbahn in der Region von Großgorzütz] // W: Zrozumieć Śląsk [Schlesien verstehen] / red. Dawid Keller, Bogdan Kloch. - Rybnik 2012, s. 65-92, tab. 1.

1349. Kopczyk, Piotr: Historia stacji kolejowej w Głubczycach [Geschichte des Bahnhofs in Leobschütz] // Kalendarz Głubczycki 20, 2013 (2012), s. 110-117, fot.

1350. Kowolik, Wilhelm: 150 lat poczty w Zabrzu - 150 roków zobrskigo postamta [150 Jahre Post in Zabrze]. - Zabrze 2012, ss. 94, il.
Wyd. 1, Katowice 2005. - 1. Aufl. Katowice 2005.
Rec.: Farbotko, Władysław // Historyczno-Badawczy Biuletyn Filatelistyczny. Pismo Polskiej Akademii Filatelistyki 52, 2012, nr 1-4, s. 33, il. 1.

1351. Kruk, Bartosz: Wpływ kolei na rozwój przemysłu na Dolnym Śląsku w drugiej połowie XIX wieku // W: Z dziejów przemysłu przed 1945 rokiem / red. Jędrzej Chumiński, Marek Zawadka. - Wrocław 2012, s. 113-122.

1352. Krzysztoń, Andrzej: Pięćdziesiąt lat filatelistyki w Kędzierzynie-Koźlu [50 Jahre Philatelie in Kandrzin-Cosel] // Szkice Kędzierzyńsko-Kozielskie 14-15, 2012, s. 89-98, il. 1.

1353. Kurek, Jacek: Kolej i tożsamość (kilka sugestii ze Śląskiem i Galicją w tle) [Eisenbahn und Identität (einige Andeutungen im Vergleich mit Schlesien und Galizien)] // W: Znaczenie kolei dla dziejów Polski. Studia z historii kolejnictwa [Bedeutung der Bahn für die Geschichte Polens. Studien zur Eisenbahngeschichte] / red. Dawid Keller. - Rybnik 2012, s. 11-18.

1354. Menzel, Steffen: Flugwesen // In: Zwischen Neiße, Schöps und Spree. Der Landkreis Görlitz / Thomas Napp, Hermann Ansorge, Gunter Oettel. - Görlitz 2012, S. 286-288.
Dot. powiatu Görlitz. - Betr. den Kreis Görlitz.

1355. Menzel, Steffen: Post und Telekommunikation // In: Zwischen Neiße, Schöps und Spree. Der Landkreis Görlitz / Thomas Napp, Hermann Ansorge, Gunter Oettel. - Görlitz 2012, S. 289-291.
Dot. powiatu Görlitz. - Betr. den Kreis Görlitz.

1356. Menzel, Steffen: Straßen und Autobahnen // In: Zwischen Neiße, Schöps und Spree. Der Landkreis Görlitz / Thomas Napp, Hermann Ansorge, Gunter Oettel. - Görlitz 2012, S. 279-282.
Dot. powiatu Görlitz. - Betr. den Kreis Görlitz.

1357. Nadolski, Przemysław: Dzieje kolei normalnotorowych na obszarze byłej Śląskiej Dyrekcji Okręgowej Kolei Państwowej [Geschichte der Normalspurbahn im Gebiet der ehemaligen Schlesischen Bezirksdirektion der Staatsbahn] // W: Dzieje kolei w Polsce / red. Dawid Keller. - Rybnik 2012, s. 109-130, fot. 18.

1358. Pregiel, Piotr: Dorożki jako forma transportu osobowego w Cieplicach w latach 1866-1914 [Die Droschken als Form der Personenbeförderung in Bad Warmbrunn in den Jahren 1866-1914] // Rocznik Jeleniogórski 44, 2012, s. 103-118, il. 3, tab. 2; Res. 117-118.

1359. Retecki, Piotr: O planach przedłużenia linii tramwajowej z Dolnego Sobięcina do Boguszowa-Gorców w powiecie wałbrzyskim w latach 1908-1914 [Zu den Planungen einer Weiterführung der Straßenbahnlinie von Nieder Hermsdorf nach Gottesberg-Rothenbach (Kreis Waldenburg) in den Jahren 1908-1914] // Śląski Kwartalnik Historyczny Sobótka 67, 2012, nr 1, s. 29-48; Res. 47-48.

1360. Rogowski, Bogusław: Opolskie statki były ambasadorami swoich miast [Oppelner Schiffe waren Botschafter ihrer Städte] // Szkice Kędzierzyńsko-Kozielskie 14-15, 2012, s. 142-148, il. 3.

1361. Salz, Hanuš: Letecké podnikání trutnovských Etrichů v Dolním Slezsku 1912-1915 [Das Luftfahrtunternehmen der Trautenauer Familie Etrich in Niederschlesien 1912-1915] // Kladský sborník 9, 2012, s. 215-228; Res. 225.

1362. Schwarz, Bernd: Binnenschiffe zwischen Ostpreußen und Schlesien. Versuch eines historischen Verzeichnisses maschinengetriebener deutscher Binnenschiffe bis 1945. - 3. Aufl. - Cuxhaven 2012, XXXIX, 234 S.

1363. Schwarz, Bernd / Zesewitz, Siegbert: Caesar Wollheim, Werft und Maschinenfabrik in Cosel bei Breslau. Änderungen und Ergänzungen // Navalis. Zeitschrift zur Geschichte der Binnenschifffahrt, des Binnenschiffbaues und der Wasserstraßen 9, 2012, H. 2, S. 44-49.

1364. Sielicki, Tomasz: Przez Sępolno, Zalesie i Krzyki - historia wrocławskich tramwajów [Durch Zimpel, Leerbeutel und Krietern - Geschichte der Breslauer Straßenbahn] // W: O historii Wrocławia i Śląska inaczej. 1 [Anders über die Geschichte Breslaus und Schlesiens. 1] / red. Marek Derwich. - Wrocław 2012, s. 81-105, il.

1365. Sielicki, Tomasz: Przez wrocławskich ulic sto... Historia tramwajów we Wrocławiu. - Wrocław 2012, ss. 166, il.
Książka towarzyszy wystawie pt.: Przez wrocławskich ulic sto... Historia tramwajów we Wrocławiu, Pałac Królewski, Muzeum Miejskie Wrocławia, 7-30 września 2012. - Durch hundert Breslauer Straßen... Geschichte der Straßenbahnen in Breslau.

1366. Soida, Krzysztof: Dzieje kolei wąskotorowych na obszarze byłej Śląskiej Dyrekcji Okręgowej Kolei Państwowych [Geschichte der Schmalspurbahn auf dem Gebiet der ehemaligen Schlesischen Regionaldirektion der Staatsbahn] // W: Dzieje kolei w Polsce / red. Dawid Keller. - Rybnik 2012, s. 131-148, fot. 17.

1367. Steiniger, Ludwig: Aus der Geschichte der Post in Görlitz. - Görlitz 2012, 91 S., Abb.

1368. Strauchold, Grzegorz: Odra magiczna, czyli polskie fascynacje rzeką w drugiej połowie lat czterdziestych XX w. [Die magische Oder, oder die polnische Faszination am Fluß in der zweiten Hälfte der 1940er Jahre] // Pamięć i Przyszłość 2012, nr 2 (16), s. 6-10, il. 1.

1369. Urbańczyk, Jacek: Plany przeniesienia jeleniogórskiego lotniska do Jeżowa Sudeckiego [Die Pläne zur Verlegung des Hirschberger Flugplatzes nach Grunau (Jeżów Sudecki)] // Rocznik Jeleniogórski 44, 2012, s. 127-132, il. 3; Res. 132.

1370. Widawski, Krzysztof / Ranoszek, Włodzimierz: Wrocławska Kolej Dojazdowa w krajobrazie - wczoraj i dziś [Breslau-Trebnitz-Prausnitzer Kleinbahn in der Landschaft - gestern und heute] // W: Krajobrazy zdefiniowane - znaki i symbole w krajobrazie. Praca zbiorowa [Definierte Landschaften - Zeichen und Symbole in der Landschaft. Ein Sammelwerk] / red. Janusz Łach, Anna Zaręba. - Wrocław 2012, s. 303-314, il.

09.06. Wasser- und Energieversorgung, Umweltfragen – Woda, energia, środowisko – Voda, energie, životní prostředí

Zob. poz. / Siehe auch / Viz 354, 1262, 1793, 1919.

1371. Baumert, Doris: 100 Jahre Bobertalsperre bei Mauer 1912-2012. Zur Geschichte der Bobertalsperre bei Mauer, Kreis Löwenberg (Schlesien) [100 lat zapory w Pilchowicach 1912-2012]. - Hannover 2012, 159 S., Abb.

1372. Białas, Zygmunt / Waligóra, Jan: Jaka woda w pijalni Parku Zdrojowego? (Historia poszukiwań wody mineralnej do kuracji pitnej)

[Wie ist das Wasser in der Kurpark-Trinkhalle? (Geschichte der Suche nach Mineralwasser für die Trinkkur)] // Przyrodnik Ustroński 2012, z. 11, s. 118-125, il. 7, tab. 1, wykr. 2.

1373. Frużyński, Adam: Monografia Górnośląskiej Spółki Gazownictwa. 160 lat gazownictwa na Śląsku [Monographie der Oberschlesischen Gas-Aktiengesellschaft. 160 Jahre Gaswerke in Schlesien]. - Zabrze 2012, ss. 235, il., tab.

1374. Grudziński, Tomasz: Przyczynek do historii zaopatrywania Świdnicy w wodę (XVII-'30 XX w.) [Beitrag zur Geschichte der Wasserversorgung von Schweidnitz (17. Jahrhundert-1930er Jahre)] // Rocznik Świdnicki 39, 2011 (2012), s. 53-70, il. 8.

1375. Jerzak, Leszek / Reda, Piotr: Ochrona przyrody w Zielonej Górze do 1945 roku [Umweltschutz in Grünberg bis 1945] // W: Historia Zielonej Góry. T. 2: Dzieje miasta w XIX i XX wieku [Geschichte von Grünberg. Band 2: Stadtgeschichte des 19. und 20. Jahrhunderts] / red. Wojciech Strzyżewski. - Zielona Góra 2012, s. 191-202, il.; Res. 816-817.

1376. Knapik, Wioletta: Powódź z roku 1997 w pamięci mieszkańców Opola i Wrocławia [The Floods of 1997 in the Remembrances of the Residents of Opole and Wroclaw] // W: Pamięć jako kategoria rzeczywistości społecznej / red. Józef Styk, Małgorzata Dziekanowska. - Lublin 2012, s. 157-170; Res. 170.

1377. Menzel, Steffen: Energieversorgung // In: Zwischen Neiße, Schöps und Spree. Der Landkreis Görlitz / Thomas Napp, Hermann Ansorge, Gunter Oettel. - Görlitz 2012, S. 276-278.
Dot. powiatu Görlitz. - Betr. den Kreis Görlitz.

1378. Piętnaście lat po powodzi 1997 na Dolnym Śląsku. Monografia [15 Jahre nach dem Hochwasser von 1997 in Niederschlesien. Eine Monographie] / red. Jerzy Sobota. - Wrocław 2012, ss. 197, il.

1379. Przybytek, Dariusz: Kiedy wrocławskie wodociągi korzystały z Odry? [Wann nutzten die Breslauer Wasserwerke die Oder?] // Pamięć i Przyszłość 2012, nr 2 (16), s. 33-38, il. 1.

1380. Skobelski, Robert: Historia powstania i funkcjonowania elektrociepłowni w Zielonej Górze w latach 1964-1991 (cz. II) [Geschichte der Entstehung und des Betriebs des Heizkraftwerkes in Grünberg in den Jahren 1964-1991 (Teil 2)] // Studia Zielonogórskie 18, 2012, s. 103-126.
Cz. 1 / Teil 1: 17, 2011, (145-172).

1381. Skoczylas, Janusz: Postępy badań geologicznych na Górnym Śląsku w okresie dwudziestolecia międzywojennego [Progress of geological investigations in Upper Silesia in the period of two decades between the two World Wars] // Przegląd Górniczy. Miesięcznik Stowarzyszenia Inżynierów i Techników Górnictwa 2012, nr 2, s. 60-69, fot. 2, rys. 6; Res. 60.

1382. Skotnicka, Małgorzata: Powódź tysiąclecia - wrocławska fala wspomnień [Das Jahrtausendhochwasser - die Breslauer Erinnerungsflut] // Pamięć i Przyszłość 2012, nr 2 (16), s. 21-26, il. 2.

1383. Spata, Manfred: Das Hochwasser im Glatzer Bergland 1938 // In: Die Grafschaft Glatz zwischen 1918-1946. Beiträge über eine schlesische Kulturlandschaft. Festschrift für Franz Jung zum 75. Geburtstag; apostolischer Protonotar, Großdechant und Visitator für die Priester und Gläubigen aus der Grafschaft Glatz 1983-2011 / Hrsg. Horst-Alfons Meißner, Michael Hirschfeld, Franz Jung. - Münster 2012, S. 247-260, 2 Abb.

1384. Surzycki, Andrzej: Energetyka Cieszyńska w służbie swojego miasta [Die Teschener Energiewirtschaft im Dienste der eigenen Stadt] // Przyrodnik Ustroński 2012, z. 11, s. 89-92, il. 3.

1385. Trzaskowska, Grażyna: Latarnie gazowe i nie tylko. Gazownictwo na Dolnym Śląsku [Gaslaternen und anderes. Die Gasindustrie in Niederschlesien]. - Wrocław 2012, ss. 98, il.
Cykl Wydawniczy „Dolny Śląsk Wczoraj i Dziś". Publikacja z okazji jubileuszu 165-lecia uruchomienia gazowni we Wrocławiu. - Buchreihe „Niederschlesien gestern und heute". Jubiläumsausgabe zum 165. Jahrestag der Inbetriebnahme des Gaswerkes in Breslau.

1386. Tyszkiewicz, Jakub: Powodzie w peerelowskim Wrocławiu [Überschwemmungen in Breslau zur Zeit der Volksrepublik Polen] // Pamięć i Przyszłość 2012, nr 2 (16), s. 17-20, il. 1.

1387. Urbaniak, Miron: Wrocławska kanalizacja i Odra. Symbioza miasta z rzeką [Die Breslauer Kanalisation und die Oder. Symbiose der Stadt mit dem Fluß] // Pamięć i Przyszłość 2012, nr 2 (16), s. 39-44.

1388. Sawoszczuk, Agnieszka / Zacny, Barbara / Grzegorek, Grzegorz / Krzemień, Marcin: Wodociągi i kanalizacja w Chorzowie i Świętochłowicach [Wasserwerke und Kanalisation in Königshütte und Schwientochlowitz]. - Katowice 2012, ss. 112, fot.

09.07. Geld- und Finanzwesen – Gospodarka finansowo-pieniężna – Peněžnictví a finančnictví

Zob. poz. / Siehe auch / Viz 518, 520, 549-550, 1158, 1312, 2415, 3437.

1389. Dziewanowski-Stefańczyk, Bartosz: Związki monetarne Rzeczypospolitej i Śląska w okresie wazowskim [Monetary relations of the Polish Republic and Silesia during the Vasa dynasty] // W: Pieniądz i banki na Śląsku [Geld und Banken in Schlesien] / red. Witold Garbaczewski, Roman Macyra. - Poznań 2012, s. 265-274, il.; Res. 274.

1390. Filipow, Krzysztof: Bank Polski i pieniądz na Zaolziu w 1938 r. [Bank Polski (The Bank of Poland) and money in Zaolzie in 1938] // W: Pieniądz i banki na Śląsku [Geld und Banken in Schlesien] / red. Witold Garbaczewski, Roman Macyra. - Poznań 2012, s. 355-362; Res. 362.

1391. Gołaszewski, Janusz: Banki rentowe jako czynnik wspomagający reformę rolną w Prusach, ze szczególnym uwzględnieniem Banku Rentowego we Wrocławiu. Dzieje, problematyka archiwalna, wartość badawcza [Annuity banks as an engine of the agricultural reform in Prussia, with special emphasis on the Annuity Bank in Wrocław] // W: Pieniądz i banki na Śląsku [Geld und Banken in Schlesien] / red. Witold Garbaczewski, Roman Macyra. - Poznań 2012, s. 295-318, il.; Res. 318.

1392. Kłusek, Mirosław: Działalność katowickiego oddziału Państwowego Banku Rolnego w latach 1939-1949 [Operation of the Katowice branch of Państwowy Bank Rolny (State Agricultural Bank) in the period 1939-1949] // W: Pieniądz i banki na Śląsku [Geld und Banken in Schlesien] / red. Witold Garbaczewski, Roman Macyra. - Poznań 2012, s. 363-376, tab.; Res. 376.

1393. Leszczyńska, Cecylia / Lisiecka, Łucja: Polska bankowość na Dolnym Śląsku na tle sytuacji gospodarczej regionu po II wojnie światowej (1945-1946) [Polish banks in Lower Silesia against the background of the economic situation of the region after World War II (1945-1946)] // W: Pieniądz i banki na Śląsku [Geld und Banken in Schlesien] / red. Witold Garbaczewski, Roman Macyra. - Poznań 2012, s. 377-398, tab.; Res. 398.

1394. Macyra, Roman: Bankowe związki Dolnego Śląska z Wielkopolską: od NBP do BZ WBK (z perspektywy WBK) [Bank relations between Lower Silesia and Wielkopolska: from the National Bank of Poland to BZ WBK from the perspective of WBK] // W: Pieniądz i banki na Śląsku [Geld und Banken in Schlesien] / red. Witold Garbaczewski, Roman Macyra. - Poznań 2012, s. 399-414; Res. 414.

1395. Morawski, Wojciech: Banki województwa śląskiego w okresie II Rzeczpospolitej [Banks in the Province of Silesia during the Second Republic] // W: Pieniądz i banki na Śląsku [Geld und Banken in Schlesien] / red. Witold Garbaczewski, Roman Macyra. - Poznań 2012, s. 319-332; Res. 332.

1396. Pacanowska, Regina: Bankowość komunalna II Rzeczypospolitej. Śląska perspektywa [Das kommunale Bankwesen der Zweiten Republik Polen. Aus der schlesischen Perspektive] // W: Pieniądz i banki na Śląsku [Geld und Banken in Schlesien] / red. Witold Garbaczewski, Roman Macyra. - Poznań 2012, s. 333-354; Res. 354.

1397. Spyra, Janusz: Zarys historii Banku Spółdzielczego [Abriss der Geschichte der Genossenschaftsbank] // Kalendarz Cieszyński 2013 (2012), s. 35-43.
Dot. banku w Cieszynie. - Betr. die Bank in Teschen.

09.08. Sozialstruktur – Struktura społeczna – Sociální struktura

Zob. poz. / Siehe auch / Viz 209, 329, 742, 884, 889, 1082, 1086, 1119, 1233, 1553, 2460, 2500, 2789, 2792, 2971, 3022, 3115, 3207-3222, 3225, 3250-3251, 3257, 3321, 3340-3341.

1398. Čapský, Martin: Der Briefverkehr Sigismunds von Luxemburg mit schlesischen Fürsten und Städten // In: Kaiser Sigismund (1368-1437). Zur Herrschaftspraxis eines europäischen Monarchen / Hrsg. Karel Hruza, Alexandra Kaar. - Wien 2012, S. 255-266.

1399. Gerlach, Jürgen von: Der Görlitzer Adelsbrief Kaiser Sigismunds für Jakob Gerlach von 1433 // Neues Lausitzisches Magazin. Neue Folge 15 (134), 2012, S. 27-46.

1400. Goliński, Mateusz: Wokół problematyki formowania się stanu mieszczańskiego w Polsce [Zur Herausbildung des bürgerlichen Standes in Polen] // W: Studia z historii społecznej / red. Mateusz Goliński, Stanisław Rosik. - Wrocław 2012, s. 7-76; Res. 159-162.
Dot. także Śląska, głównie Wrocławia. - Betr. auch Schlesien, hauptsächlich Breslau.

1401. Jurek, Tomasz: Die Rotation der Hofeliten bei den schlesischen Piasten im 12.-14. Jahrhundert // In: Studien zum Adel im mittelalterlichen Polen / Hrsg. Eduard Mühle. - Wiesbaden 2012, S. 255-274.

1402. Just, Anna: Aus der Korrespondenz schlesischer Piastinnen im 16. Jahrhundert [Z korespondencji piastowskich księżniczek Śląska w XVI wieku] // In: Deutsche und Polen im Kontakt. Sprache als Indikator gegenseitiger Beziehungen / Hrsg. Edyta Grotek. - Frankfurt am Main 2012, S. 101-112; pl. res. 101.

1403. Kachel, Jacek: Być kobietą. Sto lat temu na Śląsku Austriackim i w Galicji [Eine Frau sein. Vor 100 Jahren in Österreichisch-Schlesien und in Galizien]. - Żywiec 2012, ss. 126, fot.
Dot. miejsca i roli kobiet w społeczeństwie. - Betr. Stellung und Rolle der Frau in der Gesellschaft.

1404. Kamińska-Kwak, Jolanta: Elity Górnego Śląska [Oberschlesische Eliten] // W: Od Lwówka Śląskiego do Lwowa. Studia i materiały z dziejów południowej Polski [Von Löwenberg nach Lemberg. Studien und Materialien aus der Geschichte Südpolens] / red. Zdzisław Budzyński. - Rzeszów 2012, s. 123-153.

1405. Kniejska, Patrycja: Tożsamość emerytowanych Oleśnian w kontekście ich aktywności społeczno-kulturalnej (analiza porównawcza seniorów mieszkających na ziemi oleskiej i niemieckich imigrantów) [Identität pensionierter Rosenberger im Kontext ihrer gesellschaftlich -kulturellen Aktivität (Vergleichsstudie von Senioren im Rosenberger Land und deutschen Einwanderern)] // Rocznik Powiatu Oleskiego 2012, nr 5, s. 164-172.

1406. Konopnicka, Małgorzata: Social Mobility of Silesian Nobility in Frederician Times (1740-1806) - Selected Aspects of Clerical Career // W: Notions of the self. The search for identity in the East Central Europe in the 18th century / red. Dariusz Dolański, Agnieszka Pufelska. - Zielona Góra 2012, s. 185-198.

1407. Konopnicka, Małgorzata: Socjalna mobilność szlachty śląskiej w czasach fryderycjańskich (1740-1806) - wybrane aspekty kariery urzędniczej [Soziale Mobilität des schlesischen Adels in den friderizianischen Zeiten (1740-1806) - ausgewählte Aspekte der Beamtenkarriere] // W: „Trzeba dyscypliny - bez niej nie da sie pasji składnie wyrazić..." Studia z dziejów nowożytnych (XVI-XVIII w.) [„Man braucht Disziplin - ohne ist die Leidenschaft nicht zusammenhängend zu erklären...". Studien zur neuzeitlichen Geschichte (16.-18. Jahrhundert)] / red. Maciej Forycki, Adam Perłakowski, Filip Wolański. - Poznań 2012, s. 329-342.

1408. Konopnicka, Małgorzata: Struktura szlachty śląskiej w świetle pruskich tablic wasalnych z drugiej połowy XVIII i początku XIX w. [Der schlesische Adel im Lichte der preußischen Vasallentabellen aus der 2. Hälfte des 18. und vom Anfang des 19. Jahrhunderts] // Śląski Kwartalnik Historyczny Sobótka 67, 2012, nr 3, s. 21-48, tab. 4; Res. 42-43.

1409. Korbelářová, Irena: Žena ve slezské měšťanské společnosti barokní doby. Východiska, rámce, zjištění [A Woman in the Silesian Burgher Society od the Baroque Period]. - Opava 2012, 221 s.; sum. 197-199.

1410. Kuczer, Jarosław: The Decline or Growth of the Importance of Silesian Barons at the End of the 17th Century and at the Beginning of the 18th Century [Úpadek nebo růst významu slezských baronů na konci 17. a na začátku 18. století] // Slezský sborník 110, 2012, č. 3-4, s. 181-200; czes. res. 181, 200.

1411. Kučera, Rudolf: Staat, Adel und Elitenwandel. Die Adelsverleihungen in Schlesien und Böhmen 1806-1871 im Vergleich. - Göttingen 2012, 320 S., Abb.
Kritische Studien Zur Geschichtswissenschaft; 205.

1412. Kurpanik, Monika / Spórna, Tomasz / Chmielewska, Marta: Wykluczenie społeczne w osiedlach robotniczych - wybrane przykłady z województwa śląskiego [Soziale Ausgrenzung in den Arbeitersiedlungen - ausgewählte Beispiele aus der Woiwodschaft Schlesien] // W: Procesy gentryfikacji w mieście. Cz. 1 / red. Jolanta Jakóbczyk-Gryszkiewicz. - Łódź 2012, s. 287-297, il., mapy.
Dot. głównie Katowic. - Betr. hauptsächlich Kattowitz.

1413. Kuzio-Podrucki, Arkadiusz: Śląski koniec arystokracji [Das schlesische Ende des Hochadels] // W: Rodzina na Śląsku 1939-1945. Dezintegracja, migracje, codzienność [Die Familie in Schlesien 1939-1945. Desintegration-Migration-Alltag] / red. Adriana Dawid, Antoni Maziarz. - Opole 2012, s. 12-23, fot.

1414. Malczewska, Agnieszka: Posesjonaci szlacheccy w wybranych miastach późnośredniowiecznego i wczesnonowożytnego Śląska (w Brzegu, Strzelinie, Ziębicach, Ząbkowicach Śląskich i Kłodzku) [Adlige Grundbesitzer in ausgewählten Städten im spätmittelalterlichen und frühneuzeitlichen Schlesien (in Brieg, Strehlen, Münsterberg, Frankenstein und Glatz)] // W: Miasto jako fenomen społeczny i kulturowy. Zbiór studiów [Die Stadt als gesellschaftliches und kulturelles Phänomen. Studiensammlung]/ red. Cezary Kardasz, Julia Możdżeń, Magdalena Spychaj. - Toruń 2012, s. 107-124.

1415. Metzner, Ernst Erich: Die 'Herzog Ernst von Baiern'-Historia C - vom ambitionierten slawisch-deutschen Hof der schlesischen Herzöge Heinrich I. und Heinrich II. vor 1241 // In: Forschungsbeiträge der Geisteswissenschaftlichen Klasse / Hrsg. Eduard Hlawitschka. - München 2012, S. 51-94.

1416. Paravicini, Werner: Von Schlesien nach Frankreich, England, Spanien und zurück. Über die Ausbreitung adliger Kultur im späten Mittelalter // In: Johanniter im Spannungsfeld an Weichsel und Warthe. Die wechselvolle Geschichte der Posen-Westpreußischen Genossenschaft des Johanniterordens / Walther Threde, Thora von Bonin. - 2. Aufl. - Neuried 2012, S. 321-387, 13 Abb.

1417. Paravicini, Werner: Von Schlesien nach Frankreich, England, Spanien und zurück. Über die Ausbreitung adliger Kultur im späten Mittelalter // In: Noblesse. Studien zum adeligen Leben im spätmittelalterlichen Europa / Werner Paravicini ; Hrsg. Ulf Christian Ewert, Andreas Ranft, Stephan Selzer. - Ostfildern 2012, S. 321-387, 13 Abb.
Wcześniej w: / Zuvor in: Adel in Schlesien. Bd. 1: Herrschaft - Kultur - Selbstdarstellung, Hrsg. Jan Harasimowicz, Matthias Weber, München 2010, 135-206.

1418. Piekalski, Jerzy / Wachowski, Krzysztof: Kindheit und Jugend, Ausbildung und Freizeit im mittelalterlichen und frühneuzeitlichen Wrocław (Breslau) // In: Lübecker Kolloquium zur Stadtarchäologie im Hanseraum 8: Kindheit und Jugend, Ausbildung und Freizeit / Hrsg. Manfred Gläser. - Lübeck 2012, S. 335-348.

1419. Pindur, David / Turóci, Martin: Šlachta na Kysuciach a jej susedia [Der Adel in der Region Kischütz und seine Nachbarn]. - Čadca; Český Těšín; Žilina 2012, 263 s.

1420. Pobóg-Lenartowicz, Anna: Rola kobiet w gospodarstwie domowym na średniowiecznym Śląsku (na przykładzie Katalogu magii Rudolfa) [Women's role in housekeeping in medieval Silesia (as exemplified by Rudolf's Catalogue of magic)] // Kobieta w gospodarstwie domowym. Ziemie polskie na tle porównawczym [Die Frau in der Hauswirtschaft. Polnische Gebiete im Vergleich] s. 13-19; Res. 19.

1421. Rauziński, Robert / Szczygielski, Kazimierz: Współczesne problemy demograficzne Śląska Opolskiego [The contemporary demographical problems of Opole Silesia] [Demographische Probleme der Gegenwart im Oppelner Schlesien]. - Opole 2013, ss. 118, il., [32] s. tabl.; Res. 111-114.

1422. Rosenbaum, Sebastian: „Nie mogę się doczekać wieczora, skoro pocztę dostajemy". Rodzina w korespondencji Górnoślązaków służących w Wehrmachcie [„Ich kann den Abend nicht abwarten, wenn wir die Post bekommen". Die Familie im Briefwechsel mit in der Wehrmacht dienenden Oberschlesiern] // Czasy-Pismo. O historii Górnego Śląska 2012, nr 1, s. 62-71, fot. 6.

1423. Rosenbaum, Sebastian: „Stale i wciąż mam Was przed oczami". Relacje rodzinne w korespondencji Górnoślązaków służących w Wehrmachcie [„Stets und immer noch hab ich Euch vor den Augen". Familienberichte im Briefwechsel mit in der Wehrmacht dienenden Oberschlesiern] // W: Rodzina na Śląsku 1939-1945. Dezintegracja, migracje, codzienność [Die Familie in Schlesien 1939-1945. Desintegration-Migration-Alltag] / red. Adriana Dawid, Antoni Maziarz. - Opole 2012, s. 24-37.

1424. Ruhland, Katarzyna: Praca zawodowa i działalność społeczna wrocławianek w latach pierwszej wojny światowej w świetle lokalnego czasopisma dla pań domu [Berufstätigkeit und gesellschaftliche Tätigkeit der Breslauerinnen während des Ersten Weltkriegs im Lichte der lokalen Zeitschrift für Hausfrauen] // W: Wokół problemów edukacji... Księga pamiątkowa dedykowana Pani Profesor Grażynie Pańko z okazji 40-lecia Zakładu Dydaktyki Historii i Wiedzy o Społeczeństwie w Instytucie Historycznym Uniwersytetu Wrocławskiego [Im Bereich der Bildungsprobleme... Festschrift für Frau Professor Grażyna Pańko zum 40. Jahrestag des Instituts der Geschichtsdidaktik und Staatskunde am Historischen Institut der Universität Breslau] / red. Joanna Wojdon, Barbara Techmańska. - Wrocław 2012, s. 141-151.

1425. Schmerbauch, Maik: Deutsche Jugend in der polnischen Diözese Kattowitz 1925-1939 [Młodzież niemiecka w polskiej Diecezji Katowickiej w latach 1925-1939] // Archiv für schlesische Kirchengeschichte 70, 2012, S. 183-198; Res. 417.

1426. Speer, Christian: Frömmigkeit und Politik. Städtische Eliten in Görlitz zwischen 1300 und 1550. - Berlin 2011, 771 S., Abb., Kt.
Rec.: Kahl, Uwe // Oberlausitzer Heimatblätter 2012, H. 32, S. 50-53; Keller, Olga // Historische Zeitschrift 295, 2012, H. 3, S. 771-772; Kühne, Hartmut // Neues Lausitzisches Magazin. Neue Folge 15 (134), 2012, S. 153-154; Siewert, Ulrike // Neues Archiv für sächsische Geschichte 83, 2012, S. 363-365.

1427. Swadźba, Urszula: Wartości - pracy, rodziny, religii - ciągłość i zmiana. Socjologiczne studium społeczności śląskich [Values of work, family and religion - continuity and change. A sociological study of Silesian communities] [Die Werte: Arbeit, Familie und Religion - Kontinuität und Veränderung. Soziologische Studie über schlesische Gemeinschaften]. - Katowice 2012, ss. 452, tab.; Res. 449-452.
Prace Naukowe Uniwersytetu Śląskiego w Katowicach; 2976.

1428. Swadźba, Urszula: Więzi międzypokoleniowe w rodzinie śląskiej [Generationsübergreifende Bindungen in einer schlesischen Familie] // W: Więzi międzypokoleniowe w rodzinie i w kulturze [Generationsübergreifende Verbindungen in der Familie und Kultur] / red. Wojciech Świątkiewicz. - Katowice 2012, s. 177-198, tab. 5.

1429. Tobias, Körfer: Wie ringen Volksgruppen in der EU für die Umsetzung von Minderheitengesetzen? Eine Analyse am Beispiel der Republik Polen und dem Fall der verhinderten Schließung der „Zweisprachigen Grundschule Nr. 5 - Ratibor-Studen - eine Schule für die deutsche Volksgruppe. - Bonn 2012, 101 S.

1430. Wenzel, Peter: Zur sozialökonomischen Struktur des vorstädtischen Töpferberges - ein Handwerkerviertel im Mittelalter und in der Frühen Neuzeit // Görlitzer Magazin. Geschichte und Gegenwart der Stadt Görlitz und ihrer Umgebung 25, 2012, S. 12-24, 9 Abb.
Dot. Zgorzelca. - Betr. Görlitz.

1431. Węgrzyn, Dariusz: Dezintegracja rodzin górnośląskich jako jeden ze skutków deportacji do ZSRS w 1945 roku [Desintegration der oberschlesischen Familien als eine der Folgen der Deportationen in die Sowjetunion im Jahre 1945] // W: Rodzina na Śląsku 1939-1945. Dezintegracja, migracje, codzienność [Die Familie in Schlesien 1939-1945. Desintegration -Migration-Alltag] / red. Adriana Dawid, Antoni Maziarz. - Opole 2012, s. 114-129.

1432. Wiszewski, Przemysław: Destrukcyjne czy spajające region? Grupy społeczne na średniowiecznym Śląsku w kontekście aktywności politycznej (czwarta ćwierć XII-XV w.) [Destruktiv oder die Region verbindend? Soziale Gruppen im mittelalterlichen Schlesien im Kontext ihrer politischen Aktivität (letztes Viertel des 12. bis zum 15. Jahrhundert)] // Śląski Kwartalnik Historyczny Sobótka 67, 2012, nr 4, s. 103-138; Res. 137-138.

1433. Wrobel, Ralph Michael: Pauperismus im ländlichen Oberschlesien vor 1848. Am Beispiel der Häuslerstelle Nr. 40 in Kerpen, Kreis Neustadt/OS // Schlesische Geschichtsblätter. Zeitschrift für Regionalgeschichte Schlesiens 39, 2012, H. 2, S. 71-79.

1434. Wrobel, Ralph Michael: Die „Robothfreye Erbscholtißey" zu Kerpen // Schlesische Geschichtsblätter. Zeitschrift für Regionalgeschichte Schlesiens 39, 2012, H. 3, S. 81-93.

09.09. Soziale Fragen, Gesundheitswesen – Zagadnienia socjalne, ochrona zdrowia – Sociální otázky, zdravotnictví

Zob. poz. / Siehe auch / Viz 374, 397-398, 405, 1140, 1271, 1295, 1613, 1624, 1725, 1770, 1910, 1934, 1980, 2007, 2088, 2409, 2577, 2761, 2763, 2894, 2913, 3170, 3203, 3243, 3324, 3355, 3420.

1435. Będkowski, Radosław: Powstanie i działalność pogotowia ratunkowego na Śląsku w latach 1945-1975 [Establishing and functioning of medical emergency service in Silesia from 1945 to 1975] // W: Zawód ratownika medycznego na ziemiach polskich w XIX i XX wieku. Z serii „Zawody medyczne na ziemiach polskich w XIX i XX wieku" [Der Beruf des Rettungsdienst-Mitarbeiters auf polnischem Gebiet im 19. und 20. Jahrhundert. Aus der Reihe „Medizinische Berufe auf polnischem Gebiet im 19. und 20. Jahrhundert"] / red. Bożena Urbanek. - Warszawa 2012, s. 281-295.

1436. Białas, Zygmunt: Polityka uzdrowiskowa Wydziału Gminnego w XIX wieku [Kurpolitik der Gemeindeabteilung im 19. Jahrhundert] // Kalendarz Ustroński 14, 2012, s. 49-67, il. 6.
Dot. Ustronia. - Betr. Ustron.

1437. Bojko, Paweł: Opieka zdrowotna Wojewódzkiego Oddziału PUR w Katowicach nad przesiedleńcami z Kresów Wschodnich [Gesundheitsfürsorge der Woiwodschafts-Abteilung des Staatlichen Repatriierungsamts in Kattowitz für Umsiedler aus den ehemaligen polnischen Ostgebieten] // W: Kresowianie na Górnym Śląsku [Bewohner der ehemaligen polnischen Ostgebiete in Oberschlesien] / red. Bogusław Tracz. - Katowice 2012, s. 59-82.

1438. Brusiło, Alicja: Pięćdziesięciolecie szkolnictwa medycznego w Bolesławcu [Fünfzig Jahre medizinisches Schulwesen in Bunzlau] // Rocznik Bolesławiecki 4, 2011 (2012), s. 35-44, il. 12.

1439. Cichá, Martina: Nemocnice v Českém Těšíně. Z historie lékařské a ošetřovatelské nemocniční péče na Těšínsku [Hospital Český Těšín. From the History of Hospital Medical Care and Nursing in the Region of Těšín] // Těšínsko. Vlastivědný časopis 55, 2012, č. 4, s. 22-31; Res. 30.

1440. Cinciruk, Dorota: 100-lecie Domu Opieki Społecznej w Mirsku [100 Jahre des Pflegeheimes in Friedeberg/Queis]. - Mirsk 2012, ss. 32, il.

1441. Czapliński, Marek Paweł: Epidemie cholery w rejencji opolskiej w latach 1831-1894 [Cholera-Epidemie im Regierungsbezirk Oppeln in den Jahren 1831-1894]. - Rybnik 2012, ss. 333, tabl.

1442. Danowska-Prokop, Barbara: Sytuacja gospodarcza i społeczna na Górnym Śląsku w okresie międzywojennym i jej wpływ na ubezpieczenia brackie [Die wirtschaftliche und gesellschaftliche Situation in Oberschlesien in der Zwischenkriegszeit und ihr Einfluss auf Knappschafts-Versicherungen]. - Katowice 2012, ss. 222, tab. 29.
Prace Naukowe Uniwersytetu Ekonomicznego w Katowicach.

1443. French, Irena: Pentagon cieszyński. Szpital śląski za czasów Hermanna Hinterstoissera [Teschener Pentagon. Schlesisches Krankenhaus zu Zeiten von Hermann Hinterstoisser] // Kalendarz Cieszyński 2013 (2012), s. 51-67, il. 6.

1444. Gądzik, Łukasz: Szpitalnictwo zamknięte w Katowicach w okresie międzywojennym [Geschlossenes Krankenhauswesen in Kattowitz in der Zwischenkriegszeit] // Wieki Stare i Nowe 4, 2012, s. 160-181, tab. 12; Res. 180-181.

1445. Gądzik, Łukasz: Zdrowotność i zachorowalność w Katowicach w okresie międzywojennym [Gesundheitszustand und Zahl der Erkrankungen in Kattowitz in der Zwischenkriegszeit] // W: Zrozumieć Śląsk [Schlesien verstehen] / red. Dawid Keller, Bogdan Kloch. - Rybnik 2012, s. 93-110.

1446. Gołdyn, Piotr: Społeczno-edukacyjne inicjatywy przeciwdziałania prostytucji na Śląsku w latach 1919-1939 [Bildungsgesellschaftliche Initiativen der Prostitutionsbekämpfung in Schlesien in den Jahren 1919-1939] // W: Górny Śląsk i Wielkopolska w XIX i pierwszej połowie XX wieku. Wybrane aspekty z dziejów polityki i edukacji [Oberschlesien und Großpolen im 19. und in der ersten Hälfte des 20. Jahrhunderts. Ausgewählte Aspekte aus der Politik- und Bildungsgeschichte] / red. Jarosław Durka. - Poznań 2012, s. 239-257, tab.

1447. Graepel, Peter Hartwig: Vier schlesische Apotheker des 19. Jahrhunderts. Carl Gottfried Weimann (ca. 1790-1861), Robert Knorr (1817-1909), Friedrich Moritz Pachaly (1783-1875) und Heinrich Sommerbrodt (1807-1872). - Gladenbach 2012, 90 S., Abb.
Gladenbacher Beiträge zur Geschichte des deutschen Apothekenwesens.

1448. Grussmannová, Marianna: Činnost Okresní nemocenské pokladny v Moravské Ostravě mezi lety 1889-1938 [The activities of the District Health Insurance Company in Moravian Ostrava between 1889 and 1938] // Ostrava. Příspěvky k dějinám a současnosti Ostravy a Ostravska 26, 2012, s. 114-134; Res. 134.

1449. Józków, Lechosław: Lwowianie w lecznictwie Górnego Śląska [Die Lemberger im Gesundheitswesen Oberschlesiens] // W: Niezwykła więź Kresów Wschodnich i Zachodnich. Wpływ lwowian na rozwój kultury na Górnym Śląsku po 1945 roku [Die besondere Verbindung der ehemaligen polnischen und deutschen Ostgebiete. Einfluss der Lemberger auf die Kulturentwicklung in Oberschlesien nach 1945] / red. Krystyna Heska-Kwaśniewicz, Alicja Ratuszna, Ewa Żurawska. - Katowice 2012, s. 72-85.

1450. Kempa, Maria E. / Mazur-Zielińska, Henryka: Z problematyki ratownictwa medycznego na Śląsku [On the medical rescue service in Silesia] // W: Zawód ratownika medycznego na ziemiach polskich w XIX i XX wieku. Z serii „Zawody medyczne na ziemiach polskich w XIX i XX wieku" [Der Beruf des Rettungsdienst-Mitarbeiters auf polnischem Gebiet im 19. und 20. Jahrhundert. Aus der Reihe „Medizinische Berufe auf polnischem Gebiet im 19. und 20. Jahrhundert"] / red. Bożena Urbanek. - Warszawa 2012, s. 271-280, fot. 1.

1451. Kos, Jerzy Bogdan: Pogranicza. Medycyna, historia, literatura [Grenzgebiete. Medizin, Geschichte, Literatur]. - Wrocław 2012, ss. 281, il.
Biblioteka Komisji Historycznej i Kultury Dolnośląskiej Izby Lekarskiej we Wrocławiu; 5.

1452. Kozielski, Jerzy: Historyczne aspekty rozwoju badań nad gruźlicą w regionie śląskim [Historische Aspekte der Entwicklung der Tuberkulose-Forschung in der Region Schlesien] // W: Walka z gruźlicą u ludzi i zwierząt w Polsce. Stulecie pierwszego polskiego laboratorium prątka, Rudka 1912-2012 [Kampf gegen die Tuberkulose bei Menschen und Tieren in Polen. Zum 100. Jubiläum des polnischen Tuberkelbakterium-Labors. Rudka 1912-2012] / red. Halina Dusińska ; red. nauk. Zofia Zwolska. - Warszawa 2012, s. 80-84.

1453. Kuciel-Lewandowska, Jadwiga / Hawrylewicz, Elżbieta: Naturalne tworzywa lecznicze uzdrowiska w Przerzeczynie Zdroju w kontekście terapii uzdrowiskowej w Europie [The natural medical resources of the Przerzeczyn Zdrój health resort in the context of health resort treatment in Europe] // W: Historia polskiej kultury uzdrowiskowej [Die polnische Kulturgeschichte der Kurorte] / red. Bożena Płonka-Syroka, Andrzej Syroka. - Wrocław 2012, s. 319-339, il.; Res. 339.

1454. Leśniewski, Marcin / Sabat, Daniel: Ratownictwo górnicze na ziemiach polskich w pierwszej połowie XX wieku [Miner's emergency service on the Polish Lands in the first half of the 20th century] // W: Zawód ratownika medycznego na ziemiach polskich w XIX i XX wieku. Z serii „Zawody medyczne na ziemiach polskich w XIX i XX wieku" [Der Beruf des Rettungsdienst-Mitarbeiters auf polnischem Gebiet im 19. und 20. Jahrhundert. Aus der Reihe „Medizinische Berufe auf polnischem Gebiet im 19. und 20. Jahrhundert"] / red. Bożena Urbanek. - Warszawa 2012, s. 297-316.

1455. Lusek, Joanna: Rozwój opieki przedszkolnej w Katowicach w okresie 20-lecia międzywojennego [Die Entwicklung des Vorschulunterrichts in Kattowitz in der Zwischenkriegszeit] // W: Cieszyński Almanach Pedagogiczny. T. 1: Tradycja i współczesność w myśli pedagogicznej [Teschener Pädagogischer Almanach. Band 1: Tradition und Gegenwart im pädagogischen Denken] / red. Urszula Szuścik. - Katowice 2012, s. 79-97, tab. 5; Res. 96-97.

1456. Lusek, Joanna: Rozwój ratownictwa górskiego na ziemiach polskich do wybuchu II wojny światowej [Development of mountain rescue service in the Polish Lands] // W: Zawód ratownika medycznego na ziemiach polskich w XIX i XX wieku. Z serii „Zawody medyczne na ziemiach polskich w XIX i XX wieku" [Der Beruf des Rettungsdienst-Mitarbeiters auf polnischem Gebiet im 19. und 20. Jahrhundert. Aus der Reihe „Medizinische Berufe auf polnischem Gebiet im 19. und 20. Jahrhundert"] / red. Bożena Urbanek. - Warszawa 2012, s. 31-57, ryc. 10.
Dot. m.in. Śląska. - Betr. u.a. Schlesien.

1457. Mańko-Matysiak, Anna: Zwischen Glaube und Wissensvermittlung. Auf den Spuren der Pest im Schlesien des Reformationszeitalters // In: Seuche und Mensch. Herausforderung in den Jahrhunderten / Carl Christian Wahrmann, Martin Buchsteiner, Antje Strahl. - Berlin 2012, S. 99-119.

1458. Marsch, Angelika: Die Kur- und Badeorte des Waldenburger Landes und ihre Umgebung // In: Auf historischer Spurensuche im Bobertal 2011/2012. Aktuelle Forschungsergebnisse von und für Regionalforscher, Ortschronisten, Genealogen und Historiker im niederschlesischen Riesengebirge / Hrsg. Ulrich Schmilewski, Jürgen Schwanitz. - Würzburg 2012, S. 149-164.

1459. Migała, Mariusz: Rys historyczny rozwoju leczenia gruźlicy na Górnym Śląsku w drugiej połowie XIX i pierwszej połowie XX wieku [Historische Skizze der Entwicklung der Tuberkulose-Therapie in Oberschlesien in der zweiten Hälfte des 19. und in der ersten Hälfte des 20. Jahrhunderts] // W: Walka z gruźlicą u ludzi i zwierząt w Polsce. Stulecie pierwszego polskiego laboratorium prątka, Rudka 1912-2012 [Kampf gegen die Tuberkulose bei Menschen und Tieren in Polen. Zum 100. Jubiläum des polnischen Tuberkelbakterium-Labors. Rudka 1912-2012] / red. Halina Dusińska ; red. nauk. Zofia Zwolska. - Warszawa 2012, s. 85-99, il.

1460. Mrowiec, Waldemar: Zakład leczenia i opieki w Branicach jako przykład dobrze funkcjonującego ośrodka medycznego [Die Heil-und Betreuungsanstalt in Branitz als Beispiel einer gut funktionierenden medizinischen Einrichtung] // W: Konferencja historyczna pod tytułem: W sercu szlaku ks. bp. J. M. Nathana [Historische Tagung unter dem Titel: Inmitten des Weges von Priester Bischof J. M. Nathan]. - Branice 2012, s. 37-57.

1461. Mrożkiewicz, Jarosław: Uzdrowisko Jastrzębie-Zdrój. Archiwum perły województwa śląskiego w XX-leciu międzywojennym [Der Kurort Bad Jastrzemb. Archiv einer Perle der Woiwodschaft Schlesien in der Zwischenkriegszeit]. - Jastrzębie-Zdrój 2012, ss. 523, il.

1462. Novotná, Jaroslava: První cholerová rána v Moravské Ostravě [Das erste Auftreten der Cholera in Mährisch-Ostrau] // Vlastivědné listy Slezska a severní Moravy. Časopis pro dějiny, umění, přírodu a dnešek 38, 2012, č. 1, s. 15-19.

1463. Pierskała, Rudolf: Das Seniorenwohnheim für emeritierte Priester der Diözese Oppeln // W: Erzbischof Alfons Nossol. Aus seinem Leben, Denken und Wirken / Hrsg. Helmut Jan Sobeczko ; Übers. Krystyna Maria Greub-Frącz. - Opole 2012, s. 191-194, fot. 4.

1464. Schäffer, Wojciech: Sierociniec w Tychach w świetle materiałów Archiwum Diecezjalnego w Katowicach [Das Waisenhaus in Tichau im Lichte der Materialien des Diözesanarchivs in Kattowitz] // W: Wokół tyskiego rynku. Z historii Tychów do 1939 roku. Materiały V Tyskiego Sympozjum Historycznego z 22 listopada 2011 [Die Gegend um Tichau. Aus der Geschichte von Tichau seit 1939. Materialien der V. Historischen Konferenz am 22. November 2011] / red. Maria Lipok-Bierwiaczonek, Agnieszka Ociepa. - Tychy 2012, s. 73-91, fot. 8.

1465. Schlenkrich, Elke: Von barmherzigen Werken zur Sozialversicherung. Ein Aufriss von Entwicklungstendenzen im Fürsorge- und Gesundheitswesen // In: Zwischen Neiße, Schöps und Spree. Der Landkreis Görlitz / Thomas Napp, Hermann Ansorge, Gunter Oettel. - Görlitz 2012, S. 204-218.

1466. Speer, Christian: Görlitzer Hospitäler im Mittelalter und in der Frühen Neuzeit // In: Zwischen Neiße, Schöps und Spree. Der Landkreis Görlitz / Thomas Napp, Hermann Ansorge, Gunter Oettel. - Görlitz 2012, S. 219-227.

1467. Spielvogel, Izabela / Migała, Mariusz / Spałek, Krzysztof: Opolskie uzdrowiska [Die Kurorte der Oppelner Region] [Health resorts in the Opole region]. - Opole 2012, ss. 131, fot.; Res. 115-121.
Studia i Monografie; 318.

1468. Sroka, Piotr: Wypoczynek dzieci i młodzieży na Dolnym Śląsku w latach 1945-1956 [Erholung von Kindern und Jugendlichen in Niederschlesien in den Jahren 1945-1956] // W: Dzieci, młodzież i studenci na Ziemiach Zachodnich po II wojnie światowej [Kinder, Jugendliche und Studenten in den Westgebieten nach dem Zweiten Weltkrieg] / red. Wojciech Kucharski, Grzegorz Strauchold. - Wrocław 2012, s. 87-96.

1469. Szymoniczek, Joanna: Polski Czerwony Krzyż na Śląsku w latach 1945-1947 [Polnisches Rotes Kreuz in Schlesien in den Jahren 1945-1947] // W: Rodzina na Śląsku 1939-1945. Dezintegracja, migracje, codzienność [Die Familie in Schlesien 1939-1945. Desintegration-Migration-Alltag] / red. Adriana Dawid, Antoni Maziarz. - Opole 2012, s. 152-167.

1470. Wojtkiewicz-Rok, Wanda / Hajzik, Roman: W trosce o zdrowie młodzieży akademickiej we Lwowie (1920-1939) i we Wrocławiu (1945-1948) [In Sorge um die Gesundheit der akademischen Jugend in Lemberg (1920-1939) und in Breslau (1945-1948)]. - Wrocław 2012, ss. 139, il.

1471. Wójtowicz, Małgorzata: Dwa szpitale w części południowej Wrocławia: Szpital Miejski im. Wenzla Hanckego i Szpital Żydowski [Zwei Krankenhäuser im südlichen Teil Breslaus: das Städtische Wenzel-Hancke-Krankenhaus und das Israelitische Krankenhaus] // W: Przedmieście Świdnickie we Wrocławiu [Die Schweidnitzer Vorstadt in Breslau] / red. nauk. Halina Okólska, Hanna Górska. - Wrocław 2012, s. 207-214; Res. 214.

1472. Zieliński, Michał / Mazur-Zielińska, Henryka / Bursa, Janusz: Pierwsza w Polsce karetka reanimacyjna dla dzieci [The first in Poland ambulance for children with resuscitation equipment] // W: Zawód ratownika medycznego na ziemiach polskich w XIX i XX wieku. Z serii „Zawody medyczne na ziemiach polskich w XIX i XX wieku" [Der Beruf des Rettungsdienst-Mitarbeiters auf polnischem Gebiet im

19. und 20. Jahrhundert. Aus der Reihe „Medizinische Berufe auf polnischem Gebiet im 19. und 20. Jahrhundert"] / red. Bożena Urbanek. - Warszawa 2012, s. 317-326, fot. 5.

09.10. Verbände und Organisationen – Związki i organizacje – Odbory a organizace

Zob. poz. / Siehe auch / Viz 14, 180, 275, 293, 415-416, 442, 916-917, 923, 937-938, 952, 957, 1113-1114, 1121, 1172, 1200, 1204, 1273, 1287, 1289, 1316, 1563, 1677, 1733, 1747, 1751, 1831, 1835, 1839, 1847, 1889, 1897, 1912, 1997, 2001-2002, 2011, 2018, 2030, 2032, 2035, 2185, 2242, 2275, 2293, 2344, 2387, 2643, 2652, 2684, 2712, 2762, 2799, 2805, 2856, 2877, 2891, 2896, 2905, 2908, 2974, 3039, 3053, 3055, 3085, 3183, 3204, 3242, 3301, 3334, 3352, 3358-3359.

1473. 15 lat Stowarzyszenia na Rzecz Promocji Dolnego Śląska 1996-2011 [15 Jahre der Gesellschaft zugunsten der Werbung für Niederschlesien 1996-2011]. - Wrocław 2012, ss. 151, il.

1474. Bartkowiak, Przemysław: Dzieje harcerstwa na Ziemi Lubuskiej w latach 1945-1989 [Geschichte der Pfadfinderbewegung im Lebuser Land in den Jahren 1945-1989]. - Zielona Góra 2012, ss. 363, il.

1475. Błaszkowski, Bartłomiej: „Harcownicy" z Wrocławia i ich „Harcownik" [„Plänkler" aus Breslau und ihr „Pränkler"] // W: Dzieci, młodzież i studenci na Ziemiach Zachodnich po II wojnie światowej [Kinder, Jugendliche und Studenten in den Westgebieten nach dem Zweiten Weltkrieg] / red. Wojciech Kucharski, Grzegorz Strauchold. - Wrocław 2012, s. 145-164, il.
Dot. Wrocławskiej Konnej Drużyny Starszoharcerskiej „Harcownicy" i wydawanej przez nią gazetki „Harcownik". - Betr. Breslauer Pfadfinderkavallerie-Abteilung der älteren Pfadfinder „Harcownicy" und das von ihnen herausgegebene Blättchen „Harcownik".

1476. Broda, Grażyna: Loże masońskie na Przedmieściu Świdnickim [Freimaurerlogen in der Schweidnitzer Vorstadt] // W: Przedmieście Świdnickie we Wrocławiu [Die Schweidnitzer Vorstadt in Breslau] / red. nauk. Halina Okólska, Hanna Górska. - Wrocław 2012, s. 215-224; Res. 224.

1477. Burzliwa dekada. NZS we Wrocławiu 1980-1989 [Die stürmische Dekade des Unabhängigen Studentenverbandes in Breslau 1980-1989] / wybór i oprac. materiałów Kamil Dworaczek. - Warszawa 2012, ss. 263, il.

1478. Dworaczek, Kamil / Przedpełski, Tomasz: Wszystko, co robiliśmy, okazało się potrzebne. Wspomnienia o Studenckim Komitecie Solidarności we Wrocławiu [Alles, was wir machten, erwies sich als notwendig. Erinnerungen an das Studentische Solidaritätskomitee in Breslau]. - Wrocłąw 2012, ss. 291, il.

1479. Frączek, Janusz: ZHP i Krąg Starszoharcerski „Żagiew" im. gen. Baden-Powella przy Politechnice Śląskiej w Gliwicach [Der polnische Pfadfinderverband und der General Baden -Powell Kreis der Älteren Pfadfinder „Żagiew" an der Schlesischen Technischen Hochschule in Gleiwitz] // W: Z dziejów harcerstwa w Gliwicach [Aus der Geschichte der Pfadfinderbewegung in Gleiwitz] / red. Damian Recław, Joanna Januszewska-Jurkiewicz. - Gliwice 2012, s. 399-428, fot. 11.

1480. Gołębiowski, Marek: Charakterystyka Jeleniogórskiego Stowarzyszenia Żołnierzy Radiotechników „Radar" - w 10 rocznicę powstania [Charakteristik der Hirschberger Militärgesellschaft der Radiotechniker „Radar" - 10jähriges Jubiläum] // Biuletyn Jeleniogórskiego Stowarzyszenia Żołnierzy Radiotechników „Radar" 14, 2012, s. 5-15.

1481. Hurnik, Agnieszka: Międzygminne Towarzystwo Regionalne Dobrodzień-Zębowice [Die Kommunen-übergreifende Regionale Gesellschaft Guttentag-Zembowitz] // Rocznik Powiatu Oleskiego 2012, nr 5, s. 121-127.

1482. Januszewska-Jurkiewicz, Joanna: Harcerze lwowscy na Górnym Śląsku po II wojnie światowej [Lemberger Pfadfinder in Oberschlesien nach dem Zweiten Weltkrieg] // W: Kresowianie na Górnym Śląsku [Bewohner der ehemaligen polnischen Ostgebiete in Oberschlesien] / red. Bogusław Tracz. - Katowice 2012, s. 231-256.

1483. Januszewska-Jurkiewicz, Joanna: Zarys dziejów gliwickiego harcerstwa w latach 1945-1989 [Abriss der Geschichte der Gleiwitzer Pfadfinder in den Jahren 1945-1989] // W: Z dziejów harcerstwa w Gliwicach [Aus der Geschichte der Pfadfinderbewegung in Gleiwitz] / red. Damian Recław, Joanna Januszewska-Jurkiewicz. - Gliwice 2012, s. 27-94, fot. 43.

1484. Jaworska, Agnieszka: Pomarańczowa Alternatywa we Wrocławiu [Orange Alternative in Breslau] // W: Zimowa Szkoła Historii Najnowszej 2012. Referaty [Winterschule für Zeitgeschichte 2012. Referate] / Łukasz Kamiński, Grzegorz Wołk. - Warszawa 2012, s. 173-182.

1485. Jaworski, Kazimierz: 65-lecie Miejscowych Kół PZKO w Końskiej w kontekście przedwojennych kół Macierzy Szkolnej i powojennych miejscowych grup SMP [65 Jahre der städtischen Kreise des Polnischen Kultur- und Bildungsvereins in Konskau im Zusammenhang mit den Kreisen von „Macierz Szkolna" [Polnische Schulheimat] vor dem Krieg]. - Trzyniec -Końska-Osówki 2012, 104 s., il.

PZKO - Polski Związek Kulturalno-Oświatowy; SMP - Stowarzyszenie Młodzieży Polskiej. - PZKO - Polnischer Kultur- und Bildungsverein; SMP - Verein der Polnischen Jugend.

1486. Klinke, Dominikus: Die wechselvolle Bedeutung von Breslau für die KDStV Marchia nach ihrer Wiederbegründung in Aachen // W: Śląska republika uczonych. Vol. 5 [Schlesische Gelehrtenrepublik. Vol. 5] / red. Marek Hałub, Anna Mańko-Matysiak. - Wrocław 2012, s. 341-358; Res. 357-358.

1487. Kreft, Thomas: Marchia - der Name ist Programm. Zum Selbstverständnis einer katholischen Studentenverbindung in Breslau 1910 // W: Śląska republika uczonych. Vol. 5 [Schlesische Gelehrtenrepublik. Vol. 5] / red. Marek Hałub, Anna Mańko-Matysiak. - Wrocław 2012, s. 323-340, il.; Res. 338-339.

1488. Krzeszowska, Ewelina: Związek Zawodowy Artystów Plastyków na Śląsku (1929-1935) = Verein Bildender Künstler in Schlesien (1929-1935) [Silesian Artists Trade Union in the years 1929-1935] // W: Dni, miesiące, lata... Jubileusz 100-lecia Związku Artystów Plastyków. Okręg w Katowicach [Tage, Monate, Jahre... 100. Jubiläum des Verbandes der Bildenden Künstler. Bezirk Kattowitz] / red. Adam Dutkiewicz, Katarzyna Gawrych-Olender, Henryk Bzdok, Marian Słowicki. - Katowice 2012, s. 43-52, fot.

Tekst w języku polskim i niemieckim. - Polnischer und deutscher Text.

1489. Kubień, Bożena: O potrzebie zakorzenienia. (Działalność Towarzystwa Miłośników Ustronia na rzecz promocji dziedzictwa kulturowego regionu) [Vom Bedürfnis der Verwurzelung. (Tätigkeit der Gesellschaft der Freunde Ustrons zugunsten des Kulturerbes der Region)] // W: Scriptum Międzygeneracyjnego Uniwersytetu Regionalnego. Vol. 2 [Scriptum der generationenübergreifenden Regionaluniversität. Band 2] / red. Danuta Chwajol, Kazimierz Kaszper, Kazimierz Kuś. - Czeski Cieszyn 2012, s. 28-37, il. 4.

1490. Lis, Michał: Harcerstwo na ziemi gliwickiej w latach 1920-1939 [Pfadfinder des Gleiwitzer Landes in den Jahren 1920-1939] // W: Z dziejów harcerstwa w Gliwicach [Aus der Geschichte der Pfadfinderbewegung in Gleiwitz] / red. Damian Recław, Joanna Januszewska-Jurkiewicz. - Gliwice 2012, s. 15-26, fot. 8.

1491. Mazurek, Edyta: Wrocławskie obchody 100-lecia istnienia Polskiego Towarzystwa Statystycznego [Breslauer Feierlichkeiten zum 100jährigen Bestehen der Polnischen Statistischen Gesellschaft] // Śląski Przegląd Statystyczny = Silesian Statistical Review 10 (16), 2012, s. 111-120.

1492. Mutor, Marek: Zawiszacy we Wrocławiu. Początki środowiska Skautów Europy w stolicy

Dolnego Śląska [Pfadfinder aus der Gruppierung „Zawisza" in Breslau. Anfänge der europäischen Skauten in der Hauptstadt von Niederschlesien] // W: Dzieci, młodzież i studenci na Ziemiach Zachodnich po II wojnie światowej [Kinder, Jugendliche und Studenten in den Westgebieten nach dem Zweiten Weltkrieg] / red. Wojciech Kucharski, Grzegorz Strauchold. - Wrocław 2012, s. 217-226.

1493. Nicht, Wolfgang: Das soziale Gewissen der Region sein. Die ersten zwei Jahrzehnte des Interregionalen Gewerkschaftsrates Elbe-Neiße [Być społecznym sumieniem regionu. Pierwsze dwie dekady Międzynarodowej Rady Związkowej Łaba-Nysa]. - Dresden 2012, 376 S., Abb., Kt.

1494. Od przeszłości do przyszłosci - górniczy ruch związkowy i działalność Związku Zawodowego Górników w Polsce [Von der Vergangenheit in die Zukunft - Gewerkschaftsbewegung und Tätigkeit des Berufsverbandes der Bergarbeiter in Polen] / red. Marek Klimek. - Katowice 2012, ss. 336, il.
Dot. Śląska. - Betr. Schlesien.

1495. Palczyński, Michał: Związek Walki Młodych na Dolnym Śląsku. Próba polemiki z oficjalną propagandą [Kampfbund der Jugend in Niederschlesien. Versuch der Auseinandersetzung mit der offiziellen Propaganda] // W: Letnia Szkoła Historii Najnowszej 2011. Referaty [Sommerschule für Zeitgeschichte 2011. Referate] / red. Przemysław Gasztold-Seń ; red., wstęp Łukasz Kamiński. - Warszawa 2012, s. 119-132, tab.

1496. Patelski, Mariusz: Niezależne Zrzeszenie Studentów w Opolu 1980-1990. Zarys działalności na tle dziejów lokalnego środowiska akademickiego [Unabhängige Studentenvereinigung in Opole 1980-1990. Abriss der Tätigkeit vor dem Hintergrund der Geschichte des lokalen akademischen Umfelds]. - Opole 2010, ss. 352, il.
Rec.: Balawajder, Jakub: Kilka słów o książce Mariusza Patelskiego poświęconej niezależnemu ruchowi studenckiemu w Opolu [Einige Bemerkungen zum Buch von Mariusz Patelski über die unabhängige Studentenbewegung in Opole (Oppeln)] // Studia Śląskie 71, 2012, s. 295-303.

1497. Piecyk, Paweł: Działalność Powiatowego Komitetu Obrońców Pokoju w Bolesławcu w latach 1950-1953 w świetle dokumentów Wojewódzkiego Komitetu Obrońców Pokoju we Wrocławiu [Tätigkeit des Kreiskomitees der Friedenskämpfer in Bunzlau in den Jahren 1950-1953 im Lichte der Dokumente des Woiwodschafts-Komitees der Friedenskämpfer in Breslau] // W: Zimowa Szkoła Historii Najnowszej 2012. Referaty [Winterschule für Zeitgeschichte 2012. Referate] / Łukasz Kamiński, Grzegorz Wołk. - Warszawa 2012, s. 154-166.

1498. Pilch-Kowalczyk, Alina: Wspomnienia RSN NSZZ „Solidarność" Regionu Śląsko-Dąbrowskiego w latach 1989-1995, organizacja pracy związkowej, najważniejsze działania [Erinnerungen der Regionalen Wissenschaftsabteilung der Unabhängigen Selbstverwalteten Gewerkschaft „Solidarność" des Schlesisch-Dombrowaer-Beckens in den Jahren 1989-1995, Organisation der Verbandsarbeit, wichtigste Aktionen] // W: Na trzydziestolecie Krajowej Sekcji Nauki NSZZ „Solidarność" [Zum 30. der Landes-Wissenschaftssektion der Unabhängigen Selbstverwalteten Gewerkschaft „Solidarność"] / red. Janusz Sobieszczański. - Warszawa 2012, s. 141-152.
RSN - Regionalna Sekcja Nauki. - Regionale Wissenschaftsabteilung.

1499. Podyna, Dorota: Stowarzyszenie Archeologów Polskich (SNAP) [Wissenschaftlicher Verein Polnischer Archäologen] // W: Muzeum Górnośląskie w Bytomiu. 100 lat dziejów. Kontakty z muzeami i instytucjami kultury i towarzystwami [Oberschlesisches Museum in Beuthen. 100 Jahre Geschichte. Kontakte zu anderen Museen und Kulturinstitutionen sowie Gesellschaften] / red. Jan Drabina. - Katowice 2012, s. 185-190, fot. 6; Res. 190.

1500. Prymusová, Hana: Z historie emancipačního hnutí žen v Ostravě v 1. polovině 20. století - první české ženské spolky a otázka dívčího vzdělávání [From the history of womens emancipation movement in Ostrava during the first half of the 20th century - the first Czech women's associations, and the issue of education for girls] // Ostrava. Příspěvky k dějinám a současnosti Ostravy a Ostravska 26, 2012, s. 166-189; Res. 189.

1501. Przewłoka, Agnieszka: Koło przyjaciól „Więzi" czy nielegalny Klub Inteligencji Katolickiej w Katowicach? Działalność i rozpracowanie przez służbę bezpieczeństwa grupy świeckich aktywistów katolickich w latach 1959-1965 [The community of sympathisers of the 'Więź" („the bond") magazine or illegal Clubs of Catholic Intelligentsia in Katowice? Activities and dismantlement of a group of lay catholic activists by the service between 1959-1965] // Śląskie Studia Historyczno-Teologiczne 45, 2012, z. 1, s. 130-141; Res. 130.

1502. Rudka, Szczepan: Katolickie Zrzeszenie Studentów Politechniki Wrocławskiej - historia rejestracji [Katholischer Studentenverband der Technischen Hochschule in Breslau - Geschichte der Zulassung] // W: Dzieci, młodzież i studenci na Ziemiach Zachodnich po II wojnie światowej [Kinder, Jugendliche und Studenten in den Westgebieten nach dem Zweiten Weltkrieg] / red. Wojciech Kucharski, Grzegorz Strauchold. - Wrocław 2012, s. 173-177.

1503. Schiller, Gerhard: Stowarzyszenia i związki na Śląsku od XVIII do XX wieku [Gesellschaften und Verbände in Schlesien vom 18. bis zum 20. Jahrhundert] // W: Stowarzyszenia, związki, bractwa, inicjatywy społeczne i ich znaczenie dla Śląska. Wczoraj, dziś, jutro. XIV Seminarium Śląskie. Kamień Śląski 2009. Traktaty polsko-niemieckie z 1990 i 1991 roku i ich konsekwencje dla Śląska; XV Seminarium Śląskie, Kamień Śląski 2010. Publikacja pokonferencyjna (wybór tekstów) [Gesellschaften, Verbände, Bruderschaften, gesellschaftliche Initiativen und ihre Bedeutung für Schlesien. Gestern, heute, morgen. 14. Schlesische Konferenz. Groß Stein 2009. Polnisch-deutsche Traktate aus dem Jahr 1990 und 1991 und ihre Konsequenzen für Schlesien; 15. Schlesische Konferenz. Groß Stein 2010. Konferenzberichte (Auswahl der Texte)]. - Gliwice 2012, s. 24-56.

1504. Słabig, Arkadiusz: Służba Bezpieczeństwa a Michał Kowalski. Przyczynek do problemu inwigilacji ukraińskich działaczy społecznych na Ziemi Lubuskiej [Security Service against Michał Kowalski. Contribution to the Problem of Surveillance of the Ukrainian Community Activists from the Lubuska Land] // Słupskie Studia Historyczne 18, 2012, s. 243-265; Res. 265.

1505. Sołdra-Gwiżdż, Teresa: Stowarzyszenia historyczne na Śląsku po 1989 roku (propozycje badawcze) [Historische Vereine in Schlesien nach 1989 (Vorschläge zur Forschung)] // W: Stowarzyszenia, związki, bractwa, inicjatywy społeczne i ich znaczenie dla Śląska. Wczoraj, dziś, jutro. XIV Seminarium Śląskie. Kamień Śląski 2009. Traktaty polsko-niemieckie z 1990 i 1991 roku i ich konsekwencje dla Śląska; XV Seminarium Śląskie, Kamień Śląski 2010. Publikacja pokonferencyjna (wybór tekstów) [Gesellschaften, Verbände, Bruderschaften, gesellschaftliche Initiativen und ihre Bedeutung für Schlesien. Gestern, heute, morgen. 14. Schlesische Konferenz. Groß Stein 2009. Polnisch-deutsche Traktate aus dem Jahr 1990 und 1991 und ihre Konsequenzen für Schlesien; 15. Schlesische Konferenz. Groß Stein 2010. Konferenzberichte (Auswahl der Texte)]. - Gliwice 2012, s. 57-61.

1506. Spyra, Janusz: Bez strażaków i trąbek, czyli prasa o zjazdach nauczycieli słowiańskich w monarchii austriackiej przed 1914 rokiem [Ohne Feuerwehrleute und Trompete oder die Presse über slawische Lehrerversammlungen in der österreichischen Monarchie vor dem Jahr 1914] // W: Język - szkoła - przestrzeń jako determinanty rozwoju kultury Śląska Cieszyńskiego [Sprache - Schule - Raum als Determinanten der Entwicklung der Kultur des Teschener Schlesiens] / red. Marzena Bogus. - Czeski Cieszyn 2012, s. 142-164.

1507. Szczypka, Andrzej: Program młodzieżowych organizacji niepodległościowych na Górnym Śląsku i w Zaglębiu Dąbrowskim w latach 1945-1956 (wybrane zagadnienia) [Programmes of Youth Independence Organizations in Upper Silesia and Dąbrowa Basin in the Years 1945-1956 (Selected Problems)] // Roczniki Humanistyczne. Historia [Annales de lettres et sciences humaines. Histoire] 60, 2012, z. 2, s. 107-136; Res. 135-136.

1508. Szlaur-Bujok, Maria: „Praca dla dobra zboru, kościoła, gminy i państwa" - działalność Związku Polskiej Młodzieży Ewangelickiej w Wiśle [„Arbeit für eine gute evangelische Kirchengemeinde, die Kirche, Gemeinde und den Staat" - die Tätigkeit der Vereinigung der Polnischen Evangelischen Jugend in Weichsel] // Rocznik Wiślański 4, 2012, s. 19-31, il. 7.

1509. Wenzel, Kai: Die Erna von Dobschütz Stiftung. Eine gemeinnützige Einrichtung zum Erhalt und der Erforschung des Werkes einer Görlitzer Malerin // Görlitzer Magazin. Geschichte und Gegenwart der Stadt Görlitz und ihrer Umgebung 25, 2012, S. 76-80, Abb.

1510. Z kart historii i działalności kręgów harcerstwa dorosłych. Praca zbiorowa [Aus der Geschichte und Tätigkeit der erwachsenen Pfadfinderkreise. Sammelband] / red. Irena Pawletko, Kazimiera Rosińska, Adam Smoliński. - Warszawa 2012, ss. 432, il.
Chorągiew Dolnośląska (67-80); Chorągiew Śląska (313-340). - Landesverband Niederschlesien (67-80); Landesverband Schlesien (313-340).

09.11. Wirtschaftliche Beziehungen – Stosunki gospodarcze – Hospodářské vztahy

Zob. poz. / Siehe auch / Viz 483, 720, 3425.

1511. Grulkowski, Marcin: Korespondencja Krakowa i Wrocławia z Głównym Miastem Gdańskiem w późniejszym średniowieczu [Kraków and Wrocław's Correspondence with the Main Town of Gdańsk in the Late Medieval Period] // Klio. Czasopismo poświęcone dziejom Polski i powszechnym 2012, nr 4, s. 35-71, tab. 3; Res. 70-71.

1512. Szymański, Jarosław: Spór siedlęcińskich kmieci z Kasprem von Nimptsch ok. 1589 r. Przyczynek do dziejów śląskiego feudalizmu [Streit eines Boberröhrsdorfer Landmanns mit Kaspar von Nimptsch um das Jahr 1589. Beitrag zur Geschichte des schlesischen Feudalismus] // Śląski Kwartalnik Historyczny Sobótka 67, 2012, nr 1, s. 67-78, tab. 1.

09.12. Mentalitätsgeschichte – Historia mentalności – Dějiny mentality

Zob. poz. / Siehe auch / Viz 316-317, 320, 455, 478, 603, 756, 941, 966, 1093, 1127, 1132, 1167, 1200-1202, 1207, 1209, 1212-1213, 1218, 1432, 1586, 1711, 1721, 1727, 1733, 1759, 1778, 1950, 1960, 2021, 2062, 2128, 2130, 2169, 2174, 2191, 2193, 2196, 2200, 2223, 2225, 2232, 2238, 2246, 2706, 2715, 2722-2723, 2744, 2747, 2825, 2840-2844, 2902, 2935, 2983, 2999, 3061, 3107, 3207, 3211, 3214-3215, 3219, 3221-3222, 3255, 3312, 3327.

1513. Browarny, Wojciech: Wrocław-niby-Warszawa. Topos wrocławskiej tożsamości w literaturze powojennej (rekonesans) [Breslau quasi Warschau. Topos der Breslauer Identität in der Nachkriegsliteratur (eine Erkundung)] // W: Narracje migracyjne w literaturze polskiej XX i XXI wieku / red. Hanna Gosk. - Kraków 2012, s. 339-359.

1514. Ciurlok, Jerzy: Moje okno na Śląsk [Mein Fenster nach Schlesien]. - Katowice 2012, ss. 224, il.

1515. Firla, Barbara: Śląskie miejsca [Silesian places] [Orte Oberschlesiens]. - Katowice 2012, ss. 222, fot. 72; Res. 219-220; 221-222.

1516. Haferland, Harald: Heilsbedeutung und spekulative Alchemie. Böhme-Rezeption bei Quirinus Kuhlmann // In: Offenbarung und Episteme. Zur europäischen Wirkung Jakob Böhmes im 17. und 18. Jahrhundert / Hrsg. Wilhelm Kühlmann, Friedrich Vollhardt. - Berlin 2012, S. 143-164.

1517. Hajduk-Nijakowska, Janina: Pamięć utajniona. Funkcjonowanie narracji o śląskiej martyrologii [Hidden Memory: Functioning of the Narrative about the Silesian Martyrology] // W: Pamięć jako kategoria rzeczywistości kulturowej. [Erinnerung als Kategorie kultureller Wirklichkeit] / red. Jan Adamowski, Marta Wójcicka. - Lublin 2012, s. 225-235; Res. 235.

1518. Hold-Łukasik, Marta: Niematerialne dziedzictwo kulturowe przesiedleńców z Kresów Południowo-Wschodnich [Immaterielles Kulturerbe der Umsiedler aus den südöstlichen Kresy-Gebieten] // W: Przestrzenie krajobrazu kulturowego wsi / red. nauk. Alicja Szerląg, Krystyna Dziubacka. - Wrocław 2012, s. 207-223.

1519. Jasiński, Zenon: Rzecz o zauroczeniu Zaolziaków swoim regionem [Einiges über die Begeisterung der Bewohner des Olsa-Gebiets über die eigene Region] // W: Ciekawość świata, ludzi, kultury... [Die Neugier auf die Welt, Menschen und Kultur...] / red. Renata Hołda, Tadeusz Paleczny. - Kraków 2012, s. 307-318.

1520. Just, Anna: Eigenhändige Bittschriften adliger Damen an Bürgermeister und Rat der Stadt Liegnitz (1546-1678) - Ganzsatzstrukturen des Kerntextes // Studia Niemcoznawcze 50, 2012, s. 586-599.

1521. Kaczmarek, Ryszard: Akulturacja na przykładzie Górnoślązaków w armiach pruskiej i niemieckiej przed I wojną światową [Acculturation on the Example of Upper Silesians in the Prussian and German Armies before the World War I] // Acta historica Universitatis Silesianae Opaviensis 5, 2012, s. 125-140; Res. 140.

1522. Kijonka, Justyna: Pamięć rodzinna i jej międzypokoleniowe kolerаty. Górnośląska wspólnota pamięci [Familiengedächtnis und sein generationsübergreifender Gegenwert. Oberschlesische Erinnerungsgemeinschaft] // W: Więzi międzypokoleniowe w rodzinie i w kulturze [Generationsübergreifende Verbindungen in der Familie und Kultur] / red. Wojciech Świątkiewicz. - Katowice 2012, s. 199-224.

1523. Klin, Eugeniusz: Miłość bliźniego przeciw nienawiści do obcych. O śląskich wspomnieniach Paula Hadascha = Nächstenliebe gegen Fremdenhass. Zum schlesischen Erinnerungsbuch von Paul Hadasch // Zeszyty Eichendorffa. Historia - Kultura - Literatura = Eichendorff-Hefte. Geschichte - Kultur - Literatur 2012, nr 37, s. 20-41.
Tekst w języku polskim i niemieckim. - Polnischer und deutscher Text.

1524. Kłodnicki, Zygmunt: Śląsk a Ślązacy - głos w dyskusji [Schlesien und die Schlesier - ein Diskussionsbeitrag] // W: Granice Śląska w interdyscyplinarnej perspektywie [Schlesiens Grenzen aus interdisziplinärer Perspektive] / red. Ryszard Gładkiewicz, Teresa Sołdra-Gwiżdż, Marek S. Szczepański. - Opole 2012, s. 85-103, map 1; Res. 103.

1525. Kłopot, Stanisław: Wielokulturowe dziedzictwo miasta a polityka historyczna władz samorządowych Wrocławia [Multikulturelles Erbe der Stadt und historische Politik der kommunalen Behörden Breslaus] // W: Społeczne światy wartości. księga pamiątkowa z okazji 70. jubileuszu prof. dr. hab. Józefa Styka / Agnieszka Kolasa-Nowak, Wojciech Misztal. - Lublin 2012, s. 375-389.

1526. Kubis, Barbara: Wybitne postaci „polskiego Londynu" we wspomnieniach opolskiego środowiska [Herausragende Gestalten des „polnischen Londons" in den Erinnerungen der Oppelner Kreise] // Przegląd Polsko-Polonijny 2012, nr 4, z. 1, s. 197-220; Res. 220.

1527. Kurek, Jacek: Nieufność i fascynacja. O śląsko-krakowskim sąsiedztwie u schyłku XIX i na początku XX wieku [Misstrauen und Faszination. Von der schlesisch-Krakauer Nachbarschaft am Ende des 19. und am Anfang des 20. Jahrhunderts] // W: Od Lwówka Śląskiego do Lwowa. Studia i materiały z dziejów południowej Polski [Von Löwenberg nach Lemberg. Studien und Materialien aus der Geschichte Südpolens] / red. Zdzisław Budzyński. - Rzeszów 2012, s. 154-166.

1528. Linek, Bernard: Górnoślązacy a nacjonalizm na początku XX wieku [Oberschlesier und Nationalismus am Anfang des 20. Jahrhunderts] // CzasyPismo. O historii Górnego Śląska 2012, nr 1, s. 12-21, fot. 3.

1529. Linek, Bernard: Polityka niepamięci historycznej. Spuścizna Kresów Wschodnich w kulturze górnośląskiej w okresie Polski Ludowej [Politik des historischen Gedächtnisverlustes. Hinterlassenschaft der ehemaligen polnischen Ostgebieten in der Kultur Oberschlesiens in den Zeiten der Polnischen Volksrepublik] // W: Kresowianie na Górnym Śląsku [Bewohner der ehemaligen polnischen Ostgebiete in Oberschlesien] / red. Bogusław Tracz. - Katowice 2012, s. 257-271.

1530. Linek, Bernard: Robotnicy Borsigwerku. Procesy akulturacji/asymilacji wśród robotników górnośląskich (od drugiej połowy XIX do pierwszej połowy XX wieku) [Arbeiter der Borsigwerke. Prozesse der Akkulturation/Assimilation unter den oberschlesischen Arbeitern (von der zweiten Hälfte des 19. bis zur ersten Hälfte des 20. Jahrhunderts)] // W: Akulturacja/asymilacja na pograniczach kulturowych Europy Środkowo-Wschodniej w XIX i XX wieku. T. 2: Sąsiedztwo polsko-niemieckie [Akkulturation/Assimliation an den Kulturgrenzen Ostmitteleuropas im 19. und 20. Jahrhundert. Band 2: Die deutsch-polnische Nachbarschaft] / red. Robert Traba. - Wrocław 2012, s. 133-234.

1531. Mein Schlesien - Meine Schlesier. Zugänge und Sichtweisen = Mój Śląsk - moi Ślązacy. Eksploracje i obserwacje / Hrsg. Marek Hałub, Matthias Weber. - Leipzig 2011, 202, 188 S.
Schlesische Grenzgänger; 4. Tekst w języku polskim i niemieckim. - Polnischer und deutscher Text.
Rec.: Kuczyński, Krzysztof A. // Studia Niemcoznawcze 49, 2012, s. 878-880; Ruchniewicz, Małgorzata // Śląski Kwartalnik Historyczny Sobótka 67, 2012, nr 2, s. 150-154.

1532. Metzig, Gregor M.: Der Sechsstädtebund im historischen Gedächtnis der Oberlausitz // In: 666 Jahre Sechsstädtebund / Hrsg. Thomas Binder. - Görlitz 2012, S. 145-159.

1533. Mohr, Jan: Konvergenzen in der 'poetischen' Böhme-Rezeption Abraham von Franckenbergs und Daniel Czepkos // In: Offenbarung und Episteme. Zur europäischen Wirkung Jakob Böhmes im 17. und 18. Jahrhundert / Hrsg. Wilhelm Kühlmann, Friedrich Vollhardt. - Berlin 2012, S. 93-123.

1534. Morciniec, Piotr: Praktyka „pojednanej różnorodności" - rola dialogu w przezwyciężaniu antagonizmów na Śląsku [Die Praxis „der versöhnten Pluralität" - die Rolle des Dialogs in der Überwindung der Gegensätze in Schlesien] // W: Człowiek dialogu. Księga pamiątkowa dedykowana Księdzu Arcybiskupowi Alfonsowi Nossolowi z okazji 80. rocznicy urodzin, 55 rocznicy święceń kapłańskich oraz 35. rocznicy święceń biskupich [Man of dialogue] / red. Zygfryd Glaeser. - Opole 2012, s. 99-118; Res. 118.

1535. Mrozowicz, Wojciech: W poszukiwaniu śląskiej tożsamości regionalnej (do 1526 r.) [Auf der Suche nach der regionalen Identität in Schlesien (bis zum Jahre 1526)] // Śląski Kwartalnik Historyczny Sobótka 67, 2012, nr 4, s. 139-161; Res. 160-161.

1536. Mühle, Evelin: Friedhofskultur // In: Zwischen Neiße, Schöps und Spree. Der Landkreis Görlitz / Thomas Napp, Hermann Ansorge, Gunter Oettel. - Görlitz 2012, S. 237-245.

1537. Nastainczyk, Wolfgang: Wie die Schlesier Christen wurden, waren und sind. Ein Beitrag zur schlesischen Kulturgeschichte. - Regensburg 2011, 276 S.
Rec.: Bendel, Rainer // Archiv für schlesische Kirchengeschichte 70, 2012, S. 382-387; Schmilewski, Ulrich // Schlesischer Kulturspiegel 47, 2012, H. 2, S. 35-36.

1538. Nycz, Edward: Identyfikacja (empiryczna) na pograniczu etniczno-kulturowym. Przykład wybranych zbiorowości i grup Śląska Opolskiego [(Empirische) Identifizierung im ethnisch-kulturellen Grenzgebiet. Beispiel ausgewählter Gemeinschaften und Gruppen des Oppelner Schlesiens] // W: Ciekawość świata, ludzi, kultury... [Die Neugier auf die Welt, Menschen und Kultur...] / red. Renata Hołda, Tadeusz Paleczny. - Kraków 2012, s. 345-364.

1539. Odoj, Grzegorz: O konstruowaniu nowej tradycji historycznej miasta (na przykładzie Mysłowic) [A reflection on forming of new historical tradition of a city (illustrated with an example of Myslowice)] // W: Pamięć jako kategoria rzeczywistości społecznej / red. Józef Styk, Małgorzata Dziekanowska. - Lublin 2012, s. 171-186; Res. 186.

1540. Pabjan, Barbara / Czajkowski, Paweł: Formy pamięci historycznej miasta. Przestrzeń urbanistyczna jako dziedzictwo kulturowe miasta w świadomości mlodzieży [The Forms of the Historical Remembrance of the City. Urban Space as a Cultural Heritage of the City in Youth Consciousness] // W: Pamięć jako kategoria rzeczywistości społecznej / red. Józef Styk, Małgorzata Dziekanowska. - Lublin 2012, s. 141-155, tab.; Res. 155.
Dot. Wrocławia. - Betr. Breslau.

1541. Rusek, Halina: „Podzielony świat" pogranicza. Przykład ziemi cieszyńskiej [„Geteilte Welt" des Grenzgebietes. Am Beispiel des Teschener Landes] // W: Pamięć zbiorowa i tożsamość w Europie Środkowo-Wschodniej. Kontynuacja, konflikt, zmiana / red. Ewa Jurczyńska-McCluskey, Patrycja Bałdys, Katarzyna Piątek. - Bielsko-Biała 2012, s. 41-51.

1542. Rüther, Andreas: Region und Identität. Schlesien und das Reich im späten Mittelalter [Region i tożsamość. Śląsk a Cesarstwo Rzymsko-Niemieckie w późnym średniowieczu]. - Köln 2010, 346 S.; Res. 218-238.
Rec.: Kaar, Alexandra // Zeitschrift für Ostmitteleuropa-Forschung 61, 2012, H. 4, S. 608-610.

1543. Sekuła, Elżbieta Anna [et al.]: Być narodem? Ślązacy o Śląsku [Eine Nation sein? Schlesier über Schlesien]. - Warszawa 2012, ss. 188.

1544. Söhner, Felicitas: Wandel einer Region - Identitäten, Einstellungen und Stereotype in Schlesien // Inter finitimos. Jahrbuch zur deutsch-polnischen Beziehungsgeschichte 10, 2012, S. 238-243.

1545. Speer, Christian: „Concordia in nomine Christi." Frömmigkeitspraxis und Patronatsherrschaft als Instrumente der innerstädtischen Konfliktbewältigung im späten Mittelalter // W: Konfliktbewältigung und Friedensstiftung im Mittelalter [Przezwyciężanie konfliktów i ustanawianie pokoju w średniowieczu] / Roman Czaja, Eduard Mühle, Andrzej Radzimiński. - Toruń 2012, S. 331-337.
Dot. m.in. Zgorzelca. - Betr. u.a. Görlitz.

1546. Swadźba, Urszula: Śląski kontrapunkt empiryczny. Czy na Śląsku są jeszcze gorole? Analiza socjologiczna konfliktu etnicznego [Schlesischer empirischer Kontrapunkt. Leben in Schlesien noch „Gorole"? Soziologische Analyse eines ethnischen Konflikts] // Górnośląskie Studia Socjologiczne. Seria nowa 3, 2012, s. 49-62, tab. 5; Res. 49.

1547. Świątkiewicz, Wojciech: Górny Śląsk w świadomości społecznej - próba uogólnienia refleksji socjologicznej [Oberschlesien im politischen Bewusstsein - Versuch einer verallgemeinerten soziologischen Erwägung] // W: Granice Śląska w interdyscyplinarnej perspektywie [Schlesiens Grenzen aus interdisziplinärer Perspektive] / red. Ryszard Gładkiewicz, Teresa Sołdra-Gwiżdż, Marek S. Szczepański. - Opole 2012, s. 151-167; Res. 168.

1548. Świder, Małgorzata: Opinie publiczne, pogłoski i zachowania społeczne na Śląsku Opolskim w latach 1945-1947 w świetle sprawozdań i serwisów poufnych Ministerstwa Ziem Odzyskanych i Ministerstwa Informacji i Propagandy [Public Opinions, Rumours and Social Behaviour in Opolian Silesia from 1945-1947 in the Light of Reports and Confidential Services of the Ministry of Regained Territories and the Ministry of Information and Propaganda] // Studia Zachodnie 14, 2012, s. 117-139, tab. 1; Res. 139.

1549. Topp, Izolda: Mit i pamięć. O lokalnych mitologiach Dolnego Śląska [Mythos und Erinnerung. Über lokale Mythen Niederschlesiens] // W: Studia mitoznawcze. T. 2: Współczesna obecność mitu / red. Ilona Błocian, Ewa Kwiatkowska. - Toruń 2012, s. 260-284.

1550. Topp, Izolda: W poszukiwaniu toposów polskiej pamięci na Dolnym Śląsku [The Way. Searching for the Polish Mnemotopos in Lower Silesia] // Przegląd Kulturoznawczy 2012, nr 1, s. 12-25, il. 8; Res. 25.

1551. Twardoch, Szczepan: Einsame Identität // Silesia Nova. Vierteljahresschrift für Kultur und Geschichte 9, 2012, H. 1, S. 7-22.

1552. Wiszewski, Przemysław: Historia bez przyszłości? Esej na marginesie współczesnych uwarunkowań nauk historycznych [Geschichte ohne Zukunft? Essay am Rande der zeitgenössischen Begebenheiten der Geschichtswissen-

schaften] // W: Historicae viae. Studia dedykowane Profesorowi Lechowi A. Tyszkiewiczowi z okazji 55-lecia pracy naukowej [Historicae viae. Professor Lech A. Tyszkiewicz zum 55. Jubiläum der wissenschaftlichen Arbeit gewidmete Studien] / red. Mateusz Goliński, Stanisław Rosik. - Wrocław 2012, s. 121-138.
Dot. także Śląska. - Betr. auch Schlesien.

1553. Zeller, Rosmarie: Böhme-Rezeption am Hof von Christian August von Pfalz-Sulzbach // In: Offenbarung und Episteme. Zur europäischen Wirkung Jakob Böhmes im 17. und 18. Jahrhundert / Hrsg. Wilhelm Kühlmann, Friedrich Vollhardt. - Berlin 2012, S. 125-142.

1554. Zgorzelec jako miasto pograniczne w opiniach jego mieszkańców [Görlitz als Grenzstadt in den Ansichten ihrer Bewohner] / red. Kamilla Dolińska, Natalia Niedźwiecka-Iwańczak. - Wrocław 2011, ss. 177, tab., wykr.
Rec.: Korman, Agnieszka // Śląski Kwartalnik Historyczny Sobótka 67, 2012, nr 2, s. 165-171.

1555. Zipser, Tadeusz: Swoi ludzie, cudze domy [Vertraute Leute, fremde Häuser] // W: Rodowód kulturowy współczesnego Wrocławia [Kulturelle Herkunft des heutigen Breslau] / red. Włodzimierz Wysoczański. - Wrocław 2012, s. 29-38.

09.13. Alltagsleben – Życie codzienne – Život každodenní

Zob. poz. / Siehe auch / Viz 817, 1149, 1402, 1536, 1548, 1785, 1795, 3444.

1556. Bajer, Vojtěch [a kol.]: Beskydy. Zdroj práce a obživy [Die Beskiden. Quelle von Arbeit und Lebensunterhalt]. - Třinec 2012, 238 s.

1557. Jasińska, Izabela: O życiu codziennym w mieście i na wsi w powiecie strzeleckim - stroje, obrzędy, zabawy = Zum alltäglichen Stadt- und Dorf leben. Im Kreis Groß Strehlitz - Trachten, Kleidung, Bräuche und Spiele // W: Strzelczan album rodzinny. Od kołyski aż po grób = Groß Strehlitzer Familienalbum. Von der Wiege bis zum Grab / red. Marta Górka, Waldemar Gaida. - Strzelce Opolskie 2012, s. 113-132, fot.
Tekst w języku polskim i niemieckim. - Polnischer und deutscher Text.

1558. Korbelářová, Irena: Viktuálie a personálie v kuchyňských účtech břežské knížecí komory z roku 1660. Ediční příspěvek k výzkumu barokních dvorských slavností [Food and personal data in the kitchen bills from the court chamber in Brzeg from 1600. A report of edition to the research of the baroque courts celebrations] // Časopis Slezského zemského muzea. Série B - vědy historické 61, 2012, č. 1, s. 77-88; Res. 77; 88.

1559. Korzeniowska, Wiesława: Wybrane aspekty życia codziennego wsi górnośląskiej w okresie pouwłaszczeniowym (do roku 1914) [Ausgewählte Aspekte des Alltags im oberschlesischen Dorf nach der Zeit der Bauernbefreiung (bis 1914)] // W: Ciekawość świata, ludzi, kultury... [Die Neugier auf die Welt, Menschen und Kultur...] / red. Renata Hołda, Tadeusz Paleczny. - Kraków 2012, s. 319-327.

1560. Kubis, Barbara: Wpływ przymusowych migracji na codzienne życie rodzin Kresowian na Śląsku w latach 1945-1946 w świetle wybranych wspomnień [Einfluss der Zwangsmigrationen auf den Alltag der Kresy-Familien in Schlesien in den Jahren 1945-1946 im Lichte ausgewählter Erinnerungen] // W: Rodzina na Śląsku 1939-1945. Dezintegracja, migracje, codzienność [Die Familie in Schlesien 1939-1945. Desintegration-Migration-Alltag] / red. Adriana Dawid, Antoni Maziarz. - Opole 2012, s. 130-151, fot.

1561. Kuniczuk-Trzcinowicz, Agnieszka: Wpływ dialogu międzykulturowego na obraz codzienności Wrocławia [Einfluss des interkulturellen Dialoges auf das Alltagsbild Breslaus] // W: Śląskie pogranicza kultur. T. 1 [Das schlesische Kulturgrenzland. Bd. 1] / red. Marian Ursel, Olga Taranek-Wolańska. - Wrocław 2012, s. 221-236.

1562. Olszewski, Włodzimierz: Instytucje edukacji, sportu i rekreacji elementami jakości życia polkowiczan [Bildungs-, Sports- und Erho-

lungsinstitutionen als Elemente der Lebensqualität der Bewohner von Polkwitz]. - Polkowice 2012, ss. 454, il.
Monografie Dolnośląskiej Wyższej Szkoły Przedsiębiorczości i Techniki w Polkowicach.

1563. Palczyński, Michał: Życie codzienne młodzieży brygad Powszechnej Organizacji „Służba Polsce" pracujących przy budowie Zagłębia Miedziowego w latach 1949-1953 [Das tägliche Leben der Jugendlichen aus der Allgemeinen Organisation „Dienst für Polen" bei dem Aufbau des Kupferindustriegebiets in den Jahren 1949-1953] // Śląski Kwartalnik Historyczny Sobótka 67, 2012, nr 2, s. 103-123, tab. 1; Res. 123.

1564. Paszko, Marta: Sceny z życia codziennego w Rybniku czasów PRL. O historii w narracjach wspomnieniowych [Szenen des Alltagslebens in Rybnik zur Zeit der Volksrepublik Polen. Von der Geschichte in den Erinnerungsnarrationen] // W: Zrozumieć Śląsk [Schlesien verstehen] / red. Dawid Keller, Bogdan Kloch. - Rybnik 2012, s. 221-265.

1565. Radziewicz, Małgorzata: Upamiętnienie codzienności, czyli za drzwiami mieszczańskiego domu w Nysie [Gedächtnis des Alltags - hinter den Türen eines bürgerlichen Hauses in Neiße] // Nyskie Szkice Muzealne 5, 2012, s. 101-119, fot. 2.

1566. Simonides, Dorota: Strzelczan życie rodzinne - utrwalone w dawnej tradycji = Groß Strehlitzer familiärer Alltag - nach alten Überlieferungen // W: Strzelczan album rodzinny. Od kołyski aż po grób = Groß Strehlitzer Familienalbum. Von der Wiege bis zum Grab / red. Marta Górka, Waldemar Gaida. - Strzelce Opolskie 2012, s. 191-208, fot.
Tekst w języku polskim i niemieckim. - Polnischer und deutscher Text.

1567. Smaki Ziemi Strzelińskiej [Geschmack des Strehlener Landes] / [red.] Agnieszka Trojnacka. - Strzelin 2011, ss. 284, il. [6] s.
Rec.: Przerwa, Tomasz // Śląski Kwartalnik Historyczny Sobótka 67, 2012, nr 3, s. 145-146.

1568. Sobel, Grzegorz: Powódź z zupą w tle [Hochwasser mit Suppe im Hintergrund] // Pamięć i Przyszłość 2012, nr 2 (16), s. 45-50, il. 1.
Dot. powodzi na Dolnym Śląsku w 1804 r. - Betr. das Hochwasser in Niederschlesien im Jahr 1804.

1569. Sobel, Grzegorz: „Proszę mi podać chleb i sos" - z tradycji stołu studentów dawnego Wrocławia [„Reichen Sie mir bitte Brot und Soße" - die Tischtraditionen der Studenten im alten Breslau] // Pamięć i Przyszłość 2012, nr 3 (17), s. 66-70.

1570. Świtała-Mastalerz, Joanna / Świtała-Trybek, Dorota: Na placu, w sieni i piwnicy. Śląski świat graczek i bawidołków [Draußen, in der Diele, im Keller. Schlesische Welt der Spieler und Spaßvögel]. - Ruda Śląska 2012, ss. 197, fot.

1571. Tracz, Bogusław: Z problemów życia codziennego mieszkańców Bytomia w latach osiemdziesiątych XX w. [Über Probleme des Alltagslebens der Bewohner Beuthens in den 1980er Jahren] // W: Bytom w cieniu totalitaryzmów. Szkice z dziejów miasta 1933-1939 [Beuthen im Schatten der Totalitarismen. Skizzen aus der Stadtgeschichte 1933-1939] / red. Sebastian Rosenbaum. - Katowice 2012, s. 256-302.

1572. Tracz, Bogusław: Z problemów życia codziennego mieszkańców Mikołowa w latach osiemdziesiątych XX wieku [Aus den Alltagsproblemen der Bevölkerung von Nikolai in den 80er Jahren des 20. Jahrhunderts] // W: Z dziejów Mikołowa w XX wieku. Wybrane zagadnienia [Aus der Geschichte von Nikolai im 20. Jahrhundert. Ausgewählte Themen] / red. Grzegorz Bębnik. - Katowice 2012, s. 140-163, il. 3; Res. 163.

1573. Żarski, Waldemar: Tożsamość kulinarna na Górnym Śląsku i Opolszczyźnie [Culinary identity in Silesia] // Rozprawy Komisji Językowej 39, 2012, s. 73-86; Res. 86.

10 Religions- und Kirchengeschichte – Historia religii i kościołów – Náboženské a církevní dějiny

10.01. Allgemeines – Ogólne – Všeobecně

Zob. poz. / Siehe auch / Viz 326, 718, 2284, 3456.

1574. Dola, Kazimierz: Kościelno-wyznaniowe granice Śląska [Die kirchlichen und konfessionellen Grenzen Schlesiens] // W: Granice Śląska w interdyscyplinarnej perspektywie [Schlesiens Grenzen aus interdisziplinärer Perspektive] / red. Ryszard Gładkiewicz, Teresa Sołdra-Gwiżdż, Marek S. Szczepański. - Opole 2012, s. 76-83; Res. 83-84.

1575. Kravar, Zdeněk: Z historie farnosti v Bolaticích [Aus der Geschichte der Pfarrei in Bolatitz] // Hlučínsko. Vlastivědný časopis Muzea Hlučínska 2, 2012, č. 1, s. 23-28.

1576. Niedziela, Maurycy Lucjan: Dominikanie we Wrocławiu. Szkic z przeszłości zakonu dominikańskiego [Dominikaner in Breslau. Beitrag zur Vergangenheit des Dominikanerordens] // W: Sic erat in fatis. Studia i szkice historyczne dedykowane Profesorowi Bogdanowi Rokowi. Tom I [Sic erat in fatis. Professor Bogdan Rok gewidmete historische Studien und Beiträge. Band 1] / red. Elżbieta Kościk, Rościsław Żerelik, Piotr Badyna, Filip Wolański. - Toruń 2012, s. 149-157, tab.

1577. Skupien, Marek: Nástin církevních dějin Neplachovic (1.-2. část) [Skizze der Kirchengeschichte von Neplachowitz/Troppau (1.-2. Teil)] // Vlastivědné listy Slezska a severní Moravy. Časopis pro dějiny, umění, přírodu a dnešek 38, 2012, č. 1, s. 1-4; č. 2, s. 1-5.

1578. Stefaniak, Piotr: Na chwałę Trójcy Świętej. Dzieje klasztoru Sióstr Świętej Marii Magdaleny od Pokuty w Lubaniu. 1320-2010 [Der Dreifaltigkeit zu Ehren. Geschichte des Klosters der Schwestern der heiligen Maria Magdalena zur Buße in Lauban. 1320-2010]. - Kraków 2011, ss. 407, il.
Rec.: Sutowicz, Anna // Perspectiva. Legnickie Studia Teologiczno-Historyczne 11, 2012, nr 1 (20), s. 239-242.

1579. Stelmach, Roman: Przedmieście Świdnickie i joannici - Komenda Bożego Ciała w rozwoju południowych dzielnic miasta [Die Schweidnitzer Vorstadt und die Johanniter - Die Kommende zu Corpus Christi in der Entwicklung des südlichen Stadtviertels] // W: Przedmieście Świdnickie we Wrocławiu [Die Schweidnitzer Vorstadt in Breslau] / red. nauk. Halina Okólska, Hanna Górska. - Wrocław 2012, s. 26-32; Res. 32.

10.02. Christliche Gemeinschaften – Wspólnoty chrześcijańskie – Křesťanská společenství

10.02.01. Vorreformatorische Zeit – Okres przedreformacyjny – Doba předreformační

Zob. poz. / Siehe auch / Viz 430, 452, 464-465, 476, 3033.

1580. Barciak, Antoni: W sprawie kultu św. Wacława na Śląsku w XIII w. [Die Frage nach dem Kult des hl. Wenzels in Schlesien im 13. Jh.] // W: Między Polską a Czechami. Śląsk i jego mieszkańcy w źródłach czeskich doby średniowiecza [Zwischen Polen und Böhmen. Schlesien und seine Bewohner in den böhmischen Quellen des Mittelalters] / Antoni Barciak. - Wrocław 2012, s. 177-188, fot. 2; Res. 222-223.
Wcześniej w: / Zuvor in: Kultura średniowiecznego Śląska. Pierwiastki rodzinne i obce, red. K. Bobowski, Wrocław 1993, (56-69).

1581. Górecki, Piotr: Początki parafii Wszystkich Świętych w Gliwicach (1250-1409) [The beginnings of the parish of All Saints in Gliwice (1250-1409)] // W: Kościół na Śląsku. Z dziejów kultury i życia religijnego. Księga pamiątkowa dedykowana Księdzu Biskupowi Janowi Kopcowi z okazji 65-lecia urodzin, 40-lecia prezbiteriatu, 20-lecia sakry biskupiej i 30-lecia pracy naukowej [The Church of Silesia. The history of culture and religious life] / red. Franciszek Wolnik. - Opole 2012, s. 289-303; Res. 303.

1582. Grabowska, Anna: Donacje książąt opolskich na rzecz klasztorów. Między pobożnością a polityką [The donations of Dukes of Opole to the Monasteries. Between Piety and politics] // Acta historica Universitatis Silesianae Opaviensis 5, 2012, s. 11-32; Res. 32.

1583. Kloch, Bogdan: Udział zakonów w kształtowaniu struktur parafialnych biskupstwa wrocławskiego w XIII wieku w świetle ówczesnych zapisek źródłowych (przyczynek do badań nad siecią parafialną na Śląsku) [Teilnahme der Orden an der Entwicklung der Gemeindestrukturen des Bistums Breslau im 13. Jahrhundert im Lichte der damaligen Quellennotizen (Beitrag zur Forschung über Gemeindevernetzung in Schlesien)] // W: Zrozumieć Śląsk [Schlesien verstehen] / red. Dawid Keller, Bogdan Kloch. - Rybnik 2012, s. 267-303.

1584. Mateja, Erwin: Pauliński kalendarz liturgiczny w świetle kalendarza diecezji wrocławskiej w okresie średniowiecza [Der paulinische liturgische Kalender im Vergleich zum Kalender der Breslauer Diözese im Mittelalter] // W: Liturgia w klasztorach paulińskich w Polsce. Źródła i początki [Liturgy in Pauline monasters in Poland. The sources and origins] / red. Remigiusz Pośpiech. - Opole 2012, s. 151-198.

1585. Ogórek, Magdalena: Beginki i waldensi na Śląsku i Morawach do końca XIV wieku [Beginen und Waldenser in Schlesien und Mähren bis zum Ende des 14. Jahrhunderts]. - Racibórz 2012, ss. 291.

1586. Sutowicz, Anna: „Timor mortis conturbat me". Człowiek wobec śmierci i zaświatów w XIV i XV-wiecznych tekstach liturgicznych klarysek i benedyktynek śląskich [„Timor mortis conturbat me". Der Mensch gegenüber Tod und Jenseits in den liturgischen Texten der Klarissen und schlesischen Benediktinerinnen aus dem 14. und 15. Jahrhundert] // Saeculum Christianum. Pismo historyczno-społeczne 19, 2012, nr 2, s. 5-24; Res. 23-24.

1587. Żerelik, Rościsław: Ze studiów nad uposażeniem klasztoru Cystersów w Henrykowie w średniowieczu. Wykaz pitancji klasztoru henrykowskiego z pierwszej połowy XIV w. [Aus den Studien über die Ausstattung des Zisterzienserklosters in Heinrichau im Mittelalter. Verzeichnis der pitantia des Heinrichauer Klosters aus der ersten Hälfte des 14. Jahrhunderts] // W: Historicae viae. Studia dedykowane Profesorowi Lechowi A. Tyszkiewiczowi z okazji 55-lecia pracy naukowej [Historicae viae. Professor Lech A. Tyszkiewicz zum 55. Jubiläum der wissenschaftlichen Arbeit gewidmete Studien] / red. Mateusz Goliński, Stanisław Rosik. - Wrocław 2012, s. 29-42.

10.02.02. Nachreformatorische Zeit – Okres poreformacyjny – Doba poreformační

1588. Chabasińska, Anna: Kształtowanie się i przemiany mniejszości wyznaniowych na ziemi lubuskiej 1945-1989 [Entwicklung und Veränderungen der Glaubensminderheiten im Lebuser Land 1945-1989] // W: Mobilizacja i etniczność. Procesy mobilizacji mniejszości narodowych i etnicznych w województwie zachodniopomorskim na tle doświadczeń grup narodowościowych w innych regionach [Mobilisierung und Ethnizität. Prozesse der Mobilisierung der nationalen und ethnischen Minderheiten in der Woiwodschaft Westpommern aufgrund der Erfahrungen nationaler Gruppen in anderen Regionen] / red. Marzenna Giedrojć, Dorota Kowalewska, Małgorzata Mieczkowska. - Szczecin 2012, s. 159-165.

1589. Chmelařová, Veronika: Epizody jezuitského působení v katolicko-protestantském soužití města Těšína [Episodes from the Jesuit activity in the catholic-protestant milieu of the town Těšín] // W: Historica Olomucensia. Sborník prací historických XXX / ed. Ivana Koucká, Jarmila Kašpárková. - Olomouc 2012, s. 39-61; Res. 60-61.

1590. Dąbrowska, Ewa Maria: Życie religijne cechu sukienników w Bielsku i Białej [Religious Practices of the Cloth Makers Guild in Bielsko and Biała] // Roczniki Historii Kościoła 4, 2012, s. 23-49; Res. 49.

1591. Dudra, Stefan / Pochyły, Piotr: Kwestie wyznaniowe na pograniczu polsko-niemieckim [Religious issues on the polish-german borderland] // Rocznik Lubuski 38, 2012, cz. 1, s. 145-160; Res. 160.

1592. Kania, Tadeusz: Religijność w Czechosłowacji (CSRS), w tym na Zaolziu, na tle prześladowań Kościoła w okresie komunizmu [Religiosität in der Tschechoslowakei (CSSR), darunter im Olsa-Gebiet, vor dem Hintergrund der Verfolgung der Kirche während des Kommunismus] // W: Scriptum Międzygeneracyjnego Uniwersytetu Regionalnego. Vol. 2 [Scriptum der generationenübergreifenden Regionaluniversität. Band 2] / red. Danuta Chwajol, Kazimierz Kaszper, Kazimierz Kuś. - Czeski Cieszyn 2012, s. 49-58, il. 2.

1593. Komár, Jan: Církevní poměry v Bruntále v letech 1945-1948 [Die kirchlichen Verhältnisse in Freudenthal in den Jahren 1945-1948] // Sborník bruntálského muzea 2012, s. 31-46.

1594. Marquardt, Uta / Speer, Christian: Kirchengeschichte // In: Zwischen Neiße, Schöps und Spree. Der Landkreis Görlitz / Thomas Napp, Hermann Ansorge, Gunter Oettel. - Görlitz 2012, S. 188-203.
Dot. powiatu Görlitz. - Betr. den Kreis Görlitz.

10.02.02.01. Katholische Kirche – Kościół katolicki – Katolická církev

Zob. poz. / Siehe auch / Viz 166, 208, 214, 237, 246, 254, 266, 281, 318, 332, 334, 340, 357, 359, 363, 408, 436, 440, 447, 475, 477, 491, 578, 586, 693, 717, 747, 763, 787, 804, 858, 862, 936, 996, 1012, 1082-1083, 1146, 1154, 1425, 1460, 1463, 1501, 1534, 1769, 1817, 1823, 1947, 1977, 1988, 2040, 2063, 2065, 2074, 2085, 2099, 2104, 2124, 2136-2137, 2143, 2173, 2272, 2274, 2278, 2287, 2291, 2294, 2297-2299, 2308, 2319, 2329-2330, 2342, 2345, 2347-2348, 2353, 2355-2358, 2365-2366, 2370, 2372, 2384, 2386, 2395, 2400-2402, 2410, 2420, 2425, 2437, 2442, 2477, 2512, 2531, 2551, 2553, 2560, 2579, 2611, 2676-2677, 2798, 2800, 2808, 2815, 2832, 2855, 2860-2865, 2884, 2889-2901, 2916, 2969, 2972, 3020-3021, 3034, 3036, 3040, 3042-3044, 3047, 3049-3052, 3067-3069, 3072, 3083, 3088, 3090, 3105-3106, 3117, 3132-3137, 3160-3164, 3166, 3172-3181, 3193, 3202-3203, 3205, 3238, 3248, 3254, 3284, 3288, 3294, 3305, 3308, 3312, 3319-3320, 3336, 3342, 3348-3350, 3355, 3390, 3400.

1595. 60 lat Parafii Rzymskokatolickiej Wniebowzięcia Najświętszej Maryi Panny w Katowicach 1952-2012 [60 Jahre der römisch-katholischen Mariä-Himmelfahrt-Gemeinde in Kattowitz 1952-2012] / red. Wanda Niedzielowa, Beata Urban. - Katowice 2012, ss. 80, il.

1596. Adamiak, Radosław / Palka, Marcin: Represje wobec katechizacji w diecezji katowickiej w latach 1945-1989 [Repressionen gegenüber dem Religionsunterricht in der Diözese Kattowitz in den Jahren 1945-1989]. - Katowice 2012, ss. 168.
Biblioteka Teologiczna Wydziału Teologicznego. Uniwersytet Śląski w Katowicach; 18.

1597. Barciak, Antoni: Spory między plebanem a dominikanami w Raciborzu w XVI wieku [Streitigkeiten zwischen dem Pfarrer und den Dominikanern in Ratibor im 16. Jh.] // W: Kościół na Śląsku. Z dziejów kultury i życia religijnego. Księga pamiątkowa dedykowana Księdzu Biskupowi Janowi Kopcowi z okazji 65-lecia urodzin, 40-lecia prezbiteriatu, 20-lecia sakry biskupiej i 30-lecia pracy naukowej [The Church of Silesia. The history of culture and religious life] / red. Franciszek Wolnik. - Opole 2012, s. 213-218; Res. 218.

1598. Barędziak, Arkadiusz: Polski katolicyzm we wspomnieniach wypędzonych w latach 1945-1947 na obszarze Śląska [Polnischer Katholizismus in den Erinnerungen der Vertriebenen in den Jahren 1945-1947 auf dem Gebiet Schlesiens] // Studia Niemcoznawcze 49, 2012, s. 311-322.

1599. Bednarski, Damian: Likwidacja Prywatnego Liceum Ogólnokształcącego Sióstr Urszulanek w Rybniku w 1953 r. [Die Auflösung des privaten Gymnasiums der Ursulinen in Rybnik 1953] // W: Represje wobec żeńskich zgromadzeń zakonnych w PRL. Zagadnienia wybrane [Repressionen gegenüber Frauen-Kongregationen zur Zeit der Volksrepublik Polen. Ausgewählte Themen] / red. Jerzy Myszor, Adam Dziurok. - Katowice 2012, s. 95-108.

1600. Bednarski, Damian: Tradycje lwowskiego duszpasterstwa w Katowicach. Ksiądz Michał Rękas i ksiądz Jan Szurlej [Die Traditionen der Lemberger Seelsorge in Kattowitz. Die Priester Michał Rękas und Jan Szurlej] // W: Niezwykła więź Kresów Wschodnich i Zachodnich. Wpływ lwowian na rozwój kultury na Górnym Śląsku po 1945 roku [Die besondere Verbindung der ehemaligen polnischen und deutschen Ostgebiete. Einfluss der Lemberger auf die Kulturentwicklung in Oberschlesien nach 1945] / red. Krystyna Heska-Kwaśniewicz, Alicja Ratuszna, Ewa Żurawska. - Katowice 2012, s. 34-53; Res. 53.

1601. Bjork, James E.: Kościół katolicki a (re) polonizacja Górnego Śląska po II wojnie światowej [Katholische Kirche und (Re)polonisierung Oberschlesiens nach dem Zweiten Weltkrieg] // CzasyPismo. O historii Górnego Śląska 2012, nr 1, s. 36-43, fot. 3.

1602. Błaszczyk, Tomasz: Problemy z ortodoksją na Wydziale Teologii Katolickiej Uniwersytetu Wrocławskiego w XIX stuleciu [Das Problem mit der Orthodoxie an der theologischen Fakultät an der Universität Breslau im XIX. Jahrhundert] // Saeculum Christianum. Pismo historyczno-społeczne 19, 2012, nr 1, s. 59-82; Res. 82.

1603. Bobková-Valentová, Kateřina: Skład osobowy prowincji śląskiej oraz przyszłość zawodowa jej członków [Staffing of the Silesian Province and the career outlooks of its members] // W: Silesia Jesuitica. Kultura i sztuka zakonu jezuitów na Śląsku i w hrabstwie kłodzkim 1580-1776. Materiały konferencji naukowej zorganizowanej przez Oddział Wrocławski Stowarzyszenia Historyków Sztuki (Wrocław, 6-8 X 2011) dedykowane pamięci Profesora Henryka Dziurli [Silesia Jesuitica. Kultur und Kunst des Jesuiten-Ordens in Schlesien und in der Grafschaft Glatz 1580-1776. Materialien der wissenschaftlichen Konferenz organisiert von der Abteilung der Breslauer Kunsthistoriker-Gesellschaft (Breslau, 6.-8. Oktober 2011), gewidmet dem Gedenken an Professor Henryk Dziurla] / red. Dariusz Galewski, Anna Jezierska. - Wrocław 2012, s. 41-46; Res. 46.

1604. Bogaczewicz, Stanisław A.: WUBP/WUdsBP we Wrocławiu w walce z Kościołem rzymskokatolickim i wolnością wyznania. Zarys zagadnienia [Die Woiwodschafts-Sicherheitsbehörde/das Woiwodschaftsamt für Sicherheit in Breslau im Kampf gegen die römisch-katholische Kirche und Glaubensfreiheit. Problemabriss] // W: Urząd Bezpieczeństwa na Dolnym Śląsku 1945-1956. Z badań nad organizacją i działalnością aparatu bezpieczeństwa [Der Sicherheitsdienst in Niederschlesien 1945-1956. Von den Forschungen zur Organisation und Tätigkeit des Sicherheitsapparats] / red. Robert Klementowski, Krzysztof Szwagrzyk. - Wrocław 2012, s. 168-198.

1605. Chmielewska, Katarzyna: Nos divine providencie tribuimus - sakralne funkcje średniowiecznych kronik [Nos divine providencie tribuimus - sakrale Funktionen der mittelalterlichen Chroniken] // W: Piśmiennictwo sakralne w dziejach Polski do końca XVIII wieku na tle powszechnym [Sakrales Schrifttum in der polnischen Geschichte bis zum Ende des 18. Jahrhunderts im allgemeinen Hintergrund] / red. Stanisław Bułajewski, Jan Gancewski, Andrzej Wałkówski. - Józefów 2012, s. 159-170.
Dot. klasztorów kanoników regularnych w Kłodzku, Żaganiu i Wrocławiu. - Betr. Klöster der Augustiner-Chorherren vom Lateran in Glatz, Sagan und Breslau.

1606. Cincio, Elżbieta: Wkład Zgromadzenia Sióstr Maryi Niepokalanej w dzieło biskupa Józefa Nathana [Beitrag der Kongregation der Marienschwestern von der Unbefleckten Empfängnis zum Werk des Bischofs Józef Nathan] // W: Konferencja historyczna pod tytułem: W sercu szlaku ks. bp. J. M. Nathana [Historische Tagung unter dem Titel: Inmitten des Weges von Priester Bischof J. M. Nathan]. - Branice 2012, s. 59-68.

1607. Cop, Roman: Dominikanki raciborskie w świetle źródeł praskich z lat 1574-1657. Przyczynek do dziejów klasztoru w XVI i XVII wieku [Ratiborer Dominikanerinnen im Lichte der Prager Quellen aus den Jahren 1574-1657. Beitrag zur Klostergeschichte im 16. und 17. Jahrhundert] // W: Zrozumieć Śląsk [Schlesien verstehen] / red. Dawid Keller, Bogdan Kloch. - Rybnik 2012, s. 335-352.

1608. Czechowicz, Bogusław: Kaplica na Śnieżce jako akt chrystianizacji Sudetów. Nowe spojrzenie na symbolikę najwyższej położonej świątyni ziem Korony Czeskiej [Die Kapelle auf der Schneekoppe als ein Akt der Christianisierung der Sudeten. Ein neuer Blick auf die Symbolik des höchstgelegenen Tempels der Böhmischen Krone] // W: Wokół Karkonoszy i Gór Izerskich. Sztuka baroku na śląsko-czesko-łużyckim pograniczu [Rund um das Riesengebirge und das Isergebirge. Die Kunst des Barocks im schlesisch-tschechisch-lausitzischen Grenzgebiet] / red. Andrzej Kozieł. - Jelenia Góra 2012, s. 39-47; Res. 47.

1609. Czop, Tomasz: Wysiedlenie biskupów katowickich - aspekty prawne [Displacement of bishops of Katowice - legal aspects] // Śląskie Studia Historyczno-Teologiczne 45, 2012, z. 2, s. 360-370; Res. 360.

1610. Dola, Kazimierz: Kapucyni w Nysie 1658-1810 [Die Kapuziner in Neisse 1658-1810]. - Opole 2012, ss. 300, fot. 38.
Z Dziejów Kultury Chrześcijańskiej na Śląsku; 71.

1611. Dola, Kazimierz: Uwagi o duchowieństwie archiprezbiteratu gliwickiego w latach 1810-1820 [Die Geistlichen des Archipresbiterats Gleiwitz 1810-1820] // W: Kościół na Śląsku. Z dziejów kultury i życia religijnego. Księga pamiątkowa dedykowana Księdzu Biskupowi Janowi Kopcowi z okazji 65-lecia urodzin, 40-lecia prezbiteriatu, 20-lecia sakry biskupiej i 30-lecia pracy naukowej [The Church of Silesia. The history of culture and religious life] / red. Franciszek Wolnik. - Opole 2012, s. 203-212; Res. 211-212.

1612. Domagała, Halina: Represje władz komunistycznych wobec Sióstr św. Jadwigi Prowincji Katowickiej w latach 1945-1989 [Repressionen der kommunistischen Behörden gegenüber den Hedwigschwestern der Provinz Kattowitz in den Jahren 1945-1989] // W: Represje wobec żeńskich zgromadzeń zakonnych w PRL. Zagadnienia wybrane [Repressionen gegenüber Frauen-Kongregationen zur Zeit der Volksrepublik Polen. Ausgewählte Themen] / red. Jerzy Myszor, Adam Dziurok. - Katowice 2012, s. 51-71.

1613. Drechsler, Arnold / Żmuda, Ginter: Caritative Seelsorge - Die Diözesan-Caritas // W: Erzbischof Alfons Nossol. Aus seinem Leben, Denken und Wirken / Hrsg. Helmut Jan Sobeczko ; Übers. Krystyna Maria Greub-Frącz. - Opole 2012, s. 127-138, fot. 13.
Dot. Caritas Diecezji Opolskiej. - Betr. Caritas in der Kattowitzer Diözese.

1614. Dziurok, Adam: Wysiedlenie sióstr zakonnych z województwa stalinogrodzkiego w 1954 r. w ramach akcji „X-2" [Vertreibung der Ordensschwestern aus der Woiwodschaft Stalinogród im Jahr 1954 im Rahmen der Aktion „X-2"] // W: Represje wobec żeńskich zgromadzeń zakonnych w PRL. Zagadnienia wybrane [Repressionen gegenüber Frauen-Kongregationen zur Zeit der Volksrepublik Polen. Ausgewählte Themen] / red. Jerzy Myszor, Adam Dziurok. - Katowice 2012, s. 36-50.

1615. Galewski, Dariusz: Jezuici w pejzażu kulturowym i artystycznym Jeleniej Góry (1626-1776) [Die Jesuiten in der kulturellen und künstlerischen Landschaft Hirschbergs (1629-1776)] // W: Wokół Karkonoszy i Gór Izerskich. Sztuka baroku na śląsko-czesko-łużyckim pograniczu [Rund um das Riesengebirge und das Isergebirge. Die Kunst des Barocks im schlesisch-tschechisch-lausitzischen Grenzgebiet] / red. Andrzej Kozieł. - Jelenia Góra 2012, s. 123-130, il.; Res. 130.

1616. Gerlic, Henryk: O kulcie obrazu Matki Bożej, uroczystościach i życiu religijnym w Rudach na kartach diariusza z pierwszej połowy XVIII wieku [Über die Verehrung des Muttergottesbildes, über die Feierlichkeiten und über das religiöse Leben in Rauden in den Seiten des Diarium von der 1. Hälfte des 18. Jahrhunderts] // W: Kościół na Śląsku. Z dziejów kultury i życia religijnego. Księga pamiątkowa dedykowana Księdzu Biskupowi Janowi Kopcowi z okazji 65-lecia urodzin, 40-lecia prezbiteriatu, 20-lecia sakry biskupiej i 30-lecia pracy naukowej [The Church of Silesia. The history of culture and religious life] / red. Franciszek Wolnik. - Opole 2012, s. 245-266; Res. 266.

1617. Glaeser, Albert: Die diözesanen Bauvorhaben in Oppeln, Neisse und Groß Stein // W: Erzbischof Alfons Nossol. Aus seinem Leben, Denken und Wirken / Hrsg. Helmut Jan Sobeczko ; Übers. Krystyna Maria Greub-Frącz. - Opole 2012, s. 157-178, fot. 16.

1618. Gohly, Jozafat Roman: Religijność mieszkańców powiatu strzeleckiego = Die Religiosität der Einwohner des Kreises Groß Strehlitz // W: Strzelczan album rodzinny. Od kołyski aż po grób = Groß Strehlitzer Familienalbum. Von der Wiege bis zum Grab / red. Marta Górka, Waldemar Gaida. - Strzelce Opolskie 2012, s. 103-112, fot.
Tekst w języku polskim i niemieckim. - Polnischer und deutscher Text.

1619. Gołubców, Patryk: W cieniu gotyckiej wieży. Parafia pw. św. Wawrzyńca w Wołowie wczoraj i dziś [Im Schatten eines gotischen Turms. Gemeinde des Heiligen Laurentius von Rom in Wohlau gestern und heute]. - Wołów 2012, ss. 182, il.

1620. Grabiński, Marian: Powrót ołtarza św. Barbary na godne miejsce w cechowni kopalni „Makoszowy" w Zabrzu w relacji świadka i uczestnika wydarzeń [Rückkehr des Altars der hl. Barbara zum würdigen Platz des Warteraums im Bergwerk „Makoszowy" in Zabrze im Bericht eines Zeugen und Beteiligten] // Górnik Polski. Zeszyty Naukowe Muzeum Górnictwa Węglowego w Zabrzu 2012, nr 6, s. 355-363, fot. 2.

1621. Graca, Zofia: Dzieje parafii pod wezwaniem świętego Franciszka z Asyżu w Chorzowie-Klimzowcu [Geschichte der Gemeinde des hl. Franziskus von Assisi in Königshütte-Klimsawiese]. - Chorzów-Klimzowiec 2012, ss. 202, fot.

1622. Gröger, Günther: Brückenschläge in die Gegenwart. 1. Die Feier der Seligsprechung von Gerhard Hirschfelder in Münster am 19. September 2010 // In: Die Grafschaft Glatz zwischen 1918-1946. Beiträge über eine schlesische Kulturlandschaft. Festschrift für Franz Jung zum 75. Geburtstag; apostolischer Protonotar, Großdechant und Visitator für die Priester und Gläubigen aus der Grafschaft Glatz 1983-2011 / Hrsg. Horst-Alfons Meißner, Michael Hirschfeld, Franz Jung. - Münster 2012, S. 411-416.

1623. Gröger, Günther: Brückenschläge in die Gegenwart. 2. Dankgottesdienst in Bad Kudowa mit Gläubigen dreier Nationen // In: Die Grafschaft Glatz zwischen 1918-1946. Beiträge über eine schlesische Kulturlandschaft. Festschrift für Franz Jung zum 75. Geburtstag; apostolischer Protonotar, Großdechant und Visitator für die Priester und Gläubigen aus der Grafschaft Glatz 1983-2011 / Hrsg. Horst-Alfons Meißner, Michael Hirschfeld, Franz Jung. - Münster 2012, S. 417-421.

1624. Hadrych, Zbigniew: Organizacja akcji charytatywnej diecezji katowickiej w czasie wielkiego kryzysu gospodarczego (1929-1935) [Charity in the Diocese of Katowice during the great depression (1929-1935)] // Śląskie Studia Historyczno-Teologiczne 45, 2012, z. 2, s. 331-342; Res. 331.

1625. Hanich, Andrzej: Księża - ofiary zabójstw politycznych na Śląsku Opolskim w okresie powstań śląskich i plebiscytu [Priester - Opfer der politischen Morde im Oppelner Schlesien in den Zeiten der schlesischen Aufstände und der Volksabstimmung] // W: Plebiscyt i powstania śląskie 1919-1921 - po 90. latach [Volksabstimmung und schlesische Aufstände 1919-1921 - nach 90 Jahren] / red. Michał Lis, Leokadia Drożdż. - Opole 2012, s. 72-86.

1626. Hanich, Andrzej: Wywłaszczenia, konfiskaty mienia i inne formy represji wobec Kościoła katolickiego na Śląsku Opolskim przez władzę komunistyczną w latach 1945-1964 [Enteignungen, Konfiszierungen des Eigentums und andere Repressionsformen gegenüber der katholischen Kirche im Oppelner Schlesien durch die kommunistische Macht in den Jahren 1945-1964] // W: Komunistyczny aparat represji i życie społeczne Opolszczyzny w latach 1945-1989. Studia i materiały [Kommunistischer Repressionsapparat und gesellschaftliches Leben im Oppelner Schlesien in den Jahren 1945-1989. Studien und Dokumente] / red. Ksawery Jasiak. - Opole 2012, s. 81-106.

1627. Helmar, Damian: Między pobożnością, sympatią i polityką. Mikołaj II Przemyślida wobec raciborskiego zgromadzenia dominikanek [Zwischen Frömmigkeit, Sympathie und Politik. Nikolaus II. von Troppau gegenüber dem Orden der Ratiborer Dominikanerinnen] // W: Zrozumieć Śląsk [Schlesien verstehen] / red. Dawid Keller, Bogdan Kloch. - Rybnik 2012, s. 305-324.

1628. Hirschfeld, Michael: Die Auseinandersetzungen um eine Anpassung der Diözesangrenze in der Grafschaft Glatz an die Staatsgrenze zwischen dem Ersten und Zweiten Weltkrieg // In: Die Grafschaft Glatz zwischen 1918-1946. Beiträge über eine schlesische Kulturlandschaft. Festschrift für Franz Jung zum 75. Geburtstag; apostolischer Protonotar, Großdechant und Visitator für die Priester und Gläubigen aus der Grafschaft Glatz 1983-2011 / Hrsg. Horst-Alfons Meißner, Michael Hirschfeld, Franz Jung. - Münster 2012, S. 63-75, 3 Abb.

1629. Hirschfeld, Michael: Die Bischofswahlen im Deutschen Reich 1887-1914. Ein Konfliktfeld zwischen Staat und katholischer Kirche vom Ende des Kulturkampfes bis zum Ersten Weltkrieg. - Münster 2012, 1008 S.
Dot. m.in. arcybiskupstwa wrocławskiego. - Betr. u.a. das Erzbistum Breslau.

1630. Hirschfeld, Michael: Die Ernennung der Glatzer Generalvikare in der Weimarer Republik und in der NS-Zeit. Ein Beitrag zum Verhältnis von Staat und katholischer Kirche in der Grafschaft Glatz // In: Die Grafschaft Glatz zwischen 1918-1946. Beiträge über eine schlesische Kulturlandschaft. Festschrift für Franz Jung zum 75. Geburtstag; apostolischer Protonotar, Großdechant und Visitator für die Priester und Gläubigen aus der Grafschaft Glatz 1983-2011 / Hrsg. Horst-Alfons Meißner, Michael Hirschfeld, Franz Jung. - Münster 2012, S. 55-61, 4 Abb.

1631. Hirschfeld, Michael: Gerhard Hirschfelder im Konflikt mit dem NS-Regime. Lebensstationen, Leidensstationen und Verehrungsstationen eines neuen Seligen // In: Die Grafschaft Glatz zwischen 1918-1946. Beiträge über eine schlesische Kulturlandschaft. Festschrift für Franz Jung zum 75. Geburtstag; apostolischer Protonotar, Großdechant und Visitator für die Priester und Gläubigen aus der Grafschaft Glatz 1983-2011 / Hrsg. Horst-Alfons Meißner, Michael Hirschfeld, Franz Jung. - Münster 2012, S. 399-410.

1632. Hirschfeld, Michael: Grafschaft Glatzer Priester im Konflikt mit dem NS-Regime // In: Die Grafschaft Glatz zwischen 1918-1946. Beiträge über eine schlesische Kulturlandschaft. Festschrift für Franz Jung zum 75. Geburtstag; apostolischer Protonotar, Großdechant und Visitator für die Priester und Gläubigen aus der Grafschaft Glatz 1983-2011 / Hrsg. Horst-Alfons Meißner, Michael Hirschfeld, Franz Jung. - Münster 2012, S. 355-367, 3 Abb.

1633. Jaworska, Kazimiera: Memoriał ordynariusza wrocławskiego abp. Bolesława Kominka do papieża Pawła VI (Wrocław, 26 kwietnia 1971 roku) [Denkschrift des Breslauer Ordinarius Erzbischofs Bolesław Kominek für Papst Paul VI. (Breslau, 26. April 1971)] // Perspectiva. Legnickie Studia Teologiczno-Historyczne 11, 2012, nr 1 (20), s. 220-227.

1634. Jezusek, Wojciech: Organy bezpieczeństwa wobec duszpasterstw akademickich Wrocławia w latach 1946-1989 - zarys problemu [Die Sicherheitsbehörden gegenüber der Akademischen Seelsorge in Breslau in den Jahren 1946-1989 - Abriss der Problematik] // W: Dzieci, młodzież i studenci na Ziemiach Zachodnich po II wojnie światowej [Kinder, Jugendliche und Studenten in den Westgebieten nach dem Zweiten Weltkrieg] / red. Wojciech Kucharski, Grzegorz Strauchold. - Wrocław 2012, s. 191-205.

1635. Joszko, Bernard: Dzieje kanoników regularnych na ziemi oleskiej [Geschichte der Augustiner-Chorherren im Rosenberger Land] // Rocznik Powiatu Oleskiego 2012, nr 5, s. 107-120, fot. 2.

1636. Kachel, Jacek: Świadkowie prawdy z tej ziemi. Śląscy święci i błogosławieni w rytmie lectio divina [Wahrheitszeugen dieser Erde. Schlesische Heilige und Selige im Rhythmus lectio divina]. - Katopwice 2012, ss. 303.

1637. Kasperek, Bronisława: Represje wobec sióstr elżbietanek w Cieszynie w okresie stalinowskim [Repressionen gegen die Elisabethschwestern in Teschen während des Stalinismus] // W: Represje wobec żeńskich zgromadzeń zakonnych w PRL. Zagadnienia wybrane [Repressionen gegenüber Frauen-Kongregationen zur Zeit der Volksrepublik Polen. Ausgewählte Themen] / red. Jerzy Myszor, Adam Dziurok. - Katowice 2012, s. 72-94.

1638. Kłakus, Michał: Udział duchowieństwa w powstaniach śląskich w świetle akt zgromadzonych w Instytucie im. Józefa Piłsudskiego w Nowym Jorku [Teilnahme der Geistigkeit an den schlesischen Aufständen im Lichte der im Józef Piłsudski-Institut in New York gesammelten Akten] // Śląskie Studia Historyczno-Teologiczne 45, 2012, z. 1, s. 196-201.

1639. Kochel, Jan: Ślązcy święci i błogosławieni w świetle słowa bożego [Schlesische Heilige und Selige im Lichte des Wortes Gottes] // W: Kościół na Śląsku. Z dziejów kultury i życia religijnego. Księga pamiątkowa dedykowana Księdzu Biskupowi Janowi Kopcowi z okazji 65-lecia urodzin, 40-lecia prezbiteriatu, 20-lecia sakry biskupiej i 30-lecia pracy naukowej [The Church of Silesia. The history of culture and religious life] / red. Franciszek Wolnik. - Opole 2012, s. 47-66; Res. 66.

1640. Kopiec, Jan: Geneza i utworzenie Zgromadzenia na tle sytuacji polityczno-społecznej na Śląsku [Entstehungsgeschichte und Begründung der Kongregation vor dem Hintergrund der politisch-gesellschaftlichen Situation in Schlesien] // W: Oblicza miłosierdzia w duchowości Europy. Bł. Maria Luiza Merkert - kontynuatorka dzieła św. Elżbiety w posłudze miłości miłosiernej [Aspekte der Barmherzigkeit der europäischen Geistigkeit. Selige Maria Luise Merkert - Fortsetzerin des Werkes der hl. Elisabeth auf dem Feld des Dienstes für die barmherzige Liebe]. - Opole 2012, s. 67-76; Res. 76.
Dot. Zgromadzenia Sióstr św. Elżbiety. - Betr. Kongregation der Schwestern der hl. Elisabeth.

1641. Kopiec, Jan: Kościół katolicki na Śląsku jako miejsce i inspiracja autonomii politycznej oraz budowania więzi społecznych [Katholische Kirche in Schlesien als Ort und Inspiration der politischen Autonomie und Schaffung der gesellschaftlichen Bindung] // W: Stowarzyszenia, związki, bractwa, inicjatywy społeczne i ich znaczenie dla Śląska. Wczoraj, dziś, jutro. XIV Seminarium Śląskie. Kamień Śląski 2009. Traktaty polsko-niemieckie z 1990 i 1991 roku i ich konsekwencje dla Śląska; XV Seminarium Śląskie, Kamień Śląski 2010. Publikacja pokonferencyjna (wybór tekstów) [Gesellschaften, Verbände, Bruderschaften, gesellschaftliche Initiativen und ihre Bedeutung für Schlesien. Gestern, heute, morgen. 14. Schlesische Konferenz. Groß Stein 2009. Polnisch-deutsche Traktate aus dem Jahr 1990 und 1991 und ihre Konsequenzen für Schlesien; 15. Schlesische Konferenz. Groß Stein 2010. Konferenzberichte (Auswahl der Texte)]. - Gliwice 2012, s. 184-190, fot. 1.

1642. Kopiec, Jan: Sakrale Neubauten und Gründung neuer Pfarrgemeinden // W: Erzbischof Alfons Nossol. Aus seinem Leben, Denken und Wirken / Hrsg. Helmut Jan Sobeczko ; Übers. Krystyna Maria Greub-Frącz. - Opole 2012, s. 151-156, fot. 10.
Dot. diecezji opolskiej. - Betr. der Diözese Oppeln.

1643. Kościół Mariacki w Katowicach. Fakty i ludzie. Cz. V [Marienkirche in Kattowitz. Fakten und Menschen. Teil 5] / materiały do druku przygot. Rudolf Brom, Jan Malicki, Andrzej Suchoń, Józef Śliwiok. - Katowice 2012, ss. 38.

1644. Krafl, Pavel: Písemnosti týkající se voleb a rezignací proboštů kladského kláštera řeholních kanovníků v období předhusitském [Schriftstücke zu den Wahlen und Abdankungen der Pröbste des Glatzer Klosters der Regularkanoniker in vorhussitischer Zeit] // W: Piśmiennictwo sakralne w dziejach Polski do końca XVIII wieku na tle powszechnym [Sakrales Schrifttum in der polnischen Geschichte bis zum Ende des 18. Jahrhuderts im allgemeinen Hintergrund] / red. Stanisław Bułajewski, Jan Gancewski, Andrzej Wałkówski. - Józefów 2012, s. 251-257.

1645. Krupecka, Małgorzata: Żeńskie wspólnoty zakonne na Środkowym Nadodrzu w latach 1945-1956 [The female monastic communities in region of Central Nadodrze during the years 1945-1956] // W: Władze wobec kościołów i związków wyznaniowych na Środkowym Nadodrzu w latach 1945-1956 [Die Regierung gegenüber den Kirchen und Glaubensgemeinschaften im Mittleren Odergebiet in den Jahren 1945-1956] / red. Elżbieta Wojcieszyk. - Poznań 2012, s. 179-211, il., tab.; Res. 210-211.

1646. Księga kasowa konwentu bonifratrów w Cieszynie z lat 1833-1844 [Kassenbuch des Konvents der Barmherzigen Brüder in Teschen aus den Jahren 1833-1844] / oprac. Maksymilian Kuśka, Józef Marecki ; tłum. Jakub Grudniewski, Barbara Kalinowska-Wójcik. - Cieszyn 2012, ss. 428.
Monumenta Historica Fratrorum Misericordiarum Tessinensis; 2.

1647. Kucharski, Tadeusz: Historia parafii pw. Ducha Świętego i Najświętszej Maryi Panny Matki Kościoła w Kędzierzynie-Koźlu [Geschichte der Gemeinde des hl. Geistes und Maria Himmelfahrt in Kandrzin-Cosel] // Szkice Kędzierzyńsko-Kozielskie 14-15, 2012, s. 68-88, fot. 10.

1648. Kufel, Robert Romuald: Niższe Seminarium Duchowne we Wschowie (1948-1956). Zapowiedź publikacji [The establishment and the closure of the Lower Clerical Seminary in Wschowa (1948-1956). A message] // W: Władze wobec kościołów i związków wyznaniowych na Środkowym Nadodrzu w latach 1945-1956 [Die Regierung gegenüber den Kirchen und Glaubensgemeinschaften im Mittleren Odergebiet in den Jahren 1945-1956] / red. Elżbieta Wojcieszyk. - Poznań 2012, s. 261-265, il.; Res. 265.

1649. Kurowski, Błażej Bernard: Szkoła klasztorna na górze św. Anny i jej metody nauczania w drugiej połowie XIX wieku [Die Klosterschule und ihre Lehrmethoden in der zweiten Hälfte des 19. Jahrhunderts auf dem St. Annaberg] // Nasza Przeszłość. Studia z dziejów Kościoła i kultury katolickiej w Polsce 2012, nr 117, s. 245-257; Res. 257.

1650. Langenfeld, Łukasz / Swastek, Józef / Święcicki, Jarosław: Rozwój życia religijnego w Polkowicach [Entwicklung des religiösen Lebens in Polkwitz]. - Polkowice 2012, ss. 197, il.
Monografie Dolnośląskiej Wyższej Szkoły Przedsiębiorczości i Techniki w Polkowicach.

1651. Lec, Zdzisław: Kolegia jezuickie na Śląsku do 1740 roku [Jesuitische Kollegien in Schlesien bis 1740] // Perspectiva. Legnickie Studia Teologiczno-Historyczne 11, 2012, nr 2 (21), s. 89-97; Res. 97.

1652. Lec, Zdzisław: Placówki jezuickie na Śląsku do 1740 roku [Jesuit institutions in Silesia till 1740] // W: Silesia Jesuitica. Kultura i sztuka zakonu jezuitów na Śląsku i w hrabstwie kłodzkim 1580-1776. Materiały konferencji naukowej zorganizowanej przez Oddział Wrocławski Stowarzyszenia Historyków Sztuki (Wrocław, 6-8 X 2011) dedykowane pamięci Profesora Henryka Dziurli [Silesia Jesuitica. Kultur und Kunst des Jesuiten-Ordens in Schlesien und in der Grafschaft Glatz 1580-1776. Materialien der wissenschaftlichen Konferenz organisiert von der Abteilung der Breslauer Kunsthistoriker-Gesellschaft (Breslau, 6.-8. Oktober 2011), gewidmet dem Gedenken an Professor Henryk Dziurla] / red. Dariusz Galewski, Anna Jezierska. - Wrocław 2012, s. 35-40; Res. 40.

1653. Lenard, Mieczysław: Historia kościoła pw. św. Franciszka z Asyżu w Borkach Wielkich do 1960 r. [Geschichte der Kirche des hl. Franziskus von Assisi in Gross Borek bis 1960] // Rocznik Powiatu Oleskiego 2012, nr 5, s. 73-86, fot. 1.

1654. Mandziuk, Józef: Biskupie księstwo Nysko-Otmuchowskie [Das bischöfliche Fürstentum Nysa-Otmuchów] // Saeculum Christianum. Pismo historyczno-społeczne 19, 2012, nr 2, s. 25-64; Res. 63-64.

1655. Mandziuk, Józef: Historia Kościoła katolickiego na Śląsku. T. 3: Czasy nowożytne, cz. 1: (1742-1845) [Geschichte der Katholischen Kirche in Schlesien. Band 3: Neuzeit, Teil 1: (1742-1845)]. - Wyd. 2 poszerz. - Warszawa 2012, ss. 776, il., tabl.
Wyd. 1, 2007. / 1. Aufl. 2007.

1656. Mandziuk, Józef: Postacie Kościoła śląskiego w czasach nowożytnych (c.d.) [Persönlichkeiten der schlesischen Kirche in der Neuzeit (Fortsetzung)] // Saeculum Christianum. Pismo historyczno-społeczne 19, 2012, nr 1, s. 17-57.

1657. Marek, Łucja: Krypronim „Wiata" - Służba Bezpieczeństwa wobec budownictwa sakralnego w Mikołowie-Kamionce [Deckname „Wiata" („Überdachung") - Der polnische Sicherheitsdienst (Służba Bezpieczeństwa) und das kirchliche Bauwesen in Nikolai-Kamionka] // W: Z dziejów Mikołowa w XX wieku. Wybrane zagadnienia [Aus der Geschichte von Nikolai im 20. Jahrhundert. Ausgewählte Themen] / red. Grzegorz Bębnik. - Katowice 2012, s. 107-139, fot. 9; Res. 139.

1658. Matuszczyk-Kotulska, Aleksandra: Knurów. Dzieje Parafii Matki Bożej Częstochowskiej [Knurow. Geschichte der Gemeinde der Schwarzen Madonna von Tschenstochau]. - Knurów 2012, ss. 112, il.
Dot. lat 1982-2012. - Betr. die Jahre 1982-2012.

1659. Maziarz, Antoni: Męczeński finał wojny. Losy sióstr z górnośląskich domów Zgromadzenia Sióstr św. Elżbiety w 1945 r. [Ein märtyrerisches Ende des Krieges. Die Schicksale der Schwestern von der hl. Elisabeth aus den oberschlesischen Häusern des Ordens im Jahre 1945] // Śląski Kwartalnik Historyczny Sobótka 67, 2012, nr 3, s. 57-75; Res. 75.

1660. Meißner, Horst-Alfons: Feldpost Glatzer Theologen 1941 bis 1945 // In: Die Grafschaft Glatz zwischen 1918-1946. Beiträge über eine schlesische Kulturlandschaft. Festschrift für Franz Jung zum 75. Geburtstag; apostolischer Protonotar, Großdechant und Visitator für die Priester und Gläubigen aus der Grafschaft Glatz 1983-2011 / Hrsg. Horst-Alfons Meißner, Michael Hirschfeld, Franz Jung. - Münster 2012, S. 369-397, 4 Abb.

1661. Michalewski, Paweł: Sprawy narodowościowe w kontekście sprawowania rządów w diecezji wrocławskiej przez biskupa Jana IV Rotha (1482-1506) [Nationale Angelegenheiten im Kontext der Führung der Breslauer Diözese durch Bischof Johannes IV (1482-1506)] // W: Zrozumieć Śląsk [Schlesien verstehen] / red. Dawid Keller, Bogdan Kloch. - Rybnik 2012, s. 325-334.

1662. Monse, Franz: Erster Hirtenbrief des Großdechanten und erzbischöflichen Generalvikars der Grafschaft Glatz vom 1. Mai 1946 an die vertriebenen Grafschafter Katholiken // In: Die Grafschaft Glatz zwischen 1918-1946. Beiträge über eine schlesische Kulturlandschaft. Festschrift für Franz Jung zum 75. Geburtstag; apostolischer Protonotar, Großdechant und Visitator für die Priester und Gläubigen aus der Grafschaft Glatz 1983-2011 / Hrsg. Horst-Alfons Meißner, Michael Hirschfeld, Franz Jung. - Münster 2012, S. 483-486, Abb.

1663. Mrozowicz, Wojciech: Kontakty krakowskiego klasztoru Kanoników Regularnych Laterańskich z ośrodkiem macierzystym w Kłodzku [Kontakte des Krakauer Klosters der Augustiner-Chorherren vom Lateran mit seinem Zentrum in Glatz] // W: Klasztor Bożego Ciała Kanoników Regularnych Laterańskich w Krakowie w okresie przedtrydenckim. Ludzie, wydarzenia, budowle, kultura [Das Kloster Corpus Christi der Augustiner-Chorherren vom Lateran in Krakau in der Zeit vor dem tridentinischen Konzil. Personen, Ereignisse, Bauten, Kultur] / red. Kazimierz Łatak. - Łomianki 2012, s. 389-399.

1664. Mrozowicz, Wojciech: Który katalog biskupów? W związku ze wzmianką kroniki kanoników regularnych na Piasku we Wrocławiu [Welcher Katalog der Bischöfe? Über die Anmerkungen der Chronik der Augustiner -Chorherren auf der Sandinsel in Breslau] // W: Historicae viae. Studia dedykowane Profesorowi Lechowi A. Tyszkiewiczowi z okazji 55-lecia pracy naukowej [Historicae viae. Professor Lech A. Tyszkiewicz zum 55. Jubiläum der wissenschaftlichen Arbeit gewidmete Studien] / red. Mateusz Goliński, Stanisław Rosik. - Wrocław 2012, s. 43-49.

1665. Musialik, Wanda: Stosunek władz państwowych do zakonów żeńskich w drugiej połowie lat 40. XX w. na przykładzie Śląska Opolskiego [Beziehung der Regierung zu Frauenorden in der zweiten Hälfte des 40er Jahre des 20. Jahrhunderts am Beispiel des Oppelner Schlesien] // W: Kościoły chrześcijańskie w systemach totalitarnych [Die christlichen Kirchen in totalitären Systemen] / red. Jarosław Kłaczkow, Waldemar Rozynkowski. - Toruń 2012, s. 551-566.

1666. Mynarek, Hubertus: Religijność mieszkańców Strzelec Opolskich w latach 1933-1960 z perspektywy świadków wydarzeń = Die Religiosität der Groß Strehlitzer in den Jahren 1933-1960 aus der Sicht eines Zeitenzeugen //

W: Strzelczan album rodzinny. Od kołyski aż po grób = Groß Strehlitzer Familienalbum. Von der Wiege bis zum Grab / red. Marta Górka, Waldemar Gaida. - Strzelce Opolskie 2012, s. 93-102, fot.

Tekst w języku polskim i niemieckim. - Polnischer und deutscher Text.

1667. „Najważniejsze jest niewidoczne dla oczu". Książka jubileuszowa Domu św. Józefa. Dom Księży Emerytów w Katowicach 1997-2012 [„Das wichtigste ist für die Augen unsichtbar" Festschrift der hl. Joseph Einrichtung. Einrichtung der emeritierten Priester in Kattowitz 1997-2012] / red. Zenon Ryzner. - Katowice 2012, ss. 108, il.

1668. Olszar, Henryk: Wkład duchowieństwa katolickiego w rozwój duchowy i materialny gmin pogranicza - Godowa, Gorzyc Śląskich i Krzyżanowic w XX wieku [Contribution of the catholic priesthood into spiritual and material development the bordering communs Godów, Gorzyce Śląskie and Krzyżanowice in XX century] // Studia Teologiczno-Historyczne Śląska Opolskiego 32, 2012, s. 255-269; Res. 269-270.

1669. Oszytko, Janusz: Dzieło miłosierdzia opolskich sióstr szpitalnych św. Franciszka wobec prześladowanych Żydów w świetle nieznanych dokumentów z lat 1939-1940 [Die Barmherzigkeit des Oppelner Franziskanerinnenordens für verfolgte Juden im Spiegel bisher unbekannter Urkunden aus den Jahren 1939-1940] // W: Żydzi na Górnym Śląsku w XIX i XX wieku [Juden in Oberschlesien im 19. und 20. Jahrhundert] / red. Beata Kalinowska-Wójcik, Dawid Keller. - Rybnik 2012, s. 313-322, fot. 1.

1670. Pałaszewski, Roman: Bracia Mniejsi Konwentualni w archidiecezji wrocławskiej w latach 1945-1972 [Minoriten in der Erzdiözese Breslau in den Jahren 1945-1972] / przygot. do druku Zdzisław Gogola, Józef Mandziuk. - Kraków 2012, ss. 268, il.

1671. Pindur, David: Z dějin farnosti Dobratice [Aus der Geschichte der Kirchengemeinde von Dobratitz]. - Dobratice 2012, 107 s.

1672. Pobóg-Lenartowicz, Anna: Kontakty klasztoru krakowskiego Kanoników Regularnych Laterańskich z Opactwem NMP na Piasku we Wrocławiu [Kontakte des Krakauer Klosters der Augustiner-Chorherren vom Lateran mit der Abtei der Heiligen Jungfrau auf der Sandinsel in Breslau] // W: Klasztor Bożego Ciała Kanoników Regularnych Laterańskich w Krakowie w okresie przedtrydenckim. Ludzie, wydarzenia, budowle, kultura [Das Kloster Corpus Christi der Augustiner-Chorherren vom Lateran in Krakau in der Zeit vor dem tridentinischen Konzil. Personen, Ereignisse, Bauten, Kultur] / red. Kazimierz Łatak. - Łomianki 2012, s. 379-387.

1673. Pobóg-Lenartowicz, Anna: Szkoły i studia dominikanów opolskich w czasach nowożytnych na tle szkolnictwa dominikańskiego na Śląsku [Dominican Schools and Studia in Opole in the Modern Era on the Background of Dominican School System in Silesia] // Nasza Przeszłość. Studia z dziejów Kościoła i kultury katolickiej w Polsce 2012, nr 117, s. 215-227; Res. 227.

1674. Pohl, Dieter: Die katholische Kirche der Grafschaft Glatz in den Jahren 1918-1946 // In: Die Grafschaft Glatz zwischen 1918-1946. Beiträge über eine schlesische Kulturlandschaft. Festschrift für Franz Jung zum 75. Geburtstag; apostolischer Protonotar, Großdechant und Visitator für die Priester und Gläubigen aus der Grafschaft Glatz 1983-2011 / Hrsg. Horst-Alfons Meißner, Michael Hirschfeld, Franz Jung. - Münster 2012, S. 33-53, 6 Abb.

1675. Polok, Jan: Dobrzeńskie panny klasztorne [Nonnen in Groß Döbern]. - Opole 2012, ss. 143, fot.

Dot. żeńskich zgromadzeń klasztornych w Dobrzeniu Wielkim. - Betr. Kongregationen der Frauenklöster in Groß Döbern.

1676. Przybylová, Blažena: Projednávání přestupu židovky Rachel Tausk na katolickou víru magistrátem Moravské Ostravy v roce 1831 [The case of the conversion of a Jewish woman, Rachel Tausk, to the Catholic faith, as recorded in documents of the Moravian Ostrava municipal authority in 1831] // Ostrava. Příspěvky k dějinám a současnosti Ostravy a Ostravska 26, 2012, s. 328-335; Res. 335.

1677. Reczek, Rafał: Powstanie, działalność i likwidacja „Caritasu" w Świebodzinie [The establishment, activity and elimination of „Caritas" in Świebodzin] // W: Władze wobec kościołów i związków wyznaniowych na Środkowym Nadodrzu w latach 1945-1956 [Die Regierung gegenüber den Kirchen und Glaubensgemeinschaften im Mittleren Odergebiet in den Jahren 1945-1956] / red. Elżbieta Wojcieszyk. - Poznań 2012, s. 213-230; Res. 230.

1678. Rossa, Manfred: Procesje dziękczynne z Domaradza do Łubnian i parafia fałkowicka jako część historii Kościoła na Górnym Śląsku = Die Gelöbnisprozession von Dammratsch nach Lugnian seit 1631. Die Pfarrei Falkowitz als Teil der Geschichte der oberschlesische Kirche // Zeszyty Eichendorffa. Historia - Kultura - Literatura = Eichendorff-Hefte. Geschichte - Kultur - Literatur 2012, nr 40, s. 12-41, fot.
Tekst w języku polskim i niemieckim. - Polnischer und deutscher Text.

1679. Schmerbauch, Maik: Die Seelsorge für die deutschen Katholiken in der polnischen Diözese Kattowitz und das Diözesanblatt „Der Sonntagsbote" in den Jahren 1925 - 1939-41. - Münster 2012, 370 S.
Arbeiten zur schlesischen Kirchengeschichte; 23.
Rec.: Ploch, Gregor // Inter finitimos. Jahrbuch zur deutsch-polnischen Beziehungsgeschichte 10, 2012, S. 259-264.

1680. Schott, Christian-Erdmann: Die Gegenreformation in Teschen 1610 bis 1781. Von der Verfolgung über die Eingliederung zur Tolerierung // Jahrbuch für Schlesische Kirchengeschichte N.F. 90, 2011 (2012), S. 129-147.

1681. Sikorski, Juliusz: Kościół rzymskokatolicki na ziemi lubuskiej w obliczu dekretu z dnia 9 lutego 1953 r. o obsadzaniu duchownych stanowisk kościelnych [The Roman Catholic Church on the Lubusz Land in the face of the decree dated February 9th, 1953 on appointment to ecclesiastical posts] // W: Władze wobec kościołów i związków wyznaniowych na Środkowym Nadodrzu w latach 1945-1956 [Die Regierung gegenüber den Kirchen und Glaubensgemeinschaften im Mittleren Odergebiet in den Jahren 1945-1956] / red. Elżbieta Wojcieszyk. - Poznań 2012, s. 73-83, il.; Res. 82.

1682. Skupien, Marek: Kapitoly z církevních dějin Kobeřic [Kapitel aus der Kirchengeschichte von Köberwitz/Troppau] // Hlučínsko. Vlastivědný časopis Muzea Hlučínska 2, 2012, č. 2, s. 21-27.

1683. Skupien, Marek: Náčrt historie farnosti Sudice na Hlučínsku do počátku 20. století [Historical outline of Sudice parish in Hlučín region until the beginning of the 20th century] // Časopis Slezského zemského muzea. Série B - vědy historické 61, 2012, č. 3, s. 201-232; Res. 229-230.

1684. Sobeczko, Mateusz: Miejsce dekanatu pszowskiego w diecezji katowickiej w latach 1924-2004 [Die Stellung des Pschower Dekanats in der Kattowitzer Diözese in den Jahren 1924-2004]. - Katowice 2012, ss. 178, fot. 21, ryc.; Res. 152-154.

1685. Spadkobierczynie św. Jadwigi Śląskiej. 150-lecie Sióstr Boromeuszek w Trzebnicy. Materiały z Sympozjum 5 listopada 2011 r. w klasztorze Sióstr Boromeuszek w Trzebnicy [Erbinnen der Hedwig von Schlesien. 150 Jahre der Barmherzigen Schwestern vom hl. Karl Borromäus aus Trebnitz. Symposiums-Materialien vom 5. November 2011 im Kloster der Barmherzigen Schwestern vom hl. Karl Borromäus in Trebnitz]. - Kraków [2012], ss. 108.

1686. Stasiewski, Bernhard: Adolf Kardinal Bertram - Bischof Graf von Prysing - Bischof Clemens von Galen. Ihr Widerstand gegen den Nationalsozialismus // In: Kirche und Gesellschaft im Wandel der Zeiten. Festschrift für Gabriel Adriányi zum 75. Geburtstag. Mit einer Bibliographie / Hrsg. Hermann-Josef Scheidgen, Reimund Haas. - Nordhausen 2012, S. 437-458.

1687. Stefaniak, Piotr: Austro-węgierski epizod sióstr Maryi Niepokalanej (1914-1918) [Österreichisch-Ungarische Episode der Kongregation der Marienschwestern v. d. U. E. (1914-1918)] // Studia Teologiczno-Historyczne Śląska Opolskiego 32, 2012, s. 271-286, fot. 9; Res. 286.

1688. Strączek, Adrian: Parafia pw. Bożego Ciała w Jankowicach w latach 1897-1939 [Gemeinde des Corpus Christi in Jankowitz in den Jahren 1897-1939] // W: Zrozumieć Śląsk [Schlesien verstehen] / red. Dawid Keller, Bogdan Kloch. - Rybnik 2012, s. 353-374.

1689. Szczepaniak, Andrzej: Powstanie parafii i budowa kościoła pw. Przemienienia Pańskiego na osiedlu Związku Walki Młodych w Opolu w latach 1980-1985 [The establishment of the parish and construction of the Lord's Transfiguration Church in the Związek Walki Młodych (Union of Fighting Youth)Housing Estate in Opole in the years 1980-1985] // Studia Teologiczno-Historyczne Śląska Opolskiego 32, 2012, s. 325-350; Res. 350.

1690. Szetelicki, Wacław W.: Szkolnictwo kanoników regularnych na Śląsku w świetle reform podejmowanych przez opata Johanna Ignaca Melchiora von Felbigera - wybrane aspekty [Cannons Regular Education in Silesia in the Light of the Reforms Undertaken by Abbot Johann Ignac Melchior von Felbiger - Selected Issues] // Nasza Przeszłość. Studia z dziejów Kościoła i kultury katolickiej w Polsce 2012, nr 117, s. 259-300, il. 12; Res. 300.

1691. Töpler, Winfried: Das kirchliche Amtsblatt des Erzbistums Breslau 1944 und 1945 [Urzędowy dziennik kościelny Archidiecezji Wrocławskiej w latach 1944 i 1945] // Archiv für schlesische Kirchengeschichte 70, 2012, S. 7-60; Res. 415.

1692. Urbańczyk, Marek: Adaptacja organów kościoła Opatrzności Bożej w Katowicach do kaplicy Chrystusa Zbawiciela przy parafii Niepokalanego Poczęcia NMP w Katowicach [Anpassung der Orgel von der Kirche zur Göttlichen Vorsehung in Katowice an die Christus-Erlöser-Kapelle bei der Pfarrgemeinde Maria Unbefleckte Empfängnis in Katowice] // W: Organy na Śląsku IV [Die Orgel in Schlesien IV] / red. Julian Gembalski. - Katowice 2012, s. 239-271, fot. 11; Res. 270-271.

1693. Waloszek, Joachim: Die Priesterseminar -Familie - Das Interdiözesane Priesterseminar in Oppeln // W: Erzbischof Alfons Nossol. Aus seinem Leben, Denken und Wirken / Hrsg. Helmut Jan Sobeczko ; Übers. Krystyna Maria Greub-Frącz. - Opole 2012, s. 101-106, fot. 8.

1694. Wawrzyniecki, Robert: Trzydzieści lat parafii św. Eugeniusza de Mazenoda w Kędzierzynie-Koźlu [30 Jahre der Eugen von Mazenod Gemeinde in Kandrzin-Cosel] // Szkice Kędzierzyńsko-Kozielskie 14-15, 2012, s. 31-67, tab. 2.

1695. Widok, Norbert: Pastoralne przedsięwzięcia duszpasterzy parafii Krowiarki w latach 1760-1945 [Pastorale Handlungen der Priester der Kirchengemeinde Krowiarki in den Jahren 1760-1945] // W: Kościół na Śląsku. Z dziejów kultury i życia religijnego. Księga pamiątkowa dedykowana Księdzu Biskupowi Janowi Kopcowi z okazji 65-lecia urodzin, 40-lecia prezbiteriatu, 20-lecia sakry biskupiej i 30-lecia pracy naukowej [The Church of Silesia. The history of culture and religious life] / red. Franciszek Wolnik. - Opole 2012, s. 279-288; Res. 288.

1696. Winterstein, Ulrike: Vertriebener Klerus in Sachsen 1945-1955. - Paderborn 2010, 288 S.
Dot. duchownych rzymskokatolickich wysiedlonych do Niemiec ze Śląska po II wojnie światowej. - Betr. die römisch-katholischen Geistlichen, die nach dem Zweiten Weltkrieg aus Schlesien nach Deutschland vertrieben wurden.
Rec.: Fendl, Elisabeth // Zeitschrift für Ostmitteleuropa-Forschung 61, 2012, H. 3, S. 512-513.

1697. Wojtasiak, Magdalena: Powstanie parafii pw. św. Barbary i św. Józefa w Jastrzębiu Zdroju. Przyczynek do dziejów relacji Kościół - państwo w Polsce lat siedemdziesiatych XX wieku [Entstehung der hl. Barbara und hl. Josef Gemeinde in Bad Königsdorf-Jastrzemb. Beitrag zur Geschichte der Beziehungen zwischen Kirche und Staat in Polen in den 70er Jahren des 20. Jahrhunderts] // W: Zrozumieć Śląsk [Schlesien verstehen] / red. Dawid Keller, Bogdan Kloch. - Rybnik 2012, s. 375-408.

1698. Wolnik, Franciszek: Formacja młodzieży w sodalicji mariańskiej w Rudach [Jugendausbildung in der Marianischen Kongregation in Rudy] // W: Kościół na Śląsku. Z dziejów kultury i życia religijnego. Księga pamiątkowa dedykowana Księdzu Biskupowi Janowi Kopcowi z okazji 65-lecia urodzin, 40-lecia prezbiteriatu, 20-lecia sakry biskupiej i 30-lecia pracy naukowej [The Church of Silesia. The history of culture and religious life] / red. Franciszek Wolnik. - Opole 2012, s. 231-243; Res. 242-243.

1699. Wolnik, Franciszek: Skriptorium und Bibliothek der Cistercienser in Gross Rauden

// Analecta Cisterciensia 61, 2011 (2012), S. 299-313.

1700. Wolnik, Franciszek: Śląskie Libri Ordinarii [Schlesische Libri Ordinarii] // W: Piśmiennictwo sakralne w dziejach Polski do końca XVIII wieku na tle powszechnym [Sakrales Schrifttum in der polnischen Geschichte bis zum Ende des 18. Jahrhunderts im allgemeinen Hintergrund] / red. Stanisław Bułajewski, Jan Gancewski, Andrzej Wałkówski. - Józefów 2012, s. 83-110.

1701. Wółkiewicz, Ewa: Der Zorn des Bischofs. Konflikte der Breslauer Bischöfe mit ihren Untertanan im Spätmittelalter // W: Konfliktbewältigung und Friedensstiftung im Mittelalter [Przezwyciężanie konfliktów i ustanawianie pokoju w średniowieczu] / Roman Czaja, Eduard Mühle, Andrzej Radzimiński. - Toruń 2012, S. 253-275.

1702. Wrobel, Ralph Michael: Das Kloster Wiese-Pauliner bei Oberglogau in den „Regestra Perceptarum et Expensarum ..." von 1711 [Klasztor Paulinów w Łąkach koło Głogówka w „Regestra Perceptarum et Expensarum..." z roku 1711] // Archiv für schlesische Kirchengeschichte 70, 2012, S. 159-181, 3 Abb., 1 Tab.; Res. 416-417.

1703. Wyrobek, Artur: Z dziejów duszpasterstwa na Ziemi Pszczyńskiej. Parafia p.w. św. Marcina w Ćwiklicach w latach 1922-1945 [Aus der Geschichte der Seelsorge in Region Pleß. St. Martin Gemeinde in Cwiklitz in den Jahren 1922-1945]. - Pszczyna 2012, ss. 104, il.

1704. Zahraniak, Sławomir: Z dziejów parafii Rudniki w XVII - XVIII w. (do ok. 1763 r.) [Aus der Geschichte der Gemeinde in Rudniki im 17.-18. Jahrhundert (bis ca. 1763)] // Rocznik Powiatu Oleskiego 2012, nr 5, s. 18-34.

1705. Zając, Miriam: Elżbietańskie męczennice świadkami heroicznej miłości Boga i bliźniego [Die Märtyrerinnen von der Gemeinschaft der Schwester der Heiligen Elisabeth als Zeuginnen der heroischen Gottes-Nächstenliebe] // W: Oblicza miłosierdzia w duchowości Europy. Bł. Maria Luiza Merkert - kontynuatorka dzieła św. Elżbiety w posłudze miłości miłosiernej [Aspekte der Barmherzigkeit der europäischen Geistigkeit. Selige Maria Luise Merkert - Fortsetzerin des Werkes der hl. Elisabeth auf dem Feld des Dienstes für die barmherzige Liebe]. - Opole 2012, s. 261-284; Res. 284.

1706. Ziaja, Krystian: Z historii parafii Chrząszczyce [Die Geschichte der Pfarrgemeinde Chrząszczyce] // W: Kościół na Śląsku. Z dziejów kultury i życia religijnego. Księga pamiątkowa dedykowana Księdzu Biskupowi Janowi Kopcowi z okazji 65-lecia urodzin, 40-lecia prezbiteriatu, 20-lecia sakry biskupiej i 30-lecia pracy naukowej [The Church of Silesia. The history of culture and religious life] / red. Franciszek Wolnik. - Opole 2012, s. 267-277; Res. 276-277.

1707. Zyglewski, Zbigniew: Związki klasztorów polskich z klasztorami czeskimi w średniowieczu [Verbindungen polnischer Klöster mit böhmischen Klöstern im Mittelalter] // W: Zwycięzcy i przegrani w dziejach średniowiecznych i wczesnonowożytnych Czech i Polski [Gewinner und Verlierer in der mittelalterlichen und frühneuzeitlichen Geschichte von Böhmen und Polen] / red. Wojciech Iwańczak, Dariusz Karczewski. - Kraków 2012, s. 125-145; sum. 144-145.
Dot. także klasztorów śląskich. - Betr. auch schlesische Klöster.

10.02.02.02. Evangelische Kirchen – Kościoły ewangelickie – Evangelické církve

Zob. poz. / Siehe auch / Viz 216, 424-425, 478, 1075, 1154, 1177, 1618, 1666, 1959, 1966, 2036, 2235, 2268-2269, 2290, 2380-2381, 2393, 2411, 2436, 2458, 2464, 2491, 2514, 2559, 2584, 2816, 2840, 2849, 2973, 3024, 3060, 3110, 3114, 3121, 3139, 3191, 3260, 3271-3273, 3386.

1708. Alabrudzińska, Elżbieta: Kościoły luterańskie w Polsce w latach 1918-1939 [Lutheranische Kirchen in Polen in den Jahren 1918-1939] // W: Kościoły luterańskie na ziemiach polskich (XVI-XX w.). T. 3: W ramach Rzeczpospolitej, państw ościennych i na emigracji [Lutherische Kirchen auf polnischem Gebiet (16.-20. Jahrhundert). Band 3: Innerhalb der

Rzeczpospolita, der Nachbarstaaten und in der Emigration] / red. Jarosław Kłaczkow. - Toruń 2012, s. 7-49.
Dot. także Śląska. - Betr. auch Schlesien.

1709. Bannert, Lutz: Protestanten im Zwist. Die Herrnhuter Brüdergemeine und die konfessionelle Ordnung der Oberlausitz 1722-1765 // In: Konfession und Konflikt. Religiöse Pluralisierung in Sachsen im 18. und 19. Jahrhundert / Hrsg. Ulrich Rosseaux, Gerhard Poppe. - Münster 2012, S. 79-105.

1710. Bast, Helga / Bast, Horst: Die Familien der 1837 ausgewanderten Protestanten aus dem Zillertal. Ihre Vor- und Nachfahren, die Auswanderung, der Weg, die Ansiedlung, ihre Häuser und ihr Leben im Hirschberger Tal. - Plaidt 2012, 678 S., zahlr. Abb.

1711. Berndt, Manfred: Namen der Beteiligten bei der Grundsteinlegung beim Bau und bei der Einweihung der „Gnadenkirche zum Kreuz Christi" in Hirschberg (1709-1718) // In: Auf historischer Spurensuche im Bobertal 2011/2012. Aktuelle Forschungsergebnisse von und für Regionalforscher, Ortschronisten, Genealogen und Historiker im niederschlesischen Riesengebirge / Hrsg. Ulrich Schmilewski, Jürgen Schwanitz. - Würzburg 2012, S. 45-46.

1712. Chabasińska, Anna: Kościół Ewangelicko-Augsburski na Środkowym Nadodrzu w latach 1945-1956 [The Evangelical Church of the Ausburg confession in the region of Central Nadodrze in the years 1945-1956] // W: Władze wobec kościołów i związków wyznaniowych na Środkowym Nadodrzu w latach 1945-1956 [Die Regierung gegenüber den Kirchen und Glaubensgemeinschaften im Mittleren Odergebiet in den Jahren 1945-1956] / red. Elżbieta Wojcieszyk. - Poznań 2012, s. 137-149, il., tab.; Res. 149.

1713. Dannenberg, Lars-Arne: Konfessionskonflikte in Schlesien im 17. und 18. Jahrhundert und das „Auslaufen" zu den Grenz- und Zufluchtskirchen = Konflikty wyznaniowe na Śląsku w XVII i XVIII wieku oraz problem „uchodźstwa" do kościołów granicznych i ucieczkowych // In: Grenz- und Zufluchtskirchen Schlesiens = Śląskie kościoły graniczne i ucieczkowe / Hrsg. Lars-Arne Dannenberg, Matthias Donath, Eike Thomsen, Wojciech Wagner. - Olbersdorf 2012, S. 33-72, Abb.
Deutscher und polnischer Text. - Tekst w języku niemieckim i polskim.

1714. Elger, Wolfgang / Nöbel, Gerhard: Die evangelische Kirchenmusikschule Görlitz im Rückblick auf die Jahre 1947-1963. Erinnernswertes aus ihrer Frühzeit unter Eberhard Wenzel und Horst Schneider. - Erlangen 2012, 88 S., Abb.

1715. Ernst, Albrecht: Reformierte Pilgerschaft. Schlesier im kurzpfälzischen Kirchendienst um 1600 und der Heidelberger Theologe Quirin Reuter (1558-1613) // In: Schlesien und der deutsche Südwesten um 1600. Späthumanismus - reformierte Konfessionalisierung - politische Formierung / Hrsg. Joachim Bahlcke, Albrecht Ernst. - Heidelberg 2012, S. 141-159, Abb.

1716. Grochowina, Sylwia: Kościoły ewangelickie na okupowanych ziemiach polskich w latach 1939-1945 [Evangelische Kirchen auf besetzten polnischen Gebieten in den Jahren 1939-1945] // W: Kościoły luterańskie na ziemiach polskich (XVI-XX w.). T. 3: W ramach Rzeczpospolitej, państw ościennych i na emigracji [Lutherische Kirchen auf polnischem Gebiet (16.-20. Jahrhundert). Band 3: Innerhalb der Rzeczpospolita, der Nachbarstaaten und in der Emigration] / red. Jarosław Kłaczkow. - Toruń 2012, s. 140-174.
Dot. także Śląska. - Betr. auch Schlesien.

1717. Heinke-Probst, Maria: Die Deutsche Evangelische Kirche in Böhmen, Mähren und Schlesien 1918-1938 (-1946). Identitätssuche zwischen Nationalität und Bekenntnis. - Leipzig 2012, 237 S., Abb.

1718. Kłaczkow, Jarosław: Ewangelickie Kościoły Unijne w Drugiej Rzeczpospolitej w latach 1920-1939 [Evangelische unierte Kirchen in der Zweiten Republik Polen in den Jahren 1920-1939] // W: Kościoły luterańskie na ziemiach polskich (XVI-XX w.). T. 3: W ramach Rzeczpospolitej, państw ościennych i na emigracji [Lutherische Kirchen auf polnischem Gebiet (16.-20. Jahrhundert). Band 3: Innerhalb der Rzeczpospolita, der Nachbarstaaten und in der

Emigration] / red. Jarosław Kłaczkow. - Toruń 2012, s. 50-71.
Dot. także Śląska. - Betr. auch Schlesien.

1719. Kłaczkow, Jarosław: Kościół Ewangelicko-Augsburski w Polsce w latach 1945-1989 [Evangelisch-Augsburgische Kirche in Polen in den Jahren 1945-1989] // W: Kościoły luterańskie na ziemiach polskich (XVI-XX w.). T. 3: W ramach Rzeczpospolitej, państw ościennych i na emigracji [Lutherische Kirchen auf polnischem Gebiet (16.-20. Jahrhundert). Band 3: Innerhalb der Rzeczpospolita, der Nachbarstaaten und in der Emigration] / red. Jarosław Kłaczkow. - Toruń 2012, s. 175-219.
Dot. także Śląska. - Betr. auch Schlesien.

1720. Kłaczkow, Jarosław: Na emigracji. Losy polskiego wychodźstwa ewangelickiego [Im Exil. Schicksale der polnischen evangelischer Exilanten] // W: Kościoły luterańskie na ziemiach polskich (XVI-XX w.). T. 3: W ramach Rzeczpospolitej, państw ościennych i na emigracji [Lutherische Kirchen auf polnischem Gebiet (16.-20. Jahrhundert). Band 3: Innerhalb der Rzeczpospolita, der Nachbarstaaten und in der Emigration] / red. Jarosław Kłaczkow. - Toruń 2012, s. 220-239.
Dot. głównie emigracji ze Śląska do Stanów Zjednoczonych, Kanady, Wielkiej Brytanii i Republiki Federalnej Niemiec. - Betr. hauptsächlich Emigrationen aus Schlesien in die USA, nach Großbritannien und in die Bundesrepublik Deutschland.

1721. Kubica-Heller, Grażyna: II wojna światowa w pamięci społecznej śląskich ewangelików - badania biograficzne [Zweiter Weltkrieg im Gemeinschaftsgedächtnis der schlesischen Protestanten - biographische Forschungen] // W: Kościoły chrześcijańskie w systemach totalitarnych [Die christlichen Kirchen in totalitären Systemen] / red. Jarosław Kłaczkow, Waldemar Rozynkowski. - Toruń 2012, s. 90-114.

1722. Madziara, Renata: Parafia ewangelicko-augsburska w Nowej Rudzie - rozwój i perspektywy po II wojnie światowej [Evangelisch-augsburgische Gemeinde in Neurode - Entwicklung und Perspektiven nach dem Zweiten Weltkrieg] // Bibliotheca Bielaviana 2011 (2012), s. 51-62.

1723. Mańko-Matysiak, Anna: Aus der frühneuzeitlichen Volksreligiosität: ein Laubaner Predigtbuch als Nothelfer in den Krisenzeiten // W: Kultura - literatura - język - pogranicza komparatystyki. Prace ofiarowane Profesorowi Lechowi Kolago w 70. rocznicę urodzin. [T. 1] [Kultur - Literatur - Sprache - Gebiete der Komparatistik. Festschrift für Herrn Professor Lech Kolago zum 70. Geburtstag. Bd. 1] / red./ Hrsg. von Katarzyna Grzywka ; współpr. Małgorzata Filipowicz [et al.]. - Warszawa 2012, s. 453-466.

1724. Metasch, Frank: Zwischen Freiwilligkeit und Zwang - konfessioneller Pluralismus in Schlesien // In: Konfession und Konflikt. Religiöse Pluralisierung in Sachsen im 18. und 19. Jahrhundert / Hrsg. Ulrich Rosseaux, Gerhard Poppe. - Münster 2012, S. 167-183.

1725. Okólska, Halina: Diakonijny Dom Macierzysty Glinianki [Diakonisches Heim Glinianki] // W: Przedmieście Świdnickie we Wrocławiu [Die Schweidnitzer Vorstadt in Breslau] / red. nauk. Halina Okólska, Hanna Górska. - Wrocław 2012, s. 203-208; Res. 208.

1726. Oszczanowski, Piotr: Glaube wie ein Herz aus Erz: Schätze der Friedenskirche in Schweidnitz. - Świdnica 2012, 105 S., Abb.; Res. 98-100.

1727. Patzelt, Herbert: Der neue Pakt zwischen Gott und den Menschen. Die Reformation im dreisprachigen Herzogtum Teschen // Jahrbuch für Schlesische Kirchengeschichte N.F. 90, 2011 (2012), S. 109-127.

1728. Piętak, Stanislav: Śląski Kościół Ewangelicki Augsburskiego Wyznania w okresie komunizmu [Schlesische evangelische Kirche A. B. in den kommunistischen Zeiten] // W: Kościoły chrześcijańskie w systemach totalitarnych [Die christlichen Kirchen in totalitären Systemen] / red. Jarosław Kłaczkow, Waldemar Rozynkowski. - Toruń 2012, s. 629-644.

1729. Pindur, David: Ze života evangelických elit na Těšínsku v tolerančním období. K nálezu pozoruhodného náhrobníku v Gutech [From the Lives of the Evangelical Elites in the Těšín Region during the Toleration Era. A brief Note about the Finding of a remarkable Tombstone in Guty] // Těšínsko. Vlastivědný časopis 55, 2012, č. 3, s. 1-9; Res. 7.

1730. Rheinwald, Friedrich H.: Die Evangelischen Zillertaler in Schlesien / Hrsg. Wilfried Beimohr. - Neuausgabe der 4. Aufl. Berlin 1838. - Brixlegg 2012, 104 S., 7 Abb.

1731. Schwarz, Karl: Teschen zwischen Toleranz und konfessioneller Parität. Die Evangelische Kirche in Österreichisch-Schlesien im 18. und 19. Jahrhundert // Jahrbuch für Schlesische Kirchengeschichte N.F. 90, 2011 (2012), S. 149-171.

1732. Sterik, Edita: Mährische Exulanten in der erneuerten Brüderunität. - Herrnhut 2012, 539 S.
Dot. także Śląska. - Betr. auch Schlesien.

1733. Szturc, Jan: Stowarzyszenia społeczne w polskim luteranizmie. Ujęcie historyczne [Gesellschaftliche Vereine in der polnischer evangelischen Kirche. Aus der Sicht der Geschichte] // W: Kościoły luterańskie na ziemiach polskich (XVI-XX w.). T. 3: W ramach Rzeczpospolitej, państw ościennych i na emigracji [Lutherische Kirchen auf polnischem Gebiet (16.-20. Jahrhundert). Band 3: Innerhalb der Rzeczpospolita, der Nachbarstaaten und in der Emigration] / red. Jarosław Kłaczkow. - Toruń 2012, s. 256-305, tab.
Dot. także Śląska. - Betr. auch Schlesien.

1734. Szymeczek, Józef: Ewangelicy polscy na Zaolziu po 1945 r. [Polnische Protestanten im Olsa-Gebiet nach 1945] // W: Kościoły luterańskie na ziemiach polskich (XVI-XX w.). T. 3: W ramach Rzeczpospolitej, państw ościennych i na emigracji [Lutherische Kirchen auf polnischem Gebiet (16.-20. Jahrhundert). Band 3: Innerhalb der Rzeczpospolita, der Nachbarstaaten und in der Emigration] / red. Jarosław Kłaczkow. - Toruń 2012, s. 256-305, tab.

1735. Szymeczek, Józef: Stosunek ewangelików na Śląsku Cieszyńskim do plebiscytu i powstań śląskich [Beziehung der Protestanten im Teschener Schlesien zur Volksabstimmung und den schlesischen Aufständen] // W: Plebiscyt i powstania śląskie 1919-1921 - po 90. latach [Volksabstimmung und schlesische Aufstände 1919-1921 - nach 90 Jahren] / red. Michał Lis, Leokadia Drożdż. - Opole 2012, s. 125-133.

1736. Szyszlak, Elżbieta: Kościoły luterańskie na Śląsku Cieszyńskim w latach 1781-1945 [Protestantische Kirchen im Teschener Schlesien in den Jahren 1781-1945] // W: Kościoły luterańskie na ziemiach polskich (XVI-XX w.). T. 2: Pod zaborami i obcym panowaniem [Lutherische Kirchen in den polnischen Ländern (16.-20. Jahrhundert. Band 2: Während der Teilungszeit und unter fremder Herrschaft] / red. Jarosław Kłaczkow. - Toruń 2012, s. 259-246, tab.

1737. Thomsen, Eike: Reformation und Gegenreformation in Schlesien = Reformacja i kontrreformacja na Śląsku // In: Grenz- und Zufluchtskirchen Schlesiens = Śląskie kościoły graniczne i ucieczkowe / Hrsg. Lars-Arne Dannenberg, Matthias Donath, Eike Thomsen, Wojciech Wagner. - Olbersdorf 2012, S. 11-31, Abb.
Deutscher und polnischer Text. - Tekst w języku niemieckim i polskim.

1738. Wąs, Gabriela: Reformacyjny dyskurs schwenckfeldian i pruskich luteranów 1524/1525-1544 (cz. 1-2) [Der reformatorische Diskurs zwischen Schwenckfeldianern und preußischen Lutheranern 1524/1525-1544 (Teil 1-2)] // Śląski Kwartalnik Historyczny Sobótka 67, 2012, nr 2, s. 39-53; nr 3, s. 3-19; Res. 52-53; 18-19.

1739. Wąs, Gabriela: Rozmowy chrześcijańskie w nurcie reformacji. Legniccy i pruscy ewangelicy wobec wczesnoreformacyjnych problemów [Christian conversations within the Reformation movement. Evangelicals from Legnica and Prussia facing early Reformation problems]. - Wrocław 2011, ss. 377, il.; Res. 363-367.
Acta Universitatis Wratislaviensis; 3286 / Historia 181.
Rec.: Małłek, Janusz // Gdański Rocznik Ewangelicki 6, 2012, s. 293-295.

10.02.02.03. Andere christliche Kirchen – Inne kościoły chrześcijańskie – Jiné křesťanské církve

Zob. poz. / Siehe auch / Viz 1021, 1203, 2147.

1740. Dudra, Stefan: Władze komunistyczne wobec duchowieństwa prawosławnego na Środkowym Nadodrzu [The communist authorities in relation to the orthodox clergy in the region of

Central Nadodrze] // W: Władze wobec kościołów i związków wyznaniowych na Środkowym Nadodrzu w latach 1945-1956 [Die Regierung gegenüber den Kirchen und Glaubensgemeinschaften im Mittleren Odergebiet in den Jahren 1945-1956] / red. Elżbieta Wojcieszyk. - Poznań 2012, s. 123-136, il.; Res. 136.

1741. Walter, Marek: Dzieje zborów Kościoła Adwentystów Dnia Siódmego na Śląsku w latach 1898-1945 [Geschichte der Gemeinden der Siebenten-Tags-Adventisten-Kirche in Schlesien in den Jahren 1898-1945]. - Warszawa 2012, ss. 297, fot.

10.03. Andere religiöse Gemeinschaften – Inne wyznania – Jiná vyznání

10.03.01. Judentum – Judaizm – Židovství

Zob. poz. / Siehe auch / Viz 1135, 1146, 1160-1161, 1169, 1173, 2055, 2558, 3007, 3083.

1742. Herzig, Arno: Die Bedeutung des schlesischen Judentums // Silesia Nova. Vierteljahresschrift für Kultur und Geschichte 9, 2012, H. 1, S. 42-52, 1 Abb.

1743. Herzig, Arno: Die Bedeutung des schlesischen Judentums // Schlesien erlesen. Aufsätze zur Literatur des 18. bis 21. Jahrhunderts. Festgabe für Monika Taubitz zum 75. Geburtstag S. 329-340.

1744. Walerjański, Dariusz: Nieznane losy synagogi w Antonienhütte na tle dziejów gminy żydowskiej w Rudzie Śląskiej-Wirku [Eine unbekannte Geschichte der Synagoge vor dem Hintergrund der jüdischen Gemeinde in Antonienhütte] // W: Żydzi na Górnym Śląsku w XIX i XX wieku [Juden in Oberschlesien im 19. und 20. Jahrhundert] / red. Beata Kalinowska-Wójcik, Dawid Keller. - Rybnik 2012, s. 455-463, fot. 2.

1745. Ziątkowski, Leszek: Stopnie niezgody. Narastanie konfliktów religijnych wewnątrz gminy żydowskiej we Wrocławiu w XVIII i pierwszej połowie XIX w. [Stufen der Zwietracht. Zunahme der religiösen Konflikte innerhalb der jüdischen Gemeinde in Breslau im 18. und in der ersten Hälfte des 19. Jahrhunderts] // W: Sic erat in fatis. Studia i szkice historyczne dedykowane Profesorowi Bogdanowi Rokowi. Tom II [Sic erat in fatis. Professor Bogdan Rok gewidmete historische Studien und Beiträge. Band 2] / red. Elżbieta Kościk, Rościsław Żerelik, Piotr Badyna, Filip Wolański. - Toruń 2012, s. 439-450.

10.03.03. Andere – Inne – Jiní

1746. Chabasińska, Anna: Lubuscy Świadkowie Jehowy wobec represji komunistycznego państwa w latach 1945-1956 [The Jehovah's Witnesses in relation to the repressions of the communist state in the years 1945-1975] // W: Władze wobec kościołów i związków wyznaniowych na Środkowym Nadodrzu w latach 1945-1956 [Die Regierung gegenüber den Kirchen und Glaubensgemeinschaften im Mittleren Odergebiet in den Jahren 1945-1956] / red. Elżbieta Wojcieszyk. - Poznań 2012, s. 151-169; Res. 169.

11 Kulturgeschichte – Historia kultury – Dějiny kultury

11.01. Allgemeines – Ogólne – Všeobecně

Zob. poz. / Siehe auch / Viz 270, 325, 329, 349, 385, 575, 718, 725, 1404, 1518, 1521, 1573, 1615, 2565, 2704-2705, 2730, 2738, 2872, 2936-2937, 2955, 2981, 3023, 3126.

1747. Aleksandrowicz, Tadeusz: Górnośląskie Międzyuczelniane Towarzystwo Akademickie „Universitas" w kulturze i nauce Katowic [Die oberschlesische Zwischenuniversitäre Akademische Gesellschaft „Universitas" in der Kultur und Wissenschaft von Kattowitz] // W: Katowice w kulturze pogranicza. Rola Katowic w kulturze i nauce [Kattowitz in der Kultur des Grenzgebietes. Die Rolle von Kattowitz in Kultur und Wissenschaft] / red. nauk. Antoni Barciak. - Katowice 2012, s. 187-198; Res. 198.

1748. Brade, Johanna: Das „Alte Breslau" - Zwischen Dokumentation und Identitätssuche [„Alt Breslau" - między dokumentacją a poszukiwaniem identyfikacji] // W: Kultura miast środkowo- i wschodnio-europejskich w późnym średniowieczu i renesansie oraz jej odrodzenie w XIX wieku. In memoriam Andrzej Tomaszewski (1934-2010) [Stadtkultur des späten Mittelalters und der frühen Neuzeit in Ostmitteleuropa und ihre Renaissance im 19. Jahrhundert] / red. Marco Bogade. - Warszawa 2012, S. 203-212, Abb.; pl. res. 212.

1749. Cetwiński, Marek: Śląsk Gustawa Morcinka. Przyczynek do polityki kulturalnej Polski międzywojennej [Śląsk (Schlesien) Gustaw Morcineks. Ein Beitrag zur Kulturpolitik im Zwischenkriegspolen] // W: Katowice w kulturze pogranicza. Rola Katowic w kulturze i nauce [Kattowitz in der Kultur des Grenzgebietes. Die Rolle von Kattowitz in Kultur und Wissenschaft] / red. nauk. Antoni Barciak. - Katowice 2012, s. 21-30; Res. 30.

1750. Dudek, Kamila: Bolesławiec słowem i obrazem malowany [Bunzlau durch Wort und Bild gezeichnet]. - Gdynia 2012, ss. 130, il.

1751. Fic, Maciej: Środowiska twórcze w życiu kulturalnym Katowic w okresie PRL-u - przypadek Klubu Związków i Stowarzyszeń Twórczych [Schaffenskreise im Kulturleben von Kattowitz in der Volksrepublik Polen - der Fall des Klubs der Schaffensvereine und -gesellschaften] // W: Katowice w kulturze pogranicza. Rola Katowic w kulturze i nauce [Kattowitz in der Kultur des Grenzgebietes. Die Rolle von Kattowitz in Kultur und Wissenschaft] / red. nauk. Antoni Barciak. - Katowice 2012, s. 168-186; Res. 186.

1752. Firlej-Buzon, Aneta: Kultura radziecka na Dolnym Śląsku po 1945 w świetle materiałów źródłowych [Soviet culture in Lower Silesia after 1945 in the light of surviving sources] // Acta Universitatis Wratislaviensis 3448; Studia o Książce i Informacji 21. - Wrocław 2012, s. 69-81, il.; Res. 81.

1753. Furdal, Antoni: Niektóre problemy rodowodu kulturowego Wrocławia [Einige Probleme der kulturellen Herkunft Breslaus] // W: Rodowód kulturowy współczesnego Wrocławia [Kulturelle Herkunft des heutigen Breslau] / red. Włodzimierz Wysoczański. - Wrocław 2012, s. 39-48.

1754. Grudniewski, Jakub: Gospody jako ośrodki życia kulturalno-społecznego na przykładzie gospody Ignatza Maletza/Hugo Schafranka w gminie Bismarckhütte (1903-1919) [Gasthäuser als Zentren des sozialen und kulturellen Lebens am Beispiel des Gasthauses von Ignatz Maletz/Hugo Schaffranek in der Gemeinde Bismarckhütte (1903-1919)] // Zeszyty Chorzowskie 13, 2012, s. 139-153; Res. 152-153.

1755. Harasimowicz, Jan: Das Hohelied Salomons in der konfesssionellen Kultur des 17. und frühen 18. Jahrhunderts // In: Vielheit und Einheit der Germanistik weltweit. Akten des XII. Internationalen Germanistenkongresses Warschau 2010 / Hrsg. Franciszek Grucza, Ryozo Maeda, Mirosława Czarnecka, Carsten Gansel ; Jacek Rzeszotnik. - Frankfurt am Main 2012, S. 199-208, 4 Abb.

1756. Inglot, Mieczysław: Obraz kultury Wrocławia w świetle listy patronów szkół miejskich [Abbild der Breslauer Kultur im Lichte der Schirmherren-Verzeichnisses von städtischen Schulen] // W: Rodowód kulturowy współczesnego Wrocławia [Kulturelle Herkunft des heutigen Breslau] / red. Włodzimierz Wysoczański. - Wrocław 2012, s. 53-61.

1757. Jasiński, Zenon: Działalność kulturalno -oświatowa organizacji polskich w Ostrawie (1918-1938) [Cultural and educational activity of Polish organizations in Ostrava (1918-1938] // W: Poza paradygmaty. Pedagogika międzykulturowa. Księga pamiątkowa dedykowana profesorowi Tadeuszowi Lewowickiemu. T. 2 [Außerhalb der Paradigmen. Interkulturelle Pädagogik. Professor Tadeusz Lewowicki gewidmete Festschrift] / red. Alina Szczurek-Boruta, Ewa Ogrodzka-Mazur. - Toruń 2012, s. 242-276; Res. 275-276.

1758. Kaczmarek, Romuald: Śląska tożsamość kulturowa okresu średniowiecza na przykładzie architektury i sztuk plastycznych [Die kulturelle Identität Schlesiens im Mittelalter am Beispiel der Architektur und der bilden-den Künste] // Śląski Kwartalnik Historyczny Sobótka 67, 2012, nr 4, s. 163-169; Res. 169.

1759. Konieczny, Danuta Teresa: Polnisches Kulturleben in Schlesien (1750-1850). - München 2010, 323 S.
Slavistische Beiträge; 475.
Rec.: K.W. // Bibliothek und Medien 32, 2012, H. 1, S. 24-25.

1760. Korniluk, Izabela: III Sejmik Lubuskiego Towarzystwa Kultury - 11 stycznia 1964 roku [3. Landtag der Lebuser Kulturgesellschaft - 11. Januar 1964] // Studia Zielonogórskie 18, 2012, s. 185-200.

1761. Kotzian, Ortfried: Europäische Kultur in der Mitte Europas - Studienreise durch das Sudetenland (Böhmen, Mähren, Schlesien). - München 2012, 189 S., Abb., Kt.

1762. Odoj, Grzegorz: Rzeka Przemsza jako element krajobrazu kulturowego Mysłowic [Der Fluss Przemsa als Element der Kultur-Landschaft von Myslowitz] // W: Ciekawość świata, ludzi, kultury... [Die Neugier auf die Welt, Menschen und Kultur...] / red. Renata Hołda, Tadeusz Paleczny. - Kraków 2012, s. 329-343.

1763. Pelc, Martin: Vídeňský akademický buršenšaft „Silesia" a život v provincii [Viennese academic Burschenschaft (student fraternity) „Silesia" and the Austrian Silesia] // Časopis Matice moravské 131, 2012, č. 1, s. 39-64; Res. 64.

1764. Piłkowski, Rafał: „Śląskie Worpswede" - kolonia artystyczna w Szklarskiej Porębie [„Silesian Worpswede" - art colony from Szklarska Poręba] // W: Carl i Gerhart Hauptmann - dzieło i modele jego odbioru [Carl und Gerhart Hauptmann - Werk und Modelle ihrer Rezeption] / red. Edward Białek, Jan Pacholski, Piotr Niemiec. - Wrocław 2012, s. 285-294; Res. 295-296.

1765. Popińska, Jolanta: Fenomen kultury studenckiej w czasach PRL na przykładzie Uniwersytetu Wrocławskiego (wprowadzenie do tematyki lat 50., 60. i 70. XX w.) // W: Dzieci, młodzież i studenci na Ziemiach Zachodnich po II wojnie światowej [Kinder, Jugendliche und Studenten in den Westgebieten nach dem Zweiten Weltkrieg] / red. Wojciech Kucharski, Grzegorz Strauchold. - Wrocław 2012, s. 165-172.

1766. Schieb, Roswitha: Jeder zweite Berliner. Schlesische Spuren an der Spree. - Potsdam 2012, 384 S., Abb., Kt.

1767. Tałuć, Katarzyna: Walka o „prawdziwą" kulturę. Instytucje życia kulturalnego w województwie katowickim w latach 1976-1990 (rekonesans badawczy) [Kampf um die „wahre" Kultur. Institutionen des kulturellen Lebens in der Woiwodschaft Kattowitz in den Jahren 1976-1990 (Forschungsaufklärung)] // W: Przestrzenie kultury i literatury. Księga jubileuszowa dedykowana Profesor Krystynie Heskiej-Kwaśniewicz na pięćdziesięciolecie pracy naukowej i dydaktycznej / red. Elżbieta Gondek, Irena Socha, Barbara Pytlos. - Katowice 2012, s. 368-379.

1768. Tomášek, Kamil: Kulturní prostředí lázní Jeseník v letech 1945-1960 [Das Kulturmilieu des Kurbades Jeseník in den Jahren 1945-1960] // In: XII. Svatováclavské mezinárodní setkání v Jeseníku. Slezská lidová kultura a kultura lidu na Jesenicku. Sborník referátů [XII. internationales Sankt-Wenzels-Treffen in Freiwaldau.

Schlesische Volkskultur und Kultur des Volkes in der Region Freiwaldau. Sammelband der Vorträge] / ed. Květoslav Growka. - Jeseník; Opava 2012, s. 144-150; Res. 150.

1769. Tracz, Bogusław: Kościół, kultura niezależna w Katowicach w latach osiemdziesiątych XX wieku [Die katholische Kirche und die unabhängige Kultur im Kattowitz der achtziger Jahre des 20. Jahrhunderts] // W: Katowice w kulturze pogranicza. Rola Katowic w kulturze i nauce [Kattowitz in der Kultur des Grenzgebietes. Die Rolle von Kattowitz in Kultur und Wissenschaft] / red. nauk. Antoni Barciak. - Katowice 2012, s. 252-274; Res. 273-274.

1770. Ursel, Marian: Życie kulturalne w uzdrowiskach dolnośląskich w XIX wieku (w świetle wspomnień i relacji prasowych) [Kulturelles Leben in den niederschlesischen Kurorten im 19. Jahrhundert (im Lichte der Erinnerungen und Presseberichte)] // W: Śląskie pogranicza kultur. T. 1 [Das schlesische Kulturgrenzland. Bd. 1] / red. Marian Ursel, Olga Taranek-Wolańska. - Wrocław 2012, s. 29-45, il.

1771. Wąs, Gabriela: Die Pfalz und andere kulturelle Zentren als Wirkungsfelder der Schlesier um 1600 - eine Vergleichsperspektive // In: Schlesien und der deutsche Südwesten um 1600. Späthumanismus - reformierte Konfessionalisierung - politische Formierung / Hrsg. Joachim Bahlcke, Albrecht Ernst. - Heidelberg 2012, S. 335-350.

1772. Widawski, Krzysztof: Krajobraz kulturowy Dolnego Śląska - panorama dziejów [Kulturelle Landschaft Niederschlesiens - historisches Panorama] // W: Mijające krajobrazy Polski - Dolny Śląsk. Krajobraz dolnośląski kalejdoskopem jest... [Vergangene Landschaften Polens - Niederschlesien. Die niederschlesische Landschaft ist wie ein Kaleidoskop ...] / red. nauk. Krzysztof R. Mazurski. - Kraków 2012, s. 43-58, il.

1773. Woźniczka, Zygmunt: Kultura pod presją. Początek lat pięćdziesiątych XX wieku w Katowicach [Kultur unter Druck. Anfang der 50er Jahre des 20. Jahrhunderts in Kattowitz] // W: Katowice w kulturze pogranicza. Rola Katowic w kulturze i nauce [Kattowitz in der Kultur des Grenzgebietes. Die Rolle von Kattowitz in Kultur und Wissenschaft] / red. nauk. Antoni Barciak. - Katowice 2012, s. 145-167; Res. 167.

11.02. Materielle Kultur und Brauchtum, Volkskunde – Kultura materialna, etnografia, kultura ludowa – Hmotná kultura a tradice, etnografie

11.02.01. Brauchtum und Volkskunde – Kultura ludowa –Tradice a etnografie

Zob. poz. / Siehe auch / Viz 17, 179, 1201, 1556, 1559, 1566, 1570, 2181, 2292, 2595, 2649, 2897, 3062, 3298.

1774. Běrská, Pavlína: Lidová kultura na stránkách školních kronik okresu Frýdek [Folk Culture on School Chronicles in the Frýdek District] // Těšínsko. Vlastivědný časopis 55, 2012, č. 1, s. 11-21; Res. 20.

1775. Czech, Krystian: Gwara i pieśń ludowa jako odzwierciedlenie wielopokoleniowej tożsamości kulturowej mieszkańców Górnego Dorzecza Odry, czyli Górnoślązaków [Dialekte und Volkslieder als Widerspiegelung der sich über viele Generationen erstreckenden kulturellen Identität der Bevölkerung von Oberschlesien] // In: XII. Svatováclavské mezinárodní setkání v Jeseníku. Slezská lidová kultura a kultura lidu na Jesenicku. Sborník referátů [XII. internationales Sankt-Wenzels-Treffen in Freiwaldau. Schlesische Volkskultur und Kultur des Volkes in der Region Freiwaldau. Sammelband der Vorträge] / ed. Květoslav Growka. - Jeseník; Opava 2012, s. 180-183; Res. 183.

1776. Duma, Paweł: Wiara w „żywego trupa" a pośmiertna marginalizacja jednostki na Dolnym Śląsku okresu nowożytnego [Glaube an die „lebenden Leichen" und Marginalisierung des Individuums nach dem Tod in Niederschlesien in der Neuzeit] // W: Obcy. Funeralia Lednickie, spotkanie 14 [Fremder. Eisgruber Funeralien, 14. Begegnung] / red. Wojciech Dzieduszycki, Jacek Wrzesiński. - Poznań 2012, s. 189-201, il.

1777. Fitych, Tadeusz: Opowiadania ludowe kłodzko-nachodzkiego pogranicza (Brzozowie - dzielnica Kudowy-Zdroju) [Volkserzählungen des glatzer-nachoder Grenzgebietes (Birkhagen - Stadtteil von Kudowa)] // Świdnickie Studia Teologiczne 9, 2012, s. 497-508.

1779. Growka, Květoslav: Jesenická výtvarná scéna a lidová tvořivost po roce 1945 [Die Jeseniker bildende Kunstszene und das Volkskunstschaffen nach 1945] // In: XII. Svatováclavské mezinárodní setkání v Jeseníku. Slezská lidová kultura a kultura lidu na Jesenicku. Sborník referátů [XII. internationales Sankt-Wenzels -Treffen in Freiwaldau. Schlesische Volkskultur und Kultur des Volkes in der Region Freiwaldau. Sammelband der Vorträge] / ed. Květoslav Growka. - Jeseník; Opava 2012, s. 117-125; Res. 125.

1780. Hauke, Hermann: Die schlesische Volkskultur und die Kultur der Menschen in der Region Jeseník // In: XII. Svatováclavské mezinárodní setkání v Jeseníku. Slezská lidová kultura a kultura lidu na Jesenicku. Sborník referátů [XII. internationales Sankt-Wenzels -Treffen in Freiwaldau. Schlesische Volkskultur und Kultur des Volkes in der Region Freiwaldau. Sammelband der Vorträge] / ed. Květoslav Growka. - Jeseník; Opava 2012, s. 8-12; Res. 12.

1781. Hlavatý, Ivan: Taneční a písňový folklor v životě řecké minority na Jesenicku [Die Tanz- und Liederfolklore im Leben der griechischen Minderheit in der Region Jeseník] // In: XII. Svatováclavské mezinárodní setkání v Jeseníku. Slezská lidová kultura a kultura lidu na Jesenicku. Sborník referátů [XII. internationales Sankt-Wenzels-Treffen in Freiwaldau. Schlesische Volkskultur und Kultur des Volkes in der Region Freiwaldau. Sammelband der Vorträge] / ed. Květoslav Growka. - Jeseník; Opava 2012, s. 105-116; Res. 116.

1782. Hradilová, Jana: Na lidovú notečku aneb Hudební a taneční folklor na Jesenicku po r. 1945 [„Nach der Volksmelodie" oder die Musik- und Tanzfolklore in der Region Jeseník nach 1945] // In: XII. Svatováclavské mezinárodní setkání v Jeseníku. Slezská lidová kultura a kultura lidu na Jesenicku. Sborník referátů [XII. internationales Sankt-Wenzels-Treffen in Freiwaldau. Schlesische Volkskultur und Kultur des Volkes in der Region Freiwaldau. Sammelband der Vorträge] / ed. Květoslav Growka. - Jeseník; Opava 2012, s. 58-90; Res. 90.

1783. Jasińska, Izabela: Opolski strój ludowy z początku XX wieku. Zarys problematyki [Die Oppelner Volkstracht zu Beginn des 20. Jahrhunderts. Skizze der Problematik] // In: XII. Svatováclavské mezinárodní setkání v Jeseníku. Slezská lidová kultura a kultura lidu na Jesenicku. Sborník referátů [XII. internationales Sankt-Wenzels-Treffen in Freiwaldau. Schlesische Volkskultur und Kultur des Volkes in der Region Freiwaldau. Sammelband der Vorträge] / ed. Květoslav Growka. - Jeseník; Opava 2012, s. 160-165; Res. 165.

1784. Junker, Ullrich: Wer war Rübezahl? // In: Auf historischer Spurensuche im Bobertal 2011/2012. Aktuelle Forschungsergebnisse von und für Regionalforscher, Ortschronisten, Genealogen und Historiker im niederschlesischen Riesengebirge / Hrsg. Ulrich Schmilewski, Jürgen Schwanitz. - Würzburg 2012, S. 168-176, Abb.

1785. Kaczmarczyk, Bożena: Tradycyjne oraz współczesne zabawy i gry dziecięce [Traditionelle und zeitgenössische Kinderspiele]. - Wrocław 2012, ss. 283, il., tabl. 12 s.
Biblioteka Popularnonaukowa. Polskie Towarzystwo Ludoznawcze; 17. Dot. głównie Górnego Śląska. - Betr. hauptsächlich Oberschlesien.

1786. Kiereś, Małgorzata: Ojcowizna koniakowskich górali. Wybrane zagadnienia historyczno-etnograficzne 300-letniej historii beskidzkiej wsi [Das Erbe der Gorale aus Koniaków: ausgewählte historisch-ethnographische Themen] / fot. Jacek Kubienia. - Istebna-Jasnowice 2012, ss. 151, il., mapy, pl.

1787. Krzyżyk, Danuta: Obraz Katowic w pieśniach zebranych przez Adolfa Dygacza [Das Bild von Kattowitz in den von Adolf Dygacz gesammelten Liedern] // W: Katowice w kulturze pogranicza. Rola Katowic w kulturze i nauce [Kattowitz in der Kultur des Grenzgebietes. Die Rolle von Kattowitz in Kultur und Wissenschaft] / red. nauk. Antoni Barciak. - Katowice 2012, s. 44-55; Res. 55.

1788. Křížová, Alena / Šimša, Martin: Lidový oděv na Moravě a ve Slezsku I. Ikonografické prameny do roku 1850 = Traditional folk dress in Moravia and Silesia I. Iconographic sources until 1850. - Strážnice 2012, 255 s.
Tekst w języku czeskim i angielskim. - Tschechischer und englischer Text.

1789. Lewandowska-Quednau, Alicja: Sileziaj popoloj kutimoj kaj ritoj moroj kredoj. - Toruń 2012, ss. 32, il.

1790. Łeńko, Andrzej: Die Teufelsfigur und ihre erzieherische Funktion im schlesischen Sagenschatz // In: Götter, Geister, Wassernixen entlang der Oder. Ergebnisse der Tagung in Słubice im September 2011 / Hrsg. Hannelore Scholz-Lübbering. - Leipzig 2012, S. 151-159.

1791. Malicki, Longin: Strój górali śląskich [Kleidung der schlesischen Goralen]. - [Cieszyn] [2012], ss. 102, tabl.
Reprint, Atlas polskich strojów ludowych, cz. 3: Śląsk, z. 3, Wrocław 1956. - Reprint von „Atlas der Volkstrachten. Teil 3. Schlesien, Heft 3". Breslau 1956.

1792. Mańczyk-Krygiel, Monika: Rübezahl in der polnischen Reiseliteratur des 19. Jahrhunderts // In: Götter, Geister, Wassernixen entlang der Oder. Ergebnisse der Tagung in Słubice im September 2011 / Hrsg. Hannelore Scholz-Lübbering. - Leipzig 2012, S. 133-148.

1793. Mańko-Matysiak, Anna: Realängste und Erinnerungsräume. Zur Deutung und Wahrnehmung von Hochwasserkatastrophen in den Sagen des Oderbruchs // In: Götter, Geister, Wassernixen entlang der Oder. Ergebnisse der Tagung in Słubice im September 2011 / Hrsg. Hannelore Scholz-Lübbering. - Leipzig 2012, S. 83-93.

1794. Neubauerová, Michaela: Jesenický lidový kroj z přelomu 19. a 20. století [Volkstrachten des Jeseniker Gebietes aus der Übergangzeit vom 19. in das 20. Jahrhundert] // In: XII. Svatováclavské mezinárodní setkání v Jeseníku. Slezská lidová kultura a kultura lidu na Jesenicku. Sborník referátů [XII. internationales Sankt-Wenzels-Treffen in Freiwaldau. Schlesische Volkskultur und Kultur des Volkes in der Region Freiwaldau. Sammelband der Vorträge] / ed. Květoslav Growka. - Jeseník; Opava 2012, s. 38-42; Res. 37.

1795. Neubauerová, Michaela: Přelomové okamžiky v životě člověka v jesenické lidové kultuře [Umbruchsmomente im Leben eines Menschen in der Jeseniker Volkskultur] // In: XII. Svatováclavské mezinárodní setkání v Jeseníku. Slezská lidová kultura a kultura lidu na Jesenicku. Sborník referátů [XII. internationales Sankt-Wenzels-Treffen in Freiwaldau. Schlesische Volkskultur und Kultur des Volkes in der Region Freiwaldau. Sammelband der Vorträge] / ed. Květoslav Growka. - Jeseník; Opava 2012, s. 32-37; Res. 37.

1796. Neubauerová, Michaela: Sbírka malovaných obrázků na skle slezské provenience ve sbírce Vlastivědného muzea Jesenicka [Die Sammlung auf Glas gemalter Bilder schlesischer Herkunft in der Sammlung des Heimatkundemuseums der Region Jeseník] // In: XII. Svatováclavské mezinárodní setkání v Jeseníku. Slezská lidová kultura a kultura lidu na Jesenicku. Sborník referátů [XII. internationales Sankt-Wenzels-Treffen in Freiwaldau. Schlesische Volkskultur und Kultur des Volkes in der Region Freiwaldau. Sammelband der Vorträge] / ed. Květoslav Growka. - Jeseník; Opava 2012, s. 47-51; Res. 51.

1797. Nosková, Helena: Slováci a jejich tradice na Jesenicku [Die Slowaken und ihre Traditionen in der Region Jeseník] // In: XII. Svatováclavské mezinárodní setkání v Jeseníku. Slezská lidová kultura a kultura lidu na Jesenicku. Sborník referátů [XII. internationales Sankt-Wenzels-Treffen in Freiwaldau. Schlesische Volkskultur und Kultur des Volkes in der Region Freiwaldau. Sammelband der Vorträge] / ed. Květoslav Growka. - Jeseník; Opava 2012, s. 91-98; Res. 98.

1798. Nowara, Nina: Wasserwesen in polnischen und deutschen Sagen Oberschlesiens. Eine komparatistische Annäherung // In: Götter, Geister, Wassernixen entlang der Oder. Ergebnisse der Tagung in Słubice im September 2011

/ Hrsg. Hannelore Scholz-Lübbering. - Leipzig 2012, S. 173-184.

1799. Od wieńca adwentowego do dożynkowego czyli tradycje, zwyczaje i obrzędy powiatu gliwickiego [Vom Advents- bis um Erntedankkranz. Sitten und Bräuche im Landkreis Gleiwitz] / red. Joanna Świeboda, Magdalena Fiszer-Rębisz, Ewa Pieszka. - Gliwice 2012, ss. 64, il. + DVD; sum. 46-50; dt. Res. 51-56.

1800. Pawlas-Kos, Jadwiga: W labiryntach wyobraźni. Szkic o sztuce Władysława Lucińskiego [Im Labyrinth der Vorstellungskraft. Eine Skizze über die Kunst von Władysław Luciński] // Górnik Polski. Zeszyty Naukowe Muzeum Górnictwa Węglowego w Zabrzu 2012, nr 6, s. 141-154, fot.9; Res. 153-154.

1801. Początek, Anna Maria: Zespół folklorystyczny „Nowobieruniaki" 1991-2011. Kalendarium monograficzne - zarys działalności [Folkloregruppe „Nowobieruniaki" 1991-2011. Monografisches Jahrbuch]. - Bieruń 2012, ss. 112, fot.

1802. Retecka, Ewa: Czy etnomuzykolog ma co robić na Opolszczyźnie? [Hat ein Ethno -Musikwissenschaftler was zu tun im Oppelner Land?] // W: III Ogólnopolski Zjazd Studentów Muzykologii. Materiały pokonferencyjne [3. Gesamtpolnisches Treffen von Studenten der Musikologie. Konferenzband] / red. Marcin Bogucki, Ewa Schreiber, Hanna Winiszewska. - Poznań 2012, s. 142-153.

1803. Scholz, Oskar: Heimatforscher, Sammler, Bewahrer bäuerlichen schlesischen Brauchtums und Volksguts und Schriftsteller. Werke und Gesammeltes. Bd. 2: Beiträge zur Volkskunde Niederschlesiens, insbesondere des Kreises Jauer / Hrsg. Wolfgang Kessler. - Herne 2012, 360 S., 47 Abb., Kt.
Arbeitsberichte/Martin-Opitz-Bibliothek Herne; 5.

1804. Suchánková, Miroslava / Matejko-Peterka, Ilona: Šperky zdobené mincemi (z etnografických sbírek Slezského zemského muzea) [Jewellery decorated with coins (from ethnographic collections of Silesian Museum in Opava)] // Časopis Slezského zemského muzea. Série B - vědy historické 61, 2012, č. 1, s. 65-75; Res. 65; 75.

1805. Suchecka, Paulina: Pożywienie tradycyjne na Dolnym Śląsku w świetle wybranych źródeł etnograficznych [Traditionelles Essen in Niederschlesien im Lichte ausgewählter ethnografischer Quellen] // W: Mom jo skarb... Smaki tradycji dolnośląskich [Ich besitze einen Schatz... Geschmackssinne der niederschlesischen Traditionen] / red. Elżbieta Berendt. - Wrocław 2012, s. 151-173, il.

1806. Szewczyk, Grażyna Barbara: Die Figur des Berggeists in deutschen und polnischen Sagen Oberschlesiens // In: Götter, Geister, Wassernixen entlang der Oder. Ergebnisse der Tagung in Słubice im September 2011 / Hrsg. Hannelore Scholz-Lübbering. - Leipzig 2012, S. 161-171.

1807. Szymik, Jan: Doroczne zwyczaje i obrzędy na Śląsku Cieszyńskim [Jährliche Traditionen und Bräuche im Teschener Schlesien] / red. Agnieszka Pieńczak, Grzegorz Studnicki, Eugeniusz Jaworski. - Wyd. 2 popr. i uzup. - Czeski Cieszyn 2012, ss. 207, il., tabl. [16] s.
Wyd. 1, 2001 / 1. Aufl. 2001.

1808. Šromová, Alena: Ke kořenům. Tradice a zvyky nejen z Opavského Slezska [Zu den Wurzeln. Traditionen und Bräuche nicht nur aus dem Troppauer Schlesien]. - Žimrovice 2012, 176 s.

1809. Tinzová, Bohumila: Lidové zvyky severozápadního Slezska v průběhu roku [Volkstümliche Bräuche Nordwestschlesiens im Jahresablauf] // In: XII. Svatováclavské mezinárodní setkání v Jeseníku. Slezská lidová kultura a kultura lidu na Jesenicku. Sborník referátů [XII. internationales Sankt-Wenzels -Treffen in Freiwaldau. Schlesische Volkskultur und Kultur des Volkes in der Region Freiwaldau. Sammelband der Vorträge] / ed. Květoslav Growka. - Jeseník; Opava 2012, s. 13-31; Res. 31.

1810. Wawoczny, Ewa: Dwieście legend i podań z terenu powiatu raciborskiego i okolic. Materiały pomocnicze do edukacji regionalnej [200 Legenden und Sagen aus dem Gebiet des Kreises Ratibor und der Umgebung. Hilfsmaterialien für die regionale Bildung]. - Racibórz 2012, ss. 224.

11.02.02. Materielle Kultur – Kultura materialna – Hmotná kultura

Zob. poz. / Siehe auch / Viz 492, 627, 630, 641, 659, 872, 1515, 1565, 1803, 2612, 2699, 2733.

1811. Augustinková, Lucie: Moravská brána do Evropy. Soupis technických a zemědělských památek regionu Poodří [Mährisches Tor nach Europa. Verzeichnis der technischen und landwirtschaftlichen Denkmäler der Region Oderniederung]. - Bartošovice 2012, 136 s.

1812. Chudziak, Joanna: Fajki ceramiczne z ul. Katedralnej 4 we Wrocławiu [Keramikpfeifen aus der Katedralna-Str. 4 in Breslau] // W: Nowożytny cmentarz przy kościele św. Piotra i Pawła na Ostrowie Tumskim we Wrocławiu (lata 1621-1670) [Modern-time church of st Peter and st Paul cemetery in Ostrów Tumski, Wrocław (1621-1670)] / red. Aleksandra Pankiewicz. - Wrocław 2012, s. 161-164, il.

1813. Duma, Paweł: Tajni świadkowie graniczni [Geheime Grenzzeugen] // Pomniki Dawnego Prawa 2012, z. 20, s. 74-77, il. 6.

1814. Gerlich, Grzegorz Marian / Gerlich, A. Miłosz: „Pamiątki domowe" jako artefakty tradycji rodzinnej i górnośląskiej tożsamości regionalnej [Hausandenken als Artefakte der Familientradition und der oberschlesischen regionalen Identität] // Szkice Archiwalno-Historyczne 2012, nr 9, s. 11-26; Res. 26.

1815. Jaworski, Krzysztof: Obróbka surowca kościanego w średniowieczu i czasach nowożytnych w zachodniej części Ostrowa Tumskiego we Wrocławiu. Materiały z posesji przy ul. Katedralnej 4 [Bearbeitung von Knochenmaterial im Mittelalter und in der Neuzeit im westlichen Teil der Dominsel in Breslau. Materialien vom Grundstück bei der Katedralna-Straße 4] // W: Nowożytny cmentarz przy kościele św. Piotra i Pawła na Ostrowie Tumskim we Wrocławiu (lata 1621-1670) [Modern-time church of st Peter and st Paul cemetery in Ostrów Tumski, Wrocław (1621-1670)] / red. Aleksandra Pankiewicz. - Wrocław 2012, s. 165-204, il., tab.

1816. Kamiński, Jacek: Materialne pamiątki po rybnickich Żydach [Erinnerungsstücke an die Rybniker Juden] // W: Żydzi na Górnym Śląsku w XIX i XX wieku [Juden in Oberschlesien im 19. und 20. Jahrhundert] / red. Beata Kalinowska-Wójcik, Dawid Keller. - Rybnik 2012, s. 667-684, fot. 12.

1817. Kapliczki i krzyże przydrożne gminy Popielów [Bildstöcke und Wegekreuze der Gemeinde Poppelau] / red. Elżbieta Duszyńska. - Popielów 2012, ss. 100. fot.

1818. Korżel-Kraśna, Małgorzata: Drewniane sprzęty do gier planszowych w zbiorach Muzeum Narodowego we Wrocławiu [Hölzernes Zubehör für Brettspiele in den Sammlungen des Nationalmuseums Wrocław] // Roczniki Sztuki Śląskiej 21, 2012, s. 145-164, il. 25; Res. 163-164.

1819. Lisowska, Ewa: Średniowieczne i nowożytne wyroby z kamienia odkryte podczas badań przy ulicy Katedralnej 4 we Wrocławiu [Mittelalterliche und neuzeitliche Steingegenstände, freigelegt bei den Untersuchungen in der Katedralna-Straße 4 in Breslau] // W: Nowożytny cmentarz przy kościele św. Piotra i Pawła na Ostrowie Tumskim we Wrocławiu (lata 1621-1670) [Modern-time church of st Peter and st Paul cemetery in Ostrów Tumski, Wrocław (1621-1670)] / red. Aleksandra Pankiewicz. - Wrocław 2012, s. 223-238, il.

1820. Łach, Janusz: Symbolika kultury materialnej wsi dolnośląskiej na przykładzie Borka Strzelińskiego, jej wartości i zmiany [Symbolik der materiellen Kultur des niederschlesischen Dorfes am Beispiel Großburgs, ihr Wert und Wandel] // W: Krajobrazy zdefiniowane - znaki i symbole w krajobrazie. Praca zbiorowa [Definierte Landschaften - Zeichen und Symbole in der Landschaft. Ein Sammelwerk] / red. Janusz Łach, Anna Zaręba. - Wrocław 2012, s. 181-195, il.

1821. Miziołek, Antoni: Zawiszowskie krzyże, pow. Świdnica [Säbischdorfer Kreuz, Kreis Schweidnitz] // Pomniki Dawnego Prawa 2012, z. 18, s. 35-37, il. 5.

1822. Różański, Leszek: Kamień graniczny spod Kazalnicy, pow. jeleniogórski [Grenzstein bei Heinberghöhe, Kreis Hirschberg] // Pomniki Dawnego Prawa 2012, z. 19, s. 42-43, il. 3.

1823. Rzepecka, Katarzyna: Kielichy i pateny z Bazyliki Mniejszej pw. św. Jakuba w Nysie. Systematyka i interpretacja [Kelche und Patenen aus der Basilika St. Jakobus und Agnes in Neiße. Systematik und Deutung] // Nyskie Szkice Muzealne 5, 2012, s. 49-76.

1824. Sawicki, Jakub: Elementy stroju i pasa oraz fragmenty opraw ksiąg z ul. Katedralnej 4 we Wrocławiu [Kleidungs- und Gürteldetails und Fragmente der Buchumschläge von der Katedralna-Straße 4 in Breslau] // W: Nowożytny cmentarz przy kościele św. Piotra i Pawła na Ostrowie Tumskim we Wrocławiu (lata 1621-1670) [Modern-time church of st Peter and st Paul cemetery in Ostrów Tumski, Wrocław (1621-1670)] / red. Aleksandra Pankiewicz. - Wrocław 2012, s. 97-109, il.

1825. Werczyński, Damian: Krzyże kamienne i ich symbolika w krajobrazie Dolnego Śląska [Steinkreuze und ihre Symbolik in der Landschaft Niederschlesiens] // W: Krajobrazy zdefiniowane - znaki i symbole w krajobrazie. Praca zbiorowa [Definierte Landschaften - Zeichen und Symbole in der Landschaft. Ein Sammelwerk] / red. Janusz Łach, Anna Zaręba. - Wrocław 2012, s. 281-302, il., mapa.

1826. Zobniów, Stanisław: Kamienne krzyże w Siechnicach [Steinkreuze in Tschecnitz] // Pomniki Dawnego Prawa 2012, z. 19, s. 44-49, il. 5.

1827. Zobniów, Stanisław: Losy krzyża kamiennego w Lewinie Kłodzkim [Schicksale des Steinkreuzes in Lewin] // Pomniki Dawnego Prawa 2012, z. 19, s. 50-55, il. 5.

1828. Zobniów, Stanisław: Obecny stan obiektów w Pątnowie Legnickim [Heutiger Zustand der Objekte in Panten] // Pomniki Dawnego Prawa 2012, z. 17, s. 58-67, il. 10.
Dot. krzyży kamiennych. - Betr. Steinkreuze.

11.03. Sport und Touristik – Sport, turystyka i wypoczynek – Sport a turistika

Zob. poz. / Siehe auch / Viz 211, 365, 375, 709, 1144, 1215, 1240, 1293, 1315, 1458, 1461, 2234, 2307, 2446, 2525, 2542, 2566-2567, 2595, 2687, 2877, 2963, 2991, 3147, 3210, 3222, 3297, 3420, 3432, 3450, 3453, 3456.

1829. Al Saheb, Jan / Krůl, Martin: Cyklistika na Těšínsku [Radsport im Teschener Schlesien]. - Český Těšín 2012, 26 s.

1830. Bednorz, Bernard: Hotele Przedmieścia Świdnickiego w XIX i XX wieku [Hotels der Schweidnitzer Vorstadt im 19. und 20. Jahrhundert] // W: Przedmieście Świdnickie we Wrocławiu [Die Schweidnitzer Vorstadt in Breslau] / red. nauk. Halina Okólska, Hanna Górska. - Wrocław 2012, s. 225-239, tab.

1831. Blecking, Dietheim: Die polnische Sokolbewegung 1894-1921 // W: Geschichte des Turnens und Sports in Schlesien 1812-1989 / Hrsg. Tomasz Jurek, Karl-Heinz Schodrok. - Gorzów Wielkopolski 2012, s. 119-123.
Dot. turystyki, sportu i kultury fizycznej na Śląsku. - Betr. Touristik, Sport und Leibeserziehung in Schlesien.

1832. Bukała, Anatol: Dziedzictwo historyczno-kulturowe jako potencjał dla rozwoju wybranych rodzajów turystyki kulturowej w powiecie nyskim [Historisch-kulturelles Erbe als Potenzial für die Entwicklung ausgewählter Arten des Kulturtourismus im Kreis Neisse] // Nyskie Szkice Muzealne 5, 2012, s. 7-12.

1833. Cieślikowski, Krzysztof / Kantyka, Joanna: Analiza materialnego potencjału usługowego dla rozwoju turystyki konferencyjnej w województwie śląskim [Analysis of supply factors for the development of conference tourism in the Silesia Province] // Zeszyty Metodyczno-Naukowe. Nr 34: Sport i turystyka - aspekty społeczne, ekonomiczne i prawne 2012, nr 34, s. 163-180, tab. 6; Res. 163.

1834. Cimała, Bogdan / Steuer, Antoni: Körperkultur in Schlesien zur Zeit der Volksrepublik Polen - Oberschlesien // W: Geschichte des Turnens und Sports in Schlesien 1812-1989 / Hrsg. Tomasz Jurek, Karl-Heinz Schodrok. - Gorzów Wielkopolski 2012, s. 349-388, il., tab.

1835. Cimała, Bogdan / Steuer, Antoni: Turnen und Sport in Oberschlesien während des Ersten Weltkriegs, der nationalen Aufstände und der Volksabstimmung 1914-1921 // W: Geschichte des Turnens und Sports in Schlesien 1812-1989 / Hrsg. Tomasz Jurek, Karl-Heinz Schodrok. - Gorzów Wielkopolski 2012, s. 153-194, il., mapa.

1836. Czaderna, Ryszard: Wykonanie uchwały KW PZPR we Wrocławiu w sprawie kultury fizycznej i sportu w 1950 roku - zarys zagadnienia [Vollzug des Gesetzes des Zentralkomitees der Polnischen Vereinigten Arbeiterpartei in der Angelegenheit der Leibeserziehung und des Sportes im Jahr 1950 - Abriss der Problematik] // W: Letnia Szkoła Historii Najnowszej 2011. Referaty [Sommerschule für Zeitgeschichte 2011. Referate] / red. Przemysław Gasztold-Seń ; red., wstęp Łukasz Kamiński. - Warszawa 2012, s. 57-70, tab., wykr.

1837. Czechowicz, Bogusław: „Zdvořilost jak u uřadniku, a to též u občanstva, jest větši jak v Čechach". Mieszczanina z wschodnioczeskiej Dobruški wycieczka na Śląsk w maju 1892 roku [„Zdvořilost jak uřadniku, a to též u občanstva, jest větši jak v Čechach". Die Höflichkeit bei den Bürgern ist größer als in Tschechien. Eines Bürgers aus den Ostböhmischen Dobrushka viertätiger Ausflug nach Schlesien im Mai 1892] // W: Podróże i migracje w Europie Środkowej [Reisen und Migrationen in Mitteleuropa] / red. Antoni Barciak ; wprowadz. Małgorzata Mańka-Szulik. - Katowice 2012, s. 312-331, reprod. 30; dt. Res. 331.

1838. Daněk, Radoslav: Jak v Ostravě kanadu pěstovali, až Vítkovičtí mezi elitu přišli [Wie man in Ostrau Eishockey betrieb, bis der Verein aus Witkowitz zur Elite gehörte] // Vlastivědné listy Slezska a severní Moravy. Časopis pro dějiny, umění, přírodu a dnešek 38, 2012, č. 2, s. 19-23.

1839. Dziedzic, Marcin: Rozłamy w Kłodzkim Towarzystwie Górskim. Dzieje niemieckich towarzystw górskich w Słupcu, Bardzie i Złotym Stoku [Abspaltungen innerhalb des Glatzer Gebirgsvereins (GGV). Geschichte der deutschen Gebirgsvereine in (Neurode-)Schlegel, Wartha und Reichenstein] // Śląski Kwartalnik Historyczny Sobótka 67, 2012, nr 3, s. 49-56; Res. 55-56.

1840. Czartoryska Izabela: Eine schlesische Reise im Jahr 1816. Das Reisetagebuch der polnischen Fürstin Isabella Czartoryska / Hrsg. Katrin Schulze. - Görlitz 2012, 198 S., 27 Abb.

1841. Fryc, Adam: Körperkultur während des Zweiten Weltkriegs // W: Geschichte des Turnens und Sports in Schlesien 1812-1989 / Hrsg. Tomasz Jurek, Karl-Heinz Schodrok. - Gorzów Wielkopolski 2012, s. 315-332, il.
Dot. turystyki, sportu i kultury fizycznej na Śląsku. - Betr. Touristik, Sport und Leibeserziehung in Schlesien.

1842. Fryc, Adam: Rozwój piłki nożnej na Górnym Śląsku i w Zagłębiu Dąbrowskim do 1914 roku - analiza porównawcza [Entwicklung des Fußballs in Oberschlesien und im Dombrowaer Becken bis 1914 - Vergleichsanalyse] // W: Początki piłki nożnej w Polsce. Materiały z sesji naukowej zorganizowanej przez Małopolski Związek Piłki Nożnej i Muzeum Sportu i Turystyki w Warszawie [Anfänge des Fußballs in Polen. Materialien der wissenschaftlichen Konferenz organisiert von dem Kleinpolnischen Fußballverband und dem Museum für Sport und Touristik in Warschau] / red. nauk. Jerzy Chełmecki ; red. Elżbieta Krawczyk-Kosieradzka. - Warszawa 2012, s. 57-70.

1843. Galicja Mieczysława Orłowicza wiek później [Das Galizien von Mieczysław Orłowicz ein Jahrhundert später] / red. Joanna Hołda. - Nowy Sącz 2012, ss. 159, il., CD-ROM.
Dot. także Śląska Cieszyńskiego. - Betr. auch das Teschener Schlesien.

1844. Glonek, Jiří: K počátkům turistiky v Jeseníkách - první turistické mapy a bedekry [Über die Anfänge des Fremdenverkehrs in der Region Freiwaldau - die ersten touristischen Karten und Reiseführer] // Jesenicko. Vlastivědný sborník 13, 2012, s. 19-34.

1845. Grabowa, Kinga / Ciepierski, Andrzej / Rapacz, Andrzej: Wybrane zabytki architektury powiatu ząbkowickiego [Ausgewählte Architekturdenkmäler des Kreises Frankenstein in Schlesien] // Dolny Śląsk 17, 2012, s. 132-144, il. 8.

1846. Hadzik, Andrzej: Körperkultur in Schlesien zur Zeit der Volksrepublik Polen - Sport für alle // W: Geschichte des Turnens und Sports in Schlesien 1812-1989 / Hrsg. Tomasz Jurek, Karl-Heinz Schodrok. - Gorzów Wielkopolski 2012, s. 444-456, il.

1847. Hojka, Zbigniew: Towarzystwo Gimnastyczne „Sokół" na ziemi rybnickiej 1898-1939 [Turnverein „Sokół" im Rybniker Land 1898-1939] // W: Zrozumieć Śląsk [Schlesien verstehen] / red. Dawid Keller, Bogdan Kloch. - Rybnik 2012, s. 111-124.

1848. Holtz, Sabine: „... ein großes und schönes Land/ so sich nach der Länge ziehet". Die Beschreibung des Herzogtums Schlesien durch Martin Zeiller (1650) // In: Schlesien und der deutsche Südwesten um 1600. Späthumanismus - reformierte Konfessionalisierung - politische Formierung / Hrsg. Joachim Bahlcke, Albrecht Ernst. - Heidelberg 2012, S. 351-368, Abb.

1849. Hyski, Marcin: Rozwój agroturystyki w powiecie pszczyńskim [Agritourism development in the Pszczyna district] // Zeszyty Metodyczno-Naukowe. Nr 34: Sport i turystyka - aspekty społeczne, ekonomiczne i prawne 2012, nr 34, s. 195-213; Res. 195.

1850. Jurek, Tomasz: Körperkultur der deutschen Minderheit // W: Geschichte des Turnens und Sports in Schlesien 1812-1989 / Hrsg. Tomasz Jurek, Karl-Heinz Schodrok. - Gorzów Wielkopolski 2012, s. 332-348, il.
Dot. turystyki, sportu i kultury fizycznej na Śląsku. - Betr. Touristik, Sport und Leibeserziehung in Schlesien.

1851. Jurek, Tomasz: Polnische Literatur - Ostoberschlesien und Oberschlesien // W: Geschichte des Turnens und Sports in Schlesien 1812-1989 / Hrsg. Tomasz Jurek, Karl-Heinz Schodrok. - Gorzów Wielkopolski 2012, s. 36-49, il.
Dot. turystyki, sportu i kultury fizycznej na Śląsku. - Betr. Touristik, Sport und Leibeserziehung in Schlesien.

1852. Karlova Studánka [Bad Karlsbrunn] / text Lenka Skuhravá. - Karlova Studánka 2012, 105 s.

1853. Kirchner, Rudolf / Šrámek, Pavel: Historie boxu v Opavě 1932-2012 [Die Geschichte des Boxsportes in Troppau 1932-2012]. - Opava 2012, 253 s.

1854. Klose, Andreas: Dreihundert Jahre Tourismus im Zobtengebirge // Schlesische Geschichtsblätter. Zeitschrift für Regionalgeschichte Schlesiens 39, 2012, H. 1, S. 1-30.

1855. Klubowa historia polskiej piłki nożnej do 1939 roku. T. 1: Regiony, branże, frekwencja [Vereinsgeschichte des polnischen Fußballs bis zum Jahr 1939. Band 1: Regionen, Branchen, Frequenz] / [red.] Jan Goksiński. - Warszawa 2012, ss. 498, il.
Dot. także klubów sportowych na Śląsku. - Betr. auch Sportvereine in Schlesien.

1856. Kobylańska, Malwina / Madziarz, Maciej: Możliwości utworzenia podziemnej trasy turystycznej „Kopalnia Ciche Szczęście" w Leszczynie w świetle aspektów technicznych i ekonomicznych takiej inwestycji [The possibilities of underground geotouristic route formation „Ciche Szczęście Mine" in Leszczyna in the light of technical and economical aspects of such investment] // W: Dzieje górnictwa - element europejskiego dziedzictwa kultury. T. 4 [Geschichte des Bergbaus - ein Element des europäischen Kulturerbes. Band 4] / red. Paweł Zagożdżon, Maciej Madziarz. - Wrocław 2012, s. 193-205, il.; sum. 205.

1857. Łaborewicz, Ivo: Historyczne uwarunkowania rozwoju Karkonoszy i Gór Izerskich [The historical conditions of development of the Karkonosze and the Izerskie mountains] // W: Budowanie w pięknym krajobrazie. 3: Typowa architektura Karkonoszy i Gór Izerskich [Bauen in einer schönen Landschaft. 3: Typische Architektur im Riesengebirge und Iser-Gebirge] / red. Elżbieta Trocka-Leszczyńska, Jacek Godlewski. - Wrocław 2012, s. 29-32; Res. 32.

1858. Małolepszy, Eligiusz: Körperkultur in Schlesien zur Zeit der Volksrepublik Polen - Leistungssport // W: Geschichte des Turnens und Sports in Schlesien 1812-1989 / Hrsg. Tomasz Jurek, Karl-Heinz Schodrok. - Gorzów Wielkopolski 2012, s. 422-444, il.

1859. Mazurski, Krzysztof Radosław: Duszniki-Zdrój w opisach turystyczno-krajoznawczych lat 1945-1977 [Bad Reinerz in den touristischen und landeskundlichen Beschreibungen aus den Jahren 1945-1977] // Rocznik Muzeum Papiernictwa 6, 2012, s. 61-80, il. 3; Res. 77-80.

1860. Mazurski, Krzysztof Radosław: Historia turystyki sudeckiej [Geschichte der Touristik in den Sudeten]. - Kraków 2012, ss. 672, il.

1861. Mazurski, Krzysztof Radosław: Obszar Śląska w aspekcie turystycznym [Das Gebiet Schlesiens unter touristischen Aspekten] // W: Granice Śląska w interdyscyplinarnej perspektywie [Schlesiens Grenzen aus interdisziplinärer Perspektive] / red. Ryszard Gładkiewicz, Teresa Sołdra-Gwiżdż, Marek S. Szczepański. - Opole 2012, s. 104-126, map 2; Res. 124-126.

1862. Mazurski, Krzysztof Radosław: Sudeckie wieże widokowe w roli krajobrazowej nominanty [Aussichtstürme in den Sudeten als Landschaftsprädiktoren] // W: Krajobrazy zdefiniowane - znaki i symbole w krajobrazie. Praca zbiorowa [Definierte Landschaften - Zeichen und Symbole in der Landschaft. Ein Sammelwerk] / red. Janusz Łach, Anna Zaręba. - Wrocław 2012, s. 197-216, il.

1863. Menzel, Rainer: Der Sport und seine Geschichte // In: Zwischen Neiße, Schöps und Spree. Der Landkreis Görlitz / Thomas Napp, Hermann Ansorge, Gunter Oettel. - Görlitz 2012, S. 440-450.
Dot. powiatu Görlitz. - Betr. den Kreis Görlitz.

1864. Mielczarek, Krzysztof: 120 lat piłkarskiej historii Dolnego Śląska [120 Jahre niederschlesische Fußballgeschichte]. - Wrocław 2012, ss. 503, il.

1865. Moszny, Józef: Zabytkowa kopalnia srebra w Tarnowskich Górach jako ośrodek edukacji regionalnej i kulturalnej oraz geoturystyki na Ziemi Tarnogórskiej [The historic silver mine in Tarnowskie Góry as a center of regional and cultural education and geotourism on Tarnowskie Góry Region] // W: Dzieje górnictwa - element europejskiego dziedzictwa kultury. T. 4 [Geschichte des Bergbaus - ein Element des europäischen Kulturerbes. Band 4] / red. Paweł Zagożdżon, Maciej Madziarz. - Wrocław 2012, s. 291-301, il.; sum. 301.

1866. Mrozowicz, Wojciech: Der deutsche Südwesten in Reiseberichten schlesischer Adeliger und Bürger zwischen Reformation und Dreißigjährigem Krieg // In: Schlesien und der deutsche Südwesten um 1600. Späthumanismus - reformierte Konfessionalisierung - politische Formierung / Hrsg. Joachim Bahlcke, Albrecht Ernst. - Heidelberg 2012, S. 319-334, Abb.

1867. Ondřeka, Zbyšek: Těšínsko známé i neznámé [Das bekannte und das unbekannte Teschener Schlesien]. - Český Těšín 2012, 151 s.

1868. Ordyłowski, Marek: Polnische Literatur - Niederschlesien // W: Geschichte des Turnens und Sports in Schlesien 1812-1989 / Hrsg. Tomasz Jurek, Karl-Heinz Schodrok. - Gorzów Wielkopolski 2012, s. 49-57.
Dot. turystyki, sportu i kultury fizycznej na Śląsku. -Betr. Touristik, Sport und Leibeserziehung in Schlesien.

1869. Ordyłowski, Marek: Quellenbestand in polnischen Archiven // W: Geschichte des Turnens und Sports in Schlesien 1812-1989 / Hrsg. Tomasz Jurek, Karl-Heinz Schodrok. - Gorzów Wielkopolski 2012, s. 27-35.
Dot. także źródeł do historii sportu na Śląsku. - Betr. auch Quellen zur Sportgeschichte in Schlesien.

1870. Ordyłowski, Marek: Rozwój sportu we Wrocławiu po II wojnie światowej do transformacji ustrojowej [Entwicklung des Sports in Breslau nach dem Zweiten Weltkrieg bis zum Systemwechsel] // Pamięć i Przyszłość 2012, nr 1 (15), s. 6-11, il. 2.

1871. Pacholski, Jan: Auf Friedrichs Spuren durch Schlesien. Wanderungen Anno 2012 // Silesia Nova. Vierteljahresschrift für Kultur und Geschichte 9, 2012, H. 3, S. 95-112.

1872. Padewski, Andrzej: Piłka nożna na Dolnym Śląsku do 1945 roku [Fußball in Niederschlesien bis 1945] // W: Początki piłki nożnej w Polsce. Materiały z sesji naukowej zorganizowanej przez Małopolski Związek Piłki Nożnej i Muzeum Sportu i Turystyki w Warszawie [Anfänge des Fußballs in Polen. Materialien der wissenschaftlichen Konferenz organisiert von dem Kleinpolnischen Fußballverband und dem Museum für Sport und Touristik in Warschau] / red. nauk. Jerzy Chełmecki ; red. Elżbieta Krawczyk-Kosieradzka. - Warszawa 2012, s. 71-76.

1873. Palimąka, Krzysztof: Piłkarska „Bielawianka" 1946-2011 [Der Fußballclub „Bielawianka" 1946-2011]. - Lutomia Górna 2012, ss. 443, il., tabl. [8].

1874. Pietrzak, Henryk / Pilarek, Sławomir: Körperkultur in Schlesien zur Zeit der Volksrepublik Polen - Schulsport // W: Geschichte des Turnens und Sports in Schlesien 1812-1989 / Hrsg. Tomasz Jurek, Karl-Heinz Schodrok. - Gorzów Wielkopolski 2012, s. 412-421, il.

1875. Pikul, Tomasz: Monografia sekcji piłkarskiej GKS Katowice. T. 2, 1984-1994 [Monographie der Fußballabteilung GKS Kattowitz. Band 2, 1984-1994]. - Katowice 2012, ss. 483, il., tab.

1876. Ponczek, Mirosław: Körperkultur in den Jahren 1922-1939 // W: Geschichte des Turnens und Sports in Schlesien 1812-1989 / Hrsg. Tomasz Jurek, Karl-Heinz Schodrok. - Gorzów Wielkopolski 2012, s. 279-301, il.
Dot. turystyki, sportu i kultury fizycznej na Śląsku. - Betr. Touristik, Sport und Leibeserziehung in Schlesien.

1877. Popińska, Jolanta: Aktywność sportowo -rekreacyjna młodzieży akademickiej w czasach PRL na przykładzie Uniwersytetu Wrocławskiego [Sportlich-erholende Aktivität der akademischen Jugend während der Zeit der Volksrepublik Polen am Beispiel der Universität Breslau] // Pamięć i Przyszłość 2012, nr 1 (15), s. 19-26, il. 4.

1878. Przerwa, Tomasz: Między lękiem i zachwytem. Sporty zimowe w śląskich Sudetach i ich znaczenie dla regionu (do 1945 roku) [Zwischen Angst und Bewunderung. Wintersport in den schlesischen Sudeten und ihre Bedeutung für die Region (bis 1945)]. - Wrocław 2012, ss. 440, il.

1879. Ranoszek, Włodzimierz / Widawski, Krzysztof: Pogranicze śląsko-wielkopolskie jako cel turystyki [Das schlesisch-großpolnische Grenzgebiet als Ziel der Touristik] // W: Kultura i turystyka. Wspólne korzenie [Kultur und Touristik. Gemeinsame Wurzeln] / red. Bogdan Włodarczyk, Beata Krakowiak. - Łódź 2012, s. 227-242, il.

1880. Rygus, Piotr: Chorzowskie derby. Historia zmagań piłkarskich chorzowskich drużyn AKS-u i „Ruchu" [Derby in Chorzów. Kampfgeschichte der Fußballmannschaften AKS und Ruch in Chorzów] // Zeszyty Chorzowskie 13, 2012, s. 154-164, fot. 2; Res. 164.

1881. Rzeczycki, Tomasz: Podziemne trasy turystyczne Polski. Cz. 1: Kopalnie [Unterirdische touristische Routen Polens. Teil 1: Bergwerke]. - Kraków 2012, ss. 412, il. [20].
Militarne Sekrety. Dot. także Śląska. - Betr. auch Schlesien.
Rec.: Łaborewicz, Ivo // Rocznik Jeleniogórski 44, 2012, s. 303-304.

1882. Rzeczycki, Tomasz: Podziemne trasy turystyczne Polski. Cz. 2: Obiekty strategiczne [Unterirdische touristische Routen Polens. Teil 2: Strategische Objekte]. - Kraków 2012, ss. 236, il. [18].
Militarne Sekrety. Dot. także Śląska. - Betr. auch Schlesien.
Rec.: Łaborewicz, Ivo // Rocznik Jeleniogórski 44, 2012, s. 303-304.

1883. Rzeczycki, Tomasz: Schronisko „Wierchy" na grzbiecie Karkonoszy [Die Baude „Wierchy" auf dem Riesengebirgskamm] // Rocznik Jeleniogórski 44, 2012, s. 155-160, il. 2; Res. 160.

1884. Sawicka, Jolanta / Abramowicz, Zdzisław: Dzieje nadbobrzańskiej gminy Bolesławiec [Geschichte der Bober-Gemeinde Bunzlau]. - Bolesławiec 2011, ss. 328, fot.
Rec.: Brusiło, Zygmunt // Rocznik Bolesławiecki 4, 2011 (2012), s. 177-178, il. 2.

1885. Schodrok, Karl-Heinz: Anfänge der Sportvereine 1900-1914 // W: Geschichte des Turnens und Sports in Schlesien 1812-1989 / Hrsg. Tomasz Jurek, Karl-Heinz Schodrok. - Gorzów Wielkopolski 2012, s. 124-143, il.
Dot. turystyki, sportu i kultury fizycznej na Dolnym Śląsku, głównie we Wrocławiu. - Betr. Touristik, Sport und Leibeserziehung in Oberschlesien, hauptsächlich in Breslau.

1886. Schodrok, Karl-Heinz: Schulturnen im 19. Jahrhundert // W: Geschichte des Turnens und Sports in Schlesien 1812-1989 / Hrsg. Tomasz Jurek, Karl-Heinz Schodrok. - Gorzów Wielkopolski 2012, s. 78-104, il.

Dot. turystyki, sportu i kultury fizycznej na Śląsku. - Betr. Touristik, Sport und Leibeserziehung in Schlesien.

1887. Schodrok, Karl-Heinz: Turnen und Sport im Nationalsozialismus // W: Geschichte des Turnens und Sports in Schlesien 1812-1989 / Hrsg. Tomasz Jurek, Karl-Heinz Schodrok. - Gorzów Wielkopolski 2012, s. 238-265, il.
Dot. turystyki, sportu i kultury fizycznej na Śląsku. - Betr. Touristik, Sport und Leibeserziehung in Schlesien.

1888. Schodrok, Karl-Heinz: Turnen und Sport in der Weimarer Republik // W: Geschichte des Turnens und Sports in Schlesien 1812-1989 / Hrsg. Tomasz Jurek, Karl-Heinz Schodrok. - Gorzów Wielkopolski 2012, s. 195-238, il., tab.
Dot. sportu i kultury fizycznej na Śląsku. - Betr. Sport und Leibeserziehung in Schlesien.

1889. Schodrok, Karl-Heinz: Turnvereine für Erwachsene // W: Geschichte des Turnens und Sports in Schlesien 1812-1989 / Hrsg. Tomasz Jurek, Karl-Heinz Schodrok. - Gorzów Wielkopolski 2012, s. 105-118, il.
Dot. turystyki, sportu i kultury fizycznej na Śląsku. - Betr. Touristik, Sport und Leibeserziehung in Schlesien.

1890. Schodrok, Karl-Heinz: Das Turnwesen in der Jahn-Ära // W: Geschichte des Turnens und Sports in Schlesien 1812-1989 / Hrsg. Tomasz Jurek, Karl-Heinz Schodrok. - Gorzów Wielkopolski 2012, s. 60-77, il.
Dot. turystyki, sportu i kultury fizycznej głównie na Dolnym Śląsku. - Betr. Touristik, Sport und Leibeserziehung hauptsächlich in Niederschlesien.

1891. Siemion, Piotr: S-L-A-S-K. Breslau/Wrocław // In: Totalniy Futbol. Eine polnisch-ukrainische Fußballreise / Serhij Žhadan. - Berlin 2012, S. 101-127.
Dot. drużyny piłkarskiej we Wrocławiu. - Betr. Fußballmannschaft in Breslau.

1892. Skotnicka, Małgorzata: Zmagania sportowe podczas Dni Wrocławia w latach 1956-1989 [Sportliches Ringen während der „Breslauer Tage" in den Jahren 1956-1989] // Pamięć i Przyszłość 2012, nr 1 (15), s. 28-30.

1893. Smolorz, Dawid / Czado, Paweł / Waloszek, Joachim: Górnoślązacy w polskiej i niemieckiej reprezentacji narodowej w piłce nożnej wczoraj i dziś. Sport i polityka na Górnym Śląsku [Oberschlesier in der deutschen und polnischen Fußball-Nationalmannschaft - gestern und heute. Sport und Politik in Oberschlesien]. - Wyd. 2. - Gliwice 2012, ss. 116, fot.
Wyd. 1 / 1. Aufl. 2006.

1894. Smolorz, Dawid / Czado, Paweł / Waloszek, Joachim: Oberschlesier in der deutschen und polnischen Fußball-Nationalmannschaft - gestern und heute. Sport und Politik in Oberschlesien. - Gliwice 2012, 128 S., Abb.

1895. Sportowcy ziemi jeleniogórskiej 1945-2010 [Sportler des Hirscherger Landes 1945-2010] / red. Roman Prystrom. - Jelenia Góra 2012, ss. 416, il.
Rec.: Witczak, Romuald // Rocznik Jeleniogórski 44, 2012, s. 311-312.

1896. Stelmach, Roman: Karkonosze - magiczne centrum turystyczne. Jego rozwój w XIX i XX wieku w świetle źródeł archiwalnych [Riesengebirge - magisches Touristenzentrum und seine Entwicklung im 19. und 20. Jahrhundert im Lichte von Archivquellen] // W: Podróże i migracje w Europie Środkowej [Reisen und Migrationen in Mitteleuropa] / red. Antoni Barciak ; wprowadz. Małgorzata Mańka-Szulik. - Katowice 2012, s. 300-311, fot. 3, reprod. 1; dt. Res. 311.

1897. Steuer, Antoni: Organizacje kultury fizycznej w województwie śląskim w latach 1922-1939 [Organisation der Leibeserziehung in der Woiwodschaft Schlesien in den Jahren 1922-1939] // W: Stowarzyszenia, związki, bractwa, inicjatywy społeczne i ich znaczenie dla Śląska. Wczoraj, dziś, jutro. XIV Seminarium Śląskie. Kamień Śląski 2009. Traktaty polsko-niemieckie z 1990 i 1991 roku i ich konsekwencje dla Śląska; XV Seminarium Śląskie, Kamień Śląski 2010. Publikacja pokonferencyjna (wybór tekstów) [Gesellschaften, Verbände, Bruderschaften, gesellschaftliche Initiativen und ihre Bedeutung für Schlesien. Gestern, heute, morgen. 14. Schlesische Konferenz. Groß Stein 2009. Polnisch-deutsche Traktate aus dem Jahr 1990 und 1991 und ihre Konsequenzen für Schlesien; 15. Schlesische Konferenz. Groß Stein 2010. Konferenzberichte (Auswahl der Texte)]. - Gliwice 2012, s. 94-102.

1898. Steuer, Antoni: Ryszard Błażyca i Rozalia Kajzer-Piesiur. Pierwsi górnicy olimpijczycy [Ryszard Błażyca und Rozalia Kajzer-Piesiur. Die ersten Olympioniken unter Bergleuten] // Górnik Polski. Zeszyty Naukowe Muzeum Górnictwa Węglowego w Zabrzu 2012, nr 6, s. 275-282, fot. 3; Res. 281-282.

1899. Stępień, Henryk / Rzepka, Arkadiusz: Kronika wydarzeń sportowych i wyszkolenia fizycznego w Oficerskiej Szkole Radiotechnicznej [Chronik der Sportereignisse und Sportschulung in der Offiziershochschule für Radiotechnik] // Biuletyn Jeleniogórskiego Stowarzyszenia Żołnierzy Radiotechników „Radar" 13, 2012, s. 89-116, il. 7, tab. 9.

1900. Strożek, Kazimierz: 65. urodziny Lechii Dzierżoniów [65. Geburtstag von Lech Dzierżoniów] // Rocznik Dzierżoniowski 21, 2011 (2012), s. 141-146, il. 2.

1901. Szczerbiński, Marek / Wieczorek, Grzegorz: Körperkultur im Teschner Schlesien 1919-1945 // W: Geschichte des Turnens und Sports in Schlesien 1812-1989 / Hrsg. Tomasz Jurek, Karl-Heinz Schodrok. - Gorzów Wielkopolski 2012, s. 301-315, il.

1902. Szczerbiński, Marek / Wieczorek, Grzegorz: Turnen und Sport der Polen im Teschener Schlesien 1891-1918 // W: Geschichte des Turnens und Sports in Schlesien 1812-1989 / Hrsg. Tomasz Jurek, Karl-Heinz Schodrok. - Gorzów Wielkopolski 2012, s. 143-153, il., mapa.

1903. Szczotka, Halina: Start do wieczności [Abflug zur Ewigkeit] // Zwrot. Miesięcznik społeczno-kulturalny Polskiego Związku Kulturalno-Oświatowego w Republice Czeskiej 63, 2012, nr 8, s. 22-25, il. 8.
Dot. katastrofy lotniczej F. Żwirki i S. Wigury. - Betr. Flugzeugabsturz von F. Żwirko und S. Wigura.

1904. Szymański, Leonard: Körperkultur in Schlesien zur Zeit der Volksrepublik Polen - Niederschlesien // W: Geschichte des Turnens und Sports in Schlesien 1812-1989 / Hrsg. Tomasz Jurek, Karl-Heinz Schodrok. - Gorzów Wielkopolski 2012, s. 388-412, il.

1905. Taranek-Wolańska, Olga: W stronę antropologii turystyki. Literacki zapis podróży Izabeli Czartoryskiej do Cieplic w 1816 roku na europejskim tle porównawczym [Der Touristik-Anthropologie entgegen. Literarischer Bericht von Izabela Czartoryskas Reise nach Bad Warmbrunn 1816 im europäischen Vergleich] // W: Śląskie pogranicza kultur. T. 1 [Das schlesische Kulturgrenzland. Bd. 1] / red. Marian Ursel, Olga Taranek-Wolańska. - Wrocław 2012, s. 11-27.

1906. Techmańska, Barbara: Trudne początki życia sportowego w powojennym Wrocławiu [Schwierige Anfänge des Sportlebens im Nachkriegs-Breslau] // Pamięć i Przyszłość 2012, nr 1 (15), s. 12-18, il. 1.

1907. Trierenberg, Heinrich / Maruck, Thomas: Reisewege zu historischen Stätten in Niederschlesien. - 2. Aufl. - Dülmen 2012, 336 S., Abb., Kt.
Wyd. 1 / 1. Aufl. 1996.

1908. Turystyka kulturowa w regionie lubuskim [Kulturtourismus im Lebuser Land] / red. Marek Kazimierczak. - Sulechów 2012, ss. 279, il.

1909. Urban, Thomas: Czarny orzeł, biały orzeł. Piłkarze w trybach polityki / przekł. Wawrzyniec Sawicki. - Katowice 2012, ss. 310, fot.
Wersja niemiecka/Deutsche Fassung: Schwarze Adler, weiße Adler. Deutsche und polnische Fußballer im Räderwerk der Politik, Göttingen 2011.

1910. Ursel, Marian: Z problemów życia kuracyjnego i kulturalno-towarzyskiego w uzdrowiskach śląskich w XIX wieku w świetle ówczesnych polskich wspomnień i relacji prasowych [Probleme des kulturell-gesellschaftlichen und Kurlebens in den schlesischen Kurorten im 19. Jahrhundert im Lichte damaliger polnischer Erinnerungen und Presseberichte] // W: Historia kultury uzdrowiskowej w Europie [Die Kulturgeschichte der Kurorte in Europa] / red. Bożena Płonka-Syroka, Agnieszka Kaźmierczak. - Wrocław 2012, s. 87-113.

1911. Weltmann, Bernard: Körperkultur der polnischen Minderheit // W: Geschichte des Turnens und Sports in Schlesien 1812-1989 / Hrsg. Tomasz Jurek, Karl-Heinz Schodrok. - Gorzów Wielkopolski 2012, s. 265-278, il., tab.
Dot. turystyki, sportu i kultury fizycznej na Śląsku. - Betr. Touristik, Sport und Leibeserziehung in Schlesien.

1912. Wijas, Stanisław: Zarys historii kół przewodników PTTK w Zielonej Górze i na Środkowym Nadodrzu w latach 1960-2011 [Abriss der Geschichte von Führerkreisen der Polnischen Gesellschaft für Touristik und Heimatkunde im Mittleren Odergebiet in den Jahren 1960-2011]. - Wyd. 2. popr. - Zielona Góra 2012, ss. 130, il.

1913. Witczak, Romuald: Carsko-królewskie wywczasy u Karkonoszy [Die kaiserlich-königlichen Sommerfrischen im Riesengebirge] // Rocznik Jeleniogórski 44, 2012, s. 83-102, il. 22; Res. 101-102.

1914. Zawadzki, Wojciech: Kronika Klubu AZS Politechnika Wrocław 1972-1991 [Chronik des Clubs des Akademischen Sportverbandes Breslau 1972-1991]. - Wrocław 2012, ss. 440, il.

1915. Żak, Janusz / Rektor, Zbigniew: Studencka piłka siatkowa w Wyższej Szkole Inżynierskiej i Politechnice Opolskiej w latach 1966-2000 [Volleyball der Studenten an der Ingenieurfachhochschule und Technischen Schule in Oppeln in den Jahren 1966-2000]. - Opole 2012, ss. 67, fot.

1916. Żochowska, Małgorzata / Marek, Aneta / Tylman, Iwona: Dominanty turystyczne krajobrazu otwartego Euroregionu Glacensis powstałe w wyniku współpracy transgranicznej [Als Ergebnis der grenzüberschreitenden Zusammenarbeit entstandene Dominanten des Tourismus in unbebauter Landschaft der Euroregion Glacensis] // W: Krajobrazy zdefiniowane - znaki i symbole w krajobrazie. Praca zbiorowa [Definierte Landschaften - Zeichen und Symbole in der Landschaft. Ein Sammelwerk] / red. Janusz Łach, Anna Zaręba. - Wrocław 2012, s. 349-374, il., mapy.

11.04. Bildung (Schulen) – Oświata – Vzdělávání (školy)

Zob. poz. / Siehe auch / Viz 376, 406, 417, 603, 808, 1418, 1429, 1438, 1455, 1599, 1649, 1651, 1673, 1690, 1698, 1714, 1810, 1874, 1886, 2039, 2059, 2077, 2079, 2141, 2153, 2610, 2833, 2859, 2884, 2888, 3026, 3039, 3145, 3157, 3287, 3334.

1917. 100 lat kształcenia zawodowego na ulicy Frysztackiej [100 Jahre Berufsausbildung in der Frysztat-Straße] / red. Ewa Augustyniak [et al.]. - Cieszyn [2012], ss. 119, il., tabl. [24] s.

1918. 20-lecie V Liceum Ogólnokształcącego im. Jana Heweliusza w Legnicy. Zarys monograficzny 1992-2012 [20 Jahre Allgemeinbildendes Jan Heweliusz-Lyzeum in Liegnitz. Monografischer Abriss 1992-2012] / red. Krystyna Kubiak, Maria Rojewska, Ewa Bońdos. - Legnica 2012, ss. 104, il.

1919. 58 lat Szkół Żeglugi Śródlądowej we Wrocławiu 1947-2005 [58 Jahre der Binnenschifffahrtsschule in Breslau 1947-2005] / red. Irena Talik, Sylwia Talik, Paweł Talik. - Wrocław 2012, ss. 60, il.

1920. 60 lat Zespołu Szkół Samochodowych w Legnicy 1952-2012 [60 Jahre Gesamtschule für Automechanik in Liegnitz 1952-2012] / oprac. Bogumiła Jaszczyk. - [S.l.] [2012], ss. 49, il.

1921. Absmeier, Christine: Das schlesische Schulwesen im Jahrhundert der Reformation. Ständische Bildungsreformen im Geiste Philipp Melanchthons [Szkolnictwo na Śląsku w wieku reformacji. Reformy stanowe w duchu Philippa Melanchthona]. - Stuttgart 2011, 371 S.; Res. 313-315.
Contubernium; 74.
Rec.: Ludwig, U. // Neues Archiv für sächsische Geschichte 83, 2012, S. 320-323.

1922. Białokur, Marek: Porównanie obrazu Powstania Wielkopolskiego i Powstań Śląskich w szkolnych podręcznikach historii [Comparison of the Greater Poland and the Silesian uprising as depicted in history textbooks] // W: Górny Śląsk i Wielkopolska w XIX i pierwszej połowie XX wieku. Wybrane aspekty z dziejów polityki i edukacji [Oberschlesien und Großpolen im 19. und in der ersten Hälfte des 20. Jahrhunderts. Ausgewählte Aspekte aus der Politik- und Bildungsgeschichte] / red. Jarosław Durka. - Poznań 2012, s. 189-236; Res. 236-237.

1923. Bobik, Bogumiła: Szkolnictwo Bytomia w pierwszych latach powojennych [Das Schulwesen in Beuthen in den ersten Nachkriegsjahren] // W: Bytom w cieniu totalitaryzmów. Szkice z dziejów miasta 1933-1939 [Beuthen im Schatten der Totalitarismen. Skizzen aus der Stadtgeschichte 1933-1939] / red. Sebastian Rosenbaum. - Katowice 2012, s. 205-228.

1924. Bogus, Marzena: Nadzór szkolny i jego rola w budowaniu i zarządzaniu systemem oświaty na Śląsku Cieszyńskim w czasach austriackich [Die Schulaufsicht und ihre Rolle bei dem Aufbau und der Verwaltung des Bildungssystems im Teschener Schlesien zu österreichischen Zeiten] // Przegląd Historyczno-Oświatowy. Kwartalnik Związku Nauczycielstwa Polskiego poświęcony dziejom oświaty i wychowania 55, 2012, nr 1-2, s. 5-17.

1925. Bogus, Marzena: Nędza z bidą w parze idą. O sytuacji nauczycieli w XIX wieku [Armut mit Elend Hand in Hand gehend. Über die Situation der Lehrer im 19. Jahrhundert] // W: Język - szkoła - przestrzeń jako determinanty rozwoju kultury Śląska Cieszyńskiego [Sprache - Schule - Raum als Determinanten der Entwicklung der Kultur des Teschener Schlesiens] / red. Marzena Bogus. - Czeski Cieszyn 2012, s. 57-100.
Dot. głównie Śląska Cieszyńskiego. - Betr. hauptsächlich das Teschener Schlesien.

1926. Burda, Bogumiła: Akademia Rycerska w Legnicy w XVIII wieku na tle ówczesnego szkolnictwa średniego na Śląsku i w krajach ościennych [Die Ritterakademie in Liegnitz im 18. Jahrhundert im Vergleich zum damaligen mittleren Schulwesen in Schlesien und Nachbarländern] // W: Wokół problemów edukacji... Księga pamiątkowa dedykowana Pani Profesor Grażynie Pańko z okazji 40-lecia Zakładu Dydaktyki Historii i Wiedzy o Społeczeństwie w Instytucie Historycznym Uniwersytetu Wrocławskiego [Im Bereich der Bildungsprobleme... Festschrift für Frau Professor Grażyna Pańko zum 40. Jahrestag des Instituts der Geschichtsdidaktik und Staatskunde am Historischen Institut der Universität Breslau] / red. Joanna Wojdon, Barbara Techmańska. - Wrocław 2012, s. 31-50.

1927. Burda, Bogumiła: Szkolnictwo zielonogórskie w latach 1806-1914 [Das Grünberger Schulwesen von 1806 bis 1914] // W: Historia Zielonej Góry. T. 2: Dzieje miasta w XIX i XX wieku [Geschichte von Grünberg. Band 2: Stadtgeschichte des 19. und 20. Jahrhunderts] / red. Wojciech Strzyżewski. - Zielona Góra 2012, s. 167-190, il.; Res. 815-816.

1928. Chabros, Ewa: Działania Wydziału V WUBP we Wrocławiu wobec szkolnictwa i oświaty [Die Tätigkeit der 5. Abteilung der Woiwodschafts-Sicherheitsbehörde in Breslau gegenüber dem Schul- und Bildungswesen] // W: Urząd Bezpieczeństwa na Dolnym Śląsku 1945-1956. Z badań nad organizacją i działalnością aparatu bezpieczeństwa [Der Sicherheitsdienst in Niederschlesien 1945-1956. Von den Forschungen zur Organisation und Tätigkeit des Sicherheitsapparats] / red. Robert Klementowski, Krzysztof Szwagrzyk. - Wrocław 2012, s. 316-329.

1929. Czaplinka, Anna / Woźniak, Dorota: Cieplicka szkoła z wielkimi tradycjami [Eine Warmbrunner Schule mit einer großen Vergangenheit] // Rocznik Jeleniogórski 44, 2012, s. 277-283, il. 5; Res. 276.

1930. Dziwoki, Julia: Nauka religii w województwie śląskim [Der Religionsunterricht in der Woiwodschaft Schlesien] // W: Czytanie Dwudziestolecia. [Cz.] 3, t. 2 [Lektüre der Zwischenkriegszeit. 3. Teil, Band 2] / red. Elżbieta Hurnikowa, Elżbieta Wróbel. - Częstochowa 2012, s. 393-408.

1931. Ekumeniczne spotkania absolwentów I i II LO w Legnicy z lat 1949-1960 w dn. 24-25. 09. 2011 r. i Benefis Wojciecha Dindorfa [Ökumenisches Absolvententreffen des I. und II. Allgemeinbildenden Lyzeums aus den Jahren 1949-1960 am 24.-25. September 2011 und Benefiz von Wojciech Dindorf] / red. Urszula Gajewska [et al.] ; zdjęcia, oprac. Bronisław Rodzeń. - [S.l.] 2012, ss. 50, il.

1932. Frączek, Agnieszka: Von den Unvollkommenheiten der Makrostruktur aufgrund des „Celaryus" von Andrzej Faber aus dem 18. Jahrhundert [O niedoskonałościach makrostruktury na podstawie osiemnastowiecznego „Celary-

usa" Andrzeja Fabera] // In: Deutsche und Polen im Kontakt. Sprache als Indikator gegenseitiger Beziehungen / Hrsg. Edyta Grotek. - Frankfurt am Main 2012, S. 51-66; pl. res. 51.
Dot. podręcznika do nauki j. łacińskiego używanego m.in. we Wrocławiu. - Betr. ein u.a. in Breslau verwendetes Lehrbuch zum Lateinunterricht.

1933. Gąsior, Grzegorz: Oświata jako element walki politycznej. Działalność stowarzyszenia Slezská Matice osvěty lidové na Zaolziu w okresie I Republiki Czechosłowackiej [Bildung als Element des politischen Kampfes. Die Tätigkeit des Vereins „Slezská matice osvěty lidové" [Schlesischer Kulturverein für Volksbildung] im Olsa-Gebiet während der ersten Tschechoslowakischen Republik] // W: Język - szkoła - przestrzeń jako determinanty rozwoju kultury Śląska Cieszyńskiego [Sprache - Schule - Raum als Determinanten der Entwicklung der Kultur des Teschener Schlesiens] / red. Marzena Bogus. - Czeski Cieszyn 2012, s. 180-203.

1934. Glimos-Nadgórska, Anna: Szkolnictwo przedszkolne w województwie śląskim i w Zagłębiu Dąbrowskim w dwudziestoleciu międzywojennym [Das Vorschulwesen in der Woiwodschaft Schlesien und im Dambrowaer Kohlebecken in der Zwischenkriegszeit] // W: Wokół problemów edukacji... Księga pamiątkowa dedykowana Pani Profesor Grażynie Pańko z okazji 40-lecia Zakładu Dydaktyki Historii i Wiedzy o Społeczeństwie w Instytucie Historycznym Uniwersytetu Wrocławskiego [Im Bereich der Bildungsprobleme... Festschrift für Frau Professor Grażyna Pańko zum 40. Jahrestag des Instituts der Geschichtsdidaktik und Staatskunde am Historischen Institut der Universität Breslau] / red. Joanna Wojdon, Barbara Techmańska. - Wrocław 2012, s. 51-60, tab.

1935. Górski, Jan: Dwadzieścia lat minęło. Jubileusz Prywatnego Ogniska Muzycznego „GAMA" w Świdnicy [Es sind 20 Jahre vergangen: Jubiläumsfeier des privaten Musikzirkels „GAMA" in Schweidnitz] // Rocznik Świdnicki 39, 2011 (2012), s. 167-170, il. 1.

1936. Hoche, Siegfried: Schule und Bildung // In: Zwischen Neiße, Schöps und Spree. Der Landkreis Görlitz / Thomas Napp, Hermann Ansorge, Gunter Oettel. - Görlitz 2012, S. 377-391.
Dot. powiatu Görlitz. - Betr. den Kreis Görlitz.

1937. Jagieła, Przemysław: Polskie szkolnictwo mniejszościowe w powiecie oleskim w okresie międzywojennym [Das polnische Minderheitenschulwesen im Kreis Rosenberg in der Zwischenkriegszeit] // Rocznik Powiatu Oleskiego 2012, nr 5, s. 96-103, tab. 1.

1938. Janeczek, Zdzisław: Siemianowickie „Ateny". O początkach szkoły i jej rozkwicie [Siemianowitzer „Athen". Über die Anfänge der Schule und ihre Blütezeit] // Siemianowicki Rocznik Muzealny 11, 2012, s. 17-66, fot. 35.
Zawiera biogramy / Enthält Biogramme (42-61).

1939. Jaworski, Wojciech: Żydowska oświata zawodowa na Górnym Śląsku w latach 1945-1967 [Das jüdische Berufsschulwesen in Oberschlesien in den Jahren 1945-1967] // Przegląd Historyczno-Oświatowy. Kwartalnik Związku Nauczycielstwa Polskiego poświęcony dziejom oświaty i wychowania 55, 2012, nr 1-2, s. 209-219.

1940. Kasprzycki, Lesław: Historia Szkoły Podstawowej nr 3 (od 1999 nr 2) w Bolesławcu [Geschichte der Grundschule Nr. 3 (ab 1999 Nr. 2) in Bunzlau] // Rocznik Bolesławiecki 4, 2011 (2012), s. 51-56, il. 6.

1941. Kocurek, Danuta: Cieszyn - ośrodkiem kształcenia nauczycieli (szkic historyczny) [Teschen (Cieszyn) - als Zentrum der Lehrerausbildung (Historischer Abriss)] // W: Cieszyński Almanach Pedagogiczny. T. 1: Tradycja i współczesność w myśli pedagogicznej [Teschener Pädagogischer Almanach. Band 1: Tradition und Gegenwart im pädagogischen Denken] / red. Urszula Szuścik. - Katowice 2012, s. 63-78, tab. 3; Res. 77-78.

1942. Korpaczewski, Zbigniew: Łzy wzruszenia [Tränen der Rührung]. - Racibórz 2012, ss. 60, il.
Dot. Liceum Pedagogicznego w Legnicy. - Betr. das pädagogische Lyzeum in Liegnitz.

1943. Korzeniowska, Wiesława: Reformatorzy górnośląskiego szkolnictwa elementarnego w wieku XVIII i XIX [Die Reformer des ober-

schlesischen Grundschulwesens im 18. und 19. Jh.] // W: Cieszyński Almanach Pedagogiczny. T. 1: Tradycja i współczesność w myśli pedagogicznej [Teschener Pädagogischer Almanach. Band 1: Tradition und Gegenwart im pädagogischen Denken] / red. Urszula Szuścik. - Katowice 2012, s. 25-35; Res. 34-35.
Dot. Johanna Ignatza von Felbigera i Bernarda Bogedaina. - Betr. Johann Ignatz von Felbiger und Bernhard Bogedain.

1944. Korzeniowska, Wiesława: Udział ziemiaństwa śląskiego w przemianach edukacyjnych wieku XVIII i XIX [Participation of Silesian landed gentry in educational transformations in the 18th and 19th century] // W: Poza paradygmaty. Pedagogika międzykulturowa. Księga pamiątkowa dedykowana profesorowi Tadeuszowi Lewowickiemu. T. 2 [Außerhalb der Paradigmen. Interkulturelle Pädagogik. Professor Tadeusz Lewowicki gewidmete Festschrift] / red. Alina Szczurek-Boruta, Ewa Ogrodzka-Mazur. - Toruń 2012, s. 211-227; Res. 226-227.

1945. Kosma, Ewelina: Szkoła powszechna w Tychach - rozwój szkoły i jej funkcjonowanie do 1939 roku w świetle informacji z kroniki szkoły [Die Grundschule in Tichau - Entwicklung der Schule und ihre Funktion bis zum Jahr 1939 im Lichte von Informationen aus der Schulchronik] // W: Wokół tyskiego rynku. Z historii Tychów do 1939 roku. Materiały V Tyskiego Sympozjum Historycznego z 22 listopada 2011 [Die Gegend um Tichau. Aus der Geschichte von Tichau seit 1939. Materialien der V. Historischen Konferenz am 22. November 2011] / red. Maria Lipok-Bierwiaczonek, Agnieszka Ociepa. - Tychy 2012, s. 23-42, fot. 6.

1946. Kossakowska-Jarosz, Krystyna: Matka Polka - nauczycielka w „szkole domowej" na XIX-wiecznym Górnym Śląsku [Mutter der Nation - die Lehrerin in der „Heimschule" im Oberschlesien des 19. Jahrhundert] // W: Przestrzenie kultury i literatury. Księga jubileuszowa dedykowana Profesor Krystynie Heskiej -Kwaśniewicz na pięćdziesięciolecie pracy naukowej i dydaktycznej / red. Elżbieta Gondek, Irena Socha, Barbara Pytlos. - Katowice 2012, s. 288-311.

1947. Kostorz, Jerzy: Polskie podręczniki i poradniki do nauczania religii w latach 1990-2010. Krótka refleksja historyczna [Polnische Lehrbücher und Ratgeber für den Religionsunterricht in den Jahren 1990-2010. Eine historische Reflexion] // W: Kościół na Śląsku. Z dziejów kultury i życia religijnego. Księga pamiątkowa dedykowana Księdzu Biskupowi Janowi Kopcowi z okazji 65-lecia urodzin, 40-lecia prezbiteriatu, 20-lecia sakry biskupiej i 30-lecia pracy naukowej [The Church of Silesia. The history of culture and religious life] / red. Franciszek Wolnik. - Opole 2012, s. 315-326; Res. 326.

1948. Koszela, Aleksander / Matyja, Iwona: Jubileusz 65-lecia Zespołu Szkół nr 1 im. prof. Wilhelma Rotkiewicza w Dzierżoniowie [65. Jubiläum der 1. Wilhelm Rotkiewicz-Gesamtschule in Reichenbach] // Rocznik Dzierżoniowski 21, 2011 (2012), s. 147-149, il. 7.

1949. Koteluk, Daniel: Rozdźwięk między administracją partyjno-państwową a społeczeństwem na tle katechizacji szkolnej w osadzie wiejskiej Czerwieńsk w powiecie zielonogórskim w latach 1952-1956 [The Dissonance between the Party-National Administration and Society against Religious Education in Rural Settlement of Czerwieńsk in Zielona Góra Poviat, 1952-1956] // Studia Zachodnie 14, 2012, s. 141-150; Res. 150.

1950. Kozłowska, Zofia Teresa: Homo migrans, czyli jak uczyć o losie wędrowców mimo woli w wieku XX [Homo migrans oder wie über das Schicksal widerwilliger Wanderer im 20. Jahrhundert lehren] // W: Wokół problemów edukacji... Księga pamiątkowa dedykowana Pani Profesor Grażynie Pańko z okazji 40-lecia Zakładu Dydaktyki Historii i Wiedzy o Społeczeństwie w Instytucie Historycznym Uniwersytetu Wrocławskiego [Im Bereich der Bildungsprobleme... Festschrift für Frau Professor Grażyna Pańko zum 40. Jahrestag des Instituts der Geschichtsdidaktik und Staatskunde am Historischen Institut der Universität Breslau] / red. Joanna Wojdon, Barbara Techmańska. - Wrocław 2012, s. 249-256.

1951. Król, Stefan: Szkoły średnie na Śląsku Cieszyńskim do II wojny światowej [Mittelschulen im Teschener Schlesien bis zum Zweiten Weltkrieg] // W: Język - szkoła - przestrzeń jako determinanty rozwoju kultury Śląska Cieszyńskiego [Sprache - Schule - Raum als Determinanten der Entwicklung der Kultur des Teschener Schlesiens] / red. Marzena Bogus. - Czeski Cieszyn 2012, s. 118-141.

1952. Kubacz, Adam: Szkolnictwo w Cieszynie w XVIII stuleciu [Das Schulwesen in Teschen im 18. Jahrhundert] // W: Od Lwówka Śląskiego do Lwowa. Studia i materiały z dziejów południowej Polski [Von Löwenberg nach Lemberg. Studien und Materialien aus der Geschichte Südpolens] / red. Zdzisław Budzyński. - Rzeszów 2012, s. 197-219.

1953. Kubicius, Stanisław: Ewangelicka gmina szkolna i cmentarna w Dębowcu [Die evangelische Gemeindeschule und Friedhofsgemeinde in Baumgarten]. - Dębowiec Skoczów 2012, ss. 87, il.

1954. Kwiatkowski, Henryk: Dzieje lokalne i regionalne w szkolnej edukacji historycznej [Die lokale und regionale Geschichte in der historischen Schulbildung] // Dolny Śląsk 17, 2012, s. 97-103.

1955. Lipiński, Cezary: Lessing in den höheren Kattowitzer Schulen im Zeitraum 1875-1914 // Silesia Nova. Vierteljahresschrift für Kultur und Geschichte 9, 2012, H. 4, S. 65-87.

1956. Lisowska, Agnieszka: Gimnazjum Królewskie w Oleśnicy [Das Königliche Gymnasium in Oels] // Kwartalnik Powiatu Oleśnickiego 2012, nr 3 (29), s. 23-28, il. 6.

1957. Lusek, Joanna: Fundacje stypendialne gminy żydowskiej w Bytomiu dla młodzieży męskiej (II połowa XIX - I połowa XX wieku) [Stipendienstiftungen der jüdischen Gemeinde in Beuthen für männliche Jugendliche in der zweiten Hälfte des 19. Jh. und der ersten Hälfte des 20. Jh.] // W: Żydzi na Górnym Śląsku w XIX i XX wieku [Juden in Oberschlesien im 19. und 20. Jahrhundert] / red. Beata Kalinowska-Wójcik, Dawid Keller. - Rybnik 2012, s. 437-453.

1958. Lusek, Joanna: Próby ideologizacji bytomskiego szkolnictwa w latach 1933-1939 [Ideologisierungsversuche im Beuthener Schulwesen in den Jahren 1933-1939] // W: Bytom w cieniu totalitaryzmów. Szkice z dziejów miasta 1933-1939 [Beuthen im Schatten der Totalitarismen. Skizzen aus der Stadtgeschichte 1933-1939] / red. Sebastian Rosenbaum. - Katowice 2012, s. 37-62, tab. 2.

1959. Ławrusewicz, Izabela: Zaangażowanie ewangelików w obronę polskiego języka w II połowie XIX wieku w świetle polskiej prasy Śląska Cieszyńskiego [Evangelics Involvement in the Defense of the Polish Language of Instruction in the Second Part of the Nineteenth Century as Seen by the Polish Press in the Teschen Silesia] // Gdański Rocznik Ewangelicki 6, 2012, s. 83-104; Res. 104.

1960. Marti, Hanspeter: Das Bild Jakob Böhmes im Unterricht Hoher Schulen deutschsprachiger Länder (1670-1740) // In: Offenbarung und Episteme. Zur europäischen Wirkung Jakob Böhmes im 17. und 18. Jahrhundert / Hrsg. Wilhelm Kühlmann, Friedrich Vollhardt. - Berlin 2012, S. 411-434.

1961. Nowakowski, Zdzisław: Dzieje oświaty oleśnickiej. Początki szkolnictwa w powiecie oleśnickim [Geschichte des Oelser Bildungswesens. Die Anfänge des Schulwesens im Kreis Oels] // Kwartalnik Powiatu Oleśnickiego 2012, nr 3 (29), s. 34-40.

1962. Orzoł, Małgorzata: 50-lecie Zespołu Szkół Handlowych i Usługowych w Bolesławcu [50 Jahre der Handels- und Dienstleitungs-Gesamtschule in Bunzlau] // Rocznik Bolesławiecki 4, 2011 (2012), s. 45-50, il. 5.

1963. Parysz, Janina: Z przeszłości chorzowskiej oświaty. Aktywność wydawnicza chorzowskiego środowiska w latach międzywojennych (1922-1939) [Aus der Geschichte der Königshütter Bildung. Verlagsaktivität des Königshütter Milieus in der Zwischenkriegszeit 1922-1939] // Chorzowskie Zeszyty Dydaktyczne 10, 2012, s. 84-106.

1964. Pomaturalne losy [Schicksale nach dem Matura] / oprac. Zbigniew Korpaczewski. - Racibórz 2012, ss. 112, il.
Dot. Liceum Pedagogicznego w Legnicy. - Betr. das pädagogische Lyzeum in Liegnitz.

1965. Richau, Martin: 400 Jahre Schulen in der Parochie Falkowitz Kreis Oppeln/Oberschlesien 1614-2014. Zur Geschichte der Schulen in Falkowitz, Dammratsch, Dombrowka, Zawiscz, Liebenau und Jaginne. - Berlin 2012, 424, XXVII S., Abb.

1966. Schmilewski, Ulrich: Reformierte Einflüsse aus Südwestdeutschland auf das schlesische Bildungswesen - eine Spurensuche // In: Schlesien und der deutsche Südwesten um 1600. Späthumanismus - reformierte Konfessionalisierung - politische Formierung / Hrsg. Joachim Bahlcke, Albrecht Ernst. - Heidelberg 2012, S. 105-115.

1967. Skrzyńska, Barbara: Ku normalności? Procesy demokratyzacji na Śląsku Opolskim i ich wpływ na edukację [In die Normalität? Demokratisierungsprozesse im Oppelner Schlesien und ihr Einfluss auf die Bildung]. - Opole 2012, ss. 179, rys. 6, tabl. 34; Res. 132-135.

1968. Strauchold, Grzegorz: Wysiłki (re)polonizacyjne wobec rodzimej młodzieży na „odzyskanym" Górnym Śląsku w drugiej połowie lat 40. XX wieku [Bemühungen der (Re)Polonisierung der einheimischen Jugend im „wiedergewonnenen" Oberschlesien in der zweiten Hälfte der 1940er Jahre] // W: Dzieci, młodzież i studenci na Ziemiach Zachodnich po II wojnie światowej [Kinder, Jugendliche und Studenten in den Westgebieten nach dem Zweiten Weltkrieg] / red. Wojciech Kucharski, Grzegorz Strauchold. - Wrocław 2012, s. 9-22.

1969. Studnicki, Grzegorz: Nie tylko o folklorze szkolnym na Śląsku Cieszyńskim. Ujęcie antropologiczno-socjologiczne [Nicht nur über Schulfolklore im Teschener Schlesien. Anthropologisch-soziologische Betrachtung] // W: Język - szkoła - przestrzeń jako determinanty rozwoju kultury Śląska Cieszyńskiego [Sprache - Schule - Raum als Determinanten der Entwicklung der Kultur des Teschener Schlesiens] / red. Marzena Bogus. - Czeski Cieszyn 2012, s. 25-56.

1970. Suplement do Monografii ZSM w Opolu [Supplement zur Monographie der ZSM in Oppeln] / red. Ewa Dawidejt-Jastrzębska, Robert Urbanik, Bogusław Januszko, Marzena Skrzyniarz. - Opole 2011, ss. 188, il.
ZSM - Zespół Szkół Mechanicznych / Technische Gesamtschule.
Rec.: Duda, Jerzy: Dzieje oświaty opolskiej w monografiach szkolnych zapisane [In Schulmonographien verewigte Geschichte der Oppelner Bildung] // Indeks. Pismo Uniwersytetu Opolskiego 2012, nr 3-4, s. 87-90, il. 4.

1971. Šrajerová, Ol'ga: Rozvoj českého školstva na Tešínsku po roku 1920 [Die Entwicklung des tschechischen Schulwesens im Teschener Schlesien nach 1920] // W: Język - szkoła - przestrzeń jako determinanty rozwoju kultury Śląska Cieszyńskiego [Sprache - Schule - Raum als Determinanten der Entwicklung der Kultur des Teschener Schlesiens] / red. Marzena Bogus. - Czeski Cieszyn 2012, s. 165-179.

1972. Świder, Małgorzata: Schule und Jugend im Oppelner Schlesien nach 1945 - ein Bestandteil der Repolonisierungs- und Polonisierungspolitik // In: Ethnische Minderheiten und Erinnerungskulturen in Mittel- und Osteuropa. Ergebnisse des 7. Sächsischen Mittel- und Osteuropatages in Zwickau (27.10.2010) / Ralph Michael Wrobel. - Frankfurt am Main 2012, S. 133-158.

1973. Techmańska, Barbara: Propagandowy przekaz filmowy na temat budowy Kombinatu Górniczo-Hutniczego Miedzi. Próba wykorzystania przy realizacji nowej podstawy programowej [Propagandafilmübertragungen zum Thema des Aufbaus des Kupferbergbau-Hütten -Kombinats. Versuch zur Durchführung eines neuen Rahmenlehrplans] // W: Wizualizacje Historii. Zbiór studiów / red. Stanisław Roszak, Małgorzata Strzelecka, Agnieszka Wieczorek. - 2012, s. 76-81.

1974. Techmańska, Barbara: Wybrane problemy młodzieży Zagłębia Miedziowego w okresie transformacji (1989-1993) w świetle lokalnej prasy [Ausgewählte Probleme der Jugend im Kupferbecken in der Transformationsphase (1989-1993) im Lichte der Lokalpresse] // W: Dzieci, młodzież i studenci na Ziemiach Zachodnich po II wojnie światowej [Kinder, Jugendliche und Studenten in den Westgebieten nach dem Zweiten Weltkrieg] / red. Wojciech

Kucharski, Grzegorz Strauchold. - Wrocław 2012, s. 227-242.

1975. Tomczyk, Damian Jerzy: Niegdyś młodzież dzisiaj chluba. Losy absolwentów Liceum Ogólnokształcącego w Niemodlinie 1949-2009 [Damals Jugend, heute Stolz. Schicksale der Absolventen des Allgemeinbildenden Lyzeums in Falkenberg 1949-2009]. - Opole 2011, ss. 279, il.
Rec.: Duda, Jerzy: Dzieje oświaty opolskiej w monografiach szkolnych zapisane [In Schulmonographien verewigte Geschichte der Oppelner Bildung] // Indeks. Pismo Uniwersytetu Opolskiego 2012, nr 3-4, s. 87-90, il. 4.

1976. Trudne początki i rozwój dzierżoniowskiej „Radiobudy" (w pamięci jej najstarszych absolwentów) [Schwierige Anfänge und Entwicklung der Reichenbacher „Radiobuda" (in den Erinnerungen der ältesten Absolventen)]. - Dzierżoniów [2012], ss. 192, fot.

1977. Walkowiak, Aleksander: Konwikt przy Kolegium Jezuickim w Głogowie [Das Konvikt am Jesuitenkolleg in Glogau]. - Głogów 2012, ss. 19, il.

1978. Wrobel, Ralph Michael: Die Entwicklung des oberschlesischen Schulwesens in preußischer Zeit am Beispiel der Dorfschule in Kerpen // In: Ethnische Minderheiten und Erinnerungskulturen in Mittel- und Osteuropa. Ergebnisse des 7. Sächsischen Mittel- und Osteuropatages in Zwickau (27.10.2010) / Ralph Michael Wrobel. - Frankfurt am Main 2012, S. 81-110, 3 Abb., 2 Tab.

11.05. Hochschulen und Wissenschaft – Szkolnictwo wyższe i historia nauki – Vysoké školy a věda

Zob. poz. / Siehe auch / Viz 165, 210, 277, 279, 286, 298, 330-331, 336, 339, 342-343, 378, 383, 407, 426, 490, 589, 801, 888, 916, 928, 964, 1001, 1011, 1013, 1134, 1197, 1304, 1486-1487, 1491, 1505, 1569, 1602, 1693, 1771, 1877, 1899, 1915, 2051, 2054, 2060, 2100, 2133, 2304, 2314, 2799, 2800, 2803-2804, 2809, 2857, 2878, 2893, 2898, 2905, 2909, 2912, 2914, 2966-2967, 2973, 3018, 3024, 3032, 3045-3046, 3059, 3095, 3096, 3111-3113, 3148-3149, 3173-3175, 3179, 3188-3190, 3192, 3199, 3223, 3232, 3234, 3239, 3242, 3264, 3274, 3279, 3281-3282, 3285, 3295-3296, 3299-3300, 3328, 3332, 3357.

1979. 10 lat Wydziału Elektroniki, Mikrosystemów i Fotoniki Politechniki Wrocławskiej [10 Jahre Fachbereich Elektronik, Mikrosysteme und Photonik an der Breslauer Technischen Fachhochschule] / red. Maria Dąbrowska-Szata, Andrzej Dziedzic, Włodzimierz Drzazga. - Wrocław 2012, ss. 131, il.

1980. 200 lat medycyny uniwersyteckiej we Wrocławiu. Interna, chirurgia, ginekologia, pediatria [200 Jahre Universitätsmedizin in Breslau. Innere Medizin, Chirurgie, Gynäkologie, Pädiatrie] / red. Barbara Bruziewicz-Mikłaszewska. - Wrocław 2012, ss. 252, il.

1981. Abmeier, Hans-Ludwig: Dozenten der Pädagogischen Akademie in Beuthen als Autoren der „Mitteilungen des Beuthener Geschichts- und Museumsvereins" [Wykładowcy Akademii Pedagogicznej w Bytomiu jako autorzy bytomskiego czasopisma historyczno-muzealnego] // W: Muzeum Górnośląskie w Bytomiu. 100 lat dziejów. Kontakty z muzeami i instytucjami kultury i towarzystwami [Oberschlesisches Museum in Beuthen. 100 Jahre Geschichte. Kontakte zu anderen Museen und Kulturinstitutionen sowie Gesellschaften] / red. Jan Drabina. - Katowice 2012, s. 23-28, fot. 5; Res. 28.

1982. Asche, Matthias: Schlesische Studenten und Professoren an südwestdeutschen Universitäten im Konfessionellen Zeitalter (1550-1620) // In: Schlesien und der deutsche Südwesten um 1600. Späthumanismus - reformierte Konfessionalisierung - politische Formierung / Hrsg. Joachim Bahlcke, Albrecht Ernst. - Heidelberg 2012, S. 85-104, 1 Abb, 3 Tab.

1983. Bąba, Wiesław Jan: Początki Politechniki Śląskiej. T. 1-2 [Die Anfänge der Schlesischen Technischen Universität Bd. 1-2]. - Gliwice 2010, ss. 864, fot. 43; Res. 859-864.
Muzeum w Gliwicach. Seria monograficzna; 17.

Rec.: BT [Bogusław Tracz] // CzasyPismo. O historii Górnego Śląska 2012, nr 1, s. 182-183, fot. 2.

1984. Bochdalek, Roman [et al.]: Złota księga roku. 50-lecie ukończenia studiów i otrzymania dyplomów (1958-2008). Absolwenci Wydziału Weterynaryjnego Wyższej Szkoły Rolniczej we Wrocławiu - rocznik studiów 1952-1958 [Goldenes Jahrbuch. 50 Jahre Studienabschlüsse und Diplomübergaben (1958-2008)]. - Wrocław 2012, ss. 107, il.

1985. Burak, Marek / Dackiewicz, Krzysztof / Pregiel, Piotr: Wrocławskie uczelnie techniczne 1910-2010 [Breslauer technische Hochschulen 1910-2010]. - Wrocław 2010, ss. 583, il.
Rec.: Strauchold, Grzegorz // Śląski Kwartalnik Historyczny Sobótka 67, 2012, nr 2, s. 171-174.

1986. Burdukiewicz, Aleksandra / Burdukiewicz, Jan Michał: Profesor Leon Kozłowski jako człowiek, uczony, polityk i jego wpływ na archeologię wrocławską [Professor Leon Kozłowski as a man, scientist, politician and his influence into Wrocław archaeology] // W: Obrazy rodziny w ujęciu pedagogicznym i historycznym [The images of family in the historical and pedagogical approach] / red. Alicja Szerląg, Stefania Walasek. - Wrocław 2012, s. 193-213, il.
Dot. m.in. uczniów prof. L. Kozłowskiego - archeologów we Wrocławiu. - Betr. u.a. Schüler von Prof. L. Kozłowski - Archäologen in Breslau.

1987. Centrum Studiów Niemieckich i Europejskich im. Willy'ego Brandta Uniwersytetu Wrocławskiego w latach 2002-2012 [Das Willy Brandt-Zentrum für Deutschland- und Europastudien der Universität Breslau in den Jahren 2002-2012] / red. Krzysztof Ruchniewicz, Agnieszka Kapuściarek, Joanna Kulig. - Wrocław [2012], ss. 119, il.

1988. Chmielewski, Witold: Starania o utworzenie Wydziału Teologii Katolickiej na Uniwersytecie Wrocławskim w 1947 roku [Bemühungen um die Errichtung des Fachbereichs Katholische Theologie an der Breslauer Universität im Jahr 1947] // Przegląd Historyczno-Oświatowy. Kwartalnik Związku Nauczycielstwa Polskiego poświęcony dziejom oświaty i wychowania 55, 2012, nr 1-2, s. 109-119.

1989. Chorążyczewska, Tamara: Wrocław, ulica Komandorska 118/120. Historia pewnego miejsca [Breslau, Komandorska-Straße 118/120. Geschichte eines Ortes]. - Wrocław 2012, ss. 120, il.
Dot. Uniwersytetu Ekonomicznego we Wrocławiu. - Betr. die Wirtschaftsuniversität in Breslau.

1990. Czaja, Krystyna: Rozwój Uniwersytetu Opolskiego i jego stan po 18 latach funkcjonowania (1994-2012) [Entwicklung der Oppelner Universität und ihr Zustand nach 18 Jahren des Betriebs (1994-2012)] // W: Droga do powołania Uniwersytetu Opolskiego i jego stan po 18 latach [Weg der Entstehung der Oppelner Universität und ihr Zustand nach 18 Jahren] / red. Maria Nowakowska. - Opole 2012, s. 139-204.

1991. Czech, Alojzy: Udział lwowian w działalności Wyższego Studium Nauk Społeczno-Gospodarczych w Katowicach [Der Beitrag der Lemberger zur Tätigkeit der Hochschule für Sozial- und Wirtschaftswissenschaften (heute Wirtschaftsuniversität) in Kattowitz] // W: Niezwykła więź Kresów Wschodnich i Zachodnich. Wpływ lwowian na rozwój kultury na Górnym Śląsku po 1945 roku [Die besondere Verbindung der ehemaligen polnischen und deutschen Ostgebiete. Einfluss der Lemberger auf die Kulturentwicklung in Oberschlesien nach 1945] / red. Krystyna Heska-Kwaśniewicz, Alicja Ratuszna, Ewa Żurawska. - Katowice 2012, s. 103-113; Res. 112-113.

1992. Dembska-Krause, Urszula: Wrocławskie początki opolskiej uczelni [Breslauer Anfänge der Oppelner Hochschule] // Indeks. Pismo Uniwersytetu Opolskiego 2012, nr 9-10, s. 73-80, fot. 8.
Wspomnienia autorki. - Erinnerungen der Verfasserin.

1993. Demidziuk, Krzysztof: Nauczanie archeologii prahistorycznej i średniowiecznej we Wrocławiu. Tradycja i współczesność [Unterricht der prähistorischen und mittelalterlichen Archäologie in Breslau.Tradition und Gegenwart] // Silesia Antiqua 48, 2012, s. 218-226, il. 5.

1994. Dolański, Dariusz: Zielonogórska droga do uniwersytetu [Grünberger Weg zur Univer-

sität]. - Wyd. 2 popr. i uzup. - Zielona Góra 2012, ss. 355, il.
Wyd. 1 / 1. Aufl., 2011.

1995. Dolański, Dariusz: Zielonogórskie środowisko naukowe w latach 1945-1965 [Das Grünberger wissenschaftliche Milieu in den Jahren 1945-1965] // W: Historia, kultura, muzeum [Geschichte, Kultur, Museum] / red. Anitta Maksymowicz. - Zielona Góra 2012, s. 223-240.

1996. Dolata, Tomasz: Ścieżki karier naukowych niemieckich profesorów prawa na przykładzie rektorów uniwersytetu we Wrocławiu w latach 1811-1900 [Wege der wissenschaftlichen Karrieren deutscher Jura-Professoren am Beispiel der Rektoren der Breslauer Universität in den Jahren 1811-1900] // W: Prawnicy na Uniwersytecie Wrocławskim [Juristen an der Breslauer Universität] / red. Maciej Marszał, Jacek Przygodzki. - Wrocław 2012, s. 23-28.
Acta Universitatis Wratislaviensis; 3423.

1997. Drogoń, Andrzej: „Solidarność" Uniwersytetu Śląskiego - koniec wizji „czerwonego uniwersytetu" [„Solidarność" an der Schlesischen Universität - Ende der Vision von der „roten Universität"] // W: Na trzydziestolecie Krajowej Sekcji Nauki NSZZ „Solidarność" [Zum 30. der Landes-Wissenschaftssektion der Unabhängigen Selbstverwalteten Gewerkschaft „Solidarność"] / red. Janusz Sobieszczański. - Warszawa 2012, s. 47-86.

1998. Drożdżewska, Agnieszka: Życie muzyczne na Uniwersytecie Wrocławskim w XIX i I połowie XX wieku. Edukacja muzyczna, działalność naukowa, ruch koncertowy [Musical life at the University of Wrocław in the 19th century and first half of the 20th century. Music education - reserach - concert movement]. - Wrocław 2012, ss. 600, il., + CD-ROM; Res. 579-583.
Acta Universitatis Wratislaviensis; 3381 / Musicologica Wratislaviensia; 7. Płyta CD zawiera archiwalne nagrania koncertów muzycznych. - Die CD beinhaltet Aufnahmen von Musikkonzerten.

1999. Dziwoki, Julia: Towarzystwo Przyjaciół Nauk na Śląsku. Kroniki śląskiego życia umysłowego [Die Gesellschaft der Freunde der Wissenschaften in Schlesien. Die Chroniken des schlesischen Geisteslebens] // W: Katowice w kulturze pogranicza. Rola Katowic w kulturze i nauce [Kattowitz in der Kultur des Grenzgebietes. Die Rolle von Kattowitz in Kultur und Wissenschaft] / red. nauk. Antoni Barciak. - Katowice 2012, s. 232-242; Res. 241-242.

2000. Ehler, Elisabeth: Josef Strzygowskis Ägyptenreise im Winter 1900/1901 // In: Josef Strzygowski und die Berliner Museen / Gabriele Mietke, Elisabeth Ehler, Cäcilia Fluck. - Wiesbaden 2012, S. 11-14.

2001. Faktografia Wrocławskiego Towarzystwa Naukowego 1946-2011 [Faktografie der Breslauer Wissenschaftlichen Gesellschaft 1946-2011] / oprac. Grażyna Potężny // W: 65 lat Wrocławskiego Towarzystwa Naukowego. 110 lat tradycji lwowskiej / red. Jacek Kolbuszewski, Grażyna Potężny. - Wrocław 2012, s. 101-198, il.

2002. Furdal, Antoni: Wrocławskie Towarzystwo Naukowe w polskiej kulturze narodowej [Die Breslauer Wissenschaftliche Gesellschaft in der polnischen Nationalkultur] // W: 65 lat Wrocławskiego Towarzystwa Naukowego. 110 lat tradycji lwowskiej / red. Jacek Kolbuszewski, Grażyna Potężny. - Wrocław 2012, s. 61-80, il.

2003. Gawrecki, Dan / Kaczmarek, Ryszard: Geschichte Oberschlesiens. Drei Nationen - eine Publikation // Historie. Jahrbuch des Zentrums für Historische Forschung Berlin der Polnischen Akademie der Wissenschaften : Regionalkontexte 5, 2011 (2012), S. 195-202.

2004. Gelles, Romuald: Wspomnienia z dziejów Zakładu Dydaktyki Historii i Wiedzy o Społeczeństwie Instytutu Historycznego Uniwersytetu Wrocławskiego [Erinnerungen aus der Geschichte der Abteilung für Geschichts- und Sozialkundedidaktik am Historischen Institut der Breslauer Universität] // W: Wokół problemów edukacji... Księga pamiątkowa dedykowana Pani Profesor Grażynie Pańko z okazji 40-lecia Zakładu Dydaktyki Historii i Wiedzy o Społeczeństwie w Instytucie Historycznym Uniwersytetu Wrocławskiego [Im Bereich der Bildungsprobleme... Festschrift für Frau Professor Grażyna Pańko zum 40. Jahrestag des Instituts der Geschichtsdidaktik und Staatskunde am Historischen Institut der Universität Breslau] / red. Joanna Wojdon, Barbara Techmańska. - Wrocław 2012, s. 9-14.

2005. Haas, Reimund: Tradition und Partnerschaft - 200 Jahre Universität Breslau/Wrocław // Archiv für schlesische Kirchengeschichte 70, 2012, S. 411-413.

2006. Hold-Łukasik, Marta: Wrocławska Szkoła Matematyczna. Kontynuacja lwowskich tradycji naukowych na Uniwersytecie Wrocławskim [Die Breslauer Mathematikerschule. Fortsetzung der Lemberger wissenschaftlichen Traditionen an der Breslauer Universität] // Pamięć i Przyszłość 2012, nr 3 (17), s. 31-35, il. 1.

2007. Jakubczyc, Anna Elżbieta: Die Geschichte der medizinischen Sektion der Schlesischen Gesellschaft für vaterländische Cultur im Zeitraum 1870-1914. - Dresden 2012, 410 S. Abb.

2008. Januszewska-Jurkiewicz, Joanna: Kresowe rodowody kadry Uniwersytetu Śląskiego [Ostpolnische Abstammung der Schlesischen Universität] // W: Niezwykła więź Kresów Wschodnich i Zachodnich. Wpływ lwowian na rozwój kultury na Górnym Śląsku po 1945 roku [Die besondere Verbindung der ehemaligen polnischen und deutschen Ostgebiete. Einfluss der Lemberger auf die Kulturentwicklung in Oberschlesien nach 1945] / red. Krystyna Heska-Kwaśniewicz, Alicja Ratuszna, Ewa Żurawska. - Katowice 2012, s. 54-71, fot. 5; Res. 70-71.

2009. Jaworska, Ewa / Kaczmar, Małgorzata: Ocalić od zapomnienia ten czas i tych ludzi. Wspomnienia o profesorach Uniwersytetu Przyrodniczego we Wrocławiu [Vor dem Vergessen bewahren: diese Zeit und diese Menschen. Erinnerungen an die Professoren der Naturwissenschaftlichen Universität in Breslau]. - Wrocław 2011, ss. 311, tabl. 21 s.
Rec.: Tyszkiewicz, Jakub // Śląski Kwartalnik Historyczny Sobótka 67, 2012, nr 1, s. 147-149.

2010. Jokiel, Małgorzata: Zum Umgang mit mutter- und fremdsprachlichen Textsortenkonventionen im Oppelner Germanistikstudium // In: Zweisprachigkeit als Herausforderung und Chance / Hrsg. Maria Katarzyna Lasatowicz, Dennis Scheller-Boltz. - Berlin 2012, S. 125-138.

2011. Kolbuszewski, Jacek: Wrocławskie Towarzystwo Naukowe: 65 lat w służbie nauki [Breslauer Wissenschaftsgesellschaft: 65 Jahre im Dienst der Wissenschaft] // W: 65 lat Wrocławskiego Towarzystwa Naukowego. 110 lat tradycji lwowskiej / red. Jacek Kolbuszewski, Grażyna Potężny. - Wrocław 2012, s. 17-42, il.

2012. Koredczuk, Józef: Nauka i nauczanie prawa administracyjnego na Uniwersytecie Wrocławskim w latach 1881-1945 [Wissenschaft und Lehre des Verwaltungsrechts an der Breslauer Universität in den Jahren 1881-1945] // W: Regnare, gubernare, administrare. Z dziejów administracji, sądownictwa i nauki prawa. Prace dedykowane profesorowi Jerzemu Malcowi z okazji 40-lecia pracy naukowej [Regnare, gubernare, administrare. Aus der Geschichte der Verwaltung, des Gerichtswesens und der Rechtswissenschaft. Professor Jerzy Malec zum 40jährigen Jubiläum wissenschaftlicher Arbeit gewidmete Arbeiten] / red. Stanisław Grodziski, Andrzej Dziadzio. - Kraków 2012, s. 245-250.

2013. Koredczuk, Józef: Studia Andrzeja Szeptyckiego we Wrocławiu [Das Studium Andrzej Szeptyckis in Breslau] // W: Śląska republika uczonych. Vol. 5 [Schlesische Gelehrtenrepublik. Vol. 5] / red. Marek Hałub, Anna Mańko-Matysiak. - Wrocław 2012, s. 283-298; Res. 297-298.

2014. Korniluk, Izabela: Ogólnopolski Zjazd Naukowców w Zielonej Górze - 22 marca 1958 roku [Gesamtpolnischer Wissenschaftlerkongress in Grünberg, 22. März 1958] // Studia Zielonogórskie 18, 2012, s. 171-184.

2015. Kranich, Kai: Anpassung im Nationalsozialismus. Die Universität Breslau und die Aberkennung von Doktortiteln. - Wrocław 2012, ss. 198, il.
Warsztaty / Centrum Studiów Niemieckich i Europejskich im. Willy Brandta.
Rec.: Zirlewagen, Marc // Silesia Nova. Vierteljahresschrift für Kultur und Geschichte 9, 2012, H. 4, S. 141-142.

2016. Kulon, Przemysław / Szczypiorski, Mirosław / Gol, Zbigniew: 15 lat Państwowej Wyższej Szkoły Zawodowej im. Witelona w Legnicy 1998-2012 [15 Jahre Staatliche Witelo-Fachhochschule in Liegnitz 1998-2010]. - Legnica 2012, ss. 104, il.

2017. Ligarski, Sebastian: Studenci na tzw. Ziemiach Odzyskanych w zwierciadle ogłoszeń drobnych [Studenten in den sogenannten Wiedergewonnenen Gebieten im Spiegel von Kleinanzeigen] // Pamięć i Przyszłość 2012, nr 3 (17), s. 36-39, il. 2.

2018. Linek, Bernard: Instytut Śląski (1934-1948) [Das Schlesische Institut (1934-1948)] // Przegląd Zachodni. Polska-Niemcy-Europa 68, 2012, nr 1, s. 179-197; Res. 197.

2019. Ludzie nauki Uniwersytetu Ekonomicznego we Wrocławiu. Księga jubileuszowa z okazji 65-lecia powstania uczelni [Wissenschaftler der Wirtschaftsuniversität in Breslau. Festschrift zum 65. Jahrestag der Entstehung der Hochschule] / red. Wiesław Wątroba. - Wrocław 2012, ss. 239, il.
Biogramy pracowników Uniwersytetu Ekonomicznego we Wrocławiu (11-193). - Biogramme der Mitarbeiter der Wirtschaftsuniversität in Breslau (11-193).

2020. Marcoń, Witold: Instytut Śląski w latach 1934-1939 [Das Schlesische Institut in den Jahren 1934-1939]. - Zabrze 2012, ss. 71, fot.
Prace Historyczne; 8.

2021. Materok, Jacqueline: Sozialisation und humanistische Bildung in der schlesischen Provinz um 1900 // In: „Meine Welt ist, wo mein Werk geschieht". Beiträge zu Max Herrmann-Neisse / Hrsg. Andreas Broede, Madlen Kazmierczak, Henning Konetzke, Christian auf der Lake. - Düsseldorf 2012, S. 27-36.

2022. Matwiejczuk, Wanda: Kształtowanie i rozwój Biblioteki Głównej Uniwersytetu Opolskiego w latach 1950-2011 [Gestaltung und Entwicklung der Zentralbibliothek der Oppelner Universität in den Jahren 1950-2011] // Bibliotekarz Opolski 2012, nr 3, s. 46-56, fot. 11, tab. 3.

2023. Medycyna uniwersytecka we Wrocławiu. Zarys historii od 1945 roku [Universitätsmedizin in Breslau. Abriss der Geschichte ab 1945] / oprac. red. Małgorzata Kuniewska-Kaucz, Urszula Mądrzak, Aleksandra Raczkowska. - Dodruk wyd. 2011. - Wrocław 2012, ss. 456, il.

2024. Mietke, Gabriele: Josef Strzygowski und seine Tätigkeit für die Berliner Museen // In: Josef Strzygowski und die Berliner Museen / Gabriele Mietke, Elisabeth Ehler, Cäcilia Fluck. - Wiesbaden 2012, S. 4-10, 3 Abb.

2025. Mietke, Gabriele / Ehler, Elisabeth / Fluck, Cäcilia: Josef Strzygowski und die Berliner Museen. - Wiesbaden 2012, 103 S.
Katalog wystawy: / Ausstellungskatalog: „Josef Strzygowski und die Berliner Museen", Bode-Museum, Staatliche Museen zu Berlin, 19.10.2012-20.01.2013.

2026. Miroszewski, Kazimierz: Ośrodki nauki w Katowicach do 1968 roku [Wissenschaftliche Einrichtungen in Kattowitz bis 1968] // W: Katowice w kulturze pogranicza. Rola Katowic w kulturze i nauce [Kattowitz in der Kultur des Grenzgebietes. Die Rolle von Kattowitz in Kultur und Wissenschaft] / red. nauk. Antoni Barciak. - Katowice 2012, s. 199-221; Res. 221.

2027. Młynarski, Ryszard / Pisarski, Grzegorz: Dzierżoniowscy studenci na Śląskim Uniwersytecie Fryderyka Wilhelma we Wrocławiu w latach 1914-1945 [Reichenbacher Studenten an der Schlesischen Friedrich-Wilhelms-Universität Breslau in den Jahren 1914-1945] // Rocznik Dzierżoniowski 21, 2011 (2012), s. 34-42, il. 3.

2028. Nowakowska, Maria: Działalność Społecznego Komitetu ds. Powołania Uniwersytetu w Opolu (1988-1994) [Tätigkeiten des Gesellschaftskomitees zur Gründung der Universität in Oppeln (1988-1994)] // W: Droga do powołania Uniwersytetu Opolskiego i jego stan po 18 latach [Weg der Entstehung der Oppelner Universität und ihr Zustand nach 18 Jahren] / red. Maria Nowakowska. - Opole 2012, s. 9-46, fot.

2029. Ogrodzka-Mazur, Ewa / Szczurek-Boruta, Alina: Działalność naukowo-badawcza, dydaktyczna i organizacyjna Zakładu i Katedry Pedagogiki Ogólnej Uniwersytetu Śląskiego na Wydziale Etnologii i Nauk o Edukacji w latach 1989-2012. Wokół cieszyńskiej szkoły badań pogranicza Profesora Tadeusza Lewowickiego [Forschungs-, didaktische und organisatorische Tätigkeit des Instituts und Lehrstuhls für Allgemeine Pädagogik der Schlesischen Universität im Fachbereich Ethnologie und Bildungswissenschaften in den Jahren 1989-2012. Rings um die Teschener Schule der Grenzgebietsforschung von Professor Tadeusz Lewowicki] // W: Poza paradygmaty. Pedagogika międzykulturowa. Księga pamiątkowa dedykowana profesorowi Tadeuszowi Lewowickiemu. T. 2 [Außerhalb der Paradigmen. Interkulturelle Pädagogik. Professor Tadeusz Lewowicki gewidmete Festschrift] / red. Alina Szczurek-Boruta, Ewa Ogrodzka-Mazur. - Toruń 2012, s. 19-40.

2030. Pabsch, Ekkehard: Die Alte Breslauer Landsmannschaft Glacia. Studenten aus der Grafschaft Glatz in Breslau // AGG-Mitteilungen. Mitteilungsblatt der Arbeitsgemeinschaft Grafschaft Glatz - Kultur und Geschichte 11, 2012, S. 21-34, 14 Abb.

2031. Pawłowiczowa, Maria: Ksiądz Władysław Komornicki i ksiądz Stanislaw Frankl. Dwaj profesorowie lwowscy, o których należy pamiętać [Zwei Lemberger Professoren, derer man gedenken sollte: Władysław Komornicki und Stanisław Frankl] // W: Niezwykła więź Kresów Wschodnich i Zachodnich. Wpływ lwowian na rozwój kultury na Górnym Śląsku po 1945 roku [Die besondere Verbindung der ehemaligen polnischen und deutschen Ostgebiete. Einfluss der Lemberger auf die Kulturentwicklung in Oberschlesien nach 1945] / red. Krystyna Heska-Kwaśniewicz, Alicja Ratuszna, Ewa Żurawska. - Katowice 2012, s. 22-33.

2032. Popińska, Jolanta: Korporacja akademicka jako kuźnia kadr. Kariery społeczne i zawodowe członków „Corps Borussia" na przełomie XIX i XX w. [Akademische Verbindungen als Kaderschmiede. Gesellschaftliche und berufliche Karrieren der Mitglieder des „Corps Borussia" am Übergang vom 19. zum 20. Jahrhundert] // Pamięć i Przyszłość 2012, nr 3 (17), s. 61-65.

2033. Popiński, Krzysztof: Rola szkolnictwa wyższego w rozwoju społeczno-ekonomicznym i kulturalnym Dolnego Śląska w latach 1945-1989 [Die Rolle des Hochschulwesens bei der gesellschaftlich-ökonomischen und kulturellen Entwicklung Niederschlesiens in den Jahren 1945-1989] // Pamięć i Przyszłość 2012, nr 3 (17), s. 6-24, il. 2, tab. 4.

2034. Popiński, Krzysztof: Współpraca naukowo-badawcza wrocławskich szkół wyższych z przemysłem w latach 1945-1989 [Scientific and research cooperation of Wrocław's academies and industry in the years 1945-1989] // W: Z dziejów przemysłu po 1945 roku / red. Elżbieta Kościk, Robert Klementowski. - Wrocław 2012, s. 63-74; Res. 73-74.

2035. Prezesi Wrocławskiego Towarzystwa Naukowego [Vorsitzende der Breslauer Wissenschaftsgesellschaft] / oprac. Grażyna Potężny // W: 65 lat Wrocławskiego Towarzystwa Naukowego. 110 lat tradycji lwowskiej / red. Jacek Kolbuszewski, Grażyna Potężny. - Wrocław 2012, s. 81-100, il.

2036. Sarx, Tobias: Gelehrte schlesische Herkunft im Kontext der reformierten Bekenntnisbildung in der Kurpfalz (1560-1620) // In: Schlesien und der deutsche Südwesten um 1600. Späthumanismus - reformierte Konfessionalisierung - politische Formierung / Hrsg. Joachim Bahlcke, Albrecht Ernst. - Heidelberg 2012, S. 161-186.

2037. Szeloch, Henryk: Początki działalności oraz perspektywy dalszego rozwoju Uniwersytetu Trzeciego Wieku we Wrocławiu [The Beginnings and Future Perspectives of the University of The Third Age in Wrocław] // Świdnickie Studia Teologiczne 9, 2012, s. 353-366; sum. 366.

2038. Techmańska, Barbara: Punkty konsultacyjne i filie wrocławskich uczelni w Legnicy w latach 1960-1989 [Beratungsstellen und Filialen der Breslauer Hochschulen in Liegnitz in den Jahren 1960-1989] // Pamięć i Przyszłość 2012, nr 3 (17), s. 45-48, il. 2.

2039. Tomiczek, Eugeniusz: 200 Jahre Breslauer Germanistik // W: Śląska republika uczonych. Vol. 5 [Schlesische Gelehrtenrepublik. Vol. 5] / red. Marek Hałub, Anna Mańko-Matysiak. - Wrocław 2012, s. 413-422; Res. 421-422.

2040. Tomko, Andrzej: Kształtowanie się studiów teologicznych we Wrocławiu w latach

1702-2011 [Entwicklung des Theologiestudiums in Breslau in den Jahren 1702-2011]. - Wrocław 2012, ss. 243.
Rozprawy Naukowe; 89.

2041. Uniwersytet Ekonomiczny we Wrocławiu 1947-2012 [Die Wirtschaftsuniversität Breslau 1947-2012]. - Wrocław 2012, ss. 36, il.

2042. Wilgusiewicz, Antoni: Lwowianie na Politechnice Śląskiej [Die Lemberger an der Schlesischen Technischen Hochschule] // W: Niezwykła więź Kresów Wschodnich i Zachodnich. Wpływ lwowian na rozwój kultury na Górnym Śląsku po 1945 roku [Die besondere Verbindung der ehemaligen polnischen und deutschen Ostgebiete. Einfluss der Lemberger auf die Kulturentwicklung in Oberschlesien nach 1945] / red. Krystyna Heska-Kwaśniewicz, Alicja Ratuszna, Ewa Żurawska. - Katowice 2012, s. 91-102, fot. 9.

2043. Zakrzewska, Elżbieta: Rocznik 1966 [The year group: 1966] // Quart. Kwartalnik Instytutu Historii Sztuki Uniwersytetu Wrocławskiego 2012, nr 4 (26), s. 12-17, il. 7; Res. 17.
Dot. wspomnień z okresu studiów na historii sztuki (Uniwersytet Wrocławski) w latach 1966-1970. - Betr. Erinnerungen aus der Studienzeit der Kunstgeschichte (Breslauer Universität) in den Jahren 1966-1970.

11.06. Medien (Buch, Presse, elektronische Medien, Verlage, Bibliotheken) – Media (książka, prasa, wydawnictwa, media elektroniczne, biblioteki) – Média (kniha, tisk, elektronická média, nakladatelství, knihovny)

Zob. poz. / Siehe auch / Viz 2, 4-5, 11, 186, 224, 265, 298, 312, 410, 929, 937, 943, 949, 974, 1026, 1056, 1123, 1337, 1352, 1514, 1691, 1699, 1759, 1824, 1859, 1947, 1959, 1963, 2017, 2022, 2184, 2294, 2298, 2394, 2457, 2696, 2718, 2726, 2876, 2917, 2923-2925, 2934, 2985, 3101-3102, 3125, 3158, 3281, 3310, 3325, 3343.

2044. Baran, Dariusz: Uwarunkowania rozwoju prasy na Śląsku Opolskim na przestrzeni XIX i XX wieku [Begebenheiten der Presseentwicklung im Oppelner Schlesien im Verlauf des 19. und 20. Jahrhunderts]. - Opole 2012, ss. 88, tabl., wykr.

2045. Białachowski, Artur Robert: Carl i Gerhart Hauptmannowie w czasopiśmie „Schlesien" [Carl and Gerhart Hauptmann in the quarterly „Schlesien"] // W: Carl i Gerhart Hauptmann - dzieło i modele jego odbioru [Carl und Gerhart Hauptmann - Werk und Modelle ihrer Rezeption] / red. Edward Białek, Jan Pacholski, Piotr Niemiec. - Wrocław 2012, s. 45-70; sum. 70-71.

2046. Bias, Hanna: „Śląskie Wiadomości Muzyczne" artystyczną kroniką regionu przemysłowego Śląska w okresie międzywojennym [„Śląskie Wiadomości Muzyczne" as an artistic chronicle of the Silesian industrial region in the interwar period] // Nowa Biblioteka. Zeszyty monograficzne Koła Naukowego Bibliotekoznawców Uniwersytetu Śląskiego. Nr 1: Czasopisma, prasa i prasoznawstwo 2012, nr 1, s. 63-68; Res. 68.

2047. Biblioteka Śląska w Katowicach = The Silesian Library in Katowice / oprac. tekstu Barbara Maresz, Jan Baron. - Katowice 2012, ss. 59, il.
Tekst w języku polskim i angielskim. - Polnischer und englischer Text.

2048. Biel, Urszula: Życie kinowe społeczności żydowskiej na terenie Górnego Śląska w okresie międzywojennym [Das Kino im Leben der jüdischen Bevölkerung in Oberschlesien in der Zwischenkriegszeit] // W: Żydzi na Górnym Śląsku w XIX i XX wieku [Juden in Oberschlesien im 19. und 20. Jahrhundert] / red. Beata Kalinowska-Wójcik, Dawid Keller. - Rybnik 2012, s. 243-255.

2049. Bielawska, Sylwia: Narodziny polskiego księgarstwa w Wałbrzychu (1945-1949). Indywidualne i instytucjonalne inicjatywy księgarskie [Birth of the Polish bookselling in Wałbrzych

(1945-1949). Individual and book institutional initiatives] // W: Książka, biblioteka, informacja. Między podziałami a wspólnotą III [Book, library, information. Between divisions and community III] / red. Jolanta Dzieniakowska, Monika Olczak-Kardas. - Kielce 2012, s. 115-136, tab.; Res. 136.

2050. Brožovská-Onderková, Jana: Knihovnictví na Bílovecku do roku 1945 [Das Bibliothekswesen im Gebiet Wagstadt bis zum Jahr 1945]. - Opava 2012, 78 s.

2051. Chmiel, Peter: Die „Mitteilungen des Beuthener Geschichts- und Museumsvereins" nach dem Zweiten Weltkrieg [Czasopismo „Mitteilungen des Beuthener Geschichts- und Museumsvereins" po II wojnie światowej] // W: Muzeum Górnośląskie w Bytomiu. 100 lat dziejów. Kontakty z muzeami i instytucjami kultury i towarzystwami [Oberschlesisches Museum in Beuthen. 100 Jahre Geschichte. Kontakte zu anderen Museen und Kulturinstitutionen sowie Gesellschaften] / red. Jan Drabina. - Katowice 2012, s. 29-36, il. 1; Res. 36.

2052. Cieślak, Michał: Przewodnie idee rysunków propagandowych publikowanych na łamach „Kocyndra" i „Pierona" w okresie walki o stosunki polsko-niemieckie [Leitideen der Propaganda-Zeitungen „Kocynder" und „Pieron" während der Volksabstimmung in Oberschlesien in den Jahren 1920-1921] // W: Katowice w kulturze pogranicza. Rola Katowic w kulturze i nauce [Kattowitz in der Kultur des Grenzgebietes. Die Rolle von Kattowitz in Kultur und Wissenschaft] / red. nauk. Antoni Barciak. - Katowice 2012, s. 112-144, ryc. 14; Res. 143-144.

2053. Dawid, Łucja: Problematyka teleologii wychowania Drugiej Rzeczypospolitej na łamach cieszyńskiego „Miesięcznika Pedagogicznego" [Theologische Problematik der Erziehung in der Zweiten Republik Polen in den Spalten des Teschener „Miesięcznik pedagogiczny"] // W: Język - szkoła - przestrzeń jako determinanty rozwoju kultury Śląska Cieszyńskiego [Sprache - Schule - Raum als Determinanten der Entwicklung der Kultur des Teschener Schlesiens] / red. Marzena Bogus. - Czeski Cieszyn 2012, s. 204-220.

2054. Derlatka, Tomasz: O czasopiśmienniczych inicjatywach lipskiego Instytutu Sorabistycznego [About the publishing initiatives of the Institute for Sorbian Studies in Leipzig] // Pro Lusatia. Opolskie Studia Łużycoznawcze 11, 2012, s. 21-32; Res. 32.

2055. Domhardt, Yvonne: Bibliotheken im Exil. Stationen der Wanderschaft der Bibliothek des Breslauer Rabbinerseminars. Ein Werkstattbericht aus Zürich // In: NS-Raubgut in Museen, Bibliotheken und Archiven. Viertes Hannoversches Symposium / Hrsg. Regine Dehnel. - Frankfurt am Main 2012, S. 147-162.

2056. Drabina, Jan: Czasopismo „Mitteilungen des Beuthener Geschichts- und Museumsvereins" w latach 1911-1931 [Die Zeitschrift „Mitteilungen des Beuthener Geschichts- und Museumsvereins" im Zeitraum 1911-1931] // W: Muzeum Górnośląskie w Bytomiu. 100 lat dziejów. Kontakty z muzeami i instytucjami kultury i towarzystwami [Oberschlesisches Museum in Beuthen. 100 Jahre Geschichte. Kontakte zu anderen Museen und Kulturinstitutionen sowie Gesellschaften] / red. Jan Drabina. - Katowice 2012, s. 17-22, il. 3; Res. 22.

2057. Dróżdż, Andrzej: Działalność katowickiej Zbiornicy Księgozbiorów Zabezpieczonych na Górnym i Dolnym Śląsku w latach 1947-1955 [Die Tätigkeit der Kattowitzer Sammelstelle der Sichergestellten Büchersammlungen in Ober- und Niederschlesien in den Jahren 1947-1955] // Śląski Kwartalnik Historyczny Sobótka 67, 2012, nr 2, s. 81-101; Res. 100-101.

2058. Fabisiak, Wojciech: Z fotograficznego archiwum Józefa Śliza. Przyczynek do historii Sobótki [Aus dem Fotoarchiv von Józef Śliz. Beitrag zur Geschichte von Zobten am Berge] / współpr. Joanna Chechelska, Marek Śliz. - Sobótka 2012, ss. 79, il.

2059. Gębołyś, Zdzisław: Biblioteki mniejszości niemieckiej w II Rzeczypospolitej [Die Bibliotheken der deutschen Minderheit in der II. Republik Polen]. - Katowice 2012, ss. 534, fot. 44, rys. 5, tab. 25; Res. 527-534.
Prace Naukowe Uniwersytetu Śląskiego w Katowicach; 2923. Obszerne fragmenty dotyczą działalności bibliotecznej i kulturalno-oświatowej mniejszości

niemieckiej na Górnym Śląsku i Śląsku Cieszyńskim. - Umfangreiche Fragmente zur Bibliotheks- und kulturell-bildenden Tätigkeit der deutschen Minderheit in Oberschlesien und im Teschener Schlesien.

2060. Golec, Ewa: Wydawnictwa zwarte, czasopisma oraz zbiory specjalne Biblioteki Państwowego Instytutu Naukowego - Instytutu Śląskiego w Opolu [Einmalige Publikationen, Zeitschriften und Sondersammlungen der Bibliothek des Staatlichen Wissenschaftlichen Instituts - Schlesisches Institut in Oppeln] // Bibliotekarz Opolski 2012, nr 4, s. 48-52, il. 6.

2061. Golly, Adrian / Wojciechowska, Berenika: Carl i Gerhart Hauptmannowie w legnickiej prasie codziennej [Carl und Gerhart Hauptmann in the daily press of Legnica] // W: Carl i Gerhart Hauptmann - dzieło i modele jego odbioru [Carl und Gerhart Hauptmann - Werk und Modelle ihrer Rezeption] / red. Edward Białek, Jan Pacholski, Piotr Niemiec. - Wrocław 2012, s. 15-33, il.; Res. 32.

2062. Grabowska-Rogus, Anna: Obraz Żyda i narodu żydowskiego w „Sztandarze Polskim i Gazecie Rybnickiej" w latach 1927-1939 (wybrane zagadnienia z elementami analizy porównawczej) [Das Bild der Juden und des jüdischen Volkes in der „Gazeta Rybnicka" und „Sztandar Polski" in den Jahren 1927-1939 (ausgewählte Probleme mit Elementen der Vergleichsanalyse)] // W: Żydzi na Górnym Śląsku w XIX i XX wieku [Juden in Oberschlesien im 19. und 20. Jahrhundert] / red. Beata Kalinowska-Wójcik, Dawid Keller. - Rybnik 2012, s. 218-228.

2063. Grudniewski, Jakub: Biskup wocławski Georg Kopp a kwestia polska na Górnym Śląsku w opinii polskojęzycznej prasy górnośląskiej [Der Breslauer Bischof Georg Kopp und das polnische Problem in Oberschlesien in den Berichten der polnischsprachigen oberschlesischen Presse] // Wieki Stare i Nowe 4, 2012, s. 81-113; Res. 111-113.
Dot. czasopism: „Katolik", „Górnoślązak", „Polak" i „Gazeta Robotnicza". - Betr. die Zeitschriften: „Katolik" [„Der Katholik"], „Górnoślązak" [„Der Oberschlesier"], „Polak" [„Der Pole"] und „Gazeta Robotnicza" [„Arbeiterzeitung"].

2064. Gwadera, Małgorzata: Dedykacje Gustawa Morcinka w księgozbiorze Ludwika Brożka [Widmungen Gustaw Morcineks in der Büchersammlung von Ludwik Brożek] // W: Gustaw Morcinek - w 120-lecie urodzin [Gustaw Morcinek - zum 120. Geburtstag] / red. Krystyna Heska-Kwaśniewicz, Jacek Lyszczyna. - Katowice 2012, s. 164-178.

2065. Herzig, Arno: Die gegenreformatorischen Verlagsstrategien in Schlesien // In: Ein Gedenkband zum 20. Todestag von Professor Marian Szyrocki / Hrsg. Edward Białek, Mirosława Czarnecka, Urszula Kawalec, Eugeniusz Tomiczek. - Dresden 2012, S. 137-142; Res. 141.

2066. Itoya, Bożena: „Zeszyty Łuzyckie" - od sorabifilstwa do sorabistyki (1991-2011) [„Zeszyty Łużyckie" - from Sorabophilia to Sorbian Studies] // Pro Lusatia. Opolskie Studia Łużycoznawcze 11, 2012, s. 33-48; Res. 48.

2067. Janeczek, Zdzisław: Cele rosyjskiej polityki antypolskiej w świetle wybranych tytułów śląskiej prasy w latach 1863-1864 [Ziele der russischen antipolnischen Politik im Lichte ausgewählter Titel der schlesischen Presse aus den Jahren 1863-1864] // Przegląd Polsko-Polonijny 2012, nr 4, z. 2, s. 187-199.

2068. Janeczek, Zdzisław: Powstańcy styczniowi „Grekami Europy". Terror i przemoc w relacjach śląskiej prasy z polskiego powstania 1863 roku [Teilnehmer des Januaraufstands - die „Griechen-Europas". Terror und Gewalt in Berichten der schlesischen Presse am Beispiel des Aufstands 1863]. - Katowice 2013, ss. 223, il.; dt. Res. 215-217; Russ. Res. 218-221.
Rec.: Kubica-Czyż, Agnieszka // Siemianowicki Rocznik Muzealny 11, 2012, s. 174-178. fot. 3.

2069. Jarowiecki, Jerzy: O prasie podziemnej na Śląsku i Zagłębiu w latach 1939-1945 - raz jeszcze [Über die Untergrundpresse in Schlesien und im Dombrowaer Becken in den Jahren 1939-1945 - noch einmal] // Rocznik Historii Prasy Polskiej 15, 2012, nr 2, s. 47-73, tab. 2.

2070. Jedynak, Zdzisław: Działalność wydawnicza w Katowicach do 1914 roku [Verlagstätigkeit in Kattowitz bis 1914] // W: Katowice w kulturze pogranicza. Rola Katowic w kulturze i nauce [Kattowitz in der Kultur des Grenzgebietes. Die Rolle von Kattowitz in Kultur und Wissenschaft] / red. nauk. Antoni Barciak. - Katowice 2012, s. 283-304, fot. 6; Res. 304.

2071. Kaganiec, Małgorzata: Wojna w eterze [Krieg im Äther] // W: Radiofonia na Górnym Śląsku w okresie międzywojennym [Rundfunk in Oberschlesien in der Zwischenkriegszeit] / scenariusz i kurator wystawy Jarosław Racięski ; współpr. Michał Witkowski ; red. Leszek Jodliński. - Katowice 2012, s. 41-49, il. 5.

2072. Karlak, Weronika: Czeskie ślady w działalności wrocławskiej oficyny Georga Baumanna z lat 1590-1607 [Tschechische Spuren der Tätigkeit des Breslauer Offizin Georg Baumanns des Älteren (1590-1607)] // Knihy a dějiny. Zvláštní číslo věnované PhDr. Anežce Baďurové 2012, s. 176-194; Res. 186.

2073. Kisała, Alicja / Zacłona, Anna: 60 lat Pedagogicznej Biblioteki Wojewódzkiej w Opolu [60 Jahre Pädagogische Woiwodschaftsbibliothek in Oppeln] // Bibliotekarz Opolski 2012, nr 2, s. 63-76, fot. 16.

2074. Klinger, Waldemar: Das Hl. Kreuz-Verlagshaus und die Diözesandruckerei in Oppeln // W: Erzbischof Alfons Nossol. Aus seinem Leben, Denken und Wirken / Hrsg. Helmut Jan Sobeczko ; Übers. Krystyna Maria Greub -Frącz. - Opole 2012, s. 195-198, fot.2.

2075. Kolberová, Urszula: „Głos Ludu" - gazeta mniejszości polskiej na Zaolziu. Zarys problematyki [„Głos Ludu" - Zeitung der polnischen Minderheit im Olsa-Gebiet. Abriss der Problematik]. - Ostrava 2009, 194 s.
Rec.: Muryc, Jiři // Rocznik Historii Prasy Polskiej 15, 2012, nr 2, s. 137-139.

2076. Konarska, Katarzyna: Lokalni nadawcy a proces demokratyzacji społeczeństwa polskiego - przykład wrocławskiej telewizji Echo [Lokale Sender und der Demokratisierungsprozess der polnischen Gesellschaft - am Beispiel des Breslauer Fernsehsenders „Echo"] // W: Kultura. pamięć i zapomnienie. Księga poświęcona pamięci Profesora Piotra Kowalskiego [Kultur. Erinnerung und Vergessen. Dem Andenken an Piotr Kowalski gewidmetes Buch] / red. Bartosz Jastrzębski, Katarzyna Konarska, Arkadiusz Lewicki. - Wrocław 2012, s. 449-456.
Acta Universitatis Wratislaviensis; 3415.

2077. Koredczuk, Bożena: Badania nad książką na tzw. Ziemiach Odzyskanych - powojenna polityka czy wspólnota nauki [Book studies in the so-called Regained Lands. Post-war policy or science unity?] // W: Książka, biblioteka, informacja. Między podziałami a wspólnotą III [Book, library, information. Between divisions and community III] / red. Jolanta Dzieniakowska, Monika Olczak-Kardas. - Kielce 2012, s. 261-267; Res. 268.

2078. Korniluk, Izabela: „Kalendarz Lubuski" - informator Lubuskiego Towarzystwa Kultury [„Kalendarz Lubuski" - Broschüre der Lebuser Kulturgesellschaft] // Studia Zielonogórskie 18, 2012, s. 201-213.

2079. Kossakowska-Jarosz, Krystyna: „Duch z litery" w górnośląskim wariancie. Koncepcja książki jako „skarbnicy dobrych słów i złotych myśli" w programie rodzimych działaczy kulturalnych w XIX wieku [„Von der Literatur abstammender Geist" in der oberschlesischen Variante. Das Buch als ein „Schatz von guten Wörtern und goldenen Sprüchen" in dem Programm der einheimischen Kulturaktivisten im 19. Jh.] // W: Zalecenia i przestrogi lekturowe (XVI-XX wiek) [Lektüreempfehlungen und -warnungen (19.-20. Jahrhundert)] / red. Mariola Jarczykowa, Agnieszka Bajor. - Katowice 2012, s. 69-81; Res. 80-81.

2080. Krzyżanowski, Lech: Problematyka Kresów Wschodnich na łamach chorzowskiego czasopisma „Polacy w Całym Świecie" (1933-1934) [Problematik der früheren polnischen Ostgebiete in der Zeitschrift aus Chorzów „Polen in der ganzen Welt" (1933-1934)] // Zeszyty Chorzowskie 13, 2012, s. 21-36, fot. 1; Res. 35-36.

2081. Kurek, Jacek: Czytając gazetę w pociągu... Nowa przestrzeń komunikacji a przemiany narodowościowe mna Górnym Śląsku w drugiej połowie XIX i na początku XX wieku [Eine Zeitung im Zug lesend... Neuer Kommunikationsraum und die in Oberschlesien in der zweiten Hälfte des 19. und zu Beginn des 20 Jhs. stattgefundenen Nationalitätsänderungen] // Wieki Stare i Nowe. Tom specjalny: Ludzie i elity pogranicza [Neue und alte Jahrhunderte. Sonderband: Menschen und Grenzgebiet-Eliten] 2012, s. 119-132; Res. 132.

2082. Kycler, Maria: „Kalendarz Górniczo-Hutniczy" (1932-1939) jako przykład regionalnego kalendarza książkowego [„The Mining and Metallurgical Calendar" (1932-1939) as an example of a regional book calendar] // Nowa Biblioteka. Zeszyty monograficzne Koła Naukowego Bibliotekoznawców Uniwersytetu Śląskiego. Nr 1: Czasopisma, prasa i prasoznawstwo 2012, nr 1, s. 37-62, rys. 1; Res. 62.

2083. Lakomy, Mirosław: Rynek radiowy na Górnym Śląsku [Der Rundfunkmarkt in Oberschlesien]. - Katowice 2012, ss. 95, map 7, rys. 11, tab. 9.

2084. Langer, Hanna: Księgozbiór Gustawa Morcinka zachowany w skoczowskim Muzeum [Die im Skotschauer Museum erhaltene Büchersammlung Gustaw Morcineks] // W: Gustaw Morcinek - w 120-lecie urodzin [Gustaw Morcinek - zum 120. Geburtstag] / red. Krystyna Heska-Kwaśniewicz, Jacek Lyszczyna. - Katowice 2012, s. 148-163.

2085. Lenart, Mirosław: Modlitewniki dla wojska wydane na Śląsku w okresie pierwszej wojny światowej [Während des Ersten Weltkrieges in Schlesien herausgegebene Militärgebetsbücher] // W: Śląskie pogranicza kultur. T. 1 [Das schlesische Kulturgrenzland. Bd. 1] / red. Marian Ursel, Olga Taranek-Wolańska. - Wrocław 2012, s. 105-119.

2086. Lentowicz, Izabela / Sowa, Joanna: Zbiory biblioteczne [Bibliothekssammlungen] // W: Archiwum w regionie. Region w archiwum. 80 lat Archiwum Państwowego w Katowicach 1932-2012 [Archiv in der Region - Region im Archiv. Das 80. Jubiläum des Bestehens des Staatlichen Archivs Kattowitz 1932-2012] / red. Barbara Kalinowska-Wójcik. - Katowice 2012, s. 141-153, il. 4.
Dot. Archiwum Państwowego w Katowicach. - Betr. das Staatsarchiv in Kattowitz.

2087. Lewandowski, Jan Franciszek: Kino śląskie. [Das schlesische Kino] - Katowice 2012, ss. 145.

2088. Ligarski, Sebastian: Los dzieci na Ziemiach Zachodnich w świetle ogłoszeń drobnych „Pioniera", „Słowa Polskiego" i „Kuriera Szczecińskiego" w latach 1945-1949 [Kinderschicksale in den westlichen Gebieten im Lichte der Kleinanzeigen in „Pionier", „Słowo Polskie" und „Kurier Szczeciński" in den Jahren 1945-1949] // W: Dzieci, młodzież i studenci na Ziemiach Zachodnich po II wojnie światowej [Kinder, Jugendliche und Studenten in den Westgebieten nach dem Zweiten Weltkrieg] / red. Wojciech Kucharski, Grzegorz Strauchold. - Wrocław 2012, s. 23-32, tab.

2089. Ligarski, Sebastian: „Monitor Dolnośląski" [„Niederschlesisches Amtsblatt"]] // W: Środki masowego zakłamania. Gadzinówki w czasie stanu wojennego [Mittel der Massenverleumdung. Propagandapresse während der Zeiten des Kriegsrechts] / red. Sebastian Ligarski. - Szczecin 2012, s. 129-157, il.

2090. Ligarski, Sebastian: „Monitor Dolnośląski" [„Niederschlesisches Amtsblatt"] // Pamięć i Przyszłość 2012, nr 1 (15), s. 57-62, il. 1.

2091. Łuszpak, Agnieszka: Katalogi rzeczowe w służbie ideologii (na przykładzie Biblioteki Uniwersyteckiej we Wrocławiu w latach pięćdziesiątych XX wieku) [Sachkataloge im Dienst der Ideologie (am Beispiel der Universitätsbibliothek in Breslau in den 1950er Jahren)] // W: Nie po myśli władzy. Studia nad cenzurą i zakresem wolności słowa na ziemiach polskich od wieku XIX do czasów współczesnych [Der Macht gegen den Strich. Studien zur Zensur und zu den Grenzen der Meinungsfreiheit auf den polnischen Gebieten vom 19. Jahrhundert bis zur Gegenwart] / red. Dorota Degen, Marcin Żynda. - Toruń 2012, s. 249-262.

2092. Łydżba-Kopczyńska, Barbara: APLOM Silesia. Badania autentyczności warstwy malarskiej nowożytnych map Śląska z kolekcji Niewodniczańskiego w Zbiorach Ossolineum we Wrocławiu [APLOM Silesia. Untersuchungen zur Authentizität der Malschichten neuzeitlicher Karten von Schlesien aus der Niewodniczański-Kollektion in den Sammlungen der Ossoliński-Nationalbibliothek in Breslau] // W: Zastosowanie metod fizykochemicznych w obszarze interdyscyplinarnych badań dziedzictwa kulturowego. Nauki ścisłe wobec pytań, jakie stawiają zabytkom ich kuratorzy. Sesja Naukowa 19 marca 2012 Ossolineum, ul. Szewska 37 we Wrocławiu. Abstrakty [Anwendung der physikochemischen Methoden auf dem Gebiet der interdisziplinären Forschungen des

Kulturerbes. Naturwissenschaftliche Lehre als Antwort auf die Fragen der Denkmalpfleger an ihre Denkmäler. Wissenschaftliche Tagung 19. März 2012, Ossolineum, Szewska Straße 37 in Breslau. Zusammenfassungen] / red. i konsult. merytoryczna Arkadiusz Dobrzyniecki. - [Wrocław] 2012, s. 9-10.

2093. Macioszek, Roman: Legniccy literaci i artyści plastycy w świdnickim czasopiśmie „Wir Schlesier!" [The writers and artists of Liegnitz/ Legnica in the magazine „Wir Schlesier!"] // W: Litteraria Lignicensis. Rozprawy i szkice o kulturze literackiej dawnej Legnicy [Litteraria Lignicensis. Abhandlungen und Skizzen zur literarischen Kultur des früheren Liegnitz] / red. Edward Białek, Piotr Niemiec. - Wrocław 2012, s. 81-104, il.; sum. 103-104.

2094. Macioszek, Roman: Der Schweidnitzer Verlag L. Heege und die Zeitschrift „Wir Schlesier!" (1920-1939). Eine literatursoziologische Studie. - Dresden 2012, 709 S.
Zugl.: Wrocław, Univ., Diss., 2007 u.d.T.: Macioszek, Roman: Literarisches Leben im Schweidnitz der 20er und 30er Jahre des 20. Jahrhunderts - Fallbeispiele: L. Heege Verlag und die Zeitschrift „Wir Schlesier".

2095. Maksymowicz, Anitta: 17 lat „Studiów Zielonogórskich" [17 Jahre der „Studia Zielonogórskie" [Grünberger Studien]] // Studia Zielonogórskie 18, 2012, s. 9-13.

2096. Malicka, Wiktoria: Wrocław w Polskiej Kronice Filmowej. Nowe miasto i nowi mieszkańcy w propagandzie państwowej 1945-1970 [Breslau in der Polnischen Filmchronik. Die neue Stadt und der neue Bürger in der staatlichen Propaganda 1945-1970]. - Kraków 2012, ss. 308, il.

2097. Maniecki, Janusz: Prasa bezdebitowa w powiecie dzierżoniowskim w latach 1980-1989 [Illegale Presse im Kreis Reichenbach in den Jahren 1980-1989] // Bibliotheca Bielaviana 2011 (2012), s. 63-75, il. 7.

2098. Marková, Veronika: Zámecká knihovna v Ropici. Sonda do knižní kultury těšínské šlechty 18.-20. století [Castle Library in Ropice. Looking into the Book Culture of the Těšín Nobility of the 18th-20th Century] // Těšínsko. Vlastivědný časopis 55, 2012, č. 4, s. 15-21; Res. 20.

2099. Mateja, Erwin: Średniowieczny kalendarz śląski [Der mittelalterliche schlesische Kalender] // W: Kościół na Śląsku. Z dziejów kultury i życia religijnego. Księga pamiątkowa dedykowana Księdzu Biskupowi Janowi Kopcowi z okazji 65-lecia urodzin, 40-lecia prezbiteriatu, 20-lecia sakry biskupiej i 30-lecia pracy naukowej [The Church of Silesia. The history of culture and religious life] / red. Franciszek Wolnik. - Opole 2012, s. 305-314; Res. 313-314.

2100. Matwiejczuk, Wanda: Kształtowanie i rozwój Biblioteki Głównej Uniwersytetu Opolskiego w latach 1950-2011 [Gestaltung und Entwicklung der Zentralbibliothek der Oppelner Universität in den Jahren 1950-2011] // W: Unowocześnianie organizacji i metod pracy bibliotek w świetle zmieniających się potrzeb czytelników. Edycja II. Materiały konferencyjne. Opole 16-17 listopada 2011 r. [Modernisierung der Arbeitsorganistaionen und -methoden der Bibliotheken im Lichte der wechselnden Leserbedürfnisse. Edition II. Tagungsmaterialien. Oppeln 16.-17. November 2011] / red. Wanda Matwiejczuk, Danuta Szewczyk-Kłos. - Opole 2012, s. 9-25, fot. 10.

2101. Mazurkiewicz, Bogdan: Telewizja lokalna w Bolesławcu (1991-2011) [Lokalfernsehen in Bunzlau (1991-2011)] // Rocznik Bolesławiecki 4, 2011 (2012), s. 61-64, il. 7.

2102. Miejska Biblioteka Publiczna w Opolu im. Jana Pawła II w Opolu [Die Öffentliche Johannes-Paul-II.-Stadtbibliothek in Oppeln]. - Opole 2012, ss. 63, fot.

2103. Morys-Twarowski, Michael: „Gwiazdka Cieszyńska" and the emigration from Cieszyn Silesia to the United States of America, 1851-1887 // Ad Americam. Journal of American studies 13, 2012, s. 39-43.

2104. Muc, Agata: Wpływ cenzury kościelnej na program wydwniczy Księgarni i Drukarni Katolickiej [Der Einfluss von der Kirchenzensur auf das Verlagsprogramm der Katholischen Bücherei und Druckerei] // W: Zalecenia i przestrogi lekturowe (XVI-XX wiek) / red. Mariola Jarczykowa, Agnieszka Bajor. - Katowice 2012, s. 145-158, tab. 1; Res. 158.

2105. Neß, Dietmar / Junker, Ullrich: Jubelbüchlein und Denkschriften in Niederschlesien // In: Auf historischer Spurensuche im Bobertal 2011/2012. Aktuelle Forschungsergebnisse von und für Regionalforscher, Ortschronisten, Genealogen und Historiker im niederschlesischen Riesengebirge / Hrsg. Ulrich Schmilewski, Jürgen Schwanitz. - Würzburg 2012, S. 205-209.

2106. Niewodniczański, Tomasz: Początki krótkofalarstwa w Bolesławcu [Anfänge des Amateurfunks in Bunzlau] // Rocznik Bolesławiecki 4, 2011 (2012), s. 124-127, il. 1.

2107. Pelka, Daniela: Deutsch-polnische Sprachinteraktionen in den „Oberschlesischen Nachrichten" // In: Ethnische Minderheiten und Erinnerungskulturen in Mittel- und Osteuropa. Ergebnisse des 7. Sächsischen Mittel- und Osteuropatages in Zwickau (27.10.2010) / Ralph Michael Wrobel. - Frankfurt am Main 2012, S. 159-176.

2108. Pękalska, Marta: Odbudowa świata książki we Wrocławiu w latach 1945-1953 [Reconstruction of world of the book in Wrocław in years 1945-1953] // W: Książka, biblioteka, informacja. Między podziałami a wspólnotą III [Book, library, information. Between divisions and community III] / red. Jolanta Dzieniakowska, Monika Olczak-Kardas. - Kielce 2012, s. 139-153; Res. 153.

2109. Picha, Jadwiga: Encyklopedie i słowniki polskie (do 1918 r.) w zbiorach Biblioteki i Archiwum im. Bogumiła Tschammera w Cieszynie [Polnische Enzyklopädien und Wörterbücher (bis 1918) in den Sammlungen der Bogumił -Rudolf-Tschammer-Bibliothek und -Archiv in Teschen] // W: Studia i rozprawy bibliologiczne [Studien und buchwissenschaftliche Abhandlungen] / red. Krystyna Heska-Kwaśniewicz, Katarzyna Tałuć. - Katowice 2012, s. 157-164; Res. 164.

2110. Piecha van Schagen, Beata: Rola stanowych modlitewników górniczych wydawanych w latach 1840-1889 na Górnym Śląsku w rozumieniu kultu św. Barbary Szafarki Eucharystii [Die Rolle der in den Jahren 1840-1889 in Oberschlesien herausgegebenen ständischen Bergmannsgebetbücher im Kontext des Kults der Heiligen Barbara, Spenderin der Eucharistie] // Górnik Polski. Zeszyty Naukowe Muzeum Górnictwa Węglowego w Zabrzu 2012, nr 6, s. 109-124; Res. 123-124.

2111. Piegza, Marian: Jak to z „Chorzowskimi Zeszytami Dydaktycznymi" było? [Was geschah mit „Chorzowskie Zeszyty Dydaktyczne"?] // Chorzowskie Zeszyty Dydaktyczne 10, 2012, s. 67-79, fot. 1.

2112. Piwowarski, Jerzy: Recepcja działalności dolnośląskiego środowiska fotograficznego w powojennej prasie specjalistycznej. Lata 1946-1990 [Rezeption der Tätigkeit des niederschlesischen Photographen-Milieus in der Fachpresse nach dem Krieg. 1946-1990] // W: Historia, teraźniejszość i współczesne dylematy fotografii. Sympozjum z okazji 65-lecia Związku Polskich Artystów Fotografików. Związek Polskich Artystów Fotografików, Okręg Dolnośląski, 15 grudnia 2012 [Geschichte, Gegenwart und zeitgenössische Dilemmas der Fotografie. Symposium zum 65. Jahrestag des Polnischen Kunstfotografenverbandes. Polnischer Kunstfotografenverband, Bezirk Niederschlesien, 15. Dezember 2012] / red. Kazimiera Kuzborska. - Wrocław 2012, s. 32-46, il.

2113. Pjech, Edmund: Wo stawiznach serbskich wědomostnych časopisow [From the History of Sorbian Scientific Journals] // Pro Lusatia. Opolskie Studia Łużycoznawcze 11, 2012, s. 6-14; Res. 13-14.

2114. Pobóg-Lenartowicz, Anna: Archiwum i biblioteka rodu Pruszkowskich = Archiv und Bibliothek des Adelsgeschlechts Pruszkowski // W: Źródła do dziejów Prószkowa = Quellen zur Geschichte von Proskau / red. nauk. Andrzej Hanich ; współpr. Hubert Dobranowski. - Opole 2012, s. 557-573.
Tekst w języku niemieckim i polskim. - Deutscher und polnischer Text.

2115. Pollak, Zofia: Wydawnictwo Świętego Krzyża - ponad 60 lat tradycji wydawniczej [Verlag „Zum Heiligen Kreuz" - über 60 Jahre Verlagstradition] // Bibliotekarz Opolski 2012, nr 3, s. 67-69.

2116. Prasa regionalna jako źródło do badań historycznych okresu XIX i XX wieku [Die

Regionalpresse als Quelle geschichtlicher Forschungen der Zeit des 19. und des 20. Jahrhunderts] / red. Joanna Nowosielska-Sobel, Grzegorz Strauchold, Wojciech Śleszyński. - Wrocław 2011, ss. 320.
Studia z Dziejów Prasy.
Rec.: Linek, Bernard // Śląski Kwartalnik Historyczny Sobótka 67, 2012, nr 2, s. 143-148.

2117. Racięski, Jarosław: Od grudnia do września. Radio Katowice w latach 1927-1939 [Von Dezember bis September. Radio Kattowitz in den Jahren 1927-1939] // W: Radiofonia na Górnym Śląsku w okresie międzywojennym [Rundfunk in Oberschlesien in der Zwischenkriegszeit] / scenariusz i kurator wystawy Jarosław Racięski ; współpr. Michał Witkowski ; red. Leszek Jodliński. - Katowice 2012, s. 11-30, il.

2118. Rechowicz, Henryk: Suum cuiuque. W dziewięćdziesięciolecie. Sylwetki pracowników Biblioteki Śląskiej [Suum cuiuque. Zum 90. Jahrestag. Mitarbeiterporträts der Schlesischen Bibliothek] / przygot. do druku Jan Malicki. - Katowice 2012, ss. 191, il.

2119. Różycki, Edward: Z dziejów kontaktów Lwowa i Śląska w przestrzeni kultury książki [Aus der Geschichte der Beziehungen Lembergs und Schlesiens im Bereich der Buchkultur (1. Hälfte des 20. Jhs.). Eine Erkundung] // W: Niezwykła więź Kresów Wschodnich i Zachodnich. Wpływ lwowian na rozwój kultury na Górnym Śląsku po 1945 roku [Die besondere Verbindung der ehemaligen polnischen und deutschen Ostgebiete. Einfluss der Lemberger auf die Kulturentwicklung in Oberschlesien nach 1945] / red. Krystyna Heska-Kwaśniewicz, Alicja Ratuszna, Ewa Żurawska. - Katowice 2012, s. 154-159; Res. 159.

2120. Rudka, Szczepan: Radio „Solidarność" na Świdnickiej [Radio „Solidarność" in der Świdnicka-Straße] // W: Przedmieście Świdnickie we Wrocławiu [Die Schweidnitzer Vorstadt in Breslau] / red. nauk. Halina Okólska, Hanna Górska. - Wrocław 2012, s. 280-283; Res. 283.

2121. Saj, Andrzej: Główne trendy w powojennej fotografii artystycznej na Dolnym Śląsku [Haupttrends in der Kunstfotografie nach dem Krieg in Niederschlesien] // W: Historia, teraźniejszość i współczesne dylematy fotografii. Sympozjum z okazji 65-lecia Związku Polskich Artystów Fotografików. Związek Polskich Artystów Fotografików, Okręg Dolnośląski, 15 grudnia 2012 [Geschichte, Gegenwart und zeitgenössische Dilemmas der Fotografie. Symposium zum 65. Jahrestag des Polnischen Kunstfotografenverbandes. Polnischer Kunstfotografenverband, Bezirk Niederschlesien, 15. Dezember 2012] / red. Kazimiera Kuzborska. - Wrocław 2012, s. 57-78, il.

2122. Schlechter, Armin: Das „böhmische Abenteuer" Kurfürst Friedrichs V. von der Pfalz in der zeitgenössischen schlesischen Publizistik // In: Schlesien und der deutsche Südwesten um 1600. Späthumanismus - reformierte Konfessionalisierung - politische Formierung / Hrsg. Joachim Bahlcke, Albrecht Ernst. - Heidelberg 2012, S. 261-295, Abb.

2123. Sieradzka, Danuta: Biblioteki ruchome w międzywojennej Polsce (rozważania wstępne) [Mobile Büchereien in Polen der Zwischenkriegszeit (Vorläufige Überlegungen)] // W: Przestrzenie kultury i literatury. Księga jubileuszowa dedykowana Profesor Krystynie Heskiej-Kwaśniewicz na pięćdziesięciolecie pracy naukowej i dydaktycznej / red. Elżbieta Gondek, Irena Socha, Barbara Pytlos. - Katowice 2012, s. 346-367.

2124. Skarbiec piśmiennictwa Diecezji Legnickiej. Biblioteka im. Jana Pawła II Wyższego Seminarium Duchownego Diecezji Legnickiej, Biblioteka Opactwa Sióstr Benedyktynek w Krzeszowie [Schatzkammer des Schrifttums der Liegnitzer Diözese. Die Johannes-Paul-II. -Bibliothek des Theologischen Seminars der Diözese Liegnitz, Bibliothek der Benediktinerinnenpropstei in Grüssau] / red. Wacław W. Szetelnicki. - Legnica 2012, ss. [80], il.

2125. Sobota, Adam: Fotografia zorganizowana - 65 lat ZPAF [Organisierte Fotografie - 65 Jahre Bundes der Polnischen Kunstfotografen] // W: Historia, teraźniejszość i współczesne dylematy fotografii. Sympozjum z okazji 65-lecia Związku Polskich Artystów Fotografików. Związek Polskich Artystów Fotografików, Okręg Dolnośląski, 15 grudnia 2012 [Geschichte, Gegenwart und zeitgenössische Dilemmas der Fotografie.

Symposium zum 65. Jahrestag des Polnischen Kunstfotografenverbandes. Polnischer Kunstfotografenverband, Bezirk Niederschlesien, 15. Dezember 2012] / red. Kazimiera Kuzborska. - Wrocław 2012, s. 47-56, il.
Dot. także Związku Polskich Artystów Fotografików na Dolnym Śląsku. - Betr. auch Bund der Polnischen Kunstfotografen in Niederschlesien.

2126. Sokolović, Dalibor: „Srbska Lužica" - efemeryda czasopiśmiennictywa sorabistycznego na Bałkanach [„Srbska Lužica" - ephemera of the sorabistic periodical press in the Balkans] // Pro Lusatia. Opolskie Studia Łużycoznawcze 11, 2012, s. 15-20; Res. 20.

2127. Sokół, Anna / Bertman, Wisława: Księga Gości Biblioteki Śląskiej (1956-2009) [Gästebuch der Schlesischen Bibliothek (1956-2009)]. - Katowice 2012, ss. 308, il.

2128. Szafarz, Jolanta: Kommunikation und Medien im Schlesien des 17. Jahrhunderts // In: Vielheit und Einheit der Germanistik weltweit. Akten des XII. Internationalen Germanistenkongresses Warschau 2010 / Hrsg. Franciszek Grucza, Ryozo Maeda, Mirosława Czarnecka, Carsten Gansel ; Jacek Rzeszotnik. - Frankfurt am Main 2012, S. 215-219.

2129. Szczygieł, Eugeniusz: Radiotechnika w Polsce w latach międzywojennych [Funktechnik in Polen in den Zwischenkriegsjahren] // W: Radiofonia na Górnym Śląsku w okresie międzywojennym [Rundfunk in Oberschlesien in der Zwischenkriegszeit] / scenariusz i kurator wystawy Jarosław Racięski ; współpr. Michał Witkowski ; red. Leszek Jodliński. - Katowice 2012, s. 59-73, il.

2130. Szocki, Józef: O ojczyźnie lokalnej (na przykładzie „Zeszytów Obornik Śląskich") [Über die Heimat (am Beispiel „Zeszyty Obornik Śląskich" [„Obernigker Hefte"])] // Przegląd Zachodni. Polska-Niemcy-Europa 68, 2012, nr 1, s. 218-226.

2131. Sztuchlik, Jolanta: Najstarsze drukowane Biblie (XV-XVII wieku) w zbiorach Biblioteki i Archiwum im. Bogumiła Rudolfa Tschammera w Cieszynie [The oldest editions of the Bible (15th-17th century) in the collection of the Tschammer Library and Archives in Cieszyn] // Knihy a dějiny. Zvláštní číslo věnované PhDr. Anežce Baďurové 2012, s. 195-215; Res. 215.

2132. Šíl, Jiří: Vědecký žurnalizmus Vincence Praska [Research journalism of Vincenc Prasek] // Časopis Slezského zemského muzea. Série B - vědy historické 61, 2012, č. 3, s. 263-278; Res. 273.

2133. Śliwińska, Beata: 60-lecie Biblioteki Głównej Uniwersytetu Opolskiego (wspomnieniowo & subiektywnie) [60 Jahre Hauptbibliothek der Oppelner Universität (als Erinnerung und subjektiv)] // Bibliotekarz Opolski 2012, nr 3, s. 40-45, fot. 7.

2134. Świder, Emilia: Silesia skarbnicą dziedzictwa piśmienniczego regionu [Silesia als Schatzkammer des Schrifttumserbes der Region] // Zwrot. Miesięcznik społeczno-kulturalny Polskiego Związku Kulturalno-Oświatowego w Republice Czeskiej 63, 2012, nr 3, s. 17-19, il. 10.

2135. Tomecka, Magdalena / Sładek, Jolanta: Jednodniówki w zbiorach Biblioteki Śląskiej [Sonderausgaben in den Sammlungen der Schlesischen Bibliothek]. - Katowice 2012, ss. 267, il.

2136. Warząchowska, Bogumiła: Książka, prasa i biblioteka w działalności Kościoła katolickiego w województwie śląskim (1922-1939) [The book, press and library in the activity of Catholic Church in the Silesian Voivodeship (1922-1939)] [Buch, Presse und Bibliothek in der Tätigkeit der katholischen Kirche in der schlesischen Woiwodschaft (1922-1939)]. - Katowice 2012, ss. 316, il., tab. 12; sum. 313-314; dt. Res. 315-316.
Studia i Materiały Wydziału Teologicznego Uniwersytetu Śląskiego w Katowicach; 72.

2137. Warząchowska, Bogumiła: Kulturotwórcza rola czasopism diecezji katowickiej w latach 1922-1939 [The culture - making role of Katowice Diocese periodicals in 1922-1939] // W: Książka, biblioteka, informacja. Między podziałami a wspólnotą III [Book, library, information. Between divisions and community III] / red. Jolanta Dzieniakowska, Monika Olczak-Kardas. - Kielce 2012, s. 507-523; Res. 523.

2138. Witkowski, Michał: Od świadka swych czasów do politycznego narzędzia. Radio w Niemczech w okresie dwudziestolecia międzywojennego [Vom Zeitzeugen zum politischen Instrument. Rundfunk in Deutschland in der Zwischenkriegszeit] // W: Radiofonia na Górnym Śląsku w okresie międzywojennym [Rundfunk in Oberschlesien in der Zwischenkriegszeit] / scenariusz i kurator wystawy Jarosław Racięski ; współpr. Michał Witkowski ; red. Leszek Jodliński. - Katowice 2012, s. 31-40, il. 9.

2139. Włodarczyk, Tamara: Obrazy Żydów w prasie dolnośląskiej w latach 1945-1968 [Das Judenbild in der niederschlesischen Presse in den Jahren 1945-1968] // W: Żydowski obraz Polski, polski obraz Żyda. Praca zbiorowa [Jewish image of Poland - The Polish image of a Jew] / red. Waldemar Szczerbiński, Bartosz Lampkowski. - Poznań 2012, s. 175-197.

2140. Wodziński, Marcin: Antysemicka prasa w województwie śląskim 1922-1939. Programy, retoryka, skutki [Antisemitische Presse in der Woiwodschaft Schlesien 1922-1939. Programme, Rhetorik und ihre Folgen] // W: Żydzi na Górnym Śląsku w XIX i XX wieku [Juden in Oberschlesien im 19. und 20. Jahrhundert] / red. Beata Kalinowska-Wójcik, Dawid Keller. - Rybnik 2012, s. 189-215.

2141. Wójcik, Mirosław: Działalność oświatowa koncernu wydawniczego „Katolik" pod kierownictwem Karola Miarki w latach 1869-1882 na tle tendencji rozwojowych prasy górnośląskiej [Bildungstätigkeit des Verlagskonzerns „Katolik" [Katholik] unter Karol Miarkas Leitung in den Jahren 1869-1882 vor dem Hintergrund der Entwicklungstendenzen der oberschlesischen Presse] // W: Ars Educandi. Źródła. T. 2. Oblicza edukacji XIX i XX wieku [Ars Educandi. Quellen. Band 2. Bildungserscheinungen des 19. und 20. Jahrhunderts] / red. Piotr P. Barczyk, Irena Socha. - Mysłowice 2012, s. 36-53.

2142. Zahradnik, Stanisław: Ruch wydawniczy Polskiego Związku Kulturalno-Oświatowego w latach 1947-2011 [Die polnische Verlagsbewegung des Polnischen Kultur- und Bildungsvereins in den Jahren 1947-2011]. - Czeski Cieszyn 2012, 79 s., il.

2143. Zalewski, Zbigniew: Die Oppelner Wochenschrift „Gość Niedzielny/Der Sonntagsbote" // W: Erzbischof Alfons Nossol. Aus seinem Leben, Denken und Wirken / Hrsg. Helmut Jan Sobeczko ; Übers. Krystyna Maria Greub -Frącz. - Opole 2012, s. 203-204, fot. 2.

2144. Zieliński, Waldemar: Początki fotografii na Dolnym Śląsku [Die Anfänge der Fotografie in Niederschlesien] // W: Historia, teraźniejszość i współczesne dylematy fotografii. Sympozjum z okazji 65-lecia Związku Polskich Artystów Fotografików. Związek Polskich Artystów Fotografików, Okręg Dolnośląski, 15 grudnia 2012 [Geschichte, Gegenwart und zeitgenössische Dilemmas der Fotografie. Symposium zum 65. Jahrestag des Polnischen Kunstfotografenverbandes. Polnischer Kunstfotografenverband, Bezirk Niederschlesien, 15. Dezember 2012] / red. Kazimiera Kuzborska. - Wrocław 2012, s. 8-31, il.

2145. Żbikowska-Migoń, Anna: Książka literacka w śląskim repertuarze wydawniczym w latach 1750-1820. Rozpoznanie wstępne [Das literarische Buch im schlesischen Verlagsprogramm in den Jahren 1750-1820. Einführung] // W: Śląska republika uczonych. Vol. 5 [Schlesische Gelehrtenrepublik. Vol. 5] / red. Marek Hałub, Anna Mańko-Matysiak. - Wrocław 2012, s. 229-240; Res. 239-240.

2146. Żeleźny, Robert: Obraz polskiej kampanii obronnej 1939 roku w świetle niemieckiej propagandy na przykładzie legnickiego dziennika „Liegnitzer Tageblatt" [Das Bild der polnischen Verteidigungskampagne im Lichte der deutschen Propaganda am Beispiel der Liegnitzer Tageszeitung „Liegnitzer Tageblatt"] // Szkice Legnickie 33, 2012, s. 53-74; Res. 74.

2147. Żurek, Krystyna: „Prawda" - organ prasowy starokatolików na Górnym Śląsku [„Prawda" [„Wahrheit"] - Presseorgan der Altkatholiken in Oberschlesien] // Śląskie Studia Historyczno-Teologiczne 45, 2012, z. 2, s. 412-420.

11.07. Sprachen, Namenkunde – Językoznawstwo, onomastyka – Jazyky, názvosloví

Zob. poz. / Siehe auch / Viz 16, 360, 1524, 2107, 2977.

2148. Andrzejewski, Tomasz / Gącarzewicz, Małgorzata / Parahus, Jarosław: Nowosolskie ulice. T. 4: P-T [Neusalzer Straßen. Band 4: P-T]. - Nowa Sól 2012, ss. 72, il.

2149. Budzińska, Małgorzata: Relacje między polskimi i niemieckimi urbanonimami na przykładzie nazewnictwa wrocławskich obiektów miejskich [Relations between polish and german names for example the nomenclature of Wrocław Urban objects] // Rozprawy Komisji Językowej 39, 2012, s. 163-178, tab. 7; Res. 177-178.

2150. Choroś, Monika / Jarczak, Łucja: Nazewnictwo miejscowe w polityce władz rejencji opolskiej (spojrzenie onomasty) [Ortsnamen in der Politik der Behörden des Regierungsbezirks Oppeln (aus der Perspektive eines Namensforschers)] // Studia Śląskie 71, 2012, s. 45-60; Res. 59-60.

2151. Choroś, Monika / Jarczak, Łucja: Zainteresowania onomastyczne Konstantego Prusa i jego „Spis miejscowości polskiego Górnego Śląska" jako element kampanii plebiscytowej [Onomastische Interessen von Konstanty Prus und sein „Ortsverzeichnis des polnischen Oberschlesien"] // W: Plebiscyt i powstania śląskie 1919-1921 - po 90. latach [Volksabstimmung und schlesische Aufstände 1919-1921 - nach 90 Jahren] / red. Michał Lis, Leokadia Drożdż. - Opole 2012, s. 87-104, fot.

2152. Cząstka-Szymon, Barbara / Synowiec, Helena: Realia kulturowo-językowe dawnych Katowic w świetle wypowiedzi mieszkańców [Die kulturell-sprachlichen Umstände des früheren Kattowitz angesichts der Aussagen seiner Einwohner] // W: Katowice w kulturze pogranicza. Rola Katowic w kulturze i nauce [Kattowitz in der Kultur des Grenzgebietes. Die Rolle von Kattowitz in Kultur und Wissenschaft] / red. nauk. Antoni Barciak. - Katowice 2012, s. 31-43; Res. 43.

2153. Černá-Willi, Rahel: Polnisches Deutsch - deutsches Polnisch. Edition und Analyse einer Sammlung von Paralleltexten des 18. Jahrhunderts aus Teschen/Oberschlesien. - Bern 2012, 472 S. + CD-ROM.
Slavica Helvetica; 82.

2154. David, Jaroslav: Paměť města - názvy míst. Havířov [Das Gedächtnis der Stadt - Ortsnamen. Hawirzow]. - Ostrava 2012, 93 s., il.; Res. 59.

2155. David, Jaroslav: Paměť města - názvy míst. Ostrava [Das Gedächtnis der Stadt - Ortsnamen. Ostrau]. - Ostrava 2012, 99 s., il.; Res. 57.

2156. Falęcki, Tomasz: Psychospołeczne uwarunkowania zmiany językowej na przykładzie Śląska Opolskiego, Wołynia i Wielkopolski w okresie miedzywojennym [Die sozialpsychologischen Bedingungen des Sprachwandels anhand der Situation im Oppelner Schlesien, Wolhynien und Großpolen] // W: Podróże i migracje w Europie Środkowej [Reisen und Migrationen in Mitteleuropa] / red. Antoni Barciak ; wprowadz. Małgorzata Mańka-Szulik. - Katowice 2012, s. 130-142; dt. Res. 142.

2157. Juniszewski, Maciej: Urbanonimia Legnicy. Z dziejów miasta [Namensgebung der Stadt Liegnitz. Aus der Stadtgeschichte] // Szkice Legnickie 33, 2012, s. 9-51; Res. 51.

2158. Kędziora, Kamila: Nazewnictwo ulic Wrocławia w latach 1945-1994 [Namenkunde der Breslauer Straßen in den Jahren 1945-1994]. - Warszawa 2012, ss. 238.
Monografie / Instytut Pamięci Narodowej. Komisja Ścigania Zbrodni przeciwko Narodowi Polskiemu; 81.

2159. Lipowski, Jaroslav: O třech nářečních slovnících Těšínského Slezska [Zu drei Wörterbüchern der Teschener Mundart] // W: Śląska republika uczonych. Vol. 5 [Schlesische Gelehrtenrepublik. Vol. 5] / red. Marek Hałub, Anna Mańko-Matysiak. - Wrocław 2012, s. 359-370; Res. 369-370.

2160. Łobodzińska, Romana: Średniopolskie nazwiska śląskie motywowane nazwami roślin [Von Pflanzennamen abgeleitete mittelpolnische schlesische Nachnamen] // W: W komunikacyjnej przestrzeni nazw własnych i pospolitych. Księga jubileuszowa dedykowana Profesorowi Robertowi Mrózkowi [Im Kommunikationsraum der Eigennamen und allgemeinen Bezeichnungen. Festschrift für Professor Robert Mrózek] / red. Izabela Łuc, Małgorzata Pogłódek. - Katowice 2012, s. 237-242.

2161. Łuc, Izabela: Wielokulturowość cieszyńskiego pogranicza w aspekcie XIX-wiecznego imiennictwa [Die Multikulturalität des Teschener Grenzgebiets im Lichte der im 19 Jh. gebrauchten Onomastik] // W: Cieszyński Almanach Pedagogiczny. T. 1: Tradycja i współczesność w myśli pedagogicznej [Teschener Pädagogischer Almanach. Band 1: Tradition und Gegenwart im pädagogischen Denken] / red. Urszula Szuścik. - Katowice 2012, s. 154-165, tab. 3; Res. 165.

2162. Maćkuła, Dorota: O imionach i nazwiskach Strzelczan = Die Vor- und Familiennamen der Einwohner des Kreises Groß Strehlitz // W: Strzelczan album rodzinny. Od kołyski aż po grób = Groß Strehlitzer Familienalbum. Von der Wiege bis zum Grab / red. Marta Górka, Waldemar Gaida. - Strzelce Opolskie 2012, s. 133-144, fot.
Tekst w języku polskim i niemieckim. - Polnischer und deutscher Text.

2163. Miszewska, Barbara: Szlakiem znaków i symboli dawnego Wrocławia [Auf der Spur der Zeichen und Symbole des alten Breslau] // W: Mijające krajobrazy Polski - Dolny Śląsk. Krajobraz dolnośląski kalejdoskopem jest... [Vergangene Landschaften Polens - Niederschlesien. Die niederschlesische Landschaft ist wie ein Kaleidoskop ...] / red. nauk. Krzysztof R. Mazurski. - Kraków 2012, s. 59-68, il.

2164. Morciniec, Norbert: Jakimi językami władali pierwsi Piastowie śląscy? Od Władysława II (*1105) do Henryka IV (+1290) [Welche Sprachkenntnisse besaßen die ersten schlesischen Piastenherzöge? Von Wladislaus II (*1105) bis zu Heinrich IV (+1290)] // Rozprawy Komisji Językowej 39, 2012, s. 3-15; Res. 15.

2165. Morciniec, Norbert: Vom Sterben einer Mundart. (Zum Ethnolekt von Wilmesau/ Wilamowice nach 1945) // In: Vita in linguis. Schriften zur Germanistik und Niederlandistik / Hrsg. Lesław Cirko, Stefan Kiedroń. - Dresden 2012, S. 455-464.
Wcześniej w: / Zuvor in: Acta Universitatis Wratislaviensis 2184 / Neerlandica Wratislaviensis 12, 2000, (209-215).

2166. Morciniec, Norbert: Welche Sprachen kannten die ersten schlesischen Piastenherzöge? Von Wladislaus II. (*1105) bis Heinrich IV. (+1290) // Vita in linguis. Schriften zur Germanistik und Niederlandistik S. 557-575.
Wcześniej w: / Zuvor in: Der Worte Echo im Spiegel der Sprache. Festschrift für Maria Katarzyna Lasatowicz, Hrsg. Stanisław Prędota, Berlin 2011, 29-42.

2167. Morciniec, Norbert: Wieloetniczność w historii Śląska na przykładzie polsko-niemieckich stosunków językowych [Ethnische Vielfalt in der Geschichte Schlesiens am Beispiel der deutsch-polnischen Sprachbeziehungen] // In: Vita in linguis. Schriften zur Germanistik und Niederlandistik / Hrsg. Lesław Cirko, Stefan Kiedroń. - Dresden 2012, S. 465-477.
Wcześniej w: / Zuvor in: Silesia Philologica. I Kongres Germanistyki Wrocławskiej, red. Marek Hałub, Wrocław 2002, 27-35.

2168. Morciniec, Norbert: Zum Wortgut deutscher Herkunft in den polnischen Dialekten Schlesiens // In: Vita in linguis. Schriften zur Germanistik und Niederlandistik / Hrsg. Lesław Cirko, Stefan Kiedroń. - Dresden 2012, S. 423-440.
Wcześniej w: / Zuvor in: Zeitschrift für Ostforschung 38 (1989), 321-336.

2169. Preiwuß, Kerstin: Ortsnamen in Zeit, Raum und Kultur. Die Städte Allenstein/Olsztyn und Breslau/Wroclaw. - Berlin 2012, 467 S.
Zugl.: Leipzig, Univ., Diss., 2011. Sprachwissenschaft; 9.

2170. Słaboń, Manfred: Gwary powiatu strzeleckiego = Die Dialekte des Kreises Strehlen // W: Strzelczan album rodzinny. Od kołyski aż po grób = Groß Strehlitzer Familienalbum. Von der Wiege bis zum Grab / red. Marta Gór-

ka, Waldemar Gaida. - Strzelce Opolskie 2012, s. 145-154, fot.
Tekst w języku polskim i niemieckim. - Polnischer und deutscher Text.

2171. Spata, Manfred: Ortsnamensänderungen der Jahre 1921 bis 1939 in der Grafschaft Glatz // In: Die Grafschaft Glatz zwischen 1918-1946. Beiträge über eine schlesische Kulturlandschaft. Festschrift für Franz Jung zum 75. Geburtstag; apostolischer Protonotar, Großdechant und Visitator für die Priester und Gläubigen aus der Grafschaft Glatz 1983-2011 / Hrsg. Horst-Alfons Meißner, Michael Hirschfeld, Franz Jung. - Münster 2012, S. 239-246, Abb.

2172. Spata, Manfred: Ortsnamensänderungen der Jahre 1921-1939 in der Grafschaft Glatz // Kladský sborník 9, 2012, s. 229-239; Res. 236-237.

2173. Sutowicz, Anna: Język modlitwy jako element kształtowania świadomości jednostki i grupy na przykładzie niemieckojęzycznych rękopisów liturgicznych z średniowiecznych bibliotek śląskich klasztorów żeńskich [The Language of Prayer as an Element of Personal and Group Consciousness Formation of the Example of German Language Liturgical Manuscripts from Medieval Silesian Cloister Librariers] // Świdnickie Studia Teologiczne 9, 2012, s. 333-351; sum. 351.

2174. Tambor, Jolanta: Oberschlesien - Sprache und Identität. - Hildesheim 2011, 285 S.
Westostpassagen. Slawistische Forschungen und Texte; 12. Wersja polska / Polnische Fassung: Mowa Górnoślązaków oraz ich świadomość językowa i etniczna, Katowice 2006.
Rec.: Söhner, Felicitas // Silesia Nova. Vierteljahresschrift für Kultur und Geschichte 9, 2012, H. 2, S. 143-147.

2175. Utracki, Damian: Problematyka nazewnicza na Ziemiach Zachodnich. Proces repolonizacji i polonizacji nazw po II wojnie światowej [Namensgebungsproblematik in den Westlichen Gebieten. Re- und Polonisierungsprozess der Bezeichnungen nach dem Zweiten Weltkrieg] // W: Letnia Szkoła Historii Najnowszej 2011. Referaty [Sommerschule für Zeitgeschichte 2011. Referate] / red. Przemysław Gasztold-Seń ; red., wstęp Łukasz Kamiński. - Warszawa 2012, s. 109-118.

2176. Wenzel, Walter: Namenkundliche Beiträge zur älteren Geschichte der Oberlausitz // Neues Lausitzisches Magazin. Neue Folge 15 (134), 2012, S. 9-26.

2177. Wronicz, Jadwiga: Gwara cieszyńska wobec innych odmian języka [Teschener Mundart gegenüber anderen Sprachvarianten] // W: Język - szkoła - przestrzeń jako determinanty rozwoju kultury Śląska Cieszyńskiego [Sprache - Schule - Raum als Determinanten der Entwicklung der Kultur des Teschener Schlesiens] / red. Marzena Bogus. - Czeski Cieszyn 2012, s. 15-24.

2178. Wyderka, Bogusław: Granice dialektu śląskiego [Grenzen des polnisch-schlesischen Dialekts] // W: Granice Śląska w interdyscyplinarnej perspektywie [Schlesiens Grenzen aus interdisziplinärer Perspektive] / red. Ryszard Gładkiewicz, Teresa Sołdra-Gwiżdż, Marek S. Szczepański. - Opole 2012, s. 57-74, map 1; Res. 74-75.

2179. Wyderka, Bogusław: Śląskoznawcze Prace Karola Dejny [Karol Dejna's Silesian Dialect Researches] // Rozprawy Komisji Językowej 58, 2012, s. 389-396; sum. 396.

2180. Wyderka, Bogusław: Z dziejów XIX -wiecznej śląskiej leksykografii gwarowej [Aus der Geschichte der schlesischen Mundarten-Lexikographie des 19. Jahrhunderts] // W: W komunikacyjnej przestrzeni nazw własnych i pospolitych. Księga jubileuszowa dedykowana Profesorowi Robertowi Mrózkowi [Im Kommunikationsraum der Eigennamen und allgemeinen Bezeichnungen. Festschrift für Professor Robert Mrózek] / red. Izabela Łuc, Małgorzata Pogłódek. - Katowice 2012, s. 471-478.

2181. Zuber, Rudolf: Jazyk lidu na Jesenicku [Die Volkssprache im Gebiet Jesenik] // In: XII. Svatováclavské mezinárodní setkání v Jeseníku. Slezská lidová kultura a kultura lidu na Jesenicku. Sborník referátů [XII. internationales Sankt-Wenzels-Treffen in Freiwaldau. Schlesische Volkskultur und Kultur des Volkes in der Region Freiwaldau. Sammelband der Vorträge] / ed. Květoslav Growka. - Jeseník; Opava 2012, s. 52-55; Res. 55.

11.08. Literatur – Literatura – Literatura

Zob. poz. / Siehe auch / Viz 6, 187, 189, 198, 226, 269, 315, 348, 351, 373, 743, 1513, 1516, 1533, 1749, 1759, 1792, 1946, 1955, 2045, 2061, 2145, 2606, 2623, 2632, 2648, 2708, 2734, 2737, 2744, 2769-2773, 2807, 2814, 2817-2831, 2843, 2879-2883, 2884, 2892, 2902-2903, 2910, 2919-2962, 2974-3016, 3019, 3025, 3027, 3029-3030, 3041, 3057, 3060, 3066, 3086, 3103, 3119, 3142, 3144-3145, 3147, 3157, 3165, 3167-3168, 3171, 3184-3186, 3195, 3196, 3208, 3216, 3218, 3227, 3253, 3255, 3259, 3262-3263, 3265-3270, 3280, 3302-3304, 3329-3330, 3337, 3342, 3344-3345.

2182. Bereta, Katarzyna: Konwencje tematyczne w socrealistycznej prozie dla dzieci i młodzieży Gustawa Morcinka [Thematische Konventionen in der sozrealistischen Prosa für Kinder und Jugendliche bei Gustaw Morcinek] // W: Gustaw Morcinek - w 120-lecie urodzin [Gustaw Morcinek - zum 120. Geburtstag] / red. Krystyna Heska-Kwaśniewicz, Jacek Lyszczyna. - Katowice 2012, s. 91-114.

2183. Bereta, Katarzyna: Wokół wyjątkowej „kariery" tematu pracy w prozie Górnego Śląska po 1956 roku [Eine einzigartige „Karriere" - das Thema der Arbeit in der Prosa Oberschlesiens nach 1956] // Górnik Polski. Zeszyty Naukowe Muzeum Górnictwa Węglowego w Zabrzu 2012, nr 6, s. 125-140; Res. 139-140.

2184. Białachowski, Artur Robert: Carl und Gerhart Hauptmann in der Vierteljahresschrift 'Schlesien' // In: Schlesien erlesen. Aufsätze zur Literatur des 18. bis 21. Jahrhunderts. Festgabe für Monika Taubitz zum 75. Geburtstag / Hrsg. Edward Białek. - Dresden [u.a.] 2012, S. 219-242.
Zawiera bibliografię adnotowaną (226-242). - Enthält annotierte Bibliographie (226-242).

2185. Białek, Edward: Heimatkunstbewegung im barocken Gewand. Friedrich von Logau als Namenspatron einer niederschlesischen Literaten- und Künstlervereinigung // In: Ein Gedenkband zum 20. Todestag von Professor Marian Szyrocki / Hrsg. Edward Białek, Mirosława Czarnecka, Urszula Kawalec, Eugeniusz Tomiczek. - Dresden 2012, S. 153-163; Res. 163.

2186. Białek, Edward: Kultura literacka Legnicy w okresie Republiki Weimarskiej [Literarische Kultur von Liegnitz während der Weimarer Republik] // W: Litteraria Lignicensis. Rozprawy i szkice o kulturze literackiej dawnej Legnicy [Litteraria Lignicensis. Abhandlungen und Skizzen zur literarischen Kultur des früheren Liegnitz] / red. Edward Białek, Piotr Niemiec. - Wrocław 2012, s. 11-47, il.; sum. 46-47.

2187. Białek, Edward: Der Logaubund Liegnitz und die Zeitschrift „Die Saat" in der literarischen Kultur Niederschlesiens nach dem Ersten Weltkrieg. - Dresden 2012, 448 S., Abb.

2188. Białek, Edward: Zwischen regionaler Vereinnahmung und europäischer Perspektivierung. Carl und Gerhart Hauptmann im Urteil Liegnitzer Literaturkritiker (1918-1922) // W: Carl Hauptmann w polskiej nauce i krytyce literackiej Carl Hauptmann im Spiegel der polnischen Forschung und Literaturkritik / red. Krzysztof Antoni Kuczyński. - Włocławek 2012, s. 587-605.

2189. Biliński, Krzysztof: O modernistycznych lirykach Józefa Lebiedzika [Über die modernistische Lyrik Józef Lebiedziks] // W: Przestrzenie kultury i literatury. Księga jubileuszowa dedykowana Profesor Krystynie Heskiej-Kwaśniewicz na pięćdziesięciolecie pracy naukowej i dydaktycznej / red. Elżbieta Gondek, Irena Socha, Barbara Pytlos. - Katowice 2012, s. 267-275.

2190. Biskup, Rafał: O Śląsku pisanym dialektem słów kilka. Gerhard i Philo vom Walde (Johannes Reinelt) oraz dialekt śląski w naturalizmie [Einige Worte über das im Dialekt beschriebene Schlesien. Gerhart Hauptmann und Philo von Walde (Johannes Reinelt) und der schlesische Dialekt im Naturalismus] // W: Carl i Gerhart Hauptmann - dzieło i modele jego odbioru [Carl und Gerhart Hauptmann - Werk und Modelle ihrer Rezeption] / red. Edward Białek, Jan Pacholski, Piotr Niemiec. - Wrocław 2012, s. 151-157; Res. 157.

2191. Browarny, Wojciech: Między „odzyskiwaniem" a „ślązaczeniem". Literacki obrazŚląska i polski dyskurs nowoczesności [Zwischen „Wiedergewinnung" und „Schlesischmachung". Das literarische Bild Schlesiens und der polnische Diskurs der Neuzeit] // W: Nowy regionalizm w badaniach literackich. Badawczy rekonesans i zarys perspektyw / red. Małgorzata Mikołajczak, Elżbieta Rybicka. - Kraków 2012, s. 85-100.

2192. Browarny, Wojciech: Nie tylko Breslau. O współczesnej prozie z Dolnego Śląska (1989-2010) [Nicht nur Breslau. Über die zeitgenössische Prosa aus Oberschlesien (1989-2010)] // W: Rozkład jazdy. Dwadzieścia lat literatury Dolnego Śląska po 1989 roku / red. Jacek Bierut, Wojciech Browarny, Grzegorz Czekański. - Wrocław 2012, s. 23-36.

2193. Copik, Ilona: Miasto podróżników, miasto pomieszanych języków. Literackie Gliwice Adama Zagajewskiego, Juliana Kornhausera i Henryka Wańka [Stadt der Reisenden, Stadt der gemischten Sprachen. Das literarische Gleiwitz von Adam Zagajewski, Julian Kornhauser und Henryk Waniek] // W: Narracje migracyjne w literaturze polskiej XX i XXI wieku / red. Hanna Gosk. - Kraków 2012, s. 361-378.

2194. Dawidejt-Jastrzębska, Ewa: Śląsk Opolski w polskiej literaturze pięknej okresu międzywojennego - przyczynek do pamięci kulturowej nowych (powojennych) mieszkańców regionu [Das Oppelner Schlesien in der polnischen Literatur der Zwischenkriegszeit - Beitrag zum kulturellen Gedächtnis der neuen (nachkriegszeitlichen) Bewohner der Region] // Studia Śląskie 71, 2012, s. 169-196; Res. 196.

2195. Dieckhöfer, Klemens: Dichtung und Medizin. Zur Persönlichkeitsstruktur, körperlichen Verfasstheit in seinem dichterischen Schaffen und zur medizinischen Profession der Arztfiguren in den Werken Gerhart Hauptmanns. - Baden-Baden 2012, 250 S.

2196. Dutka, Elżbieta: Doświadczenie regionu (na przykładzie literatury o Śląsku) [Erfahrung der Region (am Beispiel der Literatur zu Schlesien)] // W: Nowy regionalizm w badaniach literackich. Badawczy rekonesans i zarys perspektyw / red. Małgorzata Mikołajczak, Elżbieta Rybicka. - Kraków 2012, s. 135-151.

2197. Dziedzic, Gabriela: „Ein Kloster, eine Kirche und eine Kaserne". Das Bild der Stadt Neisse in dem Roman „Das schlesische Fräulein" von Juliane Karwath // In: Denkerische und dichterische Heimatsuche / Hrsg. Tomasz Drewniak. - Görlitz 2012, S. 223-232.

2198. Eiden, Maximilian: Görlitz und Zgorzelec als Ort der schönen Literatur. Texte von deutschen, schweizerischen und polnischen Autoren [Görlitz i Zgorzelec jako miejsce literatury pięknej. Teksty autorów niemieckich, szwajcarskich i polskich] // Colloquium Opole 2012. Polacy - Niemcy - Czesi sąsiedztwo w XXI wieku. Miasta w przestrzeni środkowoeuropejskiej: Opole - Görlitz/Zgorzelec - Opawa po 1989 roku [Colloquium Opole 2012. Polen - Deutsche - Tschechen Nachbarschaft im 21. Jahrhundert. Städte im mitteleuropäischen Raum: Oppeln - Görlitz/Zgorzelec - Troppau nach 1989] [Colloquium Opole 2012. Poláci - Němci - Češi sousedstvi v XXI stoleti. Města v středoevropském prostoru Opole - Görlitz/Zgorzelec - Opava po roce 1989] s. 159-171; Res. 171.

2199. Gawron, Agnieszka: Das Bild des Riesengebirges im „Rübezahlbuch" von Carl Hauptmann // W: Carl Hauptmann w polskiej nauce i krytyce literackiej [Carl Hauptmann im Spiegel der polnischen Forschung und Literaturkritik] / red. Krzysztof Antoni Kuczyński. - Włocławek 2012, s. 567-576.

2200. Gieba, Kamila: Od antygermańskiego przedmurza do pomostu ku Europie. O przemianach postaw wobec niemieckiego dziedzictwa kulturowego w dyskursie regionów pogranicza (na wybranych przykładach) [Vom antigermanischen Bollwerk zur Brücke Richtung Europa. Über die Meinungsänderungen gegenüber dem deutschen Kulturerbe im Diskurs der Regionen des Grenzgebiets (ausgewählte Beispiele)] // W: Nowy regionalizm w badaniach literackich. Badawczy rekonesans i zarys perspektyw / red. Małgorzata Mikołajczak, Elżbieta Rybicka. - Kraków 2012, s. 231-244.

2201. Golba, Iwona: Peter Lachmann und seine Beziehungen zu Polen // W: Deutsch-polnische Beziehungen in Kultur und Literatur, Bd. 4: Materialien der Konferenz, 13.-15. April 2012 /

Hrsg. Lech Kolago, Katarzyna Grzywka, Małgorzata Filipowicz. - Warszawa 2012, S. 233-239.

2202. Hauptmann, Harriet / Rohlfs, Stefan: „In höchster Berliner Eile...". Gerhart Hauptmann - Ivo Hauptmann. Briefwechsel. - Berlin 2012, 252 S., Abb.

2203. Hebzda-Sołogub, Beata: „Mój dom Dolny Śląsk leży w środku serca mego". Dom utracony - dom ocalony w poezji Adama Lizakowskiego [„Mein Haus Niederschlesien liegt inmitten meines Herzens". Verlorenes Haus - gerettetes Haus in der Poesie von Adam Lizakowski] // W: Powrót do domu. Studia z antropologii i poetyki przestrzeni [Rückkehr nach Hause. Studien zur Anthropologie und Raumpoetik] / red. Dorota Kulczycka, Anastazja Seul. - Zielona Góra 2012, s. 199-215.

2204. Heska-Kwaśniewicz, Krystyna: Joachim Rybka - portret grabarza doskonałego [Joachim Rybka - Portrait eines perfekten Totengräbers] // W: Gustaw Morcinek - w 120-lecie urodzin [Gustaw Morcinek - zum 120. Geburtstag] / red. Krystyna Heska-Kwaśniewicz, Jacek Lyszczyna. - Katowice 2012, s. 11-22.
Dot. Joachima Rybki - bohatera utworu „Ujec" Gustawa Morcinka. - Betr. Joachim Rybka - Protagonist des Werkes „Ujec" von Gustaw Morcinek.

2205. Hüther, Konrad: Gerhart Hauptmann und Bad Lauchstädt - Gabriel Schillings Flucht // Gerhart-Hauptmann-Blätter. Literarisches, Biographisches, Kritisches. Eine Halbjahresschrift. Mitteilungen der Gerhart-Hauptmann-Gesellschaft e.V. zu Berlin 14, 2012, S. 8-10.

2206. Jandová, Helena: Česká krásná literatura o česko-kladském pomezí [Tschechische schöne Literatur über das Glatzer Grenzgebiet auf tschechischer Seite] // Kladský sborník 9, 2012, s. 13-60; Res. 60.

2207. Jarosz-Sienkiewicz, Ewa: Das belagerte Breslau in den Romanen von Georg Ralph Haas, Hugo Hartung, Walter Schimmel-Falkenau und Werner Steinberg // In: Erinnerung in Text und Bild. Zur Darstellbarkeit von Krieg und Holocaust im literarischen und filmischen Schaffen in Deutschland und Polen / Hrsg. Jürgen Egyptien. - Berlin 2012, S. 159-172.

2208. Jośkowiak, Przemysław: Die Volksballade als biographisches Werk im weiteren Sinne // W: Kultura - literatura - język - pogranicza komparatystyki. Prace ofiarowane Profesorowi Lechowi Kolago w 70. rocznicę urodzin. [T. 1] [Kultur - Literatur - Sprache - Gebiete der Komparatistik. Festschrift für Herrn Professor Lech Kolago zum 70. Geburtstag. Bd. 1] / red./Hrsg. von Katarzyna Grzywka ; współpr. Małgorzata Filipowicz [et al.]. - Warszawa 2012, s. 480-487.
Dot. Śląska. - Betr. Schlesien.

2209. Kajfosz, Jan: Czy beletria może być tekstem etnograficznym? Nad opowiadaniami ze starej Wisły Marii Pilch [Kann Belletristik als ethnografischer Text dienen? Zu den Erzählungen aus dem alten Weichsel von Maria Pilch] // W: Maria Pilch (1912-1990). W setną rocznicę urodzin beskidzkiej pisarki [Maria Pilch (1912-1990). Zum 100. Geburtstag der Beskider Schriftstellerin] / red. Renata Czyż. - Wisła 2012, s. 31-44.

2210. Kern, Joanna: Hajer Blues i inne historie [Hajer Blues und andere Geschichten]. - Nowa Ruda 2012, ss. 124, il.

2211. Koopmann, Helmut: Konstruierte Wirklichkeiten. Zu Eichendorffs Lyrik // Aurora. Jahrbuch der Eichendorff-Gesellschaft 70/71, 2010/2011 (2012), S. 35-54.

2212. Korte, Hermann: Der junge Herr Publikum. Eichendorffs Tagebuch als theatergeschichtliche Quelle // Aurora. Jahrbuch der Eichendorff-Gesellschaft 70/71, 2010/2011 (2012), S. 1-33.

2213. Kossakowska-Jarosz, Krystyna: Historia rodzimego piśmiennictwa na Górnym Śląsku w perspektywie kulturowej [Geschichte des einheimischen Schrifttums in Oberschlesien aus kultureller Perspektive] // W: Nowy regionalizm w badaniach literackich. Badawczy rekonesans i zarys perspektyw / red. Małgorzata Mikołajczak, Elżbieta Rybicka. - Kraków 2012, s. 67-83.

2214. Kossakowska-Jarosz, Krystyna: Juliusz Słowacki 'pod śląską strzechą' [Juliusz Słowacki Under the Silesian Thatched Roof] // W: Juliusz Słowacki w kontekstach kulturowych dawnych i współczesnych / red. Elżbieta Dąbrowska, Irena Jokiel. - Opole 2012, s. 235-251; Res. 250-251.

2215. Kossakowska-Jarosz, Krystyna: Miasto śląskie w polskiej literaturze po 1945 roku [Schlesische Stadt in polnischer Literatur nach 1945] // Colloquium Opole 2012. Polacy - Niemcy - Czesi sąsiedztwo w XXI wieku. Miasta w przestrzeni środkowoeuropejskiej: Opole - Görlitz/Zgorzelec - Opawa po 1989 roku [Colloquium Opole 2012. Polen - Deutsche - Tschechen Nachbarschaft im 21. Jahrhundert. Städte im mitteleuropäischen Raum: Oppeln - Görlitz/ Zgorzelec - Troppau nach 1989] [Colloquium Opole 2012. Poláci - Němci - Češi sousedstvi v XXI stoleti. Města v středoevropském prostoru Opole - Görlitz/Zgorzelec - Opava po roce 1989] s. 172-189; Res. 189.

2216. Kossakowska-Jarosz, Krystyna: Śląska żona - dobra gospodyni (obiegowy model kobiecości w literackim ujęciu rodzimych pisarzy XIX wieku) [Silesian wife is a woman with good housekeeping skills (a stereotype model of feminity in a literary description of native writers of the 19th century)] // W: Kobieta w gospodarstwie domowym. Ziemie polskie na tle porównawczym [Die Frau in der Hauswirtschaft. Polnische Gebiete im Vergleich] / red. Katarzyna Sierakowska, Grażyna Wyder. - Zielona Góra 2012, s. 59-74; Res. 74-75.

2217. Kunicki, Wojciech: Opole w niemieckiej literaturze po roku 1945. Szkic [Oppeln in der deutschen Literatur nach 1945. Skizze] // Colloquium Opole 2012. Polacy - Niemcy - Czesi sąsiedztwo w XXI wieku. Miasta w przestrzeni środkowoeuropejskiej: Opole - Görlitz/Zgorzelec - Opawa po 1989 roku [Colloquium Opole 2012. Polen - Deutsche - Tschechen Nachbarschaft im 21. Jahrhundert. Städte im mitteleuropäischen Raum: Oppeln - Görlitz/Zgorzelec - Troppau nach 1989] [Colloquium Opole 2012. Poláci - Němci - Češi sousedstvi v XXI stoleti. Města v středoevropském prostoru Opole - Görlitz/Zgorzelec - Opava po roce 1989] s. 143-158; Res. 158.

2218. Langer, Beata: Lektury bohaterów Morcinka [Lektüren von Morcineks Protagonisten] // W: Gustaw Morcinek - w 120-lecie urodzin [Gustaw Morcinek - zum 120. Geburtstag] / red. Krystyna Heska-Kwaśniewicz, Jacek Lyszczyna. - Katowice 2012, s. 38-52.
Dot. powieści „Czarna Julka" i „Wyrąbany chodnik". - Betr. Romane „Czarna Julka" i „Wyrąbany chodnik".

2219. Linek, Elżbieta / Wojcieszak, Dawid: Korespondencja Gerharta Hauptmanna z Hermannem Stehrem w czasie pierwszej wojny światowej [Correspondence between Gerhart Hauptmann and Hermann Stehr during the World War I] // W: Carl i Gerhart Hauptmann - dzieło i modele jego odbioru [Carl und Gerhart Hauptmann - Werk und Modelle ihrer Rezeption] / red. Edward Białek, Jan Pacholski, Piotr Niemiec. - Wrocław 2012, s. 159-165; Res. 165.

2220. Lorenc, Marzena: „Poetycka fotografia" Bielska Mieczysława Stanclika [Mieczysław Stanclik's „poetic photograph" of the city of Bielsko] // Świat i Słowo. Filologia, nauki społeczne, filozofia, teologia 2012, nr 2, s. 247-256.

2221. Lyszczyna, Jacek: „Mat Kurt Kraus" - powieść o powstaniach śląskich [„Mat Kurt Klaus" - Roman über die schlesischen Aufstände] // W: Gustaw Morcinek - w 120-lecie urodzin [Gustaw Morcinek - zum 120. Geburtstag] / red. Krystyna Heska-Kwaśniewicz, Jacek Lyszczyna. - Katowice 2012, s. 34-37.

2222. Lyszczyna, Jacek: Mistyka gwiazd w poemacie Norberta Bonczyka [Sternenmystik im Gedicht von Norbert Bonczyk] // W: Przestrzenie kultury i literatury. Księga jubileuszowa dedykowana Profesor Krystynie Heskiej-Kwaśniewicz na pięćdziesięciolecie pracy naukowej i dydaktycznej / red. Elżbieta Gondek, Irena Socha, Barbara Pytlos. - Katowice 2012, s. 261-266.

2223. Łoboz, Małgorzata: Integracyjne funkcje literatury dewocyjnej na Śląsku [Integrative Funktionen der bigotten Literatur in Schlesien] // W: Śląskie pogranicza kultur. T. 1 [Das schlesische Kulturgrenzland. Bd. 1] / red. Marian Ursel, Olga Taranek-Wolańska. - Wrocław 2012, s. 47-65, il.

2224. Mackiewicz, Paweł: Piosenka o moim Wrocławiu. Poezja na Dolnym Śląsku w latach 1989-2009 [Ein Lied über mein Breslau. Poesie in Niederschlesien in den Jahren 1989-2009] // W: Rozkład jazdy. Dwadzieścia lat literatury Dolnego Śląska po 1989 roku / red. Jacek Bierut, Wojciech Browarny, Grzegorz Czekański. - Wrocław 2012, s. 37-52.

2225. Makarska, Renata: Polsko-czeskie pogranicza kulturowe po 1989 [Polnisch-tschechische kulturelle Grenzgebiete nach 1989] // W: Nowy regionalizm w badaniach literackich. Badawczy rekonesans i zarys perspektyw / red. Małgorzata Mikołajczak, Elżbieta Rybicka. - Kraków 2012, s. 245-262.

2226. Mańczyk-Krygiel, Monika: Das Bild der Stadt in Carl Hauptmanns Roman „Mathilde" // W: Carl Hauptmann w polskiej nauce i krytyce literackiej [Carl Hauptmann im Spiegel der polnischen Forschung und Literaturkritik] / red. Krzysztof Antoni Kuczyński. - Włocławek 2012, s. 243-256.

2227. Martinek, Libor: Identita v literatuře českého Těšínska. Vybrané problémy [Identität in der Literatur des tschechischen Teschener Gebiets. Ausgewählte Probleme]. - Opava 2009, 122 s.; sum. 106-108.
Rec.: Trepte, Hans-Christian // Silesia Nova. Vierteljahresschrift für Kultur und Geschichte 9, 2012, H. 1, S. 169-172.

2228. Martinek, Libor: Kontakty pisarzy z czeskiego Śląska Cieszyńskiego z katowickim środowiskiem literackim i inne sprawy w szerszym kontekście stosunków zaolziańsko-katowickich [Die Kontakte der Schriftsteller aus dem tschechischen Teschener Schlesien mit dem Kattowitzer literarischen Millieu] // W: Katowice w kulturze pogranicza. Rola Katowic w kulturze i nauce [Kattowitz in der Kultur des Grenzgebietes. Die Rolle von Kattowitz in Kultur und Wissenschaft] / red. nauk. Antoni Barciak. - Katowice 2012, s. 317-335; Res. 334-335.

2229. Martinek, Libor: Pisarze Zaolzia a Tadeusz Różewicz [Schriftsteller des Olsa-Gebiets und Tadeusz Różewicz] // Zwrot. Miesięcznik społeczno-kulturalny Polskiego Związku Kulturalno-Oświatowego w Republice Czeskiej 63, 2012, nr 1, s. 27-29, il. 1.

2230. Meid, Christopher: Griechenland-Imaginationen. Reiseberichte im 20. Jahrhundert von Gerhart Hauptmann bis Wolfgang Koeppen. - Berlin 2012, X, 462 S.
Zugl.: Freiburg, Univ., Diss., 2010. Linguae & litterae; 15.

2231. Mikołajczak, Małgorzata: „Budujemy nowy dom". Oswajanie przestrzeni w twórczości najstarszego pokolenia lubuskich poetów [„Wir bauen ein neues Haus". Raumzähmung in den Werken der ältesten Generation der Lebuser Dichter] // W: Powrót do domu. Studia z antropologii i poetyki przestrzeni [Rückkehr nach Hause. Studien zur Anthropologie und Raumpoetik] / red. Dorota Kulczycka, Anastazja Seul. - Zielona Góra 2012, s. 217-230.

2232. Mikołajec, Marek: O psychopolitycznym potencjale literatury śląskiej [Über das psychopolitische Potential der schlesischen Literatur] // W: Nowy regionalizm w badaniach literackich. Badawczy rekonesans i zarys perspektyw / red. Małgorzata Mikołajczak, Elżbieta Rybicka. - Kraków 2012, s. 183-191.

2233. Mikołajec, Marek: Opowieść kopidoła. Pogodna samotność wobec historii i bycia [Erzählung eines Totengräbers. Schöne Einsamkeit gegenüber der Geschichte und der Existenz] // Gustaw Morcinek - w 120-lecie urodzin [Gustaw Morcinek - zum 120. Geburtstag] s. 23-33.
Dot. utworu Gustawa Morcinka „Siedem zegarków kopidoła Joachima Rybki". - Betr. Gustaw Morcineks Werk „Siedem zegarków kopidoła Joachima Rybki" [Sieben Uhren des Totengräbers Joachim Rybka].

2234. Mrożek, Sebastian: Gleiwitz heißt heute Gliwice. Horst Bieneks und Wolfgang Bittners Reiseerinnerungen an die oberschlesische Heimat im Spannungsfeld der Regionalität und Universalität // In: Schlesien erlesen. Aufsätze zur Literatur des 18. bis 21. Jahrhunderts. Festgabe für Monika Taubitz zum 75. Geburtstag / Hrsg. Edward Białek. - Dresden [u.a.] 2012, S. 245-257.

2235. Mróz-Jabłecka, Kalina: Die Funeraltexte im akademischen Trauerzeremoniell. Zu Kommunikation und multimedialen Formen in den protestantischen Funeraldrucken des Barock am Beispiel Schlesiens und der Oberlausitz // In: Vielheit und Einheit der Germanistik weltweit. Akten des XII. Internationalen Germanistenkongresses Warschau 2010 / Hrsg. Franciszek Grucza, Ryozo Maeda, Mirosława Czarnecka,

Carsten Gansel ; Jacek Rzeszotnik. - Frankfurt am Main 2012, S. 247-252.

2236. Nowara, Nina: Świat i antyświat w krótkich formach epickich Augusta Scholtisa [Welt und Antiwelt in den kurzen epischen Formen von August Scholtis] // W: August Scholtis. Śląski pisarz i publicysta. Twórczość po 1945 roku [August Scholtis. Schlesischer Schriftsteller und Publizist. Sein Schaffen nach 1945] / red. Grażyna Barbara Szewczyk, Michał Skop. - Katowice 2012, s. 39-53.

2237. Obara, Jerzy: Stylizacja gwarowa i środowiskowa w twórczości Gustawa Morcinka [Dialekt- und Milieu-Stilisierung in den Werken von Gustaw Morcinek] // W: Śląskie pogranicza kultur. T. 1 [Das schlesische Kulturgrenzland. Bd. 1] / red. Marian Ursel, Olga Taranek-Wolańska. - Wrocław 2012, s. 121-152, il.

2238. Pacholski, Jan: Kilka refleksji o podróżach pisarzy niemieckojęzycznych po Śląsku - Goethe, Fontane, Roth [Einige Bemerkungen über Schlesienreisen von deutschsprachigen Schriftstellern - Goethe, Fontane, Roth] // W: Podróże i migracje w Europie Środkowej [Reisen und Migrationen in Mitteleuropa] / red. Antoni Barciak ; wprowadz. Małgorzata Mańka-Szulik. - Katowice 2012, s. 286-299; dt. Res. 299.

2239. Pacholski, Jan: Polen, beinahe Polen, nicht ganz Polen. Das imaginäre Bild Oberschlesiens im epischen Werk Theodor Fontanes // In: Schlesien erlesen. Aufsätze zur Literatur des 18. bis 21. Jahrhunderts. Festgabe für Monika Taubitz zum 75. Geburtstag / Hrsg. Edward Białek. - Dresden [u.a.] 2012, S. 115-134, Abb.
Wersja polska/Polnische Fassung: Polska, prawie Polska, niby-Polska - wizja Górnego Śląska w epice Theodora Fontanego. W: Katowice w kulturze pogranicza. Rola Katowic w kulturze i nauce, red. Antoni Barciak. Wrocław 2012, s. 141-184.

2240. Pacholski, Jan: Polska, prawie Polska, niby-Polska - wizja Górnego Śląska w epice Theodora Fontanego // W: Katowice w kulturze pogranicza. Rola Katowic w kulturze i nauce [Kattowitz in der Kultur des Grenzgebietes. Die Rolle von Kattowitz in Kultur und Wissenschaft] / red. nauk. Antoni Barciak. - Katowice 2012, s. 305-316; Res. 315-316.
Wersja niemiecka/Deutsche Fassung: Polen, beinahe Polen, nicht ganz Polen. Das imaginäre Bild Oberschlesiens im epischen Werk Theodor Fontanes. In: Schlesien erlesen. Aufsätze zur Literatur des 18. bis 21. Jahrhunderts. Festgabe für Monika Taubitz zum 75. Geburtstag, Hrsg. Edward Białek. Dresden [u.a.] 2012, S. 115-134.

2241. Pacholski, Jan: Theodor Fontane i Legnica [Theodor Fontane and Liegnitz (Legnica)] // W: Litteraria Lignicensis. Rozprawy i szkice o kulturze literackiej dawnej Legnicy [Litteraria Lignicensis. Abhandlungen und Skizzen zur literarischen Kultur des früheren Liegnitz] / red. Edward Białek, Piotr Niemiec. - Wrocław 2012, s. 141-184, il.; sum. 182-184.

2242. Pawłowiczowa, Maria: Literatura polska w pracach tajnych organizacji samokształceniowych młodzieży cieszyńskiej (1842-1920) [Polnische Literatur in den Arbeiten der geheimen Selbststudium-Organisationen der Teschener Jugend] // W: Przestrzenie kultury i literatury. Księga jubileuszowa dedykowana Profesor Krystynie Heskiej-Kwaśniewicz na pięćdziesięciolecie pracy naukowej i dydaktycznej / red. Elżbieta Gondek, Irena Socha, Barbara Pytlos. - Katowice 2012, s. 276-287.

2243. Pelc, Martin: Bertha von Suttner a Třebovice Marie Stony. Kulturněhistorická studie [Bertha von Suttner and Třebovice of Maria Stona. A study in cultural history] // Acta historica Universitatis Silesianae Opaviensis 5, 2012, s. 199-212; Res. 212.

2244. Piekara, Magdalena: Śląski socrealizm: władza - literatura – rzeczywistość [Schlesischer Sozrealismus. Macht – Literatur – Wirklichkeit]. - Katowice 2012, ss. 227, fot.
Śląsk-Polska-Europa; 3.

2245. Pietz, Hans-Wilhelm: „Freiheit ist besser als Speck" Marginalien zu den Kinderbüchern von Mira Lobe und der Spiritualität „extra muros ecclesiae" // Silesia Nova. Vierteljahresschrift für Kultur und Geschichte 9, 2012, H. 2, S. 59-81.

2246. Piska, Agnieszka: Zum Bild Oberschlesiens im Werk „Die erste Polka" von Horst

Bienek // W: Deutsch-polnische Beziehungen in Kultur und Literatur, Bd. 4: Materialien der Konferenz, 13.-15. April 2012 / Hrsg. Lech Kolago, Katarzyna Grzywka, Małgorzata Filipowicz. - Warszawa 2012, S. 121-124.

2247. Podolczak, Marta: „Postkolonialne" postrzeganie historii Dolnego Śląska. Między biografią a opowiadaniami Henryka Worcella [„Postkoloniale" Auffassung von der Geschichte Niederschlesiens. Zwischen der Biografie und den Erzählungen von Henryk Worcell] // Wieki Stare i Nowe. Tom specjalny: Ludzie i elity pogranicza [Neue und alte Jahrhunderte. Sonderband: Menschen und Grenzgebiet-Eliten] 2012, s. 169-183; Res. 182-183.

2248. Poetische Orte. Bilder und Texte von Ivo und Gerhart Hauptmann / Hrsg. Johanna Brade. - Görlitz 2012, 152 S., Abb.

2249. Pośpiech, Jerzy: Materiały do dziejów recepcji Josepha von Eichendorffa w Polsce [Materialien zur Rezeptionsgeschichte von Joseph von Eichendorff in Polen] // Kwartalnik Opolski 58, 2012, nr 4, s. 91-114.

2250. Pytlos, Barbara: Gustaw Morcinek i Alfred Jesionowski. Rozmowy o twórczości [Gustaw Morcinek und Alfred Jesionowski. Gespräche über das Schaffen] // W: Gustaw Morcinek - w 120-lecie urodzin [Gustaw Morcinek - zum 120. Geburtstag] / red. Krystyna Heska-Kwaśniewicz, Jacek Lyszczyna. - Katowice 2012, s. 195-208.

2251. Radtke, Heinz-Werner: Vom neuen, gerechten, freien Menschen. Ein Paradigmawechsel in Andreas Gryphius' Trauerspielzyklus. - Bern 2011, 283 S.
Zugl.: Freiburg i. Br., Univ., Diss., 2010. Deutsche Literatur von den Anfängen bis 1700; 49.
Rec.: Bach, Oliver // Arbitrium. Zeitschrift für Rezensionen zur germanistischen Literaturwissenschaft 30, 2012, H. 2, S. 310-312.

2252. Sadzikowska, Lucyna: Sylwetki Ślązaków - więźniów obozu w Dachau w „Listach spod morwy" Gustawa Morcinka [Portraits von Schlesiern - Gefangene des Lagers Dachau im Werk „Listy spod morwy" [Lagererinnerungen] von Gustaw Morcinek] // W: Gustaw Morcinek - w 120-lecie urodzin [Gustaw Morcinek - zum 120. Geburtstag] / red. Krystyna Heska-Kwaśniewicz, Jacek Lyszczyna. - Katowice 2012, s. 84-90.

2253. Schwarz, Alexander: Auf Eulenspiegels Spuren nach Schlesien und Krakau // In: Faszination Frühe Neuzeit. Das Eulenspiegelbuch im Kontext der Literatur um 1500 : Tagungsband der internationalen wissenschaftlichen Tagung vom 23. bis 25. Juli 2010 im Till-Eulenspiegel-Museum Schöppenstedt / Hrsg. Hans-Joachim Behr. - Schöpenstedt 2012, S. 241-245.

2254. Sługocki, Leszek: Stendhal à Sagan en 1813. P. 3. - Łódź 2012, ss. 60, il.
Cz. 1 / Bd. 1: Stendhal w Żaganiu w 1813 roku, Łódź 2011. Cz. 2 / Bd. 2: Stendhal à Sagan en 1813: La police de Stendhal, Łódź 2011.

2255. Sprengel, Peter: Spiegel der Subjektivität. Gerhart Hauptmann und die Landschaft // In: Poetische Orte. Bilder und Texte von Ivo und Gerhart Hauptmann / Hrsg. Johanna Brade. - Görlitz 2012, S. 13-31, Abb.

2256. Stroka, Anna: Gerhart Hauptmanns Beziehung zu seinem Bruder Carl und zu Hermann Stehr // W: Carl Hauptmann w polskiej nauce i krytyce literackiej [Carl Hauptmann im Spiegel der polnischen Forschung und Literaturkritik] / red. Krzysztof Antoni Kuczyński. - Włocławek 2012, s. 427-448.

2257. Stroka, Anna: Werner Milch und seine Beziehungen zu Gerhart Hauptmann // W: Kultura - literatura - język - pogranicza komparatystyki. Prace ofiarowane Profesorowi Lechowi Kolago w 70. rocznicę urodzin. [T. 1] [Kultur - Literatur - Sprache - Gebiete der Komparatistik. Festschrift für Herrn Professor Lech Kolago zum 70. Geburtstag. Bd. 1] / red./ Hrsg. von Katarzyna Grzywka ; współpr. Małgorzata Filipowicz [et al.]. - Warszawa 2012, s. 553-562.

2258. Stronciwilk, Piotr: Festung Breslau. Bilder einer sterbenden Stadt in den Werken von Paul Peikert, Hugo Härtung und Werner Steinberg // In: Schlesien erlesen. Aufsätze zur Literatur des 18. bis 21. Jahrhunderts. Festgabe für Monika Taubitz zum 75. Geburtstag / Hrsg.

Edward Białek. - Dresden [u.a.] 2012, S. 309-326.

2259. Surynt, Izabela: Gustav Freytag und Henryk Sienkiewicz. Die (Ohn)Macht des literarischen Kanons // In: Deutsch-Polnische Erinnerungsorte. Bd 3: Parallelen / Hrsg. Hans Henning Hahn, Robert Traba. - Paderborn 2012, S. 311-336.
Wersja polska: / Polnische Fassung: Gustav Freytag & Henryk Sienkiewicz. (Nie)moc literackiego kanonu, w: Paralele, red. Hans Henning Hahn, Robert Traba, Warszawa 2012, (299-322).

2260. Szafarz, Jolanta: Artes moriendi in der schlesischen Literatur der Frühen Neuzeit // In: Ein Gedenkband zum 20. Todestag von Professor Marian Szyrocki / Hrsg. Edward Białek, Mirosława Czarnecka, Urszula Kawalec, Eugeniusz Tomiczek. - Dresden 2012, S. 121-125.

2261. Szafarz, Jolanta: Das Motiv der Entfremdung im Roman Einhart der Uichler von Carl Hauptmann // W: Carl Hauptmann w polskiej nauce i krytyce literackiej [Carl Hauptmann im Spiegel der polnischen Forschung und Literaturkritik] / red. Krzysztof Antoni Kuczyński. - Włocławek 2012, s. 269-274.

2262. Tomalak, Barbara: Małe miasta w górskim pejzażu [Small towns in the mountainous landscape] // Świat i Słowo. Filologia, nauki społeczne, filozofia, teologia 2012, nr 2, s. 119-131; Res. 131.
Dot. literatury poświęconej miastom Górnego Śląska. - Betr. Literatur zu Städten Oberschlesiens.

2263. Weiß, Norbert / Wonneberger, Jens: Dichterhäuser in der Oberlausitz. - 2. Aufl. - Dresden 2012, 162 S., Abb.
Wyd. 1, 2008 / 1. Aufl. 2008.

2264. Wessig, Wolfgang: „Gute Meister zweiten Ranges" // In: Zwischen Neiße, Schöps und Spree. Der Landkreis Görlitz / Thomas Napp, Hermann Ansorge, Gunter Oettel. - Görlitz 2012, S. 352-371.
Dot. poety i kompozytora Leopolda Schefera. - Betr. den Dichter und Komponisten Leopold Schefer.

2265. Wiater, Przemysław: Środowisko literackie dawnej kolonii artystycznej w Szklarskiej Porębie [Literarisches Milieu der früheren Künstlerkolonie in Schreiberhau] // W: Carl i Gerhart Hauptmann - dzieło i modele jego odbioru [Carl und Gerhart Hauptmann - Werk und Modelle ihrer Rezeption] / red. Edward Białek, Jan Pacholski, Piotr Niemiec. - Wrocław 2012, s. 297-313.

2266. Zielonka, Zbigniew: „Idzie lud jakby obłok barwny blaskiem słońca" [„Ein Volk schreitet wie eine von Sonnenlicht überflutete Wolke"] // W: Przestrzenie kultury i literatury. Księga jubileuszowa dedykowana Profesor Krystynie Heskiej-Kwaśniewicz na pięćdziesięciolecie pracy naukowej i dydaktycznej / red. Elżbieta Gondek, Irena Socha, Barbara Pytlos. - Katowice 2012, s. 243-253.

2267. Zimmermann, Harro: Friedrich Gentz: die Erfindung der Realpolitik. - Parderborn 2012, 344 S.

11.09. Musik – Muzyka – Hudba

Zob. poz. / Siehe auch / Viz 256, 345, 420, 581, 1692, 1787, 1801-1802, 1935, 1998, 2046, 2653, 2690, 2833, 2853-2854, 2875, 2961, 3047, 3059, 3090, 3097, 3200, 3206, 3226, 3289, 3290-3292.

2268. Aderhold, Stephan: Musikalien der Friedenskirche in Schweidnitz // W: Glaube wie ein Herz aus Erz: Schätze der Friedenskirche in Schweidnitz / Piotr Oszczanowski. - Świdnica 2012, S. 84-97.
Wersja polska / Polnische Fassung: Muzykalia kościoła Pokoju w Świdnicy w: Wiara jak serce ze spiżu. Skarby kościoła Pokoju w Świdnicy, red. Piotr Oszczanowski, Świdnica 2012, (85-95).

2269. Aderhold, Stephan: Muzykalia kościoła Pokoju w Świdnicy // W: Wiara jak serce ze spiżu. Skarby kościoła Pokoju w Świdnicy [Glaube stark wie Eisenherz. Schätze der Friedenskirche in Schweidnitz] / red. Piotr Oszczanowski. - Świdnica 2012, s. 85-95, il.
Wersja niemiecka / Deutsche Fassung: Musikalien der Friedenskirche in Schweidnitz, In: Glaube wie ein Herz aus Erz. Schätze der Friedenskirche in

Schweidnitz, Hrsg. Piotr Oszczanowski, Świdnica 2012, (84-97).

2270. Bluestracje. Kultura bluesowa na Śląsku 1998-2011 [Bluestracje [Internationales Blues -Festival]. Blues-Kultur in Schlesien 1998-2011] / red. Edyta Kaszyca. - Katowice 2012, ss. 130, fot.

2271. Broniewski, Maciej: Gdzie północ południe spotyka, czyli barokowe prospekty organowe na pograniczu śląsko-łużyckim [Wo Norden und Süden aufeinandertreffen, oder: Barocke Orgelprospekte im schlesisch-lausitzischen Grenzgebiet] // W: Wokół Karkonoszy i Gór Izerskich. Sztuka baroku na śląsko-czesko-łużyckim pograniczu [Rund um das Riesengebirge und das Isergebirge. Die Kunst des Barocks im schlesisch-tschechisch-lausitzischen Grenzgebiet] / red. Andrzej Kozieł. - Jelenia Góra 2012, s. 87-93, il.; Res. 93.

2272. Brylla, J. Wolfgang: Udokumentowane translokacje dolnośląskich organów [Nachgewiesene und dokumentierte Translokationen schlesischer Orgeln] // W: Organy na Śląsku IV [Die Orgel in Schlesien IV] / red. Julian Gembalski. - Katowice 2012, s. 47-75; Res. 75.
Dot. m.in. Bolesławca, Goszyc, Jedliny Zdroju. - Betr. u.a. Bunzlau, Goschütz, Bad Charlottenbrunn.

2273. Dębski, Piotr: Organy w pojezuickim kościele pw. Najświętszego Imienia Jezus we Wrocławiu [Die Orgel in der nachjesuitischen Namen-Jesu-Kirche in Breslau] // W: Silesia Jesuitica. Kultura i sztuka zakonu jezuitów na Śląsku i w hrabstwie kłodzkim 1580-1776. Materiały konferencji naukowej zorganizowanej przez Oddział Wrocławski Stowarzyszenia Historyków Sztuki (Wrocław, 6-8 X 2011) dedykowane pamięci Profesora Henryka Dziurli [Silesia Jesuitica. Kultur und Kunst des Jesuiten-Ordens in Schlesien und in der Grafschaft Glatz 1580-1776. Materialien der wissenschaftlichen Konferenz organisiert von der Abteilung der Breslauer Kunsthistoriker-Gesellschaft (Breslau, 6.-8. Oktober 2011), gewidmet dem Gedenken an Professor Henryk Dziurla] / red. Dariusz Galewski, Anna Jezierska. - Wrocław 2012, s. 315-321, il.; Res. 321.

2274. Dębski, Piotr: Struktura brzmieniowa organów w kościele katedralnym p.w. św. Apostołów Piotra i Pawła w Legnicy [Klangstruktur der Orgel in der Kathedralkirche der Hl. Apostel Petrus und Paulus in Liegnitz] // W: Organy na Śląsku IV [Die Orgel in Schlesien IV] / red. Julian Gembalski. - Katowice 2012, s. 273-290; Res. 289-290.

2275. Duda, Jan Artur: Chór „Słowiczek". Repty Śląskie 1912-2012 [Der Chor „Słowiczek" [Nachtigällchen]. Repten 1912-2012]. - Tarnowskie Góry-Repty 2012, ss. 148, fot.

2276. Dygacz, Kornelia: Śląski chór górniczy „Polonia Harmonia" z Piekar Śląskich [Der schlesische Bergmannschor „Polonia Harmonia" aus Piekary Śląskie] // Górnik Polski. Zeszyty Naukowe Muzeum Górnictwa Węglowego w Zabrzu 2012, nr 6, s. 89-108, fot. 11.
Dot. 100-lecia chóru. - Betr. 100jähriges Chor-Jubiläum.

2277. Großmann, Ulf: Chorbewegung, Konzerte, Schlesisches Musikfest // In: Zwischen Neiße, Schöps und Spree. Der Landkreis Görlitz / Thomas Napp, Hermann Ansorge, Gunter Oettel. - Görlitz 2012, S. 337-343.
Dot. powiatu Görlitz. - Betr. den Kreis Görlitz.

2278. Jeż, Tomasz: Jezuicka tradycja kancjonałowa w nyskiej oficynie Johanna Schubarta [Zur jesuitischen Gesangbuchtradition in der Neisser Druckerei Johann Schubarts] // W: Śląska republika uczonych. Vol. 5 [Schlesische Gelehrtenrepublik. Vol. 5] / red. Marek Hałub, Anna Mańko-Matysiak. - Wrocław 2012, s. 149-172, il.; Res. 171-172.

2279. Joachimiak, Grzegorz: Tombeau i lamento w muzyce lutniowej na Śląsku XVII i XVIII wieku [Tombeau und Lamento in der Lautenmusik in Schlesien im 17. und 18. Jahrhundert] // W: III Ogólnopolski Zjazd Studentów Muzykologii. Materiały pokonferencyjne / red. Marcin Bogucki, Ewa Schreiber, Hanna Winiszewska. - Poznań 2012, s. 10-28, il., tab., nuty.

2280. Kaukal, Petr: Archivní zprávy k historii varhan v polských farnostech bývaleho Rakouského Slezska [Archivberichte zur Geschichte der Orgeln in polnischen Pfarreien des ehemaligen Österreichisch-Schlesien] // W: Organy na Śląsku IV [Die Orgel in Schlesien IV] / red.

Julian Gembalski. - Katowice 2012, s. 127-135; Res. 135.

2281. Kleinrok, Aleksandra: Musikkulturelle Aktivitäten der deutschen Minderheit im Kreis Oppeln [Music-Cultural Activities of the German Minority in the Oppeln District (Poland)] // In: Deutsche Musikkultur im östlichen Europa. Konstellationen, Metamorphosen, Desiderata, Perspektiven / Erik Fischer, Gerhard Müller, Alexander Kleinschrodt. - Stuttgart 2012, S. 355-372, 3 Abb., 2 Notenbsp.; Res. 371-372.

2282. Koenig, Franciszek: Informacje o organach obecnej diecezji gliwickiej w dziele Ludwiga Burgemeistra „Der Orgelbau in Schlesien" [Informationen über Orgeln der gegenwärtigen Diözese Gleiwitz im Werk von Ludwig Burgemeister „Der Orgelbau in Schlesien"] // W: Kościół na Śląsku. Z dziejów kultury i życia religijnego. Księga pamiątkowa dedykowana Księdzu Biskupowi Janowi Kopcowi z okazji 65-lecia urodzin, 40-lecia prezbiteriatu, 20-lecia sakry biskupiej i 30-lecia pracy naukowej [The Church of Silesia. The history of culture and religious life] / red. Franciszek Wolnik. - Opole 2012, s. 327-351; Res. 350-351.

2283. Krátký, Jiří: Přenosný positiv z Hradce nad Moravicí - pozapomenuté torzo barokní hudební minulosti [Das tragbare Positiv aus Grätz/Troppau - ein vergessener Torso der barocken musikalischen Vergangenheit] // Zprávy památkové péče 72, 2012, č. 4, s. 280-284; Res. 311.

2284. Lewandowska, Bożena: Pieśni religijne górali Beskidu Śląskiego [Religiöse Lieder der Goralen der Schlesischen Beskiden] // Biuletyn Ludoznawczy 25, 2012, s. 59-64.

2285. Mańko-Matysiak, Anna: Singende Landschaften. Zur Rolle und Bedeutung des schlesischen Gesangbuches „Geistliche Kirchen= vnd Hauß=Music" (1644) // Jahrbuch des Bundesinstituts für Kultur und Geschichte der Deutschen im östlichen Europa 20, 2012, S. 237-251, Abb.

2286. Markiewicz, Leon: Z historii śląskich kontaktów z Karolem Szymanowskim [Aus der Geschichte der schlesischen Beziehungen zu Karol Szymanowski] // W: Kultura - literatura - język - pogranicza komparatystyki. Prace ofiarowane Profesorowi Lechowi Kolago w 70. rocznicę urodzin. [T. 2] [Kultur - Literatur - Sprache - Gebiete der Komparatistik. Festschrift für Herrn Professor Lech Kolago zum 70. Geburtstag. Bd. 2] / red./Hrsg. von Katarzyna Grzywka ; współpr. Małgorzata Filipowicz [et al.]. - Warszawa 2012, s. 1157-1165.

2287. Mikos, Jan: Chór mieszany Dei Patris - 15 lat działalności (1991-2006). Informacja ogólna [15 Jahre der Kulturtätigkeit des gemischten Chors Dei Patris. Allgemeine Informationen] // W: Muzyka religijna - między epokami i kulturami. T. 3 [Religiöse Musik - zwischen Epochen und Kulturen. Bd. 3] / red. Krystyna Turek, Bogumiła Mika. - Katowice 2012, s. 134-151, fot. 6; Res. 151.
Dot. parafii Podwyższenia Krzyża w Katowicach. - Betr. die Kreuzerhöhung-Gemeinde in Kattowitz.

2288. Miśka, Hubert: Dwudziestowieczne prezentacje opery ludowej „Sałasznicy" [Vorstellungen der Volksoper „Sałasznicy" im 20. Jahrhundert] // W: Jan Sztwiertnia (1911-1940). Człowiek i dzieło w setną rocznicę urodzin [Jan Sztwiertnia (1911-1940). Der Mensch und sein Werk zum hundertsten Geburtstag] / red. Hubert Miśka. - Katowice 2012, s. 81-85.

2289. Napp, Thomas: Kantorei, Meistergesang und bürgerliche Musikkultur // In: Zwischen Neiße, Schöps und Spree. Der Landkreis Görlitz / Thomas Napp, Hermann Ansorge, Gunter Oettel. - Görlitz 2012, S. 330-336.
Dot. powiatu Görlitz. - Betr. den Kreis Görlitz.

2290. Nawrocka-Wysocka, Arleta: Tradycyjne pieśni poranne i wieczorne żyjące w pamięci cieszyńskich ewangelików [Herkömmliche Morgen- und Abendlieder in Erinnerung der Teschener Protestanten] // W: Muzyka religijna - między epokami i kulturami. T. 3 [Religiöse Musik - zwischen Epochen und Kulturen] / red. Krystyna Turek, Bogumiła Mika. - Katowice 2012, s. 104-116; Res. 115-116.

2291. Orlow, Tomasz: Zabytkowe organy kościoła św. Mikołaja w Borowej Wsi - inwentaryzacja, wstępna dokumentacja [Die historische Orgel in der St. Nikolakirche in Borowa Wieś - Bestandsaufnahme, einleitende Dokumentation] // W: Organy na Śląsku IV [Die Orgel in

Schlesien IV] / red. Julian Gembalski. - Katowice 2012, 207-238, fot. 17; Res. 237-238.

2292. Pawlik, Zuzanna: Z dziejów polskich tradycji śpiewaczych na ziemi rybnickiej (do 1939 roku) [Aus der Geschichte der polnischen Gesangstraditionen im Rybniker Land (bis 1939]] // W: Zrozumieć Śląsk [Schlesien verstehen] / red. Dawid Keller, Bogdan Kloch. - Rybnik 2012, s. 159-174.

2293. Pilch, Marek: Działalność Stowarzyszenia na rzecz Badań i Utrzymania Śląskich Organów (VESSO) [Verein zur Erforschung und Erhaltung schlesischer Orgeln e.V. (VEESO)] // W: Organy na Śląsku IV [Die Orgel in Schlesien IV] / red. Julian Gembalski. - Katowice 2012, s. 361-371; Res. 371.

2294. Pośpiech, Remigiusz: Bogactwo i różnorodność towarzyszeń organowych wydawanych na Śląsku w XIX i pierwszej połowie XX wieku [Reichtum und Vielfalt der in Schlesien im 19. und in der ersten Hälfte des 20. Jahrhunderts herausgegebenen Orgel-Begleitungen] // W: Wybrane zagadnienia akompaniamentu liturgicznego [Ausgewählte Probleme der Liturgie -Begleitung] / red. nauk. Marta Kierska-Witczak. - Wrocław 2012, s. 103-118.

2295. Poźniak, Grzegorz: Działalność głubczyckiego organmistrza Haasa na przykładzie wybranych opusów [Das Wirken des Leobschützer Orgelbauers Haas an Beispielen von ausgewählten Opera] // W: Kościół na Śląsku. Z dziejów kultury i życia religijnego. Księga pamiątkowa dedykowana Księdzu Biskupowi Janowi Kopcowi z okazji 65-lecia urodzin, 40-lecia prezbiteriatu, 20-lecia sakry biskupiej i 30-lecia pracy naukowej [The Church of Silesia. The history of culture and religious life] / red. Franciszek Wolnik. - Opole 2012, s. 187-200, fot.; Res. 200.

2296. Poźniak, Grzegorz: Organy piszczałkowe w Branicach [Pfeifenorgeln in Branitz] // Opolski Informator Konserwatorski 2012, s. 219-226, ryc. 3, tab.

2297. Prasał, Andrzej: Cecylianizm na ziemi kłodzkiej [Cäcilianismus im Glatzer Land] // W: Miscellenea. Biuletyn nr 7 Stowarzyszenia Polskich Muzyków Kościelnych / red. Grzegorz Poźniak. - Opole 2012, s. 36-45.

2298. Reginek, Antoni: Kancjonał rękopiśmienny jako przekaz tradycji śpiewów kościelnych na Górnym Śląsku w XIX wieku. Studium źródłoznawcze na podstawie trzech zbiorów: „Kancjonał z Leśnicy Opolskiej" (1810-1848), „Kancjonał Ellgocki" (1832), „Kancjonał ze Śląska Pruskiego" (2 poł. XIX w.) [Cantional in manuscript as a record of the tradition of church songs in Upper Silesia in the 19th century. A source study on the basis of three collections" „Kancjonał z Leśnicy Opolskiej" (Cantional from Lesnica Opolska 1810-1848), „Kancjonał Ellgocki" (Cantional from Ellgoth - Ligota 1832), „Kancjonał ze Śląska Pruskiego" (Cantional from Prussian Silesia, 2nd half of the 19 century)]. - Katowice 2012, ss. 191, il.; Res. 190-191.
Studia i Materiały Wydziału Teologicznego Uniwersytetu Śląskiego w Katowicach; 71.

2299. Reginek, Antoni: Z problematyki dziejów i wariabilności pieśni kościelnej „Kto się w opiekę..." w śląskich przekazach źródłowych [Die Geschichte und die Variabilität des geistlichen Liedes „Kto się w opiekę..." in schlesischen Quellenüberlieferungen] // W: Muzyka religijna - między epokami i kulturami. T. 3[Religiöse Musik - zwischen Epochen und Kulturen. Bd. 3] / red. Krystyna Turek, Bogumiła Mika. - Katowice 2012, s. 23-37; Res. 36-37.
Dot. psalmu Jana Kochanowskiego. - Betr. Psalm von Jan Kochanowski.

2300. Retecki, Piotr: Zespół Pieśni i Tańca „Freundschaft" w Szczawnie-Zdroju (1952-1959) [Das Gesangs- und Tanzensemble „Freundschaft" in Bad Salzbrunn (1952-1959)] // Śląski Kwartalnik Historyczny Sobótka 67, 2012, nr 3, s. 77-98; Res. 97-98.

2301. Schiwietz, Lucian: Musik in schlesischen Bade- und Kurorten // Jahrbuch des Bundesinstituts für Kultur und Geschichte der Deutschen im östlichen Europa 20, 2012, S. 117-126, 2 Abb.

2302. Stępowski, Jarosław: Powojenne losy gotyckiego pozytywu z Pogwizdowa. Komunikat [Nachkriegsschicksal des gotischen Positivs aus

Pogwizdów (Meldung)] // W: Organy na Śląsku IV [Die Orgel in Schlesien IV] / red. Julian Gembalski. - Katowice 2012, s. 163-168, fot. 3; Res. 168.

2303. Subel, Joanna: Działalność Schlesische Philharmonie [Die Tätigkeit der Schlesischen Philharmonie] // W: Przedmieście Świdnickie we Wrocławiu [Die Schweidnitzer Vorstadt in Breslau] / red. nauk. Halina Okólska, Hanna Górska. - Wrocław 2012, s. 246-253; Res. 253.

2304. Szulakowska-Kulawik, Jolanta: Lwowskie korzenie śląskiej muzycznej uczelni w Katowicach [Die Lemberger Wurzeln der schlesischen Musikhochschule in Kattowitz] // W: Niezwykła więź Kresów Wschodnich i Zachodnich. Wpływ lwowian na rozwój kultury na Górnym Śląsku po 1945 roku [Die besondere Verbindung der ehemaligen polnischen und deutschen Ostgebiete. Einfluss der Lemberger auf die Kulturentwicklung in Oberschlesien nach 1945] / red. Krystyna Heska-Kwaśniewicz, Alicja Ratuszna, Ewa Żurawska. - Katowice 2012, s. 117-119; Res. 119.

2305. Szyndler, Magdalena: Folklor w utworach Jana Sztwiertni [Folklore in den Werken von Jan Sztwiertnia] // W: Jan Sztwiertnia (1911-1940). Człowiek i dzieło w setną rocznicę urodzin [Jan Sztwiertnia (1911-1940). Der Mensch und sein Werk zum hundertsten Geburtstag] / red. Hubert Miśka. - Katowice 2012, s. 27-32.

2306. Urbańczyk, Marek: Najstarsze organy w Siemianowicach i Michałkowicach na tle rozwoju europejskiego budownictwa organowego od XVII do przełomu XIX i XX wieku [Die ältesten Orgeln in Siemianowitz und Michalkowitz im Vergleich zum europäischen Orgelbau vom 17. bis zur Wende des 19. zum 20. Jahrhundert] // Siemianowicki Rocznik Muzealny 11, 2012, s. 127-140, fot. 3.

2307. Ziegler, Frank: „(...) eine Kunstreise (...), von den ungünstigen Verhältnissen der damaligen Zeit begleitet". Carl Maria von Webers Fahrt von Schlesien nach Württemberg 1807 // Weberiana. Mitteilungen der Internationalen Carl-Maria-von-Weber-Gesellschaft e.V. 22, 2012, S. 5-43.

11.10. Kunst – Sztuka – Umění

Zob. poz. / Siehe auch / Viz 203, 207, 218, 296, 298, 413, 577, 1259, 1269, 1416-1417, 1488, 1509, 1565, 1726, 1751, 1755, 1779, 1823, 1973, 2000, 2024-2025, 2043, 2052, 2248, 2408, 2413, 2423-2424, 2446, 2490-2491, 2493, 2498, 2513, 2646, 2656-2657, 2671, 2673-2675, 2779, 2786, 2797, 2801-2802, 2811, 2885, 2895, 2901, 2911, 2915-2916, 2965, 3038, 3044, 3048, 3054, 3064-3065, 3091, 3108, 3118, 3150-3156, 3189, 3199, 3236, 3240, 3249, 3258, 3314-3318, 3331, 3333, 3346, 3356, 3360.

2308. Arťušenková, Táňa: Objevujeme kulturní dědictví minoritů ve Slezsku [Wir entdecken das kulturelle Erbe von Minderheiten in Schlesien]. - Krnov 2012, 41 s.

2309. Bertha, Roman: Poklad ze Slezské Středy - nové souvislosti [Der Schatz aus dem Schlesischen Zentrum - neue Zusammenhänge] // In: Jan Lucemburský. Kultura, umění a zbožnost na Moravě a ve Slezsku v době vlády prvního Lucemburka [Johann von Luxemburg. Kultur, Kunst und Frömmigkeit in Mähren und Schlesien in der Zeit des ersten Herrschers aus dem Geschlecht der Luxemburger] / eds. Ivo Hlobil, Daniela Rywiková. - Ostrava 2012, s. 195-210, il. 1; Res. 210.

2310. Borusowski, Piotr: Tehnilised uuringud ja päritolu selgitamine Albrecht von Sebischi (1685-1748) joonistuste kogu rekonstrueerimisel = Technical examination and provenance research in the reconstruction of the drawing collection of Albrecht von Sebisch (1685-1748) // Eesti Kunstimmuuseumi Toimetised [Proceedings of the Art. Museum of Estonia]. Tehniline kunstiajalugu - kunstiajaloo tehnikad? Technical Art History - Technics of Art History? 2 (7), 2012, s. 107-132, il. 12.
Tekst w języku estońskim i angielskim. - Estnischer und englischer Text.

2311. Chałat, Danuta Maria: Malowidła sklepienne kościoła Łaski w Jeleniej Górze - katolicka sztuka w służbie protestantów [Die Gewölbemalerei der Gnadenkirche in Hirschberg - die katholische Kunst im Dienst der Protestanten] // W: Wokół Karkonoszy i Gór Izerskich. Sztuka baroku na śląsko-czesko-łużyckim pograniczu [Rund um das Riesengebirge und das Isergebirge. Die Kunst des Barocks im schlesisch-tschechisch-lausitzischen Grenzgebiet] / red. Andrzej Kozieł. - Jelenia Góra 2012, s. 131-141, il.; Res. 141.

2312. Ciba, Marcin / Łydżba-Kopczyńska, Barbara: Technika malarska Jeremiasa Josepha Knechtla na podstawie badań fizykochemicznych obrazu „Św. Karol Boromeusz" z kościoła filialnego pw. św. Wawrzyńca w Przychowej [Jeremias Joseph Knechtels Maltechnik, dargestellt anhand von physikalisch-chemischen Untersuchungen des Gemäldes der „Hl. Karl Borromäus" aus der Filialkirche des hl. Laurentius in Preichau (Przychowa)] // W: Jeremias Joseph Knechtel (1679-1750). Legnicki malarz doby baroku [Jeremias Joseph Knechtel (1679-1750). Liegnitzer Maler des Barocks] / red. Andrzej Kozieł, Emilia Kłoda. - Legnica 2012, s. 69-84, il.; Res. 84.

2313. Czechowicz, Bogusław: Bone memorie princeps Slezie et dominus Wratislaviensis. W kwestii datowania i wymowy ideowej dzieł kamiennej plastyki związanych z pamięcią po Henryku IV Probusie [Bone memorie princeps Slezie et dominus Wratislaviensis. Über Datierung und geistige Aussage von Werken der Steinplastik zur Erinnerung an Heinrich IV. Probus] // Śląski Kwartalnik Historyczny Sobótka 67, 2012, nr 2, s. 3-17, il. 4; Res. 16-17.

2314. Czechowicz, Bogusław: Sztuka śląska „po katowicku"? Górnośląska tradycja polskich badań nad sztuką wobec powojennej rzeczywistości [Die schlesische Kunst „auf Kattowitzer Art"? Die oberschlesische Tradition polnischer Kunstforschung angesichts der Nachkriegsrealität] // W: Katowice w kulturze pogranicza. Rola Katowic w kulturze i nauce [Kattowitz in der Kultur des Grenzgebietes. Die Rolle von Kattowitz in Kultur und Wissenschaft] / red. nauk. Antoni Barciak. - Katowice 2012, s. 100-111.
Dot. rozprawy Tadeusza Dobrowolskiego pt. „Sztuka na Śląsku". - Betr. Tadeusz Dobrowolskis Abhandlung „Kunst in Schlesien".

2315. Dackiewicz, Krzysztof: Dawne wejście główne Politechniki Wrocławskiej [Former Main Entrance of Wrocław Technical University] // W: Nie tylko trony. Księga jubileuszowa ofiarowana Profesorowi Ernestowi Niemczykowi [Nicht nur Throne. Festschrift für Professor Ernest Niemczyk] / red. Janusz L. Dobesz, Agnieszka Gryglewska, Marta M. Rudnicka-Bogusz. - Wrocław 2012, s. 221-229, il.; Res. 228-229.

2316. Domańska, Alina: Utkane z marzeń. 30 lat Pracowni Tkactwa Artystycznego w Sobótce. Album wydany z okazji jubileuszu 1982-2012 [Aus Träumen gewebt. 30 Jahre Kunstweberei -Werkstatt in Zobten am Berge. Jubiläumsalbum 1982-2012]. - Sobótka 2012, ss. 153, il.

2317. Findeisen, Silke: Raffinierte Vielfalt. Gläser von Fritz Heckert aus Petersdorf/Schlesien. - Königswinter 2012, 100 S., Abb., Ktn.
Dot. wystawy wyrobów z huty szkła Fritza Heckerta zorganizowanej przez Haus Schlesien w Königswinter-Heisterbacherrott w 2012 r. - Betr. Ausstellung der Gegenstände aus der Glashütte von Fritz Heckert, veranstaltet vom Haus Schlesien in Königswinter-Heisterbacherrott 2012.

2318. Firszt, Stanisław: Szkoła Snycerstwa w Cieplicach 1902-1945 [Holzschnitzerei -Schule in Bad Warmbrunn]. - Cieplice 2012, ss. 16, il.

2319. Galewski, Dariusz: Jezuici wobec tradycji średniowiecznej. Barokizacje kościołów w Kłodzku, Świdnicy, Jeleniej Górze i Żaganiu [Die Jesuiten gegenüber der mittelalterlichen Tradition. Barockisierung der Kirchen in Glatz, Schweidnitz, Hirschberg und Sagan]. - Kraków 2012, ss. 281, fot. 150, tabl. 70 s.; Res. 253-257.
Ars Vetus et Nova; 36.

2320. Gąsienica, Katarzyna: Budowa technologiczna oraz przebieg prac konserwatorskich przy skrzydłach późnogotyckiego retabulum z kościoła św. św. Piotra i Pawła w Legnicy [Die technologische Konstruktion der Flügel des spätgotischen Retabels in der St. Peter und Paul -Kirche in Liegnitz/Legnica und der Verlauf der Konservierungsarbeiten] // Roczniki Sztuki Śląskiej 21, 2012, s. 29-57, il. 35; Res. 56-57.

2321. Gernat, Jacek: Rokokowy model ołtarza w zbiorach kurii arcybiskupiej we Wrocławiu -

nieznane dzieło Michaela Ignaza Klahra (1727-1807) [Das Modell eines Rokoko-Altars in den Sammlungen des Erzbischöflichen Ordinariats in Breslau/Wrocław - ein unbekanntes Werk Michael Ignaz Klahrs (1727-1807)] // Roczniki Sztuki Śląskiej 21, 2012, s. 93-112, il. 14; Res. 112.

2322. Ginter, Anna: Alegoria Vanitas Doktora Daniela Rindfleischa. O treściach ideowych i kompozycji śląskiego obrazu na tle podobnych przedstawień z końca XVI i początku XVII wieku [The Allegory of Vanitas of Doctor Daniel Rindfleisch. The Ideological program and composition of the Silesian painting in comparison with depictions from the end of 16th and the beginning of 17th century] // Dzieła i Interpretacje. Rocznik Studentów Historii Sztuki Uniwersytetu Wrocławskiego 13, 2012, s. 7-25, il. 12; Res. 25.

2323. Górniak, Marek Robert: Kościół pw. Bożego Ciała [Fronleichnamskirche] [Corporis Christi Church]. - Głogów [2012], ss. 19, il.; Res. 17.
Dot. kościoła w Głogowie. - Betr. Kirche in Glogau.

2324. Grabowski, Tadeusz: Znaczenie lwowiaków w tworzeniu śląskiego środowiska plastyków [Die Bedeutung der Lemberger bei der Bildung des Milieus schlesischer bildender Künstler] // W: Niezwykła więź Kresów Wschodnich i Zachodnich. Wpływ lwowian na rozwój kultury na Górnym Śląsku po 1945 roku [Die besondere Verbindung der ehemaligen polnischen und deutschen Ostgebiete. Einfluss der Lemberger auf die Kulturentwicklung in Oberschlesien nach 1945] / red. Krystyna Heska -Kwaśniewicz, Alicja Ratuszna, Ewa Żurawska. - Katowice 2012, s. 114-116; Res. 116.

2325. Halska, Bożena: Sprawozdanie z prac badawczo-konserwatorskich wykonanych przy gotyckiej Madonnie z Dzieciątkiem z kościoła pw. św. Wawrzyńca w Mikołowie-Mokrem [Bericht von den Forschungs- und konservatorischen Arbeiten an der gotischen Madonna mit Kind aus der Kirche St. Laurentius in Nicolai] // Wiadomości Konserwatorskie Województwa Śląskiego 4, 1012, s. 71-78, fot. 8.

2326. Houszka, Ewa: Tryptyk z dwoma atestami [Triptych with two certificates] // Quart. Kwartalnik Instytutu Historii Sztuki Uniwersytetu Wrocławskiego 2012, nr 4 (26), s. 47-52, il. 2; Res. 52.

2327. Houszka, Ewa / Lejman, Barbara / Łukaszewicz, Piotr: Malarstwo śląskie 1520-1800. Katalog zbiorów = Schlesische Malerei 1520-1800. Bestandskatalog. - Wrocław 2009, ss. 445, il.
Katalogi Zbiorów Muzeum Narodowego we Wrocławiu. Tekst w języku polskim i niemieckim. - Bestandskataloge des Nationalmuseums in Breslau. Polnischer und deutscher Text.
Rec.: Pierzchała, Marek: O śląskim malarstwie i jego katalogu raz jeszcze. W odpowiedzi na głosy recenzentów [Ein weiteres Mal: Über die schlesische Malerei und ihren Katalog. Als Antwort auf Meinungen der Rezensenten] // Roczniki Sztuki Śląskiej 21, 2012, s. 225-243.

2328. Jagiełło, Jakub / Migasiewicz, Paweł: Rzeźbiarskie dzieła rodziny Bechertów w kościele parafialnym św. św. Erazma i Pankracego w Jeleniej Górze [Sculptural Works by Bechert Family in a Parish Church of Sts. Erasmus and Pancras in Jelenia Góra] // W: Silesia Jesuitica. Kultura i sztuka zakonu jezuitów na Śląsku i w hrabstwie kłodzkim 1580-1776. Materiały konferencji naukowej zorganizowanej przez Oddział Wrocławski Stowarzyszenia Historyków Sztuki (Wrocław, 6-8 X 2011) dedykowane pamięci Profesora Henryka Dziurli [Silesia Jesuitica. Kultur und Kunst des Jesuiten-Ordens in Schlesien und in der Grafschaft Glatz 1580-1776. Materialien der wissenschaftlichen Konferenz organisiert von der Abteilung der Breslauer Kunsthistoriker-Gesellschaft (Breslau, 6.-8. Oktober 2011), gewidmet dem Gedenken an Professor Henryk Dziurla] / red. Dariusz Galewski, Anna Jezierska. - Wrocław 2012, s. 209-215, il.; Res. 215.

2329. Jezierska, Anna: Retoryka w sztuce wrocławskich jezuitów [Rhetoric in the Art of Wrocław Jesuits] // W: Silesia Jesuitica. Kultura i sztuka zakonu jezuitów na Śląsku i w hrabstwie kłodzkim 1580-1776. Materiały konferencji naukowej zorganizowanej przez Oddział Wrocławski Stowarzyszenia Historyków Sztuki (Wrocław, 6-8 X 2011) dedykowane pamięci Profesora Henryka Dziurli [Silesia Jesuitica. Kultur und Kunst des Jesuiten-Ordens in Schlesien und in der Grafschaft Glatz 1580-1776. Materialien der wissenschaftlichen Konferenz organisiert von der Abteilung der Breslauer Kunsthistoriker-Gesellschaft (Breslau, 6.-8. Oktober 2011), gewidmet dem Gedenken an Professor Henryk Dziurla] / red. Dariusz Galewski, Anna Jezierska. - Wrocław 2012, s. 67-73, il.; Res. 73.

2330. Kaczmarek, Michał: Wymowa teologiczna przedstawienia dewocyjnego na tympanonie fundacyjnym Ludwika I w kaplicy zamkowej w Lubinie [Theological Significance of the Devotional Show on the Tympanum of Ludwik I in the Chapel of the Castle in Lubin] // Perspectiva. Legnickie Studia Teologiczno-Historyczne 11, 2012, nr 2 (21), s. 77-88; Res. 88.

2331. Kaczmarek, Romuald: Breslau im Netz. Einige Bemerkungen zum Problem der künstlerischen Verbindungen der Stadt unter der Herrschaft der Luxemburger und Jagiellonen [Wrocław w sieci - artystyczne powiązania miasta pod panowaniem Luksemburgów i Jagiellonów] // W: Kultura miast środkowo- i wschodnio-europejskich w późnym średniowieczu i renesansie oraz jej odrodzenie w XIX wieku. In memoriam Andrzej Tomaszewski (1934-2010) [Stadtkultur des späten Mittelalters und der frühen Neuzeit in Ostmitteleuropa und ihre Renaissance im 19. Jahrhundert] / red. Marco Bogade. - Warszawa 2012, S. 81-96, il.; pl. res. 96.

2332. Kaczmarek, Romuald: Wrocław w sieci. Uwagi na temat artystycznych powiązań miasta od początku panowania Luksemburgów do końca epoki Jagiellonów [Wrocław in Network. Remarks of artistic relations of the city Since the beginning of the Luxembourgs' rule till the end of the Jagiellonian era] // Quart. Kwartalnik Instytutu Historii Sztuki Uniwersytetu Wrocławskiego 2012, nr 4 (26), s. 18-34, il. 11; Res. 34.

2333. Kaczmarek, Romuald / Witkowski, Jacek: Nowo odkryte malowidła ścienne w kaplicy św. Anny przy kościele Franciszkanów w Opolu. Cz. I-II [Newly discovered paintings in St. Anna chapel of the Franciscan church in Opole. Part 1-2] // Quart. Kwartalnik Instytutu Historii Sztuki Uniwersytetu Wrocławskiego 2012, nr 1 (23), s. 3-18, il. 20; nr 2 (24), s. 3-28, il. 27; Res. 18.

2334. Kaluch-Tabisz, Marta: Kreacja konserwatorska na przykładzie polichromowanych stropów barokowych z plebanii w Praczach Odrzańskich [Conservator's creation on the example of Baroque polychromed ceilings from a rectory in Pracze Odrzańskie] // Quart. Kwartalnik Instytutu Historii Sztuki Uniwersytetu Wrocławskiego 2012, nr 1 (23), s. 90-100, il. 7; Res. 100.

2335. Kania, Leszek: Lubuskie zabytki w sztuce współczesnej [Lebuser Denkmäler in der zeitgenössischen Kunst] // W: Historia, kultura, muzeum [Geschichte, Kultur, Museum] / red. Anitta Maksymowicz. - Zielona Góra 2012, s. 371-383.

2336. Kawaletz, Andreas: Schloss Fischbach und die Madonna des Baseler Bürgermeisters Jacob Meyer // In: Auf historischer Spurensuche im Bobertal 2011/2012. Aktuelle Forschungsergebnisse von und für Regionalforscher, Ortschronisten, Genealogen und Historiker im niederschlesischen Riesengebirge / Hrsg. Ulrich Schmilewski, Jürgen Schwanitz. - Würzburg 2012, S. 194-203, Abb.

2337. Kiliańska, Alicja / Marcinkowski, Wojciech: Srebrna Madonna - dar prof. Tadeusza Dobrowolskiego [Silberne Madonna - Gabe Professor Tadeusz Dobrowolskis] // Rozprawy Muzeum Narodowego w Krakowie. Seria Nowa 5, 2012, s. 255-261, il. 6.
Dot. rzeźby ze zbiorów Śląskiego Muzeum Rzemiosła i Starożytności we Wrocławiu znajdującej się obecnie w Muzeum Narodowym w Krakowie. - Betr. Skulptur aus den Sammlungen des Museums für Kunstgewerbe und Altertümer, die sich heute im Nationalmuseum in Krakau befindet.

2338. Knoflíček, Tomáš: Poznámka k objednavateli malířské výozdoby kaple sv. Dominika při kostele sv. Václava v Opavě [Bemerkung zum Auftraggeber der Malereien der Kapelle des heiligen Dominik bei der St. Wenzelskirche in Troppau] // In: Jan Lucemburský. Kultura, umění a zbožnost na Moravě a ve Slezsku v době vlády prvního Lucemburka [Johann von Luxemburg. Kultur, Kunst und Frömmigkeit in Mähren und Schlesien in der Zeit des ersten Herrschers aus dem Geschlecht der Luxemburger] / eds. Ivo Hlobil, Daniela Rywiková. - Ostrava 2012, s. 181-191, il. 4; Res. 191.

2339. Kolbiarz, Artur: Dzieła warsztatu Johanna Albrechta Siegwitza wykonane dla jezuitów na Śląsku, w hrabstwie kłodzkim i Rzeczypospolitej [Artistic Works of Johann Albrecht Siegwitz's Workshop Made for Jesuits in Silesia, Kłodzko County and in Poland] // W: Silesia Jesuitica. Kultura i sztuka zakonu jezuitów na Śląsku i w hrabstwie kłodzkim 1580-1776. Materiały konferencji naukowej zorganizowanej przez Oddział Wrocławski Stowarzyszenia Historyków Sztuki (Wrocław, 6-8 X 2011) dedykowane pamięci Profesora Henryka Dziurli [Silesia Jesuitica. Kultur und Kunst des Jesuiten-Ordens in Schlesien und in der Grafschaft Glatz 1580-1776. Materialien der wissenschaftlichen Konferenz organisiert von der Abteilung der Breslauer Kunsthistoriker-Gesellschaft (Breslau, 6.-8. Oktober 2011), gewidmet dem Gedenken an Professor Henryk Dziurla] / red. Dariusz Galewski, Anna Jezierska. - Wrocław 2012, s. 185-198, il.; Res. 198.

2340. Kot, Piotr: Radości i smutki świętego Józefa. Motywy biblijne w Ewangelii Dzieciństwa według Michała Willmanna [Freude und Wehmut des heiligen Josef. Bibelmotive im Neuen Testament nach Michael Willmann]. - Legnica 2012, ss. 86, il.
Krzeszowska „Biblia Pauperum"; 1.

2341. Kozieł, Andrzej: Czy w Jeleniej Górze w epoce baroku istniało środowisko malarzy? [Gab es in der Zeit des Barocks ein Kunstmalermilieu in Hirschberg?] // W: Wokół Karkonoszy i Gór Izerskich. Sztuka baroku na śląsko-czesko-łużyckim pograniczu [Rund um das Riesengebirge und das Isergebirge. Die Kunst des Barocks im schlesisch-tschechisch-lausitzischen Grenzgebiet] / red. Andrzej Kozieł. - Jelenia Góra 2012, s. 111-122, il.; Res. 121-122.

2342. Kozieł, Andrzej: O nowo odkrytych malowidłach freskowych w budynku dawnego probostwa Cystersów w Cieplicach Śląskich-Zdroju [Über die neu entdeckten Fresken in der ehemaligen Probstei der Zisterzienser in Bad Warmbrunn/Cieplice Śląskie-Zdrój] // Roczniki Sztuki Śląskiej 21, 2012, s. 73-91, il. 14; Res. 91.

2343. Kozieł, Andrzej: „Śląski Tiepolo". Szlak malarstwa barokowego im. Franza Antona Sebastianiego na Śląsku [„Schlesischer Tiepolo". Der Franz Anton Sebastini-Wanderweg der Barockmalerei]. - Głogówek 2012, ss. 23, il.

2344. Kozina, Irma: Szkoła Katowicka = Katowice School = Kattowitzer Schule // W: Dni, miesiące, lata... Jubileusz 100-lecia Związku Artystów Plastyków. Okręg w Katowicach [Tage, Monate, Jahre... 100. Jubiläum des Verbandes der Bildenden Künstler. Bezirk Kattowitz] / red. Adam Dutkiewicz, Katarzyna Gawrych-Olender, Henryk Bzdok, Marian Słowicki. - Katowice 2012, s. 13-19, il.
Tekst w języku polskim, angielskim i niemieckim. - Polnischer, englischer und deutscher Text.

2345. Kozłowska, Dobrochna: Die schlesischen Mariensäle als Abbild des konfessionellen, politischen und kulturellen Einflusses der Habsburgermonarchie in Schlesien [Śląskie kolumny maryjne jako przykład religijnych, politycznych i kulturalnych wpływów monarchii habsburskiej na Śląsku] // Szkice Archiwalno-Historyczne 2012, nr 9, s. 43-49, fot. 3; Res. 49.

2346. Krzywka, Łukasz: Najnowsze ustalenia dotyczące dekoracji malarskiej Leopoldiny jezuickiej [The Latest Findings on Painting Decorations of Jesuit Leopoldina] // W: Silesia Jesuitica. Kultura i sztuka zakonu jezuitów na Śląsku i w hrabstwie kłodzkim 1580-1776. Materiały konferencji naukowej zorganizowanej przez Oddział Wrocławski Stowarzyszenia Historyków Sztuki (Wrocław, 6-8 X 2011) dedykowane pamięci Profesora Henryka Dziurli [Silesia Jesuitica. Kultur und Kunst des Jesuiten-Ordens in Schlesien und in der Grafschaft Glatz 1580-1776. Materialien der wissenschaftlichen Konferenz organisiert von der Abteilung der Breslauer Kunsthistoriker-Gesellschaft (Breslau, 6.-8. Oktober 2011), gewidmet dem Gedenken an Professor Henryk Dziurla] / red. Dariusz Galewski, Anna Jezierska. - Wrocław 2012, s. 237-240, il.; Res. 240.

2347. Kwiatkowska, Ewelina: Obraz olejny „Wniebowzięcie Najświętszej Marii Panny" ze zbiorów Muzeum w Nysie - próba ustalenia pochodzenia, historii i autorstwa [Das Ölgemälde „Mariä Himmelfahrt" aus den Sammlungen des Museums in Neiße - Versuch der Bestimmung der Herkunft, der Geschichte und des Malers] // Nyskie Szkice Muzealne 5, 2012, s. 91-100.

2348. Lenz, Rudolf: Die Nepomuk-Skulptur in Polnisch Schweinitz/Świdnica Polska. Ihr Stifter - ihr Künstler // Silesia Nova. Vierteljahresschrift für Kultur und Geschichte 9, 2012, H. 4, S. 123-134, Abb.

2349. Madej, Grzegorz: Cyborium z fundacji księcia Aleksandra Józefa Sułkowskiego dla kościoła parafialnego pod wezwaniem św. Mikołaja w Bielsku na Śląsku Cieszyńskim z roku 1760 [Ziborium aus Aleksander Józef Sułkowskis Schenkung für die St. Nikolaus Pfarrkirche in Bielitz-Biala im Teschener Schlesien aus dem Jahr 1760] // Zeszyty Sułkowskich 1, 2012, s. 25-48. il.; sum. 44.

2350. Madej, Grzegorz: Kopia obrazu Matki Boskiej Częstochowskiej z kaplicy maryjnej kościoła katedralnego parafii p.w. św. Mikołaja w Bielsku-Białej [Kopie des Gemäldes der Schwarzen Madonna von Tschenstochau aus der Marienkapelle der St. Nikolaus-Kathedrale in Bielitz-Biala] // Zeszyty Sułkowskich 1, 2012, s. 49-62, il.; sum. 60.

2351. Makowski, Mariusz: Nowa kolekcja na starym zamku - zbiory Michała Bożka w Grodźcu Śląskim [Neue Kollektion im alten Schloss - Sammlung von Michał Bożek in Grodziec Śląski] // W: Materiały z konferencji naukowej z okazji 65-lecia Muzeum Zamkowego w Pszczynie „Kolekcje sztuki i rzemiosła artystycznego w muzeach-rezydencjach" Pszczyna, 12-13 maja 2011 r. [Materialien der wissenschaftlichen Tagung anläßlich des 65. Jubiläums des Schlossmuseums in Pleß „Kunst- und Kunsthandwerksammlungen in den Residenz-Museen". Pleß, 12.-13. Mai 2011] / red. Maciej Kluss. - Pszczyna 2012, s. 289-304, il. 15; Res. 325.

2352. Małyk, Ewelina / Dudała, Jolanta: Krótki zarys analizy historyczno-stylistycznej obrazu „Epitafium rodziny Vriemera" [Kurzer Abriss der historisch-stilistischen Analyse des Gemäldes „Epitaph für Vriemers Familie"] // Nyskie Szkice Muzealne 5, 2012, s. 77-90, rys. 1.

2353. Mecmajer, Katarzyna: Próba wskazania wspólnych cech warstwowych obrazów z wizerunkiem Matki Boskiej Wspomożycielki z Piotrowic Nyskich i Ligoty Wielkiej w oparciu o prace badawcze i konserwatorskie [Versuch des Nachweises der Gemeinsamkeiten der Schichtbilder mit dem Abbild Maria Hilf aus Peterwitz und Groß Ellguth in Anlehnung an Forschungs- und konservatorische Arbeiten] // Opolski Informator Konserwatorski 2012, s. 87-100, ryc. 16.

2354. Migasiewicz, Paweł: Inspiracje francuskie w rzeźbie figuralnej Johanna Riedla. Zarys problemu [French Inspirations in Figural Sculpture of Johann Riedl. The Sketch of the Issue] // W: Silesia Jesuitica. Kultura i sztuka zakonu jezuitów na Śląsku i w hrabstwie kłodzkim 1580-1776. Materiały konferencji naukowej zorganizowanej przez Oddział Wrocławski Stowarzyszenia Historyków Sztuki (Wrocław, 6-8 X 2011) dedykowane pamięci Profesora Henryka Dziurli [Silesia Jesuitica. Kultur und Kunst des Jesuiten-Ordens in Schlesien und in der Grafschaft Glatz 1580-1776. Materialien der wissenschaftlichen Konferenz organisiert von der Abteilung der Breslauer Kunsthistoriker-Gesellschaft (Breslau, 6.-8. Oktober 2011), gewidmet dem Gedenken an Professor Henryk Dziurla] / red. Dariusz Galewski, Anna Jezierska. - Wrocław 2012, s. 217-225, il.; Res. 225.

2355. Mikołajek, Zuzanna: Artystyczne przejawy działalności bractw jezuickich na Śląsku w czasach baroku [Artistic Indications of Jesuit Confraternities' Activities in Silesia in Baroque Times] // W: Silesia Jesuitica. Kultura i sztuka zakonu jezuitów na Śląsku i w hrabstwie kłodzkim 1580-1776. Materiały konferencji naukowej zorganizowanej przez Oddział Wrocławski Stowarzyszenia Historyków Sztuki (Wrocław, 6-8 X 2011) dedykowane pamięci Profesora Henryka Dziurli [Silesia Jesuitica. Kultur und Kunst des Jesuiten-Ordens in Schlesien und in der Grafschaft Glatz 1580-1776. Materialien der wissenschaftlichen Konferenz organisiert von der Abteilung der Breslauer Kunsthistoriker-Gesellschaft (Breslau, 6.-8. Oktober 2011), gewidmet dem Gedenken an Professor Henryk Dziurla] / red. Dariusz Galewski, Anna Jezierska. - Wrocław 2012, s. 75-83, il.; Res. 83.

2356. Mikołajek, Zuzanna: Artystyczne przejawy działalności bractw katolickich na pograniczu śląsko-czesko-łużyckim w czasach baroku

[Künstlerische Anzeichen der Tätigkeit der katholischen Bruderschaften im schlesisch-böhmisch-lausitzischen Grenzgebiet im Barock] // W: Wokół Karkonoszy i Gór Izerskich. Sztuka baroku na śląsko-czesko-łużyckim pograniczu [Rund um das Riesengebirge und das Isergebirge. Die Kunst des Barocks im schlesisch-tschechisch-lausitzischen Grenzgebiet] / red. Andrzej Kozieł. - Jelenia Góra 2012, s. 183-196, il.; Res. 196.

2357. Nowak, Romuald: Maria Zwycięska na śląskich kolumnach maryjnych - geneza przedstawienia [Our Lady Victorious on Silesian Marian columns - origins of the presentation] // Quart. Kwartalnik Instytutu Historii Sztuki Uniwersytetu Wrocławskiego 2012, nr 4 (26), s. 59-69, il. 6; Res. 69.

2358. Nowak, Romuald: Personalizacja dziejów Krzyża Świętego z Kościoła Podwyższenia Krzyża Świętego w Brzegu [Personalization of the History of the Holy Cross from the Church of Exaltation of the Holy Cross in Brzeg] // W: Silesia Jesuitica. Kultura i sztuka zakonu jezuitów na Śląsku i w hrabstwie kłodzkim 1580-1776. Materiały konferencji naukowej zorganizowanej przez Oddział Wrocławski Stowarzyszenia Historyków Sztuki (Wrocław, 6-8 X 2011) dedykowane pamięci Profesora Henryka Dziurli [Silesia Jesuitica. Kultur und Kunst des Jesuiten-Ordens in Schlesien und in der Grafschaft Glatz 1580-1776. Materialien der wissenschaftlichen Konferenz organisiert von der Abteilung der Breslauer Kunsthistoriker-Gesellschaft (Breslau, 6.-8. Oktober 2011), gewidmet dem Gedenken an Professor Henryk Dziurla] / red. Dariusz Galewski, Anna Jezierska. - Wrocław 2012, s. 261-267, il.; Res. 267.

2359. Nyga, Marcin: Graficzne wizerunki Anhaltów i Hochbergów w zbiorach Muzeum Zamkowego w Pszczynie [Graphische Bildnisse der Familien Anhalt und Hochberg in den Sammlungen des Schlossmuseums in Pleß] // W: Materiały z konferencji naukowej z okazji 65-lecia Muzeum Zamkowego w Pszczynie „Kolekcje sztuki i rzemiosła artystycznego w muzeach -rezydencjach" Pszczyna, 12-13 maja 2011 r. [Materialien der wissenschaftlichen Tagung anläßlich des 65. Jubiläums des Schlossmuseums in Pleß „Kunst- und Kunsthandwerksammlungen in den Residenz-Museen". Pleß, 12.-13. Mai 2011] / red. Maciej Kluss. - Pszczyna 2012, s. 157-176, il. 18; Res. 316-317.

2360. Olšovský, Jaromír: Domácí oltářík z Javorníku (zamyšlení nad otázkou jeho typu a funkce) [Home little altar from Javorník (Thoughts about its type and function)] // Časopis Slezského zemského muzea. Série B - vědy historické 61, 2012, č. 3, s. 253-262; Res. 258.

2361. Oszczanowski, Piotr: Manieryzm Wrocławia - sztuka elit, artystów i... niekończących się pytań [Manierismus - Kunst der Eliten, Künstler und ... nicht endende Fragen] // W: Maniera, manieryzm, manieryczność. Materiały LX Ogólnopolskiej Sesji Naukowej Stowarzyszenia Historyków Sztuki, Gdańsk, 24-25 listopada 2011 r. [Stil, Manierismus, Künstlichkeit. Materialien der LX. Allgemeinpolnischen Wissenschaftlichen Tagung der Kunsthistoriker-Gesellschaft, Danzig 24.-25. November 2011] / red. Jacek Friedrich ; współpr. Małgorzata Omilanowska, Jacek Bielak. - Warszawa 2012, s. 239-246.

2362. Oszczanowski, Piotr: Nowożytne złotnictwo wrocławskich kościołów protestanckich, czyli także wyroby złotnicze „habent sua fata" [Neuzeitliche Goldschmiedekunst der Breslauer evangelischen Kirchen oder Produkte aus Gold „habent sua fata"] // W: Całe srebro Rzeczypospolitej Panu Michałowi Gradowskiemu ofiarowane [Ganzes Silber der Republik Polen. Festschrift für Herrn Michał Gradowski] / red. Jacek Kriegseisen. - Warszawa 2012, s. 189-197, il.

2363. Oszczanowski, Piotr: O dwóch rzeźbach z początku wrocławskiego renesansu. Na marginesie twórczości Andreasa Walthera [On two sculptures from the beginning of Renaissance in Wrocław. On the margin of Andreas Walther's artistic work] // Quart. Kwartalnik Instytutu Historii Sztuki Uniwersytetu Wrocławskiego 2012, nr 4 (26), s. 90-99, il. 6; Res. 99.

2364. Oszczanowski, Piotr: Złoty medalion oprawiony czterema diamentami. Dzieła Gerharda Hendrika z Amsterdamu z początku XVII wieku w Oleśnicy [Mit vier Diamanten eingerahmtes goldenes Medaillon. Die Werke

Gerhard Hendriks aus Amsterdam am Beginn des 17. Jahrhundert in Oels]. - Wrocław 2012, ss. 358, il.
Książka jest fragm. dysertacji doktorskiej pt. „Gerhard Hendrik z Amsterdamu (1559-1615). Życie i twórczość wrocławskiego rzeźbiarza", Wrocław 2002. - Das Buch ist ein Ausschnitt der Dissertation u.d.T. „Gerhard Hendrik aus Amsterdam (1559-1615). Leben und Wirken des Breslauer Bildhauers", Wrocław 2002.

2365. Oulíková, Petra: Litania do Imienia Jezus w sztuce zakonu jezuitów [Litany of the Holy Name of Jesus in the Art of the Society of Jesus] // W: Silesia Jesuitica. Kultura i sztuka zakonu jezuitów na Śląsku i w hrabstwie kłodzkim 1580-1776. Materiały konferencji naukowej zorganizowanej przez Oddział Wrocławski Stowarzyszenia Historyków Sztuki (Wrocław, 6-8 X 2011) dedykowane pamięci Profesora Henryka Dziurli [Silesia Jesuitica. Kultur und Kunst des Jesuiten-Ordens in Schlesien und in der Grafschaft Glatz 1580-1776. Materialien der wissenschaftlichen Konferenz organisiert von der Abteilung der Breslauer Kunsthistoriker-Gesellschaft (Breslau, 6.-8. Oktober 2011), gewidmet dem Gedenken an Professor Henryk Dziurla] / red. Dariusz Galewski, Anna Jezierska. - Wrocław 2012, s. 269-274, il.; Res. 274.
Dot. także Wrocławia. - Betr. auch Breslau.

2366. Ożóg, Kazimierz S.: Kamieniarskie i rzeźbiarskie dekoracje zewnętrzne kościoła Bożego Ciała w Głogowie [External Stonework and Sculptural Decorations in the Church of Corpus Christi in Głogów] // W: Silesia Jesuitica. Kultura i sztuka zakonu jezuitów na Śląsku i w hrabstwie kłodzkim 1580-1776. Materiały konferencji naukowej zorganizowanej przez Oddział Wrocławski Stowarzyszenia Historyków Sztuki (Wrocław, 6-8 X 2011) dedykowane pamięci Profesora Henryka Dziurli [Silesia Jesuitica. Kultur und Kunst des Jesuiten-Ordens in Schlesien und in der Grafschaft Glatz 1580-1776. Materialien der wissenschaftlichen Konferenz organisiert von der Abteilung der Breslauer Kunsthistoriker-Gesellschaft (Breslau, 6.-8. Oktober 2011), gewidmet dem Gedenken an Professor Henryk Dziurla] / red. Dariusz Galewski, Anna Jezierska. - Wrocław 2012, s. 199-207, il.; Res. 207.

2367. Palica, Magdalena: Od Delacroix do van Gogha. Żydowskie kolekcje sztuki w dawnym Wrocławiu [Von Delacroix bis van Gogh. Jüdische Kunstsammlungen im alten Breslau]. - Wrocław 2010, ss. 149, il., tabl. 16 s.; Res.133-143.
Biblioteka Dawnego Wrocławia; 7.
Rec.: Michalska, Anna // Quart. Kwartalnik Instytutu Historii Sztuki Uniwersytetu Wrocławskiego 2012, nr 2 (24), s. 145-147, il. 1.

2368. Palka, Mateusz: Pamięć na ścianach. Wrocławskie murale w obiektywie Bogdana Konopki [Erinnerungen auf den Wänden. Breslauer Wandmalereien im Objektiv von Bogdan Konopka] // Pamięć i Przyszłość 2012, nr 2 (16), s. 72-77, il. 4.

2369. Pařízek, Marek: Kalvárie z Orlického Záhoří a její vztahy k sochařství Dolního Slezska [Die Kalvariengruppe aus dem Vor-Adlergebirge und ihre Beziehung zur Bildhauerei Niederschlesiens] // Artem ad vitam. Kniha k poctě Ivo Hlobila [Artem ad vitam. Ein Buch zu Ehren Ivo Hlobils] s. 229-236.

2370. Pawlik, Krzysztof / Štěrbová, Jarmila: Inwentarz kościoła Jezuitów w Nysie z około 1625 roku [The Inventory of Jesuit Church in Nysa from about 1625] // W: Silesia Jesuitica. Kultura i sztuka zakonu jezuitów na Śląsku i w hrabstwie kłodzkim 1580-1776. Materiały konferencji naukowej zorganizowanej przez Oddział Wrocławski Stowarzyszenia Historyków Sztuki (Wrocław, 6-8 X 2011) dedykowane pamięci Profesora Henryka Dziurli [Silesia Jesuitica. Kultur und Kunst des Jesuiten-Ordens in Schlesien und in der Grafschaft Glatz 1580-1776. Materialien der wissenschaftlichen Konferenz organisiert von der Abteilung der Breslauer Kunsthistoriker-Gesellschaft (Breslau, 6.-8. Oktober 2011), gewidmet dem Gedenken an Professor Henryk Dziurla] / red. Dariusz Galewski, Anna Jezierska. - Wrocław 2012, s. 275-286, il.; Res. 286.

2371. Permafo / red. nauk. Anna Markowska. - Wrocław 2012, ss. 456, [2], il.
Katalog towarzyszy wystawie „Gdzie jest Permafo?, Muzeum Współczesne Wrocław, 30 XI 2012-4 II 2013 r. - Begleitkatalog zur Ausstellung „Wo ist Permafo?", Zeitgenössisches Museum Breslau, 30.11.2012-4.2.2013.

2372. Piechaczek, Barbara: Bazylika Świętej Rodziny, kaplica Sióstr Maryi Niepokalanej i malowidła w byłym refektarzu jako wybitne przykłady sztuki Art Deco w środkowo -wschodniej Europie [Basilika der Heiligen Familie, Kapelle der Schwestern der Unbefleckten Empfängnis und Malereien in dem ehemaligen Refektorium als herausragende Beispiele der Art déco-Kunst im ostmitteleuropäischen Europa] // W: Konferencja historyczna pod tytułem: W sercu szlaku ks. bp. J. M. Nathana [Historische Tagung unter dem Titel: Inmitten des Weges von Priester Bischof J. M. Nathan]. - Branice 2012, s. 69-77.
Dot. Branic/Głubczyce. - Betr. Branitz/Leobschütz.

2373. Pierzchała, Marek: Chrystus i setnik z Kafarnaum. Obraz z epitafium Balthasara Tilischa ponownie we Wrocławiu [Christ and Centurion in Kafarnaum. Painting from Balthasar Tilisch's epitaph again in Wrocław] // Quart. Kwartalnik Instytutu Historii Sztuki Uniwersytetu Wrocławskiego 2012, nr 4 (26), s. 53-58, il. 1.

2374. Przylicki, Krzysztof: Kolekcja średniowiecznej rzeźby śląskiej w zbiorach artystycznych Katolickiego Uniwersytetu Lubelskiego Jana Pawła II [Die Kollektion der mittelalterlichen schlesischen Skulpturen in den Kunstsammlungen der Katholischen Universität Lublin Johannes Paul II] // Roczniki Sztuki Śląskiej 21, 2012, s. 9-28, il. 17; Res. 27-28.

2375. Rogalska, Katarzyna: Kaplica Narodzenia Pańskiego w Krzeszowie jako kopia Groty Betlejemskiej na tle innych założeń tego typu w Europie [Nativity Chapel in Krzeszów and the other European copies Nativity Grotto in Bethlehem] // Dzieła i Interpretacje. Rocznik Studentów Historii Sztuki Uniwersytetu Wrocławskiego 13, 2012, s. 27-44, il. 13; Res. 44.

2376. Rome-Dzida, Agata: Otto Dix w Karkonoszach - między dawnymi mistrzami a sztuką popularną [Otto Dix im Riesengebirge - zwischen alten Meistern und Populärkunst] // Biuletyn Historii Sztuki 74, 2012, nr 2, s. 297-327, il. 35; Res. 327.

2377. Sachs, Rainer: Am Rande des deutschen Sprachgebietes. Wechselbeziehungen in bildender Kunst und Kunsthandwerk zwischen Kärnten und Schlesien // Carinthia I. Zeitschrift für geschichtliche Landeskunde von Kärnten 202, 2012, S. 111-124.

2378. Sachs, Rainer: Die Glasmaler Schlesiens vom 16. bis 18. Jahrhundert [Malarze szkła od XVI do XVIII w. na Śląsku] // W: Wokół Karkonoszy i Gór Izerskich. Sztuka baroku na śląsko-czesko-łużyckim pograniczu [Rund um das Riesengebirge und das Isergebirge. Die Kunst des Barocks im schlesisch-tschechisch-lausitzischen Grenzgebiet] / red. Andrzej Kozieł. - Jelenia Góra 2012, s. 219-223, il.; Res. 223.

2379. Sebzda, Beata / Kłoda, Emilia: Barokowy cykl portretów Piastów śląskich z dawnego klasztoru Cystersów w Krzeszowie [Der Zyklus der Barockportraits der schlesischen Piasten aus dem ehemaligen Zisterzienserkloster in Grüssau] // W: Wokół Karkonoszy i Gór Izerskich. Sztuka baroku na śląsko-czesko-łużyckim pograniczu [Rund um das Riesengebirge und das Isergebirge. Die Kunst des Barocks im schlesisch-tschechisch-lausitzischen Grenzgebiet] / red. Andrzej Kozieł. - Jelenia Góra 2012, s. 156-169, il.; Res. 168-169.

2380. Seidel-Grzesińska, Agnieszka / Oszczanowski, Piotr: Dzieła sztuki, rzemiosła artystycznego oraz stare druki i ryciny kościoła Pokoju w Świdnicy // W: Wiara jak serce ze spiżu. Skarby kościoła Pokoju w Świdnicy [Glaube stark wie Eisenherz. Schätze der Friedenskirche in Schweidnitz] / red. Piotr Oszczanowski. - Świdnica 2012, s. 17-74, il.
Wersja niemiecka / Deutsche Fassung: Kunstwerke, Kunstgewerbe sowie Altdrucke und Stiche der Friedenskirche in Schweidnitz, in: Glaube wie ein Herz aus Erz: Schätze der Friedenskirche in Schweidnitz, Hrsg. Piotr Oszczanowski, Świdnica 2012, (17-74).

2381. Seidel-Grzesińska, Agnieszka / Oszczanowski, Piotr: Kunstwerke, Kunstgewerbe sowie Altdrucke und Stiche der Friedenskirche in Schweidnitz // W: Glaube wie ein Herz aus Erz: Schätze der Friedenskirche in Schweidnitz / Piotr Oszczanowski. - Świdnica 2012, S. 17-74, Abb.
Wersja polska / Polnische Fassung: Dzieła sztuki, rzemiosła artystycznego oraz stare druki i ryciny kościoła Pokoju w Świdnicy, w: Wiara jak serce ze spiżu. Skarby kościoła Pokoju w Świdnicy, red. Piotr Oszczanowski, Świdnica 2012, (17-74).

2382. Skalík, Tomáš: Opavské sochy I. Historické centrum. Tiché dominanty veřejného prostoru [Troppauer Statuen I. Das historische Zentrum. Stille Dominanten des öffentlichen Raumes] / fot. Adam Šťastný. - Opava 2012, 123 s., il.
Rec.: Olšovský, Jaromír // Acta historica Universitatis Silesianae Opaviensis 5, 2012, s. 265-266.

2383. Smolarek-Grzegorczyk, Sylwia: Malarstwo olejne ze zbiorów rodziny Hochbergów. Obrazy zdobiące pszczyński zamek pod koniec XIX i na początku XX w. [Ölmalerei aus der Sammlung der Familie Hochberg. Bilder, die das Schloß in Pszczyna Ende des 19. und Anfang des 20. Jh. schmückten] // W: Materiały z konferencji naukowej z okazji 65-lecia Muzeum Zamkowego w Pszczynie „Kolekcje sztuki i rzemiosła artystycznego w muzeach-rezydencjach" Pszczyna, 12-13 maja 2011 r. [Materialien der wissenschaftlichen Tagung anläßlich des 65. Jubiläums des Schlossmuseums in Pleß „Kunst- und Kunsthandwerksammlungen in den Residenz-Museen". Pleß, 12.-13. Mai 2011] / red. Maciej Kluss. - Pszczyna 2012, s. 135-156, il. 21; Res. 315-316.

2384. Smoliński, Mariusz: Współczesne wzory rzymskie w kościołach jezuitów na Śląsku i w hrabstwie kłodzkim na przełomie XVII i XVIII wieku [Contemporary Roman Patterns in Jesuit Churches in Silesia and Kłodzko County at the Turn of the 17th and 18th Centuries] // W: Silesia Jesuitica. Kultura i sztuka zakonu jezuitów na Śląsku i w hrabstwie kłodzkim 1580-1776. Materiały konferencji naukowej zorganizowanej przez Oddział Wrocławski Stowarzyszenia Historyków Sztuki (Wrocław, 6-8 X 2011) dedykowane pamięci Profesora Henryka Dziurli [Silesia Jesuitica. Kultur und Kunst des Jesuiten-Ordens in Schlesien und in der Grafschaft Glatz 1580-1776. Materialien der wissenschaftlichen Konferenz organisiert von der Abteilung der Breslauer Kunsthistoriker-Gesellschaft (Breslau, 6.-8. Oktober 2011), gewidmet dem Gedenken an Professor Henryk Dziurla] / red. Dariusz Galewski, Anna Jezierska. - Wrocław 2012, s. 175-184, il.; Res. 184.

2385. Staemmler, Friedrich: Die Skulptur des Schönen Stils ini der Region Chemnitz - Ihr Bezug zu Böhmen und Schlesien // In: Des Himmels Fundgrube. Chemnitz und das sächsisch -böhmische Gebirge im 15. Jahrhundert ; [Ausstellung 3. Oktober 2012 bis 20. Januar 2013] / Uwe Fiedler. - Chemnitz 2012, S. 241-253, Abb.

2386. Stoklasek-Michalak, Joanna: Treści kontrreformacyjne późnobarokowej kazalnicy w kłodzkim kościele Jezuitów pw. Wniebowzięcia NMP [Counter reformation Meaning of the Late Baroque Pulpit in Jesuit Church of the Assumption of BVM in Kłodzko] // W: Silesia Jesuitica. Kultura i sztuka zakonu jezuitów na Śląsku i w hrabstwie kłodzkim 1580-1776. Materiały konferencji naukowej zorganizowanej przez Oddział Wrocławski Stowarzyszenia Historyków Sztuki (Wrocław, 6-8 X 2011) dedykowane pamięci Profesora Henryka Dziurli [Silesia Jesuitica. Kultur und Kunst des Jesuiten-Ordens in Schlesien und in der Grafschaft Glatz 1580-1776. Materialien der wissenschaftlichen Konferenz organisiert von der Abteilung der Breslauer Kunsthistoriker-Gesellschaft (Breslau, 6.-8. Oktober 2011), gewidmet dem Gedenken an Professor Henryk Dziurla] / red. Dariusz Galewski, Anna Jezierska. - Wrocław 2012, s. 227-235, il.; Res. 235.

2387. Szczypka-Gwiazda, Barbara: Forma i treść. Nowy obraz sztuki śląskiej po 1945 roku w środowisku ZPAP Okręgu Katowickiego = Form and Meaning. The new image of Silesian art in the Milieu of the Silesian Chapter of ZPAP // W: Dni, miesiące, lata... Jubileusz 100-lecia Związku Artystów Plastyków. Okręg w Katowicach [Tage, Monate, Jahre... 100. Jubiläum des Verbandes der Bildenden Künstler. Bezirk Kattowitz] / red. Adam Dutkiewicz, Katarzyna Gawrych-Olender, Henryk Bzdok, Marian Słowicki. - Katowice 2012, s. 20-41, fot.
Tekst w języku polskim i angielskim. - Polnischer und englischer Text.

2388. Sztuka Świdnicy na tle dziejów [Schweidnitzer Kunst vor dem Hintergrund der Geschichte] / red. nauk. Dobiesław Karst ; oprac. Mieczysława Chmielewska [et al.]. - Świdnica 2012, ss. 126, il.

2389. Vorlová, Hana: Gotické skulptury ze sbírek Lichnovských na zámku Hradec nad Moravicí [Die gotischen Skulpturen aus den

Sammlungen Lichnowsky aus dem Schloss in Grätz] // Historica. Revue pro historii a příbuzné vědy 3, 2012, č. 2, s. 177-190; Res. 177, 190.

2390. Výtvarná kultura ve Slezsku a na Ostravsku do roku 1970 [Die bildende Kultur in Schlesien und in der Region Ostrau bis zum Jahr 1970] / ed. Pavel Šopák. - Opava 2011, 463 s.
Rec.: Olšovský, Jaromír // Acta historica Universitatis Silesianae Opaviensis 5, 2012, s. 252-256.

2391. Walanus, Wojciech: Późnogotycka figura Chrystusa „Ecce homo" z kościoła pw. Wniebowzięcia NMP w Gliwicach [Spätgotische Christus-Statue „Ecce homo" aus der Mariä-Himmelfahrt-Kirche in Gleiwitz] // Wiadomości Konserwatorskie Województwa Śląskiego 4, 1012, s. 143-154, fot. 14.

2392. Wantuch-Jarkiewicz, Katarzyna: Warsztat malarski Jeremiasa Josepha Knechtla w świetle prac konserwatorsko-restauratorskich obrazów z ołtarza pw. św. Piotra Fouriera w kościele pw. Wniebowzięcia NMP w Żaganiu [Die Malerwerkstatt von Jeremias Joseph Knechtel im Lichte der konservatorischen und restauratorischen Arbeiten an den Gemälden aus dem Altar des heiligen Petrus Fourier in der Mariä -Himmelfahrt-Kirche in Sagan (Żagań)] // W: Jeremias Joseph Knechtel (1679-1750). Legnicki malarz doby baroku [Jeremias Joseph Knechtel (1679-1750). Liegnitzer Maler des Barocks] / red. Andrzej Kozieł, Emilia Kłoda. - Legnica 2012, s. 85-95, il.; Res. 95.

2393. Wehner, Karl-Heinz: Verbleib der früheren Inneneinrichtung der Gnadenkirche Landeshut aufgespürt // In: Auf historischer Spurensuche im Bobertal 2011/2012. Aktuelle Forschungsergebnisse von und für Regionalforscher, Ortschronisten, Genealogen und Historiker im niederschlesischen Riesengebirge / Hrsg. Ulrich Schmilewski, Jürgen Schwanitz. - Würzburg 2012, S. 40-44, Abb.

2394. Werszler, Rafał: Dzieje biblioteki jezuickiej w Nysie. Jej wystrój i wyposażenie [History of Jesuit Library in Nysa. Its Decor and Furnishings] // W: Silesia Jesuitica. Kultura i sztuka zakonu jezuitów na Śląsku i w hrabstwie kłodzkim 1580-1776. Materiały konferencji naukowej zorganizowanej przez Oddział Wrocławski Stowarzyszenia Historyków Sztuki (Wrocław, 6-8 X 2011) dedykowane pamięci Profesora Henryka Dziurli [Silesia Jesuitica. Kultur und Kunst des Jesuiten-Ordens in Schlesien und in der Grafschaft Glatz 1580-1776. Materialien der wissenschaftlichen Konferenz organisiert von der Abteilung der Breslauer Kunsthistoriker-Gesellschaft (Breslau, 6.-8. Oktober 2011), gewidmet dem Gedenken an Professor Henryk Dziurla] / red. Dariusz Galewski, Anna Jezierska. - Wrocław 2012, s. 287-296, il.; Res. 296.

2395. Wewióra, Beata: Konserwacja i restauracja obrazu epitafijnego ze sceną Ukrzyżowania I poł. XVIII w. z kościoła pod wezwaniem Podwyższenia Krzyża Świętego w Wierzbicy Dolnej [Konservierung und Restaurierung des Epitaphgemäldes der Kreuzigungsszene aus der ersten Hälfte des 18. Jahrhunderts aus der Kreuzerhöhungskirche in Deutsch Würbitz] // Opolski Informator Konserwatorski 2012, s. 81-86, ryc. 2.

2396. Wewióra, Beata: Stan zachowania rzeźby Matki Boskiej Bolesnej, XIV wiek, warsztat śląski, z kolekcji Muzeum Śląska Opolskiego [Erhaltungszustand der Skulptur Mater Dolorosa, 14. Jahrhundert, schlesische Werkstatt, aus der Sammlung des Museums des Oppelner Schlesiens] // Opolski Rocznik Muzealny 19, 2012, s. 178-182, fot. 2.

2397. Wielowiejski, Zygmunt: Początki fotografii na Opolszczyźnie. Przybycie pierwszych dagerotypów do Opola i innych miast górnośląskich w latach 40. i 50. XIX wieku [The origins of photography in the Opole region. The arrival of the first daguerrotypist to Opole and other cities in Upper Silesia in the forties and fifties of the nineteenth century] // Opolski Rocznik Muzealny 19, 2012, s. 63-83, fot.; Res. 83.
Dot. / Betr. Louis Birk.

2398. Wiklik, Cezary: Twórcy Pogórza Izerskiego. Artyści i rękodzielnicy [Schöpfer aus dem Isergebirge. Künstler und Kunsthandwerker]. - Jelenia Góra 2012, ss. 117, il.

2399. Witecki, Jacek: Para świeczników ołtarzowych - dzieło Tobiasa Plackwitza Starszego (komunikat) [A pair of altar candlesticks - the work of Tobias Plackwitz the elder (a communiqué)] // Quart. Kwartalnik Instytutu Historii Sztuki Uniwersytetu Wrocławskiego 2012, nr 4 (26), s. 100-105, il. 3; Res. 105.

2400. Wojtyła, Arkadiusz: Idea ordo militaris w sztuce barokowej krzyżowców z czerwoną gwiazdą [Die Ordo militaris-Idee in der barocken Kunst des Ritterordens der Kreuzherren mit dem roten Stern]. - Wrocław 2012, ss. 433, il.
Acta Universitatis Wratislaviensis; 3455 / Historia Sztuki; 32.

2401. Wojtyła, Arkadiusz: Triumphale Dominicae Crucis Signum. Uwagi o programie ideowym kościoła Jezuitów w Brzegu [Triumphale Dominicae Crucis Signum. Remarks on the Ideological Program of the Jesuit Church in Brzeg] // W: Silesia Jesuitica. Kultura i sztuka zakonu jezuitów na Śląsku i w hrabstwie kłodzkim 1580-1776. Materiały konferencji naukowej zorganizowanej przez Oddział Wrocławski Stowarzyszenia Historyków Sztuki (Wrocław, 6-8 X 2011) dedykowane pamięci Profesora Henryka Dziurli [Silesia Jesuitica. Kultur und Kunst des Jesuiten-Ordens in Schlesien und in der Grafschaft Glatz 1580-1776. Materialien der wissenschaftlichen Konferenz organisiert von der Abteilung der Breslauer Kunsthistoriker-Gesellschaft (Breslau, 6.-8. Oktober 2011), gewidmet dem Gedenken an Professor Henryk Dziurla] / red. Dariusz Galewski, Anna Jezierska. - Wrocław 2012, s. 249-259, il.; Res. 258-259.

2402. Wrabec, Jan: Jezuici - mity, stereotypy i schematy w sztuce [Jesuits - myths, stereotypes and patterns in arts] // W: Silesia Jesuitica. Kultura i sztuka zakonu jezuitów na Śląsku i w hrabstwie kłodzkim 1580-1776. Materiały konferencji naukowej zorganizowanej przez Oddział Wrocławski Stowarzyszenia Historyków Sztuki (Wrocław, 6-8 X 2011) dedykowane pamięci Profesora Henryka Dziurli [Silesia Jesuitica. Kultur und Kunst des Jesuiten-Ordens in Schlesien und in der Grafschaft Glatz 1580-1776. Materialien der wissenschaftlichen Konferenz organisiert von der Abteilung der Breslauer Kunsthistoriker-Gesellschaft (Breslau, 6.-8. Oktober 2011), gewidmet dem Gedenken an Professor Henryk Dziurla] / red. Dariusz Galewski, Anna Jezierska. - Wrocław 2012, s. 55-65, il.; Res. 64-65.

2403. Wyrzykowska, Małgorzata: Percepcja dzieł jezuitów w świetle siedemnasto- i osiemnastowiecznej literatury poświęconej sztuce śląskiej (na wybranych przykładach) [The Perception of Jesuit Works in the Light of the 17th- and 18th-Century Literature Devoted to Silesian Art (Based on Selected Examples)] // W: Silesia Jesuitica. Kultura i sztuka zakonu jezuitów na Śląsku i w hrabstwie kłodzkim 1580-1776. Materiały konferencji naukowej zorganizowanej przez Oddział Wrocławski Stowarzyszenia Historyków Sztuki (Wrocław, 6-8 X 2011) dedykowane pamięci Profesora Henryka Dziurli [Silesia Jesuitica. Kultur und Kunst des Jesuiten-Ordens in Schlesien und in der Grafschaft Glatz 1580-1776. Materialien der wissenschaftlichen Konferenz organisiert von der Abteilung der Breslauer Kunsthistoriker-Gesellschaft (Breslau, 6.-8. Oktober 2011), gewidmet dem Gedenken an Professor Henryk Dziurla] / red. Dariusz Galewski, Anna Jezierska. - Wrocław 2012, s. 297-304, il.; Res. 304.

2404. Zajączkowska, Urszula: Słów parę o fotografii górnośląskiej = Ein paar Worte über die oberschlesische Fotografie // W: Strzelczan album rodzinny. Od kołyski aż po grób = Groß Strehlitzer Familienalbum. Von der Wiege bis zum Grab / red. Marta Górka, Waldemar Gaida. - Strzelce Opolskie 2012, s. 9-18, fot.
Tekst w języku polskim i niemieckim. - Polnischer und deutscher Text.

2405. Zwierz, Maria: Wystawa Rzemiosła i Rzemiosła Artystycznego we Wrocławiu w 1904 roku [Die Ausstellung für Handwerk und Kunstgewerbe in Breslau/Wrocław im Jahre 1904] // Roczniki Sztuki Śląskiej 21, 2012, s. 113-144, il. 24; Res. 143-144.

11.11. Architektur und Städtebau – Architektura i urbanistyka – Architektura a urbanistika

Zob. poz. / Siehe auch / Viz 219, 234, 497, 573, 582, 645, 657, 665-666, 679, 683-684, 776, 828, 869, 1024, 1145, 1220, 1248, 1540, 1579, 1608, 1617, 1833, 1845, 1857, 2163, 2263, 2323, 2325, 2391, 2403, 2692, 2714, 2767, 2785, 2886-2887, 2906, 2946, 3028, 3083, 3104, 3108, 3109, 3130, 3138, 3187, 3193, 3209, 3213, 3235, 3249, 3252, 3261, 3314, 3393, 3421, 3438, 3450.

2406. Adamska, Monika E.: Cmentarz komunalny w Opolu Półwsi autorstwa Gustawa Allingera na tle jego działalności zawodowej [Der kommunale Friedhof in Oppeln-Halbendorf von Gustav Allinger im Vergleich zu seiner beruflichen Tätigkeit] // Opolski Informator Konserwatorski 2012, s. 227-242, ryc. 12.

2407. Augustinková, Lucie: Stavební kultura Ostravy v době lucemburské [Die Baukultur Ostraus in der Zeit der Luxemburger] // In: Jan Lucemburský. Kultura, umění a zbožnost na Moravě a ve Slezsku v době vlády prvního Lucemburka [Johann von Luxemburg. Kultur, Kunst und Frömmigkeit in Mähren und Schlesien in der Zeit des ersten Herrschers aus dem Geschlecht der Luxemburger] / eds. Ivo Hlobil, Daniela Rywiková. - Ostrava 2012, s. 261-291, il. 26; Res. 291.

2408. Augustyn, Aneta: Szukaj tego, co w górze. Spacer po placu Pokoju [Suche, was droben ist. Spaziergang über den Friedensplatz]. - Świdnica 2012, ss. 70, il.
Dot. Kościoła Pokoju w Świdnicy. - Betr. die Friedenskirche in Schweidnitz.

2409. Balińska, Grażyna: Dawnych uzdrowisk czar... [Der Reiz der alten Kurorte ...] // W: Mijające krajobrazy Polski - Dolny Śląsk. Krajobraz dolnośląski kalejdoskopem jest... [Vergangene Landschaften Polens - Niederschlesien. Die niederschlesische Landschaft ist wie ein Kaleidoskop ...] / red. nauk. Krzysztof R. Mazurski. - Kraków 2012, s. 89-105, il.

2410. Baranowski, Andrzej Józef: Architektura świątyń jezuickich na Śląsku. W kręgu biskupa Franciszka Ludwika von Neuburg [The Architecture of Jesuit Temples in Silesia. Around Bishop Franz Ludwig von Pfalz-Neuburg] // W: Silesia Jesuitica. Kultura i sztuka zakonu jezuitów na Śląsku i w hrabstwie kłodzkim 1580-1776. Materiały konferencji naukowej zorganizowanej przez Oddział Wrocławski Stowarzyszenia Historyków Sztuki (Wrocław, 6-8 X 2011) dedykowane pamięci Profesora Henryka Dziurli [Silesia Jesuitica. Kultur und Kunst des Jesuiten-Ordens in Schlesien und in der Grafschaft Glatz 1580-1776. Materialien der wissenschaftlichen Konferenz organisiert von der Abteilung der Breslauer Kunsthistoriker-Gesellschaft (Breslau, 6.-8. Oktober 2011), gewidmet dem Gedenken an Professor Henryk Dziurla] / red. Dariusz Galewski, Anna Jezierska. - Wrocław 2012, s. 93-109, il.; Res. 109.

2411. Birecki, Piotr: Architektura ewangelicka na ziemiach polskich [Die evangelische Architektur in den polnischen Ländern] // W: Kościoły luterańskie na ziemiach polskich (XVI-XX w.). T. 2: Pod zaborami i obcym panowaniem [Lutherische Kirchen in den polnischen Ländern (16.-20. Jahrhundert. Band 2: Während der Teilungszeit und unter fremder Herrschaft] / red. Jarosław Kłaczkow. - Toruń 2012, s. 297-331.
Dot. także Śląska. - Betr. auch Schlesien.

2412. Bok, Antoni: Teatr Miejski [Das Stadttheater]. - Głogów [2012], ss. 15, il.
Zabytki Głogowa.

2413. Bolesławiecka Bazylika Maryjna = Basilica of Blessed Mary in Bolesławiec = Die Basilika St. Maria Himmelfahrt in Bolesławiec / red. Andrzej Jarosiewicz. - Żary 2012, ss. 61, il.
Tekst w języku polskim, angielskim i niemieckim. - Polnischer, englischer und deutscher Text.

2414. Bonek, Tomasz / Ringart, Marta: Lubiąż. Mroczne tajemnice opactwa [Leubus. Düstere Geheimnisse der Abtei]. - Wrocław 2012, ss. 182, il.

2415. Borowik, Aneta: Forma architektoniczna katowickich banków w okresie międzywojennym [The architecture of Katowice-based banks in the period between the world wars] // W: Pieniądz i banki na Śląsku [Geld und Banken in Schlesien] / red. Witold Garbaczewski, Roman Macyra. - Poznań 2012, s. 457-476, il.; Res. 476.

2416. Borowik, Aneta: Słownik architektów, inżynierów i budowniczych związanych z Katowicami w okresie międzywojennym [Das Wörterbuch der mit der Stadt Kattowitz in der Zwischenkriegszeit verbundenen Architekten, Erbauer und Ingenieure]. - Katowice 2012, ss. 215, fot.; Res. 213-215.
Prace Naukowe Uniwersytetu Śląskiego; 2968.

2417. Brzeziński, Rafał / Jędrusik, Monika: Architektura bielawskich rezydencji fabrykanckich [Langenbielauer Architektur der Residenzen von Fabrikanten] // Bibliotheca Bielaviana 2011 (2012), s. 35-50, il. 11.

2418. Budowa gmachu województwa śląskiego w Katowicach. Album ze zbiorów Biblioteki Śląskiej w Katowicach [Gebäudebau der Woiwodschaft Schlesien in Kattowitz. Album aus den Sammlungen der Schlesischen Bibliothek in Kattowitz]. - Katowice 2012, ss. [7], tabl. [44] k.
Reprint albumu z 1926. - Reprint des Albums aus dem Jahr 1926.

2419. Burak, Marek: Arsenał Wrocławski - przewodnik historyczny [Das Breslauer Arsenal - historischer Führer]. - Wyd. 2 popr. i uzup. - Wrocław 2012, ss. 96, il.
Wyd. 1 / 1. Aufl. 2003.

2420. Burak, Marek: Cmentarze parafii św. Maurycego na Przedmieściu Świdnickim [Die Mauritius-Friedhöfe] // W: Przedmieście Świdnickie we Wrocławiu [Die Schweidnitzer Vorstadt in Breslau] / red. nauk. Halina Okólska, Hanna Górska. - Wrocław 2012, s. 146-153; Res. 153.

2421. Caban, Ewa: „In honorem sancite crucis". Kościół parafialny pw. Podwyższenia Krzyża Świętego w Starej Wsi [„In honorem sancite crucis". Die Pfarrkirche Kreuzerhöhung in Altdorf] // Wiadomości Konserwatorskie Województwa Śląskiego 4, 1012, s. 7-22, fot. 19.

2422. Chorąży, Bogusław / Chorąży, Bożena: Świątynia nieznana [Unbekanntes Gotteshaus] // Kalendarz Beskidzki 47, 2013 (2012), s. 85-92, il. 7.
Dot. kościoła św. Stanisława w Starym Bielsku. - Betr. die Stanislaus-Kirche in Alt-Bielitz.

2423. Chorowska, Małgorzata: Ikonografia i datowanie „Zdjęcia z krzyża" na tympanonie romańskiego portalu z Ołbina [Iconography and Dating of the „Deposition from the Cross Relief" on the Tympanum of a Romanesque Portal from Ołbin] // W: Nie tylko trony. Księga jubileuszowa ofiarowana Profesorowi Ernestowi Niemczykowi [Nicht nur Throne. Festschrift für Professor Ernest Niemczyk] / red. Janusz L. Dobesz, Agnieszka Gryglewska, Marta M. Rudnicka-Bogusz. - Wrocław 2012, s. 115-123, il.; Res. 123.

2424. Czechowicz, Bogusław: Kaplice w dawnym Księstwie Ziębickim [Kapellen im alten Herzogtum Münsterberg]. - Wrocław 2012, ss. 155, il.

2425. Czechowicz, Bogusław: Wokół społeczno-prawnych uwarunkowań i jerozolimskich asocjacji kościoła opackiego w Henrykowie [Around the social and legal conditions and Jerusalemite associations of abbatial church in Henryków] // Hereditas Monasteriorum 1, 2012, s. 73-84, il. 7; Res. 84.

2426. Czernek, Przemysław: Modern. Das Erbe der Moderne in der Architektur von Cieszyn / Übers. Magdalena Engelmann. - Cieszyn 2012, 120 S., Abb.
Wersja angielska: / Englische Fassung: Modern. The Cieszyn modernism walk; wersja polska: / polnische Fassung: Modern. Szlakiem cieszyńskiej moderny; wersja czeska: / tschechische Fassung: Modern. Po stopách těšínské moderny, Cieszyn 2012.

2427. Czernek, Przemysław: Modern. Po stopách těšínské moderny. - Cieszyn 2012, 120 s., il.
Wersja angielska: / Englische Fassung: Modern. The Cieszyn modernism walk; wersja niemiecka: / deutsche Fassung: Modern. Das Erbe der Moderne in der Architektur von Cieszyn; wersja polska: / polnische Fassung: Modern. Szlakiem cieszyńskiej moderny, Cieszyn 2012.

2428. Czernek, Przemysław: Modern. Szlakiem cieszyńskiej moderny. - Cieszyn 2012, ss. 120, il.

Wersja angielska: / Englische Fassung: Modern. The Cieszyn modernism walk; wersja niemiecka: / deutsche Fassung: Modern. Das Erbe der Moderne in der Architektur von Cieszyn; wersja czeska: / tschechische Fassung: Modern. Po stopách těšínské moderny, Cieszyn 2012.

2429. Czernek, Przemysław: Modern. The Cieszyn modernism walk. - Cieszyn 2012, 120 S., il.
Wersja niemiecka: / Deutsche Fassung: Modern. Das Erbe der Moderne in der Architektur von Cieszyn; wersja czeska: / tschechische Fassung: Modern. Po stopách těšínské moderny; wersja polska: / polnische Fassung: Szlakiem cieszyńskiej moderny, Cieszyn 2012.

2430. Czyż, Renata: Religijny wymiar krajobrazu Wisły. Studium religioznawczo-antropologiczne [Religiöse Dimension der Weichsellandschaft. Religionswissenschaftlich-anthropologische Studie] // Rocznik Wiślański 4, 2012, s. 7-18, il. 1.

2431. Dackiewicz, Krzysztof: Architektura miejskiej części Dusznik-Zdroju [Städtische Architektur in Bad Reinerz] // Rocznik Muzeum Papiernictwa 6, 2012, s. 99-122, il. 15; Res. 121-122.

2432. David, Petr: Dějiny hradů a tvrzí v Čechách, na Moravě a ve Slezsku [Geschichte der Burgen und Festungen in Böhmen, Mähren und Schlesien]. - Praha 2012, 432 s.

2433. Derus, Małgorzata: Architektura dwóch totalitaryzmów w Bytomiu [Die Architektur zweier totalitärer Systeme in Beuthen] // W: Bytom w cieniu totalitaryzmów. Szkice z dziejów miasta 1933-1939 [Beuthen im Schatten der Totalitarismen. Skizzen aus der Stadtgeschichte 1933-1939] / red. Sebastian Rosenbaum. - Katowice 2012, s. 344-356, fot. 4.

2434. Derus, Małgorzata: Kolonie robotnicze [Arbeitersiedlungen] // Siemianowicki Rocznik Muzealny 11, 2012, s. 115-126, fot. 15.
Dot. Siemianowic Śląskich. - Betr. Siemianowitz.

2435. Dobkiewicz, Andrzej: Odbudowa wieży ratusza w Świdnicy - 2010-2012 rok [Wiederaufbau des Rathausturms in Schweidnitz - die Jahre 2010-2012] // Rocznik Świdnicki 39, 2011 (2012), s. 7-45, il. 27.

2436. Donath, Matthias: Gebautes Gottvertrauen - Zur kunstgeschichtlichen Bedeutung der Grenz- und Zufluchtskirchen = Budująca wiara - o artystycznym znaczeniu kościołów granicznych i ucieczkowych // In: Grenz- und Zufluchtskirchen Schlesiens = Śląskie kościoły graniczne i ucieczkowe / Hrsg. Lars-Arne Dannenberg, Matthias Donath, Eike Thomsen, Wojciech Wagner. - Olbersdorf 2012, S. 73-111, Abb.
Dot. m.in. Śląska. Tekst w języku niemieckim i polskim. - Betr. u.a. Schlesien. Deutscher und polnischer Text.

2437. Drewniane kościoły na spichlerzowych szlakach powiatu gliwickiego [Holzkirchen am Speicherweg im Kreis Gleiwitz] / red. i teksty Jerzy Pleszyniak ; współpr. red. Magdalena Fiszer-Rębisz. - Katowice 2012, ss. 96, il.

2438. Duda, Michał: W poszukiwaniu swego miejsca. „Domy własne” Heinricha Lauterbacha [Auf der Suche nach eigenem Platz. „Eigentumswohnungen” von Heinrich Lauterbach] // W: Heinrich Lauterbach. Architekt wrocławskiego modernizmu [Heinrich Lauterbach. Architekt der Breslauer Moderne] / red. Jerzy Ilkosz. - Wrocław 2012, s. 291-319, il.

2439. Dziewięcka, Emilia: Architektura i urbanistyka pl. Ludwika Hirszfelda we Wrocławiu w XIX i XX w. [Architektonische und städtebauliche Anlage des Ludwik-Hirszfeld-Platzes in Breslau im 19. und 20. Jh.] // W: Przedmieście Świdnickie we Wrocławiu [Die Schweidnitzer Vorstadt in Breslau] / red. nauk. Halina Okólska, Hanna Górska. - Wrocław 2012, s. 76-88; Res. 88.

2440. Eysymontt, Rafał: Duszniki i Lądek, miasta na dwóch krańcach ziemi kłodzkiej - porównanie [Bad Reinerz und Bad Landeck (poln. Lądek-Zdrój). Städte an den beiden Enden des Glatzer Kessels (poln. Kotlina Kłodzka)] // Rocznik Muzeum Papiernictwa 6, 2012, s. 81-98; Res. 96-98.

2441. Eysymontt, Rafał: Przedmieście Świdnickie - studium porównawcze [Die Schweidnitzer Vorstadt - ein Vergleichsstudium] // W: Przedmieście Świdnickie we Wrocławiu [Die Schweidnitzer Vorstadt in Breslau] / red. nauk.

Halina Okólska, Hanna Górska. - Wrocław 2012, s. 10-25, tabl.; Res. 25.

2442. Eysymontt, Rafał: Rekonstrukcja powstania i przemian misji i rezydencji jezuickiej we Wschowie (badania historyczne i architektoniczne) [Reconstruction of Establishing and Transformations of Jesuit Mission and Residence in Wschowa (Historical and Architectural Research)] // W: Silesia Jesuitica. Kultura i sztuka zakonu jezuitów na Śląsku i w hrabstwie kłodzkim 1580-1776. Materiały konferencji naukowej zorganizowanej przez Oddział Wrocławski Stowarzyszenia Historyków Sztuki (Wrocław, 6-8 X 2011) dedykowane pamięci Profesora Henryka Dziurli [Silesia Jesuitica. Kultur und Kunst des Jesuiten-Ordens in Schlesien und in der Grafschaft Glatz 1580-1776. Materialien der wissenschaftlichen Konferenz organisiert von der Abteilung der Breslauer Kunsthistoriker-Gesellschaft (Breslau, 6.-8. Oktober 2011), gewidmet dem Gedenken an Professor Henryk Dziurla] / red. Dariusz Galewski, Anna Jezierska. - Wrocław 2012, s. 135-151, il.; Res. 150-151.

2443. Fibich, Peter: Begrünte Stadtplätze in den 1930er Jahren. Zwei Beispiele aus Görlitz // Die Gartenkunst 24, 2012, H. 1, S. 103-114, Abb.

2444. Figas, Magdalena / Trocka-Leszczyńska, Elżbieta: Detal architektoniczny wiejskiej zabudowy mieszkaniowej w Parku Krajobrazowym „Chełmy" [Architectural detail of rural residential development in Landscape Park „Chełmy"] // W: Budowanie w pięknym krajobrazie. 3: Typowa architektura Karkonoszy i Gór Izerskich [Bauen in einer schönen Landschaft. 3: Typische Architektur im Riesengebirge und Iser-Gebirge] / red. Elżbieta Trocka-Leszczyńska, Jacek Godlewski. - Wrocław 2012, s. 103-114, il.; Res. 114.

2445. Frank, Lorenz / Kappel, Kai: Von der Wirkkraft siedlungspolitischer Visionen. Die Gartenstadt Wrocław-Sępolno/Breslau-Zimpel // In: Neue Tradition. Bd. 3: Europäische Architektur im Zeichen von Traditionalismus und Regionalismus / Hrsg. Kai Krauskopf, Hans-Georg Lippert, Kerstin Zaschke. - Dresden 2012, S. 15-35, 15 Abb.

2446. Garbacz, Krzysztof: Przewodnik po zabytkach województwa lubuskiego. T.2: Powiaty: żarski, żagański, nowosolski, wschowski [Sehenswertes in der Wojewodschaft Lubuskie. Reiseführer. Bd. 2: Die Kreise Sorau, Sagan, Neusalz und Fraustadt]. - Zielona Góra 2012, ss. 367, 128 s. tabl., il.

2447. Godlewski, Jacek: Zasady kształtowania regionalnej zabudowy Karkonoszy i Gór Izerskich a krajobraz kulturowy [The principles of regional development of the Karkonosze and the Izerskie mountains compared to the cultural landscape] // W: Budowanie w pięknym krajobrazie. 3: Typowa architektura Karkonoszy i Gór Izerskich [Bauen in einer schönen Landschaft. 3: Typische Architektur im Riesengebirge und Iser-Gebirge] / red. Elżbieta Trocka-Leszczyńska, Jacek Godlewski. - Wrocław 2012, s. 33-53, il.; Res. 53.

2448. Godlewski, Paweł: Zamek w Prószkowie. Historia założenia i rewaloryzacji [Das Schloß in Proskau. Gründungs- und Sanierungsgeschichte] // Opolski Informator Konserwatorski 2012, s. 71-80, ryc. 12.

2449. Górecki, Jan: 110-lecie kościoła pw. św. Pawła w Nowym Bytomiu [110 Jahre St. Paulus -Kirche in Friedenshütte] // Z Tej Ziemi. Śląski kalendarz katolicki na rok 2013 (2012), s. 155-162, fot. 7.

2450. Górska, Hanna: Kościół Zbawiciela (Salwatora) na Przedmieściu Świdnickim w dawnej ikonografii [Die Salvatorkirche am Czysty-Platz in alten Bildern] // W: Przedmieście Świdnickie we Wrocławiu [Die Schweidnitzer Vorstadt in Breslau] / red. nauk. Halina Okólska, Hanna Górska. - Wrocław 2012, s. 130-135, il.; Res. 134-135.

2451. Gromadzka, Jolanta: Dworzec Główny w Wrocławiu [Der Hauptbahnhof in Breslau] // W: Przedmieście Świdnickie we Wrocławiu [Die Schweidnitzer Vorstadt in Breslau] / red. nauk. Halina Okólska, Hanna Górska. - Wrocław 2012, s. 68-75; Res. 75.

2452. Gronostaj, Eugeniusz: Parnas na Siodle. Helikon - siedziba muz [Der Parnass im Sattler. Der Helikon - Sitz der Musen] // Rocznik Jeleniogórski 44, 2012, s. 261-270, il. 5; Res. 270.
Dot. zagospodarowania i zabudowy góry Siodło w Jeleniej Górze. - Betr. Nutzbarmachung und Bebauung des Berges Sattler in Hirschberg.

2453. Grzegorczyk, Bożena: Wilhelmstadt we Wrocławiu - spółki budowlane [Breslauer Baugesellschaften - Wilhelmsstadt] // W: Przedmieście Świdnickie we Wrocławiu [Die Schweidnitzer Vorstadt in Breslau] / red. nauk. Halina Okólska, Hanna Górska. - Wrocław 2012, s. 51-59; Res. 59.

2454. Halfar, Wolfgang: Der „Leimes". Und andere Kornspeicher im Holzbau Schlesiens. - Dülmen 2012, 95 S., zahlr. Abb.

2455. Hałajko, Edward: Zapomnianie nyskie cmentarze historyczne. Problematyka stanu zachowania oraz zagospodarowania spuścizny kulturowej w aspekcie historycznym i społecznym [Vergessene historische Neisser Friedhöfe] // Nyskie Szkice Muzealne 5, 2012, s. 122-139.

2456. Heider, Jaroslav / Tkáč, Vladimír: Hrady, zámky a tvrze. Putování po známé i neznámé historii. Díl I. Morava - sever [Burgen, Schlösser und Festungen. Ein Streifzug durch die bekannte und die unbekannte Geschichte. Teil 1. Mähren - Nord]. - Opava 2012, 180 s.

2457. Holeczko-Kiehl, Andrzej: Radio - w stronę awangardy. O budynku Polskiego Radia w Katowicach [Rundfunk - auf der Seite der Avantgarde. Über das Gebäude des Polnischen Rundfunks in Kattowitz] // W: Radiofonia na Górnym Śląsku w okresie międzywojennym [Rundfunk in Oberschlesien in der Zwischenkriegszeit] / scenariusz i kurator wystawy Jarosław Racięski ; współpr. Michał Witkowski ; red. Leszek Jodliński. - Katowice 2012, s. 51-58, il. 5.

2458. Hołownia, Ryszard: Założony na skale. Szwedzki wzór ewangelickiego kościoła Łaski w Jeleniej Górze [Established on the rock. Swedish pattern of Evangelical Church of Grace in Jelenia Góra] // Quart. Kwartalnik Instytutu Historii Sztuki Uniwersytetu Wrocławskiego 2012, nr 2 (24), s. 45-78, il. 20; Res. 78.

2459. Hubáček, Adam: K architektuře hlučínského gymnázia [On the architecture of Hlučín grammar school] // Časopis Slezského zemského muzea. Série B - vědy historické 61, 2012, č. 3, s. 241-252; Res. 252.

2460. Iseler, Maritta: Bürgerliche Auftraggeber im Mitteleuropa der Frühen Neuzeit - die Görlitzer Architektur des 16. Jahrhunderts zwischen Tradition und Innovation [Mieszczańscy zleceniodawcy we wczesnej nowożytności w Europie środkowej - architektura Zgorzelca w 16. wieku między tradycją a innowacją] // W: Kultura miast środkowo- i wschodnio-europejskich w późnym średniowieczu i renesansie oraz jej odrodzenie w XIX wieku. In memoriam Andrzej Tomaszewski (1934-2010) [Stadtkultur des späten Mittelalters und der frühen Neuzeit in Ostmitteleuropa und ihre Renaissance im 19. Jahrhundert] / red. Marco Bogade. - Warszawa 2012, S. 97-122, 4 Taf.; pl. res. 121.

2461. Jagiełło, Marzanna: Ogrody średniowieczne na Śląsku [Medieval Gardens of Silesia] // W: Nie tylko trony. Księga jubileuszowa ofiarowana Profesorowi Ernestowi Niemczykowi [Nicht nur Throne. Festschrift für Professor Ernest Niemczyk] / red. Janusz L. Dobesz, Agnieszka Gryglewska, Marta M. Rudnicka -Bogusz. - Wrocław 2012, s. 163-175, il.; Res. 175.

2462. Jagiełło, Marzanna / Brzezowski, Wojciech: Ogrody Przedmieścia Świdnickiego [Gärten in der Schweidnitzer Vorstadt im 17.-19. Jh.] // W: Przedmieście Świdnickie we Wrocławiu [Die Schweidnitzer Vorstadt in Breslau] / red. nauk. Halina Okólska, Hanna Górska. - Wrocław 2012, s. 33-40; Res. 40.

2463. Janoszek, Ewa: Między formą artystyczną a funkcją. Architektura budynków szkolnych na Śląsku Cieszyńskim do 1939 roku [Zwischen der Form der Kunst und ihrer Funktion. Architektur von Schulgebäuden im Teschener Schlesien bis 1939] // W: Język - szkoła - przestrzeń jako determinanty rozwoju kultury Śląska Cieszyńskiego [Sprache - Schule - Raum als Determinanten der Entwicklung der Kultur des Teschener Schlesiens] / red. Marzena Bogus. - Czeski Cieszyn 2012, s. 101-117.

2464. Junker, Ullrich: Restaurierung des Modells der Gnadenkirche in Hirschberg // In: Auf historischer Spurensuche im Bobertal 2011/2012. Aktuelle Forschungsergebnisse von und für Regionalforscher, Ortschronisten, Genealogen und Historiker im niederschlesischen Riesengebirge / Hrsg. Ulrich Schmilewski, Jürgen Schwanitz. - Würzburg 2012, S. 58-61, Abb.

2465. Kaiser, Stephan: Vielfältige Schlösserwelt - zu Besuch in Pleß. Schlesiens Schlösserwelt ist in ihrer Struktur einzigartig gewesen. Einblicke ins Innere // Schlesischer Kulturspiegel 47, 2012, H. 3, S. 53-56, Abb.

2466. Kajdanek, Katarzyna: Mit i pamięć. Refleksje wokół procesów rewitalizacji we Wrocławiu [Myth and memory. Reflections on revitalization process in Wrocław] // W: Deklinacja odnowy miast. Z dyskusji nad rewitalizacją w Polsce [Deklination der Stadterneuerung. Zur Diskussion über Revitalisierung in Polen] / red. Krzysztof Derejski [et al.]. - Poznań 2012, s. 129-138; Res. 138.

2467. Kalla-Szulc, Regina: Cmentarz żydowski w Gogolinie. Pamięć zaklęta w kamiennych nagrobkach [Jüdischer Friedhof in Gogolin. In den Grabsteinen verewigte Erinnerung]. - Krapkowice 2012, fot. 54; Res. 120-121.

2468. Kamińska, Kamila: Życie po życiu kamienic. Rzecz o rewitalizacji Nadodrza [Das zweite Leben der Mietshäuser. Geschichte über die Revitalisierung von Wrocław-Nadodrze]. - Kraków 2012, ss. 89, il.

2469. Kapałczyński, Wojciech: Karczma sądowa w Karpaczu oraz w Bukowcu przykładem zabudowy administracyjno-usługowej o charakterze wiejskim [Orchard inn in Karpacz and Bukowiec as an example of administrative and service building of rural character] // W: Budowanie w pięknym krajobrazie. 3: Typowa architektura Karkonoszy i Gór Izerskich [Bauen in einer schönen Landschaft. 3: Typische Architektur im Riesengebirge und Iser-Gebirge] / red. Elżbieta Trocka-Leszczyńska, Jacek Godlewski. - Wrocław 2012, s. 83-91, il.; Res. 91.

2470. Kapałczyński, Wojciech: Stan zachowania zabytkowych dworów i pałaców na obszarze działalności Wojewódzkiego Urzędu Ochrony Zabytków we Wrocławiu, delegatury w Jeleniej Górze [Erhaltungszustand der historischen Höfe und Schlösser im Tätigkeitsgebiet des Landesamtes für Denkmalpflege in Breslau, Niederlassung Hirschberg] // Dolny Śląsk 17, 2012, s. 52-55, tab. 1.

2471. Kastek, Tomasz A.: Brama Świdnicka II w zewnętrznym pasie średniowiecznych umocnień Wrocławia [Gate Świdnicka II in the Outer Ring of Fortification in Wrocław] // W: Nie tylko trony. Księga jubileuszowa ofiarowana Profesorowi Ernestowi Niemczykowi [Nicht nur Throne. Festschrift für Professor Ernest Niemczyk] / red. Janusz L. Dobesz, Agnieszka Gryglewska, Marta M. Rudnicka-Bogusz. - Wrocław 2012, s. 177-193, il.; Res. 192-193.

2472. Kirschke, Krystyna / Kirschke, Paweł: Rewitalizacja Browaru Piastowskiego we Wrocławiu [Revitalization of „Piast" Brewery in Wrocław] // W: Nie tylko trony. Księga jubileuszowa ofiarowana Profesorowi Ernestowi Niemczykowi [Nicht nur Throne. Festschrift für Professor Ernest Niemczyk] / red. Janusz L. Dobesz, Agnieszka Gryglewska, Marta M. Rudnicka-Bogusz. - Wrocław 2012, s. 313-330, il.; Res. 327.

2473. Kirschke, Krystyna / Kirschke, Paweł: Warenhaus Wertheim 1930 - Dom Handlowy Renoma 2009 [Warenhaus Wertheim 1930 - Handelshaus Renoma 2009] // W: O historii Wrocławia i Śląska inaczej. 1 [Anders über die Geschichte Breslaus und Schlesiens. 1] / red. Marek Derwich. - Wrocław 2012, s. 107-127, il.

2474. Kirschke, Paweł: Rewitalizacja historycznego centrum Wrocławia [Revitalization of Wrocław historic center] // W: Deklinacja odnowy miast. Z dyskusji nad rewitalizacją w Polsce [Deklination der Stadterneuerung. Zur Diskussion über Revitalisierung in Polen] / red. Krzysztof Derejski [et al.]. - Poznań 2012, s. 153-167, il.; Res. 167.

2475. Klajmon, Barbara: Kościół pw. Świętej Trójcy w Wodzisławiu Śląskim. Zabytek jako źródło historyczne i przedmiot kreacji - dylematy konserwatorskie i badawcze [Die Kirche der Heiligen Dreifaltigkeit in Loslau. Das Denkmal als historische Quelle und Schöpfungsobjekt - konservatorische und Forschungsdilemmas] // Wiadomości Konserwatorskie Województwa Śląskiego 4, 1012, s. 55-68, fot. 3.

2476. Klawitter, Willy: Park Johanna Nepomuka Karla Praschmy w Lipnie [Der Johann Nepomuk Karl von Praschma-Park in Lippen] // W: Ogród Jana Nepomuka - powrót do źródła / red. Maria Szwed. - Niemodlin 2012, s. 4-11, mapy, ryc.

2477. Klimczyk, Barbara: Domek Loretański w Głogówku fundacji Jerzego Oppersdorffa na tle podobnych budowli sakralnych w Europie [The House of Loreto founded by George Oppersdorff against a background of similar sacred buildings in Europe] // W: Rzeczpospolita domów. [T.] 3. Domy Boże / red. Krystyna Krawiec-Złotkowska. - Słupsk 2012, s. 594-601; Res. 600-601.

2478. Klimeš, Pavel / Mejzrová, Jana / Louda, Jiři: Typowa architektura Karkonoszy i Gór Izerskich [The principles of regional development of the Karkonosze and the Izerskie mountains] // W: Budowanie w pięknym krajobrazie. 3: Typowa architektura Karkonoszy i Gór Izerskich [Bauen in einer schönen Landschaft. 3: Typische Architektur im Riesengebirge und Iser-Gebirge] / red. Elżbieta Trocka-Leszczyńska, Jacek Godlewski. - Wrocław 2012, s. 55-66, il.; Res. 67.

2479. Kłębkowski, Witold: Pierwsze drapacze śląskie [Erste schlesische Wolkenkratzer] // W: Katowicka moderna 1927-1939 = Katowice modernist architecture 1927-1939 / pomysł i realizacja Zofia Oslislo. - Katowice 2012, s. 57-65, il. 11. *Wcześniej w: / Zuvor in: Architektura i Budownictwo 1932, 6, (169-197).*

2480. Kmiecik, Piotr: Obiekty przemysłowe Dzierżoniowa [Industrieobjekte von Reichenbach] // Rocznik Dzierżoniowski 21, 2011 (2012), s. 5-15, il. 11.

2481. Kolářová, Eva / Šťovíčková, Dagmar: Komplexní památková obnova reprezentativních interiérů Bílého zámku v Hradci nad Moravicí [Die komplexe Denkmalrenovierung des repräsentativen Interieurs des Weißen Schlosses in Grätz/Troppau] // Zprávy památkové péče 72, 2012, č. 1, s. 29-34; Res. 79.

2482. Konczewska, Magdalena / Konczewski, Paweł: Badania archeologiczno-architektoniczne w sąsiedztwie synagogi Pod Białym Bocianem we Wrocławiu [An Archaeological-Architectural Study at the White Stork Synagogue in Wrocław] // Śląskie Sprawozdania Archeologiczne 54, 2012, s. 325-338, il. 6; Res. 336-338.

2483. Konieczny, Aleksander: Badanie dendrochronologiczne zabytków architektury drewnianej w województwie śląskim [Dendrochronologische Untersuchungen der Holzarchitekturdenkmäler in der Woiwodschaft Schlesien] // Wiadomości Konserwatorskie Województwa Śląskiego 4, 1012, s. 189-220, fot. 40.

2484. Kononowicz, Wanda: Aspekty komfortu i luksusu w osiedlach mieszkaniowych lat 20. XX wieku na przykładzie Wrocławia i Łodzi [The Comfort and the Luxury in Housing Estates of Wrocław and Łódź in the 1920s] // W: Nie tylko trony. Księga jubileuszowa ofiarowana Profesorowi Ernestowi Niemczykowi [Nicht nur Throne. Festschrift für Professor Ernest Niemczyk] / red. Janusz L. Dobesz, Agnieszka Gryglewska, Marta M. Rudnicka-Bogusz. - Wrocław 2012, s. 259-270, il.; Res. 270.

2485. Kononowicz, Wanda: Przedmieście Południowe (Süd-Vorstadt) - kształtowanie się wielkomiejskiej dzielnicy Wrocławia [Die Südvorstadt - Gestaltung des großstädtischen Stadtviertels Breslaus] // W: Przedmieście Świdnickie we Wrocławiu [Die Schweidnitzer Vorstadt in Breslau] / red. nauk. Halina Okólska, Hanna Górska. - Wrocław 2012, s. 42-50, il., fot.; Res. 50.

2486. Kontny, Irena: Kościół w Łaziskach - odkryta na nowo gotycka świątynia [Kirche in Lasisk - neu entdeckter gotischer Tempel] // Wiadomości Konserwatorskie Województwa Śląskiego 4, 1012, s. 27-50, fot. 13.

2487. Korzeń, Krzysztof: Rewitalizacja założenia pałacowo-parkowego w Bukowcu [Revitalization of park and palace establishment in Bukowiec] // W: Budowanie w pięknym krajobrazie. 3: Typowa architektura Karkonoszy i Gór Izerskich [Bauen in einer schönen Landschaft. 3: Typische Architektur im Riesengebirge und Iser-Gebirge] / red. Elżbieta Trocka-Leszczyńska, Jacek Godlewski. - Wrocław 2012, s. 95-101, il.; Res. 101.

2488. Kosbab, Silke / Moschke, Anja / Natuschke, Almut: LandStändeHäuser in Bautzen. Zur Geschichte des Bautzener und des Görlitzer Landhauses auf der Schloßstraße. - Bautzen 2011, 143 S.
Schriftenreihe des Archivverbundes; 1.
Rec.: Donath, Matthias // Neues Lausitzisches Magazin. Neue Folge 15 (134), 2012, S. 168-169.

2489. Kostel sv. Benedikta v Krnově-Kostelci [Die Sankt-Benedikt-Kirche in Jägerndorf-Weißkirch] / ed. Dalibor Prix. - Ostrava 2009, ss. 335.
Rec.: Čapský, Martin // Śląski Kwartalnik Historyczny Sobótka 67, 2012, nr 4, s. 189-191.

2490. Kościoły Archidiecezji Wrocławskiej - nasze dziedzictwo. T. 3 = Kirchen der Erzdiözese Breslau - unser Erbe. Bd. 3 / tekst Alicja Lubowicka, Paulina Matysiak. - Bydgoszcz [2012], ss. 159 il.
Tekst w języku polskim i niemieckim. - Polnischer und deutscher Text.

2491. Kościoły ewangelickie na Dolnym Śląsku = Evangelische Kirchen in Niederschlesien / tekst Piotr Oszczanowski ; fot. Romuald M. Sołdek. - Wrocław 2012, ss. 207, il.
Tekst w języku polskim i niemieckim. - Polnischer und deutscher Text.

2492. Kowalska, Marta: Wrocław - wybrane problemy rewitalizacji Dzielnicy Czterech Świątyń [Wrocław - selected problems of revitalization of the Four Temples Quarter] // W: Deklinacja odnowy miast. Z dyskusji nad rewitalizacją w Polsce [Deklination der Stadterneuerung. Zur Diskussion über Revitalisierung in Polen] / red. Krzysztof Derejski [et al.]. - Poznań 2012, s. 139-151, il.; Res. 152.

2493. Kozák, Petr / Prix, Dalibor / Zezula, Michal [a kol.]: Kostel sv. Martina v Bohušově [Die Martinskirche in Füllstein]. - Ostrava 2011, 525 s., il., mapy, plány.
Rec.: Benešovská, Klára // Slezský sborník 110, 2012, č. 1-2, s. 117-123; Čapský, Martin // Acta historica Universitatis Silesianae Opaviensis 5, 2012, s. 247-248; Čapský, Martin // Śląski Kwartalnik Historyczny Sobótka 67, 2012, nr 4, s. 189-191; Čechura, Martin // Studia mediaevalia Bohemica 4, 2012, č. 1, s. 163-164; Fidlerová, Libuše // Sborník bruntálského muzea 2012, s. 86.

2494. Kozina, Irma: Katowicka Moderna - funkcjonalistyczny epizod dwudziestolecia międzywojennego w województwie śląskim [Katowice's modernist architecture a functionalist episod during the interwar period] // W: Katowicka moderna 1927-1939 Katowice modernist architecture 1927-1939] / pomysł i realizacja Zofia Oslislo. - Katowice 2012, s. 11-45, il.; Res. 37-45.

2495. Kozina, Irma: Der Wiederaufbau von Ratibor und Gleiwitz nach dem Zweiten Weltkrieg - die Suche nach einem spezifischen Nationalstil? // Biuletyn Polskiej Misji Historycznej 7, 2012, s. 93-113, il. 11; Res. 101-102.

2496. Krawczyk, Mariusz: Relikty murów odsłonięte przy tak zwanym „Lisim Ganku" stanowiącym łącznik klasztoru i zamku w Głogówku [Freigelegte Mauerrelikte bei der sog. „Fuchsgalerie", die als Verbindung zwischen Kloster und Schloss in Oberglogau diente] // Opolski Informator Konserwatorski 2012, s. 171-174, ryc. 8.

2497. Kufel, Robert Romuald: Cmentarze wyznaniowe do 1945 roku w granicach województwa lubuskiego. T. 1: Powiat zielonogórski, gminy Babimost i Bojadła [Konfessionelle Friedhöfe bis 1945 in den Grenzen der Wojewodschaft Lubuskie. Bd. 1, Kreis Zielona Góra, Gemeinden: Babimost und Bojadła]. - Zielona Góra 2012, ss. 132, il.
Tekst częściowo w języku niemieckim. - Teilweise deutschsprachiger Text.

2498. Kufel, Robert Romuald / Garbacz, Krzysztof: Kościoły dekanatów zielonogórskich [Kirchen der Grünberger Dekanate]. - Zielona Góra 2012, ss. 55, il., tabl. 56 s.

2499. Kurek, Krzysztof: Kształtowanie zabudowy uzdrowiskowej na przykładzie Świeradowa Zdroju [Formation of spa building on the example of Świeradów Zdrój] // W: Budowanie w pięknym krajobrazie. 3: Typowa architektura Karkonoszy i Gór Izerskich [Bauen in einer schönen Landschaft. 3: Typische Architektur im Riesengebirge und Iser-Gebirge] / red. Elżbieta Trocka-Leszczyńska, Jacek Godlewski. - Wrocław 2012, s. 69-81, il.; Res. 81.

2500. Kuzio-Podrucki, Arkadiusz: Rezydencje śląskiej szlachty [Residenzen des schlesischen Adels]. - Tarnowskie Góry 2012, ss. [46], il.

2501. Kwaśniewski, Artur: Nie-barokowa rezydencja w okresie baroku - abnegacja czy demonstracja? Casus podkarkonoskich siedzib rodu Schaffgotschów w XVII-XVIII wieku [Eine nicht-barocke Residenz in der Zeit des Barock - Verwahrlosung oder Demonstration? Beispiel: Riesengebirgssitze der Familie Schaffgotsch im 17.-18. Jahrhundert] // W: Wokół Karkonoszy i Gór Izerskich. Sztuka baroku na śląsko-czesko-łużyckim pograniczu [Rund um das Riesengebirge und das Isergebirge. Die Kunst des Barocks im schlesisch-tschechisch-lausitzischen Grenzgebiet] / red. Andrzej Kozieł. - Jelenia Góra 2012, s. 23-38, il.; Res. 38.

2502. Lamparska, Joanna: Magia dolnośląskich zamków. Rezydencje i ich losy. Cz. 2 [Die Magie niederschlesischer Schlösser. Residenzen und ihre Schicksale. Teil 2]. - Wrocław 2012, ss. 102, il.

2503. Lasota, Czesław / Małachowicz, Maciej: Wyniki badań architektonicznych „Wieży Piastowskiej" w Opolu na Ostrówku [Ergebnisse der architektonischen Untersuchungen des „Piastenturms" in Oppeln auf der Oderinsel] // Opolski Informator Konserwatorski 2012, s. 103-120, fot. 19., ryc. 8, rys. 9.

2504. Legendziewicz, Andrzej: Badania architektury Opola. Dawne kolegium jeziuckie (obecnie Muzeum Śląska Opolskiego) [Forschungen zur Oppelner Architektur. Altes Jesuitenkolleg (heute Museum des Oppelner Schlesiens)] // Opolski Informator Konserwatorski 2012, s. 121-138, ryc. 17.

2505. Leksykon architektury Wrocławia [Lexikon der Architektur Breslaus] / red. nauk. Rafał Eysymontt, Jerzy Ilkosz, Agnieszka Tomaszewicz, Jadwiga Urbanik ; wybór haseł Wojciech Brzezowski [et al.] ; aut. tekstów Barbara Banaś [et al.]. - Wrocław 2011, ss. 1103, il., mapa.
Katalog obiektów (189-949); Noty biograficzne architektów, budowniczych i artystów (951-1039). - Katalog der Objekte (189-949), biographische Anmerkungen zu Architekten, Baumeistern und Künstlern (951-1039).
Rec.: Ratajczak, Mirosław: Wszystkie budowle Wrocławia // Odra 52, 2012, nr 3 (599), s. 114-115, il. 1.

2506. Łuczyński, Romuald Mariusz: Rezydencje i majątki szlacheckie w powiecie legnickim po 1945 roku [Residenzen und Adelsgüter im Kreis Liegnitz nach 1945]. - Wrocław 2012, ss. 249, il.

2507. Łuczyński, Romuald Mariusz: Szlacheckie i arystokratyczne rezydencje w Sudetach czeskich - Sudety Zachodnie i Środkowe [Adelige und aristokratische Residenzen in den böhmischen Sudeten - West- und Mittelsudeten]. - Wrocław 2012, ss. 224, il.

2508. Macalik, Joanna: „Tak oto stoję". Dawny kościół imienia Marcina Lutra we Wrocławiu [„So stehe ich hier also". Alte Martin-Luther-Kirche in Breslau]. - Wrocław 2011, ss. 128, il., tabl. 14 s.
Biblioteka Dawnego Wrocławia; 9.
Rec.: Gruk, Wojciech // Quart. Kwartalnik Instytutu Historii Sztuki Uniwersytetu Wrocławskiego 2012, nr 3 (25), s. 92-95, il. 1; Kaluch-Tabisz, Marta // Śląski Kwartalnik Historyczny Sobótka 67, 2012, nr 2, s. 141-143.

2509. Majdzik, Karolina / Małecka, Monika / Pasalski, Jędrzej: Studium rekonstrukcji kościoła Salwatora na Przedmieściu Świdnickim we Wrocławiu [Studium zur Wiederherstellung der Salvatorkirche in der Schweidnitzer Vorstadt in Breslau] // W: Przedmieście Świdnickie we Wrocławiu [Die Schweidnitzer Vorstadt in Breslau] / red. nauk. Halina Okólska, Hanna Górska. - Wrocław 2012, s. 136-145; Res. 145.

2510. Majewski, Jan / Jakubowicz, Brygida / Zięba, Dariusz: Kościoły powiatu brzeskiego [Kirchen des Landkreises Brieg] [Churches of Brzeg district]. - Kwidzyn 2012, ss. 108, il.
Tekst w języku polskim, angielskim i niemieckim. - Polnischer, englischer und deutscher Text.

2511. Makowski, Mariusz: Šlechtická sídla na Těšínském Slezsku = Szlacheckie siedziby na Śląsku Cieszyńskim [Adelssitze im Teschener Schlesien] / český překlad Irena Cichá. - Český Těšín; Cieszyn 2005, ss. 350, il., mapy.
Tekst w języku czeskim i polskim. - Tschechischer und polnischer Text.
Rec.: Musil, František // Vlastivědný věstník moravský 64, 2012, č. 4, s. 371-373.

2512. Mała architektura sakralna w parafii Radków [Die sakrale Kleinarchitektur in der Kirchengemeinde Wünschelburg] / red. Aleksander Mielniczuk. - Wałbrzych 2012, ss. 60, il.

2513. Małachowicz, Edmund: Katedra wrocławska. Dzieje i architektura [Breslauer Kathedrale. Geschichte und Architektur]. - Wyd. 3. - Wrocław 2012, ss. 329, il., pl.
Wyd. 1, 2000 / 1. Aufl. 2000.

2514. Małkus, Marta: Kościół imienia Żłobka Chrystusa (Kripplein Christi) we Wschowie. Miejsce i znaczenie ołtarza, ambony i chrzcielnicy [The Kripplein Christi (Christ's Cradle) Church in Wschowa. The location and meaning of the altar, pulpit and baptismal font] // W: Rzeczpospolita domów. [T.] 3. Domy Boże / red. Krystyna Krawiec-Złotkowska. - Słupsk 2012, s. 523-537; Res. 537.

2515. Mašitová, Petra: Zámek v Polance nad Odrou v době Heleny Salomeny Müllerové z Reichenberka [Polanka nad Odrou Chateau in the lifetime of Helena Salomena Müller of Reichenberg] // Časopis Národního muzea - řada historická 181, 2012, č. 3-4, s. 52-63; Res. 52.

2516. Matuła, Katarzyna / Woch, Magdalena: Książańskie fascynacje, cztery odsłony zamku. Dziedzictwo Rodu Hochbergów [Książ - Faszinationen, vier Abbilder des Schlosses. Erbe der Familie von Hochberg] / fot. Kazimierz Masiuk. - Wałbrzych 2012, ss. 48, il.

2517. Michálek, Jiří / Světlík, Jan: Vítkovice - pohled z druhé strany [Witkowitz - ein Blick von der anderen Seite] // Zprávy památkové péče 72, 2012, č. 1, s. 39-43; Res. 79.

2518. Michejda, Tadeusz: O zdobyczach architektury nowoczesnej [On achievements in modern architecture] // W: Katowicka moderna 1927-1939 [Katowice modernist architecture 1927-1939] / pomysł i realizacja Zofia Oslislo. - Katowice 2012, s. 47-55, fot. 8; Res. 53-55.
Dot. architektury w Katowicach w okresie międzywojennym. - Betr. Architektur im Kattowitz der Zwischenkriegszeit. Wcześniej w: / Zuvor in: Architektura i Budownictwo 1932, 5, (137-153).

2519. Migniewicz, Łukasz: Tam, gdzie król piechotą chodzi. Wrocławskie szalety na przełomie XIX i XX w. [Dort, wohin der König zu Fuß geht. Breslauer Bedürfnisanstalten an der Wende zum 20. Jahrhundert] // W: O historii Wrocławia i Śląska inaczej. 1 [Anders über die Geschichte Breslaus und Schlesiens. 1] / red. Marek Derwich. - Wrocław 2012, s. 45-61, il.

2520. Miketová, Hana / Müller, Karel: Opavský zámek [Das Troppauer Schloss]. - Opava 2012, 110 s.

2521. Modernizm w województwie śląskim [Die Moderne in der Woiwodschaft Schlesien] / scenariusz wystawy i tekst katalogu Jacek Dębski. - Tychy 2012, ss. 61, fot.

2522. Mruczek, Roland: Wczesne zamki śląskie [Early Silesian Castles] // W: Nie tylko trony. Księga jubileuszowa ofiarowana Profesorowi Ernestowi Niemczykowi [Nicht nur Throne. Festschrift für Professor Ernest Niemczyk] / red. Janusz L. Dobesz, Agnieszka Gryglewska, Marta M. Rudnicka-Bogusz. - Wrocław 2012, s. 125-150, il.; Res. 149-150.

2523. Muszyński, Filip Maria: Kościół św. Henryka we Wrocławiu. Dawna architektura, nowa liturgia [St. Heinrichskirche in Breslau. Alte Architektur, neue Liturgie] // W: Przedmieście Świdnickie we Wrocławiu [Die Schweidnitzer Vorstadt in Breslau] / red. nauk. Halina Okólska, Hanna Górska. - Wrocław 2012, s. 154-158; Res. 158.

2524. Nowotny, Sobiesław / Odachowska, Anita: Wieża ratuszowa. Historia i teraźniejszość [Der Rathausturm. Geschichte und Gegenwart]. - Wałbrzych 2012, ss. 56, il.
Dot. Świdnicy. - Betr. Schweidnitz.

2525. Ojrzyńska, Hanna: Przemijanie krajobrazu sudeckiej wsi - na przykładzie Gór Bialskich [Vergänglichkeit der Landschaft eines Dorfes in den Sudeten - am Beispiel des Bielengebirges] // W: Mijające krajobrazy Polski - Dolny Śląsk. Krajobraz dolnośląski kalejdoskopem jest... [Vergangene Landschaften Polens - Niederschlesien. Die niederschlesische Landschaft ist wie ein Kaleidoskop ...] / red. nauk. Krzysztof R. Mazurski. - Kraków 2012, s. 107-124, il.

2526. Okólska, Halina: Nekropolie Dzierżoniowa do 1945 r. [Reichenbacher Nekropolen bis zum Jahr 1945] // Rocznik Dzierżoniowski 21, 2011 (2012), s. 16-33, il. 21.

2527. Oszczanowski, Piotr: Kościół Trójcy Świętej w Żórawinie. Przewodnik [Die Dreifaltigkeitskirche in Rothsürben. Führer]. - Wrocław 2012, ss. 79, il.

2528. Pańczyk, Ewa: Średniowieczne mury obronne miasta Żory [Mittelalterliche Wehrmauern der Stadt Sohrau] // Wiadomości Konserwatorskie Województwa Śląskiego 4, 1012, s. 107-124, fot. 13.

2529. Chorowska, Małgorzata / Konczewski, Paweł / Lasota, Czesław / Piekalski, Jerzy: Parcela Rynek 6 - ul. Kiełbaśnicza 5 we Wrocławiu. Rozwój zabudowy i infrastruktury elitarnej działki mieszczańskiej w XIII-XIV wieku [No. 6 Rynek - No. 5 Kiełbaśnicza St. in Wrocław. An Elite Town Plot Turing the 13th-14th Century: Evolution of Its Built Environment and Infrastructure] // Śląskie Sprawozdania Archeologiczne 54, 2012, s. 49-77, il. 14; Res. 75.

2530. Pieczka, Michał A.: Założenie pałacowo -ogrodowe w Radomierzycach jako przykład późnobarokowej architektury nawodnej z pogranicza śląsko-łużyckiego [Die Schloss- und Parkanlage in Radmeritz als Beispiel für die Architektur am Wasser im schlesisch-lausitzischen Grenzgebiet] // W: Wokół Karkonoszy i Gór Izerskich. Sztuka baroku na śląsko-czesko-łużyckim pograniczu [Rund um das Riesengebirge und das Isergebirge. Die Kunst des Barocks im schlesisch-tschechisch-lausitzischen Grenzgebiet] / red. Andrzej Kozieł. - Jelenia Góra 2012, s. 63-73, il.; Res. 72-73.

2531. Pieczka, Michał: Architektura pojezuickiego kościoła św. św. Piotra i Pawła w Twardocicach [Architecture of Post-Jesuit Church of Sts. Peter and Paul in Twardocice] // W: Silesia Jesuitica. Kultura i sztuka zakonu jezuitów na Śląsku i w hrabstwie kłodzkim 1580-1776. Materiały konferencji naukowej zorganizowanej przez Oddział Wrocławski Stowarzyszenia Historyków Sztuki (Wrocław, 6-8 X 2011) dedykowane pamięci Profesora Henryka Dziurli [Silesia Jesuitica. Kultur und Kunst des Jesuiten-Ordens in Schlesien und in der Grafschaft Glatz 1580-1776. Materialien der wissenschaftlichen Konferenz organisiert von der Abteilung der Breslauer Kunsthistoriker-Gesellschaft (Breslau, 6.-8. Oktober 2011), gewidmet dem Gedenken an Professor Henryk Dziurla] / red. Dariusz Galewski, Anna Jezierska. - Wrocław 2012, s. 125-133, il.; Res. 133.

2532. Pikulska, Daria Dorota: Dworzec Górnośląski we Wrocławiu [Oberschlesischer Bahnhof in Breslau] // W: Przedmieście Świdnickie we Wrocławiu [Die Schweidnitzer Vorstadt in Breslau] / red. nauk. Halina Okólska, Hanna Górska. - Wrocław 2012, s. 60-67; Res. 67.

2533. Pikulska, Daria Dorota: Dzieje odbudowy kościoła Zbawiciela [Die Salvatorkirche - Geschichte des Wiederaufbaus] // W: Przedmieście Świdnickie we Wrocławiu [Die Schweidnitzer Vorstadt in Breslau] / red. nauk. Halina Okólska, Hanna Górska. - Wrocław 2012, s. 120-129; Res. 129.

2534. Pilch, Józef / Kowalski, Stanisław: Leksykon zabytków architektury Pomorza Zachodniego i ziemi lubuskiej [Lexikon der Architekturdenkmäler in Pommern und im Lebuser Land]. - Warszawa 2012, ss. 387, il.

2535. Pindur, David: Kostel Božího Těla v Gutech [Die Fronleichnamskirche in Gutty]. - Střítež Guty 2012, 35 s., il.

2536. Płachta, Olaf / Szmytkie, Robert: Nowa zabudowa mieszkaniowa jako „inna" jakość w przestrzeni wybranych osiedli Wrocławia [Neue Wohngebiete als „andere" Qualität im Gebiet der ausgewählten Siedlungen Breslaus] // W: Procesy gentryfikacji w mieście. Cz. 1 / red. Jolanta Jakóbczyk-Gryszkiewicz. - Łódź 2012, s. 135-152, il., mapy, wykr.

2537. Pokorska-Ożóg, Ewa: Kościół pw. św. Bartłomieja w Gliwicach - prawda i mity [Die Bartholomäuskirche in Gleiwitz - Wahrheit und Mythen] // Wiadomości Konserwatorskie Województwa Śląskiego 4, 1012, s. 97-104, fot. 6.

2538. Polášek, Miloš: Slezskoostravský hrad. Bitvy, války, manévry [Die Schlesisch-Ostrauer Burg. Schlachten, Kriege, Manöver]. - Ostrava 2012, 143 s.

2539. Popów-Nowicka, Anna: Walory estetyczne zieleni osiedla Borek we Wrocławiu [Ästhetische Vorzüge der Grünanlagen in der Siedlung Borek (Kleinburg) in Breslau] // W: Przedmie-

ście Świdnickie we Wrocławiu [Die Schweidnitzer Vorstadt in Breslau] / red. nauk. Halina Okólska, Hanna Górska. - Wrocław 2012, s. 111-117; Res. 117.
Dot. XIX i XX wieku. - Betr. das 19. und 20. Jahrhundert.

2540. Prix, Dalibor: Kaple hamerníka Kleinnickela [Chapel at Kleinnickel iron-mill foremann] // In: Mezi raným a vrcholným středověkem. Pavlu Kouřilovi k šedesátým narozeninám přátelé, kolegové a žáci [Zwischen Früh- und Hochmittelalter. Pavel Kouřil zum 60. Geburtstag von Freunden, Kollegen und Schülern] / uspoř. Jiří Doležel, Martin Wihoda. - Brno 2012, s. 374-395; Res. 395.

2541. Prix, Dalibor: Středověká kaple sv. Marie Magdalény při klášteře minoritů v Krnově [Die mittelalterliche Kapelle der heiligen Maria Magdalena bei dem Minoritenkloster in Jägerndorf/Freudenthal] // In: Jan Lucemburský. Kultura, umění a zbožnost na Moravě a ve Slezsku v době vlády prvního Lucemburka [Johann von Luxemburg. Kultur, Kunst und Frömmigkeit in Mähren und Schlesien in der Zeit des ersten Herrschers aus dem Geschlecht der Luxemburger] / eds. Ivo Hlobil, Daniela Rywiková. - Ostrava 2012, s. 137-179, il. 16; Res. 179.

2542. Przerwa, Tomasz: Z góry widać lepiej. Z dziejów wież widokowych ziemi kłodzkiej [Von oben sieht man besser. Aus der Geschichte der Aussichtstürme im Glatzer Land] // W: O historii Wrocławia i Śląska inaczej. 1 [Anders über die Geschichte Breslaus und Schlesiens. 1] / red. Marek Derwich. - Wrocław 2012, s. 63-79, il.

2543. Przyłęcka, Daniela: Nie od razu Wrocław odbudowano. Plany zagospodarowania przestrzennego, koncepcje oraz projekty urbanistyczne i architektoniczne a ich realizacja w latach 1945-1989 [Breslau wurde auch nicht an einem Tag erbaut. Raumordnungspläne, Konzepte sowie architektonische- und Stadtplanungsprojekte und ihre Realisierung 1945-1989]. - Wrocław 2012, ss. 307, il.

2544. Pytel, Bożena: Dekada pod znakiem UNESCO [Eine Dekade unter dem Zeichen der UNESCO] // Rocznik Świdnicki 39, 2011 (2012), s. 160-166, il. 6.

2545. Quester, Heinz: Burgen, Schlösser und Rittergüter im Kreis Ohlau in Schlesien. - Alfter 2012, 132 S., Abb.

2546. Quiring, Claudia: Z prądem i pod prąd: osiedla Heinricha Lauterbacha z lat dwudziestych i trzydziestych we Wrocławiu [Mit dem Strom und gegen den Strom: Siedlungen von Heinrich Lauterbach aus den 20er und 30er Jahren in Breslau] // W: Heinrich Lauterbach. Architekt wrocławskiego modernizmu [Heinrich Lauterbach. Architekt der Breslauer Moderne] / red. Jerzy Ilkosz. - Wrocław 2012, s. 237-259, il.

2547. Rolak, Jarosław: Ochrona zabytków na Górnym Śląsku i ziemiach przyległych 1954-1983. Działanośc Romana Romańskiego i Adama Kudły [Denkmalschutz in Oberschlesien und in den Nachbargebieten 1954-1983. Tätigkeit von Roman Romański und Adam Kudło] // Wiadomości Konserwatorskie Województwa Śląskiego 4, 1012, s. 283-308, fot. 1.

2548. Rosová, Romana / Krčmářová, Eva / Krčmář, Vlastimil: Moravskoostravská spořitelna - první samostatná stavba Karla Kotase v Ostravě [The Moravian Ostrava Savings Bank - Karel Kotas first major design in Ostrava] // Ostrava. Příspěvky k dějinám a současnosti Ostravy a Ostravska 26, 2012, s. 253-274; Res. 274.

2549. Rostkowski, Jerzy: Podziemia III Rzeszy. Tajemnice Książa, Wałbrzycha i Szczawna Zdroju [Die Untergründe des Dritten Reiches. Geheimnisse von Fürstenstein, Waldenburg und Bad Salzbrunn-Sandberg]. - Wyd. 1. (dodr.). - Poznań 2012, ss. 294, il., tabl. [32] s.

2550. Rösner, Anja: Kościół Wang. Podróż kościoła słupowo-szkieletowego z norweskich fiordów w Karkonosze / tłum. Renata Malejewska. - Karpacz 2012, ss. 103, il.
Wersja niemiecka / Deutsche Fassung: Kirche Wang. Reise einer Stabkirche von Norwegens Fjorden ins Riesengebirge, Grevenbroich 2006.
Rec.: Witczak, Romuald: Co wiemy o Świątyni Wang [Was wissen wir über die Stabkirche Wang] // Rocznik Jeleniogórski 44, 2012, s. 312-313.

2551. Ruman, Natalia Maria: Pszczyńskie sacrum w obiektach małej architektury [Pleßer sacrum bei den Stadtmöbeln]. - cieszyn 2012, ss. 130, fot. 55.

2552. Rygus, Piotr: Górnośląskie drapacze chmur - epizod architektoniczno-propagandowy lat międzywojennych [Oberschlesische Wolkenkratzer - eine architektonisch-propagandistische Episode der Zwischenkriegsjahre in Oberschlesien] // Wieki Stare i Nowe 4, 2012, s. 182-221, fot. 13; Res. 213-214.

2553. Rzońca, Jan: Kaplica czaszek w Kudowie -Czermnej pomnikiem ofiar działań wojennych [The Skull Chapel in Kudowa-Czermna as a memorial for victims of war] // W: Rzeczpospolita domów. [T.] 3. Domy Boże [Die Republik der Höfe. Bd. 3. Gotteshäuser] / red. Krystyna Krawiec-Złotkowska. - Słupsk 2012, s. 580-593, il.; Res. 593.

2554. Sawicki, Ryszard / Szklarek, Zbigniew: Bogatynia w krainie domów przysłupowych [Reichenau im Land der Umgebindehäuser]. - Bogatynia 2012, ss. 101, il.

2555. Schneider, Beate: Französische Vorbilder für die Innenraumgestaltung im Schloss Branitz // In: Fürst Pückler und Frankreich. Ein bedeutendes Kapitel des deutsch-französischen Kulturtransfers / Hrsg. Christian Friedrich. - Berlin 2012, S. 233-244, Abb.

2556. Sehenswerte Rathäuser in Niederschlesien / Text Rafał Eysymontt ; Fot. Stanisław Klimek. - Wrocław 2012, ss. 95, il.

2557. Siwicki, Maciej: Stosunek władzy lokalnej do obiektów zabytkowych w województwie zielonogórskim w latach 1950-1975 [Stellung der lokalen Behörden zu den Denkmalobjekten in der Woiwodschaft Grünberg in den Jahren 1950-1975] // W: Zimowa Szkoła Historii Najnowszej 2012. Referaty [Winterschule für Zeitgeschichte 2012. Referate] / Łukasz Kamiński, Grzegorz Wołk. - Warszawa 2012, s. 167-172.

2558. Skoczek, Renata: Cmentarz żydowski w Chorzowie. Okoliczności związane z jego likwidacją [Der jüdische Friedhof in Königshütte. Die Umstände seiner Auflösung] // W: Żydzi na Górnym Śląsku w XIX i XX wieku [Juden in Oberschlesien im 19. und 20. Jahrhundert] / red. Beata Kalinowska-Wójcik, Dawid Keller. - Rybnik 2012, s. 395-404, fot. 3.

2559. Skoczylas-Stadnik, Barbara: Kościół Łaski w Kamiennej Górze [Die Gnadenkirche in Landeshut] / fot. Franciszek Grzywacz. - Legnica 2012, ss. 139, il.

2560. Skoczylas-Stadnik, Barbara / Hołownia, Ryszard / Węgrzyn, Augustyn: Ora et labora czyli Wspólna historia z cystersem w tle = Ora et labora. Eine gemeinsame Geschichte mit einem Zisterzienser im Hintergrund = Ora et labora. Společné dějiny na pozadí cisterciáckého kulturního dědictví. - [Lubawka] 2012, ss. 128, il.
Tekst w języku polskim, czeskim i niemieckim. - Polnischer, tschechischer und deutscher Text.

2561. Sokół, Małgorzata: Przemiany rezydencji szlacheckich na obszarze Śląska Cieszyńskiego [Changes noble residence in area of Śląsk Cieszyński] // W: Zeszyty Naukowe Politechniki Śląskiej. Z. 51: Architektura. Wielka transformacja przestrzeni / red. Andrzej Buchacz. - Gliwice 2012, s. 79-87, fot. 12; Res. 79.
Dot. Zebrzydowic, Toszonowic Dolnych i Końskiej. - Betr. Seibersdorf, Nieder Toschonowitz und Konskau.

2562. Solisz, Iwona / Kowalik-Kociszewska, Dorota: Prace konserwatorskie i adaptacyjne willi Fränkla w Prudniku. Okiem konserwatora wojewódzkiego. Okiem konserwatora kierownika prac konserwatorskich [Konservierungsarbeiten und Anpassungsmaßnahmen der Fränkel -Villa in Neustadt/Oberschlesien. Aus der Perspektive des Woiwodschaftskonservators. Aus dem Auge des leitenden Konservators während der Konservierungsarbeiten] // Opolski Informator Konserwatorski 2012, s. 55-70, ryc. 24.

2563. Stangret, Wiktoria: Brama Grobnicka w świetle badań archeologiczno-architektonicznych [Das Gröbniger Tor im Lichte archäologisch-architektonischer Untersuchungen] // Kalendarz Głubczycki 20, 2013 (2012), s. 118-124, fot.

2564. Störtkuhl, Beate: Budowle Heinricha Lauterbacha na Śląsku Opolskim [Bauten von Heinrich Lauterbach im Oppelner Schlesien] // W: Heinrich Lauterbach. Architekt wrocławskiego modernizmu [Heinrich Lauterbach. Architekt der Breslauer Moderne] / red. Jerzy Ilkosz. - Wrocław 2012, s. 137-169, il.

2565. Strakoš, Martin: Kulturní domy na Ostravsku v kontextu architektury a umění 20. století. Základní kameny společnosti [Kulturhäuser in der Region Ostrau im Kontext der Architektur und Kunst des 20. Jahrhunderts. Eckpfeiler Unternehmen]. - Ostrava 2012, 159 s.; sum. 158-159.

2566. Suchodolski, Jacek: Architektura schronisk i zajazdów w Górach Suchych na ziemi wałbrzyskiej [The Architecture of Mountain Shelters and Inns in Wałbrzych Area] // W: Nie tylko trony. Księga jubileuszowa ofiarowana Profesorowi Ernestowi Niemczykowi [Nicht nur Throne. Festschrift für Professor Ernest Niemczyk] / red. Janusz L. Dobesz, Agnieszka Gryglewska, Marta M. Rudnicka-Bogusz. - Wrocław 2012, s. 231-243, il.; Res. 243.

2567. Suchodolski, Jacek: Schroniska komponentem krajobrazu Sudetów [Berghütten als Bestandteil der Sudeten-Landschaft] // W: Mijające krajobrazy Polski - Dolny Śląsk. Krajobraz dolnośląski kalejdoskopem jest... [Vergangene Landschaften Polens - Niederschlesien. Die niederschlesische Landschaft ist wie ein Kaleidoskop ...] / red. nauk. Krzysztof R. Mazurski. - Kraków 2012, s. 69-88, il.

2568. Sulzer, Jürg: Das baulich-kulturelle Erbe der Stadt Görlitz. Chancen und Risiken [Dziedzictwo architektoniczne i kulturowe miasta Görlitz. Szanse i zagrożenia] // Colloquium Opole 2012. Polacy - Niemcy - Czesi sąsiedztwo w XXI wieku. Miasta w przestrzeni środkowoeuropejskiej: Opole - Görlitz/Zgorzelec - Opawa po 1989 roku [Colloquium Opole 2012. Polen - Deutsche - Tschechen Nachbarschaft im 21. Jahrhundert. Städte im mitteleuropäischen Raum: Oppeln - Görlitz/Zgorzelec - Troppau nach 1989] [Colloquium Opole 2012. Poláci - Němci - Češi sousedstvi v XXI stoleti. Města v středoevropském prostoru Opole - Görlitz/ Zgorzelec - Opava po roce 1989] s. 114-125, fot.; Res. 125.

2569. Syska, Anna: Drewniana prefabrykacja. Śląska realizacja Konrada Wachsmanna [Holzfertigbau. Schlesische Realisierung Konrad Wachsmanns] // Wiadomości Konserwatorskie Województwa Śląskiego 4, 1012, s. 237-242, fot. 8.
Dot. budynku w Raciborzu. - Betr. Gebäude in Ratibor.

2570. Šlapeta, Vladimír: Dwie wille w Jabloncu nad Nysą - Heinrich Lauterbach i aerodynamiczny funkcjonalizm - „styl okrętowy" [Zwei Villen in Gablonz an der Neisse - Heinrich Lauterbach und der aerodynamische Funktionalismus - die „Streamline-Moderne"] // W: Heinrich Lauterbach. Architekt wrocławskiego modernizmu [Heinrich Lauterbach. Architekt der Breslauer Moderne] / red. Jerzy Ilkosz. - Wrocław 2012, s. 201-235, il.

2571. Šopák, Pavel: Zámek ve Smolkově [The Smolkov chateau] // Sborník Národního památkového ústavu v Ostravě 27, 2012, s. 9-18; Res. 18.

2572. Śródmiejska katedra. Kościół św. Marii Magdaleny w dziejach i kulturze Wrocławia [Dom der Innenstadt. Magdalenenkirche in Breslaus Kultur und Geschichte] / red. Bogusław Czechowicz. - Wrocław 2010, ss. 638.
Rec.: Prix, Dalibor // Slezský sborník 110, 2012, č. 1-2, s. 112-117.

2573. Tichánek, Jiří: Šlechtická sídla na Frýdecko-Místecku [Adelssitze in der Region Friedek-Mistek] / spolupracoval Zdeněk Šerý. - Kopřivnice 2005, 621 s., il., mapy, erby, geneal. tab.
Rec.: Musil, František // Vlastivědný věstník moravský 64, 2012, č. 4, s. 371-373.

2574. Toczyńska-Rudysz, Krystyna: Droga do „Gottwaldówki". Współczesna adaptacja gospodarstwa wiejskiego z końca XIX w. w Kątach Bystrzyckich na Ziemi Kłodzkiej [Der Weg zur „Gottwaldówka" (Haus Gottwald). Der Umbau eines ländlichen Anwesens aus dem 19. Jahrhundert in Kąty Bystrzyckie (Winkeldorf) in der Region Glatz] // In: XII. Svatováclavské mezinárodní setkání v Jeseníku. Slezská lidová kultura a kultura lidu na Jesenicku. Sborník referátů [XII. internationales Sankt-Wenzels -Treffen in Freiwaldau. Schlesische Volkskultur und Kultur des Volkes in der Region Freiwaldau. Sammelband der Vorträge] / ed. Květoslav Growka. - Jeseník; Opava 2012, s. 175-179; Res. 179.

2575. Tomaszewicz, Agnieszka: Osiedle Borek - historia i architektura (1871-1914) [Siedlung Kleinburg - Geschichte und Architektur] // W: Przedmieście Świdnickie we Wrocławiu [Die Schweidnitzer Vorstadt in Breslau] / red. nauk.

Halina Okólska, Hanna Górska. - Wrocław 2012, s. 98-110; Res. 109-110.

2576. Tomczak, Eugeniusz: Mało znane warownie Górnego Śląska [Wenig bekannte Festungen Oberschlesiens] / wprowadz. Jerzy Piekalski. - Katowice 2012, ss. 219, fot.

2577. Trocka-Leszczyńska, Elżbieta / Tomaszewicz, Agnieszka: Zakłady kąpielowe w Lądku Zdroju [The Baths in Lądek Zdrój] // W: Nie tylko trony. Księga jubileuszowa ofiarowana Profesorowi Ernestowi Niemczykowi [Nicht nur Throne. Festschrift für Professor Ernest Niemczyk] / red. Janusz L. Dobesz, Agnieszka Gryglewska, Marta M. Rudnicka-Bogusz. - Wrocław 2012, s. 245-258, il.; Res. 258.

2578. Trzynadlowski, Jan Jerzy: Stary Ratusz we Wrocławiu [Altes Rathaus in Breslau]. - Wyd. 2 popr. i uzup. - Wrocław 2012, ss. 96, il.

2579. Uherek-Bradecka, Barbara: Architektura klasztorów na Śląsku Cieszyńskim i w Księstwie Opawskim do 1939 roku. Monografia [Klosterarchitektur im Teschener Schlesien und im Herzogtum Troppau bis zum Jahr 1939. Monografie]. - Gliwice 2012, ss. 259, il.

2580. Ulica, plac i cmentarz w publicznej przestrzeni średniowiecznego i wczesnonowożytnego miasta Europy Środkowej [Straße, Platz und Friedhof in dem öffentlichen Raum der mittelalterlichen und frühneuzeitlichen Stadt Mitteleuropas] / red. Stefan Krabath, Jerzy Piekalski, Krzysztof Wachowski. - Wrocław 2011, ss. 313, mapy, pl., tab.
Wratislavia Antiqua. Studia z dziejów Wrocławia; 13. Materiały z konferencji, Wrocław 2-4.12.2008 r. Beiträge der Konferenz, Breslau 2.-4.12.2008
Rec.: Skalická, Pavla // Slezský sborník 110, 2012, č. 1-2, s. 134-135.

2581. Ulice i place Katowic [Straßen und Plätze in Kattowitz] / tekst Michał Bulsa ; red. Grzegorz Grzegorek ; fot. Piotr Tabaczyński. - Katowice 2012, ss. 245, fot.

2582. Urbanik, Jadwiga: Heinrich Lauterbach - wille we Wrocławiu oraz koncepcje wystroju i wyposażenia wnętrz w dwudziestoleciu międzywojennym [Heinrich Lauterbach - Villen in Breslau und Konzept der Innengestaltung und Ausstattung in der Zwischenkriegszeit] // W: Heinrich Lauterbach. Architekt wrocławskiego modernizmu [Heinrich Lauterbach. Architekt der Breslauer Moderne] / red. Jerzy Ilkosz. - Wrocław 2012, s. 261-289, il.

2583. Urbanik, Jadwiga / Gryglewska, Agnieszka: Rewaloryzacja dawnego domu dla osób samotnych i małżeństw bezdzietnych projektu Hansa Scharouna - kolejny etap [Revaluation of Former House for Single People and Childless Couples Designed by Hans Scharoun - Next Stage] // W: Nie tylko trony. Księga jubileuszowa ofiarowana Profesorowi Ernestowi Niemczykowi [Nicht nur Throne. Festschrift für Professor Ernest Niemczyk] / red. Janusz L. Dobesz, Agnieszka Gryglewska, Marta M. Rudnicka -Bogusz. - Wrocław 2012, s. 331-344, il.; Res. 344.

2584. Wagner, Wojciech: Die ehemaligen Grenz- und Zufluchtskirchen vom 19. Jahrhundert bis zur Gegenwart = Losy dawnych kosciołów granicznych i ucieczkowych od początku XIX wieku do czasów współczesnych // In: Grenz- und Zufluchtskirchen Schlesiens = Śląskie kościoły graniczne i ucieczkowe / Hrsg. Lars-Arne Dannenberg, Matthias Donath, Eike Thomsen, Wojciech Wagner. - Olbersdorf 2012, S. 113-158, Abb., 2 Ktn.
Dot. m.in. Śląska. Tekst w języku niemieckim i polskim. - Betr. u.a. Schlesien. Deutscher und polnischer Text.

2585. Walory turystyczne ratuszy Dolnego Śląska [Touristische Vorzüge der Rathäuser in Niederschlesien] / tekst Rafał Eysymontt ; fot. Stanisław Klimek. - Wrocław 2012, ss. 95, il.

2586. Wardawa, Agnieszka: Hala Stulecia we Wrocławiu (1913-2013). Z szacunku do tradycji [Die Jahrhunderthalle in Breslau (1913-2013). Aus Achtung vor der Tradition] // Dolny Śląsk 17, 2012, s. 123-131, il. 6.

2587. Wawrzyńczuk, Anna Adela: Kościół Chrystusa [Die Christuskirche] // W: Przedmieście Świdnickie we Wrocławiu [Die Schweidnitzer Vorstadt in Breslau] / red. nauk. Halina Okólska, Hanna Górska. - Wrocław 2012, s. 159-167, il.; Res. 167.

2588. Wenzel, Kai: Höhepunkte der Architekturgeschichte // In: Zwischen Neiße, Schöps und Spree. Der Landkreis Görlitz / Thomas Napp, Hermann Ansorge, Gunter Oettel. - Görlitz 2012, S. 294-313.
Dot. powiatu Görlitz. - Betr. den Kreis Görlitz.

2589. Wenzel, Kai: Aus Mildtätigkeit. Der Anteil der Oberlausitz an einem Kirchenbau in Prag // Görlitzer Magazin. Geschichte und Gegenwart der Stadt Görlitz und ihrer Umgebung 25, 2012, S. 81-92, 11 Abb.

2590. Wijas-Grocholska, Elżbieta: Lauby na Śląsku Opolskim [Vorbauten auf dem Gebiet des Oppelner Schlesiens] // In: XII. Svatováclavské mezinárodní setkání v Jeseníku. Slezská lidová kultura a kultura lidu na Jesenicku. Sborník referátů [XII. internationales Sankt-Wenzels-Treffen in Freiwaldau. Schlesische Volkskultur und Kultur des Volkes in der Region Freiwaldau. Sammelband der Vorträge] / ed. Květoslav Growka. - Jeseník; Opava 2012, s. 166-170; Res. 170.

2591. Wijas-Grocholska, Elżbieta: Ogrodzenia z cegły na Śląsku Opolskim [Zäune aus Ziegelstein im Oppelner Schlesien] // Opolski Informator Konserwatorski 2012, s. 243-254, fot. 27.

2592. Wojcieszak, Natalia Magdalena: Nekropole średniowiecznego i wczesnonowożytnego Wrocławia [The necropolis in the medieval and early modern Wrocław]. - Wrocław 2012, ss. 219, il., tab.; Res. 217-219.
Wratislavia Antiqua. Studia z dziejów Wrocławia / Zespół do Badań Średniowiecznego i Nowożytnego Wrocławia; 15.

2593. Wolniczek, Dorota: Wrocławianie wobec materialnego dziedzictwa kulturowego miasta. Wokół odbudowy i renowacji historycznego centrum Wrocławia w latach 1984-2004 [Die Breslauer gegenüber dem materiellen Kulturerbe der Stadt. Zum Wiederaufbau und zur Renovierung des historischen Zentrums Breslaus in den Jahren 1984-2004]. - Toruń 2012, ss. 241, il.

2594. Wrabec, Jan: Kościoły barokowe na Pogórzu Izerskim pomiędzy dominium Schaffgotschów i Gallasów, Krzeszowem i Lubomierzem [Barockkirchen im Isergebirgsvorland zwischen dem Dominium von Schaffgotsch und Gallas, zwischen Grüssau und Liebenthal] // W: Wokół Karkonoszy i Gór Izerskich. Sztuka baroku na śląsko-czesko-łużyckim pograniczu [Rund um das Riesengebirge und das Isergebirge. Die Kunst des Barocks im schlesisch-tschechisch-lausitzischen Grenzgebiet] / red. Andrzej Kozieł. - Jelenia Góra 2012, s. 13-22, il.; Res. 22.

2595. Zabytki w otoczeniu przyrody pogranicza polsko-czeskiego. Gmina Walce, gmina Mała Morawka = Pamětihodností v okolí přiridy pohraničé polsko-českého = Sehenswürdigkeiten in einer natürlichen Umgebung des polnisch-tschechischen Grenzgebietes / oprac. Andrzej Kucharczyk. - Walce 2012, ss. 189, fot., map 1.
Tekst w języku polskim, czeskim i niemieckim. - Polnischer, tschechischer und deutscher Text.

2596. Zarzycki, Jakub: Mauzoleum Karla Georga von Hoyma w Brzegu Dolnym na tle epoki [The Mausoleum of Karl Georg von Hoym in Brzeg Dolny in the backgrund of its époque] // Dzieła i Interpretacje. Rocznik Studentów Historii Sztuki Uniwersytetu Wrocławskiego 13, 2012, s. 45-71, il. 20; Res. 71.

2597. Zámek Bruntál = Bruntál Castle = Das Schloss Freudenthal / fot., design Viktor Čapka ; text Ľubica Mezerová, Tomáš Niesner. - Bruntál 2012, 206 s., obr.
Tekst w języku czeskim, angielskim, niemieckim i polskim. - Tschechischer, englischer, deutscher und polnischer Text.

2598. Żerelik, Rościsław: Dzieje szlacheckiej nekropolii i cmentarzy w Szczepanowie [Geschichte der Nekropolen und Friedhöfe in Stephansdorf/Neumarkt] // W: Sic erat in fatis. Studia i szkice historyczne dedykowane Profesorowi Bogdanowi Rokowi. Tom I [Sic erat in fatis. Professor Bogdan Rok gewidmete historische Studien und Beiträge. Band 1] / red. Elżbieta Kościk, Rościsław Żerelik, Piotr Badyna, Filip Wolański. - Toruń 2012, s. 318-238, tab.

11.12. Darstellende Künste (Theater, Tanz) – Teatr, taniec – Divadlo, tanec

Zob. poz. / Siehe auch / Viz 2096, 2212, 2300, 2810, 2812, 2953, 2961, 3010, 3026.

2599. 50 lat Dyskusyjnego Klubu Filmowego „Kogucik" w Bielsku-Białej [50 Jahre Filmclub „Kogucik" [Kleiner Hahn] in Bielitz Biala] / tekst i red. Małgorzata Słonka. - Bielsko-Biała 2012, ss. 32, il.

2600. 80 lat polsko-niemieckich dziejów teatru w Zielonej Górze. Monografia [80 Jahre deutsch-polnische Theatergeschichte in Grünberg. Monographie] / wyb. i oprac. Przemysław Grzesiński. - Zielona Góra 2012, ss. 239, il.
Zeszyty Teatralne; 309.

2601. Badetko, Alicja: Przegląd bardzo kulturalny... Historia przeglądu klubowych teatrów i kabaretów Śląska w latach 1974-1981 [Eine sehr kulturelle Rundschau... Geschichte der Theater- und Kabarett-Festivals in Schlesien in den Jahren 1974-1981] // W: Jaki jest kabaret? [Wie ist Kabarett?] / red. Dorota Fox, Jacek Mikołajczyk. - Katowice 2012, s. 166-183.

2602. Bormann, Philipp: Bildung, Information, Unterhaltung // In: Zwischen Neiße, Schöps und Spree. Der Landkreis Görlitz / Thomas Napp, Hermann Ansorge, Gunter Oettel. - Görlitz 2012, S. 344-349.
Dot. działalności teatralnej na terenie powiatu Görlitz. - Betr. Theatertätigkeit im Kreis Görlitz.

2603. Bruder, Małgorzata: Schauspielhaus - przedwojenne losy dzisiejszego Teatru Polskiego we Wrocławiu [Das Schauspielhaus - vorkriegszeitliche Geschicke des heutigen Polnischen Theaters in Breslau] // W: Przedmieście Świdnickie we Wrocławiu [Die Schweidnitzer Vorstadt in Breslau] / red. nauk. Halina Okólska, Hanna Górska. - Wrocław 2012, s. 254-259; Res. 259.

2604. Buck, Andrzej: Dramat lubuski w aspekcie poetyki przestrzeni otwartej i postindustrialnej. Uwagi z perspektywy obserwacji uczestniczącej [Die Lebuser Tragödie aus dem Aspekt der Poetik des offenen und postindustriellen Raumes. Anmerkungen aus der Perspektive der beteiligten Beobachtung] // Studia Zielonogórskie 18, 2012, s. 77-101.

2605. Dewenter, Bastian: Das Publikum im Visier des Theaterpraktikers. E.T.A. Hoffmanns dramatischer Prolog „Die Pilgerin" // In: „Das Theater glich einem Irrenhause". Das Publikum im Theater des 18. und 19. Jahrhunderts / Hrsg. Hermann Korte, Hans-Joachim Jakob. - Heidelberg 2012, S. 215-233.

2606. Dittmann, Alina: Max Herrmann-Neißes Drama „Die Laube der Seligen". Eine Aufführung im DaF-Studium, Neisse 2011 // In: Auch in Neisse im Exil. Max Herrmann-Neiße, Leben, Werk und Wirkung (1886-1941) / Hrsg. Beata Giblak, Wojciech Kunicki. - Leipzig 2012, S. 361-376, Abb.

2607. Geras, Wiesław / Michalska, Karolina / Militowska, Elwira: Indeks aktorów i spektakli Spotkań z Teatrem Jednego Aktora we Wrocławiu, Toruniu i na Dolnym Śląsku i w Warszawie w latach 1966-2011 [Verzeichnis der Schauspieler und Theaterstücke der Begegnungen mit dem Monodrama-Theater in Breslau, Thorn, Niederschlesien und in Warschau in den Jahren 1966-2011]. - Wyd. 2 zm. i popr. - Wrocław 2012, ss. 125.
Wyd. 1 / 1. Aufl. 2007.

2608. Golik-Szarawarska, Grażyna: Lwowski rodowód Opery na Śląsku po II wojnie światowej. Rekonesans badawczy [Die Lemberger Herkunft der Oper in Schlesien nach dem 2. Weltkrieg. Eine Forschungserkundung] // W: Niezwykła więź Kresów Wschodnich i Zachodnich. Wpływ lwowian na rozwój kultury na Górnym Śląsku po 1945 roku [Die besondere Verbindung der ehemaligen polnischen und deutschen Ostgebiete. Einfluss der Lemberger auf die Kulturentwicklung in Oberschlesien nach 1945] / red. Krystyna Heska-Kwaśniewicz, Alicja Ratuszna, Ewa Żurawska. - Katowice 2012, s. 135-153; Res. 153.

2609. Hnatyszyn, Piotr: Kina w przedwojennym Zabrzu i jego obecnych dzielnicach [Kinos im

Zabrze der Vorkriegszeit und seinen heutigen Stadtteilen] // Kroniki Miasta Zabrza. Rocznik Muzeum Miejskiego w Zabrzu 2012, nr 4, s. 91-129, fot. 23, tab. 1.

2610. Jabłecki, Tomasz: Das barocke Schultheater als Beispiel humanistischer Bildung und multimedialer Kommunikation // In: Vielheit und Einheit der Germanistik weltweit. Akten des XII. Internationalen Germanistenkongresses Warschau 2010 / Hrsg. Franciszek Grucza, Ryozo Maeda, Mirosława Czarnecka, Carsten Gansel ; Jacek Rzeszotnik. - Frankfurt am Main 2012, S. 259-263.
Dot. teatrów szkolnych we Wrocławiu. - Betr. Schultheater in Breslau.

2611. Jeż, Tomasz: Muzyczny teatr meditationes quadragesimales w jezuickim Wrocławiu [Music Theater meditationes quadragesimales in Jesuit Wrocław] // W: Silesia Jesuitica. Kultura i sztuka zakonu jezuitów na Śląsku i w hrabstwie kłodzkim 1580-1776. Materiały konferencji naukowej zorganizowanej przez Oddział Wrocławski Stowarzyszenia Historyków Sztuki (Wrocław, 6-8 X 2011) dedykowane pamięci Profesora Henryka Dziurli [Silesia Jesuitica. Kultur und Kunst des Jesuiten-Ordens in Schlesien und in der Grafschaft Glatz 1580-1776. Materialien der wissenschaftlichen Konferenz organisiert von der Abteilung der Breslauer Kunsthistoriker-Gesellschaft (Breslau, 6.-8. Oktober 2011), gewidmet dem Gedenken an Professor Henryk Dziurla] / red. Dariusz Galewski, Anna Jezierska. - Wrocław 2012, s. 305-313; Res. 313.

2612. Josefíková, Jarmila: Historie amatérského divadla v Jeseníku od roku 1946 [Geschichte des Laientheaters in Jeseník im Jahre 1946] // In: XII. Svatováclavské mezinárodní setkání v Jeseníku. Slezská lidová kultura a kultura lidu na Jesenicku. Sborník referátů [XII. internationales Sankt-Wenzels-Treffen in Freiwaldau. Schlesische Volkskultur und Kultur des Volkes in der Region Freiwaldau. Sammelband der Vorträge] / ed. Květoslav Growka. - Jeseník; Opava 2012, s. 130-143; Res. 143.

2613. Kirszniak, Magdalena: Festiwale teatralne w oglądzie krytycznym Marka Jodłowskiego. Cz. II. Wrocławskie festiwale teatralne [Les festivals de theatre de Wrocław sous le regard critique de Marek Jodłowski] // Kwartalnik Opolski 58, 2012, nr 4, s. 31-43; Res. 42-43.

2614. Kirszniak, Magdalena: Festiwale teatralne w oglądzie krytycznym Marka Jodłowskiego. Część I. Opolskie festiwale teatralne [Theaterfestivals in der kritischen Betrachtung von Marek Jodłowski. Teil I: Oppelner Theaterfestivals] // Kwartalnik Opolski 58, 2012, nr 2-3, s. 33-56; Res. 56.

2615. Knychalska, Katarzyna: Dialog lokalny - teatr globalny. O wspólnototwórczej roli Teatru Modrzejewskiej w Legnicy [Lokaler Dialog - globales Theater. Über die gemeinschaftsbildende Bedeutung von Helena Modrzejewskas Theater in Liegnitz] // Pamięć i Przyszłość 2012, nr 4 (18), s. 39-44, il. 3.

2616. Korte, Hermann: „In der Commedie gewesen". Das Theatertagebuch des jungen Eichendorff // In: „Das Theater glich einem Irrenhause". Das Publikum im Theater des 18. und 19. Jahrhunderts / Hrsg. Hermann Korte, Hans-Joachim Jakob. - Heidelberg 2012, S. 235-257.

2617. Lewandowski, F. Jan: Zespół filmowy „Silesia" w Katowicach (1972-1983). Pionierska próba kina regionalnego [Filmgruppe „Silesia" in Kattowitz (1972-1983). Pionierversuch eines Regionalkinos] // W: Katowice w kulturze pogranicza. Rola Katowic w kulturze i nauce [Kattowitz in der Kultur des Grenzgebietes. Die Rolle von Kattowitz in Kultur und Wissenschaft] / red. nauk. Antoni Barciak. - Katowice 2012, s. 222-231, fot. 6; Res. 231.

2618. Linert, Andrzej: Górnośląska tradycja teatralna [Oberschlesische Theatertradition] // W: Przestrzenie kultury i literatury. Księga jubileuszowa dedykowana Profesor Krystynie Heskiej-Kwaśniewicz na pięćdziesięciolecie pracy naukowej i dydaktycznej / red. Elżbieta Gondek, Irena Socha, Barbara Pytlos. - Katowice 2012, s. 312-326.

2619. Linert, Andrzej: Górnośląsko-wileńskie kontakty teatralne [Theaterkontakte zwischen Oberschlesien und Vilnius] // Zeszyty Chorzowskie 13, 2012, s. 50-69; sum. 67-68; dt. Res. 68-69.
Dot. lat 1918-1939. - Betr. die Jahre 1918-1939.

2620. Linert, Andrzej: Śląskie sezony. Teatr Katowice 1907-2012 [The silesian seasons. The Theatre of Katowice 1907-2012]. - Katowice 2012, ss. 361, fot. 137; sum. 360-362.

2621. Linert, Andrzej: Teatr śląsko-lwowski [Das Schlesisch-Lemberger Theater] // W: Niezwykła więź Kresów Wschodnich i Zachodnich. Wpływ lwowian na rozwój kultury na Górnym Śląsku po 1945 roku [Die besondere Verbindung der ehemaligen polnischen und deutschen Ostgebiete. Einfluss der Lemberger auf die Kulturentwicklung in Oberschlesien nach 1945] / red. Krystyna Heska-Kwaśniewicz, Alicja Ratuszna, Ewa Żurawska. - Katowice 2012, s. 120-134, fot. 8; dt. Res. 134.

2622. Majewski, Tomasz: Inscenizacje dramatów Gerharta Hauptmanna na scenach teatrów Wrocławia w okresie rządów narodowosocjalistycznych 1933-1944 [Staging of drama plays by Gerhart Hauptmann in theatres of Wrocław during the National-Socialist rule 1933-1944] // W: Carl i Gerhart Hauptmann - dzieło i modele jego odbioru [Carl und Gerhart Hauptmann - Werk und Modelle ihrer Rezeption] / red. Edward Białek, Jan Pacholski, Piotr Niemiec. - Wrocław 2012, s. 215-236; Res. 236-237.

2623. Mykita-Glensk, Czesława: „Karpaccy górale" Józefa Korzeniowskiego w repertuarze śląskich teatrów amatorskich (do roku 1939) [„Karpaccy górale" [Karpatische Bergeinwohner] von Józef Korzeniowski im Repertoire der schlesischen Amateur-Theater (bis 1939)] // W: Przestrzenie kultury i literatury. Księga jubileuszowa dedykowana Profesor Krystynie Heskiej-Kwaśniewicz na pięćdziesięciolecie pracy naukowej i dydaktycznej / red. Elżbieta Gondek, Irena Socha, Barbara Pytlos. - Katowice 2012, s. 327-338.

2624. Pindór, Mirosława: Przywracanie Morcinka zaolziańskiej społeczności... (o realizacjach prozy Morcinka w Scenie Polskiej Těšinského divadla) [Morcineks Rückkehr zur Gemeinschaft des Olsa-Gebiets... (über die Aufführung von Morcineks Prosa auf der Polnischen Bühne von „Těšinského divadla" [„Teschener Theater"])] // W: Gustaw Morcinek - w 120-lecie urodzin [Gustaw Morcinek - zum 120. Geburtstag] / red. Krystyna Heska-Kwaśniewicz, Jacek Lyszczyna. - Katowice 2012, s. 226-241.

2625. Pindór, Mirosława: Teatr czeski w Cieszynie (1891-2011). Zmienna obecność [Tschechisches Theater in Teschen (1891-2011). Wechselvolle Gegenwart] // W: Cieszyński Almanach Pedagogiczny. T. 1: Tradycja i współczesność w myśli pedagogicznej [Teschener Pädagogischer Almanach. Band 1: Tradition und Gegenwart im pädagogischen Denken] / red. Urszula Szuścik. - Katowice 2012, s. 166-190; sum. 189-190; dt. Res. 190.

2626. Rajchel, Julia: Recepcja sztuk Carla i Gerharta Hauptmannów w legnickim Teatrze Miejskim (Stadttheater Liegnitz 1919-1942) [The reception of Carl and Gerhart Hauptmann's plays at the City Theatre in Liegnitz (Stadttheater Liegnitz 1919-1942)] // W: Carl i Gerhart Hauptmann - dzieło i modele jego odbioru [Carl und Gerhart Hauptmann - Werk und Modelle ihrer Rezeption] / red. Edward Białek, Jan Pacholski, Piotr Niemiec. - Wrocław 2012, s. 33-40, il.; Res. 40-41.

2627. Rudzki, Piotr: Teatr w Sudetach po roku 1945 [Theater in den Sudeten nach 1945] // Dolny Śląsk 17, 2012, s. 35-42.

2628. Szwiec, Wojciech: Filmowe południe. Kino amatorskie na Górnym Śląsku [Filmnachmittage. Amateurkino in Oberschlesien]. - Mikołów 2012, ss. 195, fot.

11.13. Museen, Ausstellungen – Muzea, wystawy – Muzea, výstavy

Zob. poz. / Siehe auch / Viz 93, 248, 328, 338, 492, 548, 551, 563, 574, 1309, 1499, 1818, 1981, 2056, 2310, 2318, 2327, 2337, 2343, 2347, 2352, 2373, 2388, 2396, 2520, 2710, 2741, 2887, 3109, 3122, 3143, 3156, 3241, 3307, 3403.

2629. Adamek, Beata: Legnicki Satyrykon [Liegnitzer „Satyrykon"] // Szkice Legnickie 33, 2012, s. 277-298; Res. 298.
Dot. lat 1975-2011. - Betr. die Jahre 1975-2011.

2630. Bauer, Markus: Schlesien im Museum. Kultur und Geschichte Schlesiens in deutschen und polnischen Museen nach dem Zweiten Weltkrieg // Inter finitimos. Jahrbuch zur deutsch-polnischen Beziehungsgeschichte 10, 2012, S. 53-70.

2631. Bober-Tubaj, Anna: Historia Muzeum w Bolesławcu od 1945 do 1970 roku [Geschichte des Museums in Bunzlau von 1945 bis 1970] // Rocznik Bolesławiecki 4, 2011 (2012), s. 12-15, il. 5.

2632. Brade, Johanna: Poetische Orte. Bilder und Texte von Ivo und Gerhart Hauptmann. Ausstellung im Schlesischen Museum zu Görlitz // Silesia Nova. Vierteljahresschrift für Kultur und Geschichte 9, 2012, H. 2, S. 97-102.

2633. Cincio, Arkadiusz: 90 lat Muzeum Ziemi Lubuskiej w Zielonej Górze [90 Jahre Museum des Lebuser Landes in Grünberg] // Dolny Śląsk 17, 2012, s. 155-157, il. 11.

2634. Cincio, Arkadiusz: Wystawy historyczne realizowane przez zielonogórskie muzeum w latach 1960-1989 [Historical Exhibitions Realised by the Museum of Zielona Góra, 1960-1989] // Studia Zachodnie 14, 2012, s. 183-198, tab. 1; Res. 198.

2635. Cincio, Arkadiusz: Wystawy w Muzeum Ziemi Lubuskiej w latach 1998-2011 [Ausstellungen im Museum des Lebuser Landes in den Jahren 1998-2011] // W: Historia, kultura, muzeum [Geschichte, Kultur, Museum] / red. Anitta Maksymowicz. - Zielona Góra 2012, s. 481-494, tab.

2636. Ciupa, Robert: Wystawa „Oczy i uszy bezpieki" [Ausstellung „Augen und Ohren der Staatssicherheit"] // CzasyPismo. O historii Górnego Śląska 2012, nr 1, s. 128-137, fot. 19.

2637. Czarniak, Krzysztof: Wystawa „Skarby Dolnego Śląska" [Ausstellung „Niederschlesiens Schätze"] // Silesia Antiqua 48, 2012, s. 172-177, il. 7.

2638. Datowniki okolicznościowe 2000-2001 ze zbiorów własnych MPiT [Sonderdatumsstempel 2000-2001 aus der eigenen Sammlung des Museums für Post und Telekommunikation] / zestawił Stanisław Kwoka. - Wrocław 2012, ss. 216, il.
MPiT - Muzeum Poczty i Telekomunikacji. - MPiT - Museum für Post und Telekommunikation.

2639. Dembiniok, Józef: Złota moneta na Śląsku a zbiory Muzeum w Chorzowie [Goldene Münze in Schlesien und Sammlungen des Museums in Chorzów] // Zeszyty Chorzowskie 13, 2012, s. 124-138, fot. 30; Res. 137-138.
Dot. księstw: legnicko-brzeskiego, nyskiego, jaworsko-świdnickiego. - Betr. die Herzogtümer Liegnitz -Brieg, Neisse, Schweidnitz-Jauer.

2640. Dni, miesiące, lata [Tage, Monate, Jahre...] // W: Dni, miesiące, lata... Jubileusz 100-lecia Związku Artystów Plastyków. Okręg w Katowicach [Tage, Monate, Jahre... 100. Jubiläum des Verbandes der Bildenden Künstler. Bezirk Kattowitz] / red. Adam Dutkiewicz, Katarzyna Gawrych-Olender, Henryk Bzdok, Marian Słowicki. - Katowice 2012, s. 86-90, il.
Dot. wystawy jubileuszowej w Katowicach. - Betr. Jubiläumsausstellung in Kattowitz.

2641. Drabina, Jan: Muzea podległe Muzeum Górnośląskiemu w Bytomiu w latach 1950-1990 [Untergeordnete Museen des Oberschlesischen Museums im Beuthen (Muzeum Górnośląskie w Bytomiu)] // W: Muzeum Górnośląskie w Bytomiu. 100 lat dziejów. Kontakty z muzeami i instytucjami kultury i towarzystwami [Oberschlesisches Museum in Beuthen. 100 Jahre Geschichte. Kontakte zu anderen Museen und Kulturinstitutionen sowie Gesellschaften] / red. Jan Drabina. - Katowice 2012, s. 39-58, fot. 9; Res. 58.

2642. Drabina, Jan: Współpraca Muzeum Górnośląskiego z zagranicznymi placówkami muzealnymi i kulturalnymi w powojennym półwieczu [Kooperation des Oberschlesischen Museums mit ausländischen Museums- und Kultureinrichtungen in den fünf Nachkriegsjahrzehnten] // W: Muzeum Górnośląskie w Bytomiu. 100 lat dziejów. Kontakty z muzeami i instytucjami kultury i towarzystwami [Oberschlesisches Museum in Beuthen. 100 Jahre Geschichte. Kontakte zu anderen Museen und Kulturinstitutionen sowie Gesellschaften] / red. Jan Drabina. - Katowice 2012, s. 147-164, il. 9; Res. 163-164.

2643. Drabina, Jan: Współpraca z towarzystwami społeczno-kulturalnymi [Zusammenarbeit mit gesellschaftlich-kulturellen Vereinen] // W: Muzeum Górnośląskie w Bytomiu. 100 lat dziejów. Kontakty z muzeami i instytucjami kultury i towarzystwami [Oberschlesisches Museum in Beuthen. 100 Jahre Geschichte. Kontakte zu anderen Museen und Kulturinstitutionen sowie Gesellschaften] / red. Jan Drabina. - Katowice 2012, s. 203-208, fot. 2; Res. 208.

2644. Eiden, Maximilian: Museums- und Kulturarbeit ohne Grenzen. Aus den Erfahrungen des Schlesischen Museums und des Kulturreferenten für Schlesien // W: Colloquium Opole 2011. Polacy - Niemcy - Czesi sąsiedztwo w XXI wieku. Od wojny do dobrego sąsiedztwa [Colloquium Opole. Polen - Deutsche - Tschechen - Nachbarschaft im 21. Jahrhundert. Vom Krieg um die Grenze zur guten Nachbarschaft] / red. Monika Choroś, Maximilian Eiden, Bernard Linek. - Opole 2012, s. 147-155; Res. 154-155.

2645. Eiden, Maximilian / Bauer, Markus: Das Schlesische Museum und der Kulturreferent für Schlesien: ihre Aufgaben im Bereich der historischen und kulturellen Bildung // W: Śląska republika uczonych. Vol. 5 [Schlesische Gelehrtenrepublik. Vol. 5] / red. Marek Hałub, Anna Mańko-Matysiak. - Wrocław 2012, s. 387-396; Res. 395-396.

2646. Filipczyk, Joanna: Przedwojenne dokumenty Jana Cybisa w zbiorach Muzeum Śląska Opolskiego [Vorkriegsdokumente von Jan Cybis in den Sammlungen des Museum des Oppelner Schlesiens] // Opolski Rocznik Muzealny 19, 2012, s. 121-125, fot. 1.

2647. Firszt, Stanisław: Muzeum Przyrodnicze w Jeleniej Górze (cz. 2) lata 1982-1998 [Das Naturkundliche Museum in Jelenia Góra (Hirschberg), Teil II] // Rocznik Jeleniogórski 44, 2012, s. 161-182, il. 9; Res. 182.

2648. Fischer, Bernadette: Dichter der Menschlichkeit. 100 Jahre Literaturnobelpreis für Gerhart Hauptmann - Ausstellung im Haus Schlesien // Silesia Nova. Vierteljahresschrift für Kultur und Geschichte 9, 2012, H. 2, S. 91-96, Abb.

2649. Fitych, Tadeusz: Sacrum w krajobrazie Ziemi Kłodzkiej. Refleksje na trasie prezentacji dwujęzycznej wystawy „Boże Młyny" [Sacrum in der Landschaft des Glatzer Landes. Reflexionen während der Präsentation der zweisprachigen Ausstellung „Gottes Mühlen"] // Świdnickie Studia Teologiczne 9, 2012, s. 471-476.
Dot. wystawy „Boże Młyny. Krzyże i kapliczki na pograniczu kudowsko-nachodzkim" (24 IV-VII 2009 Łomnica; 3-19 V 2010 Krzyżowa). - Betr. Ausstellung „Gottes Mühlen, Kreuze und Bildstöcke im Grenzgebiet Bad Kudowa-Nachod" (24. April-Juli 2009 Lomnitz, 3.-19. Mai 2010, Kreisau).

2650. Garbal, Witold: „W 90. rocznicę plebiscytu na Górnym Śląsku" [„Zum 90. Jahrestag der Volksabstimmung in Oberschlesien"] // Opolski Rocznik Muzealny 19, 2012, s. 157-160, fot. 3.
Dot. wystawy w Muzeum Śląska Opolskiego w Opolu. - Betr. Ausstellung im Museum des Oppelner Schlesiens in Oppeln.

2651. Garbal, Witold: „W jedności siła. Historia i tradycje bractw strzeleckich z terenów województw śląskiego i opolskiego" [„In der Einheit liegt die Kraft. Geschichte und Traditionen der Schützenvereine auf den Gebieten der Woiwodschaften Schlesien und Oppeln"] // Opolski Rocznik Muzealny 19, 2012, s. 161-165, fot. 3.
Dot. wystawy w Muzeum Śląska Opolskiego (24 II - 20 V 2012 r.). - Betr. Ausstellung in Museum des Oppelner Schlesiens (24.02-20.05.2012).

2652. Gayda, Andreas: Der Beuthener Geschichts- und Museumsverein in Recklinghausen nach 1945 [Bytomskie Towarzystwo Historyczno-Muzealne po 1945] // W: Muzeum Górnośląskie w Bytomiu. 100 lat dziejów. Kontakty z muzeami i instytucjami kultury i towarzystwami [Oberschlesisches Museum in Beuthen. 100 Jahre Geschichte. Kontakte zu anderen Museen und Kulturinstitutionen sowie Gesellschaften] / red. Jan Drabina. - Katowice 2012, s. 209-222, fot. 1; Res. 222.

2653. Gembalski, Julian: Muzeum Organów Śląskich [Museum für Schlesische Orgeln] // W: Organy na Śląsku IV [Die Orgel in Schlesien IV] / red. Julian Gembalski. - Katowice 2012, s. 19-29, fot. 16; Res. 27-29.
Dot. Muzeum organów w Akademii Muzycznej w Katowicach. - Betr. Orgelmuseum an der Musik-Akademie in Kattowitz.

2654. Glinkowska, Barbara: U źródeł bolesławieckiej ceramiki. Bolesławiec jako jeden z ośrodków garncarstwa środkowoeuropejskiego od XV do XVII w. = Von den Anfängen der Bunzlauer Keramik. Funde des 15.-17. Jahrhunderts aus einem mitteleuropäischen Zentrum der Töpferei / tłum. Johanna Kutschera. - 2012, ss. 351, il.
Tekst w języku polskim i niemieckim. - Polnischer und deutscher Text. Katalog wystawy/Katalog zur Ausstellung: U źródeł bolesławieckiej ceramiki. Bolesławiec jako jeden z ośrodków garncarstwa środkowoeuropejskiego od XV do XVII w. Muzeum Ceramiki w Bolesławcu, 15.12.2012-10.03.2013 oraz Schlesisches Museum zu Görlitz, 13.07-31.10.2013.

2655. Główczyńska, Aleksandra: Zagospodarowanie turystyczne i produkt turystyczny Dolnego Śląska [Touristische Einrichtungen und touristisches Produkt Niederschlesiens] // Dolny Śląsk 17, 2012, s. 168-183, il. 3.

2656. Gołaj, Iwona / Wojturski, Grzegorz: Sztuka polska XVI-XIX w. - Muzeum Narodowe we Wrocławiu. Przewodnik [Polnische Kunst vom 16. bis zum 19. Jahrhundert. - Nationalmuseum Breslau. Ein Führer]. - Wrocław 2012, ss. 113, il.

2657. Gołaj, Iwona / Wojturski, Grzegorz: Sztuka polska XVII-XIX w. - Muzeum Narodowe we Wrocławiu. Przewodnik [Polnische Kunst vom 17. bis zum 19. Jahrhundert. - Nationalmuseum Breslau. Ein Führer]. - Wrocław 2012, ss. 93, il.

2658. Göttsch-Elten, Silke: Heimatsammlungen nicht nur aus Schlesien. Gedanken zu einem gemeinsamen kulturellen Erbe und dessen wissenschaftlicher Aufarbeitung // W: Śląska republika uczonych. Vol. 5 [Schlesische Gelehrtenrepublik. Vol. 5] / red. Marek Hałub, Anna Mańko-Matysiak. - Wrocław 2012, s. 371-385, il.; Res. 384-385.

2659. Gryc, Jana / Jagosz-Zarzycka, Zofia: Średniowieczne i nowożytne posadzkowe płytki ceramiczne ze zbiorów Muzeum Śląska Cieszyńskiego [Středověké a novověké terakotové podlahové dlaždice ze sbírek Muzea Těšínského Slezska v Těšíně] [Mittelalterliche und neuzeitliche Terrakotta-Bodenfliesen aus den Sammlungen des Museums des Teschener Schlesien in Teschen] // Archaeologia historica 37, 2012, č. 2, s. 629-642; Res. 640-642.

2660. Gusson, Nikolaus: Das Oberschlesische Landesmuseum in Ratingen-Hösel und das historische Beuthen [Górnośląskie Muzeum Krajowe w Ratingen-Hösel i Bytom historyczny] // W: Muzeum Górnośląskie w Bytomiu. 100 lat dziejów. Kontakty z muzeami i instytucjami kultury i towarzystwami [Oberschlesisches Museum in Beuthen. 100 Jahre Geschichte. Kontakte zu anderen Museen und Kulturinstitutionen sowie Gesellschaften] / red. Jan Drabina. - Katowice 2012, s. 165-182, il. 7; Res. 182.

2661. Hans Poelzig 1869-1936. Architekt - Lehrer - Künstler // Silesia Nova. Vierteljahresschrift für Kultur und Geschichte 9, 2012, H. 3, S. 136-138.

2662. Katalog zbiorów malarstwa krajów romańskich = Painting of the Romance Countries / oprac. Bożena Steinborn. - Wyd. 2 rozsz. i popr. - Wrocław 2012, ss. 397, il.
Dot. zbiorów Muzeum Narodowego we Wrocławiu. Tekst w języku polskim i angielskim. Wyd. 1, 1982. - Betr. Sammlungen des Nationalmuseums in Breslau. Polnischer und englischer Text. 1. Aufl. 1982.

2663. Kluss, Maciej: 65 lat Muzeum Zamkowego w Pszczynie [65 Jahre Schlossmuseum in Pszczyna] // W: Materiały z konferencji naukowej z okazji 65-lecia Muzeum Zamkowego w Pszczynie „Kolekcje sztuki i rzemiosła artystycznego w muzeach-rezydencjach" Pszczyna, 12-13 maja 2011 r. [Materialien der wissenschaftlichen Tagung anläßlich des 65. Jubiläums des Schlossmuseums in Pleß „Kunst- und Kunsthandwerksammlungen in den Residenz-Museen". Pleß, 12.-13. Mai 2011] / red. Maciej Kluss. - Pszczyna 2012, s. 9-26, il. 13, tab. 2; Res. 305-306.

2664. Korniluk, Izabela: Od pomocy do partnerstwa. Zielonogórskie Muzeum w pracach Lubuskiego Towarzystwa Kultury [Von Hilfe zur Partnerschaft. Das Grünberger Museum in den Arbeiten der Lebuser Kulturgesellschaft] // W: Historia, kultura, muzeum [Geschichte, Kultur, Museum] / red. Anitta Maksymowicz. - Zielona Góra 2012, s. 467-480.

2665. Korol-Chudy, Aleksandra: Muzeum w Zabrzu [Das Museum Hindenburg] // W: Muzeum Górnośląskie w Bytomiu. 100 lat dziejów. Kontakty z muzeami i instytucjami kultury i towarzystwami [Oberschlesisches Museum in Beuthen. 100 Jahre Geschichte. Kontakte zu anderen Museen und Kulturinstitutionen sowie Gesellschaften] / red. Jan Drabina. - Katowice 2012, s. 83-102, il. 28; Res. 102.

2666. Kouřilová, Markéta / Šimčík, Antonín: Gedächtnis gegen das Vergessen: Das Schlesische Landesmuseum als Träger und Bewahrer des kulturellen Erbes // Colloquium Opole 2012. Polacy - Niemcy - Czesi sąsiedztwo w XXI wieku. Miasta w przestrzeni środkowoeuropejskiej: Opole - Görlitz/Zgorzelec - Opawa po 1989 roku [Colloquium Opole 2012. Polen - Deutsche - Tschechen Nachbarschaft im 21. Jahrhundert. Städte im mitteleuropäischen Raum: Oppeln - Görlitz/Zgorzelec - Troppau nach 1989] [Colloquium Opole 2012. Poláci - Němci - Češi sousedstvi v XXI stoleti. Města v středoevropském prostoru Opole - Görlitz/Zgorzelec - Opava po roce 1989] s. 106-113; Res. 113.

2667. Krawczyk, Mateusz: Kolekcje broni białęj i palnej w zbiorach Muzeum w Nysie [Sammlungen der Stich- und Feuerwaffen im Museum in Neisse] // Nyskie Szkice Muzealne 5, 2012, s. 13-26.

2668. Kretschmann, Vasco: 1000 Jahre Breslau, 200 Jahre Befreiungskriege. Die neuen stadthistorischen Dauerausstellungen im Kontext der Musealisierung der Breslauer Stadtgeschichte im 20. Jahrhundert // Inter finitimos. Jahrbuch zur deutsch-polnischen Beziehungsgeschichte 10, 2012, S. 70-81.

2669. Krzykowska, Zofia: Muzeum w Tarnowskich Górach [Das Museum in Tarnowitz] // W: Muzeum Górnośląskie w Bytomiu. 100 lat dziejów. Kontakty z muzeami i instytucjami kultury i towarzystwami [Oberschlesisches Museum in Beuthen. 100 Jahre Geschichte. Kontakte zu anderen Museen und Kulturinstitutionen sowie Gesellschaften] / red. Jan Drabina. - Katowice 2012, s. 111-130, fot. 20; Res. 130.

2670. Kuświk-Jasień, Agnieszka / Kocjan, Adam: Obchody jubileuszu 30-lecia Muzeum Regionalnego w Sycowie (Syców, 29 IX 2012 r.) [Feierlichkeiten zum 30. Jubiläum des Regionalmuseums in Groß Wartenberg (Groß Wartenberg, 29.9.2012)] // Śląski Kwartalnik Historyczny Sobótka 67, 2012, nr 4, s. 203-206.

2671. Lipa-Kuczyńska, Maria / Grabińska -Szczęśniak, Anna: Nicht nur zur Zierde. Teschener Schmuck in der Sammlung des Oberschlesischen Museums in Beuthen. - Berlin 2012, 79 S., Abb.
Schriften der Stiftung Haus Oberschlesien. Landeskundliche Reihe; 15.

2672. Lipońska-Sajdak, Jadwiga: Przywracanie Katowicom historii [Die Wiederherstellung der Kattowitzer Geschichte] // W: Katowice w kulturze pogranicza. Rola Katowic w kulturze i nauce [Kattowitz in der Kultur des Grenzgebietes. Die Rolle von Kattowitz in Kultur und Wissenschaft] / red. nauk. Antoni Barciak. - Katowice 2012, s. 275-282; Res. 281-282.

2673. Łukaszewicz, Piotr: Malarstwo niemieckie. Od klasycyzmu do symbolizmu. Katalog zbiorów [Deutsche Malerei. Vom Klassizismus bis zum Symbolismus. Katalog der Sammlungen]. - Wrocław 2012, ss. 303.
Dot. wystawy w Muzeum Narodowym we Wrocławiu 02.04-20.05.2012 r. - Betr. Ausstellung im Nationalmuseum (Breslau, 02.04-20.05.2012). Tekst częściowo w języku polskim i niemieckim. - Teilweise deutscher und polnischer Text.
Rec.: Sachs, Rainer // Rocznik Muzeum Papiernictwa 6, 2012, s. 139-143, il. 1; Sachs, Rainer // Silesia Nova. Vierteljahresschrift für Kultur und Geschichte 9, 2012, H. 3, S. 139-142.

2674. Łukaszewicz, Piotr: Śląskie Muzeum Sztuk Pięknych we Wrocławiu [Schlesisches Museum der Bildenden Künste in Breslau] // W: Przedmieście Świdnickie we Wrocławiu [Die Schweidnitzer Vorstadt in Breslau] / red. nauk. Halina Okólska, Hanna Górska. - Wrocław 2012, s. 240-245; Res. 245.

2675. Machnik, Leszek / Długajczyk, Beata: Kolekcja Jana i Jadwigi Nowak-Jeziorańskich w Zakładzie Narodowym im. Ossolińskich. Cz. 1. Obrazy, miniatury, akwarele, rysunki. - Wrocław 2012, ss. 237, il.
Publikacja towarzyszy wystawie „Obrazy, miniatury, akwarele i rysunki z kolekcji Jana i Jadwigi Nowak-

Jeziorańskich", Zakład Narodowy im. Ossolińskich we Wrocławiu, 24 maja - 31 sierpnia 2012. - Begleitpublikation der Ausstellung „Gemälde, Miniaturen, Aquarelle, Zeichnungen aus der Kollektion von Jan und Jadwiga Nowak-Jeziorański", Ossolinski-Nationalbibliothek Breslau, 24. Mai - 31. August 2012. - Tekst częściowo w języku polskim i niemieckim. - Teilweise deutscher und polnischer Text.

2676. Maniurka, Piotr Paweł: Die Bewahrung der sakralen Kunstschätze und die Aktivitäten des Oppelner Diözesanmuseums // W: Erzbischof Alfons Nossol. Aus seinem Leben, Denken und Wirken / Hrsg. Helmut Jan Sobeczko ; Übers. Krystyna Maria Greub-Frącz. - Opole 2012, s. 183-188, fot. 8.

2677. Maniurka, Piotr Paweł: Jubileusz 25-lecia Muzeum Diecezjalnego w Opolu [25 Jahre Diözesanmuseum in Oppeln] // Wiadomości Urzędowe Diecezji Opolskiej 67, 2012, nr 10-11, s. 521-527.

2678. Museen in Breslau / red. Beata Lejman ; fot. Waldemar Borski [et al.]. - Wrocław 2012, ss. 144, il.
Wersja angielska / Englische Fassung: Museums of Wrocław, Wrocław 2012; Polnische Fassung / Wersja polska: Muzea Wrocławia, Wrocław 2012.

2679. Museums of Wrocław / red. Beata Lejman ; fot. Waldemar Borski [et al.]. - Wrocław 2012, ss. 144, il.
Wersja polska / Polnische Fassung: Muzea Wrocławia, Wrocław 2012; Wersja niemiecka / Deutsche Fassung: Museums in Breslau, Wrocław 2012.

2680. Muzea Wrocławia / red. Beata Lejman ; fot. Waldemar Borski [et al.]. - Wrocław 2012, ss. 144, il.
Wersja angielska/Englische Fassung: Museums of Wrocław, Wrocław 2012; Deutsche Fassung / Wersja niemiecka: Museums in Breslau, Wrocław 2012.

2681. Na nowym wśród obcych. Wystawa w dniach 25.05.2011 - 31.03.2012 = Im Neuland unter Fremden. Ausstellung vom 25.05.2011 - 31.03.2012 / tekst Piotr Zubrzycki, Małgorzata Zysnarska. - Zgorzelec 2012, ss. 97, 92, faks., il.
Tekst w języku polskim i niemieckim. - Polnischer und deutscher Text. Muzeum Łużyckie w Zgorzelcu. Druk przeciwstawny.

2682. Oberschlesisches Landesmuseum: Von Leistung, Leid und Leidenschaft. Bergbau-Geschichten nicht nur aus Schlesien // Der Anschnitt. Zeitschrift für Kunst und Kultur im Bergbau 64, 2012, H. 4, S. 185-186.

2683. Paluch-Staszkiel, Krystyna: Bolesławieckie Muzeum w latach 1967-1970. Wspomnienia Krystyny Paluch-Staszkiel [Das Bunzlauer Museum in den Jahren 1967-1970. Erinnerungen von Krystyna Paluch-Staszkiel] // Rocznik Bolesławiecki 4, 2011 (2012), s. 16-19, il. 8.

2684. Pankiewicz, Marta / Cempulik, Piotr: Polskie Towarzystwo Przyjaciół Przyrody „pro Natura" [Polnischer Verein der Naturfreunde „Pro Natura"] // W: Muzeum Górnośląskie w Bytomiu. 100 lat dziejów. Kontakty z muzeami i instytucjami kultury i towarzystwami [Oberschlesisches Museum in Beuthen. 100 Jahre Geschichte. Kontakte zu anderen Museen und Kulturinstitutionen sowie Gesellschaften] / red. Jan Drabina. - Katowice 2012, s. 191-202, fot. 10; Res. 202.

2685. Paszko, Marta: Muzeum jako miejsce odzyskiwania pamięci. O wystawie „Rybniccy Żydzi" [Das Museum als ein Ort der Wiedererlangung von Erinnerungen. Zur Ausstellung „Juden aus Rybnik"] // W: Żydzi na Górnym Śląsku w XIX i XX wieku [Juden in Oberschlesien im 19. und 20. Jahrhundert] / red. Beata Kalinowska-Wójcik, Dawid Keller. - Rybnik 2012, s. 651-666. il. 2.

2686. Peters-Schildgen, Susanne: Von Leistung, Leid und Leidenschaft. Bergbau-Geschichten nicht nur aus Schlesien - Ausstellung im Oberschlesischen Landesmuseum in Ratingen // Silesia Nova. Vierteljahresschrift für Kultur und Geschichte 9, 2012, H. 3, S. 9-10.

2687. Popłońska, Anna: Sport w Archiwum Uniwersytetu Ekonomicznego we Wrocławiu [Sport im Archiv der Wirtschaftsuniversität in Breslau] // Śląski Kwartalnik Historyczny Sobótka 67, 2012, nr 3, s. 166-171, il. 4.
Dot. wystawy „Przeżyjmy to jeszcze raz - osiągnięcia sportowe ekonomistów" (maj/czerwiec 2012). - Betr. Ausstellung „Erleben wir das noch einmal - sportliche Erfolge der Wirtschaftswissenschaftler" (Mai-Juni 2012).

2688. Probst, Bettina: Verträge versus Vertrauen? Mittel und Wege zu einer erfolgreichen

Ausstellungskooperation am Beispiel der 3. Sächsischen Landesausstellung „via regia - 800 Jahre Bewegung und Begegnung" (Görlitz 2011) // Archäologisches Nachrichtenblatt 17, 2012, H. 3, S. 254-260, 3 Abb.

2689. Průvodce Historickou výstavní budovou Slezského zemského muzea [Führer durch das historische Ausstellungsgebäude des Schlesischen Landesmuseums] / zprac. Martin Gajdošík. - Opava 2012, 39 s.

2690. Remig, Nicola: Festtag im Kloster Leubus. Konzert zur „Klosterdämmerung" im Fürstensaal // Silesia Nova. Vierteljahresschrift für Kultur und Geschichte 9, 2012, H. 2, S. 126-128.

2691. Rott, Dariusz: Muzeum Prasy Śląskiej im. Wojciecha Korfantego w Pszczynie [Das Wojciech Korfanty-Museum der schlesischen Presse in Pleß] // W: Przestrzenie kultury i literatury. Księga jubileuszowa dedykowana Profesor Krystynie Heskiej-Kwaśniewicz na pięćdziesięciolecie pracy naukowej i dydaktycznej / red. Elżbieta Gondek, Irena Socha, Barbara Pytlos. - Katowice 2012, s. 389-393.

2692. Rusnak, Marta: Śląskie muzea browarnictwa. Różne modele rewitalizacji [Museums of Beer Brewing in Upper Silesia. Different Models of Revitalization] // W: Nie tylko trony. Księga jubileuszowa ofiarowana Profesorowi Ernestowi Niemczykowi [Nicht nur Throne. Festschrift für Professor Ernest Niemczyk] / red. Janusz L. Dobesz, Agnieszka Gryglewska, Marta M. Rudnicka-Bogusz. - Wrocław 2012, s. 353-367, il.; Res. 367.

2693. Rzeszowski, Robert: „Szklane obrazy" w zbiorach Muzeum Karkonoskiego w Jeleniej Górze [Die „gläsernen Bilder" in den Sammlungen des Riesengebirgsmuseums in Hirschberg] // Rocznik Jeleniogórski 44, 2012, s. 255-260, il. 10; Res. 260.

2694. Siatecki, Alfred: Aleja Niepodległości 15. Przechadzki po zielonogórskim muzeum tożsamości [Unabhängigkeitsallee 15. Spaziergänge im Grünberger Museum der Identität]. - Zielona Góra 2012, ss. 168, il.

2695. Skoczek, Renata: Muzeum w Chorzowie [Das Museum Königshütte] // W: Muzeum Górnośląskie w Bytomiu. 100 lat dziejów. Kontakty z muzeami i instytucjami kultury i towarzystwami [Oberschlesisches Museum in Beuthen. 100 Jahre Geschichte. Kontakte zu anderen Museen und Kulturinstitutionen sowie Gesellschaften] / red. Jan Drabina. - Katowice 2012, s. 59-82, fot. 17; Res. 82.

2696. Skotnicka, Małgorzata: Edukacyjny charakter wystaw organizowanych przez Zakład Narodowy im. Ossolińskich we Wrocławiu [Bildungscharakter der Ausstellungen der Ossolinski-Nationalbibliothek Breslau] // W: Wokół problemów edukacji... Księga pamiątkowa dedykowana Pani Profesor Grażynie Pańko z okazji 40-lecia Zakładu Dydaktyki Historii i Wiedzy o Społeczeństwie w Instytucie Historycznym Uniwersytetu Wrocławskiego [Im Bereich der Bildungsprobleme... Festschrift für Frau Professor Grażyna Pańko zum 40. Jahrestag des Instituts der Geschichtsdidaktik und Staatskunde am Historischen Institut der Universität Breslau] / red. Joanna Wojdon, Barbara Techmańska. - Wrocław 2012, s. 155-164.

2697. Skórczewski, Witold: Kolekcja miedziorytów w Muzeum Miedzi w Legnicy [Sammlung der Kupferstiche im Kupfermuseum in Liegnitz] / wstęp Barbara Kokoska. - Legnica 2012, ss. 128, il.

2698. Slezsko po Velké válce. Čas plebiscitu v Horním Slezsku (1919-1921). Katalog výstavy = Śląsk po Wielkiej Wojnie. Czas plebiscytu na Górnym Śląsku (1919-1921). Katalog wystawy [Schlesien nach dem Großen Krieg. Die Zeit des Volksentscheids in Oberschlesien (1919-1921). Ausstellungskatalog] / ed. Jiří Glonek, Barbara Giedrojć. - Olomouc; Opole 2012, 103 s., il.
Tekst w języku polskim i czeskim. - Polnischer und tschechischer Text.

2699. Smoleń, Katarzyna: Ostrogi średniowieczne ze zbiorów Muzeum w Nysie [Mittelalterliche Sporen aus den Sammlungen des Museums in Neisse] // Nyskie Szkice Muzealne 5, 2012, s. 27-35, ryc. 2.

2700. Studnicki, Grzegorz: Muzea szkolne na Śląsku Cieszyńskim [Schulmuseen im Teschener Schlesien] // Biuletyn Ludoznawczy 25, 2012, s. 73-79.

2701. Szczech, Bernard: Miejski Dom Tradycji „UL" [Das Städtische Haus der Tradition „UL"] // W: Muzeum Górnośląskie w Bytomiu. 100 lat dziejów. Kontakty z muzeami i instytucjami kultury i towarzystwami [Oberschlesisches Museum in Beuthen. 100 Jahre Geschichte. Kontakte zu anderen Museen und Kulturinstitutionen sowie Gesellschaften] / red. Jan Drabina. - Katowice 2012, s. 103-110; Res. 110.

2702. Szczech, Bernard: Muzeum Miejskie im. Maksymiliana Chroboka w Rudzie Śląskiej [Das Städtische Museum - Maksimilian-Chrobok-Museum in Ruda] // W: Muzeum Górnośląskie w Bytomiu. 100 lat dziejów. Kontakty z muzeami i instytucjami kultury i towarzystwami [Oberschlesisches Museum in Beuthen. 100 Jahre Geschichte. Kontakte zu anderen Museen und Kulturinstitutionen sowie Gesellschaften] / red. Jan Drabina. - Katowice 2012, s. 134-144, fot. 14; Res. 144.

2703. Šopák, Pavel: Proměny stálé expozice Slezského zemského muzea v Opavě: výzva pro současnost [The Changes of the Permanent Exhibition of the Silesian Museum in Opava: A Contemporary Challenge] // Acta historica Universitatis Silesianae Opaviensis 5, 2012, s. 213-230; Res. 230.

2704. Šopák, Pavel [a kol.]: Město - zámek - krajina. Kulturní krajina českého Slezska od středověku po první světovou válku [Stadt - Schloss - Landschaft. Die Kulturlandschaft Böhmisch-Schlesiens vom Mittelalter bis nach dem Ersten Weltkrieg]. - Opava 2012, 463 s.

2705. Šopák, Pavel [a kol.]: Paměť Slezska. Památky a paměťové instituce českého Slezska v 16. až 19. století [Das Gedächtnis Schlesiens. Denkmäler und Erinnerungsinstitutionen des böhmischen Schlesien im 16. bis 19. Jahrhundert]. - Opava 2011, 451 s., il.
Katalog wystawy. - Ausstellungskatalog.
Rec.: Holá, Mlada // Slezský sborník 110, 2012, č. 3-4, s. 302.

2706. Wiatr, Marcin: Gegen nationale Paradigmen. Streit um die Deutungshoheit über die geplante Oberschlesien-Ausstellung // Inter finitimos. Jahrbuch zur deutsch-polnischen Beziehungsgeschichte 10, 2012, S. 70-100.

2707. Zaprucka, Julita: Działalność kulturalna i naukowo-oświatowa Muzeum Miejskiego „Dom Gerharta Hauptmanna" w Jeleniej Górze-Jagniątkowie [Kulturelle und wissenschaftlich-didaktische Tätigkeit des Städtischen Museums „Gerhart-Hauptmann-Haus" in Hirschberg-Agnetendorf] // W: Śląska republika uczonych. Vol. 5 [Schlesische Gelehrtenrepublik. Vol. 5] / red. Marek Hałub, Anna Mańko-Matysiak. - Wrocław 2012, s. 397-411; Res. 409-411.

2708. Zawiła, Gabriela: Gerhart i Carl Hauptmannowie w zbiorach Muzeum w Szklarskiej Porębie [Carl und Gerhart Hauptmann in den Museumssammlungen in Schreiberhau] // W: Carl Hauptmann w polskiej nauce i krytyce literackiej [Carl Hauptmann im Spiegel der polnischen Forschung und Literaturkritik] / red. Krzysztof Antoni Kuczyński. - Włocławek 2012, s. 717-724.

11.14. Geschichtskultur (Denkmäler, Jubiläen, Geschichtsvereine) – Kultura historyczna (pomniki, jubileusze, towarzystwa historyczne) – Vědomí historické (památky, jubilea, historické spolky)

Zob. poz. / Siehe auch / Viz 383, 404, 590, 882, 931, 980, 1016, 1178, 1193, 1258, 1552, 1601, 1948, 1954, 1984, 2081, 2105, 2244, 2670, 2704-2705, 2836, 2964, 3230, 3275, 3306.

2709. Csallner, Heinz: Auf Spurensuche nach Kriegerdenkmälern 1870/71 in Schlesien. - Frankfurt 2012, [50] Bl., zahlr. Abb.

2710. Drabina, Jan: Założenie Bytomskiego Towarzystwa Historyczno-Muzealnego w 1910 roku [Gründung des Beuthener Geschichts- und Museumsvereins im Jahr 1910 und seine Satzung] // W: Muzeum Górnośląskie w Bytomiu. 100 lat dziejów. Kontakty z muzeami i instytucjami kultury i towarzystwami [Oberschlesisches Museum in Beuthen. 100 Jahre

Geschichte. Kontakte zu anderen Museen und Kulturinstitutionen sowie Gesellschaften] / red. Jan Drabina. - Katowice 2012, s. 13-16, il. 2; Res. 16.

2711. Dziedzic, Marcin: Pomniki publiczne w Kłodzku do 1945 roku [Öffentliche Denkmäler im Glatz bis 1945] // Kladský sborník 9, 2012, s. 241-264; Res. 260.

2712. Filipowski, Czesław: Powołanie i działalność Klubu im. Orląt Lwowskich TMLiKPW [Ernennung und Tätigkeit des Vereins der Lemberger Adler - Gesellschaft der Freunde Lembergs und der ehemaligen polnischen Südostgebiete] // Semper Fidelis. Pismo Miłośników Lwowa i Kresów Południowo-Wschodnich 2012, nr 4 (127), s. 18-20, il. 2.

2713. Gołębiowski, Marek: „Wolność krzyżami się mierzy". Pomnik pamięci żołnierzom poległym za Ojczyznę [„Freiheit wird mit Kreuzen gemessen". Denkmal der für das Vaterland gefallenen Soldaten] // Biuletyn Jeleniogórskiego Stowarzyszenia Żołnierzy Radiotechników „Radar" 14, 2012, s. 54-65, il. 11.

2714. Górecki, Dariusz: Towarzystwo Upiększania Miasta w Chorzowie [Gesellschaft für Verschönerung der Stadt Chorzów] // Zeszyty Chorzowskie 13, 2012, s. 165-175; Res. 175.

2715. Hinrichsen, Kerstin: Regionales Erinnern im Lebuser Land nach 1945 [Regional Memory in Ziemia Lubuska after 1945] // Historie. Jahrbuch des Zentrums für Historische Forschung Berlin der Polnischen Akademie der Wissenschaften : Regionalkontexte 5, 2011 (2012), S. 264-271.

2716. Hitze, Guido: Pamięć narodowa i europejska kultura pamięci - przykład Lamsdorf/Łambinowic [National remembrance and the European Culture of remembrance - a care of study Lamsdorf/Łambinowice] [Nationales Gedenken und europäische Erinnerungskultur - das Beispiel Lamsdorf/Łambinowice] // Łambinowicki Rocznik Muzealny. Jeńcy wojenni w latach II wojny światowej 35, 2012, s. 7-16; sum. 15; dt. Res. 15-16.

2717. Hitze, Guido: Wypędzenia w niemieckiej kulturze wspomnień na przykładzie Górnego Śląska = Die Vertreibung in der deutschen Erinnerungskultur - das Beispiel Oberschlesien // W: Strzelczan album rodzinny. Od kołyski aż po grób = Groß Strehlitzer Familienalbum. Von der Wiege bis zum Grab / red. Marta Górka, Waldemar Gaida. - Strzelce Opolskie 2012, s. 71-76, fot.
Tekst w języku polskim i niemieckim. - Polnischer und deutscher Text.

2718. Indra, Jaromír: Pomníky padlých, zemřelých a nezvěstných z 1. světové války na severní Moravě a ve Slezsku na stránkách dobového tisku [Memorials to the fallen, deceased, and missing from WWI in northern Moravia and Silesia on the pages of the period press] // Časopis Slezského zemského muzea. Série B - vědy historické 61, 2012, č. 2, s. 153-182; Res. 181.

2719. Juros, Józef Tomasz: Historia, zabytki i ślady hutnictwa w dolinie Małej Panwi na obszarze działania Stowarzyszenia LGD Kraina Dinozaurów. Inwentaryzacja zabytkowych obiektów związanych z tradycjami hutniczymi [Geschichte, Sehenswürdigkeiten und Spuren des Hüttenwesens im Malapane-Becken als Tätigkeitsgebiet der Gesellschaft „Lokale Aktivitätsgruppe Dinosauerierland". Bestandsaufnahme der historischen Objekte, die in Verbindung mit den Hüttentraditionen stehen]. - Ozimek 2012, ss. 159, ryc. 156.

2720. Kaszper, Kazimierz: Prototyp nowego cieszyńskiego bohatera czyli Oszelda oczyma Kubisza [Der Prototyp eines neuen Teschener Helden oder Oszelda mit den Augen von Kubisz gesehen] // Kalendarz Ustroński 14, 2012, s. 162-170, il. 5.

2721. Kawulok, Michał: „Źródła Wisły" Konstantego Laszczki a „Wiślanka" Artura Cienciały. Historia pomnika-fontanny w Wiśle [„Weichsels Quellen" von Konstanty Laszczka und „Wiślanka" von Artur Cienciała. Geschichte des Denkmal-Brunnens in Weichsel] // Rocznik Wiślański 4, 2012, s. 32-40, il. 9.

2722. Kisielewicz, Danuta: Rola Centralnego Muzeum Jeńców Wojennych w Łambinowicach-Opolu w zachowaniu pamięci historycznej [Die Rolle des Zentralen Kriegsgefangenenmuseums in Lamsdorf-Oppeln bei der Erhaltung des historischen Gedächtnisses] // W: Historia, kultura, muzeum [Geschichte, Kultur, Museum] / red. Anitta Maksymowicz. - Zielona Góra 2012, s. 453-465.

2723. Kłopot, Stanisław W.: Kreowanie mitu wielokulturowego dziedzictwa Wrocławia [Creation of the Myth of Wroclaw's Multicultural Heritage] // W: Pamięć jako kategoria rzeczywistości społecznej / red. Józef Styk, Małgorzata Dziekanowska. - Lublin 2012, s. 129-139; Res. 139.

2724. Kowalak, Czesław: Pomniki i tablice w Legnicy po II wojnie światowej [Denkmäler und Gedenktafeln in Liegnitz nach dem Zweiten Weltkrieg]. - Legnica 2012, ss. 128, il.

2725. Kozioł, Agata: Pomnik M. Kutuzowa w Bolesławcu [Das M.-Kutuzov-Denkmal in Bunzlau] // Dolny Śląsk 17, 2012, s. 85-90, il. 5.

2726. Löhr, Albert: Akademie Herrnhut - eine Plattform für die Geistesregion Oberlausitz. Die „Initiative Geisteswissenschaften in der Oberlausitz" tritt mit Homepage und Jakob-Böhme -Tagung in das kulturelle Leben der Region ein // Silesia Nova. Vierteljahresschrift für Kultur und Geschichte 9, 2012, H. 3, S. 131-135.

2727. Łaborewicz, Ivo: Pomniki i tablice pamiątkowe Jeleniej Góry [Denkmäler und Gedenktafeln in Hirschberg]. - Jelenia Góra 2012, ss. 170, il.
Miscellanea Jeleniogórskie; 1.

2728. Mutor, Marek: Fredro w obiektywie [Fredro im Objektiv] // W: Kresowe dziedzictwo. Studia nad językiem, historią i kulturą [Das Grenzgebiet-Erbe. Studien zur Sprache, Geschichte und Kultur] / red. Anna Burzyńska -Kamieniecka, Małgorzata Misiak, Jan Kamieniecki. - Wrocław 2012, s. 317-323, il.; Res. 323.
Dot. fotograficznego dokumentowania pomnika A. Fredry we Wrocławiu. - Betr. die Geschichte der fotografischen Dokumentation der Rolle des A. Fredro-Denkmals in Breslau.

2729. Nadolski, Przemysław: Przedwojenne pomniki Bytomia i jego dzieje [Denkmale aus der Vorkriegszeit Beuthens und ihre Geschichte] // W: Ze spiżu i granitu. Pomniki Bytomia [Aus Erz und Granit. Beuthener Denkmäler] / kurator wystawy Maciej Droń. - Bytom 2012, s. 15-36.

2730. Stodolna-Rybczyńska, Anna: Ocalić przeszłość od zapomnienia [Die Vergangenheit vor dem Vergessen bewahren] // Dolny Śląsk 17, 2012, s. 145-149, il. 1.

2731. Szajda, Marek: Powojenne tablice pamiątkowe w Jeleniej Górze. Charakterystyka zbioru [Die nach 1945 in Jelenia Góra entstandenen Gedenktafeln. Beschreibung des Bestandes] // Rocznik Jeleniogórski 44, 2012, s. 183-188, il. 2, tab. 1; Res. 188.

2732. Szmida-Półbratek, Magdalena: Pomniki na Przedmieściu Świdnickim od XIX do początku XXI wieku [Denkmäler in der Schweidnitzer Vorstadt im 19. und 20. Jh.] // W: Przedmieście Świdnickie we Wrocławiu [Die Schweidnitzer Vorstadt in Breslau] / red. nauk. Halina Okólska, Hanna Górska. - Wrocław 2012, s. 175-183, il.; Res. 183.

2733. Śnieżek, Tomasz: Pomniki, tablice pamiątkowe i słupki graniczne Parku Krajobrazowego Gór Sowich [Denkmäler, Gedenktafeln und Grenzsteine im Landschaftspark Eulengebirge] // Bibliotheca Bielaviana 2011 (2012), s. 527-541, il. 24.

2734. Taubitz, Monika: Dein Wrocław, mein Breslau. Impressionen von den 62. Wangener Gesprächen // Silesia Nova. Vierteljahresschrift für Kultur und Geschichte 9, 2012, H. 3, S. 117-124.

2735. Tomaszewski, Andrzej: Historisches Schlesien - ein gemeinsames europäisches Kulturerbe // W: Kultura miast środkowo- i wschodnio-europejskich w późnym średniowieczu i renesansie oraz jej odrodzenie w XIX wieku. In memoriam Andrzej Tomaszewski (1934-2010) [Stadtkultur des späten Mittelalters und der frühen Neuzeit in Ostmitteleuropa und ihre Renaissance im 19. Jahrhundert] / red. Marco Bogade. - Warszawa 2012, S. 65-71.

2736. Wieczorek, Edmund: Powojenne pomniki Bytomia i jego dzielnic [Denkmale aus der Nachkriegszeit in Beuthen und Stadtteilen] // W: Ze spiżu i granitu. Pomniki Bytomia [Aus Erz und Granit. Beuthener Denkmäler] / kurator wystawy Maciej Droń. - Bytom 2012, s. 37-54, fot. 29.

2737. Willisch, Norbert: „Keinen ... noch ließ seine Heimat los". Die Eichendorff-Gedenkplatte wurde am Familiengrab des Dichters auf dem alten Friedhof in Lubowitz eingeweiht // Schlesischer Kulturspiegel 47, 2012, H. 2, S. 28-30, Abb.

11.15. Kulturelle Beziehungen zwischen Ländern und Regionen – Stosunki kulturalne między krajami i regionami – Kulturní vztahy mezi zeměmi a regiony

Zob. poz. / Siehe auch / Viz 227, 347, 2006, 2286, 2332, 3122, 3401.

2738. Dybiec, Julian: Rola Krakowa w rozwoju intelektualnym Katowic i Górnego Śląska [Die Rolle von Krakau in der intellektuellen Entwicklung von Kattowitz und Oberschlesien] // W: Katowice w kulturze pogranicza. Rola Katowic w kulturze i nauce [Kattowitz in der Kultur des Grenzgebietes. Die Rolle von Kattowitz in Kultur und Wissenschaft] / red. nauk. Antoni Barciak. - Katowice 2012, s. 336-350; Res. 349-350.

2739. Garber, Klaus: Schlesisch-pfälzischer Brückenschlag um 1600 im Zeichen von Späthumanismus und Konfessionalismus // In: Schlesien und der deutsche Südwesten um 1600. Späthumanismus - reformierte Konfessionalisierung - politische Formierung / Hrsg. Joachim Bahlcke, Albrecht Ernst. - Heidelberg 2012, S. 13-39.

2740. Mikicka, Aleksandra Kinga: Międzynarodowa współpraca miasta Kowary - historia, dokumenty, perspektywa [Internationale Zusammenarbeit der Stadt Kowary (Schmiedeberg) - Geschichte, Dokumente und Perspektiven] // Rocznik Jeleniogórski 44, 2012, s. 189-212, il. 5; Res. 212.

2741. Miłkowska, Dorota: Wrocławscy artyści w Wiesbaden [Breslauer Künstler in Wiesbaden] // Format. Pismo artystyczne 64, 2012, s. 36-39, il. 9.

2742. Pindór, Mirosława: Jedno czy dwa miasta? Polityczne i kulturalne aspekty współpracy Cieszyna (RP) i Českého Těšína (RC) w latach 1990-2010 [One or two cities? Political and cultural aspects of Cieszyn (Republic of Poland) and Český Těšín (Czech Republic) cooperation between 1990-2010] // Świat i Słowo. Filologia, nauki społeczne, filozofia, teologia 2012, nr 2, s. 27-44; Res. 44.

2743. Urbanowicz, Beata: Związki kulturalne Częstochowy z Górnym Śląskiem w okresie międzywojennym [Die Kulturbeziehungen von Tschenstochau mit Oberschlesien in der Zwischenkriegszeit] // W: Katowice w kulturze pogranicza. Rola Katowic w kulturze i nauce [Kattowitz in der Kultur des Grenzgebietes. Die Rolle von Kattowitz in Kultur und Wissenschaft] / red. nauk. Antoni Barciak. - Katowice 2012, s. 351-362; Res. 361-362.

2744. Walter, Axel E.: Kurpfälzisch-schlesische Kulturtransferprozesse im Zeitalter des Späthumanismus - am Beispiel der Beziehungen von Martin Opitz und seinem schlesischen Freundeskreis zu Georg Michael Lingelsheim // In: Schlesien und der deutsche Südwesten um 1600. Späthumanismus - reformierte Konfessionalisierung - politische Formierung / Hrsg. Joachim Bahlcke, Albrecht Ernst. - Heidelberg 2012, S. 41-84.

12 Familien- und Personengeschichte – Historia rodzin i osób – Dějiny rodin a osob

12.01. Allgemeines – Ogólne – Všeobecně

Zob. poz. / Siehe auch / Viz 480, 845, 2257.

2745. Bielawianie. Wspomnienia, relacje, wywiady [Langenbielauer. Erinnerungen, Berichte, Interviews] / oprac. Krzysztof Pludro. - Bielawa 2012, ss. 348, il.

2746. Cofałka, Jan: Ślązacy i Kresowiacy [Schlesier und Menschen aus den polnischen Ostgebieten („kresy")]. - Warszawa 2011, ss. 406, il.
Biografie. - Biographien.
Rec.: Buchowski, Marian: Lwów i Chorzów w jednym łóżku [Lemberg und Königshütte in einem Bett] // Indeks. Pismo Uniwersytetu Opolskiego 2012, nr 1-2, s. 26-30, fot. 3; Kurek, Jacek: Ślązacy i Kresowiacy (opowieść także hajducka) [Schlesier und Menschen aus den Kresy (auch zur Geschichte Haiduks)] // Hajduczanin. Miesięcznik społeczno-kulturalny Wielkie -Hajduki - Chorzów Batory 2012, nr 3, s. 4-5, fot. 1.

2747. Eiden, Maximilian: Das Nachleben der schlesischen Piasten. Dynastische Tradition und moderne Erinnerungskultur vom 17. bis 20. Jahrhundert. - Köln 2012, X, 460 S., Abb.; Res. 366-380.
Zugl.: Stuttgart, Univ. Diss., 2010. Neue Forschungen zur schlesischen Geschichte; 22.

2748. Gaida, Waldemar: Strzelczanie znani i nieznani = Die Groß Strehlitzer - bekannt und unbekannt // W: Strzelczan album rodzinny. Od kołyski aż po grób = Groß Strehlitzer Familienalbum. Von der Wiege bis zum Grab / red. Marta Górka, Waldemar Gaida. - Strzelce Opolskie 2012, s. 209-216, fot.
Tekst w języku polskim i niemieckim. - Polnischer und deutscher Text.

2749. Grochla, Marcin: Rodzina Grochlów i Bieńków na Śląsku w latach 1939-1947 [Die Familien Grochla und Bieniek in Schlesien in den Jahren 1939-1947] // W: Rodzina na Śląsku 1939-1945. Dezintegracja, migracje, codzienność [Die Familie in Schlesien 1939-1945. Desintegration-Migration-Alltag] / red. Adriana Dawid, Antoni Maziarz. - Opole 2012, s. 192-196.

2750. Hałaś, Marcin: Alfabet bytomski [Beuthener Alphabet]. - Bytom 2012, ss. 194, fot.
Biogramy przedstawicieli życia artystycznego, politycznego i kulturalnego z Bytomia. - Biogramme von Vertretern des künstlerischen, politischen und kulturellen Lebens in Beuthen.

2751. Hnatyszyn, Piotr: Max Böhm i Loebl Haendler - zabrzańscy przedsiębiorcy i dobroczyńcy [Max Böhm und Loebl Haendler - Hindenburger Unternehmer und Wohltäter] // W: Żydzi na Górnym Śląsku w XIX i XX wieku [Juden in Oberschlesien im 19. und 20. Jahrhundert] / red. Beata Kalinowska-Wójcik, Dawid Keller. - Rybnik 2012, s. 539-550.

2752. Kunert, Krzysztof: Wrocławscy Powstańcy Warszawy [Warschauer Aufständische aus Breslau]. - Wrocław 2011, ss. 272, il.
Biografie powstańców warszawskich zamieszkałych po 1945 r. we Wrocławiu. - Biographien der Warschauer Aufständischen, die nach 1945 in Breslau lebten.
Rec.: Marszalec, Janusz // Wrocławski Rocznik Historii Mówionej 2, 2012, s. 261-265.

2753. Lebensbilder. Persönlichkeiten des Oberlausitzer Lebens. Bd. 1: Muskauer Heide. - Görlitz 1995, 82 S.
Heimatkundliche Beiträge für den Niederschlesischen Oberlausitzkreis; 12.
Rec.: Lehsten, Lupold von // Archiv für Familiengeschichtsforschung 16, 2012, H. 2, S. 77-78.

2754. Magiera, Władysława: Cieszyński szlak kobiet. Cz. 3 [Teschener Frauenroute. Teil 3] / współpr. Joanna Gawlikowska. - Cieszyn 2012, ss. 172, il., tabl. [32] s.
Zawiera 20 biogramów kobiet związanych ze Śląskiem Cieszyńskim. .- Enthält 20 Biogramme von Frauen, die mit dem Teschener Schlesien verbunden sind.

2755. Rodzina na Śląsku w XIX i na początku XX wieku [Die Familie in Schlesien im 19. und am Anfang des 20. Jahrhunderts] / red. Adriana Dawid, Antoni Maziarz. - Opole 2011, ss. 278, fot.; Res. 255-259.
Dot. dziejów wybranych rodzin śląskich. - Betr. die Geschichte ausgewählter schlesischer Familien.
Rec.: Stępień, Maciej // Śląski Kwartalnik Historyczny Sobótka 67, 2012, nr 3, s. 129-134.

12.02. Geschlechter und Familien – Rody i rodziny – Rodiny a rody

Anhalt, fam.

2756. Lemke-Prediger, Johanna: Anhaltowie na Śląsku = Anhalt in Schlesien // Zeszyty Eichendorffa. Historia - Kultura - Literatura = Eichendorff-Hefte. Geschichte - Kultur - Literatur 2012, nr 39, s. 34-51, fot.
Tekst w języku polskim i niemieckim. - Polnischer und deutscher Text.

Aronade, fam.

2757. Parish, Beedle Ruth: Aronade. Życie rybnickiej rodziny żydowskiej [Aronade. Das Leben einer Rybniker jüdischen Familie] // W: Żydzi na Górnym Śląsku w XIX i XX wieku [Juden in Oberschlesien im 19. und 20. Jahrhundert] / red. Beata Kalinowska-Wójcik, Dawid Keller. - Rybnik 2012, s. 632-650, fot. 11, ryc. 2.

Biberstein, fam.

2758. Gawlik, Stanisław: Starowieyscy herbu Biberstein. (Monografia rodziny) [Starowieyski vom Wappen Biberstein (Familienmonographie)]. - [Krosno] [2012], ss. 373, il., tabl. 8 s.
Dot. także Śląska. - Betr. auch Schlesien.

Bruntálský z Vrbna, fam.

2759. Mašitová, Petra: Ještě jednou rod Bruntálských z Vrbna, tentokrát na Štítině [Noch einmal das Geschlecht Bruntalsky von Wrbna, dieses Mal in Stettin/Jägerndorf] // Sborník bruntálského muzea 2012, s. 11-22.

Czirn, fam.

2760. Sikorski, Robert: Genealogia i rozsiedlenie rodu von Czirn na średniowiecznym Śląsku. Cz. 1: 1268-1366 [Genealogie und Ansiedlung der Familie von Czirn im mittelalterlichen Schlesien. Teil I: 1268-1366] // W: Studia z historii społecznej / red. Mateusz Goliński, Stanisław Rosik. - Wrocław 2012, s. 77-96; Res. 162-163.

Deichsel, fam.

2761. Górecki, Piotr: „Wszystko, co uczyniliście jednemu z tych najmniejszych..." - Theresia i Henriette Deichsel [„Alles was ihr dem Kleinsten von allen angetan habt ..." - Theresia und Henriette Deichsel] // W: Święci są wśród nas. Wybrane biografie niekanonizowanych zabrzańskich świętych [Heilige sind unter uns. Ausgewählte Biografien nicht kanonisierter Heiliger aus Zabrze] / red. Piotr Górecki. - Gliwice 2012, s. 43-52, fot. 1.

Denkowski, fam.

2762. Fortuna, Małgorzata Urszula: Harcerska rodzina Denkowskich [Die Pfadfinderfamilie Denkowski] // W: Z dziejów harcerstwa w Gliwicach [Aus der Geschichte der Pfadfinderbewegung in Gleiwitz] / red. Damian Recław, Joanna Januszewska-Jurkiewicz. - Gliwice 2012, s. 279-294, fot. 11.

Dyllus, fam.

2763. Górecki, Piotr: Stanowczo i z zasadami nie zawsze oznacza, że źle - Gertruda i Jan Dyllusowie [Entschieden und mit Prinzipien bedeutet nicht immer schlecht - Gertruda und Jan Dyllus] // W: Święci są wśród nas. Wybrane biografie niekanonizowanych zabrzańskich świętych [Heilige sind unter uns. Ausgewählte Biografien nicht kanonisierter Heiliger aus Zabrze] / red. Piotr Górecki. - Gliwice 2012, s. 53-70, fot. 1.

Francus, fam.

2764. Morys-Twarowski, Michael: Francusowie w XIX i na początku XX wieku - historia chłopskiej rodziny ze Śląska Cieszyńskiego [Die Familie Francus im 19. und am Anfang des 20. Jahrhunderts - Geschichte einer Bauernfamilie aus dem Teschener Schlesien] // Studia Historyczne 55, 2012, z. 1, s. 108-121.

Friedländer, fam.

2765. Borkowski, Maciej: Friedlaenderowie. Najbogatsza rodzina żydowska Opola [Friedländer. Die wohlhabendste jüdische Familie in Oppeln] // W: Żydzi na Górnym Śląsku w XIX i XX wieku [Juden in Oberschlesien im 19. und 20. Jahrhundert] / red. Beata Kalinowska-Wójcik, Dawid Keller. - Rybnik 2012, s. 527-538.

2766. Frużyński, Adam: Od karczmy do koncernu - wzloty i upadki fortuny Friedländerów [Vom Wirtshaus bis zum Konzern - Die Höhen und Tiefen der Familie Friedländer] // W: Żydzi na Górnym Śląsku w XIX i XX wieku [Juden in Oberschlesien im 19. und 20. Jahrhundert] / red. Beata Kalinowska-Wójcik, Dawid Keller. - Rybnik 2012, s. 497-525.

Gallas, fam.

2767. Krummholz, Martin: „Seiner Zeith haben Sr : Excell in Englandt aufn Landt in einem Hauss gewohnet". Gallasové a Slezsko. Interregionální souvislosti architektury počátku 18. století [„Seiner Zeith haben Sr : Excell in Englandt aufn Landt in einem Hauss gewohnet". Die Familie Gallas und Schlesien. Interegionale Beziehungen der Architektur des Anfangs des 18. Jh.] [„Ongiś Jego Ekscelencja mieszkał w Anglii na wsi, w pewnym domu". Rodzina Gallasów a Śląsk. Międzyregionalne związki architektury początku XVIII wieku] // W: Wokół Karkonoszy i Gór Izerskich. Sztuka baroku na śląsko-czesko-łużyckim pograniczu [Rund um das Riesengebirge und das Isergebirge. Die Kunst des Barocks im schlesisch-tschechisch-lausitzischen Grenzgebiet] / red. Andrzej Kozieł. - Jelenia Góra 2012, s. 49-61; Res. 60-61.

Haase, fam.

2768. Płoszaj, Małgorzata: Historia rybnickiej rodziny Haase [Aus der Geschichte der Rybniker Familie Haase] // W: Żydzi na Górnym Śląsku w XIX i XX wieku [Juden in Oberschlesien im 19. und 20. Jahrhundert] / red. Beata Kalinowska-Wójcik, Dawid Keller. - Rybnik 2012, s. 551-560, fot. 5.

Hauptmann, fam.

2769. Gollasch, Dagmar: Martha i Carl Hauptmannowie - daleka bliskość [Martha und Carl Hauptmann - entfernte Nähe] // W: Carl i Gerhart Hauptmann - dzieło i modele jego odbioru [Carl und Gerhart Hauptmann - Werk und Modelle ihrer Rezeption] / red. Edward Białek, Jan Pacholski, Piotr Niemiec. - Wrocław 2012, s. 103-114.

2770. Iwasyk, Ewa: Maria Rohne (później Hauptmann) - obraz przyjaciółki, muzy i drugiej żony Carla Hauptmanna na podstawie jej listów do pisarza z lat 1906-1921 [Maria Rohne's (later Hauptmann) letters addressed to Carl Hauptmann in the years 1906-1921] // W: Carl i Gerhart Hauptmann - dzieło i modele jego odbioru [Carl und Gerhart Hauptmann - Werk und Modelle ihrer Rezeption] / red. Edward Białek, Jan Pacholski, Piotr Niemiec. - Wrocław 2012, s. 95-101; Res. 101-102.

2771. Kęsicka, Małgorzata: Związki braci Hauptmannów z Domem Neisserów [Verbindungen der Brüder Hauptmann mit dem Hause Neisse] // W: Carl Hauptmann w polskiej nauce i krytyce literackiej [Carl Hauptmann im Spiegel der polnischen Forschung und Literaturkritik] / red. Krzysztof Antoni Kuczyński. - Włocławek 2012, s. 455-464.

2772. Wołoszyn, Renata: Śląsk w życiu i twórczości Gerharta i Carla Hauptmannów [Schlesien im Leben und Werk von Gerhart und Carl Hauptmann] // W: Carl Hauptmann w polskiej nauce i krytyce literackiej [Carl Hauptmann im Spiegel der polnischen Forschung und Literaturkritik] / red. Krzysztof Antoni Kuczyński. - Włocławek 2012, s. 533-548.

2773. Zarzycka, Beata: Relacje między braćmi Carlem i Gerhartem Hauptmannem [Beziehungen zwischen den Brüdern Carl und Gerhart Hauptmann] // W: Carl i Gerhart Hauptmann - dzieło i modele jego odbioru [Carl und Gerhart Hauptmann - Werk und Modelle ihrer Rezeption] / red. Edward Białek, Jan Pacholski, Piotr Niemiec. - Wrocław 2012, s. 315-320; sum. 321.

Henckel von Donnersmarck, fam.

2774. Horzela-Szubińska, Gabriela: Tajemnice Donnersmarcków. Opowieści i legendy [Geheimnisse der von Donnersmarck. Erzählungen und Legenden]. - Wyd. 2 popr. - Tarnowskie Góry 2012, ss. 157, il. 26 s.
Wyd. 1, 2006. - 1. Aufl. 2006.

Hohenlohe, fam.

2775. Kuzio-Podrucki, Arkadiusz: Hohenlohe w Europie, na Śląsku, w Katowicach [Die Hohenlohe in Europa, Schlesien und Kattowitz]. - Tarnowskie Góry 2012, ss. 160, tabl. VI s.

Kandora, fam.

2776. Kandora, Justyna: Wojenne losy rodziny Kandorów i mieszkańców Dąbrówki [Kriegsschicksale der Familie Kandora und der Bewohner von Dombrowka/Gleiwitz] // W: Rodzina na Śląsku 1939-1945. Dezintegracja, migracje, codzienność [Die Familie in Schlesien 1939-1945. Desintegration-Migration-Alltag] / red. Adriana Dawid, Antoni Maziarz. - Opole 2012, s. 215-219.

Klein, fam.

2777. Krejčiřík, Mojmír: Kleinové. Historie moravské podnikatelské rodiny [Die Familie Klein. Geschichte einer mährischen Unternehmerfamilie]. - Brno 2009, 446 s.
Brno v minulosti a dnes, supplementum; 9.
Rec.: Vícha, František // Vlastivědný věstník moravský 64, 2012, č. 2, s. 198-201.

Kłosowski, fam.

2778. Brusiło, Zygmunt: Wierni zasadom - Józef i Zofia Kłosowscy [Prinzipientreu - Józef und Zofia Kłosowski] // Dolny Śląsk 17, 2012, s. 284-290.

Lorenz, fam.

2779. Burdach, Dorota: Malarska rodzina Lorenzów i ich dzieła w Kowarach [Die Malerfamilie Lorenz und ihre Werke in Schmiedeberg] // W: Wokół Karkonoszy i Gór Izerskich. Sztuka baroku na śląsko-czesko-łużyckim pograniczu [Rund um das Riesengebirge und das Isergebirge. Die Kunst des Barocks im schlesisch-tschechisch-lausitzischen Grenzgebiet] / red. Andrzej Kozieł. - Jelenia Góra 2012, s. 171-181, il.; Res. 181.

Löwenberg, fam.

2780. Fuchs-Frotscher, Daniela: Zwischen antifaschistischem Widerstand und Heimatverlust - die Breslauer Familie Löwenberg // In: Widerstand und Heimatverlust. Deutsche Antifaschisten in Schlesien / Hrsg. Cornelia Domaschke, Marcel Bois. - Berlin 2012, S. 10-38, Abb.

Malkusz, fam.

2781. Malkusz, Łukasz: Malkuszowie z Gogolina w latach 1939-1947 [Die Familie Malkusz aus Gogolin in den Jahren 1939-1947] // W: Rodzina na Śląsku 1939-1945. Dezintegracja, migracje, codzienność [Die Familie in Schlesien 1939-1945. Desintegration-Migration-Alltag] / red. Adriana Dawid, Antoni Maziarz. - Opole 2012, s. 220-224.

Marcol, fam.

2782. Szkatuła, Przemysław: Rodzina Marcolów w okresie II wojny światowej [Die Familie Marcol während des Zweiten Weltkriegs] // W: Rodzina na Śląsku 1939-1945. Dezintegracja, migracje, codzienność [Die Familie in Schlesien 1939-1945. Desintegration-Migration-Alltag] / red. Adriana Dawid, Antoni Maziarz. - Opole 2012, s. 204-209.

Panofsky, fam.

2783. Wójcik, Marek: Od arendy po ikonologię. Rzecz o rodzinie Panofsky i jej górnośląskich korzeniach [Von Arenda zur Ikonographie. Die Familie Panofsky und ihre oberschlesischen Wurzeln] // W: Żydzi na Górnym Śląsku w XIX i XX wieku [Juden in Oberschlesien im 19. und 20. Jahrhundert] / red. Beata Kalinowska-Wójcik, Dawid Keller. - Rybnik 2012, s. 581-598, fot. 4.

Piastowie, fam.

2784. Nußer, Horst: Unbekannte Hochkulturen im Osten Europas. Bd. 6: Schlesische Piasten zwischen Böhmen und Ungarn 1163-1675. - München 2012, 122 S., Abb., Kt.

Pogorzele, fam.

2785. Kordasiewicz, Arnold: Właściciele zamku w Owieśnie [Besitzer des Schlosses in Habendorf] // Bibliotheca Bielaviana 2011 (2012), s. 27-34, il. 5.

Preissler, fam.

2786. Żernik, Monika: Preisslerowie - barokowi malarze szkła i porcelany i ich związki z czeskimi oraz śląskimi mecenasami [Die Preisslers - Glas- und Porzellanmaler des Barock und ihre Verbindungen mit den böhmischen und schlesischen Mäzenen] // W: Wokół Karkonoszy i Gór Izerskich. Sztuka baroku na śląsko-czesko-łużyckim pograniczu [Rund um das Riesengebirge und das Isergebirge. Die Kunst des Barocks im schlesisch-tschechisch-lausitzischen Grenzgebiet] / red. Andrzej Kozieł. - Jelenia Góra 2012, s. 225-233, il.; Res. 233.

Pruszkowski, fam.

2787. Pobóg-Lenartowicz, Anna: Odnalezione archiwum rodu Pruszkowskich [Wiederentdecktes Archiv der Familie Pruszkowski] // Śląski Kwartalnik Historyczny Sobótka 67, 2012, nr 2, s. 125-132.

Przeczek, fam.

2788. Kliber, Jan: Ewangeliccy przodkowie Karola Wojtyły - ród Przeczków z Datyni [Evangelische Vorfahren von Karol Wojtyła - das Geschlecht Przeczek aus Nieder Dattin] // Kalendarz Ewangelicki 2013 (2012), t. 127, s. 162-170, il. 1, tab. 1.

Rechenberg, fam.

2789. Andrzejewski, Tomasz: Die Herren von Rechenberg im Herzogtum Glogau während des 16. und 17. Jahrhunderts. Familie, Wirtschaft, Politik, Kunst. - Würzburg 2012, 342 S., Abb. *Wissenschaftliche Schriften des Vereins für Geschichte Schlesiens; 7; Wydanie polskie / Polnische Fassung: Rechenbergowie w księstwie głogowskim w XVI-XVII wieku. Zielona Góra 2010.*

Runge, fam.

2790. Ronge, Tobias: Genealogische Notizen zur Familie Ronge aus Winsdorf, Kreis Neisse in Oberschlesien. Mit Hinweisen auf die schlesische Familie Lenort // Zeitschrift für Ostdeutsche Familiengeschichte 21 (60), 2012, H. 4, S. 401-412.

Sobiegraj, fam.

2791. Justyński, Krzysztof: Dzieje rodziny Sobiegrajów w latach 1939-1947 [Geschichte der Familie Sobiegraj in den Jahren 1939-1947] // W: Rodzina na Śląsku 1939-1945. Dezintegracja, migracje, codzienność [Die Familie in Schlesien 1939-1945. Desintegration-Migration -Alltag] / red. Adriana Dawid, Antoni Maziarz. - Opole 2012, s. 230-235.

Spallek, fam.

2792. Spallek, Joachim: Chronik bürgerlicher Familien aus Oberschlesien (1558-2012). Die Familien Spallek aus Proskau, Beyermann aus Beuthen, Wagner, Gabriel, Noleppa u.a. Ein Beitrag zur Kultur-, Wirtschafts- und Sozialgeschichte Oberschlesiens. - Aufl. 2. - Willich 2012, 266 S., Abb.

Szymała, fam.

2793. Jakubik, Michał: Szymałowie z Dobrzenia Wielkiego [Die Familie Szymała aus Groß Döbern] // W: Rodzina na Śląsku 1939-1945. Dezintegracja, migracje, codzienność [Die Familie in Schlesien 1939-1945. Desintegration -Migration-Alltag] / red. Adriana Dawid, Antoni Maziarz. - Opole 2012, s. 197-203.

Taaffe, fam.

2794. Brňovják, Jiří: Hrabata Taaffové (z Carlingfordu). Irské stopy v historické topografii Těšínska [The Taaffe Earls (of Carlingford). Irish Traces in the Historic Topography of the Těšín Region] // Těšínsko. Vlastivědný časopis 55, 2012, č. 4, s. 1-14; Res. 12.

2795. Zářický, Aleš / Brňovják, Jiří: Irové na Těšínsku K historii rodu Taaffe v Hornim Slezsku v 18. století [Irlandczycy w Cieszyńskiem. Dzieje rodu Taaffe na Górnym Śląsku w XVIII wieku] [Iren im Teschener Land. Die Geschichte des Taaffe-Geschlechts in Oberschlesien im 18. Jahrhundert] // W: Podróże i migracje w Europie Środkowej [Reisen und Migrationen in Mitteleuropa] / red. Antoni Barciak ; wprowadz. Małgorzata Mańka-Szulik. - Katowice 2012, s. 74-95, fot. 4; Res. 93-95.

Zimmermann, fam.

2796. Theuerkauf, Georg: Die Baumeisterfamilie Zimmermann. Unsere Vorfahren aus Schlesien. - 2. überarb. Aufl. - Kelkheim/Taunus 2012, 90 S., Abb., Kt.

12.03. Personen – Osoby – Osoby

Ackermann Moritz (-1851-1900)

Fotograf w Görlitz – Photograph in Görlitz

2797. Wielowiejski, Zygmunt: Moritz Ackermann und eine kurze Wanderung durch die Anfänge der Fotografie in Görlitz // Görlitzer Magazin. Geschichte und Gegenwart der Stadt Görlitz und ihrer Umgebung 25, 2012, S. 51-63, 24 Abb.

Adamczyk Józef Edward (1868-1948)

Duchowny rzymskokatolicki na Górnym Śląsku - Römisch-katholischer Geistlicher in Oberschlesien

2798. Bojdoł, Adam: Ks. Edward Adamczyk (1868-1948). W drodze do Polski [Priester Edward Adamczyk (1868-1948). Auf dem Weg nach Polen]. - Ruda Śląska 2012, ss. 142, il.

Affanasowicz Michał (1887-1949)

Harcmistrz, inżynier, pracownik Politechniki Śląskiej w Gliwicach – Pfadfinderleiter; Ingenieur; Hochschullehrer in Gleiwitz

2799. Affanasowicz, Edyta: Michał Afanasowicz - współorganizator skautingu polskiego we Lwowie i opiekun kręgu starszoharcerskiego na Politechnice Śląskiej w 1945 roku [Michał Afanasowicz - Mitbegründer der polnischen Skautbewegung in Lemberg und Betreuer des Pfadfinderkreises an der Schlesischen Technischen Hochschule im Jahr 1945] // W: Z dziejów harcerstwa w Gliwicach [Aus der Geschichte der Pfadfinderbewegung in Gleiwitz] / red. Damian Recław, Joanna Januszewska-Jurkiewicz. - Gliwice 2012, s. 133-145, fot. 9.

Albert Franz (1876-1944)

Kapelan wojskowy i historyk w Hrabstwie Kłodzkim – Militärpfarrer und Historiker in Grafschaft Glatz

2800. Hirschfeld, Michael: „Neben ungewöhnlichem Fleiß zeigte er ein scharfes Urteil". Militärpfarrer Franz Albert (1876-1944) als Historiker und Priester in der Grafschaft Glatz // AGG-Mitteilungen. Mitteilungsblatt der Arbeitsgemeinschaft Grafschaft Glatz - Kultur und Geschichte 11, 2012, S. 1-12, 4 Abb.

Anioł Ślązak = Angelus Silesius (1624-1677)

Zob. poz. / Siehe / Viz 3253.

Antoniak Feliks (1888-1974)

Rzeźbiarz i medalier – Bildhauer und Medailleur

2801. Modrzyński, Janusz: Feliks Antoniak (1888-1974) // Biuletyn Numizmatyczny 2012, nr 3, s. 211-216, il. 5.

Arczyński Stefan (1916-)

Fotografik we Wrocławiu – Fotograf in Breslau

2802. Palka, Mateusz: Wrocław utrwalony. Fotograf Stefan Arczyński [Verewigtes Breslau. Der Fotograf Stefan Arczyński] // Pamięć i Przyszłość 2012, nr 1 (15), s. 68-71, il. 3.

Aubin Hermann (1885-1969)

Historyk, profesor we Wrocławiu – Historiker, Hochschullehrer in Breslau

2803. Briefe des Ostforschers Hermann Aubin aus den Jahren 1910-1968 / Hrsg. Eduard Mühle. - Marburg 2008, 610 S.
Rec.: Bünz, Enno // Neues Archiv für sächsische Geschichte 83, 2012, S. 324-326.

2804. Mühle, Eduard: Hermann Aubin (1885-1969) // In: Schlesische Lebensbilder. Bd. 11 / Hrsg. Joachim Bahlcke. - Insingen 2012, S. 489-503.

Aulich Artur (1881-1962)

Harcerz na Górnym Śląsku – Pfadfinder in Oberschlesien

2805. Borkowska, Elżbieta: Artur Aulich - polski działacz narodowy i harcerski na Górnym Śląsku [Artur Aulich - polnischer aktiver Vertreter nationalen Interessen und Pfadfinder in Oberschlesien] // W: Z dziejów harcerstwa w Gliwicach [Aus der Geschichte der Pfadfinderbewegung in Gleiwitz] / red. Damian Recław, Joanna Januszewska-Jurkiewicz. - Gliwice 2012, s. 297-302, fot. 1.

Ballestrem Nikolaus von (1900-1945)

Polityk i przemysłowiec na Śląsku – Politiker und Unternehmer in Schlesien

2806. Hitze, Guido: Nikolaus Graf Ballestrem (1900-1945) // In: Schlesische Lebensbilder. Bd. 11 / Hrsg. Joachim Bahlcke. - Insingen 2012, S. 531-547.

Bart-Ćišinski (Barth Jakob) (1856-1909)

Poeta, pisarz, dramatopisarz, teoretyk literatury i kultury serbołużyckiej – Dichter, Schriftsteller, Dramaturg, Theoretiker der sorbischen Literatur und Kultur

2807. Jakub Bart-Ćišinski (1856-1909). Erneuerer der sorbischen Literatur. Sammelband der internationalen Konferenz zum 100. Todestag des Dichters, Bautzen und Panschwitz-Kuckau, 15.-17.10.2009 [Jakub Bart-Ćišinski (1856-1909). Wobnowjer serbskeje literatury] / Hrsg. Dietrich Scholze, Franz Schön. - Bautzen 2011, 333 S.
Rec.: Ibler, Reinhard // Zeitschrift für Slawistik 57, 2012, H. 4, S. 498-500.

Bartoszek Jan (1936-2011)

Duchowny rzymskokatolicki z Zabrza. Misjonarz werbista w Papui-Nowej Gwinei – Römisch-katholischer Geistlicher aus Zabrze; Missionar der Steyler Missionare in Papua-Neuguinea

2808. Malicka, Krystyna: Życie i działalność misyjna o. Jana Bartoszka [Leben und Missionstätigkeit von Jan Bartoszek] // W: Święci są wśród nas. Wybrane biografie niekanonizowanych zabrzańskich świętych [Heilige sind unter uns. Ausgewählte Biografien nicht kanonisierter Heiliger aus Zabrze] / red. Piotr Górecki. - Gliwice 2012, s. 21-33, fot. 1.

Baszkiewicz Jan Michał (1930-2011)

Prawnik, historyk, profesor Uniwersytetu Wrocławskiego, Uniwersytetu Śląskiego w Katowicach – Jurist und Historiker; Hochschullehrer in Breslau und Kattowitz

2809. Maciejewski, Marek: O Jana Baszkiewicza badaniach nad prawem, państwem, historią i polityką [Über Jan Baszkiewiczs Forschungen zu Recht, Staat, Geschichte und Politik] // W: Prawnicy na Uniwersytecie Wrocławskim [Juristen an der Breslauer Universität] / red. Maciej Marszał, Jacek Przygodzki. - Wrocław 2012, s. 119-128.
Acta Universitatis Wratislaviensis; 3423.

Baum Günter (1936-)

Aktor w Zgorzelcu – Schauspieler in Görlitz

2810. Baum, Günter: Als ich noch ein Sultan war. Meine Zeit bei der Görlitzer Puppenbühne. Marianne Hauptmann wird in Episoden erzählt. - Norderstedt 2012, 50 S.

Bechert Joseph Anton (1691-1750).

Rzeźbiarz, urodzony w Świdnicy, mieszkający w Jeleniej Górze – Aus Schweidnitz stammender Bildhauer in Hirschberg

2811. Jagiełło, Jakub / Migasiewicz, Paweł: Dzieła jeleniogórskiego rzeźbiarza Josepha Antona Becherta [Die Werke des Hirschberger Bildhauers Joseph Anton Bechert] // W: Wokół Karkonoszy i Gór Izerskich. Sztuka baroku na śląsko-czesko-łużyckim pograniczu [Rund um das Riesengebirge und das Isergebirge. Die

Kunst des Barocks im schlesisch-tschechisch -lausitzischen Grenzgebiet] / red. Andrzej Kozieł. - Jelenia Góra 2012, s. 95-109, il; Res. 109.

Beckmann Friedrich (1803-1866)

Aktor urodzony we Wrocławiu – Aus Breslau stammender Schauspieler

2812. Koning, Henk J.: Friedrich Beckmann (1803-1866). Vom Dialektspieler Holteis zum Berliner Publikumsliebling // In: Schlesien erlesen. Aufsätze zur Literatur des 18. bis 21. Jahrhunderts. Festgabe für Monika Taubitz zum 75. Geburtstag / Hrsg. Edward Białek. - Dresden [u.a.] 2012, S. 79-109.

Beling Ernst Ludwig (1866-1932)

Prawnik wrocławski pochodzący z Głogowa – Aus Glogau stammender Jurist in Breslau

2813. Koredczuk, Józef: Ernst Ludwig Beling - wybitny karnista niemiecki [Ernst Ludwig Beling - ein berühmter deutscher Strafrechtler] // W: Prawnicy na Uniwersytecie Wrocławskim [Juristen an der Breslauer Universität] / red. Maciej Marszał, Jacek Przygodzki. - Wrocław 2012, s. 29-37.
Acta Universitatis Wratislaviensis; 3423.

Bereska Henryk (1926-2005)

Poeta, tłumacz urodzony w Katowicach-Szopienicach – In Kattowitz-Schoppinitz geborener Dichter und Übersetzer

2814. Klin, Eugeniusz: Wspomnienia o starych familokach, czyli górnośląskie wiersze Henryka Bereski = Erinnerungen an die alten „Familoki". Zu Henryk Bereskas Gedichten über Oberschlesien // Zeszyty Eichendorffa. Historia - Kultura - Literatura = Eichendorff-Hefte. Geschichte - Kultur - Literatur 2012, nr 38, s. 32-47, fot.
Tekst w języku polskim i niemieckim. - Polnischer und deutscher Text.

Bertram Adolf, archiep. Wrat. (1859-1945)

2815. Gawlitta, Severin: „Ein Politikón hohen Ranges". Der Kardinal Bertram-Nachlass im Erzbischöflichen Archiv Breslau [„Politikon na wysokim szczeblu" - spuścizna kardynała Bertrama w Archiwum Archidiecezjalnym we Wrocławiu] // Archiv für schlesische Kirchengeschichte 70, 2012, S. 317-331; Res. 421.

Beuchel Elias von (1660-1723)

Przewodniczący gminy ewangelickiej w Kamiennej Górze – Vorsteher der evangelischen Gemeinde zu Landeshut

2816. Schwanitz, Jürgen: Elias von Beuchel (1660-1723) - Ein treuer Förderer des Baus der Gnadenkirche und erster Vorsteher der evangelischen Gemeinde zu Landeshut // In: Auf historischer Spurensuche im Bobertal 2011/2012. Aktuelle Forschungsergebnisse von und für Regionalforscher, Ortschronisten, Genealogen und Historiker im niederschlesischen Riesengebirge / Hrsg. Ulrich Schmilewski, Jürgen Schwanitz. - Würzburg 2012, S. 7-39, Abb.

Bienek Horst (1930-1990)

Pisarz górnośląski – Oberschlesischer Schriftsteller

2817. Bittner, Wolfgang: Der Entwurzelte. Horst Bieneks oberschlesisches Schicksal // Silesia Nova. Vierteljahresschrift für Kultur und Geschichte 9, 2012, H. 4, S. 109-114.

2818. Frühwald, Wolfgang: Eine „Brücke aus Papier". Zeiterfahrung und Sprachvertrauen im Werk von Horst Bienek // In: Horst Bienek. Ein Schriftsteller in den Extremen des 20. Jahrhunderts / Hrsg. Reinhard Laube, Verena Nolte. - Göttingen 2012, S. 17-35.

2819. Görling, Reinhold: Das Denken der Zelle. Über Horst Bieneks Filmprojekt // In: Horst Bienek. Ein Schriftsteller in den Extremen des 20. Jahrhunderts / Hrsg. Reinhard Laube, Verena Nolte. - Göttingen 2012, S. 36-56, Abb.

2820. Hahn, Hans-Joachim: Wahrheit, Wirklichkeit und Geschichte - Aspekte von Horst Bieneks „poetischem Realismus" // In: Horst Bienek. Ein Schriftsteller in den Extremen des 20. Jahrhunderts / Hrsg. Reinhard Laube, Verena Nolte. - Göttingen 2012, S. 57-72.

2821. Joachimsthaler, Jürgen: Das Atmen der Sätze in der Enge des Wort-Raumes. Zu Horst Bieneks Schreibweise // In: Horst Bienek. Ein Schriftsteller in den Extremen des 20. Jahrhunderts / Hrsg. Reinhard Laube, Verena Nolte. - Göttingen 2012, S. 73-101.

2822. Kemper, Dirk: Bienek und Dostoevskij // In: Horst Bienek. Ein Schriftsteller in den Extremen des 20. Jahrhunderts / Hrsg. Reinhard Laube, Verena Nolte. - Göttingen 2012, S. 102-117.

2823. Krzemiński, Adam: Horst Bieneks Osten // In: Horst Bienek. Ein Schriftsteller in den Extremen des 20. Jahrhunderts / Hrsg. Reinhard Laube, Verena Nolte. - Göttingen 2012, S. 128-138.

2824. Laube, Reinhard: Das 20. Jahrhundert im Spiegel des Nachlasses von Horst Bienek. Das Horst-Bienek-Archiv // In: Horst Bienek. Ein Schriftsteller in den Extremen des 20. Jahrhunderts / Hrsg. Reinhard Laube, Verena Nolte. - Göttingen 2012, S. 139-157.

2825. Mrożek, Sebastian: Horst Bienek im kulturellen Gedächtnis seiner Heimatstadt Gleiwitz/Gliwice // In: Horst Bienek. Ein Schriftsteller in den Extremen des 20. Jahrhunderts / Hrsg. Reinhard Laube, Verena Nolte. - Göttingen 2012, S. 158-175.

2826. Nolte, Verena: Luftkrieg, Schuld und Literatur - Horst Bienek und W.G. Sebald, ein „missing link"? // In: Horst Bienek. Ein Schriftsteller in den Extremen des 20. Jahrhunderts / Hrsg. Reinhard Laube, Verena Nolte. - Göttingen 2012, S. 176-188.

2827. Petersen, Andreas: „Meine Damen und Herren. Ich breche hier ab." Zu Horst Bieneks ungeschriebenem Workuta-Roman // In: Horst Bienek. Ein Schriftsteller in den Extremen des 20. Jahrhunderts / Hrsg. Reinhard Laube, Verena Nolte. - Göttingen 2012, S. 189-208.

2828. Pietrek, Daniel: Horst Bieneks Verhaftung. Aktenüberlieferung, Bekenntnis und Selbstdarstellung // In: Horst Bienek. Ein Schriftsteller in den Extremen des 20. Jahrhunderts / Hrsg. Reinhard Laube, Verena Nolte. - Göttingen 2012, S. 209-230.

2829. Pietrek, Daniel: Ich erschreibe mich selbst. (Autor)biografisches Schreiben bei Horst Bienek. - Dresden 2012, 559 S.

2830. Sauerland, Karol: Meine Begegnung mit Horst Bienek // In: Horst Bienek. Ein Schriftsteller in den Extremen des 20. Jahrhunderts / Hrsg. Reinhard Laube, Verena Nolte. - Göttingen 2012, S. 231-258, Abb.

2831. Urbach, Tilman: Leben zwischen den Zeilen - Horst Bieneks Tagebücher // In: Horst Bienek. Ein Schriftsteller in den Extremen des 20. Jahrhunderts / Hrsg. Reinhard Laube, Verena Nolte. - Göttingen 2012, S. 259-276.

Bieniek Juliusz, ep. Katow. (1895-1978)

2832. Olszar, Henryk: Nigdy przeciw Bogu. Biskup Juliusz Bieniek (1895-1978). W 75. rocznicę przyjęcia sakry biskupiej [Niemals gegen Gott. Bischof Juliusz Bieniek (1895-1978). Zum 75. Jubiläum seiner Bischof-Konsekration] // Wiadomości Archidiecezjalne. Organ urzędowy Kurii Metropolitarnej w Katowicach 2012, nr 4, s. 245-249.

Blaschke Julius (1866-1922)

Kompozytor, muzyk i regionalista w Głogowie – Komponist, Kirchenmusiker und Regionalist in Glogau

2833. Abmeier, Hans-Ludwig / Unverricht, Hubert: Der andere, der Glogauer Julius Blaschke (1866-1922) // Schlesien erlesen. Aufsätze zur Literatur des 18. bis 21. Jahrhunderts. Festgabe für Monika Taubitz zum 75. Geburtstag S. 341-365.
Wcześniej w: / Zuvor in: „Silesia nova" 8, 2011, H. 3/4, (93-114).

Boden Franz (1846-1914)

Grawer, fotograf, dokumentalista Ziemi Kłodzkiej – Graveur, Fotograf und Dokumentar des Glatzer Landes

2834. Dudek, Antoni Kazimierz: Życie i działalność Franciszka Ksawerego Bodena (1846-1914) [Leben und Wirken von Franz Xaver Boden (1846-1914)]. - Kłodzko 2012, ss. 31, il.

Bolesław II Rogatka, dux Siles. (ca 1220-1278)

2835. Osiński, Jacek: Bolesław Rogatka. Książę legnicki, dziedzic monarchii Henryków śląskich (1220/1225-1278) [Bolesław Rogatka. Liegnitzer Herzog, Erbe der Monarchie der schlesischen Herzöge (1220/1225-1278)]. - Kraków 2012, ss. 390.

Bolko II Świdnicki, dux Siles. (1309-1368)

2836. Piątek, Łukasz: Kiedy urodził się książę świdnicki Bolko II? Przyczynek do badań nad kwestią uzyskania wieku sprawnego przez książąt śląskich pod koniec XIII i w pierwszej połowie XIV wieku [Wann ist Bolko II. Herzog von Schweidnitz und Jauer geboren? Ein Beitrag zu Forschungen Volljährigkeitserlangen von schlesischen Fürsten Ende des 13. und in der ersten Hälfte des 14. Jhs] // W: Średniowicze Polskie i Powszechne. T. 4 (8) / red. Jerzy Sperka, Bożena Czojdrak. - Katowice 2012, s. 95-112; sum. 111; dt. Res. 111-112.

Borovec Jan (1923-1944?)

Agent wywiadu pochodzący z Ostrawy – Aus Ostrau stammender Geheimagent

2837. Borák, Mečislav: Rozvědčík z Ostravy u Hitlerova „Vlčího doupěte". Neznámé válečné osudy Jana Borovce (1923-1944?) [A spy from Ostrava at Hitlers „Wolfs Lair". The unknown wartime fate of Jan Borovec (1923-1944?)] // Ostrava. Příspěvky k dějinám a současnosti Ostravy a Ostravska 26, 2012, s. 50-81; Res. 81.

Bożek Arka (1899-1954)

Działacz społeczny i polityczny na Śląsku Opolskim – Gesellschaftlich und politisch Engagierter im Oppelner Schlesien

2838. Kisielewicz, Danuta: Między PSL a SL. Arka Bożek - wicewojewoda śląski w ruchu ludowym w latach 1945-1949 [Zwischen der PSL [Polnische Volkspartei „Piast"] und SL [Bauernpartei]. Arka Bożek - schlesischer Vize-Woiewode in der Bauernbewegung in den Jahren 1945-1949] // W: Wieś i ruch ludowy w Polsce i Europie. T. 1: W kręgu historii i tradycji [Dorf und Bauernbewegung in Polen und Europa. Band 1: Im Kreis der Geschichte und Tradition] / red. Janusz Gmitruk, Arkadiusz Indraszczyk. - Warszawa 2012, s. 389-399.

2839. Kisielewicz, Danuta: Zasługi Arki Bożka i jego rodziny dla polskości Górnego Śląska [Verdienste Arka Bożeks und seiner Familie für das Polentum Oberschlesiens] // W: Rodzina na Śląsku 1939-1945. Dezintegracja, migracje, codzienność [Die Familie in Schlesien 1939-1945. Desintegration-Migration-Alltag] / red. Adriana Dawid, Antoni Maziarz. - Opole 2012, s. 89-113, fot.

Böhme Jakob (1575-1624)

Teozof i mistyk urodzony w Zgorzelcu – Theosoph und Mystiker in Görlitz

2840. Andersson, Bo: Jacob Böhmes polemischer Konflikt mit Gregorius Richter // In: Offenbarung und Episteme. Zur europäischen Wirkung Jakob Böhmes im 17. und 18. Jahrhundert / Hrsg. Wilhelm Kühlmann, Friedrich Vollhardt. - Berlin 2012, S. 33-46.

2841. Meier, Albert: Jacob Böhme und Karl Philipp Moritz // In: Offenbarung und Episteme. Zur europäischen Wirkung Jakob Böhmes im 17. und 18. Jahrhundert / Hrsg. Wilhelm Kühlmann, Friedrich Vollhardt. - Berlin 2012, S. 549-560.

2842. Offenbarung und Episteme. Zur europäischen Wirkung Jakob Böhmes im 17. und 18. Jahrhundert / Hrsg. Wilhelm Kühlmann, Friedrich Vollhardt. - Berlin 2012, VIII, 618 S., Abb.

2843. Rusterholz, Sibylle: Jacob Böhme im Licht seiner Gegner und Anhänger. Die zentralen Argumente der Streitschriften von ihren Anfängen zu Lebzeiten Böhmes bis zum Ende des 17. Jahrhunderts // In: Offenbarung und Episteme. Zur europäischen Wirkung Jakob Böhmes im 17. und 18. Jahrhundert / Hrsg. Wilhelm Kühlmann, Friedrich Vollhardt. - Berlin 2012, S. 7-32.

2844. Schmeisser, Martin: Gegenaufklärung und Böhme-Rezeption in Frankreich. Louis Claude de Saint-Martin // In: Offenbarung und Episteme. Zur europäischen Wirkung Jakob Böhmes im 17. und 18. Jahrhundert / Hrsg. Wilhelm Kühlmann, Friedrich Vollhardt. - Berlin 2012, S. 561-575.

Brüll Carl-Albert (1902-1989)

Prawnik w Zgorzelcu – Jurist in Görlitz

2845. Hensel, Rolf: Carl-Albert Brüll (1902-1889). Ein Anwalt aus Görlitz // Görlitzer Magazin. Geschichte und Gegenwart der Stadt Görlitz und ihrer Umgebung 25, 2012, S. 64-75, 7 Abb.

Bursche Juliusz, ep. (1862-1942)

Biskup ewangelicki – Bischof der Evangelisch-Augsburgischen Kirche in Polen

2846. Andrzej Wantuła, „W zaciszu wiślańskiem" [Andrzej Wantuła „In der Abgeschiedenheit der Weichsel"] / oprac. Renata Czyż // Rocznik Wiślański 4, 2012, s. 115-125, il. 1.
Zawiera tekst A. Wantuły z: „Poseł Ewangelicki" 50, 1933, nr 50-52, s. 2-4 poświęcony biskupowi Juliuszowi Bursche. - Enthält einen Bischof Juliusz Bursche gewidmeten Text von A. Wantuła „Evangelischer Bote" 50 (1933), Nr. 50-52, S. 2-4.

2847. Gardawski, Juliusz: Biskup Juliusz Bursche w kręgu rodziny [Bischof Bursche im Kreis der Familie] // W: Biskup Juliusz Bursche (1862-1942) / red. Renata Czyż, Danuta Szczypka. - Wisła 2012, s. 61-79.

2848. Kłaczkow, Jarosław: Juliusz Bursche jako redaktor „Zwiastuna Ewangelicznego" 1898-1914 [Juliusz Bursche als Redakteur des „Evangelischen Vorboten" 1898-1914] // W: Biskup Juliusz Bursche (1862-1942) / red. Renata Czyż, Danuta Szczypka. - Wisła 2012, s. 19-31.

2849. Stegner, Tadeusz: Ks. biskup Juliusz Bursche jako kontynuator idei pastora Leopolda Otto [Bischof Juliusz Bursche als Fortsetzer der Ideen von Pastor Leopold Otto] // W: Biskup Juliusz Bursche (1862-1942) / red. Renata Czyż, Danuta Szczypka. - Wisła 2012, s. 7-17.

2850. Szarek, Jan: Proces pojednania polsko-niemieckiego a sprawa biskupa Juliusza Bursche [Zwischen dem deutsch-polnischen Versöhnungsprozess und der Angelegenheit des Bischofs Juliusz Bursche] // W: Biskup Juliusz Bursche (1862-1942) / red. Renata Czyż, Danuta Szczypka. - Wisła 2012, s. 39-47.

2851. Szczypka, Danuta: Ks. Juliusz Bursche i jego działalność na rzecz lokalnego środowiska Wisły w latach 1902-1939 [Priester Juliusz Bursche und seine Tätigkeit zugunsten der lokalen Umwelt in Weichsel in den Jahren 1902-1939] // W: Biskup Juliusz Bursche (1862-1942) / red. Renata Czyż, Danuta Szczypka. - Wisła 2012, s. 49-60.

2852. Szymeczek, Józef: Biskup Juliusz Bursche a sprawa Śląska po I wojnie światowej [Bischof Juliusz Bursche und die schlesische Frage nach dem Ersten Weltkrieg] // W: Biskup Juliusz Bursche (1862-1942) / red. Renata Czyż, Danuta Szczypka. - Wisła 2012, s. 33-38.

Casparini Adam Horatius (1676-1745)

Organmistrz z Wrocławia – Orgelbauer aus Breslau

2853. Stępowski, Jarosław: Organy Adama Horatio Caspariniego w Legnickim Polu. Historia i problemy rekonstrukcji [Die Adam Horatio Casparini-Orgel in Wahlstatt (pln. Legnickie Pole), Niederschlesien. Geschichte des Baus und Wiederaufbaus] // W: Organy na Śląsku IV [Die Orgel in Schlesien IV] / red. Julian Gembalski. - Katowice 2012, s. 179-206, fot. 22; Res. 205-206.

Cepka Bronisław (1923-2003)

Polski organmistrz – Polnischer Orgelbauer

2854. Kogut, Marta: Działalność wielkopolskiego organmistrza Bronisława Cepki na Górnym Śląsku [Orgelbauer Bronisław Cepka und seine Tätigkeit in Oberschlesien] // W: Organy na Śląsku IV [Die Orgel in Schlesien IV] / red. Julian Gembalski. - Katowice 2012, s. 93-113, fot. 12; Res. 113.
Dot. m.in. Katowic, Bierunia i Piekar Śląskich. - Betr. u.a. Kattowitz, Berun und Deutsch-Piekar.

Ciaciek Euzebiusz Konstanty (1937-)

Duchowny rzymskokatolicki w Legnicy – Römisch-katholischer Geistlicher in Liegnitz

2855. Stępień, Roman: Franciszkanin o. Euzebiusz Konstanty Ciaciek - zasłużony dla miasta Legnicy i NSZZ „Solidarność" [Der Franziskanerpater Euzebiusz Konstanty Ciaciek - verdient um die Stadt Liegnitz und die Unabhängige Selbstverwaltete Gewerkschaft „Solidarność" [„Solidarität"]] // Szkice Legnickie 33, 2012, s. 317-328, il. 3.

Ciechanowski Stanisław (1913-1992)

Harcerz, nauczyciel w Gliwicach – Pfadfinder; Lehrer in Gleiwitz

2856. Kampka, Marian: Hm Stanisław Ciechanowski [Pfadfinderleiter Stanisław Ciechanowski] // W: Z dziejów harcerstwa w Gliwicach [Aus der Geschichte der Pfadfinderbewegung in Gleiwitz] / red. Damian Recław, Joanna Januszewska-Jurkiewicz. - Gliwice 2012, s. 167-178, fot. 3.

Cieszyński Antoni (1882-1941)

Stomatolog, profesor Uniwersytetu Lwowskiego pochodzący z Oleśnicy – Aus Oels stammender Stomatologe; Hochschullehrer in Lemberg

2857. Mulka, Leszek: 130. rocznica urodzin prof. Antoniego Cieszyńskiego [Zum 130. Geburtstag von Professor Antoni Cieszyński] // Semper Fidelis. Pismo Miłośników Lwowa i Kresów Południowo-Wschodnich 2012, nr 3 (126), s. 28-33, il. 6.

Czaja Herbert Helmut (1914-1997)

Polityk i działacz Związku Wypędzonych urodzony w Cieszynie – Aus Teschen stammender Politiker und Vertriebenenfunktionär

2858. Stickler, Matthias: Herbert Czaja (1914-1997) // In: Schlesische Lebensbilder. Bd. 11 / Hrsg. Joachim Bahlcke. - Insingen 2012, S. 585-601.

Czarnuch Zbigniew (1930-)

Nauczyciel i działacz harcerski w Zielonej Górze – Lehrer und Pfadfinder in Grünberg

2859. Kamińska, Aneta: Zbigniew Czarnuch - pedagog, społecznik, regionalista [Zbigniew Czarnuch - Pädagoge, ehrenamtlich Tätiger und Heimatforscher] // W: Historia, kultura, muzeum [Geschichte, Kultur, Museum] / red. Anitta Maksymowicz. - Zielona Góra 2012, s. 399-412.

Czempiel Józef (1883-1942)

Błogosławiony Kościoła katolickiego, duchowny rzymskokatolicki na Górnym Śląsku – Seliger der katholischen Kirche; römisch-katholischer Geistlicher in Oberschlesien

2860. Grajewska-Wróbel, Joanna: Święty był wśród nas. Dzieciństwo i młodość ks. Józefa Czempiela [Ein Heiliger war unter uns. Kindheit und Jugend von Pfarrer Józef Czempiel] // Studia Piekarskie 3, 2012, s. 17-34.

2861. Kurek, Jacek: Machabeusze. Bł. ks. Józef Czempiel wśród chorzowskich „towarzyszy" [Makkabäer. Der Selige Priester Józef Czempiel unter den Königshütter „Genossen"]. - Chorzów 2012, ss. 59, fot.

2862. Kurek, Jacek / Hojka, Zbigniew: Ostatnie lata życia i śmierć [Die letzten Lebensjahre und Tod] // Studia Piekarskie 3, 2012, s. 43-60.
Dot. Józefa Czempiela. - Betr. Józef Czempiel.

2863. Olszar, Henryk: Błogosławiony ks. Józef Czempiel - świadek miłości i przewodnik rodzin [Der Selige Pfarrer Józef Czempiel - Zeuge der Liebe und Führer der Familien] // Studia Piekarskie 3, 2012, s. 35-42.

Czesław Odrowąż, bł. (ca 1175-1242)

Dominikanin wrocławski, patron Wrocławia – Breslauer Dominikaner und Patron

2864. Kucharski, Wojciech: Beatus Ceslaus natione Polonus. Dzieje kultu błogosławionego Czesława [Beatus Ceslaus natione Polonus. Geschichte des Kultes des Seligen Ceslaus von Breslau]. - Kraków 2012, ss. 433, il., tabl. 32 s.
Studia i Źródła Dominikańskiego Instytutu Historycznego w Krakowie; 10.

2865. Niedziela, Maurycy Lucjan: Wokół wizerunku i działalności bł. Czesława [Über die Gestalt und Tätigkeit des Seligen Czesław] // W: O historii Wrocławia i Śląska inaczej. 1 [Anders über die Geschichte Breslaus und Schlesiens. 1] / red. Marek Derwich. - Wrocław 2012, s. 11-17, il.

Dittersdorf Karl Ditters von (1793-1851)

Syn kompozytora urodzony w Jaworniku – In Jauernig geborener Sohn des Komponisten; römisch-katholischer Theologe

2866. Hradilová, Jana: Kněz a vědec dr. Karl Ditters z Dittersdorfu (1793-1851) aneb „Čí jsou to vlásky?" [Der Fürst und Wissenschaftler Dr. Karl Ditters von Ditterdorf (1793-1851) oder „Wessen Härchen sind das?"] // Jesenicko. Vlastivědný sborník 13, 2012, s. 14-18.

Domański Grzegorz (1939-)

Archeolog we Wrocławiu – Archäologe in Breslau

2867. Publikacje Profesora Grzegorza Domańskiego [Veröffentlichungen von Professor Grzegorz Domański] / oprac. Alina Jaszewska // W: Z najdawniejszych dziejów. Grzegorzowi Domańskiemu na pięćdziesięciolecie pracy naukowej [Aus der ältesten Geschichte. Für Grzegorz Domański zum 50. Jubiläum seiner wissenschaftlichen Arbeit] / red. Alina Jaszewska. - Zielona Góra 2012, s. 9-18.

Donay Wacław (1742-1796)

Rzeźbiarz na Śląsku Cieszyńskim – Bildhauer im Teschener Schlesien

2868. Pieczonka-Giec, Diana: Wacław Donay. Historia skoczowskiego rzeźbiarza [Wacław Donay. Geschichte des Skotschauer Bildhauers]. - Skoczów 2012, ss. 72.

Drozdowski Marian Marek (1932-)

Historyk, profesor m.in. na Uniwersytecie Opolskim – Historiker; Hochschullehrer u.a. in Oppeln

2869. Drozdowski, Marian Marek: W cieniu harcerskiej lilijki, warszawskiej syrenki i śląskiego orła [Im Schatten der Pfadfinder-Lilie, Warschauer Sirene und des schlesischen Adlers. Interview der Redakteurin Longina Ordon mit Professor Marian Drozdowski] / rozm. Longina Ordon. - Warszawa 2012, ss. 242, il. 60 s.

Dubiel-Białas Renata (1932-)

Konserwator dzieł sztuki w Ustroniu – Kunstkonservatorin in Ustron

2870. Wieczorek, Beata: Pani Renata [Frau Renata] // Przyrodnik Ustroński 2012, z. 11, s. 15-21, il. 11.
Dot. Renaty Dubiel-Białas. - Betr. Renata Dubiel -Białas.

Dubisch Thomas (1813-1888)

Ichtiolog, prekursor gospodarki stawowej – Ichthyologe; Wegbereiter der Teichwirtschaft

2871. Guziur, Janusz: Niepiśmienny prekursor nowoczesnej gospodarki stawowej [Der schreibunkundige Wegbereiter der neuzeitlichen Teichwirtschaft] // Kalendarz Cieszyński 2013 (2012), s. 44-50, il. 6.

Dudek Józef (1939-2008)

Matematyk, profesor Uniwersytetu Wrocławskiego – Mathematiker, Hochschullehrer in Breslau

2872. Wanke-Jerie, Maria: Rzeczywistość, która przerosła marzenia. Profesor Józef Dudek i jego salon [Wirklichkeit, die über die Träume hinauswuchs. Professor Józef Dudek und sein Salon] // Pamięć i Przyszłość 2012, nr 3 (17), s. 49-54, il. 1.

Durlow Wangel (1937-)

Uchodźca grecki zamieszkały na Śląsku – Griechischer Flüchtlings, wohnt in Schlesien

2873. Wangel, Durlow: Z Grecji do Polski [From Greece to Poland] / oprac. Anna Kurpiel // Wrocławski Rocznik Historii Mówionej 2, 2012, s. 125-152; Res. 152.

Dutkiewicz Rafał (1959-)

Prezydent Wrocławia – Breslauer Stadtpräsident

2874. Ilciów, Adam: Rafał Dutkiewicz - casus lidera lokalnego [Rafał Dutkiewicz - der Fall eines lokalen Führers]. - Zielona Góra 2012, ss. 137.

Dürschlag Heinrich (1825-1906)

Organmistrz z Rybnika – Orgelbauer aus Rybnik

2875. Szymański, Władysław: Organy firmy H. Dürschlag und Sohn kościoła św. Mikołaja w Bujakowie. Historia, konstrukcja, założenia renowacji [Die Orgel in der Pfarrkirche zu Bujaków] // W: Organy na Śląsku IV [Die Orgel in Schlesien IV] / red. Julian Gembalski. - Katowice 2012, s. 169-177, fot. 12; Res. 177.

Dziatzko Karl (1842-1903)

Bibliotekarz, historyk książki, filolog klasyczny, dyrektor Biblioteki Uniwersyteckiej we Wrocławiu – Bibliothekar, Buchhistoriker und klassischer Philologe; Direktor der Universitätsbibliothek in Breslau

2876. Kotyńska, Edyta: Karl Dziatzko (1842-1903). Wybitny bibliotekarz, nauczyciel, uczony. Przyczynek do portretu [Karl Dziatzko (1842-1903). Ein herausragender Bibliothekar, Lehrer und Gelehrter. Skizze zum Porträt] // W: Śląska republika uczonych. Vol. 5 [Schlesische Gelehrtenrepublik. Vol. 5] / red. Marek Hałub, Anna Mańko-Matysiak. - Wrocław 2012, s. 255-268; Res. 267-268.

Dziędzielewicz-Kirkin Zdzisław (1916-2010)

Inżynier mechanik, działacz harcerski w Gliwicach – Mechanikingenieur; Pfadfinder in Gleiwitz

2877. Morawska-Nowak, Barbara: Przez harcerstwo do taternictwa - sylwetka Zdzisława Dzięḑzielewicza-Kirkina [Vom Pfadfinderwesen zum Bergsteigen - Porträt von Zdzisław Dzięḑzielewicz-Kirkin] // W: Z dziejów harcerstwa w Gliwicach [Aus der Geschichte der Pfadfinderbewegung in Gleiwitz] / red. Damian Recław, Joanna Januszewska-Jurkiewicz. - Gliwice 2012, s. 253-268, fot. 9.

Ehrlich Paul (1854-1915)

Chemik i bakteriolog urodzony w Strzelinie – Aus Strehlen/Breslau stammender Mediziner und Chemiker

2878. Hüntelmann, Axel C.: Paul Ehrlich. Leben, Forschung, Ökonomien, Netzwerke. - Göttingen 2011, 360 S.
Rec.: Kaasch, Michael // Zeitschrift für Geschichtswissenschaft 60, 2012, H. 7/8, S. 673-675.

Eichendorff Joseph von (1788-1857)

Poeta śląski – Schlesischer Dichter

2879. Mrożek, Sebastian: Joseph von Eichendorff phänomenologisch gelesen. Eine Annäherung an den Heimatbegriff in der Lyrik Joseph von Eichendorffs im Kontext Roman Ingardens Konzepts des literarischen Kunstwerks // W: Analysen und Betrachtungen / Hrsg. Iwona Bartoszewicz. - Wrocław 2012, S. 9-23.

2880. Mrożek, Sebastian: Joseph von Eichendorff phänomenologisch gelesen. Versuch einer Annäherung an den Eichendorffschen Heimatbegriff in seiner Lyrik im Kontext von Roman Ingardens Konzept des literarischen Kunstwerks // In: Denkerische und dichterische Heimatsuche / Hrsg. Tomasz Drewniak. - Görlitz 2012, S. 135-151.

2881. Nossol, Alfons: Nasz śląski poeta Joseph Freiherr von Eichendorff. Piewcy ziemi rodzinnej = Unser Heimatdichter Joseph Freiherr von Eichendorff. Dem Sänger der Heimat // Zeszyty Eichendorffa. Historia - Kultura - Literatura = Eichendorff-Hefte. Geschichte - Kultur - Literatur 2012, nr 37, s. 4-11.
Tekst w języku polskim i niemieckim. - Polnischer und deutscher Text.

2882. Pośpiech, Jerzy: Uwagi na temat początków recepcji Josepha von Eichendorffa w Polsce [Anmerkungen zum Thema Anfänge der Rezeption Joseph von Eichendorffs in Polen] // W: Przestrzenie kultury i literatury. Księga jubileuszowa dedykowana Profesor Krystynie Heskiej-Kwaśniewicz na pięćdziesięciolecie pracy naukowej i dydaktycznej / red. Elżbieta Gondek, Irena Socha, Barbara Pytlos. - Katowice 2012, s. 254-260.

2883. Regener, Ursula: Eichendorff-Autographen im Freien Deutschen Hochstift // Aurora. Jahrbuch der Eichendorff-Gesellschaft 70/71, 2010/2011 (2012), S. 141-183.

2884. Rossa, Manfred: Pierwszy wiersz Eichendorffa, ksiądz Wodarz i lata szkolne we Wrocławiu = Eichendorffs erstes Gedicht, Pfarrer Wodarz und die Schule in Breslau // Zeszyty Eichendorffa. Historia - Kultura - Literatura = Eichendorff-Hefte. Geschichte - Kultur - Literatur 2012, nr 39, s. 4-31, fot.
Tekst w języku polskim i niemieckim. - Polnischer und deutscher Text.

Elsner Joseph Anton = Elsner Józef Antoni (1769-1854)

Muzyk i kompozytor urodzony w Grodkowie – Aus Grottkau/Brieg stammender Komponist, Dirigent und Musikpädagoge

2885. Ritter, Rüdiger: Joseph Elsner (1769-1854) // In: Schlesische Lebensbilder. Bd. 11 / Hrsg. Joachim Bahlcke. - Insingen 2012, S. 285-294.

Endell August (1871-1925)

Architekt i rzeźbiarz m.in. we Wrocławiu – Architekt und Bildhauer u.a. in Breslau

2886. August Endell 1871-1925. Architekt und Formkünstler / Hrsg. Nicola Bröcker, Gisela Moeller, Christiane Salge. - Petersberg 2012, 496 S., 50 Abb.

2887. Gisbertz, Olaf: Autodidakt und Alleskönner. August Endell im Bröhan-Museum // Kunstchronik 65, 2012, H. 11, S. 535-540, 3 Abb.

Ens Faustin (1782-1858)

Historyk w Opawie – Historiker in Troppau

2888. Myška, Milan: Faustin Ens (1782-1858) // In: Schlesische Lebensbilder. Bd. 11 / Hrsg. Joachim Bahlcke. - Insingen 2012, S. 295-304.

Eufemia (Ofka) Piastówna, duc. Siles. (1299-1359)

Dominikanka – Dominikanerin

2889. Kublin, Grzegorz: Eufemia raciborska - priorissa [Eufemia von Ratibor - Priorissa] // Studia Teologiczno-Historyczne Śląska Opolskiego 32, 2012, s. 285-294; Res. 294.

2890. Kublin, Grzegorz: Księżniczka Eufemia (Ofka) - fundatorka klasztoru dominikanek w Raciborzu [Herzogin Euphemia von Ratibor (Ofka) - Stifterin des Dominikanerinnenklosters in Ratibor] // W: Kościół na Śląsku. Z dziejów kultury i życia religijnego. Księga pamiątkowa dedykowana Księdzu Biskupowi Janowi Kopcowi z okazji 65-lecia urodzin, 40-lecia prezbiteriatu, 20-lecia sakry biskupiej i 30-lecia pracy naukowej [The Church of Silesia. The history of culture and religious life] / red. Franciszek Wolnik. - Opole 2012, s. 151-164; Res. 163-164.

Feja Artur (1906-1996)

Harcerz w Gliwicach – Pfadfinder in Gleiwitz

2891. Białkowska-Cichoń, Izabela: Artur Feja - żołnierz i harcerz niezłomny [Artur Feja - unerschütterlicher Soldat und Pfadfinder] // W: Z dziejów harcerstwa w Gliwicach [Aus der Geschichte der Pfadfinderbewegung in Gleiwitz] / red. Damian Recław, Joanna Januszewska-Jurkiewicz. - Gliwice 2012, s. 223-238, fot. 9.

Fierla Adolf (1908-1967)

Pisarz pochodzący ze Śląska Zaolziańskiego – Aus dem Olsa-Gebiet stammender Schriftsteller

2892. Martinek, Libor: Básník a emigrant Adolf Fierla. K problematice česko-polských literárních vztahů na českém Těšínsku v meziválečném období [Poet and emigrant Adolf Fierla. About Czech and Polish literary relations in the Czech Těšín Region in the inter-war period] // Těšínsko. Vlastivědný časopis 55, 2012, č. 2, s. 18-23; Res. 23.

Foerster Richard (1843-1922)

Językoznawca i archeolog, profesor Uniwersytetu Wrocławskiego – Sprachwissenschaftler und Archäologe; Hochschullehrer in Breslau

2893. Groß, Jonathan: Richard Foerster (1843-1922) // In: Schlesische Lebensbilder. Bd. 11 / Hrsg. Joachim Bahlcke. - Insingen 2012, S. 399-415.

Friedländer Günther (1902-1975)

Farmaceuta w Zgorzelcu – Apotheker und Pharmazeut in Görlitz

2894. Eshhar, Nomi: Von Görlitz nach Jerusalem - Günther Friedländer (1902-1975). Pionier der Pharmazie und Gründer des Pharma-Konzerns TEVA in Jerusalem/Israel. - Frankfurt am Main 2012, 194 S., Abb., Kt.
Düsseldorfer Schriften zur Pharmazie- und Naturwissenschaftsgeschichte; 2.

Fuchs Erich (1890-1982)

Artysta malarz, grafik w Przesiece – Maler und Grafiker in Hain/Hirschberg

2895. Rome-Dzida, Agata: Erich Fuchs i główne przesłanki Heimatkunst [Erich Fuchs and major premises of Heimatkunst] // Quart. Kwartalnik Instytutu Historii Sztuki Uniwersytetu Wrocławskiego 2012, nr 2 (24), s. 79-108, il. 15; Res. 108.

Fulczyk Rufin (1904-1991)

Działacz Związku Harcerstwa Polskiego w Niemczech – Engagierter im Polnischen Pfadfinderverband in Deutschland

2896. Kampka, Marian: Rufin Fulczyk - działacz Związku Harcerstwa Polskiego w Niemczech [Rufin Fulczyk - Engagierter im Polnischen Pfadfinderverband in Deutschland] // W: Z dziejów harcerstwa w Gliwicach [Aus der Geschichte der Pfadfinderbewegung in Gleiwitz] / red. Damian Recław, Joanna Januszewska-Jurkiewicz. - Gliwice 2012, s. 307-311, fot. 4.

Furgała Jarosław (1919-)

Rzeźbiarz na Śląsku Opolskim – Bildhauer im Oppelner Schlesien

2897. Berendt, Elżbieta: Jarosław Furgała - życie moje w rzeźbie zaklęte [Jarosław Furgała - mein Leben in der Skulptur verzaubert] // Dolny Śląsk 17, 2012, s. 193-201.

Gadamer Hans-Georg (1900-2002)

Filozof, nauczyciel akademicki, mieszkał i studiował we Wrocławiu – Philosoph; Hochschullehrer; lebte und studierte in Breslau

2898. Gil, Karoline: Hans-Georg Gadamers philosophische Anfänge in Breslau // Silesia Nova. Vierteljahresschrift für Kultur und Geschichte 9, 2012, H. 4, S. 47-52, Abb.

Gaertner Adrian (1876-1945)

Geolog i przedsiębiorca w branży górniczej w Ścinawce Średniej/Kłodzko – Geologe; Unternehmer u.a. in Mittelsteine/Glatz

2899. Meißner, Horst-Alfons: Dr. Adrian Gaertner - Unternehmer, Bergbaupionier und Gegner des NS-Regimes // In: Die Grafschaft Glatz zwischen 1918-1946. Beiträge über eine schlesische Kulturlandschaft. Festschrift für Franz Jung zum 75. Geburtstag; apostolischer Protonotar, Großdechant und Visitator für die Priester und Gläubigen aus der Grafschaft Glatz 1983-2011 / Hrsg. Horst-Alfons Meißner, Michael Hirschfeld, Franz Jung. - Münster 2012, S. 223-231, 1 Abb.

Gersdorff Rudolf-Christoph von (1905-1980)

Generał Wermachtu, działacz antyhitlerowskiego ruchu oporu urodzony w Lubinie – Aus Lüben stammender Offizier und Widerstandskämpfer

2900. Hiemann, Rafaela: Widerstand und kumulative Erinnerungskonstruktion. Rudolf-Christoph Freiherr von Gersdorff // In: Life Writing and Political Memoir [Lebenszeugnisse und politische Memoiren] / Magnus Brechtken. - Göttingen 2012, S. 145-202.

Geyer Dominicus (1662-1726)

Opat zakonu cysterskiego w Krzeszowie – Abt des Zisterzienserklosters in Grüssau

2901. Muła, Arkadiusz: Krzeszowski opat Dominicus Geyer i malarze (1696-1726) [Der Grüssauer Abt Dominicus Geyer und die Kunstmaler (1696-1726)] // W: Wokół Karkonoszy i Gór Izerskich. Sztuka baroku na śląsko-czesko -łużyckim pograniczu [Rund um das Riesengebirge und das Isergebirge. Die Kunst des Barocks im schlesisch-tschechisch-lausitzischen Grenzgebiet] / red. Andrzej Kozieł. - Jelenia Góra 2012, s. 143-156, il.; Res. 156.

Goczoł Jan (1934-)

Poeta i publicysta na Śląsku Opolskim – Dichter und Publizist im Oppelner Land

2902. Kossakowska-Jarosz, Krystyna: Dyskurs o tożsamości w literaturze „ojczyzn prywatnych" (o twórczości opolskiego literata Jana Goczoła) [Identitätsdiskurs in der „Heimat"-Literatur (über die Werke des Oppelner Literaten Jan Goczoł)] // W: Śląskie pogranicza kultur. T. 1 [Das schlesische Kulturgrenzland. Bd. 1] / red. Marian Ursel, Olga Taranek-Wolańska. - Wrocław 2012, s. 185-201, il.

Goedsche Hermann (1815-1878)

Pisarz na Śląsku – Schriftsteller in Schlesien

2903. Gehrke, Roland: Hermann Goedsche (1815-1878) // In: Schlesische Lebensbilder. Bd. 11 / Hrsg. Joachim Bahlcke. - Insingen 2012, S. 361-372.

Goltz Martin Maximilian von der (ca 1593-1653)

Szlachcic, cesarski dowódca wojskowy na Łużycach – Adeliger; kaiserlicher General in der Lausitz

2904. Kilián, Jan: Martin Maximilian von der Goltz - kaiserlicher Befehlshaber in der Lausitz 1633-1634 // Neues Lausitzisches Magazin. Neue Folge 15 (134), 2012, S. 57-68.

Gregorowicz Zbigniew (1924-1999)

Oficer Wojska Polskiego, harcmistrz, profesor Politechniki Śląskiej – Offizier der polnischen Streitkräfte; Pfadfinderleiter; Hochschullehrer in Gleiwitz

2905. Gregorowicz, Dorota: Harcerska działalność Zbigniewa Gregorowicza [Pfadfindertätigkeit von Zbigniew Gregorowicz] // W: Z dziejów harcerstwa w Gliwicach [Aus der Geschichte der Pfadfinderbewegung in Gleiwitz] / red. Damian Recław, Joanna Januszewska-Jurkiewicz. - Gliwice 2012, s. 158-166, fot. 7.

Grosser Karl (1850-1918)

Architekt związany z Dolnym Śląskiem – Mit Niederschlesien verbundener Architekt

2906. Ostrowska, Marta: Życie i twórczość Karla Grossera na Przedmieściu Świdnickim we Wrocławiu [Karl Grossers Leben und Werk in der Schweidnitzer Vorstadt in Breslau] // W: Przedmieście Świdnickie we Wrocławiu [Die Schweidnitzer Vorstadt in Breslau] / red. nauk. Halina Okólska, Hanna Górska. - Wrocław 2012, s. 89-97; Res. 97-98.

Grotte Józef (1923-2011)

Kapitan Urzędu Bezpieczeństwa – Hauptmann des Sicherheitsamtes

2907. Jasiak, Ksawery: Errata do biografii Józefa Grottego - żydowskiego ocalonego, kapitana Urzędu Bezpieczeństwa, przymusowego emigranta [Errata zur Biographie von Józef Grotte - einem geretteten Hauptmann des Staatssicherheitsamtes, Zwangsemigranten] // W: Żydzi na Górnym Śląsku w XIX i XX wieku [Juden in Oberschlesien im 19. und 20. Jahrhundert] / red. Beata Kalinowska-Wójcik, Dawid Keller. - Rybnik 2012, s. 367-394, il. 10.

Grzbiela Jan (1902-1989)

Harcerz i działacz społeczny w Gliwicach – Pfadfinder und gesellschaftlich Engagierter in Gleiwitz

2908. Skrzypek, Miłosz: Jan Paweł Grzbiela - harcerz i działacz społeczny [Jan Paweł Grzbiela - Pfadfinder und gesellschaftlich Engagierter] // W: Z dziejów harcerstwa w Gliwicach [Aus der Geschichte der Pfadfinderbewegung in Gleiwitz] / red. Damian Recław, Joanna Januszewska-Jurkiewicz. - Gliwice 2012, s. 97-106, fot. 6.

Grzimek Bernhardt (1909-1987)

Niemiecki zoolog i weterynarz urodzony w Nysie – Aus Neisse stammender Tierarzt und Zoologe

2909. Donig, Simon: Bernhard Grzimek (1909-1987) // In: Schlesische Lebensbilder. Bd. 11 / Hrsg. Joachim Bahlcke. - Insingen 2012, S. 571-584.

Günther Johann Christian (1695-1723)

Poeta urodzony w Strzegomiu – Aus Striegau stammender Dichter

2910. Kaufmann, Ulrich: „Den Kitt gefressen aus den lehren Fensterrahmen" Harald Gerlachs lyrische Erinnerung an Johann Christian Günthers Jenaer Zeit // In: Dichterwege nach Jena: eine literarische Spurensuche in drei Jahrhunderten / Ulrich Kaufmann. - Bucha bei Jena 2012, S. 11-16.

Günther Max (1887-1961)

Malarz i rysownik na Śląsku – Maler und Zeichner in Schlesien

2911. Stanicka-Brzezicka, Ksenia: Maxa Günthera obrazy w kościele parafialnym w Burgrabicach [Max Günthers Bilder in der Gemeindekirche in Borkendorf] // Śląski Kwartalnik Historyczny Sobótka 67, 2012, nr 3, s. 99-107, il. 8.

Haber Fritz (1868-1934)

Chemik pochodzący z Wrocławia, laureat nagrody Nobla – Aus Breslau stammender Chemiker; Nobelpreisträger

2912. Dunikowska, Magda / Turko, Ludwik: Fritz Haber - uczony wyklęty [Fritz Haber - ein verfemter Gelehrter] // W: Śląska republika uczonych. Vol. 5 [Schlesische Gelehrtenrepublik. Vol. 5] / red. Marek Hałub, Anna Mańko-Matysiak. - Wrocław 2012, s. 299-322; Res. 320-321.

Hadda Siegmund (1882-1977)

Chirurg we Wrocławiu pochodzący z Kędzierzyna -Koźla – Aus Kandrzin-Cosel stammender Chirurg in Breslau

2913. Einhorn, Ignacy: Z Koźla do Nowego Jorku. Losy dr Siegmunda Haddy - ostatniego ordynatora Szpitala Żydowskiego we Wrocławiu [Aus Cosel nach New York. Das Schicksal von Dr. Siegmund Hadda, dem letzten Chefarzt des Breslauer jüdischen Krankenhauses] // W: Żydzi na Górnym Śląsku w XIX i XX wieku [Juden in Oberschlesien im 19. und 20. Jahrhundert] / red. Beata Kalinowska-Wójcik, Dawid Keller. - Rybnik 2012, s. 617-628.

Hadevigis, s. (1174-1243)

Zob. poz. / Siehe / Viz 3033-3035.

Hagen Friedrich Heinrich von der (1780-1856)

Germanista, nauczyciel akademicki m.in. we Wrocławiu – Germanist; Hochschullehrer u.a. in Breslau

2914. Herzig, Jobst / Herzig, Arno: Zwischen Berlin und Breslau. Friedrich Heinrich von der Hagen (1780-1856) und die Anfänge der Germanistik // W: Śląska republika uczonych. Vol. 5 [Schlesische Gelehrtenrepublik. Vol. 5] / red. Marek Hałub, Anna Mańko-Matysiak. - Wrocław 2012, s. 241-254, il.; Res. 253-254.

Halor Antoni (1937-2011)

Reżyser filmów o Górnym Śląsku – Regisseur von Filmen über Oberschlesien

2915. Mazanek-Szymański, Ewa / Korfanty, Konrad: Halor Antoni. Ze wspomnień absolwentów [Halor Antoni. Aus Erinnerungen von Absolventen] // Siemianowicki Rocznik Muzealny 11, 2012, s. 72-86, fot. 6.

Handke Johann Christoph (1694-1774)

Malarz, związany ze Śląskiem – Mit Schlesien verbundener Maler

2916. Kozieł, Andrzej: Johann Christoph Handke (1694-1774) i jezuici, Głogów i Gorzupia Dolna [Johann Christoph Handke (1694-1774) and the Jesuits, Głogów and Lower Gorzupia] // W: Silesia Jesuitica. Kultura i sztuka zakonu jezuitów na Śląsku i w hrabstwie kłodzkim 1580-1776. Materiały konferencji naukowej zorganizowanej przez Oddział Wrocławski Stowarzyszenia Historyków Sztuki (Wrocław, 6-8 X 2011) dedykowane pamięci Profesora Henryka Dziurli [Silesia Jesuitica. Kultur und Kunst des Jesuiten-Ordens in Schlesien und in der Grafschaft Glatz 1580-1776. Materialien der wissenschaftlichen Konferenz organisiert von der Abteilung der Breslauer Kunsthistoriker-Gesellschaft (Breslau, 6.-8. Oktober 2011), gewidmet dem Gedenken an Professor Henryk Dziurla] / red. Dariusz Galewski, Anna Jezierska. - Wrocław 2012, s. 241-247, il.; sum. 246-247.

Haude Ambrosius (1690-1748)

Wydawca i księgarz urodzony w Świdnicy – Aus Schweidnitz stammender Buchhändler und Verleger

2917. Bahlcke, Joachim: Ambrosius Haude (1690-1748) // In: Schlesische Lebensbilder. Bd. 11 / Hrsg. Joachim Bahlcke. - Insingen 2012, S. 205-224.

Haugwitz Friedrich Wilhelm von (1702-1765)

Polityk austriacki, reformator administracji na Śląsku – Österreichischer Staatsmann; Verwaltungsreformer in Schlesien

2918. Baumgart, Peter: Friedrich Wilhelm von Haugwitz // In: Schlesische Lebensbilder. Bd. 11 / Hrsg. Joachim Bahlcke. - Insingen 2012, S. 239-255.

Hauptmann Carl (1858-1921)

Pisarz, dramaturg w Szklarskiej Porębie – Schriftsteller, Dramatiker in Schreiberhau

2919. Ardeschah, Jean Paul von (Jan Kaczkowski): Carl Hauptmann // W: Carl Hauptmann w polskiej nauce i krytyce literackiej [Carl Hauptmann im Spiegel der polnischen Forschung und Literaturkritik] / red. Krzysztof Antoni Kuczyński. - Włocławek 2012, s. 27-32.

2920. Ardeschah, Jean Paul von (Jan Kaczkowski): Carl Hauptmann, ein Dichter der keuschen Schönheit // W: Carl Hauptmann w polskiej nauce i krytyce literackiej [Carl Hauptmann im Spiegel der polnischen Forschung und Literaturkritik] / red. Krzysztof Antoni Kuczyński. - Włocławek 2012, s. 33-38.

2921. Bączkowicz, Beata: Carl Hauptmanns „Rübezahlbuch" (1915) als Darstellung der Naturgewalten // W: Carl Hauptmann w polskiej nauce i krytyce literackiej [Carl Hauptmann im Spiegel der polnischen Forschung und Literaturkritik] / red. Krzysztof Antoni Kuczyński. - Włocławek 2012, s. 559-566.

2922. Bączkowicz, Beata: Wpływ prądów filozoficznych na kształtowanie się świadomości filozoficznej Carla Hauptmanna [Der Einfluss philosophischer Strömungen auf die Gestaltung des philosophischen Bewusstseins Carl Hauptmanns] // W: Carl Hauptmann w polskiej nauce i krytyce literackiej [Carl Hauptmann im Spiegel der polnischen Forschung und Literaturkritik] / red. Krzysztof Antoni Kuczyński. - Włocławek 2012, s. 201-210.

2923. Białek, Edward: Carl Hauptmann in der Schweidnitzer Zeitschrift „Wir Schlesier..." // W: Carl Hauptmann w polskiej nauce i krytyce literackiej [Carl Hauptmann im Spiegel der polnischen Forschung und Literaturkritik] / red. Krzysztof Antoni Kuczyński. - Włocławek 2012, s. 577-586.

2924. Duda-Koza, Agata: Das Erbe von Carl Hauptmann in den Sammlungen der Schlesischen Bibliothek // W: Carl Hauptmann w polskiej nauce i krytyce literackiej [Carl Hauptmann im Spiegel der polnischen Forschung und Literaturkritik] / red. Krzysztof Antoni Kuczyński. - Włocławek 2012, s. 665-703.

2925. Iwasyk, Ewa: Briefe an Carl Hauptmann in den Beständen der Handschriftenabteilung der Universitätsbibliothek Wrocław // W: Carl Hauptmann w polskiej nauce i krytyce literackiej [Carl Hauptmann im Spiegel der polnischen Forschung und Literaturkritik] / red. Krzysztof Antoni Kuczyński. - Włocławek 2012, s. 705-716.

2926. Jedynak, Agnieszka: Polacy w życiu Carla Hauptmanna [Poles in the life of Carl Hauptmann] // W: Carl i Gerhart Hauptmann - dzieło i modele jego odbioru [Carl und Gerhart Hauptmann - Werk und Modelle ihrer Rezeption] / red. Edward Białek, Jan Pacholski, Piotr Niemiec. - Wrocław 2012, s. 123-129; Res. 129.
Dot. m.in. Józefy Krzyżanowskiej-Kodisowej i Wandy Bibrowicz. - Betr. u.a. Józefa Krzyżanowska-Kodisowa und Wanda Bibrowicz.

2927. Koprowski, Jan: Karol Hauptmann i Polacy [Carl Hauptmann und die Polen] // W: Carl Hauptmann w polskiej nauce i krytyce literackiej [Carl Hauptmann im Spiegel der polnischen Forschung und Literaturkritik] / red. Krzysztof Antoni Kuczyński. - Włocławek 2012, s. 39-48.

2928. Kuczyński, Krzysztof Antoni: Carl Hauptmanns polnische Bibliographie. Eine Auswahl // W: Carl Hauptmann w polskiej nauce i krytyce literackiej [Carl Hauptmann im Spiegel der polnischen Forschung und Literaturkritik] / red. Krzysztof Antoni Kuczyński. - Włocławek 2012, s. 733-747.

2929. Kunce, Jan: Carl Hauptmann i jego krąg przyjaciół z Worpswede [Carl Hauptmann and his friends from Worpswede] // W: Carl i Gerhart Hauptmann - dzieło i modele jego odbioru [Carl und Gerhart Hauptmann - Werk und Modelle ihrer Rezeption] / red. Edward Białek, Jan Pacholski, Piotr Niemiec. - Wrocław 2012, s. 131-138; Res. 138.

2930. Lipiński, Cezary: Zur literarhistorischen Positionierung Carl Hauptmanns. Mit einem Beitrag zu dessen Rezeptionsbild // W: Carl Hauptmann w polskiej nauce i krytyce literackiej [Carl Hauptmann im Spiegel der polnischen Forschung und Literaturkritik] / red. Krzysztof Antoni Kuczyński. - Włocławek 2012, s. 607-642.

2931. Mijas, Karolina: Zum Briefwechsel zwischen Carl Hauptmann und Richard Avenarius // W: Carl Hauptmann w polskiej nauce i krytyce literackiej [Carl Hauptmann im Spiegel der polnischen Forschung und Literaturkritik] / red. Krzysztof Antoni Kuczyński. - Włocławek 2012, s. 449-454.

2932. Musioł, Karol: Carl Hauptmann und Josepha Kodis. Ihr gegenseitiges Verhältnis im Spiegel des dichterischen Werkes // W: Carl Hauptmann w polskiej nauce i krytyce literackiej [Carl Hauptmann im Spiegel der polnischen Forschung und Literaturkritik] / red. Krzysztof Antoni Kuczyński. - Włocławek 2012, s. 475-484.

2933. Musioł, Karol: Carl Hauptmann und Polen // W: Carl Hauptmann w polskiej nauce i krytyce literackiej [Carl Hauptmann im Spiegel der polnischen Forschung und Literaturkritik] / red. Krzysztof Antoni Kuczyński. - Włocławek 2012, s. 485-500.

2934. Musioł, Karol: Die Carl Hauptmann -Handschriften in der Schlesischen Bibliothek // W: Carl Hauptmann w polskiej nauce i krytyce literackiej [Carl Hauptmann im Spiegel der polnischen Forschung und Literaturkritik] / red. Krzysztof Antoni Kuczyński. - Włocławek 2012, s. 655-664.

2935. Nowakowska, Katarzyna: Twórczość Carla Hauptmanna w kulturowej przestrzeni Dolnego Śląska jako wartość budująca tożsamość mieszkańców regionu [Carl Hauptmanns works in cultural space of Lower Silesia as a value building identity of residents in the area and constituent of European cultural property] // W:

Carl i Gerhart Hauptmann - dzieło i modele jego odbioru [Carl und Gerhart Hauptmann - Werk und Modelle ihrer Rezeption] / red. Edward Białek, Jan Pacholski, Piotr Niemiec. - Wrocław 2012, s. 75-94; Res. 94.

2936. Stroka, Anna: Carl Hauptmann i początki Kolonii Artystycznej w Szklarskiej Porębie [Carl Hauptmann und der Beginn der Künstlerkolonie in Schreiberhau] // W: Carl Hauptmann w polskiej nauce i krytyce literackiej [Carl Hauptmann im Spiegel der polnischen Forschung und Literaturkritik] / red. Krzysztof Antoni Kuczyński. - Włocławek 2012, s. 465-474.

2937. Stroka, Anna: Carl Hauptmann und seine Freundschaften mit Polen // W: Carl Hauptmann w polskiej nauce i krytyce literackiej [Carl Hauptmann im Spiegel der polnischen Forschung und Literaturkritik] / red. Krzysztof Antoni Kuczyński. - Włocławek 2012, s. 501-516.

2938. Stroka, Anna: Carl Hauptmanns Anfänge im Spiegelbild seiner Tagebücher // W: Carl Hauptmann w polskiej nauce i krytyce literackiej [Carl Hauptmann im Spiegel der polnischen Forschung und Literaturkritik] / red. Krzysztof Antoni Kuczyński. - Włocławek 2012, s. 109-169.

2939. Stroka, Anna: Carl Hauptmanns frühe Dichtungen und ihr Bezug zu Schlesien // W: Carl Hauptmann w polskiej nauce i krytyce literackiej [Carl Hauptmann im Spiegel der polnischen Forschung und Literaturkritik] / red. Krzysztof Antoni Kuczyński. - Włocławek 2012, s. 519-531.

2940. Stroka, Anna: Carl Hauptmanns Persönlichkeit und Weg zur Dichtung // W: Carl Hauptmann w polskiej nauce i krytyce literackiej [Carl Hauptmann im Spiegel der polnischen Forschung und Literaturkritik] / red. Krzysztof Antoni Kuczyński. - Włocławek 2012, s. 63-92.

2941. Stroka, Anna: Karol Hauptmann brat Gerharta. Człowiek i pisarz [Carl Hauptmann, der Bruder Gerharts. Mensch und Schriftsteller] // W: Carl Hauptmann w polskiej nauce i krytyce literackiej [Carl Hauptmann im Spiegel der polnischen Forschung und Literaturkritik] / red. Krzysztof Antoni Kuczyński. - Włocławek 2012, s. 49-64.

2942. Stroka, Anna: Über Carl Hauptmanns nachgelassene Schriften // W: Carl Hauptmann w polskiej nauce i krytyce literackiej [Carl Hauptmann im Spiegel der polnischen Forschung und Literaturkritik] / red. Krzysztof Antoni Kuczyński. - Włocławek 2012, s. 181-189.

2943. Stroka, Anna: Zur Veröffentlichung von Carl Hauptmanns Tagebüchern // W: Carl Hauptmann w polskiej nauce i krytyce literackiej [Carl Hauptmann im Spiegel der polnischen Forschung und Literaturkritik] / red. Krzysztof Antoni Kuczyński. - Włocławek 2012, s. 171-180.

2944. Szafarz, Jolanta: Das Schicksalsmotiv bei Carl Hauptmann // W: Carl Hauptmann w polskiej nauce i krytyce literackiej [Carl Hauptmann im Spiegel der polnischen Forschung und Literaturkritik] / red. Krzysztof Antoni Kuczyński. - Włocławek 2012, s. 191-200.

2945. Szafarz, Jolanta: Schlesiens Bild in der Kurzprosa von Carl Hauptmann // W: Carl Hauptmann w polskiej nauce i krytyce literackiej [Carl Hauptmann im Spiegel der polnischen Forschung und Literaturkritik] / red. Krzysztof Antoni Kuczyński. - Włocławek 2012, s. 549-558.

2946. Wiater, Przemysław: Pomnik nagrobny Carla Hauptmanna z cmentarza ewangelickiego w Szklarskiej Porębie Dolnej [Das Grabdenkmal Carl Hauptmanns vom evangelischen Friedhof in Nieder-Schreiberhau] // W: Carl Hauptmann w polskiej nauce i krytyce literackiej [Carl Hauptmann im Spiegel der polnischen Forschung und Literaturkritik] / red. Krzysztof Antoni Kuczyński. - Włocławek 2012, s. 725-730.

2947. Wołoszyn, Renata: W cieniu sławnego brata. O życiu i twórczości Carla Hauptmanna [Im Schatten des berühmten Bruders. Über Leben und Werk Carl Hauptmanns] // W: Carl Hauptmann w polskiej nauce i krytyce literackiej [Carl Hauptmann im Spiegel der polnischen Forschung und Literaturkritik] / red. Krzysztof Antoni Kuczyński. - Włocławek 2012, s. 93-104.

2948. Wróbel, Marta: Polska recepcja twórczości Carla Hauptmanna [Polish reception of Carl Hauptmann's literary works] // W: Carl i Gerhart Hauptmann - dzieło i modele jego odbioru [Carl und Gerhart Hauptmann - Werk und Modelle ihrer Rezeption] / red. Edward Białek, Jan Pacholski, Piotr Niemiec. - Wrocław 2012, s. 115-122; Res. 121-122.

Hauptmann Gerhart (1862-1946)

Pisarz, dramaturg, laureat Nagrody Nobla – Schriftsteller und Dramatiker, Nobelpreisträger

2949. Borek, Michał: Powstanie tkaczy śląskich: historia i literacka wizja Gerharta Hauptmanna [Weberaufstand. Geschichte und literarische Vision Gerhart Hauptmanns] // W: Carl i Gerhart Hauptmann - dzieło i modele jego odbioru [Carl und Gerhart Hauptmann - Werk und Modelle ihrer Rezeption] / red. Edward Białek, Jan Pacholski, Piotr Niemiec. - Wrocław 2012, s. 265-274; Res. 274.

2950. Dziura, Tomasz: Głos Gerharta Hauptmanna w sprawie Górnego Śląska po I wojnie światowej [The speeches of Gerhart Hauptmann on the issue of Upper Silesia after the First World War] // W: Carl i Gerhart Hauptmann - dzieło i modele jego odbioru [Carl und Gerhart Hauptmann - Werk und Modelle ihrer Rezeption] / red. Edward Białek, Jan Pacholski, Piotr Niemiec. - Wrocław 2012, s. 191-214; Res. 213-214.

2951. Gudanowicz, Łukasz / Hałuszczak, Maciej: Gerhart Hauptmann i jego kontakty z intelektualistami pochodzenia żydowskiego [Gerhart Hauptmann relationship with the Jews] // W: Carl i Gerhart Hauptmann - dzieło i modele jego odbioru [Carl und Gerhart Hauptmann - Werk und Modelle ihrer Rezeption] / red. Edward Białek, Jan Pacholski, Piotr Niemiec. - Wrocław 2012, s. 175-190; Res. 189-190.

2952. „Habt herzlichen Dank für Eure Freundschaft ...". Menschen um Gerhart Hauptmann / Hrsg. Klaus Hildebrandt, Krzysztof Antoni Kuczyński. - Włocławek 2011, 341 S.

2953. Hillesheim, Jürgen: Theatralisierte Geschichte. Zu Gerhart Hauptmanns „Festspiel in deutschen Reimen" // German Studies Review 35, 2012, H. 1, S. 1-18; Res. 1.

2954. Mackiewicz, Joanna: Ostatnie dni Gerharta Hauptmanna na Dolnym Śląsku [Gerhart Hauptmann's last days in Lower Silesia] // W: Carl i Gerhart Hauptmann - dzieło i modele jego odbioru [Carl und Gerhart Hauptmann - Werk und Modelle ihrer Rezeption] / red. Edward Białek, Jan Pacholski, Piotr Niemiec. - Wrocław 2012, s. 279-282; Res. 282.

2955. Nowacka, Sara: „Liegnitzer Katalog" czyli Katalog Legnicki // W: Carl i Gerhart Hauptmann - dzieło i modele jego odbioru [Carl und Gerhart Hauptmann - Werk und Modelle ihrer Rezeption] / red. Edward Białek, Jan Pacholski, Piotr Niemiec. - Wrocław 2012, s. 275-278; Res. 278.

Dot. katalogu dzieł sztuki, pamiątek, itp. będących w posiadaniu Gerharta Hauptmanna, spisanych z okazji 80-lecia urodzin pisarza. - Betr. Katalog mit Kunstwerken, Erinnerungen usw. im Besitz Gerhart Hauptmanns, geschrieben anläßlich des 80. Geburtstages des Schriftstellers.

2956. Sprengel, Peter: Gerhart Hauptmann. Bürgerlichkeit und großer Traum. Eine Biographie. - München 2012, 848 S., Abb.

2957. Stelmach, Oliwia: Gerhart Hauptmann i Wrocławska Szkoła Poetów (Breslauer Dichterschule) [Gerhart Hauptmann and Breslauer Dichterschule] // W: Carl i Gerhart Hauptmann - dzieło i modele jego odbioru [Carl und Gerhart Hauptmann - Werk und Modelle ihrer Rezeption] / red. Edward Białek, Jan Pacholski, Piotr Niemiec. - Wrocław 2012, s. 141-149; Res. 149.

2958. Strzelichowska, Dorota: Kobiety w życiu i twórczości Gerharta Hauptmanna [The women in Gerhart Hauptmann's life and work] // W: Carl i Gerhart Hauptmann - dzieło i modele jego odbioru [Carl und Gerhart Hauptmann - Werk und Modelle ihrer Rezeption] / red. Edward Białek, Jan Pacholski, Piotr Niemiec. - Wrocław 2012, s. 253-264; Res. 264.

2959. Tschörtner, Heinz Dieter: Zum Briefwechsel Joseph Chapiro - Gerhart Hauptmann // Silesia Nova. Vierteljahresschrift für Kultur und Geschichte 9, 2012, H. 3, S. 75-80.

2960. Volk, Anna / Wołowska, Joanna: Polska i Polacy w twórczości Gerharta Hauptmanna [Poland and Poles in the works of Gerhart Hauptmann] // W: Carl i Gerhart Hauptmann - dzieło i modele jego odbioru [Carl und Gerhart Hauptmann - Werk und Modelle ihrer Rezeption] / red. Edward Białek, Jan Pacholski, Piotr Niemiec. - Wrocław 2012, s. 239-244; Res. 244.

2961. Węglińska, Katarzyna: Gerhart Hauptmann w dramacie i muzyce polskiej [Gerhart Hauptmann in Polish drama and music] // W: Carl i Gerhart Hauptmann - dzieło i modele jego odbioru [Carl und Gerhart Hauptmann - Werk und Modelle ihrer Rezeption] / red. Edward Białek, Jan Pacholski, Piotr Niemiec. - Wrocław 2012, s. 245-251; Res. 251.

Hayduk Alfons (1900-1972)

Pisarz i nauczyciel urodzony w Opolu – Aus Oppeln stammender Schriftsteller; Leiter des Kulturwerks Schlesien

2962. Maliszewski, Julian: Naturphilosophie und Humanismus in der Lyrik Alfons Hayduks // In: Denkerische und dichterische Heimatsuche / Hrsg. Tomasz Drewniak. - Görlitz 2012, S. 164-174.

Hedwig, hl. (1174-1243)

Zob. poz. / Siehe / Viz 3033-3035.

Heeger Viktor (1858-1935)

Nauczyciel, pisarz, dramaturg urodzony w Zlatých Horách – In Zuckmantel geborener Lehrer, Schriftsteller und Dramaturg

2963. Hornišer, Igor: Cesta Viktora Heegera na Grossglockner v roce 1882 [Viktor Heegers Reise zum Großglockner im Jahr 1882] // Sborník bruntálského muzea 2012, s. 59-68.

Heinko z Głubczyc = Heinrich von Leobschütz (-1357)

Rycerz związany z otoczeniem księcia Mikołaja Przemyślida II – Ritter im Kreis von Fürst Nikolaus II. von Troppau

2964. Halmer, Damian: Kariera Henryka (Heinka) z Głubczyc. Przyczynek do badań nad otoczeniem księcia opawsko-raciborskiego Mikołaja II Przemyślidy [Die Karriere Heinrichs (Heinko) von Leobschütz (Głubczyce). Ein Beitrag zu Forschungen über die Umgebung des Fürsten von Troppau und Ratibor Nikolaus II. Přemysliden] // W: Średniowicze Polskie i Powszechne. T. 4 (8) / red. Jerzy Sperka, Bożena Czojdrak. - Katowice 2012, s. 113-127; sum. 126; dt. Res. 126-127.

Heisig Bernhard (1925-2011)

Malarz urodzony we Wrocławiu – Aus Breslau stammender Maler

2965. Gillen, Eckhart J.: Bernhard Heisig (1925-2011) // In: Schlesische Lebensbilder. Bd. 11 / Hrsg. Joachim Bahlcke. - Insingen 2012, S. 617-632.

Helfritz Hans (1877-1958)

Prawnik, profesor Uniwersytetu Wrocławskiego – Jurist; Hochschullehrer in Breslau

2966. Przygodzki, Jacek: Hans Helfritz - profesor Uniwersytetu Wrocławskiego [Hans Helfritz - Professor der Universität Breslau] // W: Regnare, gubernare, administrare. Z dziejów administracji, sądownictwa i nauki prawa. Prace dedykowane profesorowi Jerzemu Malcowi z okazji 40-lecia pracy naukowej [Regnare, gubernare, administrare. Aus der Geschichte der Verwaltung, des Gerichtswesens und der Rechtswissenschaft. Professor Jerzy Malec zum 40jährigen Jubiläum wissenschaftlicher Arbeit gewidmete Arbeiten] / red. Stanisław Grodziski, Andrzej Dziadzio. - Kraków 2012, s. 251-259.

2967. Przygodzki, Jacek: Poglądy polityczno-prawne Hansa Helfritza - profesora prawa na Śląskim Uniwersytecie im. Fryderyka Wilhelma we Wrocławiu [Politisch-juristische Ansichten von Hans Helfritz - Professor des Rechts an der Schlesischen Friedrich-Wilhelms-Universität zu Breslau] // W: Prawnicy na Uniwersytecie Wrocławskim [Juristen an der Breslauer Universität] / red. Maciej Marszał, Jacek Przygodzki. - Wrocław 2012, s. 39-45.
Acta Universitatis Wratislaviensis; 3423.

Henelius Nicolaus (1582-1656)

Historyk, prawnik i kronikarz urodzony w Prudniku – Aus Neustadt in Oberschlesien stammender Historiograph

2968. Haberland, Detlef: Nicolaus Henel von Hennenfeld: „Silesia Togata". Zur Bedeutung der frühen Erforschung der schlesischen Gelehrtengeschichte [Nicolaus Henel von Hennenfeld: „Silesia Togata". The Meaning of the Early Research of Silesian Scholarly] // In: Ein Gedenkband zum 20. Todestag von Professor Marian Szyrocki / Hrsg. Edward Białek, Mirosława Czarnecka, Urszula Kawalec, Eugeniusz Tomiczek. - Dresden 2012, S. 77-95; Res. 95.

Heinrich II. der Fromme = Henryk II Pobożny, dux Siles. (ca 1191-1241)

2969. Książę Henryk II Pobożny jako kandydat do chwały ołtarzy [Heinrich II. der Fromme als Kandidat der Heiligsprechung] / zebrał i oprac. Władysław Bochnak. - Legnica 2012, ss. 62, il.

2970. Wiszewski, Przemysław: Henryk II Pobożny. Biografia polityczna [Heinrich II. der Fromme. Eine politische Biographie]. - Legnica 2011, ss. 252, [1] s., 30 s. tabl. kolor.
Rec.: Kupeć, Krzysztof // Śląski Kwartalnik Historyczny Sobótka 67, 2012, nr 3, s. 125-128.

Heinrich IV. Probus = Henryk IV Probus, dux Siles. (ca 1257-1290)

2971. Jurek, Tomasz: Heinrich IV., Herzog von Breslau (1257/58-1290) // In: Schlesische Lebensbilder. Bd. 11 / Hrsg. Joachim Bahlcke. - Insingen 2012, S. 39-53.

Heinrich von Würben = Henryk z Wierzbna, ep. Wrat. (ca 1260-1319)

2972. Młynarczyk, Paweł: Gorliwy sługa papieża. Biskup wrocławski Henryk z Wierzbnej po powrocie z Awinionu (1314-1319) [Eifriger Diener des Papstes. Der Breslauer Bischof Heinrich von Würben nach der Rückkehr aus Avignon (1314-1319)] // W: Zwycięzcy i przegrani w dziejach średniowiecznych i wczesnonowożytnych Czech i Polski [Gewinner und Verlierer in der mittelalterlichen und frühneuzeitlichen Geschichte von Böhmen und Polen] / red. Wojciech Iwańczak, Dariusz Karczewski. - Kraków 2012, s. 147-163; Res. 163.

Herberger Valerius (1562-1627)

Duchowny ewangelicki we Wschowie – Evangelischer Geistlicher in Fraustadt

2973. Steiger, Johann Anselm: Christus Medicus. Zu einem zentralen Aspekt der Theologie des Fraustädter Pfarrers Valerius Herberger (1562-1627) // W: Śląska republika uczonych. Vol. 5 [Schlesische Gelehrtenrepublik. Vol. 5] / red. Marek Hałub, Anna Mańko-Matysiak. - Wrocław 2012, s. 129-147; Res. 146-147.

Herbst Lothar (1940-2000)

Dziennikarz i literat we Wrocławiu – Journalist und Literat in Breslau

2974. Bubnicki, Rafał: Nie tracić nadziei. Lothar Herbst (1940-2000) [Die Hoffnung nicht verlieren. Lothar Herbst (1940-2000)]. - Wrocław 2012, ss. 159, il.

Herrmann-Neisse Max (1886-1941)

Poeta, pisarz, urodzony w Nysie –Aus Neiße stammender Schriftsteller

2975. Beisbart, Ortwin: Wachsende Rezeption zu Max Herrmanns Roman „Die Bernert-Paula" // In: Auch in Neisse im Exil. Max Herrmann-Neiße, Leben, Werk und Wirkung (1886-1941) / Hrsg. Beata Giblak, Wojciech Kunicki. - Leipzig 2012, S. 377-402.

2976. Berger, Elena: Sprachliche Hybridität in Max Herrmann-Neisses Drama „Joseph der Sieger" // In: „Meine Welt ist, wo mein Werk geschieht". Beiträge zu Max Herrmann-Neisse / Hrsg. Andreas Broede, Madlen Kazmierczak, Henning Konetzke, Christian auf der Lake. - Düsseldorf 2012, S. 49-56.

2977. Biskup, Rafał: Max Herrmann-Neiße und die Mundart einer Provinz // In: Auch in Neisse im Exil. Max Herrmann-Neiße, Leben, Werk und Wirkung (1886-1941) / Hrsg. Beata Giblak, Wojciech Kunicki. - Leipzig 2012, S. 51-64.

2978. Bösmann, Johanna: Die Schweiz als Erinnerungsraum und Sehnsuchtsort in der späten Lyrik Max Herrmann-Neisses // In: „Meine Welt ist, wo mein Werk geschieht". Beiträge zu Max Herrmann-Neisse / Hrsg. Andreas Broede, Madlen Kazmierczak, Henning Konetzke, Christian auf der Lake. - Düsseldorf 2012, S. 131-143.

2979. Broede, Andreas: Gedanken Gänge Geister. Zu Max Herrmann-Neisses Exil -Erzählung „Der sechzigste Geburtstag" // In: „Meine Welt ist, wo mein Werk geschieht". Beiträge zu Max Herrmann-Neisse / Hrsg. Andreas Broede, Madlen Kazmierczak, Henning Konetzke, Christian auf der Lake. - Düsseldorf 2012, S. 123-130.

2980. Czarkowska, Agata: Politische versus proletarisch-revolutionäre Literatur. Max Herrmann-Neisses Erzählung „Die Klinkerts" // In: „Meine Welt ist, wo mein Werk geschieht". Beiträge zu Max Herrmann-Neisse / Hrsg. Andreas Broede, Madlen Kazmierczak, Henning Konetzke, Christian auf der Lake. - Düsseldorf 2012, S. 83-88.

2981. Dziedzic, Gabriela: Max Herrmann-Neiße innerhalb der Neisser Kultur 1909-1917 // In: Auch in Neisse im Exil. Max Herrmann-Neiße, Leben, Werk und Wirkung (1886-1941) / Hrsg. Beata Giblak, Wojciech Kunicki. - Leipzig 2012, S. 15-33.

2982. Finkelgruen, Peter: Max Herrmann-Neiße und der Exil-PEN // In: Auch in Neisse im Exil. Max Herrmann-Neiße, Leben, Werk und Wirkung (1886-1941) / Hrsg. Beata Giblak, Wojciech Kunicki. - Leipzig 2012, S. 165-180.

2983. Gessner, Elisabeth / Kuhley, Horst Paul / Ohlwein, Armin: Max Herrmann-Neiße und Kassel. Auf den Spuren einer vergessenen Boheme // In: Auch in Neisse im Exil. Max Herrmann-Neiße, Leben, Werk und Wirkung (1886-1941) / Hrsg. Beata Giblak, Wojciech Kunicki. - Leipzig 2012, S. 65-90, Abb.

2984. Giblak, Beata: „Der gläserne Stiefel" und „Die Bernert-Paula". Geschichten über Dienstmädchen // In: „Meine Welt ist, wo mein Werk geschieht". Beiträge zu Max Herrmann-Neisse / Hrsg. Andreas Broede, Madlen Kazmierczak, Henning Konetzke, Christian auf der Lake. - Düsseldorf 2012, S. 145-158.
Dot. twórczości literackiej Maxa Herrmann-Neisse - Betr. das literarische Schaffen von Max Herrmann-Neiße.

2985. Giblak, Beata: Max Herrmann-Neiße und seine 'Kulturpolitik' in schlesischen Zeitschriften zur Zeit der Weimarer Republik // In: Schlesien erlesen. Aufsätze zur Literatur des 18. bis 21. Jahrhunderts. Festgabe für Monika Taubitz zum 75. Geburtstag / Hrsg. Edward Białek. - Dresden [u.a.] 2012, S. 183-213.

2986. Giblak, Beata: Das polarisierte Heimatbild in Max Herrmann-Neißes Werk // In: Denkerische und dichterische Heimatsuche / Hrsg. Tomasz Drewniak. - Görlitz 2012, S. 233-256.

2987. Giblak, Beata: Stufen des Flanierens und der dichterische Werdegang Max Herrmann-Neißes // In: Auch in Neisse im Exil. Max Herrmann-Neiße, Leben, Werk und Wirkung (1886-1941) / Hrsg. Beata Giblak, Wojciech Kunicki. - Leipzig 2012, S. 318-336.

2988. Golec, Janusz: Er und die Stadt. Max Herrmann-Neißes Stadtbild und -ästhetik in der expressionistischen Lyrik // In: Auch in Neisse im Exil. Max Herrmann-Neiße, Leben, Werk und Wirkung (1886-1941) / Hrsg. Beata Giblak, Wojciech Kunicki. - Leipzig 2012, S. 197-206.

2989. Herrmann-Neiße, Max: Briefe - Bd. 1: 1906-1928 / Hrsg. Klaus Völker, Michael Prinz. - Berlin 2012, 1085 S.

2990. Herrmann-Neiße, Max: Briefe - Bd. 2: 1929-1940 / Hrsg. Klaus Völker, Michael Prinz. - Berlin 2012, 1089 S.

2991. Herrmann-Neiße, Max: Daß wir alle Not der Zeit vergaßen. Reisealbum Herbst 1937 / Hrsg. Klaus Völker. - Warmbronn 2012, 54 S., Abb., Kt.

2992. Herrmann-Neiße, Max / Herrmann, Leni: Liebesgemeinschaft in der Fremde. Gedichte und Aufzeichnungen / Hrsg. Christoph Hacker. - Wuppertal 2012, 142 S., Abb.

2993. Kazmierczak, Madlen: Im Zentrum der Moderne. Max Herrmann-Neisse (1886-1941)

// Silesia Nova. Vierteljahresschrift für Kultur und Geschichte 9, 2012, H. 1, S. 53-60.

2994. Konetzke, Henning: „Die bürgerliche Literaturgeschichte und das Proletariat". Zu Max Herrmann-Neisses Essay // In: „Meine Welt ist, wo mein Werk geschieht". Beiträge zu Max Herrmann-Neisse / Hrsg. Andreas Broede, Madlen Kazmierczak, Henning Konetzke, Christian auf der Lake. - Düsseldorf 2012, S. 57-66.

2995. Kopij, Marta: Nietzsches Inspirationen im Werk von Max Herrmann-Neiße // In: Auch in Neisse im Exil. Max Herrmann-Neiße, Leben, Werk und Wirkung (1886-1941) / Hrsg. Beata Giblak, Wojciech Kunicki. - Leipzig 2012, S. 155-164.

2996. Krzywon, Ernst Josef: „... das erbarmungslose Ungeheuer. Max Herrmann-Neißes Anti-Hitler-Gedichte // In: Auch in Neisse im Exil. Max Herrmann-Neiße, Leben, Werk und Wirkung (1886-1941) / Hrsg. Beata Giblak, Wojciech Kunicki. - Leipzig 2012, S. 405-440, Abb.

2997. Kunicki, Wojciech: Dichter als Vagabund? Zu einigen Zirkus-Gedichten Max Herrmann-Neißes // In: Auch in Neisse im Exil. Max Herrmann-Neiße, Leben, Werk und Wirkung (1886-1941) / Hrsg. Beata Giblak, Wojciech Kunicki. - Leipzig 2012, S. 337-348.

2998. Lake, Christian auf der: Max Herrmann-Neisse und Karl Sczuka belauschen das Leben // In: „Meine Welt ist, wo mein Werk geschieht". Beiträge zu Max Herrmann-Neisse / Hrsg. Andreas Broede, Madlen Kazmierczak, Henning Konetzke, Christian auf der Lake. - Düsseldorf 2012, S. 105-121, 1 Abb.

2999. Manczyk-Krygiel, Monika: Weibliche Behinderung, Sexualität und Macht. Überlegungen zu Max Herrmann-Neiße, Hanns Heinz Ewers und Veza Canetti // In: Auch in Neisse im Exil. Max Herrmann-Neiße, Leben, Werk und Wirkung (1886-1941) / Hrsg. Beata Giblak, Wojciech Kunicki. - Leipzig 2012, S. 298-317.

3000. „Meine Welt ist, wo mein Werk geschieht". Beiträge zu Max Herrmann-Neisse / Hrsg. Andreas Broede, Madlen Kazmierczak, Henning Konetzke, Christian auf der Lake. - Düsseldorf 2012, 160 S., Abb.

3001. Müller, Hans-Heinrich: Lyrische Selbstbilder. Max Herrmann-Neißes Selbststilisierungen im Gedicht // In: Auch in Neisse im Exil. Max Herrmann-Neiße, Leben, Werk und Wirkung (1886-1941) / Hrsg. Beata Giblak, Wojciech Kunicki. - Leipzig 2012, S. 271-279.

3002. Müller, Nadja: Max Herrmann-Neisses Lyrik als Spiegel und Bewältigung körperlicher Stigmatisierung // In: „Meine Welt ist, wo mein Werk geschieht". Beiträge zu Max Herrmann-Neisse / Hrsg. Andreas Broede, Madlen Kazmierczak, Henning Konetzke, Christian auf der Lake. - Düsseldorf 2012, S. 37-47.

3003. Pacholski, Jan: Festung Neisse im epischen Werk von Max Herrmann-Neiße // In: Auch in Neisse im Exil. Max Herrmann-Neiße, Leben, Werk und Wirkung (1886-1941) / Hrsg. Beata Giblak, Wojciech Kunicki. - Leipzig 2012, S. 35-50, 5 Abb.

3004. Rduch, Robert: Max Herrmann-Neiße und Arnold Ulitz. Eine ästhetische Verwandtschaft zweier schlesischer Dichter // In: Auch in Neisse im Exil. Max Herrmann-Neiße, Leben, Werk und Wirkung (1886-1941) / Hrsg. Beata Giblak, Wojciech Kunicki. - Leipzig 2012, S. 141-153.

3005. Rohls, Jan: Die Religion im Werk Max Herrmann-Neißes // In: Auch in Neisse im Exil. Max Herrmann-Neiße, Leben, Werk und Wirkung (1886-1941) / Hrsg. Beata Giblak, Wojciech Kunicki. - Leipzig 2012, S. 257-270.

3006. Rohrwasser, Michael: Max Herrmann-Neiße und Franz Jung // In: Auch in Neisse im Exil. Max Herrmann-Neiße, Leben, Werk und Wirkung (1886-1941) / Hrsg. Beata Giblak, Wojciech Kunicki. - Leipzig 2012, S. 107-129, Abb.

3007. Schönborn, Sibylle: Max Herrmann-Neiße und das Judentum // In: Auch in Neisse im Exil. Max Herrmann-Neiße, Leben, Werk und Wirkung (1886-1941) / Hrsg. Beata Giblak, Wojciech Kunicki. - Leipzig 2012, S. 239-256.

3008. Sprengel, Peter: Max Herrmann-Neiße - Carl Hauptmann. Briefwechsel 1918-1920 // In: Auch in Neisse im Exil. Max Herrmann-Neiße, Leben, Werk und Wirkung (1886-1941) / Hrsg.

Beata Giblak, Wojciech Kunicki. - Leipzig 2012, S. 441-533.

3009. Streim, Gregor: Porträt, Karikatur, Auftritt. Zur bildlichen Inszenierung des Autors Max Herrmann-Neiße // In: Auch in Neisse im Exil. Max Herrmann-Neiße, Leben, Werk und Wirkung (1886-1941) / Hrsg. Beata Giblak, Wojciech Kunicki. - Leipzig 2012, S. 280-297, 7 Abb.

3010. Strobel, Jochen: Das „Krüppel"-Ich und sein „Kainszeichen". Behinderung in Max Herrmann-Neißes Theaterstück „Joseph der Sieger" // In: Auch in Neisse im Exil. Max Herrmann-Neiße, Leben, Werk und Wirkung (1886-1941) / Hrsg. Beata Giblak, Wojciech Kunicki. - Leipzig 2012, S. 183-195.

3011. Sucharzewska, Jadwiga: Max Herrmann-Neiße und Alfred Kerr. Facetten einer Jünger -Meister-Beziehung // In: Auch in Neisse im Exil. Max Herrmann-Neiße, Leben, Werk und Wirkung (1886-1941) / Hrsg. Beata Giblak, Wojciech Kunicki. - Leipzig 2012, S. 131-140.

3012. Unglaub, Erich: Max Herrmann-Neiße und das Sonett // In: Auch in Neisse im Exil. Max Herrmann-Neiße, Leben, Werk und Wirkung (1886-1941) / Hrsg. Beata Giblak, Wojciech Kunicki. - Leipzig 2012, S. 207-235.

3013. „... vertiefe mich lyrisch weiter in meine Schwermut." Der Dichter Max Herrmann-Neiße erlebt Breslauer Lokalitäten // Silesia Nova. Vierteljahresschrift für Kultur und Geschichte 9, 2012, H. 4, S. 57-63.

3014. Wilhelmi, Fabian: Zwischen Pazifismus und Linksradikalismus. Die politische Dimension in Max Herrmann-Neisses Werk um 1918 // In: „Meine Welt ist, wo mein Werk geschieht". Beiträge zu Max Herrmann-Neisse / Hrsg. Andreas Broede, Madlen Kazmierczak, Henning Konetzke, Christian auf der Lake. - Düsseldorf 2012, S. 67-81.

3015. Witt, Monika: Schreiben als ein Versuch, die Fremdheit zu überwinden // In: Auch in Neisse im Exil. Max Herrmann-Neiße, Leben, Werk und Wirkung (1886-1941) / Hrsg. Beata Giblak, Wojciech Kunicki. - Leipzig 2012, S. 351-360.

3016. Żarska, Natalia: „Gott gebe, dass wir an den Rhein kommen!" Der von und zu Neisse gefangengenommene Eichendorff // In: Auch in Neisse im Exil. Max Herrmann-Neiße, Leben, Werk und Wirkung (1886-1941) / Hrsg. Beata Giblak, Wojciech Kunicki. - Leipzig 2012, S. 93-106.

Heska-Kwaśniewicz Krystyna (1940-)

Literaturoznawca, profesor Uniwersytetu Śląskiego w Katowicach – Literaturwissenschaftlerin; Hochschullehrerin in Kattowitz

3017. Gębołyś, Zdzisław: Wykaz publikacji profesor Krystyny Heskiej-Kwaśniewicz [Publikationsverzeichnis von Frau Professor Krystyna Heska-Kwaśniewicz] // W: Przestrzenie kultury i literatury. Księga jubileuszowa dedykowana Profesor Krystynie Heskiej-Kwaśniewicz na pięćdziesięciolecie pracy naukowej i dydaktycznej / red. Elżbieta Gondek, Irena Socha, Barbara Pytlos. - Katowice 2012, s. 19-48.
Bibliografia za lata 1965-2009. - Bibliographie für die Jahre 1965-2009.

3018. Socha, Irena: Krystyna Heska-Kwaśniewicz: jubileusz pięćdziesięciolecia pracy naukowej i dydaktycznej [Krystyna Heska -Kwaśniewicz: Jubiläum zum 50. Jahrestag wissenschaftlicher und didaktischer Arbeit] // W: Przestrzenie kultury i literatury. Księga jubileuszowa dedykowana Profesor Krystynie Heskiej-Kwaśniewicz na pięćdziesięciolecie pracy naukowej i dydaktycznej / red. Elżbieta Gondek, Irena Socha, Barbara Pytlos. - Katowice 2012, s. 5-16.

Heynicke Kurt (1891-1985)

Pisarz pochodzący z Legnicy – Aus Liegnitz stammender Schriftsteller

3019. Maruck, Magdalena: Kurt Heynicke czyli skazany na ekspresjonizm [Kurt Heynicke, or sentenced to expressionism] // W: Litteraria Lignicensis. Rozprawy i szkice o kulturze literackiej dawnej Legnicy [Litteraria Lignicensis. Abhandlungen und Skizzen zur literarischen Kultur des früheren Liegnitz] / red. Edward Białek, Piotr Niemiec. - Wrocław 2012, s. 73-80; sum. 79-80.

Hirschfelder Gerhard (1907-1942)

Duchowny rzymskokatolicki na Ziemi Kłodzkiej, błogosławiony Kościoła katolickiego – Römisch-katholi-

scher Geistlicher im Glatzer Land, Seliger der katholischen Kirche

3020. Fitych, Tadeusz: Maryja a wysoka miara życia błogosławionego księdza Gerharda Hirschfeldera (17 II 1907 Kłodzko - 1 VIII 1942 KL Dachau) [Maria und der hohe Maßstab des Lebens des seligen Priesters Gerhard Hirschfelder (17 II 1907 Kłodzko - 1 VIII 1942 KL Dachau)] // Saeculum Christianum. Pismo historyczno-społeczne 19, 2012, nr 2, s. 77-110; Res. 110.
Także w: / Auch in: „Ziemia Kłodzka", No 220 (2012), 18-21.

3021. Hirschfeld, Michael: Gerhard Hirschfelder (1907-1942) // In: Schlesische Lebensbilder. Bd. 11 / Hrsg. Joachim Bahlcke. - Insingen 2012, S. 563-570.

Hochberg von Pless Daisy (1873-1943)

Arystokratka angielska w Pszczynie i Książu – Englische Aristokratin in Pless und Fürstenstein

3022. Mall, Susanne: Daisy Fürstin von Pleß (1873-1943) // In: Schlesische Lebensbilder. Bd. 11 / Hrsg. Joachim Bahlcke. - Insingen 2012, S. 461-472.

Hodic Albert = Hoditz Albert von (1706-1778)

Mecenas sztuki i wolnomularz z Rudolcic Śląskich – Kunstmäzen und Freimaurer in Roßwald/Jägerndorf

3023. Myška, Milan: Hrabě Hodic a jeho svět. Zámecká kultura ve Slezsku mezi barokem a osvícenstvím [Der Graf Hoditz und seine Welt. Höfische Kultur in Schlesien zwischen Barock und Aufklärung]. - Ostrava 2011, 351 s., il.
Rec.: Boženek, Karel // Slezský sborník 110, 2012, č. 3-4, s. 290-292; Marková, Veronika // Acta historica Universitatis Silesianae Opaviensis 5, 2012, s. 251-252.

Hoennicke Gustav (1871-1938)

Teolog ewangelicki we Wrocławiu – Evangelischer Theologe in Breslau

3024. Hutter-Wolandt, Ulrich: Leben und Wirken des Breslauer Neutestamentlers Gustav Hoennicke (1871-1938). Ein Beitrag zur Geschichte der Breslauer Evangelisch-Theologischen Fakultät im 20. Jahrhundert // In: Glaubenswelten. Aufsätze zur schlesischen und Oberlausitzer Kirchengeschichte / Ulrich Hutter-Wolandt. - Bonn, 2011, S. 35-116.
Wcześniej w: / Zuvor in: Der Breslauer Neutestamentler Gustav Hoennicke (1871-1938), Jahrbuch für Schlesische Kirchengeschichte N.F. 86 (2007 [2008]), 85-226. Im Anhang Bibliographie Hoennickes (91-95), Lehrveranstaltungen in Berlin und Breslau (95-104), sowie Korrespondenz (106-114). - W aneksie: Bibliografia Hoennickea (91-95), Wykłady w Berlinie i we Wrocławiu (95-104), jak rownież korespondencja (106-114).

Hoffmann Ernst Theodor Amadeus (1776-1822)

Pisarz i prawnik m.in. w Głogowie – Schriftsteller und Jurist, u.a. in Glogau

3025. Dziergwa, Roman: Śląskie obecności E.T.A. Hoffmanna - stare ślady i nowe impulsy [Schlesische Präsenz von E.T.A. Hoffmann - alte Spuren und neue Impulse] // W: Kultura - literatura - język - pogranicza komparatystyki. Prace ofiarowane Profesorowi Lechowi Kolago w 70. rocznicę urodzin. [T. 1] [Kultur - Literatur - Sprache - Gebiete der Komparatistik. Festschrift für Herrn Professor Lech Kolago zum 70. Geburtstag. Bd. 1] / red./Hrsg. von Katarzyna Grzywka ; współpr. Małgorzata Filipowicz [et al.]. - Warszawa 2012, s. 226-231.

Hoffmann Gottfried (1658-1712)

Nauczyciel i rektor gimnazjum w Lubaniu i Żytawie – Lehrer und Rektor in Lauban und Zittau

3026. Wels, Ulrike: Gottfried Hoffmann (1658-1712). Eine Studie zum protestantischen Schultheater im Zeitalter des Pietismus. - Würzburg 2012, 397 S., Abb.
Epistemata: Reihe Literaturwissenschaft; 744.

Hoffmann Ruth (1893-1974)

Pisarka urodzona we Wrocławiu – Aus Breslau stammende Schriftstellerin

3027. Jarosz-Sienkiewicz, Ewa: „Meine Freunde aus Davids Geschlecht". Das Judenbild in den Augen Ruth Hoffmanns // In: Schlesien erlesen. Aufsätze zur Literatur des 18. bis 21. Jahrhunderts. Festgabe für Monika Taubitz zum 75. Geburtstag / Hrsg. Edward Białek. - Dresden [u.a.] 2012, S. 167-179.

Holuscha Josef (1865-1927)

Budowniczy na Śląsku Hulczyńskim i Ziemi Raciborskiej – Baumeister im Hultschiner Ländchen und im Ratiborer Land

3028. Hubáček, Adam: Stavitel Josef Holuscha - architektonický výraz jeho staveb [Der Baumeister Josef Holuscha - der architektonische Ausdruck seiner Bauwerke] // Hlučínsko. Vlastivědný časopis Muzea Hlučínska 2, 2012, č. 2, s. 10-15.

Hönig Johannes (1889-1954)

Filolog i nauczyciel w Legnicy – Philologe und Lehrer in Liegnitz

3029. Włodarczyk, Agnieszka: Johannes Hönig (1889-1954) - legnicki uczony, pedagog, poeta i polityk [Johannes Hönig (1889-1954) - Liegnitzer Gelehrter, Pädagoge, Dichter und Politiker] // W: Litteraria Lignicensis. Rozprawy i szkice o kulturze literackiej dawnej Legnicy [Litteraria Lignicensis. Abhandlungen und Skizzen zur literarischen Kultur des früheren Liegnitz] / red. Edward Białek, Piotr Niemiec. - Wrocław 2012, s. 49-61, il.; sum. 59-61.

Höntsch Ursula (1934-2000)

Pisarka urodzona w Ząbkowicach Śląskich – Aus Frankenstein/Schlesien stammende Schriftstellerin

3030. Szmorhun, Arletta: Ursula Höntsch (1934-2000) i jej „zasada pamięci" [Ursula Höntsch and her „principle of memory"] // W: Litteraria Lignicensis. Rozprawy i szkice o kulturze literackiej dawnej Legnicy [Litteraria Lignicensis. Abhandlungen und Skizzen zur literarischen Kultur des früheren Liegnitz] / red. Edward Białek, Piotr Niemiec. - Wrocław 2012, s. 119-127; sum. 127.

Hupka Herbert (1915-2006)

Polityk i dziennikarz, działacz Ziomkostwa Ślązaków i Związku Wypędzonych – Aus Schlesien stammender deutscher Politiker und Journalist

3031. Lotz, Christian: Herbert Hupka (1915-2006) // In: Schlesische Lebensbilder. Bd. 11 / Hrsg. Joachim Bahlcke. - Insingen 2012, S. 603-616.

Immerwahr-Haber Clara (1870-1915)

Chemik, doktor Uniwersytetu Wrocławskiego – Chemikerin in Breslau

3032. Hytrek-Hryciuk, Joanna: Życie nie całkiem udane. Clara Immerwahr-Haber (1870-1915) [Ein nicht ganz gelungenes Leben. Clara Immerwahr-Haber (1870-1915)] // Pamięć i Przyszłość 2012, nr 3 (17), s. 58-60, il. 1.

Jadwiga, duc. Siles., s. (ca 1174-1243)

3033. Hoffmann, Hermann: Svatá Hedvika Slezská (1176-1243) [Die Heilige Hedwig (1176-1243)]. - Olomouc 2012, 71 s.
Pierwodruk niemiecki / Deutsche Erstausg.: Die heilige Hedwig, Meitingen/Augsburg 1934.

3034. Schumann, Renata: Hedwig von Schlesien - eine Frau für Europa. - Freiburg, Br. 2012, 200 S.
Rec.: Siekierka, Monika // Silesia Nova. Vierteljahresschrift für Kultur und Geschichte 9, 2012, H. 4, S. 142-145.

3035. Żyto, Dariusz: Święta Jadwiga Śląska oraz przedstawienia nędzarzy, chorych i skazańców we wrocławskim Kodeksie Horniga [Die Heilige Hedwig und Darstellungen der Armen, Kranken und Verurteilten im Breslauer Hornig-Kodex] // W: Ja - my - oni. Tożsamość ludzi średniowiecza [Ich - wir - sie. Identität der mittelalterlichen Menschen] / red. Ludwik Jurek, Paweł Figurski, Wojciech Oczkowski, Maksymilian Sas. - Warszawa 2012, s. 169-177, il.

Jaglo Josef = Jagło Józef (1872-1949)

Duchowny rzymskokatolicki w Gliwicach – Römisch-katholischer Geistlicher in Gleiwitz

3036. Michalczyk, Andrzej: Josef Jaglo (1872-1949) // In: Schlesische Lebensbilder. Bd. 11 / Hrsg. Joachim Bahlcke. - Insingen 2012, S. 449-459.

Jan Sarkander, s. (1576-1620)

Duchowny rzymskokatolicki w Holešovie na Morawach, urodzony w Skoczowie – Aus Skotschau stammender römisch-katholischer Geistlicher in Holleschau/Kremsier

3037. Skoczów - Ołomuniec. Dziedzictwo historyczno-kulturowe św. Jana Sarkandra [Skočov - Olomouc. Kulturně-historické dědictví sv. Jana Sarkandra] [Skotschau - Olmütz. Das historisch -kulturelle Erbe des Hl. Johannes Sarkander] / oprac. Halina Szotek, Dita Hartlova, Dorota Ko-

chman ; tłum. Aleksandra Wisła, Maria Gluza. - Skoczów [2012], ss. 152, il.
Tekst w języku polskim i czeskim. - Polnischer und tschechischer Text.

Jan z Nysy (?-1477)

Malarz, zakonnik pochodzący z Nysy – Aus Neisse stammender Maler und Mönch

3038. Szetelnicki, Wacław W.: Brat Jan z Nysy CRL i jego malarstwo. Przyczynek do dziejów kultury artystycznej w krakowskim klasztorze Kanoników Regularnych Laterańskich [Bruder Jan aus Neisse CRL und seine Malerei. Beitrag zur Kulturkunstgeschichte im Krakauer Kloster der Augustiner-Chorherren vom Lateran] // W: Klasztor Bożego Ciała Kanoników Regularnych Laterańskich w Krakowie w okresie przedtrydenckim. Ludzie, wydarzenia, budowle, kultura [Das Kloster Corpus Christi der Augustiner-Chorherren vom Lateran in Krakau in der Zeit vor dem tridentinischen Konzil. Personen, Ereignisse, Bauten, Kultur] / red. Kazimierz Łatak. - Łomianki 2012, s. 177-220, il.

Janowski Władysław (1904-1996)

Pedagog, polonista i harcerz w Gliwicach – Pädagoge, Polonist und Pfadfinder in Gleiwitz

3039. Luksa, Katarzyna: Hm. Władyslaw Janowski - pedagog, polonista i działacz harcerski [Pfadfinderleiter Władyslaw Janowski - Pädagoge, Polonist und Pfadfinder] // W: Z dziejów harcerstwa w Gliwicach [Aus der Geschichte der Pfadfinderbewegung in Gleiwitz] / red. Damian Recław, Joanna Januszewska-Jurkiewicz. - Gliwice 2012, s. 269-278, fot. 4.

Jarczyk Jan (1886-1969)

Duchowny rzymskokatolicki w Nakle Śląskim – Römisch-katholischer Geistlicher in Nakel/Oppeln

3040. Górecki, Piotr: Listy wojenne do młodych księdza Jana Jarczyka [Kriegsbriefe des Priesters Jan Jarczyk an die jungen Leute] // Śląskie Studia Historyczno-Teologiczne 45, 2012, z. 1, s. 177-194.

Jesionowski Alfred (1902-1945)

Krytyk literacki, nauczyciel na Górnym Śląsku – Literaturkritiker; Lehrer in Oberschlesien

3041. Pytlos, Barbara: „Książka naiwna"..., czyli o warsztacie pracy Alfreda Jesionowskiego [„Naives Buch" ..., oder über die Arbeitswerkstatt von Alfred Jesionowski] // W: Przestrzenie kultury i literatury. Księga jubileuszowa dedykowana Profesor Krystynie Heskiej-Kwaśniewicz na pięćdziesięciolecie pracy naukowej i dydaktycznej / red. Elżbieta Gondek, Irena Socha, Barbara Pytlos. - Katowice 2012, s. 339-345.

Jettka Josepha (1901-1981)

Benedyktynka we Lwowie i w Krzeszowie – Benediktinerin in Lemberg und Grüssau

3042. Steinsträßer, Inge: Ein Leben zwischen Kulmerland, Lemberg und Grüssau - Sr. Josepha Jettka OSB (1901-1981) [Życie między Ziemią Chełmińską, Lwowem i Krzeszowem - Siostra Józefa Jettka OSB (1901-1981)] // Archiv für schlesische Kirchengeschichte 70, 2012, S. 225-256, 5 Abb.; Res. 418-419.
Wcześniej w: / Zuvor in: „Preußenland" 3, 2012, 70-101.

Jodok z Rożemberka = Jost II. von Rosenberg, ep. Wrat. (1430-1467)

3043. Drabina, Jan: Droga biskupa Jodoka do niesławy [Der Weg von Bischof Jost II. von Rosenberg zum Verruf] // W: Zwycięzcy i przegrani w dziejach średniowiecznych i wczesnonowożytnych Czech i Polski [Gewinner und Verlierer in der mittelalterlichen und frühneuzeitlichen Geschichte von Böhmen und Polen] / red. Wojciech Iwańczak, Dariusz Karczewski. - Kraków 2012, s. 403-418; Res. 417-418.

Johan IV. Roth = Johannes Roth, ep. Wrat. (1426-1506)

3044. Patała, Agnieszka: Jan IV Roth - ecclesie suae benefactor? Losy humanisty i biskupa wrocławskiego oraz przypisywane mu fundacje artystyczne [Jan IV Roth - ecclesie suae benefactor? Zum Schicksal eines Humanisten und Breslauer Bischofs und der ihm zugeschriebenen Stiftungstätigkeit] // W: Śląska republika uczonych. Vol. 5 [Schlesische Gelehrtenrepublik. Vol. 5] / red. Marek Hałub, Anna Mańko -Matysiak. - Wrocław 2012, s. 59-83; Res. 81-83.

Jonca Karol (1930-2008)

Historyk i prawnik, profesor na Uniwersytecie Wrocławskim – Historiker und Jurist; Hochschullehrer in Breslau

3045. Eiden, Maximilian: Karol Jonca (1930-2008) // In: Schlesische Lebensbilder. Bd. 11 / Hrsg. Joachim Bahlcke. - Insingen 2012, S. 633-643.

3046. Sadowski, Mirosław: Z badań nad spuścizną naukową Karola Joncy [Aus den Forschungen zum wissenschaftlichen Erbe Karol Joncas] // W: Prawnicy na Uniwersytecie Wrocławskim [Juristen an der Breslauer Universität] / red. Maciej Marszał, Jacek Przygodzki. - Wrocław 2012, s. 105-117.
Acta Universitatis Wratislaviensis; 3423.

Jost II. von Rosenberg, ep. Wrat. (1430-1467)

Zob. poz. / Siehe / Viz 3043.

Jungnitz Josef (1844-1918)

Muzealnik, dyrektor Muzeum Archdiecezjalego we Wrocławiu – Römisch-katholischer Geistlicher und Archivar; Direktor des Erzdiözesalmuseums in Breslau

3047. Poźniak, Grzegorz: Organy i organiści w Archidiakonacie Opolskim w II połowie XVII wieku na podstawie akt wizytacyjnych Jungnitza [Orgeln und Organisten des Archidiakonats Oppeln in der zweiten Hälfte des 17. Jahrhunderts nach Visitationsberichten von J. Jungnitz] // W: Organy na Śląsku IV [Die Orgel in Schlesien IV] / red. Julian Gembalski. - Katowice 2012, s. 137-161; Res. 161.

Kalarus Roman (1951-)

Malarz i grafik, nauczyciel akademicki w Katowicach – Maler und Graphiker; Hochschullehrer in Kattowitz

3048. Kozina, Irma: Wkład Romana Kalarusa w kształtowanie kultury wizualnej Katowic [Der Beitrag von Roman Kalarus zur Gestaltung der visuellen Kultur von Kattowitz] // W: Katowice w kulturze pogranicza. Rola Katowic w kulturze i nauce [Kattowitz in der Kultur des Grenzgebietes. Die Rolle von Kattowitz in Kultur und Wissenschaft] / red. nauk. Antoni Barciak. - Katowice 2012, s. 243-251, fot. 2; Res. 251.

Kaller Maximillian, ep. (1880-1947)

Biskup rzymskokatolicki urodzony w Bytomiu – Aus Beuthen stammender Bischof

3049. Bendel, Rainer: Maximilian Kaller - Grundanliegen des „Vertriebenenbischofs" // In: Maximilian Kaller - Bischof der wandernden Kirche. Flucht und Vertreibung - Integration - Brückenbau / Hrsg. Thomas Flammer, Hans-Jürgen Karp. - Münster 2012, S. 23-54.

3050. Flammer, Thomas: Bischof Maximilian Kaller und der katholische Seelsorgedienst für die „Wandernde Kirche" // In: Maximilian Kaller - Bischof der wandernden Kirche. Flucht und Vertreibung - Integration - Brückenbau / Hrsg. Thomas Flammer, Hans-Jürgen Karp. - Münster 2012, S. 5-22.

3051. Hirschfeld, Michael: Impulse Maximilian Kallers für die Vertriebenenseelsorge und Erfahrungen an der Basis. Das Fallbeispiel des Oldenburger Landes // In: Maximilian Kaller - Bischof der wandernden Kirche. Flucht und Vertreibung - Integration - Brückenbau / Hrsg. Thomas Flammer, Hans-Jürgen Karp. - Münster 2012, S. 77-90.

3052. Lang-Vöge, Karolina: Maximilian Kaller als Deuter der ermländischen Glaubensgemeinschaft nach Flucht und Vertreibung // In: Maximilian Kaller - Bischof der wandernden Kirche. Flucht und Vertreibung - Integration - Brückenbau / Hrsg. Thomas Flammer, Hans-Jürgen Karp. - Münster 2012, S. 55-65.

Kampka Marian (1944-2012)

Harcerz, komendant Hufca Ziemi Gliwickiej – Pfadfinder, Kommandant der Pfadfindereinheit im Gleiwitzer Land

3053. Kulczyk, Marian: Marian Kampka - harcerz, wieloletni komendant Hufca Ziemi Gliwickiej i działacz społeczny [Pfadfinder, langjähriger Kommandant der Pfadfindereinheit im Gleiwitzer Land und gesellschaftlich Engagierter] // W: Z dziejów harcerstwa w Gliwicach [Aus der Geschichte der Pfadfinderbewegung in Gleiwitz] / red. Damian Recław, Joanna Januszewska-Jurkiewicz. - Gliwice 2012, s. 359-364, fot. 2.

Karpiński Zbigniew (1920-1998)

Malarz wrocławski, dydaktyk – Breslauer Maler und Didaktiker

3054. Jarosz, Andrzej: Podróż włoska Zbigniewa Karpińskiego (1957) [Zbigniew Karpiński's Italian journey (1957)] // Quart. Kwartalnik Instytutu Historii Sztuki Uniwersytetu Wrocławskiego 2012, nr 1 (23), s. 60-89, il. 46; Res. 89.

Katryniok Józef (1904-1975)

Górnik, związkowiec, powstaniec śląski – Bergarbeiter, Gewerkschafter, Teilnehmer an den Schlesischen Aufständen

3055. Czajkowska, Joanna: Życie Józefa Katryniok (1904-1975) w dziejach Górnego Śląska [Das Leben von Józef Katryniok (1904-1975) in der Geschichte Oberschlesiens] // Zeszyty Śląskiego Towarzystwa Genealogicznego we Wrocławiu 1, 2012, s. 45-60, il. 17.

Kazimierz II = Kasimir II., dux Thess. (-1453-1528)

3056. Pindur, David: Książę czasów przełomu. Kazimierz II Cieszyński (1450-1528) i jego władztwo [Herzog der Umbruchszeit, Kasimir II. von Teschen (1477-1528) und seine Herrschaft]. - Wrocław 2010, ss. 205, il.; Res. 190-191.
Czeski Horyzont; 1.
Rec.: Kozák, Petr // Slezský sborník 110, 2012, č. 1-2, s. 140-141.

Kästner Erhart (1904-1974)

Sekretarz Gerharta Hauptmanna – Sekretär Gerhart Hauptmanns

3057. Stronciwilk, Piotr: Erhart Kästner (1904-1974). Sekretarz, przyjaciel i „syn" Gerharta Hauptmanna [Erhart Kästner (1904-1974). Secretary, friend and „son" of Gerhart Hauptmann] // W: Carl i Gerhart Hauptmann - dzieło i modele jego odbioru [Carl und Gerhart Hauptmann - Werk und Modelle ihrer Rezeption] / red. Edward Białek, Jan Pacholski, Piotr Niemiec. - Wrocław 2012, s. 167-174; Res. 173-174.

Kiedroń Józef (1879-1932)

Inżynier górnik i polityk na Górnym Śląsku – Bergwerkingenieur und Politiker in Oberschlesien

3058. Magiera, Władysława: Z izby do pałacu (Józef Kiedroń 1879-1932) [Aus der Stube zum Schloss (Józef Kiedroń 1879-1932)] // W: Scriptum Międzygeneracyjnego Uniwersytetu Regionalnego. Vol. 3 [Scriptum der generationenübergreifenden Regionaluniversität. Band 3] / red. Danuta Chwajol, Kazimierz Kaszper, Kazimierz Kuś. - Czeski Cieszyn 2012, s. 38-42, il. 3.

Kilar Wojciech (1932-2013)

Kompozytor, honorowy obywatel Katowic – Komponist; Ehrenbürger von Kattowitz

3059. Wojciech Kilar. Doctor Honoris Causa Universitatis Silesiae / red. Andrzej Żądło. - Katowice 2012, ss. 80.

Klepper Jochen (1903-1942)

Ewangelicki teolog i pisarz pochodzący z Bytomia – Aus Beuthen/Oder stammender evangelischer Theologe und Schriftsteller

3060. Rott, Joachim: Jochen Klepper in Breslau // Silesia Nova. Vierteljahresschrift für Kultur und Geschichte 9, 2012, H. 4, S. 31-46.

Klet Georg (1467-1513)

Pisarz miejski i alchemik w Zgorzelcu – Syndikus und Alchemist in Görlitz

3061. Bartkowski, Ariane: Die alchemistischen Briefe des Görlitzer Bürgers und Stadtschreibers Georg Klett. „Die rechte Kunst der Alchimie ist wahrhaftig die Philosophia der alten Weisen" // Görlitzer Magazin. Geschichte und Gegenwart der Stadt Görlitz und ihrer Umgebung 25, 2012, S. 3-11, 4 Abb.

Klich Jan Józef (1886-1971)

Poeta ludowy z Pęgowa/Trzebnica – Volksdichter aus Hennigsdorf/Trebnitz

3062. Omelaniuk, Anatol Jan: Jan Józef Klich - poeta ludowy z Pęgowa. O tym, który podążał w życiu wyboistym szlakiem [Jan Józef Klich - Volksdichter aus Hennigsdorf/Trebnitz. Von einem, der einem holprigen Lebensweg folgte] // Dolny Śląsk 17, 2012, s. 202-206, il. 1.

Kluske Josef (1879-1965)

Oficer Gestapo we Wrocławiu – Gestapo-Offizier in Breslau

3063. Domaschke, Cornelia / Fuchs-Frotscher, Daniela: Täter und Biedermann - der Gestapokommissar Josef Kluske aus Breslau // In: Widerstand und Heimatverlust. Deutsche Antifaschisten in Schlesien / Hrsg. Cornelia Domaschke, Marcel Bois. - Berlin 2012, S. 58-76, Abb.

Knechtel Jeremias Joseph (1679-1750)

Malarz epoki baroku, działający na Śląsku, głównie w Legnicy – Barockmaler, tätig in Schlesien, v.a. in Liegnitz

3064. Kłoda, Emilia: Jeremias Joseph Knechtel - malarz zapomniany? [Jeremias Joseph Knechtel - ein vergessener Maler?] // W: Jeremias Joseph Knechtel (1679-1750). Legnicki malarz doby baroku [Jeremias Joseph Knechtel (1679-1750). Liegnitzer Maler des Barocks] / red. Andrzej Kozieł, Emilia Kłoda. - Legnica 2012, s. 37-67, il.; Res. 65-67.

3065. Kozieł, Andrzej: Jeremias Joseph Knechtel a malarstwo barokowe na Śląsku [Jeremias Joseph Knechtel und die Barockmalerei in Schlesien] // W: Jeremias Joseph Knechtel (1679-1750). Legnicki malarz doby baroku [Jeremias Joseph Knechtel (1679-1750). Liegnitzer Maler des Barocks] / red. Andrzej Kozieł, Emilia Kłoda. - Legnica 2012, s. 97-118, il.; Res. 117-118.

Knorr von Rosenroth Christian (1636-1689)

Urodzony na Śląsku pisarz, autor ewangelickich pieśni religijnych – Aus Schlesien stammender Schriftsteller und evangelischer Kirchenlieddichter

3066. Zeller, Rosmarie: Christian Knorr von Rosenroth (1636-1689) // In: Schlesische Lebensbilder. Bd. 11 / Hrsg. Joachim Bahlcke. - Insingen 2012, S. 175-184.

Kominek Bolesław, archiep. Wrat. (1903-1974)

3067. Hanich, Andrzej: Ksiądz infułat Bolesław Kominek, pierwszy administrator apostolski Śląska Opolskiego (1945-1951), t. 1 [Apostolischer Protonotar Bolesław Kominek, der erste Apostolische Administrator des Oppelner Schlesiens (1945-1951), Bd. 1]. - Opole 2012, ss. 178, il.; dt. Res. 154-155.

3068. Ksiądz Bolesław Kominek. Wspomnienia i dokumenty pastoralne pierwszego administratora apostolskiego Śląska Opolskiego (1945-1951), t. 2 [Priester Bolesław Kominek. Erinnerungen und Pastoraldokumente des ersten apostolischen Administrators des Oppelner Schlesiens (1945-1951), Bd. 2] / oprac. Andrzej Hanich. - Opole 2012, ss. 707.

3069. Serwatka, Tomasz: Rola arcybiskupa wrocławskiego Bolesława Kominka w końcowym etapie ustanawiania przez Stolicę Apostolską polskiej organizacji kościelnej na Dolnym Śląsku (1967-1971) [Die Bedeutung des Breslauer Erzbischofs Bolesław Kominek im letzten Abschnitt des Beschlusses der polnischen kirchlichen Organisation in Niederschlesien (1967-1971) durch den Heiligen Stuhl] // Śląski Kwartalnik Historyczny Sobótka 67, 2012, nr 3, s. 109-114.

Konrad Irmgard (1915-2003)

Działaczka opozycji antyhitlerowskiej urodzona we Wrocławiu – Widerstandskämpferin in Breslau

3070. Hunger, Anne: Der Weg einer Breslauer Antifaschistin. In Erinnerung an Irmgard Konrad 1915 bis 2003 // In: Widerstand und Heimatverlust. Deutsche Antifaschisten in Schlesien / Hrsg. Cornelia Domaschke, Marcel Bois. - Berlin 2012, S. 138-160, Abb.

Konrad VII Biały starszy = Konrad VII. der ältere Weiße, dux Olesn. (ca 1394-1452)

3071. Böhm, Marcin: Konrad VII Biały (ok. 1394 - 14 lutego 1452). Pan Oleśnicy i Koźla, książę zapomniany. - Kraków 2012, ss. 160; sum. 151.

Korczok Antoni (1891-1942)

Duchowny rzymskokatolicki na Górnym Śląsku, zamordowany w Dachau – Römisch-katholischer Geistlicher in Oberschlesien, ermordet in Dachau

3072. Pyrchała, Paweł: Ks. dr. Antoni Nikodem Korczok [Priester Dr. Antoni Nikodem Korczok]. - Zabrze 2012, ss. 170, il.

Korfanty Wojciech (1873-1939)

Polityk, poseł na Sejm RP i Sejm Śląski, publicysta – Politiker, Abgeordneter des Sejms der Republik Polen und Schlesiens; Publizist

3073. Budnik, Małgorzata: Rola Wojciecha Korfantego w trzecim powstaniu śląskim (1921) [Die Rolle Wojciech Korfantys während des Dritten Schlesischen Aufstands (1921)] // Przegląd Polsko-Polonijny 2012, nr 4, z. 2, s. 347-367.

3074. Halor, Antoni: Człowiek charakteru. Materiały do refleksji nad biografią i dziełem Wojciecha Korfantego (1873-1939) [Mensch mit Charakter. Beiträge zur Reflexion über die Biografie und zum Werk Wojciech Korfantys (1873-1939)]. - Siemianowice Śląskie 2012, ss. 106, il.
Biblioteka Siemianowicka; 14.
Rec.: Kuryś, Michał // Siemianowicki Rocznik Muzealny 11, 2012, s. 179-181. fot. 1.

3075. Korfanty, Wojciech: Przemówienia z lat 1904-1918 [Reden aus den Jahren 1904-1918] / przekł. Wawrzyniec Sawicki ; red. Jan Malicki. - Katowice 2012, ss. 259.

3076. Korfanty wśród przyjaciół [Korfanty unter Freunden] // W: Polityk. Przyjaciel. Autorytet. Rzecz o Wojciechu Korfantym (1873-1939) [Politiker. Freund. Autorität. Abhandlung über Wojciech Korfanty (1873-1939)] / Konstanty Wolny. - Katowice 2012, s. 81-104, fot.

3077. Marszał, Maciej: Włoski faszyzm w poglądach politycznych Wojciecha Korfantego [Der italienische Faschismus in den politischen Ansichten Wojech Korfantys] // W: Prawnicy na Uniwersytecie Wrocławskim [Juristen an der Breslauer Universität] / red. Maciej Marszał, Jacek Przygodzki. - Wrocław 2012, s. 53-58.
Acta Universitatis Wratislaviensis; 3423.

3078. O Wojciechu Korfantym [Über Wojciech Korfanty] // W: Polityk. Przyjaciel. Autorytet. Rzecz o Wojciechu Korfantym (1873-1939) [Politiker. Freund. Autorität. Abhandlung über Wojciech Korfanty (1873-1939)] / Konstanty Wolny. - Katowice 2012, s. 105-131.

3079. Przybylski, Henryk: Przedmowa [Einführung] // W: Polityk. Przyjaciel. Autorytet. Rzecz o Wojciechu Korfantym (1873-1939) [Politiker. Freund. Autorität. Abhandlung über Wojciech Korfanty (1873-1939)] / Konstanty Wolny. - Katowice 2012, s. 7-18.
Dot. W. Korfantego. - Betr. W. Korfanty.

3080. Wolny, Konstanty: Polityk. Przyjaciel. Autorytet. Rzecz o Wojciechu Korfantym (1873-1939) [Politiker. Freund. Autorität. Abhandlung über Wojciech Korfanty (1873-1939)]. - Katowice 2012, ss. 144, fot. 64.

3081. Woźniczka, Zygmunt: Wojciech Korfanty a Górny Śląsk [Wojciech Korfanty und Oberschlesien] // W: Wojciech Korfanty. Przemówienia z lat 1904-1918 [Reden aus den Jahren 1904-1918] / red. Jan Malicki ; tłum. Wawrzyniec Sawicki. - Katowice 2012, s. XVII-XLVIII, fot.

3082. Woźniczka, Zygmunt: Wojciech Korfanty w walce o Górny Śląsk [Wojciech Korfanty im Kampf um Oberschlesien] // W: Przemówienia z lat 1904-1918 [Reden aus den Jahren 1904-1918] / Wojciech Korfanty ; przekł. Wawrzyniec Sawicki ; red. Jan Malicki. - Katowice 2012, s. XVII-XLVIII, fot. 1.

Korn Karl (1852-1906)

Architekt tworzący głównie w Bielsku – Architekt, hauptsächlich in Bielitz

3083. Hankus, Michał: Karol Korn - twórca żydowskich i chrześcijańskich obiektów sakralnych w Bielsku-Białej i okolicach [Karl Korn - Schöpfer jüdischer und christlicher Sakralobjekte in Bielitz-Biala und Umgebung] // W: Żydzi na Górnym Śląsku w XIX i XX wieku [Juden in Oberschlesien im 19. und 20. Jahrhundert] / red. Beata Kalinowska-Wójcik, Dawid Keller. - Rybnik 2012, s. 561-579, fot. 5, ryc. 1.

Kotas Jan (1879-1965)

Notariusz i działacz polityczny na Śląsku Cieszyńskim - Notar und politisch Engagierter im Teschener Schlesien

3084. Macoń, Witold: Jan Kotas w Sejmie Śląskim [Jan Kotas im Schlesischen Landtag] // Przegląd Zachodni. Polska-Niemcy-Europa 68, 2012, nr 1, s. 231-237.

Koziarz Fryderyk (1899-1977)

Instruktor harcerski, nauczyciel i społecznik w Gliwicach – Pfadfinderleiter, ehrenamtlich Engagierter und Lehrer in Gleiwitz

3085. Mojski, Michał Bartosz: Fryderyk Koziarz - instruktor harcerski, nauczyciel i społecznik [Fryderyk Koziarz - Pfadfinderleiter, Lehrer und gesellschaftlich Engagierter] // W: Z dziejów harcerstwa w Gliwicach [Aus der Geschichte der Pfadfinderbewegung in Gleiwitz] / red. Damian Recław, Joanna Januszewska-Jurkiewicz. - Gliwice 2012, s. 203-221, fot. 8.

Kozikowski Edward (1891-1980)

Poeta, literat i działacz społeczny związany z Kotliną Jeleniogórską – Mit dem Hirschberger Tal verbundener Dichter, Literat und gesellschaftlich Engagierter

3086. Gradkowski, Henryk: Edward Kozikowski, poeta „Czartaka", w Kotlinie Jeleniogórskiej [Edward Kozikowski, Dichter, Mitglied der Gruppe „Czartak", im Hirschberger Tal] // W: Śląskie pogranicza kultur. T. 1 [Das schlesische Kulturgrenzland. Bd. 1] / red. Marian Ursel, Olga Taranek-Wolańska. - Wrocław 2012, s. 153-167, il.

Kögler Joseph (1765-1817)

Historyk, regionalista, duchowny ewangelicki w Ołdrzychowicach – Historiker und Heimatforscher; evangelischer Geistlicher in Ullersdorf/Glatz

3087. Musil, František: Josef Kögler (1765-1817) - zakladatel kladské regionální historiografie [Josef Kögler (1765-1817) - der Begründer der Glatzer Regionalgeschichtsschreibung] // Kladský sborník 9, 2012, s. 203-213; Res. 213.

Krafczyk Paweł (1911-2003)

Duchowny rzymskokatolicki na Górnym Śląsku – Römisch-katholischer Geistlicher in Oberschlesien

3088. Pyrchała, Paweł: Ks. prałat Paweł Krafczyk = Prälat Paul Krafczyk. - Zabrze 2012, ss. 151, il.
Tekst w języku polskim i niemieckim. - Polnischer und deutscher Text.

Kroch Ernesto (1917-2012)

Działacz polityczny i związkowy urodzony we Wrocławiu – Aus Breslau stammender Gewerkschafter

3089. Langhammer, Sven: Politischer Aktivist und Mittler zwischen den Zeiten. Ernesto Kroch (11. Februar 1917 bis 11. Marz 2012) // Informationen. Wissenschaftliche Zeitschrift des Studienkreises Deutscher Widerstand 1933-1945 37, 2012, H. 75, S. 28-29, Abb.

Kroczek Norbert (1930-1994)

Muzyk, kompozytor, dyrygent z Górnego Śląska – Musiker, Komponist und Dirigent aus Oberschlesien

3090. Przybyła, Marek: Profesor Norbert Kroczek widziany oczami swojego ucznia [Professor Norbert Kroczek aus der Sicht seines Schülers] // W: Święci są wśród nas. Wybrane biografie niekanonizowanych zabrzańskich świętych [Heilige sind unter uns. Ausgewählte Biografien nicht kanonisierter Heiliger aus Zabrze] / red. Piotr Górecki. - Gliwice 2012, s. 71-80, fot. 1.

Krommer Helmut (1891-1973)

Malarz urodzony w Opawie – Aus Troppau stammender Maler

3091. Pelikánová, Gabriela: Se Slezskem a bez něj. Život a tvorba Helmuta Krommera [With or without Silesia: The life and work of Helmut Krommer] // In: Ostrava. Příspěvky k dějinám a současnosti Ostravy a Ostravska 26, 2012, s. 277-298; Res. 298.

Krupiński Bolesław (1893-1972)

Inżynier górnictwa, profesor AGH i Politechniki Śląskiej – Bergbauingenieur; Hochschullehrer in Krakau und Gleiwitz

3092. Gwarek. Prof. Bolesław Krupiński [Bergmann. Prof. Bolesław Krupiński] / red. Jerzy Mańka, Mirosław Skibiski. - Katowice 2012, ss. 154, il.
Poczet Gwarków Śląskich; 7.

Krzywobłocki Aleksander (1901-1979)

Artysta tworzący w dziedzinie fotomontażu, architekt, konserwator zabytków m.in. we Wrocławiu - Fotomontagekünstler, Architekt und Denkmalpfleger u.a. in Breslau

3093. Lechowski, Lech: Aleksander Krzywobłocki i poetyka surrealizmu w fotografii polskiej [Aleksander Krzywobłocki und die Poetik des Surrealismus in der polnischen Fotografie] // W: Historia, teraźniejszość i współczesne dylematy fotografii. Sympozjum z okazji 65-lecia Związku Polskich Artystów Fotografików. Związek Polskich Artystów Fotografików, Okręg Dolnośląski, 15 grudnia 2012 [Geschichte, Gegenwart und zeitgenössische Dilemmas der Fotografie. Symposium zum 65. Jahrestag des Polnischen Kunstfotografenverbandes. Polnischer Kunstfotografenverband, Bezirk Niederschlesien, 15. Dezember 2012] / red. Kazimiera Kuzborska. - Wrocław 2012, s. 86-94, il.

Kudlich Hans (1823-1917)

Polityk, poseł do Reichstagu z Úvalna – Politiker; Reichstagsabgeordneter aus Lobenstein/Freudenthal

3094. Kladiwa, Pavel / Pokludová, Andrea: Hans Kudlich (1823-1917). Cesta života a mýtu [Hans Kudlich (1823-1917). Der Weg des Lebens und Mythos]. - Ostrava 2012, 376 s.; Res. 351-376.
Rec.: Pelc, Martin // Acta historica Universitatis Silesianae Opaviensis 5, 2012, s. 257-259.

Kulczycka-Leciejewiczowa Anna (1934-2011)

Archeolog, profesor Polskiej Akademii Nauk we Wrocławiu – Archäologin; Professorin der Polnischen Akademie der Wissenschaften in Breslau

3095. Czarniak, Krzysztof: Anna Kulczycka -Leciejewiczowa (1934-2011) // Silesia Antiqua 48, 2012, s. 345-348, il. 2.

3096. Lech, Jacek: Profesor Anna Kulczycka -Leciejewiczowa (1.09.1934-13.08.2011). Szkic do portretu [Professor Anna Kulczycka-Leciejewiczowa (1.09.1934-13.08.2011). A Sketch for a Portrait] // Archeologia Polski 57, 2012, nr 1-2, s. 7-26, il. 8; Res. 21-26.

Kurzer Ernest (1836-1913)

Organmistrz na Górnym Śląsku – Orgelbauer in Oberschlesien

3097. Koenig, Franciszek: Działalność gliwickiego organmistrza Ernesta Kurzera [Die Tätigkeit des Gleiwitzer Orgelbauers Ernst Kuzer] // W: Organy na Śląsku IV [Die Orgel in Schlesien IV] / red. Julian Gembalski. - Katowice 2012, s. 31-45, fot. 16; dt. Res. 43-45.

Kuss Bernhard (1934-2015)

Rolnik, polityk, działacz mniejszości niemieckiej w Polsce – Landwirt, Politiker und Engagierter der deutschen Minderheit in Polen

3098. Kuss, Bernhard: Z małego Psurowa na ulicę Wiejską w Warszawie [Aus dem kleinen Psurow in die Ulica Wiejska [Dorfstraße] in Warschau] // Rocznik Powiatu Oleskiego 2012, nr 5, s. 66-72.

Kustos Jan (1893-1932)

Wydawca i polityk górnośląski – Oberschlesischer Verleger und Politiker

3099. Fic, Maciej: Jan Kustos (1893-1932) - pograniczny polityk konfrontacji [Jan Kustos (1893-1932) - der auf Konfrontation gerichtete Politiker des Grenzgebietes] // Wieki Stare i Nowe. Tom specjalny: Ludzie i elity pogranicza [Neue und alte Jahrhunderte. Sonderband: Menschen und Grenzgebiet-Eliten] 2012, s. 210-228; Res. 228.

3100. Fic, Maciej: Jan Kustos wobec kwestii narodowościowej mieszkańców Górnego Śląska [Jan Kustos on nationality issues concerning inhabitants of Upper Silesia] // W: Górny Śląsk i Wielkopolska w XIX i pierwszej połowie XX wieku. Wybrane aspekty z dziejów polityki i edukacji [Oberschlesien und Großpolen im 19. und in der ersten Hälfte des 20. Jahrhunderts. Ausgewählte Aspekte aus der Politik- und Bildungsgeschichte] / red. Jarosław Durka. - Poznań 2012, s. 105-141; Res. 141-142.

Kutz Kazimierz (1929-)

Reżyser filmowy i teatralny – Film- und Theaterregisseur

3101. Lewandowski, F. Jan: Katowice Kazimierza Kutza [Das Kattowitz des Kazimierz Kutz]. - Katowice 2012, ss. 106, fot.; Res. 101-103.

3102. Saryusz-Wolska, Magdalena: Kazimierz Kutz' Variationen zu Niederschlesien. Vier Ebenen von Film und Geschichte in „Niemand ruft" (1960) // Historie. Jahrbuch des Zentrums für Historische Forschung Berlin der Polnischen Akademie der Wissenschaften : Regionalkontexte 5, 2011 (2012), S. 203-224.

Lachmann Piotr = Lachmann Peter (1935-)

Niemiecko-polski poeta, eseista, reżyser teatralny, tłumacz urodzony w Gliwicach – Schriftsteller; Übersetzer

3103. Chojnowski, Przemysław: Das Phänomen der literarischen Zweisprachigkeit. Zu Peter Lachmanns bilingualer Schreibpraxis // In: Kulturelle Grenzgänge. Festschrift für Christa Ebert zum 65. Geburtstag / Hrsg. Agnieszka Brockmann, Jekatherina Lebedewa. - Berlin 2012, S. 215-224.

Lalande Georg de (1872-1914)

Architekt pochodzący z Jeleniej Góry, działający w Japonii – Aus Hirschberg stammender Architekt in Japan

3104. Hirose, Takehiko: Historia słynnego architekta niemieckiego w Japonii, urodzonego w Hirschberg - z okazji 100. rocznicy jego śmierci w 2014 r. [Der Aufenthalt eines berühmten deutschen in Hirschberg geborenen Architekten in Japan - Zu seinem auf 2014 entfallenden 100. Todestag] // Rocznik Jeleniogórski 44, 2012, s. 119- 126, il. 10; Res. 126.

Laßmann Walter (1903-1986)

Duchowny rzymskokatolicki we Wrocławiu – Römisch-katholischer Geistlicher in Breslau

3105. Laßmann, Walter: Meine Erlebnisse in der Festung Breslau. Tagebuchaufzeichnungen eines Pfarrers / Hrsg. Marek Zybura. - Dresden 2012, 208 S.

3106. Zybura, Marek: Pfarrer Walter Laßmann in der Festung Breslau. Nachwort zur Veröffentlichung der Tagebuchaufzeichnungen // Silesia Nova. Vierteljahresschrift für Kultur und Geschichte 9, 2012, H. 1, S. 129-137.

Latacz Ewald (1885-1953)

Prawnik, polityk, założyciel Związku Górnoślązaków – Rechtsanwalt und Politiker; Gründer des Bundes der Oberschlesier

3107. Sendek, Rafael: Ewald Latacz (1885-1953) // In: Schlesische Lebensbilder. Bd. 11 / Hrsg. Joachim Bahlcke. - Insingen 2012, S. 473-487.

Lauterbach Heinrich (1893-1973)

Architekt we Wrocławiu – Architekt in Breslau

3108. Ilkosz, Jerzy: Prominent Heinrich Lauterbach i środowisko artystyczne Wrocławia na przełomie lat dwudziestych i trzydziestych XX w. [Der Prominente Heinrich Lauterbach und das Kunstmilieu Breslaus an der Wende von den 1920er zu den 30er Jahren] // W: Heinrich Lauterbach. Architekt wrocławskiego modernizmu [Heinrich Lauterbach. Architekt der Breslauer Moderne] / red. Jerzy Ilkosz. - Wrocław 2012, s. 71-135, il., mapy.

3109. Urbanik, Jadwiga: Heinrich Lauterbach i wystawa: „Mieszkanie i miejsce pracy" - WuWA - „Wohnung und Werkraum" Ausstellung [Heinrich Lauterbach und die Ausstellung WuWA - „Wohnung und Werkraum" Ausstellung] // W: Heinrich Lauterbach. Architekt wrocławskiego modernizmu [Heinrich Lauterbach. Architekt der Breslauer Moderne] / red. Jerzy Ilkosz. - Wrocław 2012, s. 171-199, il.

Lauterbach Samuel Friedrich (1662-1728)

Pastor we Wschowie – Evangelisch-lutherischer Geistlicher in Fraustadt

3110. Schott, Christian-Erdmann: Samuel Friedrich Lauterbach (1662-1728) // In: Schlesische Lebensbilder. Bd. 11 / Hrsg. Joachim Bahlcke. - Insingen 2012, S. 195-204.

Leciejewicz Lech (1931-2011)

Archeolog, historyk mediewista, profesor we Wrocławiu – Archäologe, Mediävist; Hochschullehrer in Breslau

3111. Leciejewicz, Lech: Starałem się przełożyć język archeologów na zrozumiały dla historyków i vice versa [Ich bemühte mich, die Sprache der Archäologen zum Verständnis der Historiker zu übersetzen und umgekehrt] / rozm. Andrzej M. Kobos // W: Po drogach uczonych. Z członkami Polskiej Akademii Umiejętności rozmawia Andrzej M. Kobos. T. 5 [Auf den Wegen der Gelehrten. Andrzej M. Kobos spricht mit Mitgliedern der Polnischen Akademie der Gelehrsamkeit. Band 5] / Andrzej M. Kobos. - Kraków 2012, s. 221-250, il.

3112. Moździoch, Sławomir: Lech Leciejewicz (1931-2011) // Silesia Antiqua 48, 2012, s. 343-344, il. 2.

3113. Rębkowski, Marian: Prof. dr. hab. Lech Leciejewicz (26.01.1931-23.03.2011) [Prof. dr. hab. Lech Leciejewicz (26.01.1931-23.03.2011)] // Archeologia Polski 57, 2012, nr 1-2, s. 37-55, il. 7; Res. 50-55.

Liberda Johann (1700/1701-1742)

Duchowny ewangelicki i pisarz m.in. w Cieszynie – Evangelischer Geistlicher und Schriftsteller u.a. in Teschen

3114. Strobel, Nicole: Johann Liberda (1700/01-1742) // In: Schlesische Lebensbilder. Bd. 11 / Hrsg. Joachim Bahlcke. - Insingen 2012, S. 225-237.

Lichnowsky Felix von (1814-1848)

Polityk, poeta, poseł Sejmu Śląskiego – Politiker, Dichter, Abgeordneter des Schlesischen Landtags

3115. Herzig, Martin: Geliebt - gehasst - gelyncht. Leben und Tod des Fürsten Felix Maria Lichnowsky (1814 - 1848). - Berlin 2012, 158 S., Abb.

3116. Lindner, Klaus: Felix Fürst Lichnowsky (1814-1848) // In: Schlesische Lebensbilder. Bd. 11 / Hrsg. Joachim Bahlcke. - Insingen 2012, S. 349-359.

Lisiecki Arkadiusz, ep. Katow. (1880-1930)

3117. Szymański, Krzysztof: Arkadiusz Lisiecki (1880-1930). Duszpasterz i społecznik [Arkadiusz Lisiecki (1880-1930). Seelsorger und gesellschaftlich Engagierter]. - Katowice 2012, ss. 264, il.; dt. Res. 263-264.

Lösener Albrecht (1930-2006)

Malarz w Kłodzku – Maler in Glatz

3118. Schmack, Werner H.: Albrecht Lösener 1930-2006. Ein Maler aus Glatz/Schlesien // AGG-Mitteilungen. Mitteilungsblatt der Arbeitsgemeinschaft Grafschaft Glatz - Kultur und Geschichte 11, 2012, S. 61-69.

Ludwig Emil (1881-1948)

Pisarz urodzony we Wrocławiu – Schriftsteller, geboren in Breslau

3119. Schneider, Thomas F.: How to Treat the Germans. Emil Ludwigs politisch-publizistisches Engagement im US-amerikanischen Exil // In: Erinnerung in Text und Bild. Zur Darstellbarkeit von Krieg und Holocaust im literarischen und filmischen Schaffen in Deutschland und Polen / Hrsg. Jürgen Egyptien. - Berlin 2012, S. 301-314.

Ludwiger Hartwig von (1895-1947)

Oficer Wehrmachtu urodzony w Bytomiu – Aus Beuthen stammender Wehrmachtsoffizier

3120. Pietrucha, Dariusz: Po drugiej stronie lustra. Gen. leut. Hartwig von Ludwiger - bytomianin, którego powieszono w Jugosławii [Auf der anderen Seite des Spiegels. Gen. lt. Hartwig Ludwiger - Einwohner von Bytom, der in Jugoslawien gehängt wurde] // Śląski Rocznik Forteczny 4, 2012, s. 179-205, fot. 11; dt. Res. 223; sum. 220.

Luise von Preußen (1808-1870)

Córka Fryderyka Wilhelma III, żona ks. Fryderyka Niderlandzkiego, właścicielka pałacu w Wojanowie – Tochter von Friedrich Wilhelm III., Gemahlin von Friedrich von Oranien-Nassau; Besitzerin eines Palastes in Schildau/Hirschberg

3121. Łaborewicz, Ivo: Akt darowizny Luizy - księżnej Niderlandzkiej, na rzecz ewangelików w Wojanowie (1858 r.) [Die Schenkungsurkunde von Luise Prinzessin der Niederlande für die Schildauer Protestanten (1858)] // Rocznik Jeleniogórski 44, 2012, s. 243-248, il. 3; Res. 248.

Łagiewski Maciej (1955-)

Historyk, dyrektor Muzeum Miejskiego Wrocławia – Historiker und Museumsdirektor in Breslau

3122. Zybura, Marek: Maciej Łagiewski: Breslaus deutsche Vergangenheit als Brücke zum Nachbarn // Silesia Nova. Vierteljahresschrift für Kultur und Geschichte 9, 2012, H. 3, S. 39-47, Abb.

Łangowski Jan (1904-1953)

Dziennikarz, działacz Związku Polaków w Niemczech – Journalist; engagiert beim Bund der Polen in Deutschland

3123. Maziarz, Antoni: „Myślałem o was wiele". Listy Jana Łangowskiego z Buchenwaldu do rodziny [„Ich habe viel an Euch gedacht". Briefe von Jan Łangowski aus Buchenwald an die Familie] // W: Rodzina na Śląsku 1939-1945. Dezintegracja, migracje, codzienność [Die Familie in Schlesien 1939-1945. Desintegration -Migration-Alltag] / red. Adriana Dawid, Antoni Maziarz. - Opole 2012, s. 61-88, fot.

Maiwald Fritz (1916-2007)

Działacz opozycji antyhitlerowskiej we Wrocławiu – Aus Breslau stammender Gewerkschafter und Widerstandskämpfer gegen den Nationalsozialismus

3124. Maiwald, Fritz: Fritz Maiwald erinnert sich: „Kleingekriegt ham se mich nicht..." // In: Widerstand und Heimatverlust. Deutsche Antifaschisten in Schlesien / Hrsg. Cornelia Domaschke, Marcel Bois. - Berlin 2012, S. 161-164.

Majewski Lech (1953-)

Reżyser filmowy i teatralny, pisarz, poeta i malarz pochodzący z Katowic – Aus Kattowitz stammender Regisseur, Schriftsteller, Dichter und Maler

3125. Nowakowski, Jacek: Śląski Odyseusz. Twórcze peregrynacje Lecha Majewskiego [Schlesischer Odysseus. Künstlerische Pilgerreisen von Lech Majewski] // W: Europa Środkowa i Wschodnia jak przestrzeń spotkania. Na szlakach tradycji kultury. Praca zbiorowa [Mittel- und Osteuropa als Begegnungsraum. Auf den Wegen der Kulturtradition. Sammelband] / red. Klaudiusz Święcicki. - Gniezno 2012, s. 225-232.
Dot. głównie twórczości związanej z Górnym Śląskiem. - Betr. hauptsächlich das mit Oberschlesien verbundene Wirken.

3126. Nowakowski, Jacek: W stronę raju. O literackiej i filmowej twórczości Lecha Majewskiego [Auf der Seite des Paradieses. Über das literarische und filmische Schaffen von Lech Majewski]. - Poznań 2012, ss. 285, il.
Filologia Polska; 135.

Maltzan Maria von (1909-1997)

Biolog i weterynarz, działaczka opozycji antyhitlerowskiej, urodzona w Miliczu – Aus Militsch stammende Biologin und Tierärztin; aktiv im Widerstand gegen den Nationalsozialismus

3127. Maltzan, Maria von: Bij w werbel i nie lękaj się. Wspomnienia [Schlage auf die Trommel und fürchte dich nicht. Erinnerungen] / przekł. Małgorzata Słabicka. - Wrocław 2010, ss. 272, il.
Wersja niemiecka/Deutsche Fassung: Schlage die Trommel und fürchte dich nicht, Berlin [u.a.] 1986.
Rec.: Serwatka, Tomasz: Od Milicza do Berlina [Von Militsch nach Berlin] // Odra 52, 2012, nr 1 (597), s. 130-131.

Markéta z Felbriggu = Małgorzata z Felbrigg = Margarethe von Felbrigg (ca 1370-1416)

Córka księcia piastowskiego Przemysława I Noszaka – Tochter des Piastenherzogs Przemislaus I. von Teschen

3128. Małysz, Bohdan: Markéta Těšínská. Zapomenutá dcera Přemysla I. Nošáka na dvoře anglického krále Richarda II. [Margaret of Těšín (+1416). Forgotten daughter of Přemysl I Nošák at the court of the English King Richard II] // Těšínsko. Vlastivědný časopis 55, 2012, č. 1, s. 1-10; Res. 8.

Matter Alfons (1853-1947)

Przedsiębiorca budowlany w Cieszynie – Bauunternehmer in Teschen

3129. French, Irena: Alfons Matter. Z austriackiej przeszłości Cieszyna [Alfons Matter. Zur österreichischen Geschichte Teschens] // W: Górnoślązakow żywoty równoległe [Freunde vom Spielplatz. Parallele Lebensläufe der Oberschlesier] / fot. Lidia Rogowicz, Wojciech Kania. - Katowice 2012, s. 53-69, fot.

May Ernst (1886-1970)

Architekt i urbanista m.in. we Wrocławiu – Architekt und Stadtplaner u.a. in Breslau

3130. Quiring, Claudia: Ernst May 1886-1970 / red. Jerzy Ilkosz. - Wrocław 2012, ss. 282, il.
Publikacja towarzyszy wystawie: Ernst May 1886-1970 - nowe miasta na trzech kontynentach, 24 marca - 17 czerwca 2012 Muzeum Architektury we Wrocławiu. Wersja niemiecka: Ernst May 1886-1970. Neue Städte auf drei Kontinenten. München [u.a.] 2011. - Begleitpublikation zur Ausstellung: Ernst May 1886-1970 - Neue Städte auf drei Kontinenten, 24. März-17. Juni 2012 im Architekturmuseum Breslau. Deutsche Fassung: Ernst May 1886-1970. Neue Städte auf drei Kontinenten. München [u.a.] 2011.

Meinshausen Hans (1889-1948)

Działacz NSDAP, burmistrz Görlitz – Politiker NSDAP; Bürgermeister von Görlitz

3131. Hensel, Rolf: Stufen zum Schafott. Der Berliner Stadtschulrat und Oberbürgermeister von Görlitz: Hans Meinshausen. - Berlin 2012, 383 S., Abb.
Zeitgeschichtliche Forschungen; 44.

Merkert Maria Luise (1817-1872)

Założycielka Zgromadzenia Sióstr św. Elżbiety – Mitgründerin der Kongregation der Schwestern von der heiligen Elisabeth

3132. Cebula, Margarita: Rozwój kultu i znaki pośrednictwa bł. Marii Luizy Merkert [Die Entwicklung der Verehrung der seligen Marie Louise Merkert und Zeichen ihrer Vermittlung] // W: Oblicza miłosierdzia w duchowości Europy. Bł. Maria Luiza Merkert - kontynuatorka dzieła św. Elżbiety w posłudze miłości miłosiernej [Aspekte der Barmherzigkeit der europäischen Geistigkeit. Selige Maria Luise Merkert - Fortsetzerin des Werkes der hl. Elisabeth auf dem Feld des Dienstes für die barmherzige Liebe]. - Opole 2012, s. 223-260; Res. 259-260.

3133. Kinder, Dominika: Die selige Maria Luise - Oberin und Mutter [Błogosławiona Maria Luiza - przełożona i matka] // W: Oblicza miłosierdzia w duchowości Europy. Bł. Maria Luiza Merkert - kontynuatorka dzieła św. Elżbiety w posłudze miłości miłosiernej [Aspekte der Barmherzigkeit der europäischen Geistigkeit. Selige Maria Luise Merkert - Fortsetzerin des Werkes der hl. Elisabeth auf dem Feld des Dienstes für die barmherzige Liebe]. - Opole 2012, s. 187-202; Res. 201-202.

3134. Pater, Józef: Bł. Maria Luiza Merkert - naśladowczyni św. Elżbiety [Die selige Maria Luise u Anhängerin der hl. Elisabeth] // W: Oblicza miłosierdzia w duchowości Europy. Bł. Maria Luiza Merkert - kontynuatorka dzieła św. Elżbiety w posłudze miłości miłosiernej [Aspekte der Barmherzigkeit der europäischen Geistigkeit. Selige Maria Luise Merkert - Fortsetzerin des Werkes der hl. Elisabeth auf dem Feld des Dienstes für die barmherzige Liebe]. - Opole 2012, s. 15-26; Res. 26.

3135. Pierskała, Rudolf: Die Seligsprechung der „Samariterin Schlesiens" Maria Luise Merkert // W: Erzbischof Alfons Nossol. Aus seinem Leben, Denken und Wirken / Hrsg. Helmut Jan Sobeczko ; Übers. Krystyna Maria Greub -Frącz. - Opole 2012, s. 211-214, fot. 3.

3136. Werbińska, Samuela: Błogosławiona Maria Luiza - wzorem kobiety zawierzenia [Die selige Maria Luise - Vorbild einer Frau mit Hingabe] // W: Oblicza miłosierdzia w duchowości Europy. Bł. Maria Luiza Merkert - kontynuatorka dzieła św. Elżbiety w posłudze miłości miłosiernej [Aspekte der Barmherzigkeit der europäischen Geistigkeit. Selige Maria Luise Merkert - Fortsetzerin des Werkes der hl. Elisabeth auf dem Feld des Dienstes für die barmherzige Liebe]. - Opole 2012, s. 157-185; Res. 183-185.

3137. Zaborowska, Paula: Przebieg i etapy procesu beatyfikacyjnego bł. Marii Luizy Merkert [Verlauf und Etappen der Seligsprechung der gesegneten Maria Lusie Merkert] // W: Oblicza miłosierdzia w duchowości Europy. Bł. Maria Luiza Merkert - kontynuatorka dzieła św. Elżbiety w posłudze miłości miłosiernej [Aspekte der Barmherzigkeit der europäischen Geistigkeit. Selige Maria Luise Merkert - Fortsetzerin des Werkes der hl. Elisabeth auf dem Feld des Dienstes für die barmherzige Liebe]. - Opole 2012, s. 203-222; Res. 221-222.

Michalka Vincenc (1815-1858)

Budowniczy na Śląsku Opawskim – Baumeister im Troppauer Schlesien

3138. Šopák, Pavel: Vincenc Michalka a stavební kultura v polovině 19. století [Vincenc Michalka and building culture in the mid-19th century] // Časopis Slezského zemského muzea. Série B - vědy historické 61, 2012, č. 2, s. 131-140; Res. 140.

Michejda Franciszek (1848-1921)

Duchowny ewangelicki na Śląsku Cieszyńskim – Evangelischer Geistlicher im Teschener Schlesien

3139. Kubica, Anna: Franciszek Michejda wobec polskiej sprawy narodowej na Śląsku Cieszyńskim u schyłku XIX wieku [Franciszek Michejda vs. polnische Nationalsache im Teschener Schlesien gegen Ende des 19. Jahrhunderts] // Szkice Archiwalno-Historyczne 2012, nr 9, s. 65-81; Res. 81.

Moltke Freya von (1911-2010)

Prawnik, żona Helmutha Jamesa von Moltke, członkini „Kręgu z Krzyżowej" – Juristin; Ehefrau von Helmuth James von Moltke, Mitglied des „Kreisauer Kreises"

3140. Geyken, Frauke: Freya von Moltke. Ein Jahrhundertleben 1911-2010. - München 2011, 287 S.
Rec.: Distel, Barbara // Zeitschrift für Geschichtswissenschaft 60, 2012, H. 9, S. 774-776.

Morawiecki Kornel (1941-)

Fizyk, nauczyciel akademicki we Wrocławiu, polityk – Physiker; Hochschullehrer in Breslau; Politiker

3141. Przedpełski, Tomasz: Za pomocą druku oddziaływał na psychikę. Proces Kornela Morawieckiego 1981 [Mit Hilfe des gedruckten Wortes beeinflusste er die Psyche. Prozess gegen Kornel Morawiecki 1981]. - Wrocław 2012, ss. 112, il. + płyta CD.
Wrocławskie Procesy Polityczne. Płyta CD zawiera kopie dokumentów SB, akt sądowych oraz nagrania dźwiękowe z procesu. - Die CD enthält Kopien der Dokumente des Sicherheitsdienstes, Gerichtsakten sowie Tonaufnahmen des Prozesses.

Morcinek Gustaw (1891-1963)

Pisarz związany ze Śląskiem, nauczyciel, publicysta i poseł na sejm – Mit Schlesien verbundener polnischer Schriftsteller; Lehrer, Publizist und Abgeordneter des polnischen Sejms

3142. Fonfara, Ewa: „[...] niech mi pan odpisze". O korespondencji dzieci i młodzieży z Gustawem Morcinkiem w latach 1946-1963 [„[...] antworten Sie mir bitte". Zur Korrespondenz von Kindern und Jugendlichen mit Gustaw Morcinek in den Jahren 1946-1963] // W: Gustaw Morcinek - w 120-lecie urodzin [Gustaw Morcinek - zum 120. Geburtstag] / red. Krystyna Heska-Kwaśniewicz, Jacek Lyszczyna. - Katowice 2012, s. 209-225.

3143. Gajownik, Sylwia / Nadolna, Marta: Muzeum im. Gustawa Morcinka w Skoczowie [Das Gustaw Morcinek-Museum in Skotschau] // W: Gustaw Morcinek - w 120-lecie urodzin [Gustaw Morcinek - zum 120. Geburtstag] / red. Krystyna Heska-Kwaśniewicz, Jacek Lyszczyna. - Katowice 2012, s. 141-147.

3144. Korepta, Edyta: „Morcinek do dziewczynek". Epistolarny talent pisarza [„Morcinek zu den Mädchen". Das epistoläre Talent des Schriftstellers] // W: Gustaw Morcinek - w 120-lecie urodzin [Gustaw Morcinek - zum 120. Geburtstag] / red. Krystyna Heska-Kwaśniewicz, Jacek Lyszczyna. - Katowice 2012, s. 115-129.

3145. Szcześniak, Jolanta: Z zapisków skoczowskiego nauczyciela - szkoła w felietonach Gustawa Morcinka [Aus den Aufzeichnungen eines Skotschauer Lehrers - die Schule im Feuilleton von Gustaw Morcinek] // W: Gustaw Morcinek - w 120-lecie urodzin [Gustaw Morcinek - zum 120. Geburtstag] / red. Krystyna Heska-Kwaśniewicz, Jacek Lyszczyna. - Katowice 2012, s. 74-83.

3146. Szotek, Halina: Gustaw Morcinek (1891-1963), karwiński hawierz, skoczowski nauczyciel, śląski pisarz [Gustaw Morcinek (1891-1963), Karwiner Bergarbeiter, Skotschauer Lehrer, schlesischer Schriftsteller] // W: Scriptum Międzygeneracyjnego Uniwersytetu Regionalnego. Vol. 2 [Scriptum der generationenübergreifenden Regionaluniversität. Band 2] / red. Danuta Chwajol, Kazimierz Kaszper, Kazimierz Kuś. - Czeski Cieszyn 2012, s. 68-83, il. 4.

3147. Tałuć, Katarzyna: „Ziemia śląska jest tak piękna, tak bardzo podobna do tego uśmiechu zamyślonej młodej dziewczyny..." O pasjach krajoznawczych Gustawa Morcinka [„Das Schlesische Land ist so schön, so sehr erinnert es an dieses Lächeln eines gedankenverlorenen jungen Mädchens...". Landeskundliche Passionen Gustaw Morcineks] // W: Gustaw Morcinek - w 120-lecie urodzin [Gustaw Morcinek - zum 120. Geburtstag] / red. Krystyna Heska-Kwaśniewicz, Jacek Lyszczyna. - Katowice 2012, s. 130-140.

Morciniec Norbert (1932-)

Germanista, profesor Uniwersytetu Wrocławskiego – Germanist; Hochschullehrer in Breslau

3148. Cirko, Lesław: Publikationsverzeichnis von Norbert Morciniec 1958-2012 // In: Vita in linguis. Schriften zur Germanistik und Niederlandistik / Hrsg. Lesław Cirko, Stefan Kiedroń. - Dresden 2012, S. 645-656.

3149. Verba docent, exempla trahunt! Zum 80. Geburtstag von Norbert Morciniec / hrsg. Peter Chmiel ; unter Mitw. Sylwia Rudzińska. - Wrocław 2012, ss. 113, il.
Tekst częściowo w języku niemieckim i polskim. - Teilweise deutscher und polnischer Text.

Mueller Otto (1874-1930)

Malarz, wykładowca Państwowej Akademii Sztuki i Rzemiosła Artystycznego we Wrocławiu – Maler; Hochschullehrer in Breslau

3150. Einfach, eigen, einzig. Otto Mueller, 1874-1930. Wegbereiter der „Künstlergruppe Brücke" und deren „Selbstverständliches Mitglied". Bd. 1: Gemälde, Gouachen, Aquarelle, Farbkreide-Zeichnungen, Malbriefe, Lithographien, Holzschnitte, 1902-1929. Begleitbuch zu den Ausstellungen der Otto-Mueller-Gesellschaft e.V. (Weimar) in Zwickau, in Heilbronn und in Duisburg 2012/2013 / Hrsg. Hans-Dieter Mück, Dieter W. Posselt. - Weimar 2012, 171 S., Abb.

3151. Herbst, Helmut: Die altägyptischen Vorbilder für Otto Muellers entschleunigte Kunst // In: Einfach, eigen, einzig. Otto Mueller, 1874-1930. Wegbereiter der „Künstlergruppe Brücke" und deren „Selbstverständliches Mitglied". Bd. 3: Beiträge zu Leben und Werk Otto Muellers / Hrsg. Hans-Dieter Mück, Dieter W. Posselt. - Weimar 2012, S. 83-87.

3152. Holsing, Henrike: Das Bild der Frau in Otto Muellers Werk // In: Einfach, eigen, einzig. Otto Mueller, 1874-1930. Wegbereiter der „Künstlergruppe Brücke" und deren „Selbstverständliches Mitglied". Bd. 3: Beiträge zu Leben und Werk Otto Muellers / Hrsg. Hans-Dieter Mück, Dieter W. Posselt. - Weimar 2012, S. 88-95.

3153. Leinz, Gottlieb: Die „Cranachsche Venus" und andere Morde Otto Muellers // In: Einfach, eigen, einzig. Otto Mueller, 1874-1930. Wegbereiter der „Künstlergruppe Brücke" und deren „Selbstverständliches Mitglied". Bd. 3: Beiträge zu Leben und Werk Otto Muellers / Hrsg. Hans-Dieter Mück, Dieter W. Posselt. - Weimar 2012, S. 96-127, Abb.

3154. Mück, Hans-Dieter: Einfach, eigen, einzig. Otto Mueller, 1874-1930. Wegbereiter der „Künstlergruppe Brücke" und deren „Selbstverständliches Mitglied". Bd. 2: Otto Mueller. Versuch einer Rekonstruktion seines Lebens und seiner Werke nach Dokumenten im Archiv der Otto Mueller-Gesellschaft. - Weimar 2012, 167 S., Abb.

3155. Mück, Hans-Dieter: Otto Mueller: Geachtet - Post mortem: Geächtet. Kunst in Ketten 1930-1945 - Eine Dokumentation // In: Einfach, eigen, einzig. Otto Mueller, 1874-1930. Wegbereiter der „Künstlergruppe Brücke" und deren „Selbstverständliches Mitglied". Bd. 3: Beiträge zu Leben und Werk Otto Muellers / Hrsg. Hans-Dieter Mück, Dieter W. Posselt. - Weimar 2012, S. 35-81, Abb.

Muthofer Ben (1937-)

Rzeźbiarz urodzony w Opolu – Aus Oppeln stammender Bildhauer

3156. Leistner, Gerhard: Geometrie, Farbe, Licht. Ben Muthofer retrospektiv. - Regensburg 2012, 294 S., Abb.
Dot. wystawy prac Bena Muthofera w Regensburgu. - Betr. Ausstellung der Werke von Ben Muthofer in Regensburg.

Mylius Martin (1542-1611)

Poeta, rektor gimnazjum w Zgorzelcu – Dichter und Rektor in Görlitz

3157. Dietze, Claudia: Martin Mylius (1542-1611) - Rektor des Gymnasium Augustum in Görlitz // Görlitzer Magazin. Geschichte und Gegenwart der Stadt Görlitz und ihrer Umgebung 25, 2012, S. 36-38, 1 Abb.

Napieralski Adam (1861-1928)

Działacz narodowy, wydawca prasy na Górnym Śląsku – Journalist und Politiker in Oberschlesien

3158. Czapliński, Marek: Adam Napieralski (1861-1928) // In: Schlesische Lebensbilder. Bd. 11 / Hrsg. Joachim Bahlcke. - Insingen 2012, S. 433-448.

Natalli-Świat Aleksandra (1959-2010)

Ekonomistka, polityk, posłanka na Sejm RP – Aus Obernigk stammende Ökonomin, Politikerin, Mitglied des polnischen Parlaments

3159. Ola. Wspomnienia o Aleksandrze Natalli-Świat [Erinnerungen an Aleksandra Natalli-Świat] / teksty, red. Alicja Giedroyć ; koment. do zdjęć Jacek Świat. - Wrocław 2012, ss. 203, il.

Nathan Joseph Martin, ep. (1867-1947)

Rzymskokatolicki biskup w Ołomuńcu, poseł do Reichstagu – Römisch-katholischer Bischof von Olmütz; Reichstagsabgeordneter

3160. Grocholl, Wolfgang: Joseph Martin Nathan. Życie i cierpienie dla bezgranicznego miłosierdzia w morawsko-śląskiej ziemi / tłum. Urszula Sipel-Więcka, Jan Piechaczek. - Branice 2012, ss. 145, fot.
Wersja niemiecka / Deutsche Fassung: Joseph Martin Nathan. Leben und Leiden für eine grenzenlose Caritas im mährisch-schlesischen Land. Eschershausen 1990.

3161. Kopiec, Jan: Biskup Joseph Martin Nathan - jako kapłan humanista [Joseph Martin Nathan - als ein Priester-Humanist] // W: Konferencja historyczna pod tytułem: W sercu szlaku ks. bp. J. M. Nathana [Historische Tagung unter dem Titel: Inmitten des Weges von Priester Bischof J. M. Nathan]. - Branice 2012, s. 7-14.

3162. Pospiszyl, Benedykt: Biografia biskupa J. M. Nathana [Biographie von Bischof J. M. Nathan] // W: Konferencja historyczna pod tytułem: W sercu szlaku ks. bp. J. M. Nathana [Historische Tagung unter dem Titel: Inmitten des Weges von Priester Bischof J. M. Nathan]. - Branice 2012, s. 15-31.

Negwer Josef (1882-1964)

Duchowny rzymskokatolicki, wikariusz generalny arcybiskupstwa wrocławskiego – Römisch-katholischer Geistlicher in Breslau, Görlitz und Erfurt

3163. Hartelt, Konrad: Josef Negwer (1882-1964), der letzte deutsche Generalvikar des Erzbistums Breslau. - Münster 2012, 240 S., 20 Abb.
Arbeiten zur schlesischen Kirchengeschichte; 22.

Nejezchleba Rudolf (1873-1961)

Duchowny rzymskokatolicki, działacz charytatywny w Ostrawie – Römisch-katholischer Geistlicher; karitativ tätig in Ostrau

3164. Larisch, Jan: Mons. ThDr. P. Rudolf Nejezchleba. Zakladatel charitního díla na Ostravsku v první polovině 20. století [Msgr. Dr. theol. P. Rudolf Nejezchleba. Der Begründer der karitativen Arbeit in der Region Ostrau in der ersten Hälfte des 20. Jahrhunderts]. - Ostrava 2012, 55 s.

Netz Feliks (1939-2015)

Poeta i prozaik na Górnym Śląsku – Dichter und Prosaiker in Oberschlesien

3165. Zwolińska, Barbara: „Być sobą i kimś innym". O twórczości Feliksa Netza [„Sich selbst sein und jemand anderes". Über das Wirken von Feliks Netz]. - Gdańsk 2012, ss. 288.

Neumann Heinrich (1844-1909)

Duchowny rzymskokatolicki, działacz społeczny w Zabrzu – Römisch-katholischer Geistlicher, sozial engagiert in Zabrze

3166. Górecki, Piotr: „Wielki - mały człowiek". Ksiądz Heinrich Neumann (1844-1909) [„Großer - kleiner Mensch". Priester Heinrich Neumann (1844-1909)] // Kroniki Miasta Zabrza. Rocznik Muzeum Miejskiego w Zabrzu 2012, nr 4, s. 131-160, fot. 6, tab. 4.

Nick Dagmar (1926-)

Poetka i pisarka urodzona we Wrocławiu – Aus Breslau stammende Dichterin und Schriftstellerin

3167. Nowakowska, Katarzyna: Zum dichterischen Herbst Dagmar Nicks in ihren Gedichten aus dem Band „Wegmarken" // Schlesien erlesen. Aufsätze zur Literatur des 18. bis 21. Jahrhunderts. Festgabe für Monika Taubitz zum 75. Geburtstag S. 275-282.
Wcześniej w: / Zuvor in: „Silesia nova" 7, 2010, H. 2, (99-105).

3168. Szmorhun, Arletta: „Lilith, eine Metamorphose". Dagmar Nicks biblisch-narrative Geschlechtsinszenierungen // In: Schlesien erlesen. Aufsätze zur Literatur des 18. bis 21. Jahrhunderts. Festgabe für Monika Taubitz zum 75. Geburtstag / Hrsg. Edward Białek. - Dresden [u.a.] 2012, S. 259-273.
Wcześniej w: / Zuvor in: Silesia nova 8, 2011, H. 3/4, (127-139).

Niemiec Jerzy (1881-1941)

Nauczyciel i działacz społeczny na Śląsku Cieszyńskim – Lehrer und sozial Engagierter im Teschener Schlesien

3169. Szlaur-Bujok, Maria: „Tyle tylko zrobiłem co każdy inny robi..." Działalność zawodowa i społeczna Jerzego Niemca [„Ich tat nur soviel, was jeder andere macht..." Die berufliche und soziale Tätigkeit von Jerzy Niemiec] // Rocznik Wiślański 4, 2012, s. 55-67, il. 9.

Niestroj Polykarp (1881-1951)

Pisarz, regionalista i urzędnik w Kłodzku – Schriftsteller, Heimatkundler und Beamter in Glatz

3170. Meißner, Horst-Alfons: Polykarp Niestroj - Ein wegweisender Sozialarbeiter aus der Grafschaft Glatz // In: Die Grafschaft Glatz zwischen 1918-1946. Beiträge über eine schlesische Kulturlandschaft. Festschrift für Franz Jung zum 75. Geburtstag; apostolischer Protonotar, Großdechant und Visitator für die Priester und Gläubigen aus der Grafschaft Glatz 1983-2011 / Hrsg. Horst-Alfons Meißner, Michael Hirschfeld, Franz Jung. - Münster 2012, S. 233-238, Abb.

Njepila-Rowinski Hanzo (1761-1856)

Pisarz serbołużycki – Sorbischer Volksschriftsteller

3171. Jahn, Peter Milan: Vom Roboter zum Schulpropheten Hanso Nepila (1766-1856). Mikrohistorische Studien zu Leben und Werk eines wendischen Fronarbeiters und Schriftstellers aus Rohne in der Standesherrschaft Muskau. Mit einer Übersetzung der Handschriften. - Bautzen 2010, 844 S.
Zugl.: Berlin, Humboldt-Univ., Diss., 2009. Schriften des Sorbischen Instituts; 52.
Rec.: Pollack, Friedrich // Neues Lausitzisches Magazin. Neue Folge 15 (134), 2012, S. 162-163.

Nossol Alfons, ep. Opol. (1932-)

3172. Czaja, Andrzej: Osoba i dzieło Arcybiskupa Alfonsa Nossola [Person und Werk des Erzbischofs Alfons Nossol] // W: Człowiek dialogu. Księga pamiątkowa dedykowana Księdzu Arcybiskupowi Alfonsowi Nossolowi z okazji 80. rocznicy urodzin, 55 rocznicy święceń kapłańskich oraz 35. rocznicy święceń biskupich [Man of dialogue] / red. Zygfryd Glaeser. - Opole 2012, s. 35-40.

3173. Dola, Tadeusz: Die theologische Forschung von Erzbischof Nossol // W: Erzbischof Alfons Nossol. Aus seinem Leben, Denken und Wirken / Hrsg. Helmut Jan Sobeczko ; Übers. Krystyna Maria Greub-Frącz. - Opole 2012, s. 47-58, fot. 6.

3174. Glombik, Konrad: Alfons Nossol als Großkanzler der Theologischen Fakultät der Oppelner Universität // W: Erzbischof Alfons Nossol. Aus seinem Leben, Denken und Wirken / Hrsg. Helmut Jan Sobeczko ; Übers. Krystyna Maria Greub-Frącz. - Opole 2012, s. 85-100, fot. 14.

3175. Kobienia, Joachim: Publikationsverzeichnis von Erzbischof Alfons Nossol (1957-2012) // W: Erzbischof Alfons Nossol. Aus seinem Leben, Denken und Wirken / Hrsg. Helmut Jan Sobeczko ; Übers. Krystyna Maria Greub -Frącz. - Opole 2012, s. 214-260.

3176. Lis, Marek / Pawlak, Ireneusz: Arcybiskup Alfons Nossol - kaznodzieja nieoceniony [Mons. Alfons Nossol - prédicateur inconnu] [Erzbischof Alfons Nossol - unschätzbarer Prediger] // W: Człowiek dialogu. Księga pamiątkowa dedykowana Księdzu Arcybiskupowi Alfonsowi Nossolowi z okazji 80. rocznicy urodzin, 55 rocznicy święceń kapłańskich oraz 35. rocznicy święceń biskupich [Man of dialogue] / red. Zygfryd Glaeser. - Opole 2012, s. 71-79; Res. 79.

3177. Nossol, Alfons: Erzbischof Alfons Nossol über sich selbst // W: Erzbischof Alfons Nossol. Aus seinem Leben, Denken und Wirken / Hrsg. Helmut Jan Sobeczko ; Übers. Krystyna Maria Greub-Frącz. - Opole 2012, s. 15-46, fot. 20.

3178. Piegsa, Joachim: Ein Mensch des Dialogs [Człowiek dialogu] // W: Człowiek dialogu. Księga pamiątkowa dedykowana Księdzu Arcybiskupowi Alfonsowi Nossolowi z okazji 80. rocznicy urodzin, 55 rocznicy święceń kapłańskich oraz 35. rocznicy święceń biskupich [Man of dialogue] / red. Zygfryd Glaeser. - Opole 2012, s. 51-58; Res. 57-58.

3179. Sobeczko, Helmut Jan: Der Einsatz für den theologischen Fachbereich und für die

Gründung der Universität Oppeln // W: Erzbischof Alfons Nossol. Aus seinem Leben, Denken und Wirken / Hrsg. Helmut Jan Sobeczko ; Übers. Krystyna Maria Greub-Frącz. - Opole 2012, s. 73-84, fot. 8.

3180. Stobrawa, Paweł: Der Hirtendienst in der Diözese // W: Erzbischof Alfons Nossol. Aus seinem Leben, Denken und Wirken / Hrsg. Helmut Jan Sobeczko ; Übers. Krystyna Maria Greub-Frącz. - Opole 2012, s. 111-116, fot. 10.
Dot. posługi duszpasterskiej bpa Alfonsa Nossola w diecezji opolskiej. - Betr. seelsorgerischen Dienst von Bischof Alfons Nossol in der Diözese Oppeln.

3181. Worbs, Marcin: Człowiek wielorakiego dialogu [Ein Mann des vielfältigen Dialogs] // W: Człowiek dialogu. Księga pamiątkowa dedykowana Księdzu Arcybiskupowi Alfonsowi Nossolowi z okazji 80. rocznicy urodzin, 55 rocznicy święceń kapłańskich oraz 35. rocznicy święceń biskupich [Man of dialogue] / red. Zygfryd Glaeser. - Opole 2012, s. 59-70.
Dot. biskupa Alfonsa Nossola. - Betr. Bischof Alfons Nossol.

Nowak Alfred (1899-1967)

Lekarz i działacz społeczny w Wiśle – Lehrer und sozial Engagierter in Weichsel

3182. Szczypka, Danuta: Dr Alfred Nowak - wiślański lekarz [Dr. Alfred Nowak - Arzt in Weichsel] // Rocznik Wiślański 4, 2012, s. 74-79, il. 3.

Opacki Józef (1902-1982)

Harcerz, nauczyciel, działacz niepodległościowy – Pfadfinder, Lehrer und Unabhängigkeitsfunktionär

3183. Januszewska-Jurkiewicz, Joanna: „Całym życiem pełnić służbę Polsce". Harcmistrz Józef Opacki „Mohort" - wychowawca młodzieży i działacz niepodległościowy [„Das ganze Leben den Dienst an Polen erfüllen". Pfadfinderleiter Józef Opacki „Mohort" - Erzieher der Jugend und Engagierter in der Unabhängigkeitsbewegung] // W: Z dziejów harcerstwa w Gliwicach [Aus der Geschichte der Pfadfinderbewegung in Gleiwitz] / red. Damian Recław, Joanna Januszewska-Jurkiewicz. - Gliwice 2012, s. 179-202, fot. 6.

Opitz Martin (1597-1639)

Poeta, teoretyk literatury m.in. we Wrocławiu – Dichter und Literaturtheoretiker u.a. in Breslau

3184. Conermann, Klaus: Martin Opitz. Patria - Nation - Europäische Renaissance. Neue biographische Forschungen zur Stellung des 'Gekrönten' in der Literaturgeschichte // Abhandlungen der Braunschweigischen Wissenschaftlichen Gesellschaft 64, 2011 (2012), S. 37-62.

3185. Drux, Rudolf: Bürger, Dichter, Edelmann. Von der Bedeutung des Adelsdiplom für Martin Opitz und seine Dichtungsreform [Townsman, Poet, Nobleman] // In: Ein Gedenkband zum 20. Todestag von Professor Marian Szyrocki / Hrsg. Edward Białek, Mirosława Czarnecka, Urszula Kawalec, Eugeniusz Tomiczek. - Dresden 2012, S. 45-54; Res. 53-54.

3186. Opitz, Martin: Briefwechsel und Lebenszeugnisse / Hrsg. Klaus Conermann. - Berlin 2009, 2024 S.
Rec.: Dunphy, Graeme // The Modern Language Review 107, 2012, No. 2 pp. 640-642.

Oppler Edwin (1831-1880)

Architekt, urodzony w Oleśnicy, związany z Wrocławiem – Aus Oels stammender und mit Breslau verbundener Architekt

3187. Jara, Karolina: Synagoga na Wygonie i jej twórca Edwin Oppler [Synagoge am Anger und ihr Schöpfer Edwin Oppler] // W: Przedmieście Świdnickie we Wrocławiu [Die Schweidnitzer Vorstadt in Breslau] / red. nauk. Halina Okólska, Hanna Górska. - Wrocław 2012, s. 168-174; Res. 174.

Orzechowski Kazimierz (1923-2009)

Historyk prawa, profesor we Wrocławiu – Rechtshistoriker; Hochschullehrer in Breslau

3188. Jurek, Piotr: Luminarz historii państwa i prawa - Kazimierz Ignacy Orzechowski (1923-2009) [Berühmtheit der Staats- und Rechtsgeschichte - Kazimierz Ignacy Orzechowski (1923-2009)] // W: Prawnicy na Uniwersytecie Wrocławskim [Juristen an der Breslauer Universität] / red. Maciej Marszał, Jacek Przygodzki. - Wrocław 2012, s. 97-104.
Acta Universitatis Wratislaviensis; 3423.

Ostrowska-Kębłowska Zofia (1931-2010)

Historyk sztuki, profesor we Wrocławiu – Kunsthistorikerin; Hochschullehrerin in Breslau

3189. Okoń, Waldemar: Zofia Ostrowska-Kębłowska (1931-2010) // Biuletyn Historii Sztuki 74, 2012, nr 2, s. 379-381, il. 1.

Otczipka Hugo (1867-1946)

Filozof pochodzący z Górnego Śląska – Aus Oberschlesien stammender Philosoph

3190. Gröger, Josef: Doktor Hugo Otczipka (Bund) obywatel Koźla i wybitny filozof ubiegłego stulecia = Dr. Hugo Otczipka - ein Coseler Bürger und ein bedeutender Philosoph des vergangenen Jahrhunderts // Zeszyty Eichendorffa. Historia - Kultura - Literatura = Eichendorff -Hefte. Geschichte - Kultur - Literatur 2012, nr 37, s. 72-81, fot.
Tekst w języku polskim i niemieckim. - Polnischer und deutscher Text.

Pareus David (1548-1622)

Humanista, reformator teologii urodzony w Ząbkowicach Śląskich – Aus Frankenstein stammender reformierter Theologe und Humanist

3191. Seidel, Robert: Exil oder gelobtes Land? Die Reise des Schlesiers David Pareus in die Kurpfalz (1566) und ihre literarische Transformation // In: Schlesien und der deutsche Südwesten um 1600. Späthumanismus - reformierte Konfessionalisierung - politische Formierung / Hrsg. Joachim Bahlcke, Albrecht Ernst. - Heidelberg 2012, S. 297-318.

Perkal Julian (1913-1965)

Matematyk, profesor Uniwersytetu Wrocławskiego – Mathematiker; Hochschullehrer in Breslau

3192. Kopociński, Bolesław: Perkal Julian (1913-1965) // W: Statystycy polscy [Polnische Statistiker] / red. Wojciech Adamczewski [et al.]. - Warszawa 2012, s. 275-279.

Pfalz-Neuburg Franz Ludwig von, ep. Wrat. (1664-1732)

3193. Muła, Arkadiusz: Kontakty biskupa Franciszka Ludwika von Pfalz-Neuburg z jezuitami na tle kultury umysłowej i artystycznej Śląska XVII i XVIII wieku [Contacts of Bishop Franz Ludwig von Pfalz-Neuburg with Jesuits against the Background of Intellectual and Artistic Culture of Silesia in the 17th and 18th Centuries] // W: Silesia Jesuitica. Kultura i sztuka zakonu jezuitów na Śląsku i w hrabstwie kłodzkim 1580-1776. Materiały konferencji naukowej zorganizowanej przez Oddział Wrocławski Stowarzyszenia Historyków Sztuki (Wrocław, 6-8 X 2011) dedykowane pamięci Profesora Henryka Dziurli [Silesia Jesuitica. Kultur und Kunst des Jesuiten-Ordens in Schlesien und in der Grafschaft Glatz 1580-1776. Materialien der wissenschaftlichen Konferenz organisiert von der Abteilung der Breslauer Kunsthistoriker-Gesellschaft (Breslau, 6.-8. Oktober 2011), gewidmet dem Gedenken an Professor Henryk Dziurla] / red. Dariusz Galewski, Anna Jezierska. - Wrocław 2012, s. 163-174, il.; Res. 174.

Pilch Maria (1912-1990)

Pisarka na Śląsku Cieszyńskim – Schriftstellerin im Teschener Schlesien

3194. Bibliografia prac Marii Pilch [Bibliographie der Arbeiten von Maria Pilch] / oprac. Renata Czyż // W: Maria Pilch (1912-1990). W setną rocznicę urodzin beskidzkiej pisarki [Maria Pilch (1912-1990). Zum 100. Geburtstag der Beskider Schriftstellerin] / red. Renata Czyż. - Wisła 2012, s. 69-77.

3195. Czyż, Renata: Marii Pilch kontakty literacko-naukowe i badania nad przeszłością Wisły [Maria Pilchs literarisch-wissenschaftliche Beziehungen und Forschungen zur Vergangenheit Weichsels] // W: Maria Pilch (1912-1990). W setną rocznicę urodzin beskidzkiej pisarki [Maria Pilch (1912-1990). Zum 100. Geburtstag der Beskider Schriftstellerin] / red. Renata Czyż. - Wisła 2012, s. 57-68.

3196. Dawid, Łucja: Przechowane w pamięci. Szkic o twórczości prozatorskiej Marii Pilch [Im Gedächtnis aufbewahrt. Skizze der Prosawerke von Maria Pilch] // W: Maria Pilch (1912-1990). W setną rocznicę urodzin beskidzkiej pisarki [Maria Pilch (1912-1990). Zum 100. Geburtstag der Beskider Schriftstellerin] / red. Renata Czyż. - Wisła 2012, s. 45-55.

3197. Kiereś, Małgorzata: Wkład Marii Pilch w dokumentowanie kultury ludowej Wisły [Maria Pilchs Beitrag in die Dokumentation der Volkskultur in Weichsel] // W: Maria Pilch (1912-1990). W setną rocznicę urodzin beskidzkiej pisarki [Maria Pilch (1912-1990). Zum 100. Geburtstag der Beskider Schriftstellerin] / red. Renata Czyż. - Wisła 2012, s. 15-29.

3198. Szczypka, Danuta: „Panna Maryśka". Rzecz o życiu i działalności społecznej Marii Pilch [„Fräulein Maryśka". Geschichte vom Leben und der gesellschaftlichen Tätigkeit Maria Pilchs] // W: Maria Pilch (1912-1990). W setną rocznicę urodzin beskidzkiej pisarki [Maria Pilch (1912-1990). Zum 100. Geburtstag der Beskider Schriftstellerin] / red. Renata Czyż. - Wisła 2012, s. 7-14.

Podlacha Władysław (1875-1951)

Historyk sztuki, profesor Uniwersytetu Wrocławskiego – Kunsthistoriker; Hochschullehrer in Breslau

3199. Zlat, Mieczysław: Władysław Podlacha (1875-1951) // Rocznik Historii Sztuki 37, 2012, s. 21-37, il. 1; Res. 37.

Poppe Franz Ludwig (1671-1730)

Kompozytor, duchowny rzymskokatolicki urodzony w Opolu – Komponist, römisch-katholischer Geistlicher aus Oppeln

3200. Pośpiech, Remigiusz: Franz Ludwig Poppe (1671-1730) - Opolanin w Pradze [Franz Ludwig Poppe (1671-1730) - ein Oppelner in Prag] // W: Kościół na Śląsku. Z dziejów kultury i życia religijnego. Księga pamiątkowa dedykowana Księdzu Biskupowi Janowi Kopcowi z okazji 65-lecia urodzin, 40-lecia prezbiteriatu, 20-lecia sakry biskupiej i 30-lecia pracy naukowej [The Church of Silesia. The history of culture and religious life] / red. Franciszek Wolnik. - Opole 2012, s. 177-186; Res. 186.

Prasek Vincenc (1843-1912)

Krajoznawca, historyk, językoznawca i dziennikarz na Śląsku Opawskim – Landeskundler, Historiker, Sprachwissenschaftler und Journalist im Troppauer Schlesien

3201. Šíl, Jiří: Vincenc Prasek (1843-1912). Má vůle je mým osudem [Vincenc Prasek (1843-1912). Mein Wille ist mein Schicksal]. - Opava 2010, 253 s., il.
Rec.: Gawrecki, Dan // Śląski Kwartalnik Historyczny Sobótka 67, 2012, nr 1, s. 128-132.

Proksch Georg (1904-1986)

Duchowny rzymskokatolicki pochodzący z Górnego Śląska, misjonarz w Indiach – Aus Oberschlesien stammender römisch-katholischer Geistlicher, Missionar in Indien

3202. Wolsza, Kazimierz: Dialog wiary i kultury w działalności i twórczości Georga Prokscha SVD [The Dialogue between Faith and Culture in the activity and Works of Georg Proksch SVD (1904-1986)] // W: Człowiek dialogu. Księga pamiątkowa dedykowana Księdzu Arcybiskupowi Alfonsowi Nossolowi z okazji 80. rocznicy urodzin, 55 rocznicy święceń kapłańskich oraz 35. rocznicy święceń biskupich [Man of dialogue] / red. Zygfryd Glaeser. - Opole 2012, s. 863-875; Res. 875.

Proske Carl (1794-1861)

Lekarz, m.in. w Głogówku, Opolu i Pszczynie – Arzt, u.a. in Oberglogau, Oppeln und Pleß

3203. Gröger, Josef: Z Grobnik do Regensburga. Wspomnienie o dr. med. Carlu Proske, reformatorze muzyki kościelnej = Von Gröbnig nach Regensburg. Erinnerung an den Kirchenmusikreformer Dr. med. Carl Proske // Zeszyty Eichendorffa. Historia-Kultura-Literatura [Eichendorff-Hefte. Geschichte-Kultur-Literatur] 2011, nr 36, s. 4-11, fot. 1.
Tekst w języku polskim i niemieckim. - Polnischer und deutscher Text.

Przybyła Jan (1884-1942)

Śląski działacz narodowy i harcerz – Schlesischer Nationalengagierter und Pfadfinder

3204. Januszewska-Jurkiewicz, Joanna: Jan Przybyła - współorganizator harcerstwa na Górnym Śląsku [Jan Przybyła - Mitbegründer der Pfadfinderbewegung in Oberschlesien] // W: Z dziejów harcerstwa w Gliwicach [Aus der Geschichte der Pfadfinderbewegung in Gleiwitz] / red. Damian Recław, Joanna Januszewska-Jurkiewicz. - Gliwice 2012, s. 303-306, fot. 1.

Przywara Erich (1889-1972)

Jezuita, filozof i teolog urodzony w Katowicach – Aus Kattowitz stammender Theologe; Religionsphilosoph

3205. Peterson, Paul Silas: Erich Przywara on „Sieg"-Katholizismus, Bolshevism, the Jews, „Volk, Reich" and the „Analogia Entis" in the 1920s and 1930s // Zeitschrift für Neuere Theologiegeschichte [Journal for the History of Modern Theology] 19, 2012, H. 1, S. 104-140.

Puschmann Adam (1532-1600)

Nauczyciel i muzyk we Wrocławiu – Lehrer und Musiker in Breslau

3206. Napp, Thomas: Adam Puschman (1532-1600) // In: Schlesische Lebensbilder. Bd. 11 / Hrsg. Joachim Bahlcke. - Insingen 2012, S. 87-94.

Pückler-Muskau Hermann von (1785-1871)

Arystokrata, pisarz, projektant parku w Muskau – Aristokrat, Schriftsteller; Begründer der Parkanlagen in Muskau

3207. Bodenheimer, Nina: „Je ne vois pas pourquoi je ne dirai pas qu'il est St. Simonien". Pückler-Muskau und die Saint-Simonisten // In: Fürst Pückler und Frankreich. Ein bedeutendes Kapitel des deutsch-französischen Kulturtransfers / Hrsg. Christian Friedrich. - Berlin 2012, S. 309-321, Abb.

3208. Brückner, Leslie: Fürst Pückler und die Orientreisen der französischen Romantiker // In: Fürst Pückler und Frankreich. Ein bedeutendes Kapitel des deutsch-französischen Kulturtransfers / Hrsg. Christian Friedrich. - Berlin 2012, S. 131-144, Abb.

3209. Courtois, Stéphanie de: Pückler und die Gartenkunst in Frankreich // In: Fürst Pückler und Frankreich. Ein bedeutendes Kapitel des deutsch-französischen Kulturtransfers / Hrsg. Christian Friedrich. - Berlin 2012, S. 197-213, Abb.

3210. Espagne, Michel: Pücklers Wahrnehmung von Paris // In: Fürst Pückler und Frankreich. Ein bedeutendes Kapitel des deutsch-französischen Kulturtransfers / Hrsg. Christian Friedrich. - Berlin 2012, S. 77-89, Abb.

3211. Gatter, Nikolaus: „... en témoignage contre la Prusse des hobereaux...". Pückler, der Varnhagenkreis und die deutsch-französische Konfrontation // In: Fürst Pückler und Frankreich. Ein bedeutendes Kapitel des deutsch-französischen Kulturtransfers / Hrsg. Christian Friedrich. - Berlin 2012, S. 323-338, Abb.

3212. Greiling, Werner: Pückler und Varnhagen von Ense. Politische Blicke nach Frankreich // In: Fürst Pückler und Frankreich. Ein bedeutendes Kapitel des deutsch-französischen Kulturtransfers / Hrsg. Christian Friedrich. - Berlin 2012, S. 269-281, Abb.

3213. Gügel, Dominik: Fürst Pückler, Königin Hortense, Kaiser Napoleon III. und das Château Impérial d'Arenenberg // In: Fürst Pückler und Frankreich. Ein bedeutendes Kapitel des deutsch-französischen Kulturtransfers / Hrsg. Christian Friedrich. - Berlin 2012, S. 215-231, Abb.

3214. Jacob, Ulf: „Apropos, ich bin St. Simonianer geworden". Der Einfluss des Saint-Simonismus auf Pücklers Weltanschauung, Identität und Kunst // In: Fürst Pückler und Frankreich. Ein bedeutendes Kapitel des deutsch-französischen Kulturtransfers / Hrsg. Christian Friedrich. - Berlin 2012, S. 283-306, Abb.

3215. Kaiser, Gerhard R.: Pücklers Beitrag zum Napoleonmythos // In: Fürst Pückler und Frankreich. Ein bedeutendes Kapitel des deutsch-französischen Kulturtransfers / Hrsg. Christian Friedrich. - Berlin 2012, S. 251-266, Abb.

3216. Kittelmann, Jana: „Mit Lucie Sevigné zu Tisch". Pücklers Rezeption französischer Briefliteratur // In: Fürst Pückler und Frankreich. Ein bedeutendes Kapitel des deutsch-französischen Kulturtransfers / Hrsg. Christian Friedrich. - Berlin 2012, S. 115-129, Abb.

3217. Maillet, Marie-Ange: Pückler-Muskau und Frankreich, Pückler-Muskau in Frankreich. Pückler und Frankreich: eine Liebes- und Lebensgeschichte // In: Fürst Pückler und Frankreich. Ein bedeutendes Kapitel des deutsch-französischen Kulturtransfers / Hrsg. Christian Friedrich. - Berlin 2012, S. 19-38, Abb.

3218. Micke-Serin, Andrea: Pücklers Frankreichbild zwischen Alltagserfahrung und Fiktion: empirisch geerdet, subjetkiv verfremdet und/oder mit gängigen Stereotypen versetzt? // In: Fürst Pückler und Frankreich. Ein bedeutendes Kapitel des deutsch-französischen Kulturtransfers / Hrsg. Christian Friedrich. - Berlin 2012, S. 91-108, Abb.

3219. Nerlich, France: Fürst Pücklers Ansichten zur französischen Kunst seiner Zeit // In: Fürst Pückler und Frankreich. Ein bedeutendes Kapitel des deutsch-französischen Kulturtransfers / Hrsg. Christian Friedrich. - Berlin 2012, S. 181-194, Abb.

3220. Ohff, Heinz: Der grüne Fürst. Das abenteuerliche Leben des Hermann Pückler-Muskau. - 13. - München 2009, 326 S., Abb.

3221. Peuckert, Sylvia: Hermann Pückler-Muskaus Champollion-Lektüre // In: Fürst Pückler und Frankreich. Ein bedeutendes Kapitel des deutsch-französischen Kulturtransfers / Hrsg. Christian Friedrich. - Berlin 2012, S. 147-163, Abb.

3222. Ruhe, Ernstpeter: Unholde Bilder. Fürst Pücklers interkulturelle Schattenspiele // In: Fürst Pückler und Frankreich. Ein bedeutendes Kapitel des deutsch-französischen Kulturtransfers / Hrsg. Christian Friedrich. - Berlin 2012, S. 165-176, Abb.

Quester Erich (1921-)

Geneaolog pochodzący z Oławy – Aus Ohlau stammender Genealoge

3223. Schmilewski, Ulrich: Ergänzungen zum Geburtstagsartikel für Erich Quester // Zeitschrift für Ostdeutsche Familiengeschichte 21 (60), 2012, H. 2, S. 366.
Zob. tamże: / Siehe ebd.: Erich Quester zum 90. Geburtstag 59, 2011, 4, (280).

Raba Joel (Julian) (1930-2011)

Historyk, absolwent Uniwersytetu Wrocławskiego – Historiker, Absolvent der Breslauer Universität

3224. Matwijowski, Krystyn Jakub: Joel (Julian) Raba (31 VII 1930 - 25 VII 2011) // Śląski Kwartalnik Historyczny Sobótka 67, 2012, nr 2, s. 185-189.

Radziwiłłowa Maria Dorota (1840-1915)

Właścicielka dóbr ziemskich w Klenicy/Zielona Góra – Gutsbesitzerin in Kleinitz/Grünberg

3225. Erbe, Günter: Marie Fürstin Radziwill (1840-1915) // In: Schlesische Lebensbilder. Bd. 11 / Hrsg. Joachim Bahlcke. - Insingen 2012, S. 373-383.

Reimann Ignaz (1820-1885)

Kompozytor urodzony w Wambierzycach – Aus Albendorf/Glatz stammender Komponist

3226. Śląski poeta dźwięków [Schlesischer Dichter der Klänge] / red. Anna Paśko, Anna Piasecka, Franciszek Piszczek. - Krosnowice 2011, ss. 99, il.
Zawiera materiały konferencji naukowej „Renesans muzyki I. Reimanna w Polsce i w zjednoczonej Europie", Krosnowice, XII 2010 r. - Enthält Beiträge der wissenschaftlichen Konferenz „Renaissance der Musik Ignatz Reimanns in Polen und im vereinigten Europa", Rengersdorf/Glatz, Dezember 2010.
Rec.: Prasał, Andrzej // Świdnickie Studia Teologiczne 9, 2012, s. 457-460.

Reski Petra (1958-)

Dziennikarka pochodząca z rodziny śląskiej – Aus einer schlesischen Familie stammende Journalistin

3227. Grzywka, Katarzyna: „Meine-Mutter-kommt-aus-Schlesien-aus-der-Nähe-von -Breslau ..." Zu Petra Reskis Schlesienbild // Schlesien erlesen. Aufsätze zur Literatur des 18. bis 21. Jahrhunderts. Festgabe für Monika Taubitz zum 75. Geburtstag S. 293-307.

Reusner Nikolaus (1545-1602)

Prawnik, pisarz urodzony w Lwówku Śląskim – Aus Löwenberg stammender Jurist und Schriftsteller

3228. Kalder, Felix: Nikolaus Reusner (1545-1602) // In: Schlesische Lebensbilder. Bd. 11 / Hrsg. Joachim Bahlcke. - Insingen 2012, S. 105-115.

Reymann Hellmuth (1892-1988)

Komendant obrony Berlina urodzony w Prudniku – Aus Neustadt in Oberschlesien stammender Offizier; Kampfkommandant von Berlin

3229. Pietrucha, Dariusz: Po drugiej stronie lustra. Gen. mjr Hellmuth Reymann - człowiek, który miał obronić upadającą stolicę III Rzeszy (czyli Prudnika ciąg dalszy) [Auf der anderen Seite des Spiegels. Genmjr. Hellmuth Reymann - ein Mann, der die untergehende Hauptstadt des

Dritten Reiches retten sollte (Fortsetzung von Prudnik)] // Śląski Rocznik Forteczny 4, 2012, s. 207-217, fot. 5; dt. Res. 224; sum. 220-221.

Richthofen Ferdinand (1833-1905)

Geograf, geolog urodzony w Pokoju/Namysłowie – Aus Carlsruhe/Namslau stammender Geograph und Geologe

3230. Richthofen, Manfred von: Odsłonięcie popiersia Ferdinanda von Richthofena w Pokoju = Einweihung der Ferdinand - Büste in Carlsruhe/Pokój // Zeszyty Eichendorffa. Historia - Kultura - Literatura = Eichendorff-Hefte. Geschichte - Kultur - Literatur 2012, nr 38, s. 78-89, fot.
Tekst w języku polskim i niemieckim. - Polnischer und deutscher Text.

Rogojska Dorota (ca 1559-1620)

Dziedziczka na Lubszy/Lubliniec – Erbin des Gutes Lubschau/Lublinitz

3231. Kniejski, Olgierd: Dorota Rogojska z Rogoźnika (ok. 1559-1620), dziedziczka na lubszeckich dobrach [Dorota Rogojska z Rogoźnika (ca. 1559-1620) - Erbin der Lubschauer Güter]. - Woźniki 2012, ss. 40, il. 11.

Rok Bogdan Jerzy (1947-)

Historyk, profesor Uniwersytetu Wrocławskiego – Historiker, Hochschullehrer in Breslau

3232. Matwijowski, Krystyn Jakub: Między życiem, poznaniem, mentalnością i podróżami. Szkic życiorysu historyka i wychowawcy prof. Bogdana Roka [Zwischen Leben, Erkenntnis, Mentalität und Reisen. Eine Lebenslaufskizze des Historikers und Erziehers Professor Bogdan Rok] // W: Sic erat in fatis. Studia i szkice historyczne dedykowane Profesorowi Bogdanowi Rokowi. Tom I [Sic erat in fatis. Professor Bogdan Rok gewidmete historische Studien und Beiträge. Band 1] / red. Elżbieta Kościk, Rościsław Żerelik, Piotr Badyna, Filip Wolański. - Toruń 2012, s. 29-35.

Rolleder Anton (1855-1912)

Krajoznawca w Odrach – Heimatforscher in Odrau/Neu Titschein

3233. Kašpar, Pavel st. / Mateicius, Emil: Za rodovými kořeny a členy rodiny Profesora Antona Rolledera [Über die Wurzeln des Geschlechts und die Familienmitglieder des Professors Anton Rolleder] // Poodří. Časopis obyvatel horní Odry 15, 2012, č. 4, s. 19-34.

Rosenstock-Huessy Eugen (1888-1973)

Socjolog, prawnik, historyk prawa, antropolog, profesor Uniwersytetu Wrocławskiego – Kulturphilosoph, Jurist, Historiker, Soziologe; Hochschullehrer in Breslau

3234. Klein, Michael: Eugen Rosenstock-Huessy (1888-1973) // In: Schlesische Lebensbilder. Bd. 11 / Hrsg. Joachim Bahlcke. - Insingen 2012, S. 519-530.

Roskopf Wendel (1480-1549)

Architekt działajacy na Łużycach i Dolnym Śląsku – Architekt in der Lausitz und Niederschlesien

3235. Kaczmarek-Löw, Klara: Wendel Roskopf. Architekt wczesnego renesansu. Mity i rzeczywistość [Wendel Roskopf. Ein Architekt der Frührenaissance. Mythen und Realität]. - Wrocław 2010, ss. 412, il. 121; dt. Res. 410-412.
Studia z Historii Kultury Europy Środkowej; 1.
Rec.: Czechowicz, Bogusław // Śląski Kwartalnik Historyczny Sobótka 67, 2012, nr 1, s. 89-102.

Rossi Giovanni Domenico (1631-?)

Lombardzki rzeźbiarz działający na Śląsku – Lombardischer Bildhauer, in Schlesien tätig

3236. Smoliński, Mariusz: Giovanni Domenico Rossi - der Stuckateur aus dem Intelvi-Tal und seine Tätigkeit in Böhmen, Schlesien und West-Deutschland in der 2. Hälfte des 17. Jahrhunderts [Giovanni Domenico Rossi - sztukator z doliny Intelvi i jego działalność w Czechach, na Śląsku i w księstwach Rzeszy] // W: Wokół Karkonoszy i Gór Izerskich. Sztuka baroku na śląsko-czesko-łużyckim pograniczu [Rund um das Riesengebirge und das Isergebirge. Die Kunst des Barocks im schlesisch-tschechisch-lausitzischen Grenzgebiet] / red. Andrzej Kozieł. - Jelenia Góra 2012, s. 75-86, il.; Res. 86.

Rostworowski Stanisław (1888-1944)

Generał Wojska Polskiego, uczestnik powstań śląskich – General der polnischen Armee, Teilnehmer der schlesischen Aufstände

3237. Sufin, Tomasz: Udział majora Stanisława Rostworowskiego w III powstaniu śląskim [Die Teilnahme des Majors Stanisław Rostworowski am dritten schlesischen Aufstand] // W: Między prawdą a zwątpieniem. W poszukiwaniu obrazu przeszłości [Zwischen Recht und Verzweiflung. Auf der Suche nach dem Bild der Vergangenheit] / red. Tadeusz Srogosz, Ireneusz Korpyś. - Częstochowa 2012, s. 165-176.

Roth Johannes, ep. Wrat. (1430-1467)

Zob. poz. / Siehe / Viz 3043.

Rudolf von Rüdesheim, ep. Wrat. (ca 1402-1482)

3238. Smołucha, Janusz: Kilka uwag o okolicznościach wysłania do Europy Środkowej w 1465 roku legata papieskiego Rudolfa z Rüdesheimu [Einige Anmerkungen zu den Reiseumständen des päpstlichen Legaten Rudolf von Rüdesheim nach Mitteleuropa 1465] // W: Zwycięzcy i przegrani w dziejach średniowiecznych i wczesnonowożytnych Czech i Polski [Gewinner und Verlierer in der mittelalterlichen und frühneuzeitlichen Geschichte von Böhmen und Polen] / red. Wojciech Iwańczak, Dariusz Karczewski. - Kraków 2012, s. 195-214; Res. 214.

Rusecki Marian (1942-2012)

Duchowny rzymskokatolicki, profesor Papieskiego Wydziału Teologicznego we Wrocławiu – Römisch-katholischer Geistlicher, Professor der Päpstlichen Theologischen Fakultät in Breslau

3239. Ksiądz Profesor Marian Rusecki. Doktor honoris causa Papieskiego Wydziału Teologicznego we Wrocławiu [Professor Priester Marian Rusecki. Dr. h.c. der Päpstlichen Theologischen Fakultät in Breslau] / red. Grzegorz Sokołowski. - Wrocław 2012, ss. 78.

Rybisch Heinrich (1485-1544)

Wrocławski patrycjusz, mecenas sztuki – Breslauer Patrizier; Kunstmäzen

3240. Sulej, Katarzyna: Fundacje artystyczne wrocławskiego patrycjusza Heinricha Rybischa (1485-1544) [Künstler-Fonds des Breslauer Patriziers Heinrich Rybisch (1485-1544)]. - Wrocław 2011, ss. 147, tabl. [40] s.; Res. 141-147. *Biblioteka dawnego Wrocławia; 8.*
Rec.: Bożek-Leszczyk, Ewelina // Śląski Kwartalnik Historyczny Sobótka 67, 2012, nr 1, s. 123-126; Kaźmierczak, Joanna // Quart. Kwartalnik Instytutu Historii Sztuki Uniwersytetu Wrocławskiego 2012, nr 2 (24), s. 140-144, il. 1; Res. 144.

Sabadach Michał (1943-)

Artysta plastyk, założyciel Muzeum Armii Radzieckiej w Uniejowicach – Bildender Künstler, Begründer des Museums der Sowjetarmee in Leisersdorf

3241. Kondusza, Wojciech: Sabadach i jego Muzeum Armii Radzieckiej [Sabadach und sein Museum der Sowjetarmee] / fot. Franciszek Grzywacz. - Legnica 2012, ss. 82, il.

Sachs von Löwenheim Philipp Jakob (1627-1672)

Lekarz we Wrocławiu – Arzt in Breslau

3242. Girlich, Hans-Joachim: Philipp Jacob Sachs von Lewenhaimb (1627-1672) und die Leopoldina aus Breslauer Sicht // W: Śląska republika uczonych. Vol. 5 [Schlesische Gelehrtenrepublik. Vol. 5] / red. Marek Hałub, Anna Mańko-Matysiak. - Wrocław 2012, s. 193-208, il.; Res. 207-208.

3243. Mayer, Mirjam: Philipp Jakob Sachs von Löwenheim (1627-1672) // In: Schlesische Lebensbilder. Bd. 11 / Hrsg. Joachim Bahlcke. - Insingen 2012, S. 135-148.

Sarnowska Wanda (1911-1989)

Archeolog, pracownik muzeów we Wrocławiu – Archäologin, Mitarbeiterin in Breslauer Museen

3244. Borkowski, Tomasz: Wanda Sarnowska - popularyzatorka archeologii [Wanda Sarnowska - Popularisatorin der Archäologie] // Silesia Antiqua 48, 2012, s. 24-29, il. 4.

3245. Czarniak, Krzysztof: Wanda Sarnowska - archeolog i badacz [Wanda Sarnowska - Archäologin und Forscherin] // Silesia Antiqua 48, 2012, s. 18-24, il. 5.

3246. Demidziuk, Krzysztof: Wanda Sarnowska - archeolog-muzealnik i wychowawca [Wanda

Sarnowska - Archäologin, Museumsmitarbeiterin und Pädagogin] // Silesia Antiqua 48, 2012, s. 7-16, il. 3.

3247. Ślipko-Jastrzębska, Katarzyna: Wanda Sarnowska - redaktor i wydawca [Wanda Sarnowska - Redakteurin und Herausgeberin] // Silesia Antiqua 48, 2012, s. 29-34, il. 6.

Sauer Paul (1892-1946)

Duchowny rzymskokatolicki w Bolesławcu – Römisch-katholischer Geistlicher in Bunzlau

3248. Krzyżanowski, Sławomir: Komunistyczne represje wobec ks. Paula Sauera (1892-1946) w świetle dokumentów Instytutu Pamięci Narodowej we Wrocławiu [Communist Repressions Against Priest Paul Sauer (1892-1946) in the Light of Documents of the Institute of National Remembrance in Wrocław] // Studia Zachodnie 14, 2012, s. 75-93; Res. 93.

Säbisch Valentin von (1577-1657)

Wrocławski architekt, inżynier – Breslauer Architekt und Ingenieur

3249. Bożek-Leszczyk, Ewelina: Kościół Kanoników Regularnych pw. św. Jakuba Apostoła w Krzepicach [Die St. Jakob-Kirche der Augustiner-Chorherren in Krzepice]. - Wrocław 2012, ss. 105, il., tabl. 33 s.
Dot. także działalności wrocławskiego architekta Valentina von Säbisch, który kierował przebudową kościoła. - Betr. auch die Tätigkeit des Breslauer Architekten Valentin von Säbisch, der den Umbau der Kirche leitete.

Schaffgotsch Hans Ulryk = Schaffgotsch Hans Ullrich (1595-1635)

Właściciel ziemski na Śląsku, generał w wojnie trzydziestoletniej – Vertreter der schlesischen Stände in Prag; General Wallensteins

3250. Schwanitz, Jürgen: Das fatale Ende von Hans Ullrich von Schaffgotsch in Regensburg (+1635) // In: Auf historischer Spurensuche im Bobertal 2011/2012. Aktuelle Forschungsergebnisse von und für Regionalforscher, Ortschronisten, Genealogen und Historiker im niederschlesischen Riesengebirge / Hrsg. Ulrich Schmilewski, Jürgen Schwanitz. - Würzburg 2012, S. 117-148, Abb.

Schaffgotsch Johanna Gräfin von (1842-1910)

Właścicielka zakładów przemysłowych i majątków ziemskich na Górnym Śląsku – Industrielle und Unternehmerin in Oberchlesien

3251. Donig, Simon: Johanna Gräfin von Schaffgotsch (1842-1910) // In: Schlesische Lebensbilder. Bd. 11 / Hrsg. Joachim Bahlcke. - Insingen 2012, S. 385-397.

Schaubert Eduard (1804-1860)

Architekt urodzony we Wrocławiu – Aus Breslau stammender Architekt

3252. Bończuk-Dawidziuk, Urszula: Eduard Schaubert (1804-1860) // In: Schlesische Lebensbilder. Bd. 11 / Hrsg. Joachim Bahlcke. - Insingen 2012, S. 323-332.

Scheffler Johann (1624-1677)

Śląski poeta religijny, mistyk – Schlesischer religiöser Dichter; Mystiker

3253. Lipiński, Cezary: Odkrycie Angelusa Silesiusa przez romantyków oraz jego wczesna recepcja do połowy XIX w. [Discovery of Angelus Silesius by Romantics and Its early Reception until the Mid-Nineteenth Century] // In: Ein Gedenkband zum 20. Todestag von Professor Marian Szyrocki / Hrsg. Edward Białek, Mirosława Czarnecka, Urszula Kawalec, Eugeniusz Tomiczek. - Dresden 2012, S. 499-520; Res. 519-520.

Schenk Wacław (1913-1982)

Teolog, nauczyciel akademicki w Lublinie, duchowny katolicki w Bytomiu i Nysie – Theologe; Hochschullehrer in Lublin, katholischer Geistlicher in Beuthen und Neisse

3254. Andrzejczak, Henryka: Ksiądz Wacław Schenk - między posługą duszpasterską, aktywnością naukową i oddziaływaniem społecznym [Priester Wacław Schenk - zwischen Seelsorge-Dienst, wissenschaftlicher Aktivität und gesellschaftlicher Wirkung] // W: Bytom w cieniu totalitaryzmów. Szkice z dziejów miasta 1933-1939 [Beuthen im Schatten der Totalitarismen. Skizzen aus der Stadtgeschichte 1933-1939] / red. Sebastian Rosenbaum. - Katowice 2012, s. 229-255.

Schenke Ernst (1896-1982)

Poeta śląski piszący gwarą – Schlesischer Mundartdichter

3255. Biskup, Rafał: Die Mundartdichtung als Erinnerungsraum. Ernst Schenke und die schlesische Mundart in der Bundesrepublik Deutschland nach 1945 // In: Schlesien erlesen. Aufsätze zur Literatur des 18. bis 21. Jahrhunderts. Festgabe für Monika Taubitz zum 75. Geburtstag / Hrsg. Edward Białek. - Dresden [u.a.] 2012, S. 135-148.

Schickfuß Jacob (1574-1636)

Historyk, rektor gimnazjum w Brzegu – Historiker; Rektor des Gymnasiums in Brieg

3256. Szewczyk, Grażyna Barbara: Transnationale Kommunikation und konfessionelle Verhältnisse im Barock anhand der „Schlesischen Chronica" von Jakob Schickfus [International Transfer and Denominational Relations in the Baroque on the Basis of Jakob Schickfuss' „New Vermehrte Schlesische Chronica"] // In: Ein Gedenkband zum 20. Todestag von Professor Marian Szyrocki / Hrsg. Edward Białek, Mirosława Czarnecka, Urszula Kawalec, Eugeniusz Tomiczek. - Dresden 2012, S. 69-76; sum. 75-76.

Schilling Christoph (1534-1583)

Humanista, pedagog i lekarz na Śląsku – Schlesischer Humanist, Pädagoge und Mediziner

3257. Sarx, Tobias: Christoph Schilling (um 1534-1583) // In: Schlesische Lebensbilder. Bd. 11 / Hrsg. Joachim Bahlcke. - Insingen 2012, S. 95-104.

Schindler Johann (1822-1893)

Rzeźbiarz pochodzący z Tošovic – Bildhauer aus Taschendorf

3258. Kašpar, Pavel st.: Johann Schindler - akademický sochař z Tošovic [Johann Schindler - ein akademischer Bildhauer aus Taschendorf] // Poodří. Časopis obyvatel horní Odry 15, 2012, č. 2, s. 12-18.

Schlaupitz Katharina (1911-1968-)

Poetka pochodząca z Pełcznicy – Aus Polsnitz stammende Dichterin

3259. Palichleb, Maria: Katarina Schlaupitz - poetka z Pełcznicy [Katharina Schlaupitz - Dichterin aus Polsnitz] // Rocznik Świebodzicki 2011 (2012), s. 72-79, il. 2.

Schleupner Dominikus (ca 1483-1547)

Duchowny rzymskokatolicki we Wrocławiu, duchowny ewangelicki w Norymberdze – Römisch-katholischer Geistlicher in Breslau; evangelischer Geistlicher in Nürnberg

3260. Machilek, Franz: Dominikus Schleupner (um 1483-1547) // In: Schlesische Lebensbilder. Bd. 11 / Hrsg. Joachim Bahlcke. - Insingen 2012, S. 73-86.

Schlicht Hanns (1875-1937-)

Architekt we Wrocławiu – Architekt in Breslau

3261. Stefański, Krzysztof: Architekt wrocławski Hanns Schlicht i jego łódzkie dzieła [Der Breslauer Architekt Hanns Schlicht und seine Lodzer Werke] // W: Nie tylko trony. Księga jubileuszowa ofiarowana Profesorowi Ernestowi Niemczykowi [Nicht nur Throne. Festschrift für Professor Ernest Niemczyk] / red. Janusz L. Dobesz, Agnieszka Gryglewska, Marta M. Rudnicka-Bogusz. - Wrocław 2012, s. 209-220, il.; Res. 220.

Schmidt Arno (1914-1971)

Pisarz i tłumacz w Lubaniu, Gryfowie Śląskim i Zgorzelcu – Schriftsteller in Lauban, Greiffenberg/ Löwenberg und Görlitz

3262. Huerkamp, Josef: Der Landschafter auf der Höhe. Arno Schmidt in Kastel 1951-1955. - 2. Aufl. - Dresden 2012, 267 S.

3263. „Wu Hi?". Arno Schmidt in Görlitz, Lauban, Greiffenberg / Hrsg. Jan Philipp Reemtsma, Bernd Rauschenbach. - 2. Aufl. - Berlin 2012, 251 S.

Schmölders Günther (1903-1991)

Ekonomista, profesor Uniwersytetu Wrocławskiego – Wirtschaftswissenschaftler; Hochschullehrer in Breslau

3264. Kruszewski, Tomasz: Günther Schmölders - profesor prawa gospodarczego na Uniwersytecie Wrocławskim [Günther Schmölders - Professor für Wirtschaftsrecht an der Universität Breslau] // W: Prawnicy na Uniwersytecie Wrocławskim [Juristen an der Breslauer Universität] / red. Maciej Marszał, Jacek Przygodzki. - Wrocław 2012, s. 47-51.
Acta Universitatis Wratislaviensis; 3423.

Scholtis August (1901-1969)

Śląski dramatopisarz, poeta, tłumacz – Schlesischer Dramatiker, Lyriker und Übersetzer

3265. Dampc-Jarosz, Renata: „My Kaczmarki". Śląsk i Ślązacy w listach Augusta Scholtisa z lat 1945-1957 [„Wir Kaczmarki". Schlesien und Schlesier in den Briefen von August Scholtis aus den Jahren 1945-1957] // W: August Scholtis. Śląski pisarz i publicysta. Twórczość po 1945 roku [August Scholtis. Schlesischer Schriftsteller und Publizist. Sein Schaffen nach 1945] / red. Grażyna Barbara Szewczyk, Michał Skop. - Katowice 2012, s. 25-38.

3266. Joachimsthaler, Jürgen: Interkulturelle Literatur im „Dritten Reich?" Der Fall August Scholtis // In: Wechselwirkungen. Deutschsprachige Literatur und Kultur im regionalen und internationalen Kontext - Bd. 1 / Hrsg. Zoltán Szendi, Katharina Wild. - Wien 2012, S. 429-444.

3267. Skop, Michał: Recepcja Augusta Scholtisa w polskiej prasie [Die Rezeption von August Scholtis in der polnischen Presse] // W: August Scholtis. Śląski pisarz i publicysta. Twórczość po 1945 roku [August Scholtis. Schlesischer Schriftsteller und Publizist. Sein Schaffen nach 1945] / red. Grażyna Barbara Szewczyk, Michał Skop. - Katowice 2012, s. 56-85.

3268. Szewczyk, Grażyna Barbara: Niemcy i powojenna rzeczywistość w szkicach niepokornego felietonisty Augusta Scholtisa [Die Deutschen und die Nachkriegsrealität in den Skizzen des trotzigen Feuilletonisten August Scholtis] // W: August Scholtis. Śląski pisarz i publicysta. Twórczość po 1945 roku [August Scholtis. Schlesischer Schriftsteller und Publizist. Sein Schaffen nach 1945] / red. Grażyna Barbara Szewczyk, Michał Skop. - Katowice 2012, s. 9-23.

Scholz Dietmar (1933-)

Poeta, malarz i nauczyciel urodzony w Kunicach/ Legnica – Aus Kunitz/Liegnitz stammender Schriftsteller, Maler und Lehrer

3269. Zimniak, Paweł: Uniwersalizacja „małej ojczyzny" w tekstach Dietmara Scholza [The local and regional world of Dietmar Scholz] // W: Litteraria Lignicensis. Rozprawy i szkice o kulturze literackiej dawnej Legnicy [Litteraria Lignicensis. Abhandlungen und Skizzen zur literarischen Kultur des früheren Liegnitz] / red. Edward Białek, Piotr Niemiec. - Wrocław 2012, s. 109-117; sum. 117.

Schumann Renata (1934-2012)

Pisarka urodzona w Zabrzu – Aus Zabrze stammende Schriftstellerin

3270. Klin, Eugeniusz: Odeszła Renata Schumann, pisarka śląska = Schlesische Schriftstellerin verstorben. Nachruf auf Renata Schumann // Zeszyty Eichendorffa. Historia - Kultura - Literatura = Eichendorff-Hefte. Geschichte - Kultur - Literatur 2012, nr 37, s. 12-19.
Tekst w języku polskim i niemieckim. - Polnischer und deutscher Text.

Schwarz Walter (1886-1957)

Duchowny ewangelicki we Wrocławiu – Evangelischer Geistlicher in Breslau

3271. Schott, Christian-Erdmann: Walter Schwarz (1886-1957) // In: Schlesische Lebensbilder. Bd. 11 / Hrsg. Joachim Bahlcke. - Insingen 2012, S. 505-518.

Schwenckfeldt Kaspar (1489-1561)

Reformator religijny pochodzący z Osieka/Lubin – Aus Ossig stammender Kirchenreformator

3272. Warmbrunn, Paul: Der schlesische Reformator Kaspar von Schwenckfeld und der Einfluß seiner Lehre auf die Territorien des deutschen Südwestens // In: Schlesien und der deutsche Südwesten um 1600. Späthumanismus - reformierte Konfessionalisierung - politische Formierung / Hrsg. Joachim Bahlcke, Albrecht Ernst. - Heidelberg 2012, S. 117-139.

Scultetus Abraham (1566-1624)

Profesor teologii kalwińskiej, urodzony w Zielonej Górze – Aus Grünberg stammender Theologe

3273. Bahlcke, Joachim: Religiöse Kommunikation, Reisediplomatie und politische Lagerbildung. Zur Bedeutung des reformierten Theologen Abraham Scultetus für die Beziehungen zwischen Schlesien und der Kurpfalz um 1600 // In: Schlesien und der deutsche Südwesten um 1600. Späthumanismus - reformierte Konfessionalisierung - politische Formierung / Hrsg. Joachim Bahlcke, Albrecht Ernst. - Heidelberg 2012, S. 187-220, Abb.

Simonides Dorota (1928-)

Etnograf, profesor Uniwersytetu Opolskiego – Volkskundlerin; Hochschullehrerin in Oppeln

3274. Simonides, Dorota: Szczęście w garści. Z familoka w szeroki świat [Glück in der Hand. Von „Familok" in die weite Welt]. - Opole 2012, ss. 327, fot.
Dot. Doroty Simonides. - Betr. Dorota Simonides.

Sławik Henryk (1894-1944)

Polityk, powstaniec śląski, Sprawiedliwy wśród Narodów Świata – Politiker, schlesischer Aufständischer und Gerechter unter den Völkern

3275. Krzyżanowski, Lech: Henryk Sławik (1894-1944) - działacz polityczny na zachodnich kresach II Rzeczypospolitej [Henryk Sławik (1894-1944) - politischer Aktivist im westlichen Grenzland der II. Republik Polen] // Wieki Stare i Nowe. Tom specjalny: Ludzie i elity pogranicza [Neue und alte Jahrhunderte. Sonderband: Menschen und Grenzgebiet-Eliten] 2012, s. 257-271; Res. 271.

3276. Krzyżanowski, Lech: Henryk Sławik i jego rola w kształtowaniu ruchu socjalistycznego na polskim Górnym Śląsku w okresie międzywojennym [Henryk Sławik und seine Bedeutung für die Bildung der sozialistischen Bewegung im polnischen Oberschlesien in der Zwischenkriegszeit] // W: Lewica polska. T. 1: Koncepcje i ludzie [Die polnische Linke. Band 1: Konzepte und Personen] / red. Eryk Krasucki, Tomasz Sikorski, Adam Wątor. - Wrocław 2012, s. 241-254.

Smoliński Jan (1906-1947)

Lekarz, więzień w Raciborzu – Arzt, Häftling in Ratibor

3277. Starzyński, Jerzy: Doktor Jan Smoliński (1906-1947) - próba rehabilitacji [Dr. Jan Smoliński (1906-1947) - Rehabilitierungsversuch] // W: Łemkowie, Bojkowie, Rusini. Historia, współczesność, kultura materialna i duchowa. T. 4, cz. 2 [Lemken, Bojken und Ruthenen. Geschichte, Gegenwart, materielle und geistige Kultur. Band 4, Teil 2] / red. Stefan Dudra [et al.]. - Słupsk 2012, s. 351-362; Res. 363.

Stampka vulgo Matysiak Gregor (-1880-1919-)

Nauczyciel w Starych Siołkowicach/Opole – Lehrer in Alt Schalkowitz

3278. Kutyma, Manfred / Kwosek, Benedykt: Życie dla innych. Gregor Stampka vulgo Matysiak = Ein Leben für andere. Gregor Stampka vulgo Matysiak // Zeszyty Eichendorffa. Historia - Kultura - Literatura = Eichendorff-Hefte. Geschichte - Kultur - Literatur 2012, nr 38, s. 18-31, fot.
Tekst w języku polskim i niemieckim. - Polnischer und deutscher Text.

Steinhaus Hugo (1887-1972)

Matematyk, profesor we Wrocławiu – Mathematiker; Hochschullehrer in Breslau

3279. Duda, Roman: Steinhaus Hugo Dyonizy (1887-1972) // W: Statystycy polscy [Polnische Statistiker] / red. Wojciech Adamczewski [et al.]. - Warszawa 2012, s. 328-335.

Storm Ruth (1905-1993)

Pisarka urodzona w Katowicach – Aus Kattowitz stammende Schriftstellerin

3280. Hildebrandt, Klaus: Ruth Storm (1905-1993) // In: Schlesische Lebensbilder. Bd. 11 / Hrsg. Joachim Bahlcke. - Insingen 2012, S. 549-562.

Studencki Władysław (1910-1985)

Historyk literatury, profesor w Opolu – Literaturhistoriker; Hochschullehrer in Oppeln

3281. Profesor Władysław Studencki - patron bytomskiej biblioteki [Professor Władysław

Studencki u Schirmherr der Beuthener Bibliothek] / oprac. Piotr Obrączka. - Bytom 2012, ss. 95, il.

Süßmilch Johann Gustav (1740-1791)

Statystyk, nadburmistrz Wrocławia – Statistiker; Breslauer Oberbürgermeister

3282. Elsner, Eckhart: Der Breslauer Oberbürgermeister und der Berliner Statistiker. Über Johann Gustav Süßmilch (1740-1791) und seinen Vater Johann Peter (1707-1767) // Śląski Przegląd Statystyczny = Silesian Statistical Review 10 (16), 2012, s. 105-110.

Svarez Carl Gottlieb (1746-1798)

Prawnik w Świdnicy – Jurist in Schweidnitz

3283. Kuhli, Milan: Carl Gottlieb Svarez und das Verhältnis von Herrschaft und Recht im aufgeklärten Absolutismus. - Frankfurt am Main 2012, XI, 303 S.
Zugl.: Frankfurt (Main), Univ., Diss., 2011. Studien zur europäischen Rechtsgeschichte; 272.

Swoboda Leonard (1928-2011)

Duchowny rzymskokatolicki, działacz społeczny w Chorzowie – Römisch-katholischer Geistlicher, ehrenamtlich Engagierter in Königshütte

3284. Bednarski, Damian: Ks. Leonard Swoboda (1928-2011) [Priester Leonard Swoboda (1928-2011)] // Zeszyty Chorzowskie 13, 2012, s. 215-221, fot. 1.

Szczepankiewicz Eugeniusz (1930-1991)

Matematyk, profesor Wyższej Szkoły Pedagogicznej w Opolu – Mathematiker, Hochschullehrer in Oppeln

3285. Patelski, Mateusz: Jak konspiracyjny „Żak" został profesorem. Niezwykły życiorys matematyka z opolskiej WSP [Wie der konspirative „Żak" zum Professor wurde. Der außergewöhnliche Lebenslauf eines Mathematikers der Oppelner Pädagogischen Hochschule] // Indeks. Pismo Uniwersytetu Opolskiego 2012, nr 9-10, s. 41-46, fot. 1.

Szczepański Jan (1913-2004)

Socjolog pochodzący ze Śląska Cieszyńskiego – Soziologe aus dem Teschener Schlesien

3286. Szkaradnik, Katarzyna: Cieszyniaków i nie tylko listy do Jana Szczepańskiego [Briefe an Jan Szczepański von den Bewohnern Teschens und anderen] // Kalendarz Cieszyński 2013 (2012), s. 114-121, il. 3.

Szersznik Leopold Jan (1747-1814)

Jezuita, pedagog i geolog m.in. na Śląsku Cieszyńskim – Jesuit, Pädagoge und Geologe u.a. im Teschener Schlesien

3287. Spyra, Janusz: Leopold Jan Szersznik a sprawy szkoły i wychowania [Leopold Johann Szersznik (Scherschnik) und die Angelegenheiten der Schule und Erziehung] // W: Śląska republika uczonych. Vol. 5 [Schlesische Gelehrtenrepublik. Vol. 5] / red. Marek Hałub, Anna Mańko-Matysiak. - Wrocław 2012, s. 209-228; Res. 226-228.

Szramek Emil Michał (1887-1942)

Duchowny rzymskokatolicki, pisarz, działacz społeczny i narodowy – Ehrenamtlich und auf der nationalen Ebene engagierter römisch-katholischer Geistlicher, Schriftsteller

3288. Kurek, Jacek: Obecność. Błogosławiony ks. Emil Szramek w XXI wieku [Anwesenheit. Der selige Priester Emil Szramek im 21. Jahrhundert] // W: Kościół Mariacki w Katowicach. Fakty i ludzie. Cz. V [Marienkirche in Kattowitz. Fakten und Menschen. Teil 5] / materiały do druku przygot. Rudolf Brom, Jan Malicki, Andrzej Suchoń, Józef Śliwiok. - Katowice 2012, s. 11-36.

Sztwiertnia Jan (1911-1940)

Pedagog, kompozytor, znawca kultury ludowej Śląska Cieszyńskiego – Pädagoge und Komponist, Kenner der Volkskultur im Teschener Schlesien

3289. Burczyk, Irena: Postać i twórczość Jana Sztwiertni w publikacjach i nagraniach [Person und Werke von Jan Sztwiertnia in Publikationen und Aufnahmen] // W: Jan Sztwiertnia (1911-1940). Człowiek i dzieło w setną rocznicę urodzin [Jan Sztwiertnia (1911-1940). Der Mensch und sein Werk zum hundertsten Geburtstag] / red. Hubert Miśka. - Katowice 2012, s. 39-45.

3290. Gabryś, Ryszard: „...przeważnie siedzę w swej klatce i stawiam kropki..." [„... meistens sitze ich in meinem Käfig und setze Punkte ...”] // W: Jan Sztwiertnia (1911-1940). Człowiek i dzieło w setną rocznicę urodzin [Jan Sztwiertnia (1911-1940). Der Mensch und sein Werk zum hundertsten Geburtstag] / red. Hubert Miśka. - Katowice 2012, s. 47-73.

3291. Szlaur-Bujok, Maria: Między Ustroniem a Równem. Kilka obrazków z życia Jana Sztwiertni [Zwischen Ustron und Rohne. Einige Bilder aus dem Leben von Jan Sztwiertnia] // W: Jan Sztwiertnia (1911-1940). Człowiek i dzieło w setną rocznicę urodzin [Jan Sztwiertnia (1911-1940). Der Mensch und sein Werk zum hundertsten Geburtstag] / red. Hubert Miśka. - Katowice 2012, s. 11-18.

3292. Zajdel, Dorota: Jan Sztwiertnia, którego nie było. O listach [Jan Sztwiertnia, wie er nicht war. Von den Briefen] // W: Jan Sztwiertnia (1911-1940). Człowiek i dzieło w setną rocznicę urodzin [Jan Sztwiertnia (1911-1940). Der Mensch und sein Werk zum hundertsten Geburtstag] / red. Hubert Miśka. - Katowice 2012, s. 19-26.

Szumiejko Eugeniusz (1946-)

Działacz opozycji demokratycznej – In der demokratischen Opposition Engagierter

3293. Szumiejko, Eugeniusz: Biografia opozycjonisty [Oppositionist’s Biography] / oprac. Grzegorz Kowal // Wrocławski Rocznik Historii Mówionej 2, 2012, s. 153-215; Res. 215.

Szweda Konrad (1912-1988)

Duchowny rzymskokatolicki na Górnym Śląsku – Römisch-katholischer Geistlicher in Oberschlesien

3294. Kiedos, Józef / Brzytwa, Antoni: Świadectwo śląskiego kapłana. Życie księdza Konrada Szwedy. W 100-lecie urodzin [Zeugnis eines schlesischen Priesters. Das Leben von Priester Konrad Szweda]. - Katowice 2012, ss. 216, il.
Rybnik w Historii Śląska; 2.

Szyrocki Marian (1928-1992)

Filolog germański, profesor Uniwersytetu Wrocławskiego – Germanist; Hochschullehrer in Breslau

3295. Orłowski, Hubert: Professor Marian Szyrocki als Gutachter im Ehrenpromotionsverfahren für Günter Grass an der Adam-Mickiewicz -Universität im Jahre 1990 // In: Ein Gedenkband zum 20. Todestag von Professor Marian Szyrocki / Hrsg. Edward Białek, Mirosława Czarnecka, Urszula Kawalec, Eugeniusz Tomiczek. - Dresden 2012, S. 25-27; Res. 27.

3296. Roloff, Hans-Gert: Erinnerung an Marian Szyrocki // In: Ein Gedenkband zum 20. Todestag von Professor Marian Szyrocki / Hrsg. Edward Białek, Mirosława Czarnecka, Urszula Kawalec, Eugeniusz Tomiczek. - Dresden 2012, S. 5-24.

Šáchová Helena (1907-1988)

Łuczniczka z Ostrawy – Bogenschützin aus Ostrau

3297. Prchalová, Jana: Ostravská sportovkyně Helena Šáchová, lukostřelecká mistryně světa z roku 1948 [Ostravas Helena Šáchová - archery world champion in 1948] // Ostrava. Příspěvky k dějinám a současnosti Ostravy a Ostravska 26, 2012, s. 299-314; Res. 314.

Šebesta Pavel Jáchym (1887-1967)

Antropolog i etnograf urodzony w Pietrowicach Wielkich/Racibórz – Aus Groß Peterwitz/Ratibor stammender Anthropologe und Ethnograph

3298. Martinek, Libor: Česko-německý antropolog a etnograf Pavel Jáchym Šebesta [Czech-German anthropologist and ethnographer Pavel Jáchym Šebesta] // Časopis Slezského zemského muzea. Série B - vědy historické 61, 2012, č. 2, s. 141-151; Res. 151.

Świda Witold (1899-1989)

Prawnik, profesor we Wrocławiu – Jurist, Hochschullehrer in Breslau

3299. Pasek, Andrzej: Udział profesora Witolda Świdy w rozwoju polskiej nauki prawa karnego [Beteiligung Professor Witold Świdas an der Entwicklung der polnischen Strafrechtswissenschaft] // W: Prawnicy na Uniwersytecie Wrocławskim [Juristen an der Breslauer Universität] / red. Maciej Marszał, Jacek Przygodzki. - Wrocław 2012, s. 75-84.
Acta Universitatis Wratislaviensis; 3423.

Świda Zofia (1939-2011)

Prawnik, profesor Uniwersytetu Wrocławskiego – Juristin; Hochschullehrerin in Breslau

3300. Wiązek, Paweł: Zofia Świda - Wielka Dama współczesnej polskiej karnistyki [Zofia Świda - Grande Dame des zeitgenössischen Strafrechts] // W: Prawnicy na Uniwersytecie Wrocławskim [Juristen an der Breslauer Universität] / red. Maciej Marszał, Jacek Przygodzki. - Wrocław 2012, s. 143-150.
Acta Universitatis Wratislaviensis; 3423.

Tarnowski Mieczysław (1945-1991)

Działacz opozycyjny w Wałbrzychu – Oppositioneller in Waldenburg

3301. Kaczorowska, Katarzyna / Suleja, Włodzimierz: Najważniejsza jest konsekwencja. Mieczysław Tarnowski (1946-1991) [Konsequenz ist das Wichtigste. Mieczysław Tarnowski (1946-1991)]. - Wrocław 2012, ss. 142, il.
Dolnośląska Solidarność.

Taubitz Monika (1937-)

Pisarka urodzona we Wrocławiu – Aus Breslau stammende Schriftstellerin

3302. Kubocz, Justyna: Monika Taubitz und Polen. Versuch einer Bestandsaufnahme // In: Schlesien erlesen. Aufsätze zur Literatur des 18. bis 21. Jahrhunderts. Festgabe für Monika Taubitz zum 75. Geburtstag / Hrsg. Edward Białek. - Dresden [u.a.] 2012, S. 11-35.

3303. Nowakowska, Katarzyna: Schreiben für eine gemeinsame Zukunft. Zum literarischen Werk von Monika Taubitz und Dagmar Nick // Schlesien erlesen. Aufsätze zur Literatur des 18. bis 21. Jahrhunderts. Festgabe für Monika Taubitz zum 75. Geburtstag S. 283-292.

3304. Zimniak, Paweł: Gebirgslandschaften als Stimmungsräume. Zur Performativität der Raumerfahrung in den Texten von Monika Taubitz // In: Schlesien erlesen. Aufsätze zur Literatur des 18. bis 21. Jahrhunderts. Festgabe für Monika Taubitz zum 75. Geburtstag / Hrsg. Edward Białek. - Dresden [u.a.] 2012, S. 37-48.

Thomas I., ep. Wrat. (-1232-1268)

Zob. poz. / Siehe / Viz 3308.

Thomeczek Antoni (1887-1962)

Duchowny rzymskokatolicki w Zabrzu – Römisch-katholischer Geistlicher in Zabrze

3305. Górecki, Piotr: „Płonący ogniem dobroci". Ks. Antoni Thomeczek (1887-1962) [„Leuchtet durch das Feuer der Güte". Priester Antoni Thomeczek (1887-1962)] // W: Święci są wśród nas. Wybrane biografie niekanonizowanych zabrzańskich świętych [Heilige sind unter uns. Ausgewählte Biografien nicht kanonisierter Heiliger aus Zabrze] / red. Piotr Górecki. - Gliwice 2012, s. 7-20, fot. 1.

Thun-Hohenstein Gabriela (1872-1957)

Właścicielka majątku w Kończycach Wielkich – Gutsbesitzerin in Groß Kuntschitz

3306. Nowak, Iwona: Dama dworu na podcieszyńskich włościach hrabina Gabriela von Thun und Hohenstein (1872-1957), jako przedstawicielka elit Śląska Cieszyńskiego w pierwszej połowie XX wieku [Die Hofdame auf Teschener Landgütern, die Gräfin Gabriela von Thun und Hohenstein (1872-1957) als Vertreterin der Elite des Teschener Schlesiens in der ersten Hälfte des 20. Jhs.] // Wieki Stare i Nowe. Tom specjalny: Ludzie i elity pogranicza [Neue und alte Jahrhunderte. Sonderband: Menschen und Grenzgebiet-Eliten] 2012, s. 149-156; Res. 155-156.

Toczewski Andrzej (1947-)

Historyk, muzealnik, regionalista, dyrektor Muzeum Ziemi Lubuskiej – Historiker, Museumsmitarbeiter, Heimatforscher, Direktor des Museums des Lebuser Landes

3307. Maksymowicz, Anitta: Rys biograficzny Andrzeja Toczewskiego [Biografischer Abriss von Andrzej Toczewski] // W: Historia, kultura, muzeum [Geschichte, Kultur, Museum] / red. Anitta Maksymowicz. - Zielona Góra 2012, s. 19-25.

Tomasz I = Thomas I., ep. Wrat. (-1232-1268)

3308. Irgang, Winfried: Thomas I., Bischof von Breslau (um 1200-1268) // In: Schlesische Lebensbilder. Bd. 11 / Hrsg. Joachim Bahlcke. - Insingen 2012, S. 25-38.

Tomica Jan (1936-2012)

Geolog, publicysta na Górnym Śląsku – Geologe, Publizist in Oberschlesien

3309. Białas, Zygmunt: Jan Tomica - sylwetka geologa, podróżnika, publicysty [Jan Tomica - Porträt eines Geologen, Reisenden, Publizisten] // Przyrodnik Ustroński 2012, z. 11, s. 5-14, il. 11.

Trąbalski Franciszek (1870-1964)

Działacz polityczny na Górnym Śląsku – Politisch Engagierter in Oberschlesien

3310. Wawrzykowska, Katarzyna: „Barbarzyński mord w Katyniu". Broszura Franciszka Trąbalskiego - nestora śląskich socjalistów [„Massaker von Katyń". Broschüre von Franciszek Trąbalski - dem Nestor der schlesischen Sozialisten] // Szkice Archiwalno-Historyczne 2012, nr 9, s. 239-253; Res. 253.

Träger Roman (1923-1987)

Agent polskiego wywiadu w ośrodku badawczym w Peenemünde – Polnischer Geheimagent in der Heeresversuchsanstalt Peenemünde

3311. Pietrucha, Dariusz: Roman Träger - bytomianin, który być może odmienił losy wojny [Roman Träger - Einwohner von Bytom, der wahrscheinlich den Verlauf des Krieges änderte] // Śląski Rocznik Forteczny 4, 2012, s. 135-169, fot. 19; dt. Res. 223; sum. 219-220.

Treutler Johannes (1820-1892)

Pustelnik na Mariańskiej Górce/Kłodzko – Einsiedler am Spittelberg/Glatz

3312. Pohl, Dieter: Johannes Treutler auf dem Spittelberg bei Glatz. Unbotmäßiger Eremit, erfolgreicher Unternehmer und freigiebiger Wohltäter // AGG-Mitteilungen. Mitteilungsblatt der Arbeitsgemeinschaft Grafschaft Glatz - Kultur und Geschichte 11, 2012, S. 71-79, 17 Abb.

Troplowitz Oscar (1863-1918)

Farmaceuta pochodzący z Górnego Śląska – Pharmazeut aus Oberschlesien

3313. Kubit, Bożena: Oscar Troplowitz i jego gliwickie korzenie [Oscar Troplowitz und seine Gleiwitzer Wurzeln] // W: Żydzi na Górnym Śląsku w XIX i XX wieku [Juden in Oberschlesien im 19. und 20. Jahrhundert] / red. Beata Kalinowska-Wójcik, Dawid Keller. - Rybnik 2012, s. 599-616, fot. 11.

Tschötschel Bruno (1874-1941)

Rzeźbiarz wrocławski – Breslauer Bildhauer

3314. Grajewski, Grzegorz: Bruno Tschötschel i konserwacja zabytków na Śląsku [Bruno Tschötschel und die Denkmalpflege in Schlesien] // W: Bruno Tschötschel (1874-1941) - wrocławski Wit Stwosz XX wieku [Bruno Tschötschel (1874-1941) - Breslauer Veit Stoß des 20. Jahrhunderts] / red. Maciej Łagiewski, Piotr Oszczanowski. - Wrocław 2012, s. 197-210, il.

3315. Konopka, Olimpia Teresa: Bruno Tschötschel w Trzebnicy - o artyście, który zrobił tak wiele [Bruno Tschötschel in Trebnitz - von einem Künstler, der so viel geschafft hat] // W: Bruno Tschötschel (1874-1941) - wrocławski Wit Stwosz XX wieku [Bruno Tschötschel (1874-1941) - Breslauer Veit Stoß des 20. Jahrhunderts] / red. Maciej Łagiewski, Piotr Oszczanowski. - Wrocław 2012, s. 11-36, il.

3316. Kozłowska, Małgorzata / Kozłowski, Stanisław: Bruno Tschötschel w pejzażu miasta - z kogutem i dzwonnicą w tle [Bruno Tschötschel in der Stadtlandschaft - mit Hahn und Glockenturm im Hintergrund] // W: Bruno Tschötschel (1874-1941) - wrocławski Wit Stwosz XX wieku [Bruno Tschötschel (1874-1941) - Breslauer Veit Stoß des 20. Jahrhunderts] / red. Maciej Łagiewski, Piotr Oszczanowski. - Wrocław 2012, s. 37-62, il.

3317. Lubos-Kozieł, Joanna: Twórczośc Bruna Tschötschela na tle katolickiej rzeźby śląskiej i niemieckiej 2. połowy XIX i 1 połowy XX w. [Werke von Bruno Tschötschel vor dem Hintergrund der katholischen schlesischen und deutschen Plastik in der zweiten Hälfte des 19. und ersten Hälfte des 20. Jahrhunderts] // W: Bruno Tschötschel (1874-1941) - wrocławski Wit Stwosz XX wieku [Bruno Tschötschel (1874-1941) - Breslauer Veit Stoß des 20. Jahrhunderts] / red. Maciej Łagiewski, Piotr Oszczanowski. - Wrocław 2012, s. 181-196, il.

3318. Oszczanowski, Piotr: Odkrywanie Brunona Tschötschela. Życie i twórczość wrocławskiego rzeźbiarza i konserwatora dzieł sztuki [Bruno Tschötschels Entdeckung. Leben und Schaffen des Breslauer Bildhauers und Denkmalpflegers] // W: Bruno Tschötschel (1874-1941) - wrocławski Wit Stwosz XX wieku [Bruno Tschötschel (1874-1941) - Breslauer Veit Stoß des 20. Jahrhunderts] / red. Maciej Łagiewski, Piotr Oszczanowski. - Wrocław 2012, s. 63-180, il.

Ulitzka Carl (1873-1953)

Duchowny rzymskokatolicki w Raciborzu, działacz polityczny na Górnym Śląsku, poseł do Reichstagu – Römisch-katholischer Geistlicher in Ratibor, politisch Engagierter in Oberschlesien, Reichstagsabgeordneter

3319. Glombik, Konrad: Zawartość nieznanych archiwaliów dotyczących ks. prałata Carla Ulitzki (1873-1953). Uzupełnienie biografii i przyczynek do badań historii Śląska [Inhalt der unbekanten Archivalien über Prälat Carl Ulitzka (1873-1953). Ergänzung seiner Biographie und Beitrag zur Forschung über die Geschichte Schlesiens] // W: Kościół na Śląsku. Z dziejów kultury i życia religijnego. Księga pamiątkowa dedykowana Księdzu Biskupowi Janowi Kopcowi z okazji 65-lecia urodzin, 40-lecia prezbiteriatu, 20-lecia sakry biskupiej i 30-lecia pracy naukowej [The Church of Silesia. The history of culture and religious life] / red. Franciszek Wolnik. - Opole 2012, s. 127-150; Res. 149-150.

Urban Franz (1832-1908)

Duchowny rzymskokatolicki, założyciel Stowarzyszenia Cecyliańskiego Hrabstwa Kłodzkiego – Römisch-katholischer Geistlicher, Begründer der Gesellschaft des Cäcilienvereins der Grafschaft Glatz

3320. Prasał, Andrzej: Ks. Franz Urban (1832-1908) - ojciec cecylianizmu na ziemi kłodzkiej [Rev. Franz Urban (1832-1908) - The Father of Cecilianism in Kłodzko Land] // Świdnickie Studia Teologiczne 9, 2012, s. 277-295; sum. 295.

Urszula, dux Oels. (1450-1508)

3321. Rüther, Andreas: Ursula, Herzogin von Münsterberg und Oels (1450-1508) // In: Schlesische Lebensbilder. Bd. 11 / Hrsg. Joachim Bahlcke. - Insingen 2012, S. 55-72.

Wagner Otto (1877-1962)

Prawnik, burmistrz Wrocławia – Jurist; Bürgermeister von Breslau

3322. Müller, Roland B.: Otto Wagner (1877-1962) im Spannungsfeld von Demokratie und Diktatur. Oberbürgermeister in Breslau und Jena. - Leipzig 2012, 449 S., Abb. + 1 CD-ROM.

Walrave Gerhard Cornelius (1692-1773)

Architekt i inżynier wojskowy – Architekt und Militäringenieur

3323. Romiński, Wacław: Inżynier wojskowy i architekt Gerhard Cornelius Walrave [Der Militäringenieur und Architekt Gerhard Cornelius Walrave] // Nyskie Szkice Muzealne 5, 2012, s. 37-48, ryc. 7.

Walther Balthasar (1558-1631)

Lekarz urodzony w Legnicy – Aus Liegnitz stammender Arzt

3324. Penman, Leigh T.I.: Böhme's Student and Mentor. The Liegnitz Physician Balthasar Walther (c.1558-c.1630) // In: Offenbarung und Episteme. Zur europäischen Wirkung Jakob Böhmes im 17. und 18. Jahrhundert / Hrsg. Wilhelm Kühlmann, Friedrich Vollhardt. - Berlin 2012, S. 47-65.

Wantuła Jan (1877-1953)

Działacz narodowy na Śląsku Cieszyńskim – Auf der nationalen Ebene Engagierter im Teschener Schlesien

3325. Uljasz, Adrian: Jan Wantuła (1877-1953). Z polską książką do śląskiego ludu [Jan Wantuła (1877-1953). Mit polnischem Buch zum schlesischen Volk] // W: Studia i rozprawy bibliologiczne [Studien und buchwissenschaftliche Abhandlungen] / red. Krystyna Heska-Kwaśniewicz, Katarzyna Tałuć. - Katowice 2012, s. 142-156; Res. 156.

Wasylów Lucyna (1947-)

Urodzona w więzieniu we Wrocławiu córka zamordowanego kapitana AK-WiN Eugeniusza Werensa – Im Breslauer Gefängnis geborene Tochter des ermordeten Kapitäns der Heimatarmee Eugeniusz Werens

3326. Szwagrzyk, Krzysztof: Dziecko skazańca [Kind eines Verurteilten] // W: Dzieci, młodzież i studenci na Ziemiach Zachodnich po II wojnie światowej [Kinder, Jugendliche und Studenten in den Westgebieten nach dem Zweiten Weltkrieg] / red. Wojciech Kucharski, Grzegorz Strauchold. - Wrocław 2012, s. 33-42, il.
Dot. Lucyny Wasylów z domu Werens, mieszkanki Wrocławia, urodzonej we wrocławskim więzieniu, córki zamordowanego w 1947 r. kapitana AK-WiN - Eugeniusza Werensa. - Betr. Lucyna Wasylów, geb. Werens, Einwohnerin Breslaus, geboren im Breslauer Gefängnis, Tochter des 1947 ermordeten Kapitäns der Heimatarmee - Eugeniusz Werens.

Waszkiewicz Jan (1944-)

Polityk i samorządowiec, profesor Uniwersytetu Wrocławskiego – Politiker und Kommunalbeamter; Hochschullehrer in Breslau

3327. Waszkiewicz, Jan: Rodowód kultury współczesnego Wrocławia - refleksje osobiste [Die kulturelle Herkunft des zeitgenössischen Breslau - persönliche Gedanken] // W: Rodowód kulturowy współczesnego Wrocławia [Kulturelle Herkunft des heutigen Breslau] / red. Włodzimierz Wysoczański. - Wrocław 2012, s. 13-28.

Weimann Carl Gottfried (ca 1790-1861)

Zielonogórski aptekarz i przyrodnik – Grünberger Apotheker und Naturforscher

3328. Graepel, Peter Hartwig: Carl Gottfried Weimann (ok. 1790-1861) - zielonogórski aptekarz [Carl Gottfried Weimann (ca. 1790-1861) - Grünberger Apotheker] // Studia Zielonogórskie 18, 2012, s. 29-46.

Weise Christian (1642-1708)

Pisarz, dramaturg i pedagog, rektor gimnazjum w Zittau – Schriftsteller, Bibliothekar und Rektor des Gymnasiums in Zittau

3329. Rusterholz, Peter: Weises Rätsel // In: Ein Gedenkband zum 20. Todestag von Professor Marian Szyrocki / Hrsg. Edward Białek, Mirosława Czarnecka, Urszula Kawalec, Eugeniusz Tomiczek. - Dresden 2012, S. 55-67; Res. 67.
Dot. twórczości Christiana Weisego. - Betr. das Schaffen von Christian Weise.

Weisflog Carl (1770-1828)

Pisarz i sędzia urodzony w Żaganiu – Schriftsteller und Richter in Sagan

3330. Koning, Henk J.: Carl Weisflog (1770-1828). Ein vergessener schlesischer Nachfolger E.T.A. Hoffmanns und ein Stofflieferant Johann Nestroys // In: Schlesien erlesen. Aufsätze zur Literatur des 18. bis 21. Jahrhunderts. Festgabe für Monika Taubitz zum 75. Geburtstag / Hrsg. Edward Białek. - Dresden [u.a.] 2012, S. 51-77.

Werner Friedrich Bernhard (1690-1776)

Śląski rysownik i malarz – Schlesischer Zeichner und Maler

3331. Marsch, Angelika: Friedrich Bernhard Werner 1690-1776. Corpus seiner europäischen Städteansichten, illustrierten Reisemanuskripte und der Topographien von Schlesien und Böhmen-Mähren. - Weißenhorn 2010, 674 S.
Rec.: Berndt, I. // Neues Archiv für sächsische Geschichte 83, 2012, S. 344-347.

Węgierski Jerzy Julian (1915-2012)

Pisarz, inżynier, profesor m.in. Politechniki Śląskiej – Schriftsteller, Ingenieur, Hochschullehrer u.a. in Gleiwitz

3332. Mazur, Grzegorz: Jerzy Julian Węgierski (1915-2012) // Przegląd Historyczno-Wojskowy 13, 2012, nr 3, s. 233-237.

Wiązkowicz Paweł Walenty (-1733 - ca 1750)

Rzeźbiarz śląski – Bildhauer in Schlesien

3333. Wardzyński, Michał: Paweł Walenty Wiązkowicz vel Więckiewicz, rzeźbiarz śląski w Małopolsce oraz w ziemi sieradzkiej i wieluńskiej w 2 ćw. XVIII w. Przyczynek do migracji artystów między Śląskiem a Rzeczpospolitą [Paweł Walenty Wiązkowicz vel Więckiewicz, a Silesian Sculptor in Malopolska and in the Sieradz and Wieluń Districts in the Second Quarter of the 18th Century. A Contribution to the History of Migration of Artists between Silesia and the Polish-Lithuuanian Commonwealth] // Roczniki Humanistyczne. Historia Sztuki 60, 2012, z. 4, s. 57-130, il. 20; Res. 112-113.

Wieszczek Józef (1896-1980)

Nauczyciel, harcerz na Górnym Śląsku – Lehrer und Pfadfinder in Oberschlesien

3334. Adamczyk, Błażej: Józef Wieszczek - żołnierz, nauczyciel i instruktor harcerski [Józef Wieszczek - Soldat, Lehrer und Pfadfinderleiter] // W: Z dziejów harcerstwa w Gliwicach [Aus der Geschichte der Pfadfinderbewegung in Gleiwitz] / red. Damian Recław, Joanna Januszewska-Jurkiewicz. - Gliwice 2012, s. 147-155, fot. 5.

Winckler Paul (1630-1686)

Prawnik i pisarz m.in. we Wrocławiu – Schriftsteller und Jurist u.a. in Breslau

3335. Endres, Kirsten: Paul Winckler (1630-1686) // In: Schlesische Lebensbilder. Bd. 11 / Hrsg. Joachim Bahlcke. - Insingen 2012, S. 161-174.

Wittig Joseph (1879-1949)

Teolog rzymskokatolicki i historyk dziejów Kościoła; nauczyciel akademicki we Wrocławiu – Römisch-katholischer Theologe und Kirchenhistoriker; Hochschullehrer in Breslau

3336. Marcol, Alojzy: „Causa Joseph Wittig" w świetle ostatnio dostępnych źródeł watykańskich [„Causa Joseph Wittig" im Lichte der vatikanischen Dokumente] // W: Kościół na Śląsku. Z dziejów kultury i życia religijnego. Księga pamiątkowa dedykowana Księdzu Biskupowi Janowi Kopcowi z okazji 65-lecia urodzin, 40-lecia prezbiteriatu, 20-lecia sakry biskupiej i 30-lecia pracy naukowej [The Church of Silesia. The history of culture and religious life] / red. Franciszek Wolnik. - Opole 2012, s. 113-125; Res. 124-125.

3337. Unterburger, Klaus: Roman mit Gott? Die Verurteilung und Exkommunikation des schlesischen Kirchenhistorikers und Schriftstellers Joseph Wittig (1879-1949) im Licht der neu zugänglichen vatikanischen Quellen [Powieść z Bogiem? Potępienie i ekskomunika śląskiego historyka kościoła i pisarza Józefa Wittiga (1879-1949) w świetle nowo dostępnych źródeł watykańskich] // Archiv für schlesische Kirchengeschichte 70, 2012, S. 199-224; Res. 417-418.

Wladislaus II. von Oppeln = Władysław Opolczyk, dux Siles. (1326/1330 -1401)

3338. Sperka, Jerzy: Władysław książę opolski, wieluński, kujawski, dobrzyński, pan Rusi, palatyn węgierski i namiestnik Polski (1326/1330 - 8 lub 18 maja 1401) [Wladislaus II. von Oppeln, Herzog von Wieluń, Herzog von Kujawien und Dobrin, Statthalter des Fürstentums Halitsch -Wolhynien, Palatin von Ungarn und Statthalter von Polen (1326/1330-8. oder 18. Mai 1401)]. - Kraków 2012, ss. 512.
Rec.: Laberschek, Jacek // Roczniki Historyczne 78, 2012, s. 299-304.

Wladislaus von Beuthen = Władysław, dux Bitom (ca 1280 - ca 1354)

3339. Halmer, Damian: Między Czechami a Polską. Z dziejów księcia kozielsko-bytomskiego Władysława [Zwischen Böhmen und Polen. Aus der Geschichte des Herzogs Wladislaus von Beuthen und Cosel] // W: Kazimierz Wielki wobec Śląska - Śląsk wobec Kazimierza Wielkiego [Die Beziehung Kasimirs des Großen zu Schlesien - Schlesiens Beziehung zu Kasimir dem Großen] / red. Damian Halmer. - Rybnik 2012, s. 47-70.

Wlast Peter = Włostowic Piotr (-1080-1153)

Możnowładca śląski – Schlesischer Fürst

3340. Mühle, Eduard: Zu den Anfängen des mittelalterlichen Adels in Polen. Das Beispiel des Piotr Włostowic // In: „Köztes-Európa" vonzásában. Ünnepi tanulmányok Font Márta tiszteletére / Hrsg. Dániel Bagi, Tamás Fedeles, Gergely Kiss. - Pécs 2012, S. 357-374.

3341. Rosik, Stanisław: Peter Wlast (+ um 1151) // In: Schlesische Lebensbilder. Bd. 11 / Hrsg. Joachim Bahlcke. - Insingen 2012, S. 11-24.

Wodarz Johann (1767-1826)

Duchowny rzymskokatolicki w Sławnikowie/Racibórz – Römisch-katholischer Geistlicher in Slawikau/Ratibor

3342. Richau, Martin: Johann Wodarz, proboszcz Sławikowa i przyjaciel Josepha von

Eichendorffa = Johann Wodarz - Pfarrer in Slawikau und Freund Joseph von Eichendorff // Zeszyty Eichendorffa. Historia - Kultura - Literatura = Eichendorff-Hefte. Geschichte - Kultur - Literatur 2012, nr 37, s. 42-55, fot.
Tekst w języku polskim i niemieckim. - Polnischer und deutscher Text.

Wołczyk Cecylia Urszula (1949-2011)

Nauczyciel, bibliotekarz w Chorzowie – Lehrerin und Bibliothekarin in Königshütte

3343. Parysz, Janina / Drosdzol, Jolanta: Wspomnienia. Urszula Wołczyk (1949-2011) [Erinnerungen. Urszula Wołczyk (1949-2011)] // Chorzowskie Zeszyty Dydaktyczne 10, 2012, s. 110-112, fot. 1.

Worbs Erich (1893-1975)

Etnolog i poeta z Legnicy – Aus Liegnitz stammender Ethnologe und Dichter

3344. Białek, Edward: Erich Worbs und der 'Seidorfer Kreis'. Mit unveröffentlichten Briefen von Carl, Maria und Monona Hauptmann // In: Schlesien erlesen. Aufsätze zur Literatur des 18. bis 21. Jahrhunderts. Festgabe für Monika Taubitz zum 75. Geburtstag / Hrsg. Edward Białek. - Dresden [u.a.] 2012, S. 153-166.

3345. Michalska, Magdalena: Erich Worbs - etnolog i poeta z Legnicy [Erich Worbs - Ethnologe und Dichter aus Liegnitz] // W: Litteraria Lignicensis. Rozprawy i szkice o kulturze literackiej dawnej Legnicy [Litteraria Lignicensis. Abhandlungen und Skizzen zur literarischen Kultur des früheren Liegnitz] / red. Edward Białek, Piotr Niemiec. - Wrocław 2012, s. 63-71l.; sum. 71.

Wosnitza Franz (1902-1979)

Zob. poz. / Siehe / Viz 3348.

Woyrsch Felix (1860-1944)

Kompozytor i dyrygent urodzony w Opawie – Aus Troppau stammender Komponist und Dirigent

3346. Dreibrodt, Andreas: Felix Woyrsch (1860-1944) // In: Schlesische Lebensbilder. Bd. 11 / Hrsg. Joachim Bahlcke. - Insingen 2012, S. 417-432.

Woźniak Jerzy (1923-2012)

Lekarz, więzień polityczny PRL, działacz „Solidarności" na Dolnym Śląsku – Arzt, politischer Häftling in der Volksrepublik Polen, tätig in der „Solidarność" in Niederschlesien

3347. Kowal, Grzegorz: Szarpana edukacja Jerzego Woźniaka [Jerzy Woźniaks gerissene Edukation] // Pamięć i Przyszłość 2012, nr 3 (17), s. 40-44, il. 4.

Woźnica Franciszek (1902-1979)

Duchowny rzymskokatolicki na Górnym Śląsku – Römisch-katholischer Geistlicher in Oberschlesien

3348. Ploch, Gregor: Prälat Franz Wosnitza (1902-1979) im jüngsten Fokus der Forschung // Archiv für schlesische Kirchengeschichte 70, 2012, S. 368-374.

Wójcik Stefan (1935-2001)

Duchowny rzymskokatolicki we Wrocławiu – Römisch-katholischer Geistlicher in Breslau

3349. Matwijowski, Krystyn Jakub: Śp. ks. prałat Stefan Wójcik - duszpasterz wrocławski i badacz przeszłości śląskiego Kościoła [Verstorbener Prälat Stefan Wójcik - Breslauer Seelsorger und Forscher der Geschichte Schlesiens] // W: Kościół na Śląsku. Z dziejów kultury i życia religijnego. Księga pamiątkowa dedykowana Księdzu Biskupowi Janowi Kopcowi z okazji 65-lecia urodzin, 40-lecia prezbiteriatu, 20-lecia sakry biskupiej i 30-lecia pracy naukowej [The Church of Silesia. The history of culture and religious life] / red. Franciszek Wolnik. - Opole 2012, s. 165-175; Res. 175.

Wronka Andrzej, ep. Wrat. (1897-1974)

3350. Szymanowski, Adam: Sylwetka biskupa Andrzeja Wronki (1897-1974) w świetle dokumentów aparatu bezpieczeństwa PRL [Die Person Bischof Andrzej Wronka (1897-1974) im Lichte der Dokumente des Sicherheitsapparats der Polnischen Volksrepublik]. - Wrocław 2012, ss. 214, il.

Dostępne w wersji elektronicznej / Online zugänglich: http://digital.fides.org.pl/publication/1378

Wydra Ryszard (1875-1940)

Nauczyciel i poseł Sejmu Śląskiego – Lehrer und Abgeordneter des Schlesischen Landtags

3351. Marcoń, Witold: Ryszard Wydra - nauczyciel i poseł Sejmu Śląskiego [Ryszard Wydra - Lehrer und Abgeordneter des Schlesischen Landtages] // W: Wizualizacje Historii. Zbiór studiów / red. Stanisław Roszak, Małgorzata Strzelecka, Agnieszka Wieczorek. - 2012, s. 216-220.

Wyrwalski Tadeusz (1923-2004)

Lekarz, działacz harcerski, twórca Woodcraftu we Wrocławiu – Arzt, Pfadfinder, Gründer der Woodcraft-Bewegung Breslau

3352. Kucharski, Wojciech: Tadeusz Wyrwalski, twórca Woodcraftu we Wrocławiu - zarys biografii [Tadeusz Wyrwalski, Gründer der Woodcraft-Bewegung in Breslau - biografische Skizze] // W: Dzieci, młodzież i studenci na Ziemiach Zachodnich po II wojnie światowej [Kinder, Jugendliche und Studenten in den Westgebieten nach dem Zweiten Weltkrieg] / red. Wojciech Kucharski, Grzegorz Strauchold. - Wrocław 2012, s. 115-143, il.

Yorck von Wartenburg Peter (1904-1944)

Prawnik, działacz opozycji antyhitlerowskiej – Jurist; Widerstandskämpfer gegen den Nationalsozialismus

3353. Brakelmann, Günter: Peter Yorck von Wartenburg 1904-1944. Eine Biographie. - München 2012, 336 S.
Rec.: Rott, Joachim // Silesia Nova. Vierteljahresschrift für Kultur und Geschichte 9, 2012, H. 2, S. 147-148.

Zastawnik Tadeusz (1922-2012)

Twórca Legnicko-Głogowskiego Zagłębia Miedziowego, dyrektor Kombinatu Górniczo-Hutniczego Miedzi w Lubinie – Gründer des Lignitz-Glogauer Kupferbeckens, Leiter des Berg- und Hüttenkombinats für Kupfer in Lüben

3354. Tadeusz Zastawnik - człowiek polskiej miedzi. 13 pierwszych lat z historii KGHM [Tadeusz Zastawnik - Gestalt des polnischen Kupfers. Die ersten 13 Jahre aus der Geschichte des Berg- und Hüttenkombinats für Kupfer] / oprac. Barbara Folta. - Wyd. 2 rozszerz. - Lubin 2012, ss. 286, il.

Ziran Ulfryda (1913-1973)

Siostra boromeuszka w Zabrzu – Ordensschwester der Borromäerinnen in Zabrze

3355. Górecki, Piotr: Zabrzański anioł miłosierdzia - siostra Ulfryda Ziran (1913-1973) [Engel der Barmherzigkeit aus Zabrze - Schwester Ulfryda Ziran (1913-1973)] // W: Święci są wśród nas. Wybrane biografie niekanonizowanych zabrzańskich świętych [Heilige sind unter uns. Ausgewählte Biografien nicht kanonisierter Heiliger aus Zabrze] / red. Piotr Górecki. - Gliwice 2012, s. 35-42, fot. 1.

Zlat Mieczysław (1927-2014)

Historyk sztuki, profesor Uniwersytetu Wrocławskiego – Kunsthistoriker; Hochschullehrer in Breslau

3356. Wrabec, Jan: Przez historię sztuki za profesorem Zlatem [Through history of art following Professor Zlat] // Quart. Kwartalnik Instytutu Historii Sztuki Uniwersytetu Wrocławskiego 2012, nr 4 (26), s. 3-11, il. 3; Res. 10.

Zubrzycki Stefan (1927-1968)

Matematyk we Wrocławiu – Mathematiker in Breslau

3357. Kopociński, Bolesław: Zubrzycki Stefan (1927-1968) // W: Statystycy polscy [Polnische Statistiker] / red. Wojciech Adamczewski [et al.]. - Warszawa 2012, s. 433-438.

Żeliński Jan Tadeusz (1931-2007)

Inżynier, nauczyciel akademicki w Gliwicach, harcerz – Ingenieur; Hochschullehrer in Gleiwitz; Pfadfinder

3358. Frączek, Janusz: Druh podharcmistrz Jan Tadeusz Żeliński [Pfadfinderleiter Jan Tadeusz Żeliński] // W: Z dziejów harcerstwa w Gliwicach [Aus der Geschichte der Pfadfinderbewegung in Gleiwitz] / red. Damian Recław, Joanna Januszewska-Jurkiewicz. - Gliwice 2012, s. 239-244, fot. 4.

3359. Sikora, Mirosław: Jan Tadeusz Żeliński w zainteresowaniu Służby Bezpieczeństwa. Aneks do biografii [Jan Tadeusz Żeliński im Interesse des Sicherheitsdienstes. Anhang zur Biografie] // W: Z dziejów harcerstwa w Gliwicach [Aus der Geschichte der Pfadfinderbewegung in Gleiwitz] / red. Damian Recław, Joanna Januszewska-Jurkiewicz. - Gliwice 2012, s. 245-252, fot. 5.

Żołądź Mieczysław (1931-1996)

Artysta plastyk w Bolesławcu – Bildender Künstler in Bunzlau

3360. Brusiło, Zygmunt: Mieczysław Żołądź (1931-1996) - artysta znany i nieznany [Mieczysław Żołądź (1931-1996) - ein bekannter und unbekannter Künstler] // Dolny Śląsk 17, 2012, s. 291-295.

13 Geschichte einzelner Regionen und Orte – Historia poszczególnych regionów i miejscowości – Dějiny jednotlivých regionů a míst

13.01 Allgemeines – Ogólne – Všeobecně

3361. Bartoszek, Helena: Wypisy z dziejów Zebrzydowic, Kaczyc, Kończyc Małych i Marklowic Górnych 1305-2005 [Aus der Geschichte von Seibersdorf/Teschen, Klein Kuntschitz/Teschen und Ober-Marklowitz/Rybnik von 1305-2005]. - Zebrzydowice [2012], ss. 224, il., map 1, tabl. 8 s.

3362. Bartoš, Josef / Schulz, Jindřich / Trapl, Miloš: Historický místopis Moravy a Slezska v letech 1848-1960. Sv. 16. Okresy Ostrava, Fryštát, Hlučín [Historische Topographie Mährens und Schlesiens in den Jahren 1848-1960. Band 16. Die Kreise Ostrau, Freistadt, Hultschin]. - Olomouc 2011, 191 s., mp.
Rec.: Kubíček, Jaromír // Vlastivědný věstník moravský 64, 2012, č. 2, s. 202-203.

3363. Dragon, Mirosław: Miasta powiatu oleskiego 100 lat temu [Städte des Kreises Rosenberg vor 100 Jahren] // Rocznik Powiatu Oleskiego 2012, nr 5, s. 128-140, fot.

3364. Eisenhart, Manfred: Schlesien unter der Herrschaft des polnischen Kommunismus 1945-1989. - München 2012, 188 S., Abb., Kt.
Materialien zur Geschichte und Sozialkunde; 74.

3365. Fritzler, Kurt: Schlesien unter dem Nationalsozialismus 1933-1945. - München 2012, 246 S., Abb., Kt.
Materialien zur Geschichte und Sozialkunde; 73.

3366. Johanek, Peter: Entstehung und Entwicklung des Städtenetzes in Oberschlesien // In: Europäische Stadtgeschichte. Ausgewählte Beiträge / Peter Johanek. - Wien 2012, S. 358-374.
Wcześniej w: / Zuerst in: Stadtgeschichte Oberschlesiens. Studien zur städtischen Entwicklung und Kultur einer ostmitteleuropäischen Region vom Mittelalter bis zum Vorabend der Industrialisierung, Hrsg. Thomas Wünsch, Berlin 1995, (57-74).

3367. Schauer, Walter: Schlesien unter Preußen 1742-1918. - München 2012, 222 S., Abb., Kt.
Materialien zur Geschichte und Sozialkunde; 71.

3368. Schubrig, Alois: Schlesien unter Habsburger Herrschaft 1519-1740. - München 2012, 136 S.
Materialien zur Geschichte und Sozialkunde; 70.

3369. Wohlleben, Friedrich: Schlesien unter der demokratischen, unruhigen Parteienherrschaft von 1989 bis heute. - München 2012, 158 S., Abb., Kt.
Materialien zur Geschichte und Sozialkunde; 75.

3370. Wolters, Michael: Schlesien unter der Weimarer Republik 1918-1933. - München 2012, 180 S., Abb., Kt.
Materialien zur Geschichte und Sozialkunde; 72.

3371. Wuttrich, Karl: Schlesien unter böhmischer Herrschaft 1336-1519. - München 2012, 126 S., Abb., Kt.
Materialien zur Geschichte und Sozialkunde; 69.

3372. Zorn, Simon: Schlesien im Hochmittelalter zwischen 950-1400. - München 2012, 196 S., Abb., Kt.
Materialien zur Geschichte und Sozialkunde; 68.

13.03 Orte – Miejscowości – Místa

Bad Muskau/Görlitz

3373. Koschke, Wolfgang: Muskauer Eisen. Die Eisenerzeugung in der Standesherrschaft Muskau. - Görlitz 2012, 120 S., Abb., Kt.

Biała/Prudnik – Zülz/Neustadt

3374. Borkowski, Maciej / Czapliński, Marek P.: Biała - historia i współczesność [Biała - the history and contemporary times] [Biała (Zülz)

- Geschichte und Gegenwart]. - Opole 2011, ss. 184, fot.; Res. 179-184.
Rec.: Czapliński, Marek // Śląski Kwartalnik Historyczny Sobótka 67, 2012, nr 4, s. 191-196.

Bierutów/Oleśnica – Bernstadt/Oels

3375. Mrozowicz, Wojciech / Wiszewski, Przemysław: Kraina nad Widawą. Bierutowskie dzieje od czasów najdawniejszych po współczesność [Land an der Weide. Geschichte von Bernstadt von der frühesten Zeit bis zur Gegenwart]. - Bierutów 2010, ss. 316, il.
Rec.: Bińkowski Marek Krzysztof // Kwartalnik Powiatu Oleśnickiego 2012, nr 1-2 (27-28), s. 34-37, tab. 1.

Braciszów/Głubczyce – Bratsch/ Leobschütz

3376. Maler, Katarzyna: Dzieje wsi Braciszów [Geschichte des Dorfes Bratsch] // Kalendarz Głubczycki 20, 2013 (2012), s. 84-91, fot.

Bruntál – Freudenthal

3377. Cepek, Josef: Bruntál. Městem a historií. Díl 1: Od archeologických nálezů, první písemné zmínky roku 1223, do současnosti [Freudenthal. Durch die Stadt und die Geschichte. Teil 1: Von archäologischen Funden und der ersten schriftlichen Erwähnung im Jahr 1223 bis zur Gegenwart]. - Bruntál 2012, 281 s.

3378. Thiel, Rainer: Freudenthal im Altvatergebirge. Das Schicksal einer sudetendeutschen Stadt in Österreich-Schlesien 1213 bis 1946. - Memmingen 2012, 143 S., Abb., Kt.

Brzeg – Brieg

3379. Lejman, Beata / Torbus, Tomasz: Brieg/ Brzeg // In: Online-Lexikon zur Kultur und Geschichte der Deutschen im östlichen Europa = OME-Lexikon / Hrsg. Sabine Doering, Matthias Weber. - Oldenburg 2012.
Dostępne w wersji elektronicznej / Online zugänglich: http://ome-lexikon.uni-oldenburg.de/57500.html

Bykowice/Nysa – Beigwitz/Neisse

3380. Allnoch, Dietrich: Aus der Siedlungsgeschichte von Beigwitz (Kr. Neisse) bis 1945 // Schlesische Geschichtsblätter. Zeitschrift für Regionalgeschichte Schlesiens 39, 2012, H. 1, S. 30-37.

Chorzów - Königshütte

3381. Piegza, Marian: Niezwykły Chorzów [Außergewöhnliches Königshütte]. - Chorzów 2012, ss. 64, fot.

3382. Rygus, Piotr: Chorzów między wojnami. Opowieść o życiu miasta 1922-1939 [Königshütte zwischen den Kriegen. Erzählung über das Leben der Stadt 1922-1939]. - Łódź 2012, ss. 117.

Czechowice-Dziedzice/Bielsko-Biała – Cczechowitz-Dziedzitz/Bielitz-Biala

3383. Pająk, Barbara / Barzyk, Zofia / Dudzik, Anna: Monografia Czechowic i Dziedzic 1918-1939 [Monografie über Czechowitz und Dziedzitz 1918-1939]. - Czechowice-Dziedzice 2012, ss. 271, fot.

Český Těšín/Karviná – Teschen/Karvin

3384. Jirásek, Zdeněk [a kol.]: Český Těšín 1920-1989. Vznik a výstavba města v meziválečném období [Teschen 1920-1989. Entstehung und Aufbau der Stadt in der Zwischenkriegszeit]. - Opava 2011, 141 s.
Rec.: Kravčík, Radim // Slezský sborník 110, 2012, č. 1-2, s. 149.

Dobrodzień/Olesno – Guttentag/ Rosenberg

3385. Myśliński, Marcin: Dobrodzień - miasteczko na polskim Dzikim Zachodzie w pierwszych latach po II wojnie światowej [Guttentag - ein Städtchen im polnischen Wilden Westen in den ersten Jahren nach dem Zweiten Weltkrieg] // W: Zimowa Szkoła Historii Najnowszej 2012. Referaty [Winterschule für Zeitgeschichte 2012. Referate] / Łukasz Kamiński, Grzegorz Wołk. - Warszawa 2012, s. 62-71.

Gęsiniec/Strzelin – Hussinetz/Strehlen

3386. Radetzki, Bernd: Zu Hause in Hussinetz - Friedrichstein - Gęsiniec: 270 Jahre, (1741-2011), Sehnen und Tränen. Ein Beitrag zur Geschichte und Entwicklung der böhmisch-reformierten Kirchengemeinde im niederschlesischen Kreis Strehlen-Strzelin. - Nürnberg 2012, 488 S., Abb., Kt.; Res. 421-428.

Gliwice - Gleiwitz

3387. Tracz, Bogusław: Ułamki miasta. Z przeszłości Gliwic w XX wieku [Bruchstücke einer Stadt. Aus der Vergangenheit von Gleiwitz im 20. Jahrhundert]. - Gliwice 2011, ss. 288, fot. [16] s.
Rec.: // CzasyPismo. O historii Górnego Śląska 2012, nr 1, s. 181-182, fot. 3.

Głogów – Glogau

3388. Lejman, Beata / Torbus, Tomasz: Glogau/ Głogów // In: Online-Lexikon zur Kultur und Geschichte der Deutschen im östlichen Europa = OME-Lexikon / Hrsg. Sabine Doering, Matthias Weber. - Oldenburg 2012.
Dostępne w wersji elektronicznej / Online zugänglich: http://ome-lexikon.uni-oldenburg.de/54224.html

Głogówek/Prudnik – Oberglogau/ Neustadt O.S.

3389. Głogówek w obiektywie. Ludzie i wydarzenia [Oberglogau im Objektiv. Personen und Ereignisse] / red. Jarosław Kłuskiewicz. - Opole 2011, ss. 222, fot., rys.

Góra Świętej Anny/Strzelce Opolskie – Annaberg/Groß Strehlitz

3390. Söhner, Felicitas: Sankt Annaberg/Góra Świętej Anny // In: Online-Lexikon zur Kultur und Geschichte der Deutschen im östlichen Europa = OME-Lexikon / Hrsg. Sabine Doering, Matthias Weber. - Oldenburg 2012.
Dostępne w wersji elektronicznej / Online zugänglich: http://ome-lexikon.uni-oldenburg.de/54414.html

Harbutowice/Cieszyn – Harbutowitz/ Teschen

3391. Nasze Harbutowice. Szkic do monografii [Unser Harbutowitz. Skizze zur Monografie] / oprac. Paweł Śliwka. - Skoczów-Harbutowice 2012, ss. 175, il., mapy.

Januszkowice/Krapkowice – Januschkowitz/Krappitz

3392. Kotusz, Dorota / Gołąbek, Bronisław: Zarys dziejów sołectwa Januszkowice w krainie Św. Anny [Abriss der Geschichte des Amtes Januschkowitz im Sankt Anna-Land]. - Krapkowice 2012, ss. 347, fot.

Javorník/Jeseník – Jauernig/Freiwaldau

3393. Ulbrecht, Siegfried: Schloß Johannesberg, Jauernig und Umgebung. Begegnungen von Personen und Kulturen in einer europäischen Region. - Freiburg 2012, 88 S., Abb., Kt.

Jelenia Góra-Czarne – Hirschberg-Schwarzbach

3394. Czarne wczoraj i dziś [Schwarzbach gestern und heute] / aut. Ivo Łaborewicz, Wiesław Wereszczyński ; oprac. Jerzy Gniatczyk. - Jelenia Góra-Czarne 2012, ss. 122, il.

Jełowa/Opole – Jellowa/Oppeln

3395. Richau, Martin: Die Hofbesitzer in Jellowa, Kreis Oppeln, 1748 und 1789 // Zeitschrift für Ostdeutsche Familiengeschichte 21 (60), 2012, H. 1, S. 328-330.

Kamieniec Ząbkowicki/Ząbkowice Śląskie – Kamenz/Frankenstein

3396. Adamczyk, Anna: Kamenz/Kamieniec Ząbkowicki // In: Online-Lexikon zur Kultur und Geschichte der Deutschen im östlichen Europa = OME-Lexikon / Hrsg. Sabine Doering, Matthias Weber. - Oldenburg 2012.
Dostępne w wersji elektronicznej / Online zugänglich: http://ome-lexikon.uni-oldenburg.de/orte/kamenz-kamieniec-zabkowicki/

Kamienna Góra - Landeshut

3397. Primke, Robert / Szczerepa, Maciej / Szczerepa, Wojciech: Tajemnice Kamiennej Góry i okolic. Ziemia kamiennogórska w czasie drugiej wojny światowej [Geheimnisse von Landeshut und Umgebung. Das Landeshuter Land während des Zweiten Weltkriegs]. - Jelenia Góra 2012, ss. 114, il.
Sudeckie Epizody Historyczne.

Katowice - Kattowitz

3398. Katowice. Środowisko, dzieje, kultura, język i społeczeństwo. T. 1 [Kattowitz. Umwelt, Geschichte, Kultur, Sprache und Gesellschaft.

Band 1] / red. Antoni Barciak, Ewa Chojecka, Sylwester Fertacz. - Katowice 2012, ss. 820, il.; dt. Res. 38-39; 103-105; 797-820.

3399. Katowice. Środowisko, dzieje, kultura, język i społeczeństwo. T. 2 [Kattowitz. Umwelt, Geschichte, Kultur, Sprache und Gesellschaft. Band 2] / red. Antoni Barciak, Ewa Chojecka, Sylwester Fertacz. - Katowice 2012, ss. 835, il.; dt. Res. 100-105; 297-305; 389-390; 470-473; 558-561; 578-579; 612-613.

Kąty Wrocławskie/Wrocław – Kanth/Breslau

3400. Kogut, Mieczysław: Kąty Wrocławskie. T. 1: Średniowieczne dzieje miasta, okolicznych miejscowości, Kościoła katolickiego i weichbildu do r. 1653 [Kanth/Breslau. Bd. 1: Mittelalterliche Geschichte der Stadt, der umliegenden Ortschaften, der katholischen Kirche und des Weichbildes bis zum Jahr 1653]. - Kąty Wrocławskie 2012, ss. 308, il.

Kłodzko – Glatz

3401. Czechowicz, Bogusław: Kłodzko - „Mała Praga" na wschodzie Czech [Glatz - „Klein Prag" in Ostböhmen] // Kladský sborník 9, 2012, s. 181-202; Res. 192.

3402. Herzig, Arno: Glatz/Kłodzko // In: Online-Lexikon zur Kultur und Geschichte der Deutschen im östlichen Europa = OME-Lexikon / Hrsg. Sabine Doering, Matthias Weber. - Oldenburg 2012.
Dostępne w wersji elektronicznej / Online zugänglich: http://ome-lexikon.uni-oldenburg.de/orte/glatz-klodzko/

3403. Klimaszewska, Irena / Oniszczuk-Awiżeń, Krystyna / Stoklasek-Michalak, Joanna: Z dziejów Kłodzka. Katalog wystawy [Aus der Geschichte von Glatz. Ausstellungskatalog]. - Kłodzko 2012, ss. 105, il.

Komorniki/Polkowice – Kummernick/Polkowitz

3404. Kardyś, Grzegorz: Komorniki [Kummernick]. - Polkowice 2012, ss. 96, il.
Biblioteka Towarzystwa Ziemi Polkowickiej; 8.

Kopaniec/Jelenia Góra – Seifershau/Hirschberg

3405. Różański, Leszek: Kopaniec. Kalendarium, czyli Niekompletny spis wydarzeń ważnych i zupełnie nie [Seifershau. Almanach oder Unvollständiges Verzeichnis der wichtigsten und gar nicht wichtigen Ereignisse]. - Jelenia Góra 2012, ss. 120, il.

Kowary/Jelenia Góra – Schmiedeberg/Hirschberg

3406. Historia miasta Kowary w Karkonoszach spisana przez Theodora Eisenmängera onegdaj nauczyciela miejskiej szkoły ewangelickiej, wydana w 1900 roku / red. Krzysztof Sawicki, Witold Szczudłowski, Romuald Witczak. - Bukowiec 2011, ss. 288.
Wersja niemiecka / Deutsche Fassung: Geschichte der Stadt Schmiedeberg im Riesengebirge, Breslau 1900.
Rec.: Pregiel, Piotr // Rocznik Jeleniogórski 44, 2012, s. 299-303.

Kudowa Zdrój/Kłodzko – Bad Kudowa/Glatz

3407. Kamiński, Bronisław: Saga kudowska [Sage von Bad Kudowa]. - Kudowa Zdrój 2012, ss. 162, il.
Dot. tworzenia się nowej społeczności w Kudowie Zdroju po 1945 roku. .- Betr. Entstehung einer neuen Gemeinschaft in Bad Kudowa nach 1945.

Legnica – Liegnitz

3408. Jander, Albrecht: Liegnitz in seinem Entwicklungsgange. Von den Anfängen bis zur Gegenwart. - Nachdr. d. Ausg. Liegnitz 1905. - Hofheim/Taunus 2012, 198 S.
Beiträge zur Liegnitzer Geschichte der Historischen Gesellschaft Liegnitz e.V.; 42.

3409. Wiszewski, Przemysław: W cieniu cesarskiego orła. Legnica pod rządami Habsburgów (1675-1740) [Im Schatten des kaiserlichen Adlers. Liegnitz unter der Habsburger-Herrschaft (1675-1740)] // W: Jeremias Joseph Knechtel (1679-1750). Legnicki malarz doby baroku [Jeremias Joseph Knechtel (1679-1750). Liegnitzer Maler des Barocks] / red. Andrzej

Kozieł, Emilia Kłoda. - Legnica 2012, s. 15-34, il.; Res. 34-35.

Miedzianka/Jelenia Góra – Kupferberg im Riesengebirge/Hirschberg

3410. Springer, Filip: Miedzianka. Historia znikania [Kupferberg im Riesengebirge. Geschichte des Verschwindens]. - Wołowiec 2011, ss. 268.
Rec.: Gieba, Kamila // Odra 52, 2012, nr 10 (605), s. 116-118; Witczak, Romuald: Jak to było z Miedzianką [Wie das mit Kupferberg war] // Rocznik Jeleniogórski 44, 2012, s. 308-309.

Moskorzyn/Polkowice – Herzogtal/Polkwitz

3411. Kardyś, Grzegorz: Moskorzyn [Herzogtal]. - Polkowice 2012, ss. 96, il.
Biblioteka Towarzystwa Ziemi Polkowickiej; 7.

Niemodlin/Opole – Falkenberg/Oppeln

3412. Domska, Janina: Dobra niemodlińskie - historia i rozwój [Falkenberger Güter - Geschichte und Entwicklung] // W: Na tropach twórczości i czasów minionych. Księga jubileuszowa ofiarowana Profesorowi Damianowi Tomczykowi [Auf den Spuren des Schaffens und der vergangenen Zeiten. Festschrift für Professor Damian Tomczyk] / red. Marek Cetwiński, Agnieszka Czajkowska. - Częstochowa 2012, s. 275-301.

3413. Domska, Janina: Niemodlin. Monografia miasta i gminy [Falkenberg. Monografie der Stadt und der Gemeinde]. - Opole 2012, ss. 223, il.

Odry/Nový Jičín – Oder/Neu-Titschein

3414. Kašpar, Pavel st. / Mateicius, Emil: Dvořisko u Oder - zaniklá sláva osady Hennhof [Dvořisko u Oder - der verblasste Ruhm der Ortschaft Hennhof] // Poodří. Časopis obyvatel horní Odry 15, 2012, č. 4, s. 8-19.

Oława – Ohlau

3415. Quester, Heinz: Aus der Geschichte von Kreis und Stadt Ohlau in Schlesien. Ausgewählte Themen. Bd. 5. Registerheft. - Alfter 2012, S. 682-722, Abb.

Opole – Oppeln

3416. Conrad, Benjamin: Oppeln/Opole // In: Online-Lexikon zur Kultur und Geschichte der Deutschen im östlichen Europa = OME-Lexikon / Hrsg. Sabine Doering, Matthias Weber. - Oldenburg 2012.
Dostępne w wersji elektronicznej / Online zugänglich: http://ome-lexikon.uni-oldenburg.de/orte/oppeln-opole/

Orzesze/Mikołów – Orzesche/Nikolai

3417. Orzesze. 50 lat praw miejskich, 1000 lat historii [50 Jahre Stadtrecht, 1000 Jahre Geschichte] / red. Robert Ratajczak, Sabina Zarzycka ; oprac. Anna Gudzik. - Orzesze 2012, ss. 56, il.

Pawłów/Brzeg – Paulau/Brieg

3418. Mikasch, Horst: Beiträge zur Geschichte von Paulau, Kreis Brieg/Schlesien. - Neuenkirchen 2012, 59 S., Abb.

Piechowice/Jelenia Góra – Petersdorf/Hirschberg

3419. Wielka i mała historia Piechowic. Od czasów piastowskich do współczesności [Große und kleine Geschichte von Petersdorf. Von der Piastenzeit bis zur Gegenwart] / red. Zdzisław Gasz. - Jelenia Góra 2012, ss. 187, il.
Rec.: Witczak, Romuald: Książka o Piechowicach [Ein Buch über Petersdorf] // Rocznik Jeleniogórski 44, 2012, s. 307-308.

Polanica Zdrój/Kłodzko – Bad Altheide/Glatz

3420. Uzdrowisko Polanica [Kurort Bad Altheide] / oprac. Georg Hoffmann. - Polanica-Zdrój 2012, ss. 54, il.
Na podstawie wydania z 1888 r. - Auf Grundlage der Ausgabe aus dem Jahr 1888.

Polkowice - Polkwitz

3421. Leśniak-Johann, Małgorzata / Wałęga, Agnieszka: Przemiany demograficzne i urbanistyczne w Gminie Polkowice [Demographische und urbanistische Veränderungen in der Gemeinde Polkwitz]. - Polkowice 2012, ss. 251, il.
Monografie Dolnośląskiej Wyższej Szkoły Przedsiębiorczości i Techniki w Polkowicach.

3422. Tyszkiewicz, Jakub / Walczak, Jan / Balicka, Małgorzata: Polkowice. Historia współczesna (1945-2010) [Polkowice - modern history (1945-2010)]. - Polkowice 2012, ss. 313, il.; Res. 289-293.
Monografie Dolnośląskiej Wyższej Szkoły Przedsiębiorczości i Techniki w Polkowicach.

Poręba/Pszczyna – Poremba/Pleß

3423. Orlik, Zygmunt J.: Poręba. Z dziejów podpszczyńskiej wsi [Poremba. Aus der Geschichte eines Dorfes bei Pleß]. - Pszczyna 2012, ss. 113, il.

Racibórz – Ratibor

3424. Mika, Norbert: Dzieje ziemi raciborskiej [Geschichte des Ratiborer Landes] [History of Racibórz region]. - Wyd. 2 popr. i uzup. - Kraków 2012, ss. 276, il.; Res. 232-233.
Wyd. 1, 2010 / 1. Aufl. 2010.

Radomierzyce/Zgorzelec – Radmeritz/Görlitz

3425. Großer, Karl Heinz: Stift Joachimstein und seine Güter. Rückblicke auf die Geschichte einer Oberlausitzer Grundherrschaft. - Olbersdorf 2012, 248 S., Abb.
Adel in Sachsen; 2.

Regulice/Nysa – Rieglitz/Neisse

3426. Allnoch, Dietrich: Zur Ortsgeschichte von Rieglitz (Kreis Neisse) bis 1945 // Schlesische Geschichtsblätter. Zeitschrift für Regionalgeschichte Schlesiens 39, 2012, H. 3, S. 106-117.

Ruda Śląska-Kochłowice – Ruda-Kochlowitz

3427. 650 lat Kochłowic. Źródła i materiały do dziejów miejscowości [650 Jahre Kochlowitz. Quellen und Materialien aus der Ortsgeschichte] / red. Marcin Smierz. - Ruda Śląska 2012, ss. 245, il.

Rudy/Racibórz – Groß Rauden/Ratibor

3428. Piegza, Marian: Rudy. Miejsce urocze i fascynujące [Groß Rauden. Ein reizvoller und faszinierender Ort]. - Rudy Wielkie 2012, ss. 68, fot.

Rusín/Bruntál – Rausen/Freudenthal

3429. Fajkus, Bohuslav: Rusín 1262-2012. K 750. výročí první písemné zmínky o obci Rusín [Rausen 1262-2012. Zum 750. Jahrestag der ersten schriftlichen Erwähnung der Gemeinde Rausen]. - Rusín 2012, 63 s.

Siechnice/Wrocław – Tschechnitz/Breslau

3430. Burak, Marek / Roman, Grzegorz: Item donamus Sechenice villam... Podwrocławskie Siechnice w latach 1253-2011 [Item donamus Sechenice villam... Tschechnitz bei Breslau in den Jahren 1253-2011]. - Wrocław 2012, ss. 408, il.

Stypułów/Nowa Sól – Herwigsdorf/Neusalz

3431. Klos, Joachim: Herwigsdorf - Stypułów. Ein Dorf in Niederschlesien. - Berlin 2012, 158 S., Abb.

Szklarska Poręba/Jelenia Góra – Schreiberhau/Hirschberg

3432. Wiater, Przemysław: Osada Szklarska Poręba-Orle w Górach Izerskich. Monografia [Die Siedlung Schreiberhau-Karlstal im Isergebirge. Monografie]. - Warszawa 2012, ss. 127, il. + 1 dysk optyczny (CD-ROM).
Rec.: Witczak, Romuald: Orle nad Kamionkiem [Karlstal im Isergebirge] // Rocznik Jeleniogórski 44, 2012, s. 305-306.

3433. Wiater, Przemysław: Pisarska Poręba nad Szklarskim Potokiem. O początkach Szklarskiej Poręby [Pisarska Poręba (Schribirshau) am Szklarski Potok (Dorfbach). Von den Anfängen von Schreiberhau (Szklarska Poręba)] // Rocznik Jeleniogórski 44, 2012, s. 33-48, il. 2; Res. 48.

3434. Wiater, Przemysław / Łaborewicz, Ivo: Szklarska Poręba. Monografia historyczna [Schreiberhau. Historische Monografie]. - Szklarska Poręba 2011, ss. 544, il.
Rec.: Strauchold, Grzegorz // Śląski Kwartalnik Historyczny Sobótka 67, 2012, nr 3, s. 147-152.

Świebodzice/Świdnica – Freiburg/Schweidnitz

3435. Rubnikowicz, Adam / Rubnikowicz, Tadeusz / Palichleb, Maria / Mikołajczak, Maciej:

Suplement do „Kroniki Miasta Świebodzice 1220-2010" [Supplement zur „Chronik der Stadt Freiburg 1220-2010"] // Rocznik Świebodzicki 2011 (2012), s. 59-71, il. 6.

3436. Wietrzyński, Rafał: Świebodzice. Miasto w cieniu swastyki. Wojenne losy Świebodzic 1939-1945 [Freiburg/Schweidnitz. Eine Stadt im Schatten der Swastika. Kriegsschicksal Freiburgs 1939-1945]. - Świebodzice 2012, ss. 91.

Trzebnica - Trebnitz

3437. Trzebnica w datach i obrazach [Trebnitz in Daten und Bildern] / red. Antoni Kiełbasa [i in.] ; fot. Marcin Mazurkiewicz. - Trzebnica 2012, ss. 199, il.
Książka wydana z okazji 60-lecia Banku Spółdzielczego w Trzebnicy. - Das Buch erschien anlässlich des 60jährigen Bestehens der Genossenschaftsbank in Trebnitz.

Tychy - Tichau

3438. Ociepa, Agnieszka: Stare centrum Tychów - miejsca, budynki, ludzie [Das alte Zentrum von Tichau - Orte, Gebäude, Leute] // W: Wokół tyskiego rynku. Z historii Tychów do 1939 roku. Materiały V Tyskiego Sympozjum Historycznego z 22 listopada 2011 [Die Gegend um Tichau. Aus der Geschichte von Tichau seit 1939. Materialien der V. Historischen Konferenz am 22. November 2011] / red. Maria Lipok-Bierwiaczonek, Agnieszka Ociepa. - Tychy 2012, s. 7-22, il 8.

Ujazd Dolny/Środa Śląska – Nieder Mois/Neumarkt/S.

3439. Haeusler, Martin: Die Scholtisei Niedermois. Zur Geschichte eines Bauerngutes in Schlesien. - München 2012, 54 S.

Velké Hoštice/Opava – Groß Hoschütz/ Opava

3440. Plaček, Vilém / Plačková, Magda: Velké Hoštice 1222-2012 [Großhoschütz/Opava (1222-2012)]. - Háj ve Slezsku 2012, 693 s.

Wałbrzych - Waldenburg

3441. Conrad, Benjamin: Waldenburg/Wałbrzych // In: Online-Lexikon zur Kultur und Geschichte der Deutschen im östlichen Europa = OME-Lexikon / Hrsg. Sabine Doering, Matthias Weber. - Oldenburg 2012.
Dostępne w wersji elektronicznej / Online zugänglich: http://ome-lexikon.uni-oldenburg.de/orte/waldenburg-walbrzych/

Wiązów/Strzelin – Wansen/Strehlen

3442. Kwaśny, Zbigniew: Z dziejów Wiązowa w pierwszym ćwierćwieczu XIX wieku [Geschichte Wansens im ersten Viertel des 19. Jahrhunderts] // W: Na tropach twórczości i czasów minionych. Księga jubileuszowa ofiarowana Profesorowi Damianowi Tomczykowi [Auf den Spuren des Schaffens und der vergangenen Zeiten. Festschrift für Professor Damian Tomczyk] / red. Marek Cetwiński, Agnieszka Czajkowska. - Częstochowa 2012, s. 199-204.

Wrocław – Breslau

3443. Czarnecka, Mirosława: Breslau // In: Handbuch kultureller Zentren der Frühen Neuzeit. Städte und Residenzen im alten deutschen Sprachraum. Bd. 1 Augsburg / Hrsg. Wolfgang Adam, Siegrid Westphal. - Berlin 2012, S. 197-238, 2 Abb.

3444. Galik, Piotr Nestor: Wrocław przełomu wieków XIX/XX. Opowieść o życiu miasta [Breslau an der Wende des 19. zum 20. Jahrhundert. Ein Roman über das Leben der Stadt]. - Łódź 2012, ss. 122, il, pl., DVD.
Zawiera DVD: Breslau, Silezie (płyta z oryginalnymi filmami ukazującymi przedwojenny Wrocław). - Enthält DVD: Breslau, Silezie (mit Originalfilmaufnahmen aus dem Vorkriegsbreslau).

3445. Pisarski, Grzegorz: Wrocław w okresie napoleońskim (1806-1815) [Breslau während napoleonischer Zeit (1806-1815)] // Dolny Śląsk 17, 2012, s. 57-77.

3446. Tyszkiewicz, Jakub: Przedmieście Świdnickie w latach 1945-1955 [Die Schweidnitzer Vorstadt in den Nachkriegsjahren 1945-1955] // W: Przedmieście Świdnickie we Wrocławiu [Die Schweidnitzer Vorstadt in Breslau] / red. nauk. Halina Okólska, Hanna Górska. - Wrocław 2012, s. 274-279; Res. 278-279.

3447. Wehner, Günter: Widerstandsaktivitäten in Breslau 1933 bis 1936 // In: Widerstand und Heimatverlust. Deutsche Antifaschisten in Schlesien / Hrsg. Cornelia Domaschke, Marcel Bois. - Berlin 2012, S. 97-106.

Zabrze-Rokitnica

3448. Nasza Rokitnica [Unser Rokittnitz] / red. Tomasz Iwasiów ; współpr. Stanisława Mikulak. - Zabrze 2012, ss. 169, il.
Dot. dzielnicy Zabrza. - Betr. Stadtteil von Zabrze.

Zgorzelec – Görlitz

3449. Biadala, Dorota: Görlitz und Zgorzelec - europäische Integration. Eine kommunalpolitisch-kulturwissenschaftliche Studie // Silesia Nova. Vierteljahresschrift für Kultur und Geschichte 9, 2012, H. 1, S. 116-127.

3450. Fiedler, Wolf-Dieter: Ein Spaziergang durch das alte Görlitz-Moys. - Görlitz 2012, 116 S., Abb.

3451. Lammert, Markus: Die Stadt der Vertriebenen. Görlitz 1945-1953. - Görlitz 2012, 162 S., Abb.
Teilw. zugl.: Leipzig, Univ., Magisterarb., 2008. Neues Lausitzisches Magazin. Beiheft; 10.

3452. Lammert, Markus: Die Teilung. Görlitz 1945 // Neues Lausitzisches Magazin. Neue Folge 15 (134), 2012, S. 111-128.

3453. Pannowitsch, Ralf: Görlitz für die Westentasche. - Leipzig 2012, 125 S., Abb., Kt.

3454. Wenzel, Kai: Görlitz // In: Handbuch kultureller Zentren der Frühen Neuzeit. Städte und Residenzen im alten deutschen Sprachraum. Bd. 1 Augsburg / Hrsg. Wolfgang Adam, Siegrid Westphal. - Berlin 2012, S. 595-640.

3455. Wóycicki, Kazimierz: Zuhause an der Neiße. Görlitz und Zgorzelec 1945-1989. Chronik der Ereignisse = Dom nad Nysą. Zgorzelec i Görlitz 1945-1989. Kronika wydarzeń / Red. Kinga Hartmann. - Wrocław 2012, ss. 223, il.
Tekst w języku polskim i niemieckim. - Polnischer und deutscher Text.

Zielona Góra – Grünberg

3456. Brylla, J. Wolfgang: Życie religijne i społeczno-kulturalne [Religiöses und sozialkulturelles Leben in Grünberg] // W: Historia Zielonej Góry. T. 2: Dzieje miasta w XIX i XX wieku [Geschichte von Grünberg. Band 2: Stadtgeschichte des 19. und 20. Jahrhunderts] / red. Wojciech Strzyżewski. - Zielona Góra 2012, s. 43-92, il.; Res. 812-813.
Dot. Zielonej Góry. - Betr. Grünberg.

3457. Domke, Radosław: Zielona Góra w latach 80. XX wieku [Zielona Góra in den 80er Jahren des 20. Jahrhunderts] // W: Historia Zielonej Góry. T. 2: Dzieje miasta w XIX i XX wieku [Geschichte von Grünberg. Band 2: Stadtgeschichte des 19. und 20. Jahrhunderts] / red. Wojciech Strzyżewski. - Zielona Góra 2012, s. 689-772, il.; Res. 827.

3458. Dzwonkowski, Tadeusz: Zielona Góra w latach 1914-1945 [Grünberg in den Jahren 1914-1945] // W: Historia Zielonej Góry. T. 2: Dzieje miasta w XIX i XX wieku [Geschichte von Grünberg. Band 2: Stadtgeschichte des 19. und 20. Jahrhunderts] / red. Wojciech Strzyżewski. - Zielona Góra 2012, s. 203-386, il.; Res. 817-822.

3459. Nodzyński, Tomasz: Dzieje polityczno-ustrojowe miasta w latach 1806-1914 [Die System-politische Geschichte Grünbergs in 1806-1914] // W: Historia Zielonej Góry. T. 2: Dzieje miasta w XIX i XX wieku [Geschichte von Grünberg. Band 2: Stadtgeschichte des 19. und 20. Jahrhunderts] / red. Wojciech Strzyżewski. - Zielona Góra 2012, s. 11-42, il.; Res. 811-812.
Dot. Zielonej Góry. - Betr. Grünberg.

3460. Szczegóła, Hieronim: Pierwsze lata polskiej Zielonej Góry 1945-1950 [Die ersten Jahre des polnischen Zielona Góra 1945-1950] // W: Historia Zielonej Góry. T. 2: Dzieje miasta w XIX i XX wieku [Geschichte von Grünberg. Band 2: Stadtgeschichte des 19. und 20. Jahrhunderts] / red. Wojciech Strzyżewski. - Zielona Góra 2012, s. 387-440, il.

3461. Zaradny, Ryszard: Władza i społeczność Zielonej Góry w latach 1945-1975 [Die Machthaber und die Gesellschaft Grünbergs in den Jahren 1945-1975]. - Zielona Góra 2009, ss. 713.
Rec.: Hładkiewicz, Wiesław / Potocki, Robert // Studia Zielonogórskie 18, 2012, s. 259-266.

3462. Zaradny, Ryszard: Życie społeczno-polityczne w Zielonej Górze w latach 1950-1980 [Sozial-politisches Leben in Zielona Góra 1950-1980] // W: Historia Zielonej Góry. T. 2: Dzieje miasta w XIX i XX wieku [Geschichte von Grünberg. Band 2: Stadtgeschichte des 19. und 20. Jahrhunderts] / red. Wojciech Strzyżewski. - Zielona Góra 2012, s. 441-635, il.; Res. 824-826.

Zlaté Hory/Jeseník - Zuckmantel/ Freiwaldau

3463. Šmoldas, Josef: Zlaté Hory v zrcadle času [Zuckmantel im Spiegel der Zeit]. - Zlaté Hory 2012, 138 s.

Autorenregister – Indeks autorów – Autorský rejstřík

Personenregister – Indeks osób – Osobní rejstřík

Im Register verwendete lateinische Abkürzungen:
W indeksie używane są skróty łacińskie:
V rejstříku se používa zkratky latinské:

abbas		Abt	opat	opat
abbat.	abbatissa	Äbtissin	opatka	abatyše
abbat. Trebn.	abbatissa Trebniciensa	Äbtissin in Trebnitz	opatka w Trzebnicy	abytaše v Třebenici
archiep.	archiepiscopus	Erzbischof	arcybiskup	arcibiskup
archiep. Katow.	archiepiscopus Katowicensis	Erzbischof von Kattowitz	arcybiskup katowicki	arcibiskup katovický
archiep. Wrat.	archiepiscopus Wratislaviensis	Erzbischof von Breslau	arcybiskup wrocławski	arcibiskup vratislavský
archiep. Wrat. et Stettin.	archiepiscopus Wratislaviensis et Stettinensis	Erzbischof von Breslau und Stettin	arcybiskup wrocławski i szczeciński	arcibiskup vratislavský a štetínský
dux/duc. Boem.	dux/ducissa Boemorum/Boemiae	Herzog(in) von Böhmen	książę/księżna czeski/a	vévoda/vévodkyně český/á
dux/duc. Breg.	dux/ducissa Bregensis	Herzog(in) von Brieg	książę/księżna brzeski/a	vévoda/vévodkyně břehský/á
dux/duc. Carnov.	dux/ducissa Carnoviensis	Herzog(in) von Jägerndorf	książe/księżna karniowski/a	kníže/kněžna krnovský/á
dux/duc. Cur.	dux/ducissa Curlandiae	Herzog(in) von Kurland	książe/księżna kuroński/a	kníže/kněžna kuronský/á
dux/duc. Glog.	dux/ducissa Glogoviensis	Herzog(in) von Glogau	książę/księżna głogowski/a	vévoda/vévodkyně hlohovský/á
dux/duc. Lign.	dux/ducissa Lignensis	Herzog(in) von Liegnitz	książę/księżna legnicki/a	vévoda/vévodkyně lehnický/á
dux/duc. Olesn.	dux/ducissa Olesnicensis	Herzog(in) von Oels	książę/księżna oleśnicki/a	vévoda/vévodkyně olešnický/á
dux/duc. Opav.	dux/ducissa Opaviensis	Herzog(in) von Troppau	książę/księżna opawski/a	vévoda/vévodkyně opavský/á
dux/duc. Opol.	dux/ducissa Opoliensis	Herzog(in) von Oppeln	książę/księżna opolski/a	vévoda/vévodkyně opolský/á
dux/duc. Oswiecim.	dux/ducissa Oswiecimensis	Herzog(in) von Auschwitz	książę/księżna oświęcimski/a	vévoda/vévodkyně osvětimský/á
dux/duc. Polon.	dux/ducissa Poloniae/ Polonorum	Herzog(in) von Polen	książę/księżna polski/a	vévoda/vévodkyně polský/á
dux/duc. Ratib.	dux/ducissa Raciborensis	Herzog(in) von Ratibor	książę/księżna raciborski/a	kníže/kněžna ratibořský/á

dux/duc. Sag.	dux/ducissa Saganensis	Herzog(in) von Sagan	książę/księżna żagański/a	vévoda/vévodkyně zahaňský/á
dux/duc. Sax.	dux/ducissa Saxoniae	Herzog(in) von Sachsen	książę/księżna saksoński/a	vévoda/vévodkyně saský/á
dux/duc. Siles.	dux/ducissa Silesiae	Herzog(in) von Schlesien	książę/księżna śląski/a	vévoda/vévodkyně slezský/á
dux/duc. Strel.	dux/ducissa Strelensis	Herzog(in) von Groß Strehlitz	książę/księżna strzeliński/a	vévoda/vévodkyně střelínský/á
dux/duc. Thess.	dux/ducissa Thessinensis	Herzog(in) von Teschen	książę/księżna cieszyński/a	vévoda/vévodkyně těšínský/á
dux/duc. Wirt.	dux/ducissa Wirtembergensis	Herzog(in) von Württemberg	książę/księżna wirtemberski/a	vévoda/vévodkyně württemberský/á
ep.	episcopus	Bischof	biskup	biskup
ep. Cracov.	episcopus Cracoviensis	Bischof von Krakau	biskup krakowski	biskup krakovský
ep. Katow.	episcopus Katowicensis	Bischof von Kattowitz	biskup katowicki	biskup katovický
ep. Lebus.	episcopus Lebusensis	Bischof von Lebus	biskup lubuski	biskup lubuský
ep. Opol.	episcopus Opoliensis	Bischof von Oppeln	biskup opolski	
ep. Wrat.	episcopus Wratislaviensis	Bischof von Breslau	biskup wrocławski	biskup vratislavský
fam.	familia	Familie	rodzina	rodina
imp. Austr.	imperator/-trix Austriae	österreichische/r Kaiser(in)	cesarz(owa) austriacki/a	rakouská/ý císař/císařovna
imp. Germ.	imperator/-trix Germaniae	deutsche/r Kaiser(in)	cesarz(owa) niemiecki/a	německá/ý císař/císařovna
imp. Rom.	imperator/-trix Romanorum	römische/r Kaiser(in)	cesarz(owa) rzymski/a	římská/ý císař/císařovna
papa		Papst	papież	papež
pers. fab.	persona fabulosa	Sagengestalt	postać fantastyczna	osoba mýtická
princ.	princeps	Fürst	książę	kníže
princ. Morav.	princeps Moraviae	Fürst von Großmähren	książę morawski	kníže moravské
princ. Polon.	princeps Poloniae / Polonorum	Princeps (Seniorherzog) von Polen	książę polski	kníže polské
rex/reg. Boem.	rex/regina Boemorum/Boemiae	König(in) von Böhmen	król(owa) czeski/a	král(ovna) český/á
rex/reg. Boruss.	rex/regina Borussiae	König(in) von Preußen	król(owa) pruski/a	král(ovna) pruský/á
rex/reg. Hung.	rex/regina Hungariae	König(in) von Ungarn	król(owa) węgierski/a	král(ovna) maďarský/á
rex/reg. Polon.	rex/regina Poloniae/ Polonorum	König(in) von Polen	król(owa) polski/a	král(ovna) polský/á
rex/reg. Rom.	rex/regina Romanorum	Römische/r König(in)	król(owa) rzymski/a	král(ovna) římský/á
s.	sanctus, sancta	heiliger, heilige	święty, święta	svatý, svatá

Geographisches Register – Indeks geograficzny – Místní rejstřík

=> siehe / zobacz / viz
=>> siehe auch / zobacz też / viz též

Sachregister

=> siehe
=>> siehe auch

Indeks rzeczowy

=> zobacz
=>> zobacz też

Věcný rejstřík

=> viz
=>> viz též

Sprzedaż publikacji
Wydawnictwa Uniwersytetu Wrocławskiego
prowadzi
Dział Sprzedaży
Wydawnictwa Uniwersytetu Wrocławskiego Sp. z o.o.
50-137 Wrocław, pl. Uniwersytecki 15
tel. 71 3752885
e-mail: marketing@wuwr.com.pl
www.wuwr.com.pl